POMMERN

Leba
STOLP
Wipper
Rügenwalde
SCHLAWE
Stolpe
Grabow
BÜTOW
Zanow
KÖSLIN
KOLBERG
Pollnow
WESTPREUSSEN
Kreis
Radüe
Köslin
RUMMELS-
BURG
Körlin
BELGARD
Bublitz
Kreis
Kolberg-
Körlin
Baldenburg
Persante
Bad
Polzin
Regenwalde
Rega
Schivel-
bein
Bärwalde
NEUSTETTIN
Hammer-
stein
SCHLOCHAU
Kreis
Regenwalde
LABES
Küddow
Preußisch
Friedland
Tempelburg
Landeck
Falkenburg
Ratzebuhr
Wangerin
DRAMBURG
Freien-
walde
Nören-
berg
Pilow
Jastrow
FLATOW
Kreis Saatzig
Jacobshagen
Märkisch
Friedland
Plietnitz
Krojanke
Kallies
Zachan
DEUTSCH KRONE
Reetz
Neuwedell
Tütz
SCHNEIDEMÜHL
ARNSWALDE
Drage
Schloppe
Netze
SCHÖN-
LANKE
POSEN
Netzekreis
Wolden-
berg
Kreuz
0 5 10 20 30 40 km
FRIEDEBERG
Kreisgrenze
Driesen
Reichsgrenze (1937)
KREISFREIE STADT (Stadtkreis)
Provinzgrenze
KREISSTADT
Netze
Pommern (1939)
weitere Städte
Regierungsbezirk
Netzekreis abweichende Kreisbezeichnung

JOHANNES HINZ

Pommern

LEXIKON

JOHANNES HINZ

Pommern

LEXIKON

GEOGRAFIE · GESCHICHTE · KULTUR

225 Abbildungen,
darunter 105 Federzeichnungen von
Johannes Hinz

BECHTERMÜNZ VERLAG

Abbildungsnachweis:

Alle Farbabbildungen wurden von Ralf Freyer fotografiert (Nr. 1, 4, 7, 8, 12, 13, 14, 17, 18, 19, 23, 28, 29, 31, 35, 36, 37, 41, 42, 43, 47, 48, 51, 52, 55, 56).

Die Abbildungen Nr. 2, 3, 5, 6, 9, 10, 11, 15, 16, 20, 21, 22, 25, 26, 30, 32, 33, 34, 38, 45, 46, 49, 50, 54, 55 stammen aus dem Bildarchiv Preußischer Kulturbesitz, Berlin.

Die Abbildungen Nr. 24, 27, 39, 40, 44 wurden von Adam Kraft fotografiert und dem 1942 im Adam-Kraft-Verlag, Karlsbad und Leipzig, erschienenen Bildband „Großdeutschland – Die Städte“ entnommen.

Genehmigte Lizenzausgabe für
Bechtermünz Verlag im
Weltbild Verlag GmbH, Augsburg 1996

Umschlaggestaltung: Peter Engel, München
Umschlagbild: Die Marienkirche in Stralsund
(aus Originalband)
Schmuckabbildung aus Originalband, Das Steintor in Greifenberg
Gesamtherstellung: Graphischer Großbetrieb Pößneck GmbH
Ein Mohndruck-Betrieb
Printed in Germany
ISBN 3-86047-185-6

Meinen Töchtern
Christiane
Gertrud
und
Birgitt

Pommern lebt

Das Jahr 1989, eine Zeitenwende globalen Ausmaßes, hat unser Denken völlig verändert. Wo vorher der „real existierende Sozialismus" sich wie ein Alptraum über die Menschen gelegt hatte, gibt es Freiheit und Freizügigkeit. Bisher durfte es in Pommern nur die Bezirke Rostock und Neubrandenburg und Pomorze Zachodnie geben. Jetzt haben wir wieder ein Vorpommern; und wer Vorpommern sagt, denkt auch an Hinterpommern.
Pommern ist frei. Wir können es mit seiner 519 Kilometer langen Ostseeküste, den ihr vorgelagerten Inseln Rügen, Usedom und Wollin – ein Sommerparadies – und den hinter ihr liegenden Strandseen, mit seinen Endmoränenzügen, in denen das Blaue Ländchen und das Fünfseengebiet als landschaftliche Kostbarkeiten hervortreten, mit seinen zahlreichen kleinen Städten heute unbehindert bereisen. Dennoch bestehen in Ostpommern sprachliche Barrieren, die eine Verständigung und ein Verstehen beeinträchtigen.
Dieses Lexikon stelle ich neben meinen 1988 erschienenen „Pommern Wegweiser". Beide sollen uns und unseren polnischen Nachbarn helfen, die Geschichte und die Wurzeln pommerscher Kultur frei von ideologischen Blickverengungen kennenzulernen, um so den noch vorhandenen, über den Zweiten Weltkrieg geretteten Kulturgütern gerecht zu werden. Innerhalb der letzten achtundvierzig Jahre wurde eine Kulturleistung Pommerns bei uns nur allzu gern übersehen. Daher sollen Persönlichkeiten, historische Ereignisse, volkskundliche Erscheinungen, Städte und Landschaften in ihrem Reichtum und ihrer Vielfalt gezeigt werden. Das Jahr 1945 bildete nicht nur durch die Vertreibung einen ungeheuren Einschnitt, auch Kulturgüter in unfaßbarer Zahl gingen unwiederbringlich verloren, vieles wurde bewußt zerstört. Dennoch werden verdienstvollerweise die erhaltenen Zeugnisse der Vergangenheit in Vor- und Hinterpommern mit liebevoller Sorgfalt gehegt und gepflegt, um sie unserer Nachwelt als gemeinsames europäisches Erbe zu erhalten und zu übergeben.

Johannes Hinz

Die Marienkirche in Schivelbein

Geschichtlicher Überblick

5500 bis 2000 v.Chr. Werkzeugfunde der Ellerbekker Stufe bei Kamp, Kreis Greifenberg, weisen auf eine Besiedlung der mittleren und jüngeren Steinzeit hin.

750 bis 500 v.Chr. Illyrer dringen entlang der Oder bis zur Ostsee vor; sie gehören zum Lausitzer Kulturkreis.

vor 200 n.Chr. Skandinavische Stämme wandern ein. Die Burgunder besiedeln den Oderraum, die Goten das Weichselgebiet, die Rugier vermutlich Rügen.

200 bis 600 n.Chr. Im Rahmen der großen Völkerwanderung verlassen die germanischen Stämme ihr Siedlungsgebiet.

seit 500 Elb- und Ostseeslawen dringen nach Pommern vor: Westlich der Oder die Ranen und Wilzen, östlich der Oder die Pomoranen.

936 König Otto I. setzt den Kampf Heinrichs I. gegen die Slawen fort. Graf Hermann v. Billung erobert die Gebiete von der unteren Elbe längs der Ostsee bis zur Peene; Graf Gero unterwirft die Wenden von der unteren Elbe bis zur unteren Oder und bis an die Peene.

949 Erstmals wird die „Odera" (die Oder) urkundlich genannt.

um 950 Der Däne Harald Blauzahn landet mit skandinavischen Wikingern an der pommerschen Küste und gründet auf Wollin das seinerzeit bedeutende Handelszentrum Jomsburg/Julin.

955 Graf Gero schlägt mit seinem Heer die aufständischen Wendenstämme an der Recknitz.

967 Herzog Mieszko I. von Polen besiegt die Wilini, die in der Umgebung von Julin leben.

983 Der große Wendenaufstand vernichtet die deutsche Vorherrschaft zwischen Elbe und Oder.

986 Harald Blauzahn stirbt in Jomsburg.

um 990 Polenherzog Mieszko I. versucht, die Wenden im Peenegebiet zu unterwerfen.

991 Erstmals werden die Wilzen im Peenegebiet „Lutizen" genannt.

995 Herzog Boleslaw I. Chrobry von Polen gelingt es, die Pommern zu unterwerfen und seine Herrschaft bis zur Ostsee auszudehnen.

um 1000 Herzog Boleslaw I. dringt bis Kolberg vor und gründet dort ein dem Erzbistum Gnesen unterstelltes Bistum. Reinbern aus dem thüringischen Hassegau wird dessen erster und einziger Bischof.

1003 Die Kaiser Heinrich II. und Konrad II. verbünden sich mit den Lutizen gegen den Polenherzog Boleslaw I. Pommern wird von Polen unabhängig.

1019 König Knut der Große von Dänemark und England landet an der Südküste der Ostsee, besiegt die Wendenstämme und begründet die dänische Herrschaft in Pommern.

1046 Die Slawenfürsten Břetislaw von Böhmen, Kasimir von Polen und Zemuzil von Pommern – Dux Bomeraniorum – beenden in Merseburg und Meißen ihren Streit vor König Heinrich III., den sie als Vermittler angerufen hatten.

1068 Nach der Zerstörung des slawischen Hauptheiligtums Rethra wird der Swantewit-Tempel auf Arkona zum religiösen Mittelpunkt der heidnischen Slawen.

1091 Erstmals wird das Castrum Stettin genannt, eine ausgedehnte Herzogsburg mit dem größten Wohnplatz und bedeutendsten Handelsort an der unteren Oder.

1092 Am Übergang der Straße von Meseritz über die versumpfte Netze nach Pommern wird erstmals das „Castrum Drzu" – Driesen, Kreis Friedeberg – genannt.

1107 Polenherzog Boleslaw III. Krzywousty unternimmt einen Kriegszug nach Kolberg, dabei zerstört er auch Belgard, Köslin, Cammin und Wollin.

um 1121/22 Herzog Boleslaw III. dringt ins Oderland vor und erobert Stettin. Herzog Wartislaw I. von Pommern muß seine Oberhoheit anerkennen, dafür erhält er Vorpommern bis zur Müritz und Peene zum Lehen.
Bischof Bernhard aus Spanien unternimmt einen ersten vergeblichen Versuch, Pommern zu missionieren.

1124 Das Herzogtum Wartislaws I. reicht im Osten über die Persante bis zum Gollen, im Süden bis ans Land Zantoch, im Westen bis Demmin und bis zur Ryckmündung. Die Inseln Usedom und Wollin gehören ihm ebenfalls.
Im Auftrag des Polenherzogs Boleslaw III. unternimmt Bischof Otto von Bamberg seine erste Missionsreise nach Pommern. Er kommt über Pyritz (12. Juni), wo er die ersten Pommern tauft, nach Stettin, zerstört dort den Triglaw-Tempel und zieht weiter nach Cammin und Wollin; über Kolberg und Belgard kehrt er nach Polen zurück.

1128 Zweite Reise Bischof Ottos von Bamberg nach Pommern mit Unterstützung des deutschen Königs Lothar von Sachsen. Der Landtag zu Usedom gestattet ihm, in Pommern zu missionieren. Viele Adlige lassen sich taufen. Bischof Otto kann im Konflikt zwischen dem Herzog Boleslaw III. und Wartislaw I. vermitteln. Er veranlaßt den Polenherzog, von einem Kriegszug nach Pommern abzusehen; dafür erkennt Wartislaw erneut die Lehnsabhängigkeit von Polen an.

1135 Herzog Boleslaw III. erobert Pommern, muß es aber auf dem Reichstag von Merseburg vom deutschen Kaiser Lothar als Lehen annehmen.
Nach seinem Übertritt zum Christentum wird Wartislaw I. von einem heidnischen Fanatiker bei Grüttow erschlagen.

1136 Der Dänenkönig Erich Emun erobert die Tempelburg Arkona auf Rügen; die Besatzung verspricht, das Christentum anzunehmen, was nach dem Abzug der Dänen jedoch unterbleibt.

1138 Herzog Boleslaw III. von Polen stirbt. Sein Reich zerfällt in einzelne Teilfürstentümer. Damit endet auch die polnische Oberherrschaft über Pommern.

1140 Papst Innozenz II. bestimmt die St. Adalbertskirche in Wollin zum Sitz des neuen Bistums Pommern. Am 14. 10. tritt Bischof Adalbert als erster pommerscher Bischof sein Amt an.

1147 Deutsche und Dänen beginnen den Wendenkreuzzug, bei dem sie Demmin und Stettin belagern. Bischof Adalbert überzeugt die christlichen Fürsten, daß sie bereits christliche Städte erneut christianisieren wollen. Die Belagerer ziehen ab.

1153 Herzog Ratibor und seine Gattin Pribislawa gründen in Stolpe bei Anklam das erste pommersche Kloster nach den Regeln des hl. Benedikt. Der Konvent der Benediktiner kommt aus Bergen bei Magdeburg.

1156 In der Nähe von Usedom auf Usedom gründen Prämonstratenser das Kloster Grobe; hier wird Herzog Ratibor begraben. 1309 verlegen die Mönche das Kloster nach Pudagla.

1164 Heinrich der Löwe unternimmt einen Kriegszug nach Pommern. Der Obotritenfürst Pribislaw hat sich mit den Pommernherzögen Kasimir I. und Bogislaw I. verbündet. Die Sachsen besetzen die Burg Demmin, die Pommernherzöge schließen Frieden und werden Lehnsleute Heinrichs.

1168 König Waldemar I. von Dänemark und sein Kanzler Bischof Absalom von Roskilde erobern die Insel Rügen, zerstören das Swantewitheiligtum auf Arkona, den Tempel auf der Burg Charenza in Garz und führen fast 30 Jahre lang Krieg in Vorpommern.
Fürst Jaromar von Rügen wird Lehnsmann des Dänenkönigs.

1173 Wartislaw, Kastellan von Stettin, gründet das Zisterzienserkloster Kolbatz; der Konvent kommt von Esrom.

1176 Bischof Konrad I. von Salzwedel verlegt den Bischofssitz von Wollin nach Cammin.

um 1178 Die Uckermark gehört zu Pommern.

1180 Herzog Kasimir stiftet das Prämonstratenserkloster Belbuck bei Treptow a. d. Rega.

1181 Kaiser Friedrich I. Barbarossa belehnt in Lübeck Herzog Bogislaw I. mit dem Herzogtum Slawien (Pommern), das dadurch reichsunmittelbar wird.

1184 Kaiser Friedrich I. Barbarossa beauftragt Herzog Bogislaw I. gegen den dänischen Vassallen, Fürst Jaromar von Rügen, Krieg zu führen. Erzbischof Absalom von Roskilde überfällt Bogislaws Flotte im Greifswalder Bodden und vernichtet sie vollständig. Der Kaiser kommt dem Herzog nicht zu Hilfe.

1185 Herzog Bogislaw muß die Lehnshoheit König Knuts VI. von Dänemark anerkennen.

1187 Der aus Franken nach Stettin zugezogene Kaufmann Beringer stiftet in der Oberstadt die St. Jakobikirche.

1188 Das Bistum Cammin wird exemt, d. h. unmittelbar dem Papst unterstellt.

1193 Fürst Jaromar I. von Rügen gründet das Zisterzienserinnenkloster in Bergen.

1199 Auf Wunsch Fürst Jaromars I. und Bischof Sigwins gründen Zisterziensermönche aus Dargun das Kloster Eldena bei Greifswald.

um 1200 Bischof Sigwin von Cammin errichtet ein zweites Domkapitel in Kolberg.

1214 Herzog Bogislaw II. schenkt dem Kloster Belbuck das Dorf „Cossalitz" (Köslin).

1217 Papst Honorius II. bestätigt die Privilegien des Bistums Cammin und behandelt den Camminer Bischof Sigwin als völlig unabhängigen Kirchenfürsten.

1225/26 Herzog Konrad von Masowien ruft den Deutschen Ritterorden zur Hilfe gegen die heidnischen Prussen und überläßt ihm das eroberte Land.

1226–78 Regierungszeit Herzog Barnims I., bis 1264 gemeinsam mit Herzog Wartislaw III. von Demmin. Beide wetteifern im Gründen von Städten nach deutschem Recht.

1227 Herzog Swantepolk II. von Pomerellen, Dux Pomeraniae, erwirbt von Herzog Ratibor II. das Land Schlawe. Nach der Niederlage in der Schlacht von Bornhöved verzichtet König Waldemar II. von Dänemark auf die Herrschaft in den Wendenländern. Nur das Fürstentum Rügen bleibt unter seiner Oberhoheit.

1231 Kaiser Friedrich II. bestätigt den brandenburgischen Markgrafen in Ravenna das Herzogtum als Lehen. Damit ist Pommern ins Deutsche Reich eingegliedert, es führt jedoch zu ständigen Auseinandersetzungen zwischen Pommern und Brandenburg. Fürst Wizlaw I. von Rügen gründet das Kloster Neuenkamp.

1234 Herzog Barnim I. schenkt dem Templerorden das Land Bahn. Stralsund, Bahn und Prenzlau sind die ersten pommerschen Städte.

1240 Herzog Barnim I. übergibt Bischof Konrad III. von Salzwedel das ganze Land Stargard an der Ihna.

1241 Fürst Wizlaw I. von Rügen und Herzog Wartislaw III. von Demmin erlauben dem Kloster Eldena, auf seinem Territorium einen Wochenmarkt abzuhalten; Marktort ist das heutige Greifswald.

1243 Herzog Barnim I. verleiht am 3. 4. der gesamten Siedlung Stettin Magdeburger Stadtrecht.

1248 Bischof Wilhelm von Cammin schließt mit Herzog Barnim I. einen Tauschvertrag, in dem er statt des Landes Stargard die östlich der Persante gelegene Hälfte des Landes Kolberg erhält.

1250 Im Vertrag von Hohenlandin treten Barnim I. und Wartislaw III. die nördliche Uckermark an Brandenburg ab; sie erhalten von den Markgrafen von Brandenburg die Belehnung zur gesamten Hand.

1252 Herzog Swantepolk II. von Pomerellen stiftet das Zisterzienserkloster Buckow.

1255 Bischof Hermann von Gleichen verlegt seine Residenz von Cammin nach Kolberg.

1264 Mit dem Tod Herzog Wartislaws III. wird Pommern-Demmin mit Pommern unter Herzog Barnim I. vereinigt.

Swantepolk II. von Pomerellen setzt Herzog Barnim I. zum Erben seines Teilherzogtums Schwetz ein.

1266 Bischof Hermann von Gleichen verleiht „Cossalitz“ (Köslin) lübisches Stadtrecht.

Die askanischen Markgrafen von Brandenburg erwerben Burg und Land Schivelbein.

1278 Stettin ist Mitglied der Hanse.

1286 Herzog Przemislaw II. von Polen schenkt dem Templerorden das Land Tempelburg.

1295 Mit dem Tod Mestwins II. von Pomerellen stirbt das Herzogshaus von Danzig aus. Jahrelange Erbstreitigkeiten zwischen Polen, Brandenburg und Pommern folgen.

Am 1. 7. erzwingen die Stände eine Teilung Pommerns, um weitere Streitigkeiten der herzoglichen Brüder zu beenden. Herzog Otto I. erhält Stettin, Herzog Bogislaw IV. Wolgast.

1309 Im Vertrag von Soldin erhält der Deutsche Ritterorden Pomerellen. Markgraf Waldemar von Brandenburg verzichtet gegen eine Zahlung von 10 000 Mark Silber auf seine Anrechte in Pomerellen.

1312 Der Deutsche Ritterorden erwirbt das Land Schlochau.

1317 Markgraf Waldemar tritt Herzog Wartislaw IV. von Wolgast die Länder Stolp, Schlawe und Rügenwalde ab.

1323 König Ludwig überträgt nach dem Aussterben der Askanier seinem Sohn die Mark Brandenburg mit den Herzogtümern Stettin und Demmin.

1325 Am 8. 11. stirbt Fürst Wizlaw III. von Rügen erbenlos. Nach einem dreijährigen Erbfolgestreit kommt das Fürstentum Rügen zu Pommern.

1329 Der Deutsche Ritterorden erwirbt das Land Bütow.

1338 Auf dem Reichstag zu Frankfurt am Main erhält Herzog Barnim III. die Reichsfreiheit für Pommern-Stettin, muß aber die Eventualerbfolge Brandenburgs akzeptieren.

1341 Die Bürger von Stolp lösen sich selbst aus der Verpfändung an den Deutschen Ritterorden aus und bleiben bei Pommern.

Hochmeister Dietrich von Altenburg verleiht der Stadt Lewinburg (Lauenburg) Kulmer Stadtrecht.

1348 Kaiser Karl IV. belehnt die pommerschen Herzöge (Barnim III. von Stettin, Barnim IV., Bogislaw V. und Wartislaw V. von Wolgast) mit Pommern und Rügen als reichsunmittelbarem Herzogtum und hebt die Eventualerbfolge Brandenburgs auf.

1352 Die ersten Wallfahrten zum Gollen bei Köslin werden unternommen.

1354 Im Vertrag von Oderberg erhält Pommern die östliche Ukkermark.

1356 Das Bistum Cammin muß die herzogliche Schutzherrschaft anerkennen. Bischof Johann I. wird erster herzoglicher Rat.

1363 Kaiser Karl IV. heiratet in Krakau Elisabeth von Pommern, Tochter Herzog Bogislaws V. von Stolp.

1367 Am 19. 11. schließen sich die Städte Lübeck, Rostock, Wismar, Stralsund u. a. in der Kölner Konförderation zum Krieg gegen König Waldemar IV.

1367 von Dänemark und Norwegen zusammen.

1368 Markgraf Otto der Faule von Brandenburg muß im Frieden von Dramburg das Land Deutsch-Krone an König Kasimir von Polen abtreten.

1370 Im Frieden von Stralsund muß König Waldemar IV. von Dänemark der Hanse die Handelsfreiheit in ganz Dänemark zugestehen.

1372 Am 8. 6. wird das Herzogtum Wolgast geteilt. Die Herzöge Wartislaw VI. und Bogislaw VI. erhalten Wolgast, Bogislaw V. Stolp.

1376–93 Teilung des Restherzogtums Wolgast. Bogislaw VI. erhält Rügen, Barth und Stralsund, Wartislaw VI. Wolgast, Usedom und Greifswald.

1377 Kaiser Karl IV. schließt am 22. 7. mit seinen Schwagern, den hinterpommerschen Herzögen, und Bischof Philipp von Cammin ein Landfriedensbündnis.

1386 Der Hochmeister des Deutschen Ritterordens, Konrad Zöllner von Rothenstein, schließt mit den Herzögen Wartislaw VII. und Bogislaw VIII. in Lauenburg ein Verteidigungsbündnis gegen Polen.

1396 Herzog Erich von Pommern wird nach seiner Wahl in Norwegen auch von Dänemark und Schweden zum König gewählt. Er ist Mitregent der Königin Margarete.

1398 Kenz wird zu einem Marienwallfahrtsort (Maria Pomerana) mit einer wundertätigen Quelle.

1402 Sigismund, Kurfürst von Brandenburg und König von Ungarn, verkauft die Neumark an den Deutschen Ritterorden.

1410 Herzog Kasimir V. von Stettin unterstützt mit 600 Reitern den Deutschen Orden in der Schlacht bei Tannenberg.

Herzog Bogislaw VIII. von Stolp huldigt dem polnischen König Wladislaw II. Jagiello vor der Marienburg; dafür verspricht dieser ihm Bütow, Hammerstein, Baldenburg, Friedland, Schlochau und Schivelbein auf Lebenszeit. Bereits im Thorner Frieden, 1411, muß Bogislaw die Neuerwerbungen wieder herausgeben.

1412 Pommern führt einen Krieg gegen Brandenburg um die Ukkermark.

1412–38 Herzog Erich I., Sohn Wartislaws VII. von Stolp, Großneffe der Königin Margarete von Dänemark und Norwegen, seit 1389 auch von Schweden, ist nach ihrem Tod König der Kalmarer Union.

1417 Auf dem Konzil von Konstanz belehnt Kaiser Sigismund am 26. 5. Herzog Wartislaw IX. mit Wolgast, Barth und Rügen, und Bischof Magnus erhält als selbständiger Reichsfürst das Bistum Cammin zum Lehen. Am 31. 5. stellt er Herzog Otto II. und Herzog Kasimiar V. von Stettin einen Lehnsbrief aus.

1420 Brandenburg besiegt in der Schlacht bei Angermünde die pommerschen Herzöge mit ihren Verbündeten Dänemark, Mecklenburg, Magdeburg und Polen; Pommern verliert die Uckermark an Brandenburg.

1422 Das Bistum Cammin wird selbständiges Fürstentum.

1425 Am 6. 12. wird das Herzogtum Wolgast, das Wartislaw VIII. wieder vereinigt hatte, erneut in die Länder Barth für die Herzöge Barnim VIII. und Swantibor II. und Wolgast für Wartislaw IX. geteilt.

1433 Die Hussiten verwüsten die Neumark und das östliche Pommern.

1439 Das Land Tempelburg, seit 1312 dem Johanniterorden gehörend, wird zur polnischen Starostei Draheim.

1454–1523 lebt Herzog Bogislaw X.

1455 Der Deutsche Ritterorden muß die Neumark an den Markgrafen Friedrich II. von Brandenburg verkaufen.

1456 Der Greifswalder Bürgermeister Heinrich Rubenow gründet zusammen mit Herzog Wartislaw IX. und Bischof Henning Iven die Greifswalder Universität; am 29. 5. erläßt Papst Calixtus III. ihre Stiftungsbulle.

1464 Herzog Otto III. von Stettin stirbt erbenlos; der Stettiner Erbfolgestreit beginnt.

1466 Am 21. 1. schließen die Herzöge Erich II. und Wartislaw X. in Soldin einen Vertrag mit Kurfürst Friedrich von Brandenburg, in dem sie das Herzogtum Stettin von ihm für sich und ihre Erben als Lehen nehmen. Am 11. 10. erhält Herzog Erich II. nach Verhandlungen mit den Söldnerhauptleuten des Deutschen Ritterordens, im Einverständnis mit König Kasimir von Polen, die Schlösser Launburg und Bütow gegen eine Zahlung von 8000 Gulden.
Im 2. Thorner Frieden verliert der Deutsche Ritterorden Pomerellen an Polen.

1472 Im Prenzlauer Frieden werden Pommern-Wolgast und Pommern-Stettin wiedervereinigt. Kurfürst Albrecht von Brandenburg erhält den Titel und das Wappen des Herzogtums Stettins zugesprochen; die Herzöge Erich II. und Wartislaw X. erhalten das Herzogtum Stettin als brandenburgisches Lehen. Die Uckermark verbleibt bei Brandenburg.
Erstmals fordert ein adliger Grundherr einen entlaufenen Bauern zurück.

1477 Am 21. 9. heiratet Herzog Bogislaw X. Margarete von Brandenburg, Tochter des Kurfürsten Friedrich II.

1478 Nach dem Tod seines Onkels, Herzog Wartislaw X., übernimmt Herzog Bogislaw X. die Herrschaft über ganz Pommern.

1486 Herzog Bogislaw X. bringt in einem Vertrag den Camminer Bischof Benedikt von Waldstein vollständig in seine Abhängigkeit.

1487 Stettin wird zur ständigen Herzogsresidenz.

1491 Am 2. 2. heiratet Herzog Bogislaw X. Anna von Polen, Tochter König Kasimirs. Dieser Ehe entsprießen fünf Söhne und drei Töchter.

1493 Herzog Bogislaw X. erreicht im Pyritzer Vergleich die Aufhebung des Lehnsempfangs und der Eidleistung von Brandenburg, nicht jedoch die Aufhebung der Eventualerbfolge.

1497 Herzog Bogislaw X. erhält von Papst Alexander VI. das Recht,

die Propststellen in den Domkapiteln zu besetzen.
Infolge des Patronatsrechtes bei zahlreichen Kirchen hat der Herzog ein wichtiges Mitspracherecht bei der Ernennung der Pfarrer.
Durch die Umwandlung des Ablagerechtes in eine ständige Geldzahlung bringt Herzog Bogislaw X. die Feldklöster in seine Abhängigkeit.

1502 Die Fugger unterhalten eine Niederlassung in Stettin.

1504 Der Rat der Stadt Treptow a. d. Rega beruft Johannes Bugenhagen zum Rektor der dortigen Lateinschule.

1517–18 Bugenhagen verfaßt seine Pomerania in lateinischer Sprache. Sie wird aber erst 1728 gedruckt.

1521 Am 28. 5. erhält Herzog Bogislaw X. auf dem Reichstag von Worms von Kaiser Karl V. einen Lehnsbrief für ganz Pommern.
Johann Knipstro predigt in Pyritz die Lehre Luthers.

1522 Herzog Bogislaw X. säkularisiert als erster deutscher Reichsfürst ein Kloster, das z. T. verlassene Prämonstratenserkloster Belbuck.

1526 Die Herzöge Georg und Barnim IX. erhalten in Danzig von König Sigismund von Polen einen Lehnsvertrag für die Lande Lauenburg und Bütow.

1529 Im Grimnitzer Vertrag verzichten die brandenburgischen Kurfürsten endgültig auf die Lehnshoheit über Pommern, behalten aber die Eventualerbfolge.

1530 Auf dem Reichstag in Augsburg verleiht Kaiser Karl V. den Herzögen Pommern als reichsunmittelbares Herzogtum.

1532 Pommern wird in die Herzogtümer Wolgast für Herzog Philipp I. und Stettin für Herzog Barnim IX. geteilt.

1534 Auf dem Landtag von Treptow soll die Einführung der Reformation beschlossen werden. Der Auszug des Adels und des Bischofs verhindern einen förmlichen Beschluß. Trotzdem führt Bugenhagen mit Billigung der Herzöge die Reformation durch. Die Klöster werden säkularisiert, Mönche und Nonnen vertrieben.

1535 Bugenhagen veröffentlicht die neue Kirchenordnung.
König Ferdinand fordert von den Herzögen den Klosterbesitz für die Orden zurück.

1536 Martin Luther traut Herzog Philipp I. von Wolgast mit Maria von Sachsen, Tochter des Kurfürsten Johann des Beständigen.

1536–42 Der wolgastische Kanzleisekretär Thomas Kantzow verfaßt die „Pomerania", eine Chronik Pommerns, zuerst in niederdeutscher, dann erweitert in hochdeutscher Sprache.

1537 Vor dem Bauernlegen in Vor- und Mittelpommern geflohene Bauern gründen bei Neustettin das Dorf Galow.

1539 Herzog Philipp I. eröffnet die Greifswalder Universität als streng lutherische Hochschule neu.

1544 Bischof Erasmus von Manteuffel, letzter katholischer Bischof von Cammin, stirbt in Bast.

1545–49 Der verheiratete herzoglich stettinische Kanzler Bartholomäus Suawe ist Bischof von Cammin.

1551 Der evangelische Bischof Martin Weiher erhält von Papst Julius III. in einer Bulle vom 5. 10. eine päpstliche Bestätigung. Er läßt sich jedoch nicht weihen.

1556 Das Bistum Cammin wird zu einer Sekundogenitur für das Herzogshaus.

1559 Eine Visitationskommission in Stettin leitet das systematische Bauernlegen ein.

1569 Herzog Barnim IX. von Stettin tritt von seinem Amt zurück und übergibt sein Herzogtum seinem Neffen Herzog Johann Friedrich.

1572 Das Stettiner Handelshaus der Loitz geht Bankrott.

1573–1618 lebt Herzog Philipp II., der größte Kunst- und Wissenschaftsförderer auf dem Herzogsthron.

1580 Am 31. 3. wird Herzog Bogislaw XIV. geboren.

1582 Herzog Bogislaw XIII. von Barth gründet in Barth die „Fürstliche Druckerei“, die dritte in Pommern.

1587 Herzog Bogislaw XIII. gründet Franzburg als Stadt für Künstler, Kaufleute und Gewerbetreibende.

1588 Hans Witten druckt in Barth die berühmte niederdeutsche „Barther Bibel“.

1612 Der Greifswalder Professor Joachim Stephani interpretiert den Augsburger Religionsfrieden mit der Formel „cuius regio, eius religio“.

1616 Die „Bauern- und Schäferordnung“ für das Herzogtum Stettin erlaubt das Bauernlegen. 200 Soldaten werden auf Bitten der Lehnsleute angeworben, um die Lande Lauenburg und Bütow vor polnischen Soldaten zu schützen.
Das Flugblatt „Wahrhafftige Newe Zeitung“ verkündet „Deß newlich entstandenen Auffruhrs Parlaments und Aufflauffs der Gantzen Gemeinde und Bürgerschafft wider ihre Ordentliche Obrigkeit zu Alten Stettin“.

1617 Herzog Philipp II. von Stettin erwirbt aus Augsburg den „Pommerschen Kunstschrank“.
Das Stettiner Hofgericht zwingt die v. Massow, Rummelsburg das Stadtrecht zu gewähren.

1618 Der Rostocker Mathematikprofessor Eilhard Lubin entwirft für Herzog Philipp II. eine große Karte von Pommern.
Propst Librarius von Deutsch-Krone holt Jesuiten zur Durchführung der Gegenreformation in die Stadt.

1618–48 Dreißigjähriger Krieg.

1620 Auf dem Rabenstein bei Stettin wird Sidonia v. Borcke nach einem Hexenprozeß mit „hochnotpeinlicher Befragung“ hingerichtet und verbrannt.

1625 Herzog Bogislaw XIV. tritt die Regierung an. Pommern ist wieder vereinigt.

1627 In der Kapitulation von Franzburg muß Herzog Bogislaw 10 Regimenter Wallensteinscher Truppen, insgesamt 22000 Soldaten, zum Schutz gegen eine schwedische Invasion in Pommern einquartieren und versorgen.

1627–28 Wallensteins Truppen belagern erfolglos Stralsund.

1630 König Gustav II. Adolf von Schweden landet mit einem Invasionsheer bei Peenemünde.

1634 Eine Regimentsverfassung wird erlassen, um eine Regierung Pommerns nach dem Tod des erbenlosen Herzogs Bogislaw XIV. zu sichern und eine Machtübernahme durch die Schweden zu verhindern.

1637 Am 10. 3. stirbt Herzog Bogislaw XIV., mit ihm erlöscht das Greifengeschlecht. Die Lande Lauenburg und Bütow fallen als erledigtes Lehen an Polen zurück.

1638 Der brandenburgische Kurfürst Georg Wilhelm hat einen Lehnsbrief des Kaisers erhalten. Die „fürstlich pommerschen hinterlassenen Räte" treten von ihren Ämtern zurück. Schweden übernimmt die Verwaltung des Landes.

1640 Der Stettiner Rektor Johannes Micraelius schreibt seine „Sechs Bücher vom alten Pommernland".
Baldenburger Bürger erschießen den katholischen Pfarrer Simon Martin in der Kirche und äschern ihn ein.
Die Herzogswitwe Hedwig von Braunschweig gründet in Neustettin ein protestantisches Gymnasium.

1648 Im Westfälischen Frieden erhält Brandenburg Hinterpommern und das Bistum Cammin, Schweden Vorpommern mit Stettin, Rügen und einen Landstreifen östlich der Oder.

1650 Herzog Ernst Bogislaw von Croy, letzter Titularbischof von Cammin, muß gegen eine Zahlung von 100000 Talern auf alle Rechte im Bistum zugunsten der Kurfürsten Friedrich Wilhelm von Brandenburg verzichten.

1653 Im Stettiner Grenzrezeß wird die Teilung Pommerns festgeschrieben; Brandenburg übernimmt die Verwaltung von Hinterpommern.
Herzog Ernst Bogislaw von Croy wird Statthalter von Hinterpommern.

1654 Herzog Bogislaw XIV. wird in der Gruft der Stettiner Schloßkirche beigesetzt.
Eine „Regimentsverfassung" ordnet die Verwaltung im brandenburgischen Pommern.

1655–57 König Karl X. Gustav führt den schwedisch-polnischen Krieg, in dessen Verlauf Mittelpommern verwüstet wird.

1657 Brandenburg gewinnt im Bromberger Vertrag als polnischer Verbündeter Lauenburg und Bütow, später Draheim (1668) als erbliches Lehen von Polen.

1660 Im Frieden von Oliva wird die Souveränität Preußens allgemein anerkannt.

1663 Der Landtag in Wolgast erläßt die „Regimentsform der Königlich Schwedisch-Vorpommerschen Regierung".

1665 Die Jesuiten in Deutsch-Krone gründen eine höhere Schule, vor allem für Söhne des pommerschen Adels, das später berühmte „Athenäum".

1669 Michael Birgel baut im Auftrag Herzog Ernst Bogislaws von Croy die schönste Orgel Pommerns im Camminer Dom.

1674–79 Kurfürst Friedrich Wilhelm von Brandenburg führt Krieg gegen Schweden und erobert ganz Vorpommern.

1679 Im Frieden von St. Germain muß der Kurfürst ganz Vorpommern bis auf den Landstreifen östl. der Oder wieder an die Schweden herausgeben.

1685 Nach dem Edikt von Potsdam nimmt Brandenburg-Preußen französische Hugenotten auf.

1688 Ein Schmied in Polzin entdeckt die heilende Wirkung einer Quelle an der Wugger.

1689 In Stargard wird eine Münze eröffnet, die für Pommern einheitliche Münzen herausgibt – herzogliche und polnische Münzen werden aus dem Verkehr gezogen.

1700–21 Nordischer Krieg zwischen Schweden und Rußland.

1701 Kurfürst Friedrich III. von Brandenburg-Preußen wird in Königsberg zum König von Preußen gekrönt.

1710 Sächsische, polnische und russische Truppen dringen in Vorpommern ein.

1713–40 Friedrich Wilhelm I., der „Soldatenkönig".

1717 Der „Stumme Reichstag" Polens beschließt, alle seit 1632 erbauten protestantischen Kirchen abreißen zu lassen. In der späteren Grenzmark entstehen große Unruhen.

1719 König Friedrich Wilhelm I. hebt auf den königlichen Domänen die Leibeigenschaft auf.

1720 Im Frieden von Stockholn erhält Preußen Stettin, Usedom, Wollin und Vorpommern bis zur Peene gegen Zahlung von 2 Millionen Talern.

1723 Die „Pommersche und Camminsche Regierung" wird von Stargard nach Stettin verlegt. In Stettin wird die Kriegs- und Domänenkammer eingerichtet.

1724 In einer preußischen Kreisverwaltungsreform werden die zersplitterten Ämter und Vogteien zusammengefaßt.

1727 Erstmals werden in Torgelow Kartoffeln angebaut.

1732 Die erste Lehrerbildungsanstalt wird in Stettin eröffnet.

1737 Die seit 1730 angelegten Moorsiedlungen an der Zarow werden im Amt Königsholland zusammengefaßt.

1740–86 Regierungszeit König Friedrichs II.

1740–47 Die Swine wird vertieft und an ihrer Mündung der Hafen Swinemünde angelegt.

1745 Der Camminer Domherr Ewald Jürgen v. Kleist erfindet die elektrische Verstärkerflasche, ein Vorläufer des Kondensators.

1746 Der völlig verfallene Finow-Kanal zwischen Berlin und Stettin wird wiederhergestellt.

1747–53 Der Oderbruch wird bei Gartz, Greifenhagen, Stettin, Altdamm und Gollnow entwässert.

1752 Die Oderzölle werden aufgehoben, damit ist der Weg von Stettin nach Schlesien frei.

1754 König Friedrich II. stellt die Gründungsurkunde für ein Hüttenwerk in Torgelow aus, das die Raseneisenerzlager der Umgebung ausbeuten soll.

1756–63 Siebenjähriger Krieg. Russische Heere verwüsten mehrfach Pommern.

1756 Der Kammerherr Friedrich v. d. Osten beginnt in Plathe mit dem Aufbau seiner „Pommerschen Bibliothek", die schließlich 12000 Bände umfaßt.

1757 Schweden dringen über die

Peene vor und besetzen kurzfristig Demmin.

1758 Russische Truppen dringen in die Neumark ein. Am 25. 8. kommt es zur Schlacht bei Zorndorf. Kolberg wird belagert.

1759 General Soltikoff schlägt am 12. 8. König Friedrich II. bei Kunersdorf in der Neumark.

1760 Zweite russische Belagerung Kolbergs.

1761 Dritte Belagerung und Eroberung Kolbergs. Die Russen nehmen ihr Winterquartier in Hinterpommern.

1762 Zar Peter III. schließt mit König Friedrich II. Frieden. König Friedrich II. beauftragt den Geheimen Finanzrat Franz Balthasar Schönberg von Brenckenhoff, die Zustände im Lande zu untersuchen und Vorschläge zur Beseitigung der Kriegsschäden zu machen.

1765 In Stralsund erhält der Graveur der schwedischen Münze Johann Caspar Kern das alleinige Privileg, Spielkarten herzustellen. Damit legt er den Grundstein der „Vereinigten Altenburger und Stralsunder Spielkarten Fabrik AG“.
Swinemünde erhält Stadtrecht.

1770 Der Seespiegel des Madüsees wird um 8 Fuß gesenkt, um Land für 8 Dörfer zu gewinnen.

1772 Erste Teilung Polens.
Westpreußen und der Netzedistrikt kommen an Preußen.
Brenckenhoff beginnt mit der Regulierung der Netze und mit der Trockenlegung des Netzebruchs.

1773 Im Warschauer Vertrag tritt Polen die Länder Lauenburg und Bütow „erb- und eigentümlich“ an Preußen ab und verzichtet auf das Wiedereinlöserecht für die Starostei Draheim.

1779–1806 L. W. Brüggemann publiziert die „Ausführliche Beschreibung des gegenwärtigen Zustandes des Königlich Preußischen Herzogtums Vor- und Hinterpommern“.

1798 Der schwedische König bietet gegen eine Geldentschädigung dem preußischen König die Abtretung Schwedisch-Pommerns an. Wegen der übertriebenen Forderung werden die Verhandlungen jedoch abgebrochen.

1803 Ernst Moritz Arndt veröffentlicht seinen „Versuch einer Geschichte der Leibeigenschaft in Pommern und Rügen“.

1805 König Gustav IV. von Schweden schließt mit Rußland einen Bund gegen Kaiser Napoleon. König Friedrich Wilhelm II. von Preußen versucht, Norddeutschland neutral zu halten.

1806 König Gustav IV. von Schweden hebt in Vorpommern die Leibeigenschaft auf. Der Bauernstand kann jedoch nicht mehr wiederbelebt werden.
Nach der Niederlage Preußens bei Jena und Auerstädt flüchten Behörden und Minister aus Berlin nach Stettin.
Generalleutnant v. Romberg übergibt die Festung Stettin kampflos den Franzosen.

1807 Kolberg wird bis zum Frieden von Tilsit erfolgreich gegen die Franzosen verteidigt.
General v. Blücher wird zum

Generalgouverneur von Pommern und Neumark.
Das Gebiet um Schneidemühl muß an das von Napoleon geschaffene Großherzogtum Warschau abgetreten werden.

1808 Die Steinsche Städteordnung bringt den Städten die Selbstverwaltung und Unabhängigkeit von adligen Grundherren.

1809 Ferdinand Schill fällt in Stralsund im Kampf gegen die Franzosen.

1810 Gründung der „Pommerschen ökonomischen Gesellschaft".
In Preußen wird die Guts- und Erbuntertänigkeit aufgehoben.

1811 Napoleons Armee zieht durch Pommern nach Rußland.

1812 In Vorpommern wird die Dreifelderwirtschaft durch die Feldgraswirtschaft, in Hinterpommern durch die brandenburgische Koppelwirtschaft ersetzt.

1813–15 Im Befreiungskrieg wird die französische Besatzung aus Pommern vertrieben.

1814 Rügenwaldermünde wird das erste pommersche Ostseebad.

1815 Zur Verbesserung der Provinzialverwaltung wird das Amt des Oberpräsidenten geschaffen. Die neumärkischen Kreise Dramburg und Schivelbein werden der Provinz Pommern angegliedert.
Auf dem Wiener Kongreß wird Schwedisch-Pommern Dänemark zugesprochen, dieses tauscht es gegen das Herzogtum Lauenburg an der Elbe und 3,5 Millionen Taler mit Preußen.

1816 Johann August Sack wird zweiter Oberpräsident Pommerns.

1817 König Friedrich Wilhelm III. führt die Union der Lutheraner mit den Reformierten durch. Der Widerstand zahlreicher Pastoren führt zur Entstehung altlutherischer Gruppen, die z. T. nach Amerika auswandern.
Heinrich Dohrn gründet in Stettin die „Pommersche Provinziale Zuckersiederei", die einheimische Zuckerrüben verarbeitet.

1818 In einer Verwaltungsreform werden territoriale Landkreise gebildet.

1821 Oberpräsident Sack wandelt die zunftartig gegliederte Kaufmannschaft Stettins in eine freie Korporation mit selbstgewählten Vorstehern um.

1822–27 Die erste Chaussee wird von Berlin nach Stettin gebaut.

1823 Pommern erhält mit Gesetz vom 1. 7. eine landständische Verfassung mit einem eigenen Landtag.

1824 Die Gesellschaft für pommersche Geschichte und Altertumskunde wird in Stettin gegründet.

1825 Die Kreisordnung vom 17. 8. teilt Pommern in 26 Kreise. Stettin wird zu einem eigenen Kreis.

1826 Die „Kronprinzessin Elisabeth von Preußen", das erste Dampfschiff auf der unteren Oder, nimmt den Linienverkehr zwischen Stettin und Swinemünde auf.

1828–34 Die erste Fernstraße von Stettin über Köslin, Lauenburg nach Danzig, die Reichsstraße 2, wird gebaut.

1830 Kolberg wird Sole-, Moor- und Seebad.

1831 Generalpostdirektor Heinrich Stephan wird in Stolp geboren. Er schuf den Weltpostverein, erfand die Postkarte und führte den Bellschen Telegraphen ein. Dr. Beckedorf von Grünhof gründet den „Regenwalder landwirtschaftlichen Verein“.

1832 Die „Baltischen Studien“ erscheinen.

1833–36 Die erste Chaussee Neuvorpommerns wird von Stralsund nach Anklam gebaut.

1840 Franz Kugler schuf mit seiner „Pommerschen Kunstgeschichte“ die erste kunstgeschichtliche Darstellung einer Landschaft. Ferdinand Didier stellt erstmals in seiner Ziegelei in Podejuch feuerfeste Retorten her; sein Betrieb ist die erste pommersche Schamottefabrik.

1843 König Friedrich Wilhelm IV. eröffnet die erste pommersche Eisenbahnstrecke von Berlin nach Stettin.

1846 Der Nationalökonom Karl Rodbertus auf Jagetzow ist Mitbegründer des „Baltischen Zweigvereins für das Wohl der arbeitenden Klasse“.
Die Eisenbahnstrecke Stettin–Stargard wird eröffnet.

1847 In Stettin, Stolp, Lauenburg, Köslin und anderen Städten kommt es zu Hungerkrawallen.

1851 Die Preußische Ostbahn nimmt die Strecke Kreuz-Schneidemühl–Bromberg in Betrieb.
Der Stettiner Kaufmann Gustav Adolf Toepfer kauft auf der ersten Londoner Industrieausstellung die erste Dampfmaschine für die Landwirtschaft.
Die Ingenieure Fürchtenicht und Brock gründen in Bredow die Vulkanwerft für Eisenschiffe.

1853 In Züllchow entsteht die erste deutsche Portland Zementfabrik, die „Stettiner Portland Zementfabrik AG“.

1857 Der Geheime Oberregierungsrat Dr. L. v. Beckedorf gründet auf seinem Gut in Grünhof, Kreis Regenwalde, das Aloysiusstift, das erste katholische nachreformatorische Kloster in Pommern.

1859–70 Die Eisenbahnstrecke Stargard–Köslin–Stolp–Danzig wird gebaut.

1863 Bau der Eisenbahnstrecke Stettin–Stralsund.

1872 In der Kreisreform vom 13. 12. werden Stettin, Stralsund, Stolp und Stargard, später Greifswald und Kolberg kreisfrei. Der Kreis Fürstentum wird in die Kreise Kolberg-Körlin, Köslin und Bublitz aufgeteilt.

1873 Die Festungen Stettin, Kolberg und Stralsund werden aufgehoben.

1874–80 Bau der Kaiserfahrt durch die Insel Usedom.

1890 Stettin erhält ein privates Elektrizitätswerk.

1897 Zwischen Saßnitz und Trelleborg/Schweden wird eine Postdampferlinie eröffnet.
Graf Guido Henckel von Donnersmark gründet in Kratzwieck das Hochofenwerk „Kraft“.

1898 Kaiser Wilhelm II. eröffnet den Stettiner Freihafen.

1900 Die Stadt Grabow und die Orte Bredow und Nemitz werden nach Stettin eingemeindet.

1907 Der Stettiner Oberbürgermeister Haken läßt auf dem Fort Leopold am Hafen die Hakenterrasse erbauen.

1908 Geheimrat Löffler eröffnet auf der Insel Riems die Tierversuchsanstalt und die Serumproduktion gegen Maul- und Klauenseuche.

1909 Die Eisenbahntrajektlinie Saßnitz – Trelleborg wird eröffnet.

1914 – 18 Erster Weltkrieg.

1914 Beginn mit dem Ausbau des Großschiffahrtsweges Berlin – Stettin.

1915 Die ersten Brotmarken werden in Pommern eingeführt.

1918 Im zu einem Lazarett umgewandelten Alten Schützenhaus in Pasewalk beschließt der Gefreite Adolf Hitler, Politiker zu werden.

1919/20 Im Versailler Vertrag wird Pommern Grenzprovinz, da fast die ganzen Provinzen Posen und Westpreußen an Polen abgetreten werden müssen.

1920 Unter Prälat Dr. Weimann wird in Tütz die Erzbischöfliche Delegatur für die deutsch verbliebenen Teile der Diözesen Kulm und Gnesen eingerichtet.

1922 Aus den Resten der Provinzen Posen und Westpreußen wird die Provinz Grenzmark Posen-Westpreußen gebildet mit Schneidemühl als Hauptstadt.

1926 Die Apostolische Delegatur wird unter Prälat M. Kaller zur Freien Prälatur Schneidemühl erhoben.

1928 Die Vulkanwerft in Stettin wird stillgelegt und abgebrochen.
In einer Neuregelung der Gemeinden werden die Gutsbezirke als Verwaltungseinheiten aufgehoben.

1932 Der Regierungsbezirk Stralsund wird mit Stettin vereinigt. In der letzten freien Reichstagswahl wird in Pommern die NSDAP von 43,1 v. H. gewählt und gewinnt 10 Mandate für den Reichstag, die SPD nur 3.

1936 Der Rügendamm wird eröffnet.

1937 Im Naturschutzgebiet zwischen Karlshagen und Peenemünde entsteht die Heeresversuchsanstalt für Raketenwaffen, W. Dornberger und W. v. Braun entwickeln und erproben die A4, später V2 genannt.

1938 Die Provinz Grenzmark Posen-Westpreußen wird aufgelöst. Ihre nördlichen Kreise sowie die neumärkischen Kreise Arnswalde und Friedeberg werden Pommern angegliedert.

1939 – 45 Zweiter Weltkrieg.

1939 Der Kreis Randow wird aufgelöst. Stettin wird zu Groß Stettin. Die Städte Altdamm und Pölitz, 36 Dörfer, die Buchheide und der Dammsche See werden eingemeindet. In Pölitz entsteht das Hydrierwerk für synthetischen Treibstoff.

1945 Die Rote Armee erobert Pommern. Die Oder-Neiße-Linie teilt die Provinz in den deutschen und polnischen Teil. Im Sommer beginnt die von Polen als „durchdachte und organisierte Aussiedlungsaktion“ bezeichnete Vertreibung der Deutschen.

1947 Greifswald wird zum Bischofssitz der Pommerschen Evangelischen Kirche.

1948 Gründung der Pommerschen Landsmannschaft.

1952 Vorpommern wird unter die Bezirke Rostock, Neubrandenburg und Frankfurt a. d. Oder aufgeteilt.

1966 In Kiel wird die „Stiftung Pommern“ gegründet.

1972 Abschluß des Warschauer Vertrages, in dem die Oder-Neiße-Linie als polnische Westgrenze respektiert wird. In Hinterpommern werden die Bistümer Cammin-Stettin und Kolberg-Köslin gegründet.

1975 Eine Verwaltungsreform in Polen teilt Ostpommern auf sechs Wojewodschaften auf.

1986 Die Eisenbahntrajektlinie Mukran–Memel wird eröffnet.

1989 Zusammenbruch des „real existierenden Sozialismus“ im ehemaligen Ostblock. In Folge der politischen Veränderungen wird die Wiedervereinigung der DDR mit der Bundesrepublik Deutschland möglich. Vorpommern ist heute Teil des Bundeslandes Mecklenburg-Vorpommern.

Kleine lubinsche Karte von Pommern aus dem Jahr 1619

Pommern von A bis Z

Abel, Wilhelm, Agrarwissenschaftler und -politiker. *1904 in Bütow, † 1985 in Göttingen.
Nach Rechts- und Staatswissenschaftsstudium in Marburg, München und Kiel erhielt er 1933 den ersten Lehrauftrag für Raumforschung in Frankfurt a. M.; 1941 an der Universität in Königsberg, 1949–64 Prof. für Agrarpolitik in Göttingen, 1964–73 leitete er das Institut für Wirtschafts- unf Sozialgeschichte der Universität Göttingen. Mit seiner Dissertation über „Die Fragen des deutschen Getreidehandels" war der wissenschaftliche Weg des Bütower Bäcker- und Konditormeistersohns in die Agrarpolitik und Agrargeschichte sowie seine Beschäftigung mit den sozialen Fragen der Landbevölkerung vorgezeichnet. Vor Aufkommen des „Umweltbewußtseins" wies er auf die fundamentalen Unterschiede von Stadt und Land hin. Dieses Beziehungsgeflecht müsse in seiner Totalität gesehen werden und vertrage keine Einseitigkeiten der Betrachtung. 1956 nahm er mit dem Aufsatz „Alterssicherung für Landwirte" entscheidenden Anteil an der Schaffung der gesetzlichen Alterssicherung der Landwirte 1957. Er wurde zum „Vater der Altershilfe".
Werke u. a.: „Agrarkrise und Agrarkonjunktur in Mitteleuropa vom 13. Jh. bis zum 19. Jh." (1935/1966), „Agrarpolitik" (1951), „Massenarmut und Hungerkrise im vorindustriellen Europa" (1974).

Adelung, Johann Christoph, Sprachforscher. *1732 in Spantekow, Kreis Anklam, † 1806 in Dresden.
1759–61 war er Gymnasiallehrer in Erfurt, bis 1763 in Gotha als Bibliothekar, danach freier Schriftsteller in Leipzig, 1787 Oberbibliothekar in Dresden. Aus seinem aufklärerischen Weltbild verfaßte er zahlreiche kulturhistorische Schriften. Seine weiterreichende Bedeutung lag in seinen grammatischen Schriften zur deutschen Sprache. Er kämpfte für die Einheit der Schriftsprache; die obersächsische Sprache seiner Zeit war ihm Vorbild. Sein deutsches Wörterbuch ist eine Verbindung von etymologischen, semantischen und sprachhistorischen Erklärungen.
Werke: „Versuch eines vollständigen grammatisch-kritischen Wörterbuches der hochdeutschen Mundart" (5 Bde., 1774–86), „Deutsche Sprachlehre" (1781, jahrzehntelang Lehrbuch an preußischen Schulen).

Ahlbeck, Kreis Wolgast, früher Usedom-Wollin. 5700 Einwohner (1968). Ahlbeck ist das östlichste der drei wichtigen Usedomer Seebäder. König Friedrich II. siedelte 1750 am rechten Ufer der Aalbeeke, am Fuß des bewaldeten Zierowberges (59 m über NN), vier Kolonisten an – Ahlbeck königlich. 1771 begann der Geheime Finanzrat → v. Brenkenhoff mit der Entwässerung des Thurbruchs. Er kaufte die 1700 am Aalbeck gebaute Mühle – Ahlbeck adlig – und beseitigte den Stau im Bach; 1882 zu einem Dorf vereinigt. 1852 begann Gutspächter Holtz aus Stolpe mit dem ersten Badebetrieb. Der etwa 4 km lange Sandstrand zog vor allem den gehobenen Mittelstand und besonders kinderreiche Familien an. Vor allem Asthma- und Bronchialkranke suchen Ahlbeck zu jeder Jahreszeit auf. Schon 1938 waren es 522237 Fremdenübernachungen. Die Kurpromenade erstreckt sich über → Heringsdorf hinaus bis nach → Bansin, vor dem Zweiten Weltkrieg bis → Swinemünde. 1945–52 war Ahlbeck Sitz der Kreisverwaltung der Insel → Usedom. Im städtisch aussehenden Seebad gibt es eine größere Anzahl von zwischen 1860 und 1890 erbauten Hotels, Pensionen und Villen. 1890–92 wurde die Seebrücke, eine Holzkonstruktion, mit einem Seebrückenrestaurant erbaut. Eisgang und stürmische See zerstörten sie 1941/42, 1970–72 und 1984–86 wurde sie wieder aufgebaut. Mitten im Ort steht auf einer Düne die neugotische Dorfkirche von 1894/95.

Ahlbeck

Seit 1973 wurde in Ahlbeck der Nationen-Cup im Tennis ausgespielt.

Ahrenshoop, Kreis Ribnitz-Damgarten, früher Kreis Franzburg-Barth. 900 Einwohner (1969). Das Fischerdorf auf einer schmalen Landzunge des → Darß ist das westlichste Dorf Pommerns. Ahrenshoop wurde Mitte des 18. Jhs. an dem versandeten Darßkanal zwischen Saaler Bodden und der Ostsee angelegt. In seiner Nähe hatte Herzog Barnim VI. eine Burg erbaut, von der er im Bund mit Seeräubern Piraterie betrieb. Im Sommer 1395 zerstörten die Rostocker die Feste und schütteten den Graben zum Bodden zu. Der Maler Carl Malchin entdeckte 1882 das damals sehr abgelegene Dorf. Zwischen 1892 und 1896 folgte ihm eine Reihe von Künstlern, besonders aus Berlin; es entstand eine Künstlerkolonie. Der Maler Paul Müller-Kämpf gründete die Malschule für Freilichtmalerei. In seiner „Kunstkate" finden seit 1909 Ausstellungen statt. Der Erste Weltkrieg bedeutete das Ende der Kolonie. In den 20er Jahren des 20. Jhs suchten Alexej v. Jawlenski, Erich Heckel, Gerhard Marcks und Alfred Partikel die Abgeschiedenheit in Ahrenshoop. Nach 1945 gründete Johannes R. Becher das „Bad der Kulturschaffenden". 1963 kamen 10421 Urlauber nach Ahrenshoop.
Bauwerke: Die kleine, 1951 von Hans-Hardt Hämer erbaute hölzerne *Dorfkirche* mit tief herabgezogenem Reetdach ähnelt einem kieloben liegenden Boot. Sie wurde 1951–54 von der Bildhauerin Doris Oberländer-Seeberg ausgestaltet.

Alpenverein. 1886 gründeten 30 pommersche Bergsteiger die „Sektion Stettin" des Deutschen und Österreichischen Alpenvereins. Bis 1929 wuchs er auf 1430 Mitglieder an; 1936 hatte er noch 851. 1892 errichtete der Alpenverein in Südtirol unterhalb der „Hohen Wilde" am Eisjöchl die Stettiner Hütte, 2876 m, die 1912/13 erweitert wurde. 1918 übernahm sie der italienische Alpenverein, Sektion Padua. 1935 wurde sie durch einen Neubau ersetzt. Seit 1988 ist diese Hütte als „Rifugio Petrarca all'Altissima" wieder bewirtschaftet und untersteht dem Südtiroler Fremdenverkehrsverband.

Altdamm *(Dąbie),* Groß Stettin, 16207 Einwoher (1940). Altdamm liegt auf dem Ostufer der Plönemündung am → Dammschen See. Die Altstadt hat einen ovalen Grundriß. Nach der Aufgabe der Stadtwehr hat sich Altdamm nach Osten ausgedehnt. Im Süden siedelte sich an der Eisenbahnlinie die Industrie an. In den 20er und 30er Jahren entstanden entlang der Gollnower Straße ausgedehnte Stadtrandsiedlungen, die nach 1945 um weite Wohnblocksiedlungen am Fuß der → Buchheide erweitert wurden.
Bereits 1121 gab es an der letzten Übergangsmöglichkeit über die versumpfte Oderniederung eine wendische Fluchtburg „Vadam" bzw. „Dambe", die Herzog Boleslaw III. von Polen so zerstörte, daß „der Wanderer mit Grausen vorüberging", wie ein Chronist erzählt. Auf den Trümmern entstand ein deutsches Dorf, das Herzog Bogislaw I. dem Klo-

ster → Kolbatz schenkte. Herzog Barnim I. nahm 1226 den Ort von Kolbatz zu lebenslänglichem Lehen, baute eine Hofburg und verlieh ihm 1260 Mageburger Stadtrecht; am 14. 11. 1278 starb er in Altdamm. Der seit Vorzeiten genutzte Knüppeldamm nach Stettin wurde 1299 durch einen steinernen ersetzt; über die Reglitz führte eine Fähre, an der Zoll erhoben wurde. Um 1370 versuchte Altdamm, Verbindung zur Hanse aufzunehmen, Stettin verhinderte dies. Bis 1604 prozessierte die Stadt vor dem Reichskammergericht um ein eigenes Stapelrecht. Mehrere Stadtbrände zerstörten Altdamm, so 1540 und 1592; letzterem fielen die herzogliche Hofburg und der Turm der St.-Marien-Kirche zum Opfer. Bald danach erbaute Herzog Johann Friederich das Fürstenhaus als Absteigequartier für seine Jagden in der → Gollnower Heide. Die Stadt nutzte die ständigen Geldnöte der Herzöge und kaufte für 300 Gulden das Blutgericht. Im 30jährigen Krieg wurde Altdamm bei den Angriffen auf Stettin immer schwer in Mitleidenschaft gezogen. Die Versorgung fremder Truppen und häufige Feuersbrünste führten zu einer Verarmung der Stadt. 1709 wütete über zwei Monate lang die Pest; von den ca. 840 Einwohnern erlagen ihr 480. Im Frieden von Stockholm 1720 kam Altdamm an Preußen. 1740 hatte die Stadt bereits 1051 Einwohner. Nach der Trockenlegung der Reglitzwiesen und des Plönebruchs sowie der Einführung der Kartoffel (1746–47) setzte ein wirtschaftlicher Aufschwung ein. Der Eisenbahnbau von Stettin nach Stargrad schloß 1846 Altdamm an das sich ausbreitende neue Verkehrsnetz an. Es entwickelte sich ein Textilgewerbe, und bis 1860 fand zu Pfingsten regelmäßig der Woll- und Leinwandmarkt statt. 1872–73 wurde die Stadtmauer abgebrochen, und Altdamm dehnte sich plöneaufwärts und zur → Buchheide hin aus. 1873 entstand die Zellulose- und Papierfabrik. Weitere Betriebe wie eine Stärke- und Sirupfabrik, Sägewerke, Mühlen, Spinnereien und eine Faßfabrik folgten; dazu kam in den 30er Jahren das Elektrizitätswerk an der Plöne. 1927 wurde am Südufer des Dammschen Sees der Stettiner Flughafen für Land- und Wasserflugzeuge erbaut, heute von Sportfliegern genutzt. In den Jahren 1932–33 erweiterte sich Altdamm um einige Stadtrandsiedlungen, insgesamt 13 neue Straßenzüge. Am 15. 10. 1939 wurde der Landkreis Randow aufgelöst; Altdamm wurde Stadtteil von Groß Stettin. Bis 1945 war Altdamm Garnisonsstadt. Die Kämpfe um Stettin führten 1945 zu einer 70prozentigen Zerstörung der Stadt. Viele Häuser wurden nach Kriegsende abgerissen oder ausgeschlachtet.

Bauwerke: Pfarrkirche *Sankt Marien* (um 1590), spätgotischer Bau, wurde nach dem großen Brand von 1863 vollständig umgebaut und erhielt einen weithin sichtbaren Turm. *Fürstenhaus* (nach 1592) ist ein einfacher, zweigeschossiger verputzter Ziegelbau mit kräftig gequaderten Ecken. Nach 1945 wiederhergestellt, beherbergt eine Bibliothek.

Altdamm

Alt Draheim *(Stare Drawsko)*, Kreis Neustettin, 367 Einwohner (1939). Alt Draheim liegt auf einer schmalen Landzunge zwischen Sareben und → Dratzig See. Vor 1290 schenkte der Polenherzog Przemysł I. den Ort dem → Templerorden. 1345 übernahmen die → Johanniter Alt-Draheim. Beide Orden holten deutsche Siedler ins Land. Von 1406 bis 1657 war Alt Draheim polnischer Starosteisitz. 1668 übernahm der Große Kurfürst die Starostei als verfallenes Pfand. Im 7jährigen Krieg eroberten die Russen den Ort und setzten die Burg in Brand.
Bauwerke: Die *Burg* auf der Landenge (etwa 1300) wurde von Polen in der heutigen Form ausgebaut. Auf einem etwa 5 m hohen Hügel erhebt sich die Ruine, an deren Südseite die 2,50 m starke Umfassungsmauer eine Höhe von 12 m erreicht; sie begrenzt einen Innenraum von 49 mal 46 m. Von den Innenbauten sind nur spärliche Reste vorhanden. 1860 diente sie als Steinbruch für die neben der Ruine errichtete Kirche.

„Alte", der. Erntebrauch in Hinterpommern mit Kernraum im Stolper Kreis. Die letzte Garbe wurde zu einer mannähnlichen Figur gebunden und mit Blumen und Bändern geschmückt. In feierlichem Zug wurde sie ins Gutshaus gebracht, dort mit einem Segensspruch dem Gutsherrn übergeben – der Alte mußte bis zur nächsten Ernte aufbewahrt werden –, dann begann das Erntefest, bei dem der Alte bewirtet wurde. Auch ein Ehrentanz wurde mit ihm gemacht, was auf eine ältere Vorstellung von einem Wachstumsgeist hindeutet. Je weiter vom Kernraum entfernt, desto kleiner, einfacher und unansehnlicher wurde der Alte.

Der Alte

Altefähr, Kreis Rügen. 1440 Einwohner (1958). Altefähr liegt in einer Uferschlucht an der Südküste → Rügens, gegenüber von Stralsund. Fürst Wizlaw I. verlieh 1240 der Stadt Stralsund die Feldmark von Altefähr. 1314 wird ein Fährbetrieb erwähnt, der schon seit dem 13 Jh. existierte; noch 1805 betrieben ihn 22 Fährleute. Mit dem Eisenbahnbau und der Einrichtung der Trajektlinie Saßnitz – Trelleborg (1909) ging die Verkehrsbedeutung von Altefähr zurück. Die Anlegestelle der Trajektfähren über den Strelasund, zunächst nur für 3 D-Zug-Wagen, lag bei der Rampe des → Rügendammes. Die Eröffnung des Rügendammes (1936) führte den Verkehr an Altefähr vorbei; Altefähr wurde Seebad.
Bauwerke: *Kirche Nicolaus von der Vhere,* 1353 erstmals genannt, 2. Hälfte 15. Jh. Backsteinbau, dessen Westturm 1692 ein Fachwerkobergeschoß mit achteckigem Helm erhielt. Innenraum 1737 mit einem hölzernen Tonnengewölbe versehen. Die Ausmalung stammt von 1912. Der reichgeschnitzte Hochaltar (1746) mit einer seitenverkehrten Kopie des Abendmahls von P. P. Rubens ist ein Werk von Michael Müller aus Stralsund. Zwei Reste eines Schnitzaltares (etwa 1500) zeigen Reliefs der Heimsuchung und der Flucht nach Ägypten. Anfang des 14. Jh.s entstand die Kalksteintaufe mit Rundbogenfeldern. Das in der Nähe stehende Pfarrhaus wurde 1660 erbaut.

Altenkirchen, Kreis Rügen. 1900 Einwohner (1980). Altenkirchen ist als Kirchdorf und Marktflecken der zentrale Ort der Halbinsel → Wittow. Ein erhaltener Grab-

stein ist Hinweis dafür, daß Altenkirchen ursprünglich ein wendischer Begräbnisplatz war. Nach dem Fall der Tempelburg → Arkona (1168) wurde offenbar Tezlaw, der Bruder Jaromars, von Saxo Grammaticus als „König seines Volkes" bezeichnet, mit der Halbinsel Wittow abgefunden, da der Dänenkönig Jaromar als Fürst bevorzugte. Um 1200 ließ er sich die Hof- und Grabeskirche erbauen; seine Linie des Fürstenhauses starb im 13. Jh. aus.
Bauwerke: Spätromanische *Backsteinkirche* wahrscheinlich von dänischen Bauleuten als dreischiffige Pfeilerbasilika mit Chorquadrat und halbkreisförmiger Apsis begonnen; heutige Gestalt Ende 14. Jh. Die Außenwände von Apsis und Chor sind ungewöhnlich reich verziert. Über einem Sockel liegt eine Schicht glasierter Ziegel mit Palmettenrelief. Oberhalb der drei großen Fenster in rundbogigen Blenden zieht sich ein Bogenfries, der auf Kragsteinen mit menschenähnlichen Köpfen ruht, um die Apsis; an den Chorwänden Rautenblenden und ein Bogenfries. Apsis und Triumphbogen sind ornamental

Grabstein in Altenkirchen

ausgemalt. Den barocken Altar schuf Elias Keßler aus Stralsund. Der Taufstein (um 1250) mit vier bärtigen Männerköpfen ist ein Werk gotländischer Bildhauer. Bedeutsamstes Kunstwerk ist der *slawische Grabstein* aus Granit, fälschlich „Swantewitstein" genannt und in der südlichen Vorhalle liegend eingemauert. Ein bärtiger Mann in weitschwingendem Mantel hält mit beiden Händen ein großes Trinkhorn. Die Art, wie der Stein im Mittelalter in der Wand vermauert wurde, deutet darauf hin, daß er als Grabstein angesehen wurde. Das Horn, auch auf anderen Bildsteinen, ist Zeichen der slawischen Herrscher. Mit großer Wahrscheinlichkeit ist es Tezlaws Grabstein.

Altentreptow, Kreisstadt, bis 1952 Kreis Demmin, 8300 Einwohner (1981). Altentreptow liegt auf einem flachen Hügel, 12,50 m über NN, am Westufer der Tollense. Eine Straße überquert von Altentreptow das versumpfte Tal. Die Stadt mit ovalem Grundriß hat sich erst im 20. Jh. nach Westen auf dem Talrand ausgedehnt, inzwischen auch auf den Ostrand.
Ursprung war eine slawische Burg auf der Flußinsel mit vorgelagerter Siedlung und St. Petrikirche, erstmals 1175 genannt. 1191 gründeten zwei Lutizen auf dem Klosterberg das Benediktinerinnenkloster „in Monte St. Marie", bald nach Klatzow, später nach → Verchen verlegt. Lübisches Stadtrecht erhielt Altentreptow um 1245 – civitas Tributowe. 1321 kam Antiquum Treptowe an das Fürstentum Rügen und gehörte im Rügischen Erbfolgekrieg 1327 zu den Städten, die die Ansprüche des pommerschen Herzogs gegen Mecklenburg unterstützten. Eine 1360 genannte doppelte Befestigungsanlage schützte Altentreptow im Stettiner Erbfolgestreit 1468 nicht vor mecklenburgischen Truppen; die halbe Stadt (mit dem Rathaus und alle Urkunden) ging zugrunde. Seit dem 15. Jh. heißt die Stadt „Treptow up der Tollens". Eine erste Rektorschule entstand. 1720 kam die Stadt zu Preußen. 1850–56 war Fritz Reuter in Altentreptow Turn- und

Zeichenlehrer und Stadtverordneter; seine „Läuschen und Riemels“ und „De Reis’ nach Bellingen“ entstanden. Durch die Verkehrsverbindungen (1877–78 Nord-Bahn, Berlin–Stralsund, 1897 Demminer Kleinbahn Ost und 1913 Demminer Kleinbahn West) konnten der Weizen und die Zuckerrrüben des Tollense Winkels abtransportiert werden. Den Gewerbebetrieben in Altentreptow – Ziegelei, Molkerei, Mühle und im Zweiten Weltkrieg eine Munitionsfabrik – erschlossen sich so neue Absatzmärkte. Die beiden Kleinbahnen, z.T. mit Omnibusverkehr ab 1939, wurden nach 1945 demontiert. Im 20. Jh. erhielt der Ort den Namen Altentreptow. 1952 wurde Altentreptow Kreisstadt eines eigenen Landkreises, der ungefähr den Tollense Winkel umfaßt und sich nach Südwesten in die ehemaligen Kreise Stavenhagen und Malchin ausdehnt.

Altentreptow: Neubrandenburger Tor

Bauwerke: *Stadtbefestigung*, neben geringen Mauerresten Neubrandenburger (um 1450) und Demminer Tor, im 19. Jh. im Oberbau verändernd ergänzt, Heimatmuseum, erhalten.

Stadtkirche St. Peter, dreischiffige Backsteinhallenkirche – einzige erhaltene der drei mittelalterlichen Kichen der Stadt – Langhaus (14. Jh.) mit Kreuzrippengewölben, Chor (15. Jh.) mit Sterngewölbe. Der Westturm erhielt 1773 einen schlichten, verbretterten Aufsatz mit Spitze. 1865 durchgreifend renoviert. 1959 wurde die älteste Darstellung eines Einhorns in Pommern in einer Chorkapelle freigelegt. Der große Schnitzaltar (2. Hälfte 15. Jh.) hat im Mittelschrein die unter Baldachinen thronenden Figuren Christi und Mariens, unter ihnen Christus mit dem Stifterpaar. Zu beiden Seiten und in den Flügeln befinden sich 40 Heiligenfiguren in zwei Reihen übereinander. Das Chorgestühl – zwei Reihen mit je 10 Sitzen – ist ein spätgotisches Schnitzwerk. Die Granittaufe (Mitte 13. Jh) mit roh gehauenen flachen Reliefs von Masken und Kobolden hat einen Durchmesser von 0,91 m.

Die *katholische Kirche* auf dem Klüschenberg war 1936 auf der „Gesolei“ in Düsseldorf ausgestellt. Zahlreiche *Fachwerkhäuser* des 18. Jhs sind erhalten, u.a. die, in denen Fritz Reuter gelebt hat. In den Anlagen liegt ein Findling, „Opferstein“, 7 m lang, 5 m breit, 2–3 m hoch, etwa 140–150 cbm Gestein.

Altlutheraner, evangelisch-lutherische Freikirche, durch die Kabinettsorder König Friedrich Wilhelms III. zur Union der lutherischen und reformierten Landeskirchen in Preußen im Oktober 1817 unbeabsichtigt geschaffen. Die geringe Resonanz auf seinen Unionserlaß führte 1822 zur befohlenen Einführung der „Agende für die Evangelische Kirche in den königlich Preußischen Landen“. Hinhaltender Widerstand führte zu

Altsächsisches Bauernhaus

mehreren Abänderungen, die Rücksicht auf provinzielle Eigenheiten nahmen; für Pommern war die Neufassung 1827 erlassen. Ersten Widerstand formierte der Theologieprofessor und Diakon Dr. Gottfried Scheibeln in Breslau 1830, es entstand die „erste Gemeinde der unionsfreien lutherischen Kirche". Forderungen auf Anerkennung als selbständige Kirche wurden von der Regierung abgelehnt, Pastoren wurden verfolgt und inhaftiert. Dennoch verbreitete sich die Gemeinschaft in Preußen, Hannover, Hessen, Baden und Sachsen. Seit 1835 entstanden in Pommern die ersten Gemeinden. In der Camminer, Greifenberger und Stolper Gegend hatten viele vom Staat verfolgte Altlutheraner Zuflucht gesucht. In Hinterpommern traten H. v. Below und A. v. Thadden mit ihrer → Erweckungsbewegung in engen Kontakt zu den Altlutheranern. Die staatliche Verfolgung setzte eine Auswanderungsbewegung nach Nordamerika in Gang. 1837 führte der Prediger Zühlsdorf die erste Gruppe nach Cleveland, Bagan eine andere nach Pennsylvania, insgesamt 70 Personen. Bis 1839 hatten 570 Pommern ihre Heimat verlassen.

König Friedrich Wilhelm IV. suchte ab 1840 eine friedliche Regelung; die Verfolgung hörte auf. Die pommerschen Altlutheraner durften ihre eigenen Pastoren einsetzen, Laienpredigten blieben aber verboten. Taufen, Konfirmationen und Trauungen wurden auch nicht anerkannt. So schwoll der Auswandererstrom an; 1843 zogen 1017 Altlutheraner allein aus Pommern in die USA. Der König setzte 1842 eine Kommission zur „Regulierung der Verhältnisse der separierten Lutheraner" ein, die in der Generalkonzession vom 23. 7. 1845 den Altlutheranern die volle staatliche Anerkennung brachte.

Altsächsisches Bauernhaus. Vom ursprünglichen altsächsischen Bauernhaus wurden der Ständerbau, die große Durchgangsdiele und das mächtige Rohr- oder Strohdach übernommen. Die Außenwände aus Lehmfachwerk haben keine tragende Funktion. Das Flett fehlt ganz, so daß die Diele sich bis zur Rückwand erstreckt und dort in einer Außentür endet. Der Herd ist aus der Mitte ins Seitenschiff gerückt, in einen eigenen Küchenraum. Ställe – sehr verkleinert – und Wohnräume liegen zu beiden Seiten der

Diele, letztere dehnten sich immer mehr in die Diele aus. Sein Hauptverbreitungsgebiet war vor allem auf Rügen, in Vorpommern und in Hinterpommern von der Odermündung in einem schmalen Streifen entlang der Küste bis etwa zur Persante. Nach Osten schlossen sich Mischformen dieses Bautyps an. Auf dem Darß wurden sie „Buerhüser" genannt, im übrigen Pommern „Wendenhüser" (zur Bezeichnung ihres hohen Alters) und „Rökerhüser". Ursprünglich hatten sie keinen Schornstein, der Rauch zog durchs Dach ab.

Alt Schlawe *(Sławsko),* Kreis Schlawe, 852 Einwohner (1939). Alt Schlawe ist ein ehemaliges Amtsdorf, das sich entlang der Straße nach Stolpmünde ausgedehnt hatte. Von den 120 Bauernhöfen, einige seit dem 16. Jh. in ununterbrochenem Familienbesitz, hatten 49 eine Größe von 5–10 ha, die größten überschritten nicht 56 ha. Wasser- und Windmühle, Ziegelei und Genossenschaftsmolkerei, Standesamt und Spar- und Darlehnskasse gaben Alt Schlawe überörtliche Bedeutung. 1186 wird ein Nachkomme Herzog Ratibors I., Wartislaw Zlawinie, auf der Burg Zlawinia am linken Wipperufer genannt. Auf der Burg stand nach 1150 ein Haus des → Johanniterordens, der es 1320 in die 3 km südlich gelegene neue Stadt Schlawe verlegte. Bis 1317 war der Name „Schlawe" nur auf die Burg und die Kastellanei beschränkt, dann erst ging er auf die neue Stadt über. 1307 belehnten die Markgrafen von Brandenburg Graf Swenzo, Palatin von Danzig und Stolp, und dessen Söhne Peter, Jesco und Lorenz mit dem Land Schlawe. Jesco von Schlawe († um 1347) residierte 1312 in Alt Schlawe. 1402 zerstörten die Bürger von Schlawe die Burg, aber schon 1403 hatte ihnen Herzog Bogislaw VIII. diese Untat verziehen. Um 1780 gab es noch in Alt Schlawe ein „ritterfreyes" Gut, vor 1850 aufgeteilt. Bei der widerstandslosen Besetzung durch die Rote Armee brannten einige Gehöfte und die Mühle ab.

Bauwerke: Dreischiffige spätgotische *Backsteinhallenkirche,* 1489 genannt, mit weit sichtbarem Westturm. Der Innenraum ist von Kreuz- und Sterngewölben überspannt. In den Renaissancealtar wurde 1697 ein gotischer Schrein eines Flügelaltares eingefügt. Der Granittaufstein ist mittelalterlich.

Altstadt

Altstadt *(Budzistowo),* Kreis Kolberg-Körlin. Altstadt war ein Rittergut und ist heute ein Gestüt; die Gebäude stammen aus dem 19. Jh. Hier lag die wendische Siedlung mit der Burg, die Thietmar von Merseburg († 1018) „salsa Cholbergiensis" nennt. Um 1000 setzte Polenherzog Boleslaw I. Chrobry den deutschen Mönch Reinbern als Bischof ein, um die heidnischen Pomoranen zu missionieren. 1124 verkündete in Altstadt Bischof Otto von Bamberg das Christentum und weihte 1125 eine erste Marienkirche. Die Gründung der neuen Stadt → Kolberg, näher an der Ostsee, ließ Altstadt verfallen; 1360 stand die St.-Johannis-Kirche „in campis". Bischof Hermann von Gleichen gründete in Altstadt 1278 ein Benediktinerinnenkloster. 1469 zogen die Nonnen in die Stadt Kolberg, Kloster und Kirche wurden abgebrochen. Um 1500 zogen die Nonnen wieder nach Altstadt, bauten ihr Kloster auf und blieben bis 1545. Anschließend kehrten sie in die Stadt zurück. 1727 wurde die Klosterruine abgebrochen – eine königliche Brauerei trat an ihre Stelle.

Bauwerke: *St.-Johannis-Kapelle*, 1222 von Miroslawa von Pomerellen, Mutter Herzog Barnims I., gegründet und dem Kloster Mogilno bei Gnesen geschenkt. Während des 30jährigen Krieges verfiel sie, danach wieder aufgebaut, weitere Neubauten 1775, 1824. Der Kolberger Baumeister Marten baute 1890 die heutige einschiffige Backsteinkapelle mit Dachtürmchen über dem Westgiebel. Die spitzbogigen Fenster haben kein Maßwerk. Die Kapelle bezeichnet wohl die Stelle der ältesten pommerchen Kirchengründung.

Altvorpommern. Pommersche Landschaft, die sich von Stettin bis zur → Peene erstreckt. Sie umfaßte die Landkreise Anklam, Demmin, Randow und Ueckermünde. Nach dem 30jährigen Krieg gehörte Altvorpommern zum von Schweden besetzten Vorpommern. Von da ab war das Hauptziel brandenburgischer bzw. preußischer Außenpolitik der Erwerb Vorpommerns. Die Niederlage Karls XII. von Schweden bei Poltawa (1709) beendete die schwedische Vorherrschaft im Ostseeraum. Jetzt hoffte König Friedrich Wilhelm I. auf eine schnelle Regelung. Sachsen und Russen eroberten 1713 die Festung Stettin, Preußen übernahm sie und das Land bis zur Peene, versprach den Verbündeten, neutral zu bleiben und sich mit 400000 Talern an den Kriegskosten zu beteiligen. Der schwedische Generalgouverneur akzeptierte diese Lösung, jedoch nicht Karl XII. Daher schlossen Preußen, Sachsen, Rußland, Hannover und Dänemark 1714 einen Vertrag zur Aufteilung Schwedisch Vorpommerns. Nach langem Aufenthalt in der Türkei kehrte Karl XII. nach Stralsund zurück, begann den Krieg und besetzte 1715 die Insel → Usedom. Preußen besetzte → Wollin, und seine Armee drang bis Stralsund vor. Zusammen mit einem dänischen Heer – insgesamt 50000 Mann – belagerte es die Stadt; Usedom wurde zurückerobert. Die dänische Flotte verschaffte sich Zugang zum → Greifswalder Bodden, und Fürst Leopold von Dessau eroberte zügig die Insel → Rügen. Am 22. 12. 1715 floh Karl XII. aus Stralsund nach Schweden, die Stadt kapitulierte. Preußen übernahm das Gebiet südlich der Peene. Am 11. 12. 1718 wurde Karl XII. ermordet; seine Nachfolgerin Ulrike trat in Verhandlung mit den Verbündeten. Im Vertrag von Stockholm vom 21. 1. 1720 erhielt Preußen dieses Gebiet gegen eine Zahlung von 2 Mil. Talern.

Anklam, Kreisstadt, 19600 Einwohner (1990). Anklam liegt am Südufer der → Peene auf einer Geschiebemergelplatte, 12,5 m über NN, 7,5 km oberhalb der Mündung in den Peenestrom. Das Peenetal wird durch die Höhen von Retzlow im Norden und den Schülerberg im Süden bis auf 3 km verengt. Die Stadt hat sich seit Ende des 18. Jh.s auf die südlichen und südöstlichen Talrandhöhen ausgedehnt; das versumpfte Nordufer der Peene ist ein Naturschutzgebiet. Die Verkehrsgunst – letzter Flußübergang vor der Mündung, Peenebrücke (1927), Schiffbarkeit der Peene – machte Anklam zu einem zentralen Ort, zum Standort einer landwirtschaftlichen Verarbeitungsindustrie (Zuckerfabrik, Molkerei, Möbelfabrik und Maschinenbau). Der Hafen, vor 1945 in engem

Anklam: Steintor

Kontakt zu Hamburg, hat mit einem Umschlag von ca. 1 Mill. t nur noch lokale Bedeutung.

Die Altstadt besteht aus zwei Teilen, der planmäßigen Anlage um den Markt und dem unregelmäßigen Peeneviertel, beide im 13. Jh. mit einer Mauer umbaut. Sie wurden im Zweiten Weltkrieg stark zerstört und mit stark verändertem Straßennetz wiederaufgebaut. 1243 „Tanchlim" erstmals genannt, 1264 werden „Burgenses in civitate Tanglym" erwähnt. Lübisches Stadtrecht erhielt Anklam 1292. Seit 1283 war Anklam Hansestadt. Ein Stadtbrand zerstörte 1384 die Stadt bis auf wenige Häuser an der Marienkirche. 1427 nahm Anklam auf herzoglichen Wunsch nicht am Krieg der Hanse gegen Dänemark teil, dafür wurde es zeitweise aus dem Hansebund ausgeschlossen. Thomas Kantzow beschrieb 1540 die Stadt mit „viel gemewerte Häuser". Wegen der häufigen Feuergefahr bauten die Anklamer 1580 eine Wasserleitung. Der 30jährige Krieg reduzierte die Bevölkerung von zirka 5000 (1565) auf ca. 1600 (1677). 1720 kam die Stadt an Preußen, wurde Grenzstadt und Festung. Letztmalig eroberten sie die Schweden 1759. Danach (1761) wurden die Festungsanlagen abgetragen und die Wälle den Bürgern als Gärten überlassen. 1815 kam der Peenedamm nördlich der Stadt an Preußen. 1839 fuhr der erste Dampfer auf der Peene. Der Hafen wurde zum Umschlagplatz landwirtschaftlicher Produkte des Umlandes; 1988 hatte Anklam einen Güterumschlag von 1,025 Mill. t. Die Berlin-Stettiner-Eisenbahn verband 1863 Anklam mit Stettin und Stralsund. Eine der größten deutschen Kartoffelstärkefabriken und die Zuckerfabrik (1883) wurden durch das dichte Kleinbahnnetz der Mecklenburg-Pommerschen- Schmalspurbahn (1886) und der Kleinbahn Anklam-Lassan (1896) mit ihren Rohstoffen beliefert. Weitere Betriebe der Möbel-, Maschinen- und Lebensmittelindustie entstanden. Bis in die 20er Jahre gab es noch drei Werften an der Peene. Der 1899 im Hafen erbaute 40000 dz Getreide fassende Speicher, die 1927 fertiggestellte neue Peenebrücke und die Vertiefung des Hafens brachten Anklam neue wirtschaftliche Impulse. In den 30er Jahren entstanden die Arado-Flugzeugwerke, deren Flugplatz weiterhin genutzt wird. 1943 und 1945 zerstörten Luftangriffe die Innenstadt fast vollständig. Nach 1945 nahmen kleine und mittlere volkseigene Betriebe ihre Arbeit auf; eine Forschungsstelle für Agrarökonomik entstand.

Bauwerke: Stadtwehr (13. Jh.), davon erhalten das *Steintor* (1434), 32 m hoch, mit reicher Blendengliederung und Staffelgiebeln, seit 1989 Heimatmuseum. Der 20 m hohe, runde *Pulverturm,* auf dem der Gymnasiallehrer Gustav Friedrich Wilhelm Spörer eine Sternwarte einrichtete und seit 1860 die Sonnenflecken beobachtete. An der Straße nach Pasewalk: *„Hoher Stein"* (1458), ein runder Wartturm mit sechseckigem Helm.

Die meisten mittelalterlichen Bürgerhäuser wurden im Zweiten Weltkrieg zerstört; in der Demminer und der Frauenstraße sind einige erhalten. Im *Lilienthal-Museum* stehen viele Originale Lilienthalscher Flugmodelle. Stadtkirche *St. Marien* (1296), dreischiffige Backsteinhallenkirche, in drei Bauphasen errichtet: Der Gründungsbau (2. Hälfte des 13. Jh.s). im Chor und in der Sakristei an einem schwarzglasierten Rundbogenfries zu erkennen. Langhaus und Südwestturm aus der 2. Hälfte des 14. Jhs; Chorerweiterung, südliches Seitenschiff und Marienkapelle aus dem 15. – 16. Jh. Aus der Erbauungszeit legte man 1936 – 37 im Langhaus Fresken aus dem sundisch-lübischen Kunstkreis frei. Pfeiler und Bogenleibungen sind mit ornamentaler Malerei bedeckt, dazu drei vielfigurige Darstellungen einer Kreuzigung, einer Verkündigung und von Heiligenfiguren. Vom ehemaligen Hauptaltar, einem gotischen Schreinaltar, überstand nur die lebensgroße Figur der Muttergottes mit dem Jesuskind den Zweiten Weltkrieg. Der kelchförmige Taufstein aus Kalkstein (um 1320) ist mit kleeblattförmigen Blenden, Köpfen und Rosetten verziert. Heutiger Hauptaltar und Teile des Chorgestühls wurden aus den geretteten Resten der St. Nikolaikirche zusammengestellt.

St. Nikolaikirche (vor 1300), dreischiffige Hallenkirche aus gelbem Backstein, seit 1945 Ruine. Umfassungsmauern, Pfeiler und Turm mit reicher Blendengliederung sind erhalten, die Gewölbe eingestürzt. An den Pfeilern und Schildbögen beachtenswerte Reste figürlicher und ornamentaler Wandmalerei (Ende 14. Jh.). Von der sehr reichen Innenausstattung blieben nur kümmerliche Reste erhalten. Die Apostelglocke (1450) wurde gerettet und hängt in St. Marien.

Hl.-Geist-Kirche, älteste Kirche, „domus Sti Spiritus in Tanglym" (1272), wurde 1854 zu einem Altersheim umgebaut.

Anklam, Landkreis, 667,22 qkm Gesamtfläche, 39527 Einwohner (1939). Von diesen wohnten allein 19841 in der Stadt Anklam. Der Kreis, der 1952 um 88,11 qkm aus dem früheren Kreis Greifswald erweitert wurde, liegt im wesentlichen auf der ebenen Grundmoräne, die im Osten in das Aufschüttungsgebiet der eiszeitlichen Rückzugsstaffeln hineinreicht. Die vorwiegend sandig-lehmigen Böden werden für den Anbau von Weizen und Zuckerrüben (16,7 v.H. der landwirtschaftlichen Nutzfläche, 1939) und Roggen und Kartoffeln (39,2 v.H.) genutzt, 68 v.H. der Nutzfläche sind Ackerland, ca. 30 v.H. Wiesen und Weiden. Der Wald beschränkt sich auf die Sandgebiete im Osten des Kreises, ein Ausläufer der → Ueckermünder Heide. Die Bewirtschaftung erfolgte im wesentlichen von Großbetrieben. 1933 gab es 22 Güter mit 500 – 1000 ha und 3 mit über 1000 ha, von denen 1925 – 31 nur 1350 ha aufgeteilt und aufgesiedelt worden waren. Die Industrie des Kreises verarbeitet vor allem Agrarprodukte in Mühlen, Molkereien sowie in einer Zucker- und Stärkefabrik, dazu kamen noch Sägewerke, Möbelfabriken, Textilherstellung und Landmaschinenbau. Diese Industrie ist weitgehend auf Anklam konzentriert, das mit seinem Hafen Zugang zu aus-

Die Nikolaikirche in Anklam

wärtigen Märkten hat. 1939 waren von den 30761 Beschäftigten 43,8 v.H. in der Land- und Forstwirtschaft tätig, 37,5 v.H. in Industrie und Handwerk und 18,6 v.H. in Handel und Verkehr; 1988 arbeiteten noch 35 v.H. in der Landwirtschaft. Der südliche Teil des Kreises ist mit seinen Lindenalleen als „Grafenwinkel" bekannt, seit 1230 im Besitz der Familie v. Schwerin.

Arkona, Kap auf → Rügen. Arkona ist eine 46 m hohe Kreideklippe mit horizontal eingelagerten Feuersteinbänken. 1826–29 wurde ein viereckiger Leuchtturm nach Plänen von K. F. Schinkel von Michaelis und Lübke errichtet, der 1902 durch einen 35 m hohen Leuchtturm mit einem Blitzlicht-Drehfeuer, das 22,5 Seemeilen weit zu sehen ist, abgelöst wurde. Die äußerste Spitze wird zur Landseite von einem 8–12 m hohen, 262 m langen Erdwall abgeschirmt: landseitige Begrenzung der Jaromarsburg mit dem letzten heidnischen Tempel des → Swantewit. Nach der Zerstörung Rethras, Ende des 11. Jh.s, wurde es zum Hauptheiligtum der Slawen zwischen Elbe und Oder. 1168 zerstörten der Dänenkönig Waldemar I. und Bischof Absalom von Roskilden Burg und Götterbild. Von der Tempelanlage gibt es keine Funde, da das Kap ständigen Küstenabbrüchen ausgesetzt ist; ausgegraben wurden einzig eine Bodenplatte, die wohl der ersten dänischen Kirche zuzurechen ist. Seit 1830 werden am Fuß des Kliffs Sicherungsmaßnahmen durchgeführt.

Arndt, Ernst Moritz, Historiker, Politiker, Dichter. *1769 in Groß Schoritz, † 1860 in Bonn. Der außerehelich Geborene wurde Ende des Jahres 1769 durch den Freikauf seines Vaters aus der Leibeigenschaft des Grafen von Putbus (für 80 Taler) und der dann erst möglichen Heirat ehelich legitimiert. 1791 Studium der Theologie in Greifswald, 1793–94 in Jena – starker Einfluß Fichtes. Nach theologischem Examen (1796) Hauslehrer bei G. L. → Kosegarten in Altenkirchen/Rügen. Reise nach Paris (1799). 1800 wurde Arndt Dozent für Geschichte und

Ernst Moritz Arndt, Zeichnung 1808

1806 außerordentlicher Professor in Greifswald. 1801 heiratete er Charlotte Quistorp, die nach der Geburt des Sohnes Karl Moritz im gleichen Jahr verstarb. 1803 erschien sein „Versuch einer Geschichte der Leibeigenschaft in Pommern und Rügen" bei Reimer in Berlin. Aufgebrachte pommersche Adlige versuchten, ihn wegen Majestätsbeleidigung zu verklagen; ein Verfahren wurde nicht eingeleitet. Veröffentlichung des ersten Teils von „Geist und Zeit" (1806) mit schweren Angriffen auf den „Tyrannen" Napoleon. Aus Furcht vor den Franzosen, die 1807 Schwedisch-Vorpommern besetzten, floh er nach Stockholm, wo er bis 1809 mit Übersetzungen schwedischer Gesetze für die deutschen Landesteile beschäftigt war. Mit falschem Paß kehrte er zurück und nahm in Berlin Verbindung mit den Berliner Patrioten um F. D. Schleiermacher, A. N. v. Gneisenau, F. L. Jahn – dem Turnvater – u. a. auf. 1810 wieder Professor in Greifswald; Schwierigkeiten mit den franzosenfreundlichen Kollegen führten zu seiner von ihm selbst beantragten Entlassung. Reichsfreiherr vom Stein rief ihn 1812 nach St. Petersburg, um als Publizist und politischer Dichter für den Freiheitskampf zu wirken. 1813 schrieb er das Lied „Was ist des Deutschen Vaterland?“. In seiner Schrift „Der Rhein, Deutschlands Strom, nicht Deutschlands Grenze“ (1813) stellte er die Forderungen der deutschen Patrioten auf. 1817 heiratete er Nanna Schleiermacher und siedelte nach Bonn über. 1818 Professor. für neuere Geschichte in Bonn. Subversiver Tätigkeiten verdächtigt, wurde er kurzzeitig verhaftet und polizeilich überwacht; es kam zu keinem Prozeß, aber er war 1820–40 vom Lehramt suspendiert. 1848 im Wahlkreis Solingen zum Abgeordneten in die Deutsche Nationalversammlung in Frankfurt gewählt. Er publizierte „Das verjüngte oder vielmehr zu verjüngende Deutschland, ein Büchlein für den lieben Bürgers- und Bauersmann“. 1849 verließ er mit 65 Abgeordneten das Frankfurter Parlament. 1854 beendete er seine Vorlesungstätigkeit. Neben seinen politischen Schriften und Dichtungen sammelte er als erster pommersche Sagen und Märchen. Hochgeehrt von der deutschen Jugend, beging er 1859 seinen 90. Geburtstag. Ein Jahr später erlag er einer Lungenentzündung.

Arnim, Harry von, Diplomat. *1824 in Moitzelfitz, Kreis Kolberg-Körlin, † 1881 in Nizza. Trat in den Dienst des Auswärtigen Amtes und wurde 1862 preußischer Gesandter in Lissabon, 1864 in München und Rom. 1870 zum Grafen geadelt. 1872 Botschafter in Paris. Ganz entschieden unterstützte er die monarchistische Bewegung in der französischen Republik und geriet so in Gegensatz zu Bismarck, der ihn 1874 abberufen ließ. Bei seinem Abgang eignete sich Arnim wichtige dienstliche Dokumente an. In einem aufsehenerregenden Prozeß wurde er auf Bismarcks Betreiben zu einer Gefängnisstrafe verurteilt. Arnim floh und publizierte 1876 in der Schweiz „Pro nihilo“, sehr scharfe Angriffe auf Bismarcks Regierungsstil. Daraufhin wurde er in Abwesenheit zu 5 Jahren Zuchthaus wegen Landesverrats verurteilt – ein rechtlich zweifelhaftes Urteil, das als „Arnim Paragraph“, § 353a, 1876 ins Strafgesetzbuch gelangte.

Arnswalde, *(Choszczno),* Kreisstadt, 14283 Einwohner (1983). Arnswalde liegt auf einer von Südosten vorspringenden Landzunge zwischen dem Klückensee und dem Stüdnitzfließ. Die fast 24 ha große Altstadt bildet ein im Südwesten abgerundetes Rechteck mit viereckigem Markt, St. Marienkirche und Rathaus. Die Stadterweiterungen des 19. Jh.s zum Bahnhof im Westen und entlang der Friedeberger Straße nach Südosten wurden zu bevorzugten Standorten gewerblicher Betriebe, u.a. Maschinenfabriken, Zucker-, Tuch-, Seifen-, Dachpappen- und Bürstenfabriken sowie Sägewerke. Ende des 19. Jh.s entstand am Klückensee ein Villenviertel des gehobenen Mittelstandes; im 20. Jh. im Westen die ersten Stadtrandsiedlungen. Die 1945 stark zerstörte Stadt wurde in Plattenbauweise aufgebaut.
Seit 1233 hatte das Kloster → Kolbatz Besitzungen in Arnswalde; östlich der Stadt, im Rosengarten, wurde ein Urnenfriedhof gefunden, westlich liegt ein wendischer Burgwall, 1364 noch erwähnt. Erstmals 1281 genannt, wahrscheinlich aus wilder Wurzel. Um 1284 erhielt Arnswalde Magedeburger Stadtrecht. 1291 als „civitas et burgenses“ erwähnt, die im 14. Jh. eine Mauer, sieben Vierecktürme und 36 Wiekhäuser erhielt. 1321 gab es in Arnswalde eine Synagoge. Die Stadt kam im 14. Jh. in den Besitz der Familie von Wedell. Von 1402–54 gehörte Arnswalde dem → Deutschen Ritterorden. Während des Hussiteneinfalls (1433–36) übernahm Polen die Schutzherrschaft. Der Ritterorden setzte 1445 den Bau eines Schlosses in der Stadt mit Gewalt durch, später als landesherrlicher Hof erwähnt. Schon um 1450 hatte die Stadt eine Ratsschule, nach 1560 durch eine „Jungfernschule“ ergänzt. 1469 belagerten Pommern Arnswalde erfolglos. Von 1472 war es Sitz eines neumärkischen Landvogtes. Bis 1551 stand vor dem Hohen Tor eine Marienwallfahrtskapelle, zu der Pilger aus Polen kamen; Markgraf Hans von Brandenburg verbot diese Pilgerfahrten. Bereits 1576 war Arnswalde um eine Vor-

stadt vor dem Steintor erweitert. Von den 469 Häusern von 1624 waren 1660 – nach dem 30jährigen Krieg – nur noch 96 erhalten. Am 12. 1. 1807 wurde der französische General Victor gefangengenommen, nach Kolberg geschafft und gegen General Blücher ausgetauscht. Im 19. Jh. dehnte sich die Stadt über die Befestigungsanlagen aus, besonders in Richtung Bahnhof. Die alte Poststraße von Stettin nach Posen erhielt in Arnswalde Anschlüsse durch sogenannte „Kunststraßen", 1852 nach Neuwedell und 1854 nach Reetz. Wichtiger war die 1847 eröffnete Stargard – Posener Eisenbahn, 1895 durch die Bahn Arnswalde–Kallies ergänzt. Die Zeit der Vieh- und Pferdemärkte war damit abgeschlossen, dafür Gründung einer Zündholzfabrik (1850) und der Maschinenfabrik und Gießerei Jahn & Co. (1860), die Ausrüstungen für Zucker- und Stärkefabriken herstellte. Weitere Betriebe waren: Maschinenfabrik Dräger, die Zuckerfabrik, eine Bürstenfabrik, vier Sägewerke, eine Dachpappenfabrik und Tuchfabrik Tietz. 1938 kam die neumärkische Kreisstadt zur Provinz Pommern. 1945 schloß sie die Rote Armee für 16 Tage ein; etwa 7000 Bürgern gelang es, durch einen freigekämpften Korridor zu entkommen. 85 v.H. der Stadt wurden dabei zerstört, besonders die Altstadt. Nur das Villenviertel am Klückensee blieb größtenteils erhalten. 1946 lebten in Arnswalde nur 2000 Menschen. Seit 1960 Wiederaufbau; Stadtmauer und St. Marien wurden restauriert. Die Zuckerfabrik und die Brennerei nahmen bald ihren Betrieb wieder auf.

Bauwerke: Stadtmauer noch zum größten Teil mit Wiekhäusern erhalten. Von den Stadttoren ist nur ein halbrunder Turm am *Steintor* erhalten.

Stadtkirche St. Marien (14. Jh.), gotische, dreischiffige Hallenkirche. 1859–62 durchgreifend restauriert, dabei die 1637 eingestürzten Kreuz- und Sterngewölbe erneuert bzw. ins Langhaus neu eingezogen. Wuchtiger, fünfgeschossiger Westturm, 65 m hoch, von zwei 1860 gebauten Treppentürmen flankiert, sein Helm nach 1945 noch nicht wiederhergestellt. Im Chor ist auf einer gebrannten Tontafel (15. Jh.) der Stammbaum Christi dargestellt.

Arnswalde, Landkreis, 1264,86 qkm Gesamtfläche, 45 410 Einwohner (1939). Neben der Kreisstadt sind Neuwedell und Reetz städtische Siedlungen.

Seit dem 13. Jh. war der Kreis der Nordostzipfel von Brandenburg, „Hinterkreis" der → Neumark, kam am 1. 10. 1938 an den Regierungsbezirk → Grenzmark Posen-Westpreußen und damit zu Pommern. Der Kreis liegt im Bereich der kuppigen Grundmoräne, der Arnswalder Seenplatte, den Osten nimmt die Drageheide mit Kiefern- und Fichtenwäldern ein, etwa 38 v. H. der Kreisfläche. → Drage und Plötzen Fließ entwässern den Kreis nach Süden. Die riesigen Waldungen und die über 292 Seen von 1 bis 375 ha Größe machen den besonderen landschaftlichen Reiz dieses Kreises aus. Fast ein Drittel aller landwirtschaftlichen Betriebe war über 20 ha groß, und sie bewirtschafteten etwa die Hälfte der gesamten Kreisfläche mit Zuckerrüben, Kartoffeln, Roggen und Weizen. Die Industrie, stark in Arnswalde konzentriert, verarbeitet die landwirtschaftlichen Produkte in Brennereien, Molkereien, Mühlen und in der Arnswalder Zuckerfabrik. Sägewerke und Holzverarbeitungsbetriebe nutzten die Wälder. Dazu gab es Landmaschinenfabriken, Ziegeleien und Kalksandsteinfabriken. Einziger moderner Energielieferant war das Elektrizitätswerk Steinbusch an der Drage. Von den 35 025 Beschäftigten (1939) waren 59 v. H. in der Land- und Forstwirtschaft, 29 v. H. in Industrie und Handwerk und 11 v. H. in Handel und Verkehr tätig.

Arnswalde, Vertrag von. Die askanischen Markgrafen Johann II., Otto IV. und Konrad schlossen am 1. 4. 1269 im Burgort Arnswalde mit Herzog Mestwin II. von Pomerellen einen Lehnsvertrag, der ihnen Rechte im westlichen → Pomerellen mit Burg Schwetz einräumte, obwohl sein Vater, Herzog

Am Marktplatz zu Arnswalde

Swantepolk, bereis Herzog Barnim I. von Pommern zum Erben eingesetzt hatte, und das Land Belgard als Pfandherrschaft übergab. Dafür wollten sie die Hochzeit Katharinas, der Tochter Mestwins, mit Fürst Pribislaw II. von Parchim-Richenberg finanzieren und dem dank seiner wirren Politik in Finanznöte geratenen Mestwin II. helfen. Dieser Vertrag brachte die Askanier ihrem Ziel, die Ostsee zu erreichen, näher. 1271 besetzten sie Danzig, verloren es aber 1272 wieder, dafür erhielten sie 1273 die Lande Schlawe und Stolp als Lehen von Mestwin, die bis 1317 bei Brandenburg verblieben.

Asendorpf, Bartold, Maler. *1880 in Stettin, † 1946 in Buchenwald. Besuch der Weimarer Kunstschule 1906–09; Mitbegründer der „neuen Sezession“ in Berlin. Übersiedlung nach Bad Berka. 1915 schwere Kriegsverwundung. Beginn seiner expressionistischen Phase. 1933 Gemälde zum deutsch-französischen Krieg, Inhalt ist die Vernichtung jeglicher Individualität. In seinen Arbeiten bereits eine Vorwegnahme des abstrakten Expressionismus der 50er Jahre. Erst 1943 Konflikt mit der Reichskulturkammer, Malverbot. In einem Antwortbrief griff er die nationalsozialistische Kulturpolitik scharf an; erstaunlicherweise hatte er keine Folgen. Nach 1945 gelangte er zu einer größeren Farbigkeit. 1946 von der sowjetischen Besatzungsmacht verhaftet und ins Internierungslager Buchenwand gebracht, wo er verstarb.

Asher, Adolf, Buchhändler, Bibliograph. *1800 in Cammin, † 1853 in Venedig. Sohn jüdischer Eltern, begann in London eine kaufmännische Lehre. Zunächst eröffnete er ein Antiquariat in St. Petersburg. Seit 1830 Buchhandlung in Berlin „Asher & Co.“ mit zweitem Sitz in London, die große Bedeutung im Buchimport und -export errang. Sie wurde zu einer der größten Buchhandlungen des antiquarischen Weltmarktes. Zeitweilig auch ein Verlag für z. T. Ashers eigene Werke. Er war auch Literaturwissenschaftler und besonders Shakespeareforscher. Von seinen Werken sind erwähnenswert: „Itinerary of Rabbi B. Benjamin of Tudela“ (1840), „Bibliographical Essay on the Scriptores rerum germanicarum“ (1843). Seine Nachfolger verlegten 1947 den Firmensitz nach Amsterdam.

Athenäum. Nachdem Probst Librarius 1618 die Jesuiten nach → Deutsch Krone gerufen hatte, begannen diese mit ihrer gegenreformatorischen Arbeit. Neben heimlichen Reisen durch das lutherische Pommern, mit dem Ziel, noch verstreut lebende Katholiken zu suchen und seelsorgerisch zu betreuen, gründeten sie auf dem Mönchsberg 1665 eine Jesuitenschule, die sie 1672 auf den „Bürgermeisterberg“ im Osten der Altstadt verlegten. Aufgabe und Ziel war, eine junge Elite zu erziehen und sie dem katholischen Universalismus nahezubringen. Das Athenäum erlangte einen solchen Zulauf, ganz besonders vom protestantischen Adel, daß 1686 die Schüler in „2 Fähnlein“ eingeteilt werden mußten. Lehrer war der damals bekannte Pater Kopacki. 1703 waren die Jesuiten gezwungen, ihre Schule zu erweitern, jetzt erst Athenäum oder Lyzeum genannt. Der Abt von Oliva und zahlreiche Landadlige waren seine Gönner und Förderer. Beim Auftreten der Pest (1707–11) hatte das Athenäum 200 Schüler. Bei Wiedereröffnung der Schule fanden sich 1712 innerhalb eines Jahres 95 Schüler ein. Berühmtester Schüler war 1723–29 der Dichter Ewald v. → Kleist. Ostern 1773 wurde mit der Auflösung des Jesuitenordens das Athenäum als Jesuitenkolleg aufgehoben; die Patres Zamborowski und Salkowski blieben an der Schule, die wieder um 200 Schüler hatte. Das Edikt König Friedrichs II. „Allgemeines Reglement für die in Westpreußen statt der ehemaligen Jesuiten Collegien etablierten katholischen Gymnasien“ (1781) wandelte das Athenäum in ein katholisches Gymnasium um, jetzt mit nur zwei Lehrern und 25 Schülern.

Auen, Euphrosina, Dichterin. *1677 in Kolberg, † 1715 in Kolberg. Ihr Vater, Johann Auen, „Doctor der Artzneygelahrtheit“, Stadtphysikus und Ratskämmerer, ließ sie in Privatunterricht die griechische und lateinische Sprache lernen. Bereits als Elfjährige verfaßte sie das Totengedicht „Cupressus Brandenburgica in ult. honorem Frid. Wilhelmi M“ (1688). Es wurde in die offizielle, prächtige Bestattungsbeschreibung dieses Kurfürsten aufgenommen. 1690 schrieb sie das Lobgedicht „Carmen lat. panegyricum in honorem Friderici III. elect. Brand. Starg.“, das wegen seiner barocken Sprachfülle die Aufmerksamkeit des Kurfürsten und des Hofes erregte. Um 1693 kam sie nach Stargard zu ihrem Onkel Gottfried Auen, dem Prediger an der Augustinerkirche, der gleichzeitig Subrektor am Gröningschen Collegium war. Hier beschäftigte sie sich mit der französischen Sprache und trat in Kontakt mit der damaligen Gelehrtenwelt, eine ausgiebige gelehrte Korrespondenz folgte. Rückkehr nach Kolberg, 1702 Heirat mit dem preußischen Hauptmann Carl Christoph Fritz, der 1705 verstarb. 1709 Heirat mit dem reichen Kaufmann, Sülzdirektor und Ältermann des Seglerhauses Martin Henneken. Euphrosina Auen verfaßte zahlreiche Lob-, Preis- und Totengedichte in deutscher und lateinischer Sprache, von denen nur 14 überliefert sind.

Auersbachshütte, *(Strużyska) in der Dorfgemarkung Schönfeld, Kreis Flatow. An der Glumia stand die Auersbachshütte, einer der letzten Eisenhämmer Ostdeutschlands, der noch bis in den Zweiten Weltkrieg in Betrieb war. Zwei unterschlächtige Wasserräder trieben die zwei Eisenhämmer an, die zur Herstellung von Pflugscharen aus Eisenbahnschrott verwendet wurden. Das Hammerwerk stand als technisches Kulturdenkmal unter Denkmalschutz. Nach 1945 verfiel das Stauwehr; heute eine elektrisch betriebene Mahlmühle.*

Aufhocker. Auch Hockauf, Hackup oder Huckup genannt. Aufhocker ist in der Volkskunde eine Bezeichnung für Gespenster und Spukgestalten, die zu Mitternacht einem einsamen Wanderer auf den Rücken springen und sich von ihm bis zur nächsten Wegekreuzung tragen lassen; bevorzugte Erscheinungsorte sind steile Anstiege, einsame Waldungen oder Hohlwege. In Pommern hat sich dieses Erzählungsmotiv ganz eng mit dem Glauben an Totengeister und Wiedergänger verbunden, die oft als schwarze Katze, schwarzer Hund oder als andere Mischgestalten in Erscheinung treten, vorwiegend an Friedhöfen oder Richtstätten. Im Atlas der Deutschen Volkskunde ist der Aufhocker beschrieben: „Es ist der Geist des eines nicht natürlichen Todes Gestorbenen, der bis zu dem Tage wiederkehrt, an dem er auf natürliche Weise gestorben wäre." Die bekanntesten Aufhockergestalten sind die Brumshagensch aus Saal, Kreis Franzburg-Barth, die Schwarze → Jägerin aus Belgard, Kreis Lauenburg, und die Jungfrau am Ziegenorter Forst. Oft ist das Aufhockermotiv mit dem „Erlösen armer Seelen durch Tragen" oder „Bannen von Dämonen durch Wegtragen" verknüpft, das durch den christlichen Ritus – Aufsagen von Gesangbuchversen oder Gebeten – verstärkt wird. Diese Geistersagen hatten eine solche Bedeutung, daß sie Flurnamen, wie Hackupsberg, Hackupsbüdel, Hakubssteen, hervorbrachten.

Backsteingotik. Vom 13. bis 16. Jh. drang mit der deutschen Siedlungsbewegung die Baukunst der Gotik entlang der Ostseeküste nach Osten vor. In Ermangelung größerer Mengen von Haustein griffen die Baumeister auf die Bauerfahrungen mit Backstein in Südfrankreich und der Lombardei zurück. Der Backstein erzwang eine Reduktion komplizierter Steinformen; diesen Mangel glichen Formsteine und Baukeramik aus. Mit diesen Mitteln gelang es durch verschiedenfarbige Steine, stellenweises Tünchen, Ausfugen, geschlossene Wandflächen aufzulockern. Wunderschöne Beispiele sind unter anderem die Kirchen in Stralsund, Greifswald, Stettin, Stargard, die Westfassade von Kolbatz oder auch der Dom in Kolberg. Eine Besonderheit der Backsteingotik war im Innenraum die Schaffung von reichen Stern- und Netzge-

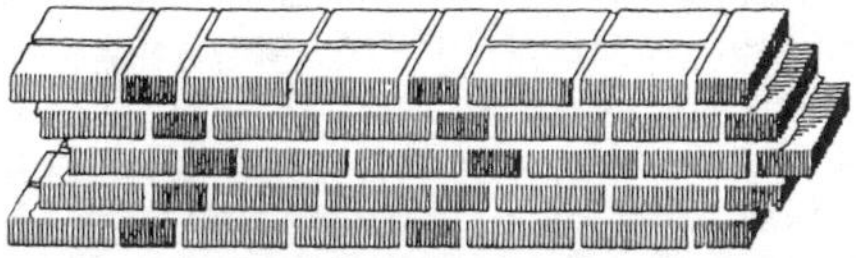

Gotischer Mauerverband

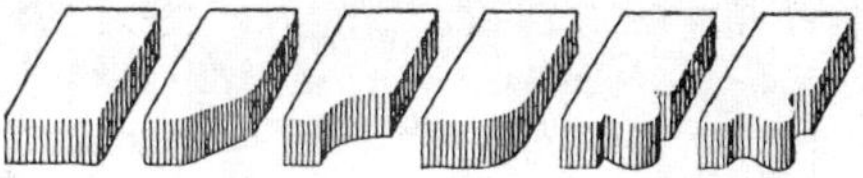

Normalstein und Formsteine

wölben. An Profanbauten wurde als Sonderform der Staffelgiebel entwickelt, hinter dem sich das große Dach des Hauses mit den weiträumigen Speichern verbarg. Das Stralsunder Rathaus mit seiner Schauwand aus sieben Pfeilern und sechs Giebelfeldern, von Fenstern und Rosetten durchbrochen, ist eine bauliche Kostbarkeit, die Wucht und spielerische Leichtigkeit so harmonisch verbindet, daß die beschränkten Möglichkeiten des Backsteins nicht mehr wahrgenommen werden und aufgehoben scheinen.

Bahn *(Banie),* Kreis Greifenhagen; Kleinstadt mit 2884 Einwohnern (1939), die heutige dörfliche Großgemeinde hat 6495 Einwohner, liegt im Pyritzer Ackerbaugebiet am rechten Ufer der Thue, die hier den Langen See durchfließt. Bahn hat im Laufe der Zeit kaum seine mittelalterliche Ausdehnung überschritten, nur nach Westen zum Bahnhof hin. Das alte gitterförmige Straßennetz ist weitgehend erhalten. Die Stadt ist ein reiner Ackerbürgerort geblieben. Die Molkerei, das Sägewerk und der Fischereibetrieb sind die einzigen gewerblichen Unternehmen. Der Bahnanschluß nach Greifenhagen ist noch erhalten.

Die Umgebung war in prähistorischer Zeit besiedelt, 1936 wurde ein spätbronzezeitliches Urnenfeld ausgegraben. Ein wendischer Burgwall war Kastellanssitz für das Land Bahn. 1234 schenkte Herzog Barnim I. die Stadt und das ganze Land Bahn mit all seinen Rechten dem → Templerorden. Nach der Aufhebung des Ordens (1312) durch Papst Clemens V. übernahm der Johanniterorden Land und Stadt Bahn. In den pommersch-brandenburgischen Grenzkriegen geriet Bahn 1330–33 unter brandenburgische Herrschaft. 1345 nahm Herzog Barnim III. die Stadt vom Orden zu erblichem Lehen;

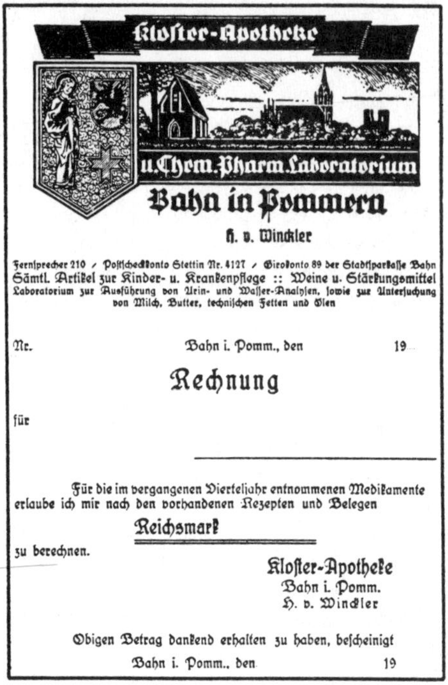
Kloster-Apotheke

u. Chem. Pharm. Laboratorium

Bahn in Pommern

H. v. Winckler

Fernsprecher 210 / Postscheckkonto Stettin Nr. 4127 / Girokonto 89 der Stadtsparkasse Bahn
Sämtl. Artikel zur Kinder- u. Krankenpflege :: Weine u. Stärkungsmittel
Laboratorium zur Ausführung von Urin- und Wasser-Analysen, sowie zur Untersuchung von Milch, Butter, technischen Fetten und Ölen

Nr. Bahn i. Pomm., den 19

Rechnung

für

Für die im vergangenen Vierteljahr entnommenen Medikamente erlaube ich mir nach den vorhandenen Rezepten und Belegen

Reichsmark

zu berechnen.

Kloster-Apotheke
Bahn i. Pomm.
H. v. Winckler

Obigen Betrag dankend erhalten zu haben, bescheinigt

Bahn i. Pomm., den 19

Rechnung der Kloster-Apotheke, Bahn

das Schloß in der Stadt behielt der Orden. 1399 erschlugen – nach Streitigkeiten mit dem Orden – die Bürger den Herrenmeister Detlof von Waldmode. Die Stadt mußte bis 1553 eine jährliche Sühne von 25 Gulden an den Orden zahlen, ein Mordkreuz errichten und es bis 1589 unterhalten. Vor dem Königsberger Tor wurde 1417 das St.-Georgen-Hospital gegründet – vermutlich mit der gleichzeitigen Stiftung der Passionsspiele. Die Brandenburger eroberten Bahn 1478, zerstörten es und ließen 1480 die Stadtmauer abreißen. 1487 erlangte Herzog Bogislaw X. Bahn zurück und übergab es dem Johanniterorden. 1498 wurden die → Bahner Passionsspiele auf ewige Zeiten verboten. Bis auf Reste wurde 1768 die Stadtbefestigung abgerissen. Die Greifenhagener Kreisbahnen verbanden Bahn seit 1895 mit der Kreisstadt. Trotz dieser Verbindung blieb die Stadt hinter der früheren Bedeutung als Marktort (vier Jahrmärkte) weit zurück.

Bauwerke: Von der Stadtwehr sind Reste des runden *Pulverturms* (bis 11,8 m Höhe) erhalten.

Stadtkirche *St. Maria Magdalena* (Mitte 13. Jh.), dreischiffiger Granitquaderbau mit rechteckigem Chor, 1690 völlig ausgebrannt. Der Turm 1716 erneuert, seine gotische Spitze wurde 1945 zerstört, danach restauriert. Von der Inneneinrichtung gab es Reste eines Altarschreins – ein Passionsrelief; Kanzel und Orgelempore stammen aus dem 18. Jh.

St.-Georgs-Kapelle, vor der Stadtmauer, in Bahnhofsnähe (Ende 15. Jh.), ein Backsteinbau mit Findlingen. An der Ostwand befanden sich die Haken, an denen das Kreuz der Passionsspiele aufgehängt worden war.

Bahner Passionsspiel. Über die Stiftung des Spiels an der St. Georgskapelle ist nichts überliefert, einzig sein Ende 1498, als es mit dem Totschlag der Hauptdarsteller endete. Der Darsteller des römischen Soldaten Longinus stach aus Eifersucht bei der Kreuzigungsszene dem Jesusdarsteller die Lanze ins Herz. Darauf stürzte dieser mit dem Kreuz um und erschlug dabei die unter ihm sitzende Maria, worauf der Johannesdarsteller, ein langjähriger Freund Marias, Longinus auf offener Szene erwürgte. Im allgemeinen Getümmel, in das sich viele Zuschauer einmischten und bei dem die Einrichtung der Kapelle zu Bruch ging, konnte Marias Freund entkommen, wurde aber bald gefaßt und zum Tod auf dem Rad verurteilt. Das Bahner Passionsspiel wurde für ewige Zeiten verboten, der Kirchenbann über Bahn verhängt, und bis in die Neuzeit hieß es, wenn eine Sache schlimm endete: „Dat geiht ut as't Spill to Baon."

Baldenburg *(Biały* Bór), Kreis Schlochau, Kleinstadt mit 2292 (1939) bzw. 2102 Einwohnern (1983). Baldenburg liegt 182 m über NN in einer 14 km langen Rinne zwischen Labes und Bölzigsee, die durch das Bölzigfließ verbunden sind, auf einer elliptischen Bodenschwelle. An diesem Flußüber-

gang kreuzen die Straßen Neustettin–Rummelsburg und Schlochau–Bublitz. Die Marktsiedlung hatte ein gitterförmiges Straßennetz mit einem großen, rechteckigen Markt. Das Ackerbürgerstädtchen mit einigen Gewerbebetrieben, unter anderem einer Großböttcherei, hat heute ein völlig neues Gesicht, da außer den Vorstädten entlang der Ausfallstraßen die Innenstadt nach 1945 zum Teil neu aufgebaut wurde.
1382 stellte Hochmeister Conrad Zöller von Rothenstein die Handfeste für Baldenburg aus. Südlich der Stadt hatte der Deutsche Ritterorden 1386 einen Grenzstützpunkt, ein „Wilhaus", angelegt. Noch 1410 und 1411 wurde ein „Dorf vor der Stadt" erwähnt, wahrscheinlich ein slawisches Fischerdorf. Von 1466 bis 1772 gehörte Baldenburg zu Polen. Wiederholt wurde die Stadt an die Adligen Massow, Knuth, von Schebelyn und Czarth verpfändet. Um 1560 trat die Bürgerschaft zum Protestantismus über, was 1600 die Gegenreformation auslöste. Ein königlich polnischer Befehl zwang die Bürger, die Stadtkirche den wenigen Katholiken zurückzugeben. Als Folge erschossen sie 1640 den katholischen Pfarrer Simon Martin am Altar und brannten die Kirche ab. Zur Strafe mußten die Bürger die Kirche wieder aufbauen, zwar erhielten sie das Recht, in ihr eigene Gottesdienste abzuhalten, mußten aber für die Spendung der Sakramente dem katholischen Pfarrer von Flötenstein eine Gebühr entrichten. Das Meßgewand des Pfarrers Martin war bis 1945 in der Kirche. Brände, Pest und der Nordische Krieg wüteten in Baldenburg; 1710 gab es noch etwa 60 Bewohner. 1878 erhielt Baldenburg ca. 2 km vor der Stadt einen Eisenbahnanschluß. Die bisher führenden Tuchmacher- und Schuhmachergewerke gingen zugrunde. Ackerbau, Handwerk, Kleinhandel, Fischerei, Mühle und Sägewerk prägten den Ort. Allein die Großböttcherei hatte überregionale Bedeutung. 1945 wurde die gesamte Innenstadt mit der evangelischen Kirche abgebrannt. Von den öffentlichen Gebäuden blieb nur das Amtsgericht erhalten; seitdem Wiederaufbau.

Das Baldenburger Rathaus

Bauwerke: *Evangelische Kirche,* mitten auf dem Marktplatz, von 1768. *Katholische St. Michaelskirche* (1878), als neugotischer Backsteinbau errichtet. Die ehemalige *Holländer Windmühle* diente bis 1945 als Jugendherberge.

Baltische Studien. 1832 erstmals als Mitteilungsblatt der 1824 gegründeten „Gesellschaft für Geschichte und Altertumskunde" erschienen. Bis 1896 kamen 46 Bände mit Jahresberichten und wissenschaftlichen Arbeiten heraus. Von 1874 an erschienen die Baltischen Studien regelmäßig. 1897–1940 gab die Gesellschaft die Bände 1–42 der „Neuen Folge" heraus. 1955 wurde die Publikation mit Band 43 wiederaufgenommen.

Banersche Tid, genannt nach dem schwedischen General Johann Banér, der 1633 vom schwedischen Reichskanzler Axel Oxenstierna nach Stettin geschickt wurde, um nach einem Schlaganfall, den Herzog Bogislaw XIV. erlitten hatte, die schwedische Vormacht zu sichern. Sein Sieg über die Kaiserlichen bei Wittstock (1636) festigte Schwedens Übermacht. Nach dem Tod des letzten Pommernherzogs übernahm der schwedische Legat Sten Bjeke die Macht mit dem Ziel, die schwedische Herrschaft auf jeden Fall aufrechtzuerhalten. General Banér ließ Stettin 1637 Getreide liefern, 30000 Taler monatlich zahlen und die Soldaten einquartieren. Im Winter 1637–38 hausten kaiserliche, schwedische und brandenburgische Truppen gleich schrecklich in Pommern. Dazu wütete noch die Pest. Fast ein Jahr lang bezog Banér, zum Generalgouverneur ernannt, in Hinterpommern Quartier und unternahm Kriegszüge nach Vorpommern gegen die Kaiserlichen unter General Gallas; allein von Stettin forderte er 1638 für seine Truppen monatlich 25000 Taler. Das Land wurde weiter verwüstet; die Bewohner mußten die verfallenen Befestigungsanlagen der Städte für Banérs Truppen wiederaufbauen, die dann noch die Menschen mißhandelten und sie hungern ließen. Dieses Jahr 1637 blieb noch lange als Banersche Tid im Gedächtnis des Volkes.

Bansin, Seebad auf der Insel → Usedom, 2900 Einwohner (1990). Bansin entstand 1751 aus einem schon 1256 genannten Dorf am Gothensee. In 2 km Entfernung entwikkelte sich am Fuß des Langen Berges, 54 m hoch, 1897 das Seebad, in dem im gleichen Jahr schon 308 Badegäste Erholung suchten. 1932 waren es bereits 12000. In kürzester Zeit entfaltete es sich zu einem Villenort. 1901 erfolgte die Trennung des Seebades Bansin vom alten Bauerndorf. 1923 erhielt Bansin als erstes deutsches Seebad die „Freibadeerlaubnis“, die die bisherigen Badeanstalten – von H. W. Richter in „Geschichten aus Bansin“ herrlich beschrieben – überflüssig machte. Nach dem Zweiten Weltkrieg wurden 1953 in der „Aktion Rose“ alle privaten Hotels und Pensionen beschlagnahmt und deren Besitzer verhaftet. Gewerkschaft und Betriebe übernahmen die Häuser. Aus Privatinitiativen entstand vor 1968 das „Tropenhaus Bansin“, und im Hotel „Meeresstrand“ führte Kurdirektor Lincke das internationale Tanzturnier um das „Blaue Band der Gemeinde Bansin“ durch.

Barnim I., Herzog von Pommern. *um 1217–19, † 1278. Barnim folgte 1220 seinem Vater Herzog Bogislaw II. Bis 1226 stand er unter Vormundschaft seiner Mutter Miroslawa von Pomerellen. Als er mit seinem Vetter, Wartislaw III., die Herrschaft übernahm, waren sie heftigsten Angriffen von Mecklenburg, Brandenburg, Polen und Pomerellen ausgesetzt. 1229 verloren sie Zirzipanien an Mecklenburg und die Lande Stolp und Schlawe an Pomerellen. Bei den brandenburgischen Markgrafen, die 1231 von Kaiser Friedrich II. die Lehnshoheit über Pommern erhalten hatten, suchten sie Hilfe. Barnim hat diese Abhängigkeit nicht gestört. 1238 heiratete er Marianne, eine Nichte des Dänenkönigs, durch die er vermutlich Teile des Landes Wolgast erhielt. Im Vertrag von Landin (1250) verzichtete Barnim auf die Ukkermark, erhielt aber mit Wartislaw die Belehnung aller ihrer Besitzungen zur Gesamten Hand, d. h. dessen Landesteil, Pommern-Demmin, blieb im Todesfall bei Pommern. 1264 starb Wartislaw III. erbenlos, und Barnim übernahm Vorpommern, die Länder Cammin, Usedom und Wollin – Pommern war in einer Hand vereinigt. 1266 heiratete er in dritter Ehe Mechthild von Askanien, Tochter des Markgrafen Otto III. von Brandenburg. Als im gleichen Jahr Herzog Swantepolk von Pomerellen starb, versuchte er, das Land Schlawe zu besetzen, verlor es an die Askanier. Dafür gewann er 1278 das Gebiet zwischen den Ihnaarmen. Seine Regierung mußte außenpolitische Verluste hinnehmen, jedoch im Landesinneren erfolgte eine völlige Umgestaltung. Das Bistum Cammin erhielt das Land Kolberg an der Persante; die Klöster Stolpe, Grobe, Kolbatz und Belbuck wurden gegründet. 1234 schenkte er das Land Bahn dem Templerorden. Zahllose Adlige, Kaufleute und Bauern kamen aus dem Westen in das Land und ließen sich nieder. Rund 20 Stadtgründungen mit Magdeburger Recht hat Barnim vorgenommen, unter anderem Anklam, Cammin, Pasewalk, Prenzlau, Stargard, Stettin.

Barth, Kreis Ribnitz-Damgarten, ehemalige Kreisstadt des Landkreises Franzburg-Barth. 11900 Einwohner (1990). Barth liegt auf einem Moränenhügel am Südufer des Barther Boddens. Die mittelalterliche, fast kreisförmige Altstadt mit rechteckigem

Bansin

Marktplatz ist umgeben von Stadtausbauten entlang der Ausfallstraßen nach Süden und Westen; 1933 Vorstadt im Osten; in ihnen die zahlreichen Industriebetriebe, unter anderem Maschinenfabrik, Nahrungsmittel- und Textilbetriebe, Betriebe der Schiffselektronik und eine Bootswerft. Barth ist Ausgangspunkt für den Fremdenverkehr auf die Halbinsel → Darß- → Zingst, zugleich Endpunkt der Eisenbahn.

Vorläufer von Barth waren die wendischen Burgwälle „antiquum castrum" im Süden und „novum castrum" im Nordwesten. Fürst Jaromar II. von Rügen verlieh Barth 1255 lübisches Stadtrecht und machte es zu seiner festländischen Residenz. Der letzte Rügenfürst, Wizlaw III., starb hier 1325. Im gleichen Jahr wird eine Schule erwähnt. Nach schweren Erbfolgestreitigkeiten kam die Stadt 1369 zum Herzogtum Pommern. Herzog Bogislaw XIII., der 1570–1605 in Barth residierte, gründete 1582 die „Förstliken Drückery", die bis 1603 mit großem Erfolg insgesamt 45 Bücher druckte.

Bis ins 20. Jh. war Barth wichtiger Hafenort mit eigenen Werften – 1860 gab es fünf, deren letzte 1939 die Arbeit einstellte – und Reedern – um 1877 war Barth Heimathafen von 171 Seeschiffen, 16 Küstenschiffen und einem Dampfer. Im 19. Jh. erfolgten die ersten Stadterweiterungen vor das Damm- (im Westen) und das Langentor (im Süden). Vor 1870 wurde die älteste pommersche Fischkonservenfabrik gegründet, 1872 die Pommersche Eisengießerei und Maschinenfabrik und 1892 die Zuckerfabrik. 1888 erhielt die Stadt mit der Strecke Barth–Velgast Anschluß an die Eisenbahnlinie Stralsund–Rostock. Im 20. Jh. erfolgten weitere Stadtausbauten im Westen, Süden und Osten. 1935–36 wurde im Süden der Militärflughafen mit Kasernen angelegt. Die Industrie wurde um Rüstungsbetriebe erweitert, in denen Kriegsgefangene und KZ-Insassen arbeiten mußten. 1952 verlor Barth seine Funktion als Kreisstadt; die Stadtverwaltung bezog das Landratsamt von 1927.

Bauwerke: Stadtbefestigung, das *Dammtor* (15. Jh.) aus Backstein und ein runder Mauerturm sind erhalten.

Stadtkirche *St. Marien* (frühes 14. Jh.), dreischiffige Backsteinhallenkirche, 1856 stark verändernd restauriert. Der Westturm, 86 m hoch, ist eine bedeutende Landmarke. Von

Bärwalde

der alten Einrichtung gibt es im südlichen Seitenschiff Reste eines Freskos „Das Jüngste Gericht", die Bronzetaufe (14. Jh.), einige Grabsteine (1513) und das Epitaph der Herzogin Clara (1579). Altar, Kanzel und Empore stammen aus dem 19. Jh. In der Turmhalle war die Kirchenbibliothek mit ca. 4000 Handschriften und frühen Drucken untergebracht.

Das ehemalige fürstliche *Schloß* ist nicht mehr erhalten, an seiner Stelle richtete 1723 der schwedische König Friedrich I. in einer reizvollen barocken Anlage ein adliges Fräuleinstift ein. Eingeschossige, schlichte Stiftsgebäude umstehen auf drei Seiten einen Hof. Einige Wohnhäuser mit zum Teil klassizistischen Haustüren aus dem 18. und 19. Jh. sind erhalten.

Barther Bibel. Sie erschien 1588 – 0,27 x 0,20 m groß – in der fürstlichen Druckerei in Barth als Auftragsarbeit der Herzöge Bogislaw XIII. und Ernst Ludwig. Ihre Besonderheit ist: → J. Bugenhagen hatte die Lutherbibel ins Niederdeutsche übertragen, um die neue Lehre auch in Norddeutschland zu verbreiten. Zwei Jahre vorher hatte Bugenhagen in der gleichen Druckerei seine niederdeutsche Passionsharmonie drucken lassen. Die Barther Bibel ist mit ihren 99 handkolorierten Holzschnitten des Hamburger Goldschmieds Jacob Mores, dem Goldschnitt mit gepunztem Ornament und Ledereinband besonders prächtig ausgestattet. Die Barther Bibel ist eines der letzten noch erhaltenen Exemplare.

Bärwalde *(Barwice)*, Kreis Neustettin. 3400 Einwohner (1939), 3390 (1983). Das Ackerbürgerstädtchen liegt in einem weiten Wiesental der ebenen Grundmoräne, das vom Gänsebach, einem Nebenbach der → Persante, durchflossen wird. Bärwalde hat einen dörflichen Grundriß mit einer langen Hauptstraße, die der alten Salzstraße folgt, unterbrochen durch den viereckigen Marktplatz mit Kirche und Rathaus. Vom alten Kern erfolgten Erweiterungen zum Bahnhof im Norden und entlang der Neustettiner Straße (20er und 30er Jahre des 20. Jhs). Hier haben sich die wenigen Gewerbebetriebe, unter anderem Sägewerk, Maschinenfabrik, Ziegelei und eine Kartoffelflockenfabrik angesiedelt, von denen einige heute weitergeführt werden. Das Stadtbild hat sich nur unwesentlich verändert.

Auf dem Hechtsberg wurde ein prähistorischer Friedhof entdeckt, um 800 – 1200

n. Chr.,wikingisch-wendische Zeit, auf dem zahlreiche deutsche Münzen des 10. und 11. Jh.s gefunden wurden. Mehrere wendische Burgwälle liegen auf dem Stadtgebiet, einer neben der Kirche. 1286 wird eine wendische „civitas Barwitz“ genannt. 1389 sollen die Adligen Reimer Podewils und Hans Hechthausen das Land urbar gemacht haben. Sie wurden durch die v. Wolde und v. Zastrow abgelöst, zu denen sich 1479 die v. Münchow gesellten. Ab 1523 hatten die v. Glasenapp hier Lehnsbesitz, so daß Bärwalde „Stadt der vier Geschlechter“ genannt wurde. Herzog Johann Friedrich verlieh der Stadt 1592 zwei Jahrmärkte. 1626 brannte die Stadt völlig nieder, wofür sie für fünf Jahre von jeglichen Abgaben befreit wurde. Gustav Adolf schloß hier 1631 mit Frankreich einen 5jährigen Unterstützungsvertrag, in dem diese dem Schwedenkönig die Aufstellung einer 3600 Mann starken Armee finanzierten. Nach dem verheerenden 7jährigen Krieg erhielt Bärwalde zwei weitere Jahrmärkte bewilligt, insgesamt fünf. Bis 1808 blieb Bärwalde eine Mediatstadt der vier Geschlechter und war Zentrum des Landhandels. 1903 erhielt Bärwalde einen Eisenbahnanschluß nach Polzin und Gramenz; Ansiedlung von Industriebetrieben – Maschinen- und Kartoffelflockenfabrik – in Bahnhofsnähe folgte. Die Stadt wurde 1945 kaum zerstört.
Bauwerke: Stadtbefestigung, die aus vier Stadttoren bestand, in Resten erhalten.
Stadtkirche *St. Marien* (um 1300), ein frühgotischer Feld- und Backsteinbau, 1680 gründlich umgebaut. 1854 abgebrochen, bis 1864 durch einen Backsteinbau ersetzt. Nur die beiden 1641 von Franz Dubois aus Lothringen gegossenen Glocken blieben erhalten.

Bast *(Lękno)*, Kreis Köslin. 469 Einwohner (1939). 1288 verkaufte Bischof Hermann Bast dem Kloster Dargun, 1513 kaufte es Bischof Martin Carith zurück. Die Bischöfe bauten sich in Bast ein Jagdschloß, in dem am 26. 1. 1544 der letzte kath. Bischof von Cammin, Erasmus v. → Manteuffel, starb. Bauwerke: Die *Dorfkirche* (15. Jh.) ist ein Backsteinbau mit Kreuzrippengewölbe, im südlichen Anbau mit Sterngewölbe. Der dreigeschossige Turm mit schlanken Spitzbogenblenden ist 1981 durch Blitzschlag beschädigt worden. Vom ursprünglichen Klappaltar (1588) kam das Abendmahlsbild in den 80er Jahren des 20. Jh.s ins Kösliner Priesterseminar. Der achteckige Taufstein scheint romanisch zu sein. Von den 30 Wappenscheiben (16. Jh.) in den Kirchenfenstern sind noch 23 erhalten.

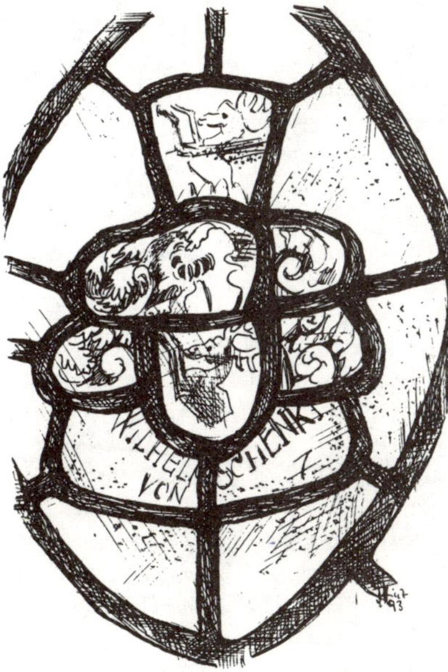

Bast: Glasfenster der Kirche

Bauernbefreiung. Darunter versteht man das staatliche Bemühen, die von Grundherren abhängigen Bauern zu freien Bauern auf eigener Scholle zu machen. Die ersten Versuche in Pommern unternahm 1719 König Friedrich Wilhelm I., als er in einem Edikt für die hinterpommerschen und camminschen Ämter die Leibeigenschaft aufhob. Jedoch hatte diese Maßnahme keinen durchgreifenden Erfolg – der Adel verweigerte entschieden seine Mitarbeit; dennoch wurden zumindest die Amtsbauern vor Willkür der Beamten und Pächter durch einheitliche Anordnungen ihrer Dienste geschützt. 1739 versuchte der König erneut, durch eine Verordnung das Bauernlegen zu beenden. Erst die Not der Napoleonischen Kriege führte zu den Stein-Hardenbergschen Reformen (1807), die zur Folge hatten, daß zu Martini 1810 alle Gutsabhängigkeit aufgehoben war, daß Besitz und freier Gebrauch von Grundeigentum den bisherigen Abhängigen ermöglicht wurde. Der Adel versuchte sich erneut zu widersetzen. 1811 wurde durch das Regulierungsedikt die Ablösung der Erb- und Zeitpachten und der Dienste sowie die Teilbarkeit der freigewordenen Besitzungen verfügt. Mühsam brachte 1817 die Generalkommission zur Neuordnung der bäuerlichen Eigentumsverhältnisse die Reformen in Gang. Allerdings gingen bei diesen Regelungen große Teile des vorher von Bauern besessenen Bodens an die Grundherren über, da die Ablösungszahlungen an den Grundherrn fast nur durch Landabfindung erfolgen konnte – die begrenzten finanziellen Mittel der jetzt freien Bauern ließen keine andere Wahl zu. Zwar stieg von 1807 bis 1850 die Zahl der Bauerngemeinden von 2668 auf 3405, doch die Zahl der versteuerbaren Bauernhöfe sank in den Gebieten mit Großgrundbesitz von 36620 (1798) auf 25500 (1832). 1858 endete die Bauernbefreiung.

Bauernlegen. Die Überführung von bäuerlichen Einzelbetrieben in Gutsbetriebe, bei der die Bauernhöfe ganz verschwinden. Das Bauernlegen begann frühzeitig mit dem Errichten der Grangien der Zisterzienserklöster im 11. – 13. Jh., als das Land in klösterliche Eigenbewirtschaftung übergeführt wurde. Im Verlauf des 13. und 14. Jh.s schränkten die Klöster ihre Eigenwirtschaft – auch wegen Mangels an Konversen (Laienbrüder) – drastisch ein. Erst im 15. Jh. dehnte sich die adlige Gutswirtschaft aus und suchte, mittels größerer Produktionseinheiten, ihre Absatzchancen am Markt zu verbessern. Begünstigt wurde diese Expansion durch das spätmittelalterliche Entstehen von Wüstungen infolge der weitverbreiteten Seuchen. Parallel dazu ging eine Zunahme der persönlichen Schollen- und Dienstbindung des einzelnen Bauern einher.
Mit der Säkularisierung der Klöster und bischöflichen Besitzungen nach 1534 verschlechterte sich die Lage der Bauern dramatisch. Um 1550 begannen die Grundherren im Herzogtum Pommern-Stettin, die steuerbaren Bauernhöfe ihrem abgabefreien Besitz einzuverleiben. Herzogliche Anordnungen und Verbote wurden verzögert und umgangen, zumal in der ständischen Gliederung des Landes die Bauern keinerlei Mitbestimmungsrecht hatten. Auf dem Landtag in Stettin (1616) kam Herzog Philipp II. den Adelswünschen nach Steuerfreiheit des gelegten Bauernbesitzes weit entgegen, damit nur keine Minderung des herzoglichen Steuerertrages einträte. Die „Erweiterte und erklärte Bauern- und Schäferordnung“ vom 16. 5. 1616 ließ dem Adel freie Hand. Das bisherige Besitzrecht der Bauern wurde zu einem bloßen Nutzungsrecht, das jederzeit gekündigt werden konnte; aus „Erbpächtern“ wurden „Leibeigene ohne Recht an ihren Äckern“. Die Freizügigkeit wurde stark eingeschränkt. Zwar sank für die Bauern die Jahrespacht für das ihnen übertragene Land, sie mußten aber dafür „ungemessene“ Dienste leisten. Der Gutsherr wurde auch zu ihrem Gerichtsherrn mit Polizeigewalt. Viele Bauern flohen nach Hinterpommern und Wolhynien. Seuchen und der 30jährige Krieg führten zu vermehrten Wüstungen, deren Land sich Adel und Städte aneigneten. 1645 übernahm die schwedische Regierung die Stettiner Bauernordnung für ihr vorpommersches Gebiet. Erst durch König Friedrich Wilhelm I. Verordnung von 1739 wurde versucht, das Bauernlegen einzuschränken. 1749 und 1764 wurde es für Preußen gänzlich verboten; in Schwedisch Vorpommern dagegen wurde das Bauernlegen nochmals in großem Stil durchgeführt, an dessen Ende es keine freien

Bauern mehr gab. Hier leitete E. M. → Arndt ein Umdenken ein, das 1806 zur Aufhebung der Leibeigenschaft führte.

Behle *(Biała)*, Netzekreis, 1689 Einwohner (1939). Um 1108 wird schon eine Kirche erwähnt. Das Dorf schenkte 1245 Herzog Boleslaw V., der Schamhafte, von Masowien dem Grafen Czarnkowski. Johann Czarnkowski war um 1378 nicht nur Herr des Landes Schloppe, sondern auch Herr von Czarnikau und Behle. Das Dorf erscheint in keiner frühen Steuerliste, es war vermutlich als Kircheneigentum steuerfrei – vielleicht gibt es einen Zusammenhang mit Vinzent v. Czarnkowski, der 1230 Erzbischof von Gnesen war. Um 1650 kam eine Neusiedlerwelle aus Pommern, Brandenburg und Mähren nach Behle, so daß es 1656 als deutsches Dorf bezeichnet wird. 1871 richtete die Witwe des letzten Besitzers, Graf v. Moltke aus Mecklenburg-Strelitz, auf dem Gut das Eugenienstift ein, dem ein Kindergarten, eine Schwesternstation und 1929 eine Mütter- und Säuglingsstation angeschlossen wurden; gleichzeitig wurde die Grenzland-Volkshochschule gegründet. 1912 gelangte das Gut an die Ansiedlungskommission für Posen und Westpreußen, aber erst 1923 und 1925 wurde es aufgesiedelt.
Bauwerke: Die *Allerheiligenkirche* soll 1108 gegründet worden sein; Franz Czarnkowski ließ 1628 eine neue Holzkirche errichten, die 1852–53 durch einen Fachwerkbau ersetzt wurde. Der Hochaltar (Mitte 17. Jh.) ist noch erhalten; in der 2. Hälfte des 18. Jh.s erhielt die Kirche den barocken Kreuzaltar. Ein Gnadenbild ist heute noch Ziel zahlreicher Pilger.

Belbuck *(Białoboki)*, Kreis Greifenberg. Belbuck ist als selbständiger Ort seit 1937 nicht mehr vorhanden. Es war Stätte des 1180 von Herzog Kasimir I. gegründeten Prämonstratenserklosters. Den ersten Mönchen aus Lund in Schweden verlieh er das Dorf Gummin und 10 damals wüste Orte mit dem Wunsch einer Neubesiedlung. Das Kloster hielt sich nicht und verfiel. Die Herzöge Bogislaw II. und Kasimir II. holten gemeinsam mit ihrer Mutter, Anastasia von Polen, 1208 einen Konvent aus Mariengaarde, Friesland. Das neue Kloster erhielt den Namen „castrum S. Petri", aber der alte pomoranische Name Belbuck, wahrscheinlich ein heidnischer Kultort, setzte sich bleibend durch. Siedler aus Friesland und Westfalen kamen in die Klosterdörfer. In seiner Blütezeit um 1500 besaß Belbuck: das Patronat von 16 Kirchen, 32 Dörfer, 2 dem hl. Nikolaus geweihte Nonnenklöster in Treptow und Stolp und den durch eine Sturmflut um 1450 zerstörten Hafenort Regamünde. Die Mönche hatten keine umfangreiche Eigenwirtschaft, der größte Teil ihrer Dörfer war adligen Familien zu Lehen gegeben. Belbuck galt als eines der vornehmsten Klöster Pommerns, so daß 1332 sogar überlegt wurde, den Camminer Bischofssitz nach Belbuck zu verlegen. Abt Johannes Boldewan richtete 1517 ein Seminar ein, an das er den Rektor der Treptower Lateinschule und Vertrauten Luthers, Johannes → Bugenhagen, als Lektor für Bibel und Kirchenväter berief. Fast der ganze Kovent schloß sich der neuen Lehre an, die Mönche verließen das Kloster, und 1522 sah sich Herzog Bogislaw X. gezwungen, die Abtei zu säkularisieren, um sie nicht in Maltzahnschen Besitz gelangen zu lassen. Erster Amtshauptmann des neuen herzoglichen Amtes war Albrecht v. d. Lancken. Die Klostergebäude waren schon 1534 stark verfallen. Am Osterdienstag 1560 brannten sie ab, nur das Prioratshaus blieb verschont. Am Osterdienstag 1616 stürzte der Kirchturm ein; 1619 standen nur noch die Außenmauern der Kirche. Die Ruine diente als Steinbruch. Im 18. Jh. waren noch einzelne Mauerreste sichtbar. In den Trümmern siedelten sich Arme an; 1904 lebten in Belbuck 130 Einwohner.

Belbucker Amt, auch „Abdü" – Abteiland – genannt. Die Prämonstratenser aus Belbuck und die Prämonstratenserinnen aus Marienbusch, später Treptow, besiedelten ihren verliehenen Besitz mit Bauern aus

Friesland und Westfalen. Da die Klöster kaum Eigenwirtschaft betrieben, hatten sie ihr Klosterland verschiedenen Adligen als Lehnsbesitz übereignet. So konnte kein festabgegrenztes Territorium mit einem großräumigen Gemeinschaftsgefühl wie im → Weizacker, auf → Mönchgut oder im → Rügenwalder Amt entstehen. Die stattlichen → Vierkanthöfe in den ehemaligen Klosterdörfern zeugten dennoch von einer gemeinsamen Herkunft, desgleichen die bis Mitte des 19. Jh.s getragene Tracht. Das Belbucker Amt blieb bis 1945 ein reines Bauernland, frei von Großgrundbesitz.

Belbucker Tracht. Über die Entstehung der Belbucker Tracht wissen wir nichts; 1864 wird berichtet, daß in den „Abdüdörfern noch ein Rest von Nationaltracht besteht", im 20. Jh. war sie ausgestorben. Bildliche Darstellungen, u. a. auf den Stichen von Chodowiecki, auf den Aquarellen von Wachsmann (um 1800) und auf Sepiazeichnungen von Schinkel, geben uns eine Vorstellung von ihr. Die Männer trugen über ledernen Kniehosen an Festtagen schwarze, buntgefütterte Festüberöcke, die nur mit Haken und Ösen geschlossen wurden. Die Frauen trugen besonders weit geschnittene, rote Röcke, die eine Goldborte am Saum zierte, geblümte Mieder und dunkle Hauben. Für Festtage hatten sie schwarze Abendmahlsmantillen mit steifen Rückenfalten und atlasseidenen Borten. Rekontruktionen dieser Trachten werden von Volkstanzgruppen getragen.

Belgard *(Białogard)*, Kreisstadt, 23342 Einwohner (1983). Belgard liegt 25 m über NN in einem Bogen des Leitznitzbaches, kurz vor dessen Einmündung in die Persante, in einem flachen Gelände, dem eiszeitlichen Persantestausee. Der guterhaltene Stadtkern mit dem Amtsberg am Roten Fließ ist umgeben von Vorstadtsiedlungen und Kasernenkomplexen. Entlang der Eisenbahnlinie Stettin–Stolp reihen sich die Industriebetriebe, allen voran die Überlandzentrale mit ihrem Wärmekraftwerk, die Belgard zu einem wichtigen Elektroenergielieferanten für weite Teile Hinterpommerns macht. Nach 1945 entstanden um Belgard zahlreiche Wohnblocksiedlungen, welche die neuen Bewohner aufnahmen.

Belgard: Hohes Tor

Am westlichen Fuß des Amtsberges, ein alter wendischer Burgwall, entwickelte sich ein Ort. Herzog Boleslaw III. von Polen eroberte die Burg 1102 und 1107–08. Bischof Otto von Bamberg kam auf seiner ersten Missionsreise durch Belgard. Nördlich der Burg wurde die deutsche Siedlung mit viereckigem Marktplatz angelegt, die 1299 von Herzog Bogislaw IV. lübisches Stadtrecht erhielt. Zeitweise war die Kastellaneiburg Residenz Herzog Wartislaws IV. Seit 1159 war sie Zollhebestelle an der Salzstraße von Kolberg, dazu brachten Viehmärkte und die

Flußschiffahrt auf der Persante Belgard einen wirtschaftlichen Aufschwung, so daß die Stadt 1396 Mitglied der Hanse wurde. Der 30jährige Krieg halbierte etwa die Bevölkerung; vor dem Krieg hatte Belgard um 3000 Einwohner und bereits 1628 nur noch 1445. Seit dem 18. Jh. wurde im Westen die Körliner, im Osten die Kösliner Vorstadt angelegt. Die herzogliche Burg (1526 abgebrannt) ersetzte ein Schloß, auf dessen Fundamenten David Gilly 1786 das Amtshaus erbaute.

Mit dem Eisenbahnbau von Stettin nach Danzig (1859) und nach Neustettin (1878) siedelte sich Industrie in Belgard an, unter anderem Maschinen-, Leder- und Parkettfabriken sowie Sägewerke. 1905 und 1908 wurde die Stadt an das Netz der „AG der vereinigten Kleinbahnen der Kreise Köslin, Bublitz und Belgard" angeschlossen. 1909 erhielt Belgard Kasernen und ein Heeresverpflegungsamt. Überregionale wirtschaftliche Bedeutung hatte der Bau der Überlandzentrale Belgard (1910) mit ihrem Kohlekraftwerk, das 1911 ans Netz ging. Dazu wurde Strom vom Heyka-Werk übernommen. 1923 vereinigte sie sich mit der Stolper zur „Überlandzentrale Belgard-Stolp AG". 1937–38 wurden Stadtrandsiedlungen errichtet; die Einwohnerzahl wuchs von 13724 (1933) auf 16068 (1938). Nach dem Jahr 1945, das Belgard mit geringen Schäden überstand, wurden weitere Wohnsiedlungen angelegt. Schnell nahm die Überlandzentrale ihren Betrieb wieder auf. Zu den Holzverarbeitungs-, Nahrungsmittel- und Maschinenfabriken kam eine Drahtflechterei hinzu. Seit 1975 hat Belgard seine Funktion als Kreisstadt verloren, ist aber weiterhin ein bedeutender Verkehrsknotenpunkt, Industrieort und eine Schulstadt.

Bauwerke: Stadtwehr, außer wenigen Mauerresten ist das *Hohe Tor* (14. Jh.), mit Blenden und Friesen reich verziert, erhalten.

Stadtkirche *St. Marien* (14. Jh.), von 1125 bis 1506 „Allerheiligen", dreischiffige, gewölbte Pfeilerbasilika mit einschiffigem Chor und mächtigem Turm mit barocker Haube. Chor und Seitenschiffe von Sterngewölben überspannt. Der Hochaltar, 10 m hoch und 5 m breit, stammt aus der Zeit zwischen Renaissance und Barock.

St. Petrikapelle (Ende 17. Jh.), Fachwerkbau mit verschaltem Turm. Die Wetterfahne trug die Jahreszahl 1755. Um 1960 wegen Baufälligkeit abgebrochen.

Belgard, Landkreis, 1649,49 qkm Gesamtfläche, mit einer Wohnbevölkerung von 79183 Einwohnern (1939). Belgard gehörte zu den größten Landkreisen Pommerns. Er erstreckte sich im mittleren Hinterpommern von den Höhen des → Pommerschen Höhenrückens bis in die kuppige Grundmoräne. Auffallend an den Oberflächenformen des Kreises ist die Senke, in der die Persante fließt, die sich von Nordwesten nach Südosten erstreckt. Die höchsten Erhebungen des Kreises liegen nördlich dieser Senke bei Hopfenberg (209 m) und südlich bei der Kolonie Bramstädt (207 m). Es handelt sich um die Neustettiner Senke, einem Senkungsgebiet im voreiszeitlichen Untergrund am Südwestrand des massiven Baltischen Schildes. Von Nordosten nach Südwesten durchzieht den Kreis das Waldgebiet der Talsandzone, ebenso sind die Höhen mit Wald bedeckt. Die landwirtschaftliche Nutzfläche wurde vorwiegend für den Anbau von Roggen, Kartoffeln und Lupinen (52,5 v. H., 1939) genutzt. Entlang der Persante fand die Viehwirtschaft genügend Wiesen und Weiden. Der weitaus größte Teil des Nutzlandes wurde von Betrieben zwischen 10 und 100 ha bewirtschaftet; 31 Betriebe hatten zwischen 500–1000 ha, 3 über 1000 ha Nutzfläche. 1939 waren etwa 60,6 v. H. der 59367 Berufstätigen in der Land- und Forstwirtschaft tätig, 25 v. H. in Industrie und Handwerk und 14 v. H. in Handel und Verkehr.

Neben der Kreisstadt hatte der Landkreis die Städte Bad Polzin, den einzigen Kurort Pommerns, und Schivelbein. In seiner letzten Form gab es diesen Kreis erst seit 1932, als der kleine Kreis Schivelbein dem größeren angegliedert wurde. Damit sollte eine alte

Grenzlinie überwunden werden, denn der Kreis Schivelbein war bis 1815 der nordöstlichste Vorposten der brandenburgischen → Neumark, während der Kreis Belgard – immer herzogliches Territorium – gemeinsam mit dem anschließenden Gebiet des Bistums Cammin einen Sperriegel für den brandenburgischen Drang zur Ostsee bildete.

Belgard *(Białogarda),* Kreis Lauenburg. Belgard liegt auf einer östlichen, steil aufragenden Talrandhöhe des Lebatales. Das Bauerndorf mit 331 Einwohnern (1939) ist das älteste Dorf des Kreises und war Mittelpunkt einer Kastellanei, die 1209 erstmals genannt wurde. Um 1200 hatte Herzog Sambor I. von Pomerellen „das Land an der Leba mit der Burg Belgard" seinem Bruder Mestwin I. geschenkt. Sein Sohn Ratibor v. Belgard (1220–1274 [?]) machte das Land Belgard bis 1252 zu einem selbständigen Herzogtum. Die Burg, von der Reste des Süd- und des Ostwalls zu erkennen sind, soll 1238 zerstört worden sein; nach anderen Berichten wird sie um 1240 als stark befestigter Punkt, als Drohburg gegen das Stolper Land erwähnt. Mit ihr ist die Sage von der schwarzen Margarete oder Schwarzen → Jägerin verbunden. Seit 1275 gab es in Belgard die Kirche „Maria purificationis". 1287 hielt hier Swenzo, „palatinus in Danczic et in Stolp", eine wichtige Tagung des pomerellischen Adels ab. 1354 verlieh der Deutschordenskomtur von Danzig, Kirsilies von Kindswulre, dem ehrsamen Martin das wüste Dorf „Belgarthen" mit 20 Hufen zur Besiedlung mit deutschen Bauern. Bald gab es zwei Mühlen und zwei Gasthäuser, die einen größeren Durchgangsverkehr vermuten lassen. Bauwerke: Vor dem Dorf gab es eine *St. Georgskapelle,* wahrscheinlich ein Hospital, das in der Reformation unterging. Seit 1354 hatte Belgard eine Kirche, die im 17. Jh. verfallen war. Der Neubau von 1716, 1770 völlig renoviert, wurde 1846 abgebrochen; die staatlichen Behörden erklärten die katholische Gemeinde für erloschen. 1890 wurde eine evangelische Kirche gebaut.

Benzmann, Hans, Dichter und Literaturhistoriker. *1869 in Kolberg, † 1926 in Berlin. Nach dem Studium der Rechts- und Staatswissenschaften in Berlin wurde er 1907 Reichstagssekretär; 1922 krankheitshalber vorzeitig pensioniert. Aufnahme eines Studiums der Germanistik, Geschichte und Philosophie in Greifswald. Mit „Die soziale Ballade in Deutschland" promovierte er. Von 1898 an begann er mit „Sommersonnenglück", seine lyrisch-epischen Werke zu publizieren, die ihn zu einem der bedeutenden Dichter der Jahrhundertwende machten. Es folgten „Meine Heide" (1910 in 9. Auflage), „Moderne deutsche Lyrik" (1904), „Pommern im deutschen Liede" (1924) und posthum seine Gedichtsammlung mit Jugenderinnerungen „Kolberg" (1926).

Berg, Max, Architekt. *1870 in Stettin, † 1947 in Baden-Baden. Nach Studium der Architektur an der TH Berlin zum Stadtbaurat von Breslau berufen. Berühmt wurde er durch den Bau der „Jahrhunderthalle" (1910–12), dem ersten Spannbetonbau. Die Kuppel hat einen Durchmesser von 65 m und eine Höhe von 40 m – sie ist in der Grundfläche dreimal so groß wie St. Peter in Rom, hat aber nur die Hälfte an Gewicht. Weitere Bauten sind der Messehof (1925) und das Oderkraftwerk (1910, 1925) in Breslau. Politisch trat er 1944 in Erscheinung, als er Rom zu einer offenen Stadt erklärte.

Bergen, Kreis Rügen. Kreisstadt. 19500 Einwohner (1990). Bergen liegt auf dem Hang einer Stauchendmoräne, die im → Rugard 91 m über NN erreicht. Von ihrem Zentrum, Markt und Marienkirche, verlaufen die Hauptstraßen radial in alle Richtungen. Am Fuß der Moräne liegen im Westen Busbahnhof und Bahnhof, in dessen Nähe sich Gewerbebetriebe der Nahrungsmittelindustrie, des Bauwesens und Großhandels angesiedelt haben. Im Süden begrenzen die Stadt zwei Siedlungen in moderner Plattenbauweise.

Auf dem nahen Rugard stand die Burg der Fürsten von Rügen, unterhalb der eine kleine Siedlung lag, in der nach 1168 Fürst Jaromar I. seine Palast- und Grabeskirche St. Marien baute; vor ihrer Fertigstellung übergab er sie 1193 Benediktinerinnen aus Roskilde, die sie vollendeten. Ihr Kloster war der erste Steinbau der Insel. 1250 führten die Nonnen die Zisterzienserregel ein. Nordöstlich davon entstand auf Klostergrund die „villa Montis“, erst 1314 urkundlich erwähnt. Ihre ersten Bewohner waren neben Dänen vor allem Deutsche – Ackerbürger, Handwerker und Kaufleute. 1355 erteilte das Kloster den Schuhmachern, 1384 den Kürschnern ein Privileg zur Gründung eines eigenen Gewerkes, vermutlich hatte Bergen schon städtische Rechte. Ein Großfeuer vernichtete 1445 große Teile des Ortes und des Klosters. Bereits 1525 konfiszierten herzogliche Beamte die Klosterkleinodien; 1539 wurde das Kloster in ein weltliches Fräuleinstift zur Versorgung lediger Adelstöchter umgewandelt. Die Handwerker von Bergen – im 15. und 16. Jh. waren Gewerke der Gewandschneider, Tuchhändler, Leineweber, Schmiede und Schlächter entstanden – kauften 1613 von Herzog Philipp Julius für Bergen das lübische Stadtrecht für 8000 Mark. Im 17. und 18. Jh. verfielen die alten Klostergebäude, 1736 wurden neue Stiftsgebäude errichtet.

Bergen: Siegel des Konvents

1806 wurde Bergen Kreisstadt, behielt den Charakter einer Ackerbürgerstadt. Verwaltung, Schulen und das Kreiskrankenhaus siedelten sich in Bergen an. Die Eisenbahnlinie Altefähr – Bergen, 1883 eröffnet und 1891 nach Saßnitz verlängert, und die Rügensche Kleinbahn (1896) machten Bergen zum Verkehrsmittelpunkt der Insel. 1911 – 12 wurde eine katholische Kirche gebaut, von der die ca. 400 ansässigen Gläubigen und über 3000 polnische → Wanderarbeiter seelsorglich betreut wurden. Nach 1945 war die gesamte Versorgung von Rügen in Bergen konzentriert. Die Rügensche Zentralmolkerei, VEB Brot- und Backwaren und VEB Fleischkombinat sowie kleinere Betriebe der Bekleidungs-, Möbel-, Elektroindustrie machten die Stadt zu einem wichtigen Einpendlerzentrum (Ende der 80er Jahre pendelten täglich 2000 Beschäftigte). Die Siedlungen Bergen-Süd und Bergen-Rothensee wurden gebaut.

Bauwerke: Stadtkirche *St. Marien,* älteste Kirche Pommerns (1193), als kreuzförmige, dreischiffige Basilika geplant, starke Anklänge an seeländisch-jütische Backsteinarchitektur. Die spätromanischen Bauteile, Chorbau mit Apsis, Querschiff und Westwerk, waren vor der Klostergründung fertiggestellt. Horizontale Zickzackbänder und Stromschichten sind Hinweise auf die ursprüngliche prächtige Anlage. Vor 1359 wurde das Langhaus zu einer gotischen Hallenkirche umgebaut, die Apsisfenster vergrößert. Im 15. Jh. kam der Turm dazu. 1896 – 1902 fand Haselberg in Chor und Querschiff Reste spätromanischer Wandmalerei (Anfang 13. Jh.); im Chor an der Nordwand das Paradies, an der Südwand Fegefeuer und Hölle. Sie wurden frei ergänzt und verfälscht wiederhergestellt. Die Inneneinrichtung stammt aus dem 18. Jh. Die Granittaufe (14. Jh.) soll aus der 1380 abgebrochenen Kirche auf dem Rugard stammen. Außen an der Westwand ist ein wendischer Granitgrabstein eingemauert, vermutlich der Grabstein Jaromars I. Kelch (Anfang 13. Jh), Silber vergoldet mit Goldfiligran überzogen; Lübecker Arbeit.

Panorama: Bergen/Rügen

Beringer. Unter dem Burggrafen Wartislaw II. Swantiboric siedelten sich die ersten Deutschen in Stettin an. Der einzige namentlich genannte ist der Bamberger Beringer, der recht enge Beziehungen zum Michaelskloster in Bamberg hatte. Vermutlich hat er 1182 eine Wachsschenkung an das Kloster vermittelt. Von Herzog Bogislaw I. erhielt er bei Stettin Grundbesitz und nahm in der neuen deutschen Gemeinde eine führende Stellung ein. Vor dem Burgwall baute er als Mittelpunkt der neuen Siedlung eine Kirche, die dem Apostel Jakobus, dem Patron der Fremden und Pilger, geweiht ist. Beringer wandte sich 1187 mit der Bitte an die Landesversammlung in Stettin, die Jakobikirche mit Land bei Stettin zu dotieren, das Patronat dem Michaelskloster zu übertragen und von Bamberger Mönchen verwalten zu lassen. Nach erfolgter Einwilligung weihte Bischof Siegfried die Kirche als Pfarrkirche der Deutchen mit dem Recht, Taufen zu spenden und Begräbnisse vorzunehmen. Möglich ist, das Beringer, über den weitere Urkunden schweigen, als Unternehmer bei der Anlage von Stettin tätig war. Seine Nachkommen gehörten viel später zu den führenden Familien der Stadt.

Bernsteinstädte. Bereits die pomerellischen Herzöge verliehen im östlichen Hinterpommern und Westpreußen das Bernsteinregal, d. h. das Recht zum Einsammeln von Bernstein. Der Deutsche Ritterorden übernahm 1309 diese Regelungen. In den Städten entlang der Ostsee entstanden im 15. – 16. Jh. die ersten Bernsteindreherzünfte: in Lübeck, Stolp (um 1480), Kolberg (1584), Köslin (1550), Danzig, Elbing, Königsberg und Memel. Überregionale Rolle spielten nur Stolp, Danzig und Königsberg. Herzog Barnim IX. verlieh Stolp 1534 wichtige Privilegien. Die Zunft lieferte den Bernstein – am Strand gefunden, gefischt, aus Ostpreußen geliefert – an ihre Mitglieder. Erst nach der Verarbeitung wurde er Eigentum des Bernsteindrehers. Einzelne Bernsteinmeister führten in der Umgebung von Stolp Grabungen auf eigene Rechnung durch. Der bearbeitete Bernstein – hauptsächlich Perlen und kleine Schmuckgegenstände, u. a. Dosen, Broschen und Schachfiguren – wurde über Livorno in die Länder des östlichen Mittelmeeres geliefert. 1780 wurden Smyrna und Aleppo direkt von Stolp versorgt. Die Königsberger Konkurrenz – durch Nähe zum Samland und Förderung durch den preußischen Staat begünstigt – wurde für Stolp erdrückend. Welches künstlerische und wirtschaftliche Gewicht Stolp hatte, läßt sich daran ablesen, daß von Königsberg aus der Name Stolp bewußt verschwiegen und weitgehend durch „norddeutsch“ ersetzt wurde. Obwohl 1808 noch 60 Bernsteinmeister in Stolp arbeiteten, auch an dem berühmten Bernsteinzimmer, wurde die Zunft 1883 aufgelöst und die weitere Bewirtschaftung des Bernsteins allein von der staatlichen Bernsteinmanufaktur Königsberg geregelt.

Besiedlung. Die Besiedlung Pommerns durch deutsche, aber auch niederländische und dänische Siedler ereignete sich vor allem im 13.–15. Jh. und dann im 18. Jh. Die erste Besiedelung, auch Ostkolonisation genannt, fand ein klar durchorganisiertes pomoranisches Siedlungsgebiet vor, Stettin war dessen wichtigste und größte Stadt; der Weizacker, die Inseln Usedom und Wollin, ein Küstenstreifen bis Belgard, um Schlawe, der Peeneraum von Anklam über Demmin bis Mecklenburg und das Küstengebiet mit Rügen waren dicht besiedelt. Hierher unternahm Bischof Otto von Bamberg seine Missionsreisen 1124 und 1128, hier wurden die ersten Klöster gegründet – Stolpe (1153) und Kolbatz (1173). Die pomoranischen Siedlungen – Städte ohne scharfe Trennung zum Land, Haufendörfer, Weiler, Einzelhöfe – besaßen nicht klar umrissene Fluren, zu denen Äcker, Gärten, Wiesen, Weiden und Wälder gehörten, zum größten Teil im Besitz der Gemeinden. In ihnen lebten neben freien Bauern mit erblichem Besitz abhängige Bauern und Unfreie. Zahlreiche Abgaben und Pflichten den adligen Grundherren und den Landesherren gegenüber belasteten die Bevölkerung schwer. Kriegs- und Verwüstungszüge im 12. Jh. entvölkerten das Land, viele Siedlungen waren wüst.

Etwa 100 Jahre nach der Christianisierung suchten die Landesherren ihre Einkünfte zu steigern und gestatteten den Klöstern, deutsche Siedler zu holen. 1173 wird auf Kolbat-

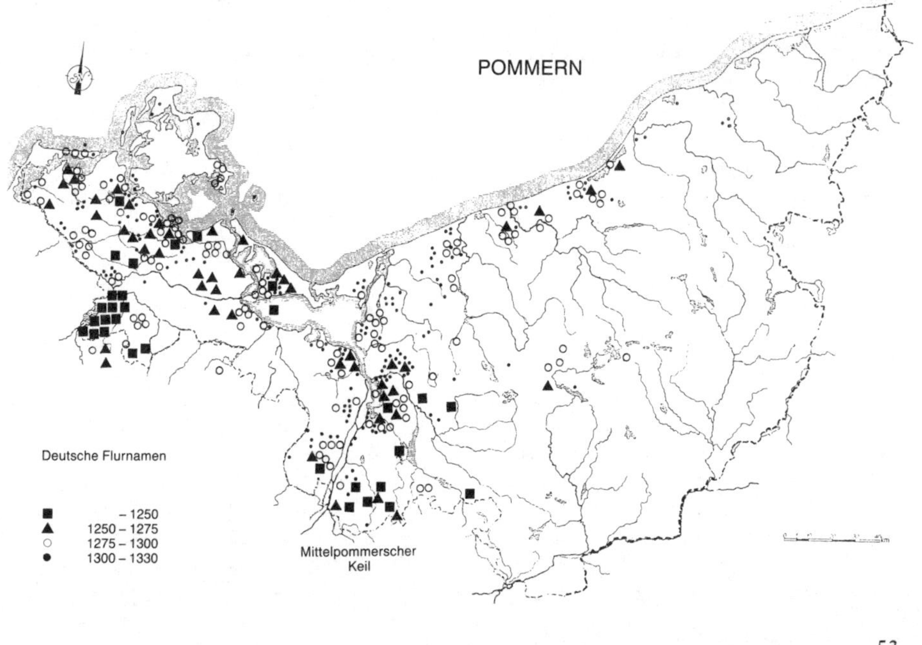

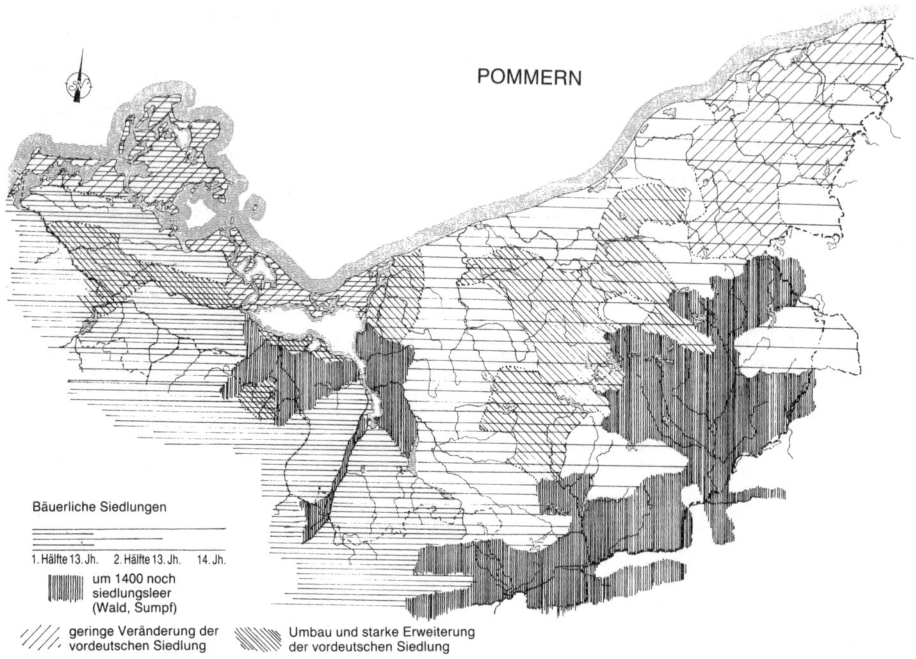

zer Gebiet das „Dorf der Deutschen" genannt, 1180 „Sconefeld". Im 13. Jh. setzte eine groß angelegte Einwanderung von Bauern, Adligen, Kaufleuten und Handwerkern ein, begünstigt durch den Versuch pommerscher Herrscher, territoriale Besitzansprüche Polens und Brandenburgs abzuwehren. Alle drei Parteien nutzten die Besiedelung als wichtigstes Mittel ihrer territorialen Expansion. Herzog Barnim I. rief seit 1230 planmäßig Deutsche ins Land, gründete insgesamt 21 Städte nach deutschem Recht. Herzog Wartislaw III. von Demmin erschloß den Norden Vorpommerns für deutsche, niederländische und dänische Siedler. Die Dörfer nach deutschem Recht hatten ein festes Landmaß – die Hufe. Ackerbau wurde wichtiger, die Dreifelderwirtschaft brachte bedeutende Ertragssteigerungen. Die pomoranische Vorbevölkerung zog sich z. T. auf die Höhengebiete zurück oder ging allmählich in der neuen Bevölkerung auf. Die Besiedlung verlief weitgehend friedlich. Bis 1250 war Vorpommern, wie die Flurnamensforschung zeigt, über die Peene mit Usedom, ohne Rügen, von der Einwanderungswelle erfaßt, in Mittelpommern das Gebiet zwischen Oder und Ihna. In den nächsten 25 Jahren drangen diese Siedlungsströme im Westen über die Peene nach Süden bis zur Ueckermünder Heide, in der Mitte nach Norden bis Gollnow und nach Osten bis Dramburg vor. Um Kolberg und Köslin finden wir auf einem schmalen Küstenstreifen deutsche Siedler – Bischof Hermann von Gleichen baute sein Territorium aus; Stadtgründung von Köslin (1266). Bis 1300 war im Westen Rügen besiedelt, in der Mitte die Gebiete westlich der Oder und bis zur oberen Rega und Persante. Vom Küstensaum drangen Siedler landeinwärts vor. Nach 1300 erhöhte sich im Westen die Siedlungsdichte erheblich, der ostpommersche Küstenraum, bis Stolp erweitert, erhielt über Wollin Anschluß an den

Westen; ebenso hatte die Mitte eine größere Siedlungsdichte erreicht. Die östlichen Gebiete um Bublitz, Bütow, Lauenburg waren von dieser Siedlungsbewegung noch nicht erfaßt. Erst durch den Deutschen Ritterorden (1309) begann eine rege Siedlungstätigkeit. Diese Vorgänge spiegeln die territorialen Vorstellungen der politischen Parteien wider. Die Mitte Pommerns, der → Märkische Keil, wurde von den Askaniern auf ihrem versuchten Wege zur Ostsee mit Siedlern aus Mitteldeutschland besiedelt. Vorpommern und das ostpommersche Küstenland besetzten die Herzöge und die Kirche mit niederdeutschen Siedlern. Ihnen gelang es, Brandenburg von der Ostsee fernzuhalten. 1348–51 wütete in Pommern der „Schwarze Tod", der eine weitere Besiedelung zum Erliegen brachte. Um 1500 begann die Erschließung des → Neustettiner Grenzwaldes; das herzogliche Amt Neustettin, deutsche Adlige und polnische Starosten siedelten deutsche Bauern an, um ihre territorialen Ansprüche zu sichern. Die letzte große Besiedelungsbewegung begann mit Franz Balthasar von → Brenkenhoff, der 1747 das Oderbruch trokkenlegte, 1769 den Seespiegel des → Madüsees absenkte und ab 1763 das Netze- und Warthebruch entwässerte. Geschlossene Dörfer mit mittelgroßen Bauernstellen wurden angelegt, in denen Schwaben, Hessen und Pfälzer als abgaben- und dienstfreie Bauern angesiedelt wurden. Allein im Netzebruch entstanden 40 neue Ortschaften.

Bevölkerung. Nach der Volkszählung von 1939 hatte die Provinz Pommern, mit einer Fläche von 38409 qkm, eine Wohnbevölkerung von 2393844 Menschen – 89,7 v. H. evangelisch, 6,9 v. H. katholische und 3,4 v. H. sonstige – in 2759 Gemeinden, was einer Dichte von 62 Einwohnern/qkm entsprach. Hierbei war der Regierungsbezirk Stettin mit 87 Einwohnern/qkm der am dichtest besiedelte Bezirk, ihm folgte Köslin mit 53 Einwohner/qkm und Schneidemühl mit 42 Einwohner/qkm. Die Bevölkerung Pommerns war mit 33,9 v. H. in der Land- und Forstwirtschaft, mit 25,5 v. H. in Industrie und Handwerk, mit 14,1 v. H. in Handel und Verkehr und mit 26,5 v. H. in sonstigen Erwerbsgruppen tätig. Seit 1882 haben sich die Erwerbsmöglichkeiten der Bevölkerung stark verändert. Während 1882 noch 54,5 v. H. in Land- und Forstwirtschaft tätig waren, waren es 1939 nur noch 33,9 v. H.; bei Industrie und Handwerk stieg die Zahl von 22,8 v. H auf 25,5 v. H., in absoluten Zahlen von 345510 auf 594249 Beschäftigte. Bei Handel und Verkehr verdoppelte sich die Zahl der Tätigen von 9,3 v. H. (140848) auf 14,1 v. H. (329189). Mit der Industrialisierung im 19. Jh. setzte von Pommern eine Abwanderungsbewegung nach Westen ein. Ziel der ersten Wanderungswelle war der Raum Stettin, das 1850 44104 Einwohner und 1890 116218 Einwohner hatte, dann folgten Stolp (1847: 9530 – 1890: 23862 Einwohner), Stargard (1852: 12473 – 1890: 23785 Einwohner) und Köslin (1861: 11303 – 1919: 25000 Einwohner). Die fast gleichzeitig einsetzende Fernwanderung hatte zunächst Berlin zum Ziel. 1890 zogen 101000 Pommern dorthin, 1907 waren es 127000. Nächstes Ziel war Sachsen mit 12000 Zuwanderern im Jahre 1907, dann folgten das Rheinland mit 12000 (1907) und Westfalen mit 8000 (1907). Ostpreußen und Schlesien wurden von dieser Binnenwanderung ausgespart. Das Jahr 1945 veränderte die Bevölkerungssituation vollständig. Zunächst blieben nach vorsichtigen Schätzungen etwa 60–70 v. H. der deutschen Bevölkerung in Ostpommern; sie wurden im Laufe der nächsten Jahre vertrieben. Im Juni 1945 gab es nach polnischen Quellen 713000 Deutsche, im Juni 1947 nur noch 116263. Die polnischen Zuwanderer aus Zentral- und Südpolen (65 v. H. der Gesamtbevölkerung), aus Wilna und Wolhynien (30 v. H.) und aus der Ukraine haben den Vorkriegsstand erreicht. 1955 lebten in den Wojewodschaften Stettin und Köslin 1278000 Menschen. Durch die Regionalreformen lassen sich kaum mehr Vergleiche anstellen. Die Berufsstruktur hat sich ebenfalls verändert. 1950 waren 49,4 v. H. der Arbeitnehmer in Land- und Forstwirtschaft tätig, 17,9 v. H. in Industrie und Handwerk und 15,25 v. H. in Handel und Verkehr, mit einer stark fallenden Tendenz im Bereich der Land- und Forstwirtschaft.

Billroth, Theodor, Chirurg. *1829 in Bergen, † 1894 in Abbazia. Studium der Medizin in Greifswald, Göttingen und Berlin. Nach einem erfolglosen Versuch (1853), sich als praktischer Arzt niederzulassen, habilitierte er 1856 in pathologischer Anatomie und Chirurgie. 1859 erhielt er einen Ruf nach Zürich. Hier führte er am Kantonsspital auch für männliche Patienten die Pflege durch Schwestern ein. In Zürich begann seine lebenslange Freundschaft mit Brahms. 1867 ging er an die Universität in Wien. An der Wiener Chirurgischen Klinik legte er während seiner 25jährigen Tätigkeit die Grundlagen der modernen Chirurgie. 1885 gelang ihm die erste erfolgreiche Magenresektion, im gleichen Jahr auch eine geglückte Kehlkopfentfernung. Er erfand auch die lange verwendete und nach ihm benannte Mischnarkose mit Äther und Chloroform. Neben seiner Arbeit als Chirurg fand er immer Zeit für seine Passion – die Musik. Brahms widmete ihm 1873 die beiden Streichquartette „op. 51 Billroth".

Binnenwasserstraßen. Seit dem Mittelalter fand auf den pommerschen Küstenflüssen eine Binnenschiffahrt statt. Sie stellte eine schnelle Transportmöglichkeit für größere Gütermengen dar, zumal deren Wasserführung wesentlich größer war als heute. Mit besonderen herzoglichen Privilegien suchten Städte, die weiter flußaufwärts lagen, ihre Rechte an den Binnenwasserstraßen zu sichern, z. B. befreite 1307 Herzog Bogislaw IV. Belgard vom Persantezoll und erteilte ihm Stapelrecht, was häufig zu heftigen Streitigkeiten führte, u. a. 1579 zwischen Loitz und Anklam, 1326 zwischen Greifenberg und Kloster Belbuck. Mit der Abnahme der Niederschläge und dem Bau größerer Flußkähne sanken Leba, Wipper, Persante, Rega und Ihna zur Bedeutungslosigkeit herab, nur in ihren unmittelbaren Mündungsbereichen werden sie genutzt. 1773 wurde mit dem Bromberger Kanal Netze und Warthe zu einem wichtigen Verkehrsweg, Drage und Küddow wurden in ihrem Unterlauf auf 23 km Länge genutzt. Die Peene ist bis Malchin auf 104 km Länge schiffbar; Anklam, Jarmen, Loitz und Demmin nutzen sie mit Kähnen bis 750 t zum Transport von Zuckerrüben. Die Uecker kann bis Torgelow befahren werden (36 km). Hauptverkehrsader ist die → Oder, die Verbindung für den Massengütertransport nach Oberschlesien. Durch den Ausbau des → Großschiffahrtsweges Berlin–Stettin (1934) erhielt die Binnenschiffahrt eine gesteigerte Bedeutung. 1938 wurden auf den Binnenwasserstraßen im Stettiner Wirtschaftsgebiet 4191000 t, auf den übrigen Binnenwasserstraßen Pommerns 2464000 t und auf Warthe und Netze 465000 t transportiert. 1945 kam die Binnenschiffahrt völlig zum Erliegen. Die „Staatliche Oder Schiffahrt" begann sehr schnell, die Oder als Binnenwasserstraße wieder zu nutzen. 1954 wurden auf der Oder 4848000 Tonnen transportiert. Seit 1956 hat die Oder wieder Anschluß an das mitteldeutsche Binnenwasserstraßennetz.

Binz, Kreis Rügen. 7100 Einwohner (1990). Binz ist der größte Badeort Rügens an der Tromper Wiek zwischen Schmale Heide und → Granitz. Das 1318 erstmals genannte „Byntze" ist seit 1876 vom Fischerdorf zum Seebad erhoben worden. 1888 übernahm eine Aktiengesellschaft und ab 1910 Fürst Wilhelm zu Putbus den Ausbau des Bades. Die 1902 erbaute, 1905 neuerbaute, 600 m lange Seebrücke soll wieder aufgebaut werden. Binz wurde zum vornehmsten und elegantesten Modebad für Adel und Ausländer. 1939 kamen 25000 Urlauber nach Binz. Nach 1945 wurde Binz Erholungsgebiet des FDGB mit Kinderheimen und Bettenhäusern von Industriebetrieben. 1988 hatte Binz 161000 Gäste.

Blaues Ländchen. Bereits Ende des

18. Jh.s wurde der Kreis Lauenburg als Blaues Ländchen bezeichnet; da bis 1846 die Kreise Lauenburg und Bütow eine Einheit bildeten, wurde letzterer in diesen Landschaftsnamen mit einbezogen. Ursache dieser Bezeichnung dürften die zahlreichen von Wald umgebenen Seen und die ausgedehnten Nadelwälder sein, über denen tatsächlich oft ein blauer Schimmer liegt.

Stadtplan von Binz, 1925

Blomberg, Werner von, General. *1878 in Stargard, † 1946 in Nürnberg. Berufssoldat, wurde 1927 Chef des Truppenamtes im Reichswehrministerium; 1929–33 war er Befehlshaber im Wehrkreis I. in Ostpreußen. 1933–35 war er Reichswehrminister und ließ nach Hindenburgs Tod (1934) die Reichswehr auf Hitler vereidigen. 1935–38 leitete er als Reichskriegsminister und Oberbefehlshaber der Wehrmacht die deutsche Wiederaufrüstung. 1936 wurde er zum Generalfeldmarschall befördert. Seine nicht standesgemäße Heirat führte 1938 zu seiner Entlassung. Nach 1945 inhaftierten ihn die Amerikaner wegen Vorbereitung eines Angriffskrieges. Er verstarb im Gefängnis in Nürnberg.

Bock, der östliche Teil der Halbinselgirlande → Darß → Zingst-Bock. Der Bock ist eine wattähnliche Sandplatte von zirka 16 qkm, die bei Mittelwasser teilweise trokken fällt, vom Großen und Kleinen Werder überragt, maximal 2 m über NN. 1906 begann man, diese Platte mit Sand aufzuspülen, nach 1934 wurde systematisch Sand aus dem Gellenstrom vor → Hiddensee aufgespült, so daß 1937 am Ost- und Südostende mit einer Aufforstung begonnen werden konnte. Diese Befestigung des Sandes führte zu einer Veränderung der Küstenströmung, so daß das Gellenfahrwasser freigehalten wird und im → Strelasund eine optimale Fahrwassertiefe für die Schiffahrt gehalten werden kann.

Bodenschätze. Pommern ist sehr arm an Bodenschätzen. Der älteste, bereits in frühgeschichtlicher Zeit genutzte, ist das Salz der Zechsteinzeit (vor ca. 225 Mill. Jahren). Es trat als Sole an die Erdoberfläche, u. a. in Kolberg und in Greifswald. 1206 schenkte Fürst Jaromar I. von Rügen dem Kloster Eldena einige Salzpfannen. Um 1000 war in Kolberg die Salzgewinnung in vollem Gange. Beide Salinen waren nicht sehr ergiebig (Greifswald hatte eine 2,6–4prozentige Sole, Kolberg eine 2,3–5,1prozentige), so daß die Produktion im 19. Jh. eingestellt wurde. In der Nähe dieser Salzlager wurden in den letzten Jahrzehnten auch Erdöl und Erdgasvorkommen bei Demmin und Cammin erbohrt. Die in der Jurazeit (vor 195 Mill. Jahren) abgelagerten blaugrünen Tone bei Grimmen werden für die Herstellung von Porensinter, einem begehrten Leichtbauzuschlagstoff, benötigt. Die Malmkalke von Zarnglaff waren bis 1967 Grundlage einer Düngekalk- und Zementproduktion. Die in der Kreidezeit (vor 137 Mill. Jahren) entstandenen Kalke wurden in Lebbin, Kreis Usedom-Wollin, und Finkelwalde, Groß-Stettin, für die Zementherstellung gewonnen, das bekannteste Kreidevorkommen ist die weiße Schreibkreide von Rügen, die im Kreidewerk Klementelvitz gefördert wird und vielseitige Verwendung findet.

Der Tertiär (vor 67 Mill. Jahren) liefert weite Tonlager, die der Ziegelherstellung dienen. In der Gegend von Stolp und Rügenwalde treten einzelne Schollen von gelben und grünen Sanden auf, in denen das „Gold der Ostsee", der Bernstein, gefunden wurde, der sonst in Pommern nur am Ostseestrand eingesammelt wurde. Bei Rarvin, Kreis Cammin, wurde ein 9 kg schweres Bernsteinstück gefunden. Die nur gering mächtigen Braunkohleflöze haben keine wirtschaftliche Bedeutung. Die eiszeitlichen Ablagerungen (vor 1 Mill. Jahren) brachten die grünlichen Cyprinentone auf Rügen und Hiddensee, aus denen 1757 die Stralsunder Fayence hergestellt wurde. Die Tone und Lehme der Eisrandstauseen, besonders im Stettiner Haff, wurden in Ziegeleien verarbeitet. Die Sande dienen heute der Kalksandsteinherstellung. Der holozäne Torf hat nur lokale Bedeutung als Heizmaterial.

Bodinus, Heinrich, Mediziner und Zoodirektor. *1814 in Drewelow, Kreis Anklam, † 1884 in Berlin. 1833 Studium der Medizin in Greifswald und der Naturwissenschaften in Berlin. 1852 war Bodinus Chirurg und Geburtshelfer in Greifswald. Daneben beschäftigte er sich mit der Zoologie und regte Verbesserungen für den Berliner Zoo an. 1859 wurde er nach Köln gerufen, um einen zoologischen Garten anzulegen; dieser wurde zum Vorbild zahlreicher Zoos. Bodinus war als Ratgeber und Gutachter viel gefragt. 1869 wurde er Direktor des Berliner Zoos, den er im Laufe der Jahre umbaute und modernisierte. Die 1870 eröffnete Bärenburg stand bis 1968. Unter seiner Leitung wurden viele bisher im Berliner Zoo nicht gehaltene Tiere angeschafft, u. a. Flußpferde und Panzernashorn, ein ostpreußischer Elch, Seelöwen und Orang-Utans. Er ergänzte auch den Tierbestand mit eigenen Züchtungen, z. B. Großkatzen, Hühnervögel, Wildrinder oder Zebras. 1878 begann er zusammen mit Carl Hagenbeck Völkerschauen mit Eskimos, Lappen, Kalmücken, Somalinegern und anderen Volksstämmen zu veranstalten. 1872 konnte Bodinus Kaiser Wilhelm II., Kaiser Franz Joseph von Österreich-Ungarn und Zar Alexander II. von Rußland in seinem Zoo begrüßen. Bodinus führte den Berliner Zoo in die Spitzengruppe der zoologischen Gärten der Welt.

Bogislaw X., Herzog von Pommern. *1454, † 1523 in Stettin. Sohn Herzog Erichs II. und Sophias v. Pommern, Tochter Herzog Bogislaws IX. von Stolp, übernahm 1474 die Regierung. Mit Unterstützung König Kasimirs IV. von Polen verweigerte er dem Kurfürsten von Brandenburg die Huldigung, obwohl seine Vorgänger Herzog Erich II. und Herzog Wartislaw X. von Barth 1472 das Herzogtum Pommern-Stettin, nach Aussterben des Stettiner Herzogshauses, als brandenburgisches Lehen übernommen hatten. Auch Bogislaws Heirat (1477) mit der Tochter Kurfürst Friedrichs II., Margareta, konnte den Konflikt nicht beilegen. 1479 mußte Bogislaw nicht nur Stettin, sondern auch Wolgast vom Kurfürsten zum Lehen nehmen. Mit dem Tod Wartislaws X. vereinigte Bogislaw ganz Pommern. Im Vertrag

Herzog Bogislaw X.

von → Pyritz (1493) gelang es ihm, sich und seine Erben von der Lehnshuldigung zu befreien; die Eventualerbfolge Brandenburgs blieb bestehen. 1491 heiratete Bogislaw, nach dem Tod Margaretas 1489, Anna von Polen, Tochter König Kasimirs IV. Die Hochzeit fand in Stettin statt, das er als erster Herzog zu seiner Residenz und Landeshauptstadt machte. Dieser Ehe entsprossen fünf Söhne und drei Töchter. 1497 trat Bogislaw eine Pilgerreise ins Heilige Land an, von der er 1498 zurückkehrte.

Während seiner Regierungszeit gelang es ihm, Pommern zu einem modernen Territorialstaat umzugestalten. Die Kanzlei wurde in ihrer Arbeit effektiver, verpfändeter landesherrlicher Besitz wurde ihrer Verwaltung unterstellt. Die alten Vogteien wurden in herzogliche Ämter umgewandelt, ihre Überschüsse mußten der herzoglichen Kammer abgeliefert werden. Damit hatte der Staat ein sicheres Einkommen. Die Amtshauptleute waren zu einer wirklichen Beamtenschaft des Herzogs geworden. Steuer-, Münz- und Gerichtswesen – das Hof- und Kammergericht, oft unter Vorsitz des Herzogs, wurde neu eingerichtet – wurden zum Nutzen des Herzogs und des Landes neu geregelt. Die Macht des Adels dämmte er mit einer neuen Amtsverfassung ein und band ihn durch verschiedene Ämter an sich. Er versuchte während seiner gesamten Regierungszeit, die Privilegien und Zollfreiheiten der Städte zu beschneiden. Das Anwachsen seiner Macht ließ ihn den Handel fördern, Verkehrswege ausbauen und den Verkehr sichern. Ebenso suchte er Einfluß auf die Kirche zu nehmen. Es gelang ihm, seinen Rat Martin Carith (1498) als Bischof von Cammin einsetzen zu lassen; dieser verwaltete das Bistum ganz nach Bogislaws Wünschen. Auch sein Nachfolger, Erasmus von → Manteuffel (1521–44) war ein Mann des Herzogs. 1517 beauftragte Bogislaw Dr. Johannes → Bugenhagen mit dem Verfassen einer Landesgeschichte, der „Pomerania“ von 1518. Dank seiner auf der Pilgerfahrt geknüpften Beziehungen zum deutschen Adel und seiner Verbindungen zum polnischen König, gelang es Bogislaw, von Kaiser Karl V. (1521 auf dem Reichstag zu Worms) mit ganz Pommern als reichsunmittelbarem Herzogtum belehnt zu werden, was zu heftigsten Reaktionen Brandenburgs führte. Der Streit wurde nicht beigelegt. Kurz vor seinem Tode war er der erste deutsche Fürst, der ein Kloster – Belbuck – säkularisierte (1522) und aus dem Klosterbesitz ein herzogliches Amt machte. In seinen letzten Regierungsjahren bemühte er sich, Recht und Ordnung durchzusetzen. Unruhen, durch reformatorische Ideen hervorgerufen, brachten wieder Unsicherheit ins ganze Land; der hinterpommersche Adel widersetzte sich ständig seinen Entscheidungen. Am 5. 10. 1523 starb der bedeutendste Herzog aus dem Greifengeschlecht und wurde in der St. Ottenkirche in Stettin beigesetzt.

Bogislaw XIV., Herzog von Pommern. *1580 in Barth, † 1637 in Stettin. Dritter Sohn Herzog Bogislaws XIII., seit 1606 mit seinem jüngeren Bruder Georg III. Herr des Amtes Rügenwalde. 1615 heiratete er Elisabeth von Schleswig-Holstein-Sonderburg; die Ehe blieb kinderlos. Nach Georgs Tod (1617) verwaltete er das Amt alleine. Er hatte weder eine staatsmännische Ausbildung erhalten noch Gelegenheit gehabt, Regierungserfahrungen zu sammeln. Mit dem Tod seines Bruders → Franz (1620) übernahm er das Herzogtum Stettin. Als 1622 überraschend sein Bruder Ulrich verstarb, wurde er auch Bischof von Cammin. Auf die drohend heraufziehende Kriegsgefahr war er nicht vorbereitet, die Staatskasse war leer und die Landstände und Städte unterstützten ihn nur zögernd. 1625 starb sein Vetter Herzog Philipp Julius von Wolgast, jetzt war Pommern wieder, wie zu Zeiten Bogislaws X., zu einem Staat vereinigt. Aber das überstieg Bogislaws Kräfte. Er wollte allen gerecht werden: Dem Kaiser folgend stützte er die katholische Liga, seine Zugehörigkeit zum Lutherischen Glauben band ihn an den schmalkaldischen Bund,

Bogislaw XIV.

durch seine Lehen Bütow und Lauenburg mußte er auf den König von Polen Rücksicht nehmen, schließlich gab es noch Handelsverbindungen der Hafenstädte nach Schweden. Vergeblich versuchte Bogislaw neutral zu bleiben. In der Konvention von → Franzburg (1627) zwang ihm der kaiserliche Generalissimus Wallenstein schwere Truppenstationierungen in Pommern auf. 1630 landete König Gustav Adolf von Schweden in Peenemünde und nötigte Bogislaw ein Schutzbündnis auf. Ohne Einverständnis des Schwedenkönigs konnte er keine politischen Entscheidungen fällen. Schon lange vorher hatte er gekränkelt, als ihm 1633 ein Schlaganfall und ein akuter Abbau seiner Geisteskräfte das Regieren unmöglich machten. Ein Geheimer → Rat führte die Regierungsgeschäfte weiter. Am 10. 3. 1637 verstarb der letzte Pommernherzog im Stettiner Schloß. Bis 1657 stand sein Sarg im Schloß. Erst nach dem Westfälischen Frieden konnten sich Kurfürst Friedrich Wilhelm von Brandenburg und die schwedische Regierung von Vorpommern über Termin und Kosten einer feierlichen Beisetzung einigen.

Borke, Sidonia von. *1539 in Stramehl, Kreis Regenwalde, † 1620 in Stettin. Sidonia gehörte einem der ältesten pommerschen Adelsgeschlechter an. Nach 1600 lebte sie im Stift Marienfließ, war zeitweilig dessen Priorin. In ihrer Jugend muß sie Verbindungen zum Hergzogshaus gehabt haben. Als drei der sechs Söhne Herzog Bogislaws XIII. – Johann Ernst, Georg und Philipp – starben, ohne Erben zu hinterlassen, und die noch lebenden keine Kinder gezeugt hatten, erinnerte sich Herzog Franz an die streitsüchtige, in Adelskreisen unbeliebte Sidonia. Sie soll aus verschmähter Liebe das Herzogshaus verflucht haben: „Verdorren soll es und von dieser Welt verschwinden!“ So wurde sie wegen Hexerei angeklagt, in einem einjährigen Prozeß nach „peinlicher Befragung“ zum Tode verurteilt und 1620 am Rabenstein vor Stettin enthauptet und verbrannt. Ihre Magd und Vertraute war schon 1619 lebendig verbrannt worden. Herzog Franz überlebte sie nur um zwei Monate. Mit seinem Bruder → Bogislaw XIV. erlosch 1637 das Greifengeschlecht.

Borntin *(Borzęcin)*, Kreis Greifenberg. 130 Einwohner (1939). 1224 als „Burrentin“ in der Stiftungsurkunde des Klosters → Belbuck erstmals genannt. Bekannt ist Borntin durch die Sage vom Riesen, dem die Rega ein unüberwindliches Hindernis war. Zunächst versuchte er sie auszutrinken – vergeblich, dann wollte er sie zuschütten. Die Steine und der Sand in seiner gewaltigen Lederschürze waren so schwer, daß er stolperte, hinfiel, sich dabei den Schädel einschlug und starb. Seine Riesenfreunde kamen, schaufelten ihm ein großes Grab und begruben ihn. Sein Kopf liegt unter dem Mühlenberg, unter dem Scheidebusch seine linke Hand, die rechte unter dem Mühlenholz. Über seinen Beinen standen die Höfe Wartchow und Möller.

Borries, Kurt-Wolf von, Bildhauer. *1928 in Bergen, Kreis Belgard, † 1985 in Köln. Sohn eines Gutsbesitzers, studierte 1947 bei Gerhard Marcks an der Hamburger Landes-

1 Die Dorfkirche von Altenkirchen auf Rügen

2 Das Steintor in Anklam von der Stadtseite aus

3 Die St. Marienkirche in Arnswalde, ein Ziegelbau aus dem 14. Jh.

4 Die Ordensburg zu Bütow, einer der mächtigsten Burgkomplexe des Deutschen Ordens ▶

5 *Der Marktplatz mit der Marienkirche in Barth*

6 *Stadtpanorama von Grimmen mit Blick auf die Marienkirche*

7 Turm des Doms zu Cammin

kunstschule. 1952 wurde er dessen Assistent an den Kölner Werkschulen. An der Fachhochschule Aachen lehrte er seit 1978. 1958 erhielt er den Förderpreis des Landes Nordrhein-Westfalen, 1960 den Preis Villa Massimo Rom. Neben zahlreichen Kirchenaufträgen schuf er 1956 das Mahnmal in Alt-St. Alban, Köln, 1958 den Ikarus am Friedrich-Wilhelm-Gymnasium, Köln, 1979 das Drevenacker Friedensmal, 1978 einen Orang Utan im Käfig. Borries gestaltete seine Werke aus fast allen Materialien – Stein, Bronze, Aluminium, Kunststoff – einige hat er polychrom gefaßt. Seine Idee war eine Aufhebung der Grenzen zwischen freier Plastik und Kunst am Bau.

Braeunlich, Stettiner Dampfschiffahrts GmbH J. F. Braeunlich, bekannt durch die Bäderschiffe „Hertha", „Odin" und „Rugard", wurde 1896 gegründet. Ihr ging die Reederei Oskar Braeunlich voraus. Oskar Braeunlich ließ die „Dievenow" als erstes Schiff – auch erstes eisernes Schiff überhaupt – bei Früchtenicht & Brock, dem späteren „Vulkan", bauen. Mit diesem Schiff begann er einen regelmäßigen Pendelverkehr zwischen Swinemünde und Stettin. Bis 1890 hatte er elf Schiffe auf der gleichen Werft bauen lassen. Später wechselte er zu den Stettiner Oderwerken. Die noch kleinen Dampfschiffe dienten hauptsächlich dem Gütertransport, nur an Wochenenden wurden sie zu Ausflugsdampfern umgerüstet. Nachdem der Sohn die Reederei übernommen hatte, wurde sie eine GmbH, die sämtliche Passagier-Dampfschiffslinien einschließlich der Post-Dampfschiffslinien übernahm. Die alten Schiffe „Dievenow", „Der Kaiser", „Germania" und „Freia" wurden abgewrackt und andere verkauft, um Neubauten zu finanzieren. 1904–08 war die Misdroyer Dampfschiffsgesellschaft mit Braeunlich eng verbunden. Die Gesellschaft betrieb ihr Liniennetz vor allem im Odermündungsgebiet. 1888 übernahm Braeunlich den Betrieb der → Eisbrecherflotte der Stettiner Kaufmannschaft. Ab 1897 betrieb er zusammen mit der schwedischen Reederei Stahlberg den Post- und Liniendienst zwischen Saßnitz und Trelleborg mit den Schiffen „Imperator" und „Germania". Nach dem Ersten Weltkrieg, in dem Braeunlich die „Imperator" und „Rügen" verlor, stellte die Reederei 1920–25 die Schiffe „Odin" und „Hertha" dem Seedienst Ostpreußen zur Verfügung. Bis 1945 bildeten Braeunlich und die Swinemünder Dampfschiffsgesellschaft eine enge Interessengemeinschaft. Sie fuhren regelmäßig von Stettin nach Swinemünde, Heringsdorf, Rügen und Bornholm. 1945 verblieb der Reederei, die ihren Sitz nach Lübeck verlegte, kein einziges Schiff. 1952 wurde ein letzter Versuch unternommen, ein Schiff, die „Melilla", in Dienst der Oldenburg-Portugiesischen-Dampfschiff-Reederei, deren Gesellschafter J. F. Braeunlich war, zu stellen. Mit ihrem Verkauf 1971 verschwand der Name Braeunlich aus den Schiffsregistern.

Brahe *(Brda),* linker Nebenfluß der Weichsel. Die Brahe entspringt östlich von Rummelsburg auf dem → Pommerschen Höhenrücken aus einer Kette von fünf Seen, deren letzter der Deeper See ist. Sie hat eine Länge von 233 km und ein Einzugsgebiet von 4654 qkm. Vom Deeper See fließt sie nach Südosten durch die großen Waldgebiete des Kreises Schlochau, durch den Großen Ziethener See (7,5 qkm, 30 m tief) und verläßt bei Sampohl Pommern. Unterhalb des Müskendorfer Sees nimmt sie den Chotzen, jenseits der Tuchler Heide die Kamionka und Zempolno als Nebenflüsse auf. Der Unterlauf von Bromberg bis zur Weichsel, 25 km lang, ist in den Bromberg-Kanal zwischen Netze und Weichsel einbezogen.

Brandschadenshilfsverein, umfaßte die 21 Abteidörfer des ehemaligen Klosters Bukkow im → Rügenwalder Amt. Gutshöfe gehörten nicht zum Brandschadenshilfsverein. Vermutlich geht dieser Verein auf die Klosterzeit zurück, obwohl seine ältesten schriftlichen Statuten erst von 1844 stammen; sie wurden den Erfordernissen ständig angepaßt und abgeändert. Vorteil des Brandschadenshilfsvereins war, daß er seine Leistungen nicht ausschließlich auf Geldzahlungen gemäß des entstandenen Schadens beschränkte, sondern durch Materiallieferungen eine Fortführung des bäuerlichen Betriebs ohne große Unterbrechung garantierte. Die Vereinsmitglieder waren verpflichtet, dem Geschädigten den Verlust an Heu und Stroh zu ersetzen und beim Neubau Hand- und Spanndienste zu leisten. Je näher ein Schadensfall dem Zeitpunkt der nächsten Ernte lag, desto geringer waren die Mengen der Naturallieferungen seitens der Mitglieder. Der Übergang von der Fachwerkbauweise zum Massivbau brachte Änderungen in den Naturalleistungen, sie wurden z. T. in Geldwert umgesetzt, um einen Kauf von Baustoffen zu ermöglichen. Die Beiträge der Mitglieder wurden nach der Größe des Besitzes geregelt. Der große, aus vier Gebäuden bestehende Vollbauernhof, → Vierkanter, galt als „volle Portion"; Mitglieder konnten mit 1/4 bis 1 1/2 Portionen am Brandschadenshilfsverein teilhaben. Ab 1898 konnte jedes Mitglied seinen Anteil selber bestimmen, durfte aber den Umfang seines Besitzes nicht überschreiten. Verwaltungsaufwand und -kosten waren niedrig, nur der Schriftführer erhielt eine Art Rückvergütung. Der Vorsitzende benachrichtigte durch die Bürgermeister die Mitglieder über einen Notfall und die Menge der Naturallieferungen. 1904–17 lag der Versicherungsbetrag für einen größeren Bauernhof, der für 12000 Mark inklusive Vieh versichert war, bei etwa 22 Mark pro Jahr.

Braun, August Ernst, Kommunalpolitiker. *1783 in Köslin, † 1859 in Köslin. Studierte Jura in Halle, wurde Referendar in „Coeslin". 1807 war er bis zum Tilsiter Frieden vom Dienst suspendiert. In Lützows Freikorps nahm er an den Befreiungskriegen teil. 1816 war er für 12 Jahre Bürgermeister in Köslin, danach für weitere 12 Jahre, schließlich auf Lebenszeit. Seine erste Amtshandlung war, die Schulden der Stadt aus dem 30jährigen Krieg zu tilgen. Die gesamte Westseite des → Gollen erschloß er für den Stadtausbau. Neben einer Reparatur der St. Marienkirche und dem Neubau des Rathauses ließ er, anfangs mit 24 Laternen, eine Straßenbeleuchtung installieren. Er eröffnete die Stadtsparkasse – die zweite in Pommern – und führte 1832 eine neue Feuerordnung ein. 1848 war er Mitglied der deutschen Nationalversammlung in Frankfurt a. M., nach deren Auflösung wurde er in Preußen in die erste Kammer gewählt, fiel vorübergehend beim König in Ungnade und legte 1852 sein Abgeordnetenmandat nieder. Er widmete sich ganz der Verwaltung Köslins. 1853 erhielt er den Titel „Geheimer Regierungsrat". Ende März 1859, nach knapp 43 Jahren als Bürgermeister, legte er sein Amt nieder; der König zeichnete ihn mit dem Roten Adlerorden II. Klasse mit Eichenlaub aus.

Bredow, Hans, Ingenieur. *1879 in Schlawe, † 1959 in Wiesbaden. Studium der Physik und Elektrotechnik in Kiel und Cöthen. 1903 Ingenieur bei der AEG, 1906 plante er ein unabhängiges deutsches Weltfunknetz; 1908 Vorstandsmitglied der Telefunken GmbH, baute den deutschen Schiffs- und Überseefunkdienst auf. Sein erstes Rundfunkprogramm führte er 1913 Presseleuten in New York vor. Während des Ersten Weltkrieges experimentierte er mit Rundfunkprogrammen für Frontsoldaten. 1919 trat Bredow mit dem Plan eines allgemeinen Unterhaltungsrundfunks an die Öffentlichkeit. Er wurde Ministerialdirektor im Reichspostministerium und schuf hier die organisatorischen Grundlagen des Rundfunks; das Sendernetz blieb bei der Reichspost, die regionalen Rundfunkgesellschaften gestalteten das Programm. Am 29. 10. 1923 meldete sich zum erstenmal in der „Funkstunde" der öffentliche deutsche Rundfunk. Nach Berlin kamen Leipzig, Frankfurt am Main, München, Hamburg, Stuttgart, Breslau, Königsberg und Münster, später Köln mit eigenen Rundfunkanstalten hinzu. Von 1926–33 war er Reichs-Rundfunk-Kommissar und Vorstandsvorsitzender der Reichsrundfunk GmbH. Bredows Ziel war das Radio als Kulturvermittler für alle; daher verlangte er strikte Überparteilichkeit. 1933 bat er um seine Abberufung, er wurde verhaftet und war 15 Monate in Moabit in Untersuchungshaft. Der Prozeß führte zu seinem Freispruch, er erhielt aber Berufsverbot. Bredow zog nach Wiesbaden und baute ein historisches Rundfunkarchiv auf. 1945 wurde Bredow von den Amerikanern für einige Monate als Regierungspräsident von Hessen-Nassau eingesetzt. Danach setzte er sich beim Wiederaufbau des Rundfunks ein. Er wurde zum „Vater des Rundfunks", wobei der Begriff → Rundfunk seine Wortschöpfung ist.

Brenckenhoff, Franz Balthasar Schönberg von, Staatsbeamter. *1723 in Reideburg bei Halle, † 1780 in Karzig, Kreis Fiedeberg, Brenckenhoff war Kammerdirektor und Oberstallmeister bei Fürst Leopold von Dessau. Durch Pferdehandel, Armeelieferungen im 7jährigen Krieg und Spekulationen erwarb er ein Vermögen. 1762 berief ihn König Friedrich II. von Preußen als „wirklichen geheimen Oberfinanz-, Kriegs- und Domänenrat" in sein Generaldirektorium. Bei seinem Amtsantritt stellte Brenckenhoff fest, daß in Pommern den Kriegen 70000 Menschen zum Opfer gefallen waren, 465 Häuser, 442 Scheunen und 372 Ställe waren zerstört; Vieh und Getreide war nicht vorhanden. Er wurde mit dem Retablissement Pommerns und der Neumark betraut. Innerhalb eines Jahres waren fast alle Häuser und Stallungen wieder aufgebaut. Dann begann er mit der Trockenlegung des Netze- und Warthebruchs und einzelner Bruchlandschaften in Pommern u. a. Thurbruch (1771), Schmolsiner Bruch (1777). 1772 verwaltete er den Netzedistrikt und baute den Netze-Weichsel-Kanal. Er gründete Kolonien, holte Siedler aus Westdeutschland, legte Weinberge an, z. B. in Alt Karbe, ließ Maulbeerbaumplantagen anlegen, um eine Seidenraupenzucht zu ermöglichen, gründete einige Fabriken. An seinem Sterbetag mußte Brenckenhoff dem König offenbaren, daß es ihm nicht gelungen war, die Bilanz für das riesige Aufbauwerk, trotz Zuschusses aus eigenem Kapital, ausgeglichen zu halten. Er hoffte noch, die Schulden abtragen zu können, doch der Tod am 21. 5. 1780 hinderte ihn daran. Der König ließ sofort alle Güter Brenckenhoffs beschlagnahmen, die Erben mußten sich hoch verschulden. Erst auf dem Gnadenwege wurden der Familie nach Jahren die Güter größtenteils zurückgegeben.

Brettinger-Albrecht, Charlotte, Konzertsängerin, Komponistin. *1892 in Stettin, † 1986 in Wiesbaden. Frühzeitiger Gesangsunterricht führte zu ihrem ersten, sehr erfolgreichen Bühnenauftritt 1908; sie wurde zur „Nachtigall von Stettin". 1909 erhielt sie nach einem Kirchenkonzert in Berlin eine Auszeichnung von Kronprinzessin Cäcilie.

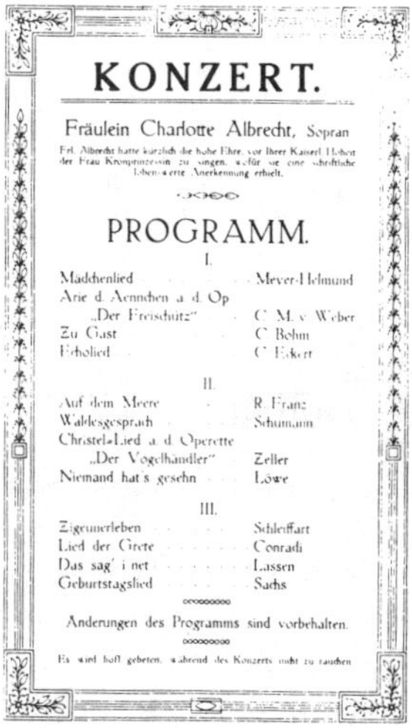
KONZERT.

Fräulein Charlotte Albrecht, Sopran

Frl. Albrecht hatte kürzlich die hohe Ehre, vor Ihrer Kaiserl. Hoheit der Frau Kronprinzessin zu singen, wofür sie eine schriftliche lobenswerte Anerkennung erhielt.

PROGRAMM.

I.

Mädchenlied	Meyer-Helmund
Arie d. Aennchen a. d. Op. „Der Freischütz"	C. M. v. Weber
Zu Gast	C. Bohm
Echolied	C. Eckert

II.

Auf dem Meere	R. Franz
Waldesgespräch	Schumann
Christel-Lied a. d. Operette „Der Vogelhändler"	Zeller
Niemand hat's gesehn	Löwe

III.

Zigeunerleben	Schleiffart
Lied der Grete	Conradi
Das sag' i net	Lassen
Geburtstagslied	Sachs

Änderungen des Programms sind vorbehalten.

Es wird höfl. gebeten, während des Konzerts nicht zu rauchen.

Auftritte auf der Stettiner Bühne und in Konzertsälen; Engagement an der Berliner Staatsoper. 1914 Heirat und Umzug nach Landau/Pfalz. 1919 Rückkehr nach Stettin; 1920 Geburt ihres einzigen Sohnes. Sie sang bis 1945 auf fast allen Bühnen Deutschlands und im Rundfunk. Bis 1950 in Stettin, arrangierte sie viele Konzerte in der Heilandskirche am Westendsee. Danach in Berlin, konzentrierte sie sich auf Konzerte und Oratorien. Mit fast 94 Jahren verstarb sie in Wiesbaden.

Brietzig

Brietzig *(Brzesko),* Kreis Pyritz, 766 Einwohner (1939). Brietzig gehört heute zur Gemeinde Prillwitz. Das große Angerdorf am Fuß der Wattenberge hatte bis 1945 eine beträchtliche Anzahl von giebelständigen Fachwerkhäusern, die Wohnung und Ställe unter einem Dach vereinigten; typische → Weizakker Gehöfte. Herzog Bogislaw I. verlieh 1186 das halbe Dorf der Camminer Dompropstei; 1227 verliehen Herzog Barnim I. und seine Gattin Miroslawa das ganze Dorf den Prämonstratenserinnen in Treptow. Später kam es in den Besitz des Marienstiftes in Stettin.

Bauwerke: Die *Dorfkirche* (13. Jh.), ein einschiffiger Granitquaderbau erhielt 1817 einen Turm. Das 1945 beschädigte Dach wurde 1953 erneuert. Einzigartig ist die Kirchendecke. Das hölzerne fünfjochige, zweischiffige Kreuzgewölbe hat in der Mitte keine Stützen und Pfeiler, das Gewölbe endet in schweren geschnitzten Trauben – ein Stalaktitgewölbe. Auf hellblauem Grund sind bunte Ornamente, die aus den spitzen Winkeln der Gewölberippen aufsteigen, Posaunenengel, Palmwedel, Weihrauchfässer und Notenbücher recht handwerklich gemalt. An der Westempore kündet eine Inschrift: „Michel Pahl, Mühlenbursch hat diese Kirch durch Zimmer-, Tischler-, Drehen und Schnitzarbeit auf- und ausgebaut, Anno 1697". Durch die Kriegsschäden haben die Farben sehr gelitten. Zwei evangelische Pastoren und die Kirchenvorsteher stifteten den 1613 vom Arnswalder Michael Haentz geschnitzten Hochaltar. In einem Renaissancerahmen steht eine 1,48 m hohe gotische Madonna mit dem Jesuskind, umgeben von den 12 Aposteln in vergoldeten Gewändern. Ältestes Kunstwerk der Kirche war eine Pieta, um 1500.

Brink, Michael, Pseudonym für Emil Piepke, Schriftsteller und Widerstandskämpfer. *1914 in Schneidemühl, † 1947 in Lugano. Nach abgebrochenem Theologiestudium veröffentlichte er 1937 „Der deutsche Ritterorden". Eine schwere Kriegsverwundung brachte ihn in militärische Dienststellen in Berlin. Er trat mit der „Weißen Rose" in München in Verbindung, später mit dem „Kreisauer Kreis", konnte jedoch keine Verbindung zwischen Prof. Kurt Huber und Pater Alfred Delp herstellen. Die Münchner Gruppe wurde zerschlagen. 1943 publizierte er trotz Zensur „Don Quichotte – Bild und Wirklichkeit". Hektographiert und gedruckt fanden seine Bücher und Aphorismen weite Verbreitung bei den Frontsoldaten. 1944 wurde er verhaftet, überlebte die Konzentrationslager Ravensbrück und Sachsenhausen. Sein letztes Werk, „Revolutio Humana" (1946), war seinem Freund A. Delp gewidmet. Während einer Kur verstarb er 33jährig und wurde in Agra begraben.

Brüggemann, Ludwig Wilhelm, Pastor und Historiker. *1743 in Jacobshagen, Kreis Saatzig, † 1817 in Stettin. Studium der Theologie in Frankfurt an der Oder, danach 1765 Pastor in Gielsdorf, Feld- und Garnisonsprediger. König Friedrich II. bestellte ihn zum Seelsorger und Lehrer seiner jüngsten Schwester, Prinzessin Amalie. Er schenkte ihm einen Siegelring „weil er meiner Schwester Liebchen wieder Mores beigebracht hat!" 1773 kam Brüggemann als Hof- und Schloßprediger an St. Otto in Stettin. 1779 veröffentlichte er eines der wichtigsten topographischen Bücher über Pommern: „Ausführliche Beschreibung des gegenwärtigen Zustandes des königlich Preußischen Herzogthums Vor- und Hinterpommern".

Brunsberg, Hinrich, Baumeister. *vor 1372 bei Danzig, † nach 1428 in Stettin. Nach seiner Lehre im Ordensland Preußen, dem Erwerb des Danziger Bürgerrechts (1372) und der Mitarbeit am Kreuzgang der Marienburg, verließ er nach 1378 das Ordensland und baute 1388 in Stargard die Kapellen der St. Marienkirche. In der Inschrift an der St. Katharinenkirche in Brandenburg wird er 1401 „magistru hinricum brunsbergh d. stetin" genannt. Mindestens 28 Jahre lang war er wohlhabender Stettiner Bürger und Baumeister. Seine bedeutendsten Bauwerke sind die Chöre von St. Marien in Stargard und Königsberg i. N., St. Katharinen in Brandenburg und die Nordfassade des Rathauses in Tangermünde. Charakteristisch für ihn sind die reich verzierten Strebepfeiler, die als breite Mauerbänder der Wand aufgelegt sind. Raumprobleme spielen bei ihm zunächst eine untergeordnete Rolle. In seinen Schmuckfassaden mit ihren kleinförmig bewegten Wandaufgliederungen brachte Meister Brunsberg die norddeutsche Backsteingotik auf ihren Höhepunkt.

Brunsberg: Kirche in Stargard

Bublitz *(Bobolice)*, Kreis Köslin, 4110 Einwohner (1983). Bublitz liegt im Tal der Gozel auf dem Pommerschen Höhenrücken. Altstadt mit Marktplatz und St. Johanniskirche liegen auf dem nördlichen Ufer; in Bahnhofsnähe siedelten sich einige Gewerbebetriebe an. Ein mit Bäumen bestandener Burgwall schließt sich im Südwesten an. Bublitz wurde fast ganz von der Landwirtschaft geprägt, über 100 Bauernhöfe lagen im Stadtgebiet. Die Innenstadt ist nach dem Zweiten Weltkrieg nur sehr langsam mit Wohnblocks wieder aufgebaut worden.

Der Flußübergang war schon früh sehr wichtig. Nördlich der Stadt fand man Gräberfel-

der aus der römischen Kaiserzeit. 1262 gehörte „Bobolitz", Hauptort des Landes Bublitz, dem Bischof von Cammin. Bischof Friedrich von Eickstedt erhob 1340 den Flekken zur Stadt nach lübischem Recht. Wiederholt verpfändeten die Bischöfe Bublitz. Nach der Reformation wurde der Landbesitz zu einem herzoglichen Amt, Amtssitz war das Schloß auf dem Burgwall. Bei einer Kirchenvisitation wurde 1564 die erste Schule gegründet. Stadt und Amt gehörten 1650–84 Herzog → Ernst Bogislaw von Croy, Titularbischof von Cammin. Im 18. Jh. war Bublitz eine Tuch- und Schuhmacherstadt mit einem lebhaften Handel nach Polen – 1870 gingen diese Gewerbe zugrunde. 1844 wurde der Amtssitz nach Bublitz eingemeindet, das von 1872–1932 selbständige Kreisstadt war; danach erfolgte eine Zusammenlegung mit Köslin. 1897 erhielt Bublitz einen Eisenbahnanschluß nach Gramenz, 1903 nach Pollnow, 1945 wurde die Strecke stillgelegt. Eine Deckenfabrik, ein Sägewerk und Nahrungsmittelverarbeitung waren die wichtigsten Gewerbebetriebe in Bublitz. 1945 wurde die Innenstadt fast völlig zerstört – zögernder Wiederaufbau, zeitweilig ohne Stadtrecht. Eine Maschinenfabrik und ein wollverarbeitender Betrieb entstanden.
Bauwerke: Stadtkirche *St. Johannes der Täufer* (1886), sie hatte einen Vorgängerbau, 1340 genannt. Die zahlreichen großen Stadtbrände haben alle Bauspuren vernichtet.

Bublitz: Amtsgericht

Bucher, Bruno, Kunsthistoriker. *1826 in Köslin, † 1899 in Wien. Kunststudium in Dresden. Ein Augenleiden zwang ihn Buchhändler zu werden. Als Kunstschriftsteller wurde er 1859 Mitbegründer des „Österreichischen Museums für Kunst und Industrie". In der angeschlossenen Kunstgewerbeschule unterrichtete er Kunstgeschichte und -techniken. 1895 wurde er Leiter des Museums.
Werke: „Die Kunst im Handwerk" (3. Aufl. 1888), „Katechismus der Kunstgeschichte" (5. Aufl. 1899), „Die alten Zunft- und Verkehrsordnungen" (1888).

Bucher, Lothar, Publizist und Politiker. *1817 in Neustettin, † 1892 in Glion bei Montreux/Schweiz. 1848 war er radikal freisinniger Abgeordneter der preußischen Nationalversammlung, 1850 zu 15 Monaten Festung verurteilt; Flucht nach London. 1861 kehrte er nach Deutschland zurück. Er lernte → Rodbertus kennen und wurde ein sehr enger Freund des Sozialistenführers Lassalle. 1864–86 war er vortragender Rat im Auswärtigen Amt. Er vermittelte ein Treffen Bismarcks mit Lassalle. Sonderaufträge brachten ihn 1870 nach Spanien, 1871 ins Hauptquartier in Versailles und 1878 auf den Berliner Kongreß. Er war mitbeteiligt an Bismarcks „Gedanken und Erinnerungen".

Buchheide *(Góry Bukowe).* Südöstlich Stettins erhebt sich ein etwa 15 km langer und 6 km breiter Höhenzug, auf dem 67 qkm Wald – 70 v. H. Buchenmisch- und 30 v. H. Kiefernwald – stehen (Überreste des Madanzig Urwaldes, den die Herzöge 1173 dem Kloster Kolbatz geschenkt hatten). In der Kolower Spitze erreicht die Buchheide eine Höhe von 147 m über NN. Die Buchheide ist eine Stauchendmoräne des letzten Eiszeitstadiums in Pommern. In ihr sind zwei größere Kreideschollen bei Finkenwalde und Friedensburg eingelagert – zum größten Teil von der Zementindustrie abgebaut. Die postglaziale Erosion schuf ein lebhaftes Relief. Pulvermühlen und Hökendorfer Bach gruben die schönsten und tiefsten Täler. Zahlreiche Seen, besonders Binower,

In der Buchheide

Glien- und Schwarzer See, ließen die Buchheide zu einem Naherholungsgebiet des Großraums Stettin werden. Die vielfältigen Bodenarten begünstigen eine artenreiche Vegetation. Elsbeeren, eine Edelkastanie, Heckenrosen und der Aronstab waren unter Naturschutz gestellt. Mächtige Findlinge, u. a. Großer, Wiegen-, Pionier-Stein, Peter Schmidtskrug, waren Ziele zahlreicher Wanderer, die aus Stettin mit Kleinbahnen und Omnibussen anreisten. Bekanntester Rastort war die → Pulvermühle, im 20. Jh. zu einer Gaststätte ausgebaut.

Bütow *(Bytów),* Kreisstadt, 14119 Einwohner (1983). Bütow liegt im kleinsten pommerschen Landkreis auf einer hochwasserfreien Sandplatte nördlich des Burgberges im Tal der Bütow. Im Süden und Osten lehnt sich die Stadt an den Endmoränenzug an. Die Mitte im gitterförmigen Straßennetz bildet der rechteckige Marktplatz mit den beiden Stadtkirchen. Nach Süden und Westen hat sich die Stadt bis zur Eisenbahnlinie und dem Borrebach ausgedehnt und diese nur unwesentlich überschritten. Östlich der Burg liegen auf einem höheren Grundmoränenplateau die Ausbauviertel der letzten Jahrzehnte. Die wenigen Industriebetriebe hatten sich an den Flüßchen und in Nähe der Eisenbahnline angesiedelt, seit 1945 liegen sie an der Lauenburger Straße.

Um 1000 war das Land Bütow Teil der Kastellanei Stolp; Anfang des 13. Jh.s gehörte es zum Herzogtum Pomerellen. 1309–17 waren die Markgrafen von Brandenburg Landesherren. Herzog Wartislaw IV. von Pommern schenkte das Land seinem Marschall Henning von Beer, dessen Söhne es 1329 dem Deutschen Ritterorden verkauften. Hochmeister Heinrich Tusemer verlieh in zwei Handfesten 1346 den Lokatoren Hans Beschorn und Johan Grote die Stadt Bütow mit 132 Hufen zu Kulmer Recht. Die Burg von 1399 war westlichster Grenzstützpunkt des Ordens. Die Stadt wurde nie befestigt. 1410 überließ Polen Stadt und Land Bütow Herzog Bogislaw VIII. von Stolp, der als einziger der Pommernherzöge gegen den Ritterorden mitkämpfte. 1411 kam der Orden zurück. Erfolgreich wurde 1433 die Burg gegen

Wappen mit Ordensburg Bütow

die Hussiten verteidigt. Im 2. Thorner Frieden (1466) gab Herzog Erich II. das Land Bütow den Polen nicht heraus, sie erkannten es 1490 als Pfandbesitz an. Ab 1526 war Bütow ein freies Lehen der Herzöge vom Polenkönig, das 1637 als erledigtes an Polen zurückfiel. Kurfürst Friedrich Wilhelm nahm Bütow 1657 als erbliches polnisches Lehen, mit dem Zusatz, die in den 20 Jahren erworbenen Rechte des einheimischen Adels nicht anzutasten. Schwedische Truppen hielten im Schwedisch-Polnischen Erbfolgekrieg Bütow besetzt und zerstörten bei ihrem Abzug 1658 Burg und Stadt – die elf überlebenden Bürger erhielten fünf Steuerfreijahre zum Wiederaufbau. 1773 trat im Warschauer Vertrag Polen die Länder Lauenburg und Bütow „erb- und eigentümlich" an Preußen ab. 1846 wurde das Land Bütow von Lauenburg abgetrennt und eigener Landkreis. Mit dem Bau der Eisenbahnlinie erhielt die Stadt 1884 einen Anschluß nach Zollbrück, 1901 nach Berent, 1902 nach Lauenburg und 1909 nach Rummelsburg – die beiden letzten wurden 1945 demontiert. Bütow konnte sich so zu einer Geschäfts- und Industriestadt entwikkeln, die Grenzziehung 1918 störte diese Entwicklung ganz empfindlich. Betriebe der Holz-, Woll- und Nahrungsmittelverarbeitung, eine Dachpappenfabrik und die Maschinenfabrik Jaekel siedelten sich an; Bütow war Mittelpunkt des Getreide- und Viehhandels. Zahlreiche kleine Handwerksbetriebe gaben Bütow den Charakter eines Geschäftszentrums. 1945 wurden ca. 60 v. H. der Innenstadt durch Brände zerstört. Nach 1945 entstanden einige Betonwerke.

Bauwerke: *Ordensburg;* der Pfleger von Bütow, Jakob von Reinach, erbaute sie 1399–1405, 72,5 m lang und 52,5 m breit, mit drei ca. 20 m hohen Rundtürmen, einem viereckigen Bergfried und einem einflügeligen Haus mit Klosterkapelle. Die Mauern, weitgehend aus unbearbeiteten Findlingen errichtet, haben erst im oberen Drittel Backsteine. Am Haupteingang wurden Granitquader verbaut. Die pommerschen Herzöge bauten um 1550 die Südost- und Südwestflügel und 1623 den Nordostflügel als Sitz des herzoglichen Hauptmanns und als herzoglichen Witwensitz. 1658 sprengten die Schweden den Bergfried, erst im 20. Jh. neugebaut. 1904 erhielten die Rundtürme zwölfeckige Zeltdächer. Die Burg diente als Zeughaus, Kreisgericht und Gefängnis, ab 1930 als Jugendherberge. 1936–40 erfolgte eine vollständige Restaurierung. Heute beherbergt sie ein Hotel, die Stadtbibliothek und das Kaschubenmuseum.

Stadtkirche *St. Katharina,* katholisch, um 1350 wird ein Pfarrer genannt, 1629 brannte sie bis auf die Außenmauern ab, der Neubau wurde 1716 durch einen rechteckigen Saalbau ersetzt, der alte Turm erhielt eine Barockspitze. 1945 brannte sie ab, bis auf den Turm abgetragen.

Notgeld der Stadt Bütow

Elisabethkirche, evangelisch, nach Plänen von Schindler 1848–54 als verputzter Backsteinbau am Markt errichtet. Drei parallele Satteldächer überdecken die drei Schiffe.

Bergkirche *St. Georg,* auf einem alten Burgwall im Südwesten der Stadt; ein verputzter Findlingsbau mit Walmdach und verschindeltem Dachreiter. Die Wetterfahne ist von 1834. Um 1700 wurde aus verschiedenen Teilen der Kanzelaltar zusammengesetzt; Renaissanceschnitzwerk und barocke Evangelistenfiguren am Kanzelkorb. Gestühl und Empore waren mit Barockschnitzereien verziert. Heute gehört die Kirche der orthodoxen Gemeinde; die Inneneinrichtung ist nicht mehr in der Kirche, der Taufstein steht im Museum.

Holzindustrie Bütow

Bütow, Landkreis, 617,24 qkm Gesamtfläche mit 28018 Bewohnern (1939). Damals kleinster Kreis Pommerns. Von Westsüdwest nach Ostnordost wird er vom Hauptendmoränenzug durchzogen, der im Schimmritzberg mit 256 m die größte Höhe in Pommern erreicht. Nach Norden schließt sich die breite Zone der kuppigen Grundmoräne mit den versumpften Flußtälern der Bütow, Kamenz, Lupow und Stolpe an. Im Südosten beginnt die Sandfläche der Tucheler Heide. In der Grund- und Endmoräne befinden sich über 100 Seen, von denen der Jassener See mit 5,87 qkm der größte, der Gilling See mit 33 m der tiefste ist. Etwa 34,2 v. H. des Kreises bedeckt Wald – Buchen und Kiefern. Wald und Seen machen den großen landschaftlichen Reiz dieses Kreises aus, der mit zum → Blauen Ländchen gehört. 55,2 v. H. der Fläche wird landwirtschaftlich mit dem Anbau von Kartoffeln, Roggen und Buchweizen genutzt, 57,2 v. H. aller Anbaufrüchte (1939). 61,7 v. H. der Beschäftigten waren in Land- und Forstwirtschaft, 27,9 v. H. in Industrie und Handwerk und 10,3 v. H. in Handel und Verkehr tätig. Der Großgrundbesitz trat kaum in Erscheinung, die überwiegende Mehrzahl der bäuerlichen Betriebe reichte bis zu einer maximalen Größe von 100 ha, die vor allem im südlichen Kreisteil mit seinen Sandböden gerade zum Überleben ausreichte. Die Industrie verarbeitete die Produkte der Landwirtschaft und Forsten in Sägewerken und Molkereien. Tallehme wurden in sieben Ziegeleien zu Backsteinen gebrannt. Der Holzreichtum zeigte sich in den südlichen Dörfern in den → Schrotholzbauten, von denen nur wenige den Zweiten Weltkrieg überstanden haben. In Sommin versuchen polnische Volkskundler, die letzten Reste in einem Freilichtmuseum zu erhalten: bisher ein Haus und ein Schuppen, beide unzugänglich. In den südlichen Dörfern lebten schätzungsweise 2000 → Kaschuben, Nachfahren der Pomoranen, die z. T. ihre eigene Sprache pflegten, die der lechischen Gruppe der westslawischen Sprache zugehört. Im Gegensatz zu den Lebakaschuben sind sie katholisch.

Bugenhagen, Johannes, Reformator. *1485 in Wollin, †1558 in Wittenberg. Sohn eines Wolliner Ratsherren, studierte

Johannes Bugenhagen

1502–04 in Greifswald. Mit 19 Jahren wurde er Rektor der Stadtschule in Treptow. Innerhalb von 15 Jahren machte er sie zu einer weithin bekannten Bildungsstätte. 1509 wurde er ohne Theologiestudium zum Priester geweiht. 1517 ernannte ihn Abt Johannes Boldewan von Belbuck zum Lektor für Bibel und Kirchenväter, zugleich beauftragte ihn Herzog Bogislaw X. eine Geschichte Pommerns zu schreiben. Nach eingehendem Quellenstudium verfaßte er 1518 in lateinischer Sprache die „Pomerania", die erst 1728 in Greifswald gedruckt wurde. Als Lektor geriet er an Luthers Schriften, von denen „Von der babylonischen Gefangenschaft der Kirche" für ihn 1520 die Wende zu Luthers Reformweg bedeutete. Luther schickte ihm sein „Von der Freiheit eines Christenmenschen", worauf Bugenhagen seine Stellung aufgab, um in Wittenberg zu studieren. Er wurde Universitätslehrer und mit Melanchton Vertrauter und engster Mitarbeiter Luthers. Seine lateinische Psalmenauslegung fand weite Verbreitung; er veröffentlichte das Neue Testament in plattdeutscher Sprache. 1523 wurde er Stadtpfarrer von Wittenberg. Er traute Luther, war dessen Beichtvater und beerdigte ihn 1546. 1525 lehnte er als erster Zwinglis Abendmahlslehre ab. Ab 1532 war er in Kursachsen „Obersuperattendent", 1533 promovierte er zum Dr. theol. und wurde Professor, seitdem „Dr. Promeranus" genannt. 1534 gab er in Lübeck die ganze plattdeutsche Bibel heraus, die 1588 Vorlage zur → Barther Bibel wurde. Von 1528–44 war er damit beschäftigt, acht große Kirchenordnungen zu schaffen, u. a. für Hamburg (1529–30), für Pommern (1534–35) und für Dänemark (1537–39). Mehrere Berufungen zum evangelischen Bischof, unter anderem in Danzig, Schleswig und Pommern (1544), lehnte er ab und blieb Professor und Stadtpfarrer in Wittenberg.

Bumke, Erwin, Jurist. *1874 in Stolp, † 1945 in Leipzig. Nach Jurastudium in Leipzig, München, Berlin und Greifswald wurde er 1919 Ministerialdirektor im Reichsjustizministerium, 1929 Präsident des Reichsgerichts in Leipzig, 1930 Präsident der internationalen Strafrechts- und Gefängniskommission. Seine Bemühungen, nach 1933 die Unabhängigkeit der Richter und die Rechtsmacht des Reichsgerichts gegen den Nationalsozialismus zu bewahren, scheiterten. Sein Arbeitsschwerpunkt war die Reform des Strafrechts, des Strafvollzugs und der Strafprozesse. 1928 war er Herausgeber des Handbuchs „Deutsches Gefängniswesen". Admiral Dönitz hatte Bumke als Justizminister seiner Regierung vorgesehen. Zwei Tage nach der Besetzung Leipzigs durch die Amerikaner starb Bumke. Ob er Selbstmord beging, ist nach wie vor unklar.

Bumke, Oswald, Psychiater. *1877 in Stolp, † 1950 in München. Bruder von Erwin Bumke. Nach Studium der Medizin wurde Bumke 1914 Professor in Rostock, 1916 in Breslau, 1921 in Leipzig und 1924 in München, wo er hingebungsvoll 22 Jahre lang die Nervenklinik leitete. 1923 entwickelte er die Idee der Doppelnatur der Hirnrinde – einerseits Zentrum der Psychomotorik, andererseits Instrument für die seelischen Zentralfunktionen. In seinen zahlreichen, weltweiten Vorträgen und Schriften setzte er sich u. a. kritisch mit Freuds Psychoanalyse aus-

Buschdorf

einander. Er trat ganz entschieden für die Einheit der Seele in allen ihren Äußerungen ein. Er vertrat die „Psychologie des gesunden Menschenverstandes". Er blieb Einzelgänger und hat keine Schule begründet. Bis drei Tage vor seinem Tod hielt er seine Sprechstunden ab.
Werke: „Was sind Zwangsvorgänge" (1912), „Die Psychoanalyse, eine Kritik" (1931), „Die Psychoanalyse und ihre Kinder" (1931), „Lehrbuch der Geisteskrankheiten" (1919, 7. Aufl. 1947), „Gedanken über die Seele" (1941).

Burgunder, ostgermanischer Volksstamm. Um 200 n. Chr. ließen sich die Burgunder aus Skandinavien kommend, an der Odermündung nieder. Sie besiedelten Hinterpommern bis zur Persante. In Denzin, Kreis Belgard, lebten sie im 3. und 4. Jh. Östlich von ihnen lebten die Goten. Als die Burgunder erstmals als Untergruppe der Vandalii bei Plinius genannt werden, waren sie schon in den Netze-Wartheraum bis zum Weichselknie weitergezogen. In der 2. Hälfte des 2. Jh.s n. Chr. lebten sie zwischen mittlerer Oder und Weichsel. Später fehlt hier ihre typische Brandgrubenkultur, was auf eine Völkerbewegung hinweist. Sie besetzten den von Goten verlassenen Raum in der Niederlausitz und in Brandenburg, erweiterten ihn bis Vorpommern. Im 3. Jh. begann die Abwanderung des Hauptteils der Burgunder. 278 tauchten sie als Gegner der Alemannen am Main auf, wo sie bis ins späte 4. Jh lebten, was Bodenfunde belegen. Um 406/7 ließen sie sich als Föderaten der Römer in der Rheinpfalz nieder. Nach 436 wurden sie im Rhônegebiet angesiedelt.

Buschdorf *(Zakrzewo)*, Kreis Flatow. 1171 Einwohner (1939). 1983 Mittelpunkt einer Großgemeinde (Gmina) mit 4198 Einwohnern.
Ein prähistorischer Schatzfund brachte dänische Münzen aus Lund zu Tage. 1491 wird das Kirchdorf Zakrzewo erstmals genannt. Adalbert und Johannes Zakrzewski waren 1544 Besitzer des Dorfes. Um 1670 fiel die alte hölzerne Kirche *St. Maria Magdalena* aus Altersschwäche zusammen, erst 1710 erbaute Pfarrer Stanislaus Lipowicz eine neue Fachwerkkirche. Die heutige Feldsteinkirche entstand 1839–41, ihr Fachwerkturm mit Barockhaube erst 1911.
Buschdorf erhielt 1871 einen Bahnhof an der Preußischen Ostbahn.

Buskam. Vor dem steinreichen Nordstrand von → Göhren, Kreis Rügen, liegt in ca. 300 m Entfernung einer der größten Findlinge Norddeutschlands. Er hat ein Gewicht von etwa 1626 Tonnen und besteht aus 600 Kubikmetern Granit. Bei Mittelwasser, das hier 6 m tief ist, ragt der Stein ca. 1,50 m aus dem Wasser heraus. Früher ruderten bei Hochzeiten die Gäste zum Buskam, um auf ihm einen Rundtanz zu tanzen. Er gab 25 Personen Platz.

Buskam

Buttermodel. Zu den → Minnegaben gehörten in Pommern auch die Buttermodel. Die runden, ovalen und rechteckigen Model sind mit Kerbschnitzereien, Darstellungen von Fischen und Pflanzen sowie mit Kelchen verziert. Eine besondere Form ist die Butterkelle, ein quadratischer Model mit Stiel, die ganz häufig im Jamund benutzt wurde. Bis ins 20. Jh. wurden im Kreis Greifenhagen Buttermodel für die „Hochzeitsbutter" ausgeliehen. Aus Jamund ist neben dem Buttermodel auch die Butterrolle mit Griff bekannt, mit der ein Muster auf die Butter geradelt wurde.

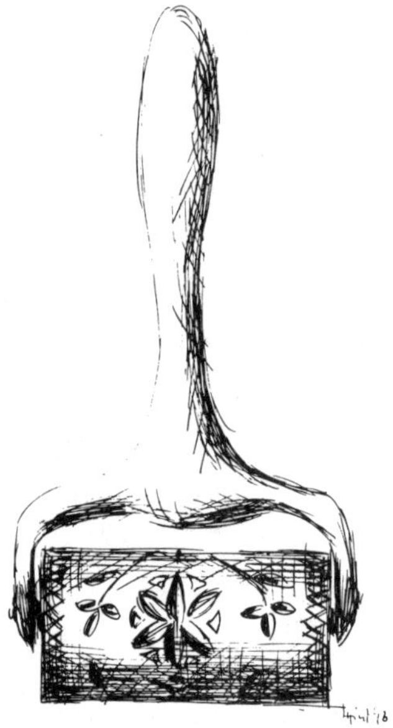

Butterrolle

Cammin, Bistum. Am 14. 10. 1140 stellte Papst Innozenz II. ein Besitzprivileg für die „Pomeranensis ecclesia", die Diözese Wollin, aus, mit der Einmaligkeit, daß sie keine eindeutig festgelegten Grenzen hatte. Der bischöfliche Jurisdiktionsbezirk endete an den Grenzen herzoglicher Herrschaft. Er umfaßte im Westen die Landschaften um Demmin, Tribsees, Gützkow, Wolgast, Groswin und Ziethen, im Süden Stettin und Pyritz, im Norden Usedom, Wollin und Cammin, im Osten Stargard und Kolberg. Die Gründung erfolgte in die noch gültige ottonische Diözesanteilung des Gebietes der Lutizen; Grenzschwierigkeiten waren vorprogrammiert. In den 50er und 60er Jahren des 12. Jh.s legten die Bischöfe Adalbert (1147–61) und Konrad I. von Salzwedel (1161–86) wegen ständiger Däneneinfälle ihren Sitz in das Kloster → Grobe. 1176 machte Konrad I. Cammin zum Bistumssitz. Bischof Siegfried (1186–91) gelang es 1188, Cammin zu einem exemten Bistum machen zu lassen, d. h. es war direkt dem Papst unterstellt. Papst Honorius III. behandelte ab 1217 die Camminer Bischöfe als völlig unabhänige Reichsfürsten. Mit Beginn des 13. Jh.s begann die Expansionspolitik der Camminer Bischöfe. Um 1200 errichtete Bischof Sigwin (1191–1219) an der Marienkirche in Kolberg ein zweites Domkapitel. Seinem Nachfolger, Konrad II. (1219–33), gelang es, seinen Sprengel um das Kollegiatsstift Güstrow und die Landschaft Tribede auf Kosten des Bistums Schwerin auszuweiten. Die Herzöge Barnim I. und Wartislaw III. sagten 1240 Bischof Konrad III. von Salzwedel (1233–41) das Land Stargard zu, sein Nachfolger, Wilhelm (1244–51), tauschte es 1248 gegen die östlich der Persante gelegene Hälfte des Landes Kolberg. In einem Vergleich mit den Schweriner Bischöfen (1247 und später 1260) gelang es, das ganze Land Zirzipanien, d. h. das östliche Mecklenburg unter Camminer Diözesanhoheit zu belassen; ebenso gelang es ihm 1250 seine Hoheit über die nördliche Uckermark, die an Brandenburg gekommen war, ungeschmälert zu erhalten. Im Süden führte 1246 ein Ausgleich mit dem Bistum Lebus dazu, daß die Lande Zehden und Chinz zu Cammin kamen. Bischof Hermann von Gleichen (1251–89) verlegte 1255 seinen Sitz von Cammin nach Kolberg und siedelte 1266 die Stiftsregierung in Köslin an, das Camminer Domkapitel verblieb in Cammin. 1276/77 kaufte er von Herzog Barnim I. den westlich der Persante gelegenen Teil des Landes Kolberg und siedelte systematisch Deutsche an. Die Aufteilung des Bistums in fünf Archidiakonate sicherte eine wirkungsvolle Verwaltung. Sein Streben ging weiter nach Osten. Als 1273 Herzog Mestwin II. von Pomerellen die Länder Schlawe – wohl schon unter Cammin – und Stolp den Markgrafen von Brandenburg zu Lehen gab, war Bischof Hermann an der Spitze der Zeugen auf der Urkunde. Bischof Jaromar (1289–93/94) schloß mit den Markgrafen Otto IV. und Konrad von Brandenburg einen Vertrag, in dem sie ihre neuerworbenen Länder dem Camminer Bistum unterstellten; der Vertrag diente wohl einer Vorbereitung askanischer Territorialerwerbungen in Ostpommern und Pomerellen. Bischof Heinrich von Wacholz (1302–17) setzte die Politik seiner Vorgänger fort und erwarb 1317 dem Bistum die Lande Stolp und Bütow von den Bistümern Gnesen und Leslau. Kaiser Sigismund sprach am 26. 5. 1417 die Reichsunmittelbarkeit des Bistums aus, seit 1422 war es eigenes Reichsfürstentum. Um 1446 wurde die Diözese in acht große (Cammin, Demmin, Kolberg, Pasewalk, Pyritz, Stargard, Stolpe a. d. Peene, Usedom) und vier kleine (Arnswalde, Friedeberg, Landsberg, Zellin) Archidiakonatsbezirke gegliedert.

Die Bischöfe dienten den Pommernherzögen als erste Räte, gerieten so in deren Abhängigkeit, daß die Entwicklung zu einer Landeskirche sehr weit fortgeschritten war. Die reformatorischen Ideen verbreiteten sich in Pommern rasch. Johannes → Knipstro predigte 1521 in Pyritz, die erste lutherische Predigt in Stralsund wurde 1522 gehalten. 1522 säkularisierte Herzog Bogislaw X. das von den Prämonstratensermönchen weitgehend verlassene Kloster Belbuck. Auf dem Landtag in Treptow (1534) wurde für Pommern die Reformation unter tatkräftiger Mithilfe J. Bugenhagens eingeführt. Die neue Kirchenordnung konnte nicht beschlossen werden, da Bischof Erasmus von → Manteuffel (1521–44) und der Adel, dessen Ansprüche auf das Klostergut nicht erfüllt wurden (die Klöster kamen weitgehend in herzoglichen Besitz) den Landtag unter Protest verließen. Der Nachfolger von Bischof Erasmus, der verheiratete Stettiner Kanzler Bartholomäus Suawe (1545–48), gab sofort die Reichsunmittelbarkeit des Bistums auf, verschaffte so den Herzögen die territoriale Einheit des Herzogtums und entzog sich kaiserlicher Weisungen. Martin Weiher war 1549–56 der letzte Geistliche auf dem Bischofsstuhl; es gelang ihm sogar 1551, seine päpstliche Ernennung zu erwirken. Die protestantische Kirchenregelung machte das Bistum als kirchliche Verwaltungseinheit überflüssig. Von 1556 bis 1650 war es eine Sekundogenitur des Herzogshauses. Herzog → Ernst Bogislaw von Croy mußte 1650 gegen eine Zahlung von 100 000 Talern auf alle seine Rechte im Camminer Bistum zugunsten des Kurfürsten Friedrich Wilhelm von Brandenburg verzichten. Das evangelische Camminer Domkapitel wurde erst 1810 aufgelöst; bis 1872 war das Stiftsgebiet als Landkreis → Fürstenthum weitergeführt, dann wurde es in die Kreise Kolberg-Körlin, Köslin und Bublitz aufgeteilt.

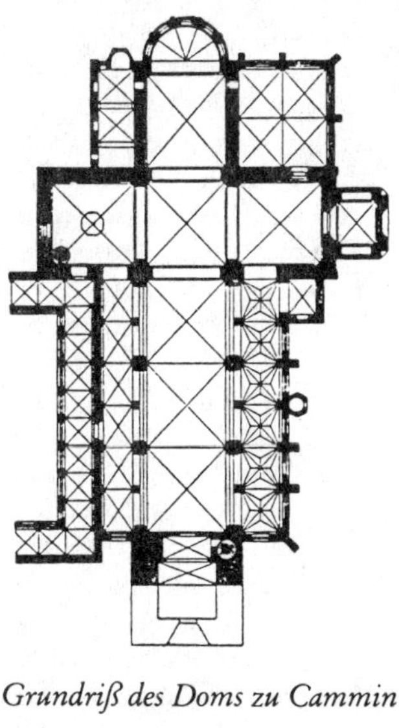

Grundriß des Doms zu Cammin

Cammin *(Kamień Pomorski)*, Kreisstadt, 8798 Einwohner (1983). Das Sol- und Moorbad liegt 6 km von der Ostsee entfernt auf dem rechten Ufer der → Dievenow. Der runde Hügel, auf dem die Altstadt liegt, ist von vermoortem Tiefland umgeben. Die Altstadt hat sich bis heute nur unwesentlich nach Südosten ausgedehnt. Die Innenstadt besteht aus vier Stadtvierteln, die deutsche Stadt mit quadratischem Markt, die östlich gelegene Wendensiedlung, das Domviertel zwischen beiden und die Neustadt im Süden. Die wenigen größeren Gewerbebetriebe – Molkerei, Brauerei, Maschinenfabriken – liegen in Bahnhofsnähe. Der Bahnhof riegelt die Altstadt nach Südosten hin ab. Nach 1945 bauten die Polen die Altstadt wieder auf und errichteten größere Siedlungen am Stadtrand.

1107 wird ein wendischer Burgwall erwähnt, 1124 hatte Herzog Wartislaw I. seine Residenz in Cammin, als Bischof Otto von Bamberg auf seiner ersten Missionsreise nach Pommern kam. Die Burg Cammin wurde 1140 erstmals urkundlich erwähnt. Bischof Konrad I. von Salzwedel verlegte 1176 seine Residenz nach Cammin. Bis 1187 blieb Cammin gleichzeitig herzogliche und bischöfliche Residenzstadt. 1175 begann unter Herzog Kasimir I. der Dombau. Herzog Wartislaw III. gründete 1228 das erste Dominikanerkloster in Pommern, eine der frühesten Niederlassungen in Deutschland überhaupt. 1273 zerstörten die Brandenburger den Flekken, den 1274 die Camminer mit Hilfe deutscher Einwanderer westlich der Burg wieder aufbauten. Herzog Barnim I. verlieh dem Ort lübisches Stadtrecht. Die Ratswiek – die frühere wendische Siedlung – wurde neu besiedelt. 1255 verlegten die Bischöfe ihren Sitz in das Stiftsland um Kolberg; Cammin blieb weiterhin Sitz des Domkapitels. Die Herzöge Otto I., Barnim III. und Wartislaw IV. verkauften 1321 die Stadt dem Bischof Konrad IV. 1365 nahm Cammin, Hansestadt seit Mitte des 14. Jh.s, am Kampf gegen die → Vitalienbrüder teil, 1417 wurde es Mitglied des Bundes ostpommerscher Städte gegen „Schinder, Räuber und Bodenstülper", desgleichen 1481. 1568 wurde die Stadt vom Sundzoll befreit, was zur Folge hatte, daß zwischen 1700 und 1750 Kaufleute aus Lübeck, Rostock und Stralsund Bürger von Cammin wurden, um an diesem Vorteil zu partizipieren. Mit der Gründung Swinemündes 1753 ging der Handel sehr zurück. 1892 erhielt Cammin eine Eisenbahnverbindung nach Stettin, 1906 nach Treptow, 1945 stillgelegt. Das erste Dampfschiff kam 1842 von Stettin nach Cammin. Die „Stettin-Wollin-Kammin-Dievenower Dampfschiffahrtsgesellschaft" wurde 1900 gegründet. Seit 1881 ist Cammin ein Solbad. Zusammen mit dem Fischereihafen waren dies die wichtigsten Einnahmequellen der Stadt. Entlang der Straße nach Gollnow entstand die Neustadt in den 20er und 30er Jahren. 1945 wurde die Stadt zu 60 v. H. zerstört, das Stadtzentrum um den Markt wurde dem Erdboden gleichgemacht; Wiederaufbau seit 1960. In der Umgebung der Stadt wurden Erdöl und Erdgas erbohrt. Nach 1945 erhielt Cammin ein Marineausbildungszentrum.

Bauwerke: *Dom St. Mariae et Johannes baptista;* Beginn 1175 als dreischiffige kreuzförmige Basilika mit Chor und halbrunder Apsis – Chorwand und Apsis in Resten erhalten. Die 4 m hohe Granitquadermauer mit rundbogigem Portal an der Nordseite des Querschiffes gehört ins 13. Jh. Die Südwand des Querschiffs ist ganz romanisch. In den Kleeblattblenden des Giebels standen Stuckfiguren von rheinischen Steinmetzen. Das Langhaus entstand nach dem Brand von 1308 auf altem Fundament; das südliche Seitenschiff mit Sterngewölbe, quergestellten Satteldächern und vorgesetzten Ziergiebeln wurde 1388–1438 gebaut. Ein Turm wird 1519 erstmals erwähnt. Er stürzte im 30jährigen Krieg zusammen; der heutige ist von 1934. 1881 konnte der einzige geschlossene Kreuzgang Pommerns wiederhergestellt werden. Der Hochaltar, ein bemalter und vergoldeter Schreinaltar (15. Jh.) mit Himmelfahrt Ma-

riens als Mitte, kam nach 1945 ins Stettiner Museum. Die schönste Orgel Pommerns fertigte Michael Birgel 1669 im Auftrag von Herzog Ernst Bogislaw von Croy, dessen Porträt unter dem Werk angebracht ist. 1888 baute die Stettiner Orgelbaufirma Grüneberg ein neues Werk in den alten Prospekt.
St. Niklauskirche (16.Jh.), außerhalb gelegen, hat einen fünfeckigen Turm. Nach 1945 wurde sie wiederaufgebaut; heute Heimatmuseum.
Nach schwersten Kriegszerstörungen wurde in den 60er Jahren das *Rathaus* (Mitte 14. Jh.) mit seinem Ostgiebel (15. Jh.) wiederaufgebaut. Am Markt blieb das Fachwerkhaus Hoefs (17. Jh.) erhalten. Das ehemalige *Bischöfsschloß* (16. Jh.), gotische *Kapitelhäuser* und das *Steintor* der Stadtwehr sind erhalten.

Cammin: Bautor

Cammin, Landkreis, 1138,11 qkm Gesamtfläche, 45 694 Einwohner (1939). Cammin liegt im Einzugsgebiet der Odermündung im Bereich der Grundmoräne (mit Mooren durchsetzt) und der eiszeitlichen Flug- und Talsande. Die landwirtschaftliche Nutzfläche von 69 593 ha (1939) umfaßt 61 v. H. des Kreises, davon waren 67 v. H. Akkerland und 21,6 v. H. Wiesen und Weiden. 28 v. H. des Kreises bestanden aus Wald, der vor allem im Süden auf den Sandflächen stand. Anbaufrüchte waren Winterroggen, Kartoffeln, Hafer, Rüben und Lupinen. Die Viehzucht konzentrierte sich auf Rinder-, Schweine-, Schaf- und Pferdezucht. Von den 3753 landwirtschaftlichen Betrieben hatten über die Hälfte 10 – 100 ha. Der Großgrundbesitz mit 43 Betrieben von 200 – 500 ha und 16 Gütern mit 500 – 1000 ha bewirtschaftete etwa 38 v. H. der Nutzfläche des Kreises (1939). Von den 35 688 Arbeitnehmern waren 63 v. H. in der Land- und Forstwirtschaft, 24 v. H. in Industrie und Handwerk und 12,4 v. H. in Handel und Verkehr beschäftigt. Eine wichtige Erwerbsquelle war die Fischerei im Haff und in der Ostsee, die in 149 Betrieben 245 Beschäftigte hatte. Größter Industriebetrieb des Kreises waren die Pommerschen Kalksteinwerke Zarnglaff, die noch 1941 mit 572 Angestellten 600 000 t Kalkstein förderten, der zu Düngekalk und Stückkalk verarbeitet wurde. Die während des 2. Weltkrieges erbaute Zementfabrik nahm im Juli 1945 ihre Produktion auf. Seit 1967 ist das Werk geschlossen. 1990 wurde von den großen Landgemeinden → Gülzow zur Stadt erhoben.

Chemnitz, Philipp Bogislaw von, Historiker. *1605 in Stettin, † 1678 in Hallstad/Schweden. Gehörte in Stettin zu den bedeutendsten Räten Herzog Philipps II. In seinem unter dem Pseudonym „Hippolithus a Lapide“ veröffentlichten Werk „Dissertatio de ratione status in imperio nostro Romano-Germanico“ (1640) polemisierte er scharf gegen die monarchistischen Ansprüche des Hauses Habsburg und gegen die Auffassung des Reiches als Fürsten-Aristokratie. 1644 ernannte ihn Königin Christine von Schweden zu ihrem Reichshistoriographen. Sein 1648 herausgegebenes Werk „Der königlich schwedische in Teutschland geführte Krieg" ist das umfassendste Quellenwerk für die Geschichte des 30jährigen Krieges. Noch 1855–59 erschien es als Neudruck.

Clausius, Rudolf, Physiker. *1822 in Köslin, † 1888 in Bonn. Studium der Physik und Mathematik in Berlin. Lehrte als Professor 1855 in Zürich, 1867 in Würzburg und seit 1869 in Bonn. Er ist der Begründer der „mechanischen Wärmetheorie" – der Thermodynamik und der kinetischen Theorie der Gase. Sein wissenschaftlicher Ansatz war die Umwandelbarkeit von Wärme in Arbeit. 1865 formulierte er den 2. Hauptsatz der Thermodynamik, „es kann niemals Wärme aus einem kälteren in einen wärmeren Körper übergehen, wenn nicht gleichzeitig eine andere damit zusammenhängende Änderung eintritt", und führte den Begriff „Entropie" ein – Wärme kann bei einer Energieumwandlung in mechanische Arbeit verwandelt werden. Die zugeführte Wärme läßt sich jedoch nie vollständig umwandeln, die „verschwendete Energie" nannte er Entropie. Seine Erkenntnisse auf dem Gebiet der Elektrodynamik konnte Werner v. Siemens in der Dynamomaschine verwirklichen. Die Theorie der elektrolytischen Leitung und seine statistische Mathematik waren Grundlage und Ausgangsmaterial für eine ganze Forschergeneration. Er war Träger der Friedensklasse des Pour le mérite und Mitglied fast aller in- und ausländischen wissenschaftlichen Akademien.

Cordulaschrein, bedeutendstes Kunstwerk des Camminer Domschatzes. Seit 1945 verschollen. Er war eine Wikingerarbeit von ca. 1000 n.Chr., vermutlich aus Lund. Der ovale Holzkasten (0,56 m lang) war mit 22 unregelmäßigen viereckigen Elchschaufelplatten belegt, die durch breite vergoldete Bronzebänder zusammengehalten wurden; an ihren Schnittpunkten saßen Tierköpfe. Platten und Bronzebänder waren mit reichen Tierornamenten bedeckt. Er war wahrscheinlich als Geschenk Bischof Askers von Lund an Otto von Bamberg nach Cammin gekommen. Der Name geht auf die hl. Cordula, Gefährtin der hl. Ursula, in Köln zurück, deren Gebeine angeblich im Cordulaschrein aufbewahrt worden waren.

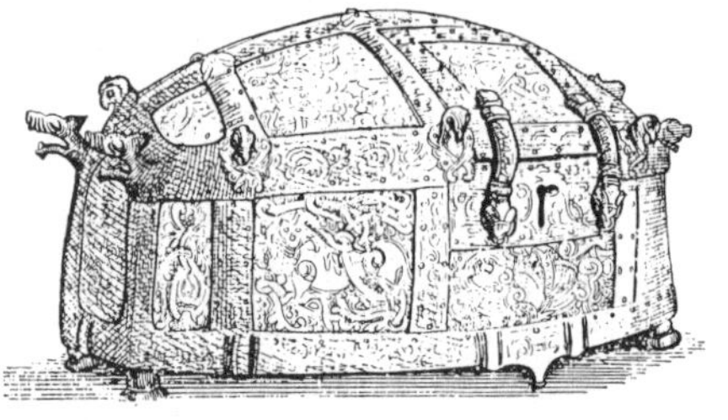

Der Cordulaschrein

Cothenius, Christian Andreas, Arzt. * 1708 in Anklam, † 1789 in Berlin. 1728 Studium in Halle, 1735 Stadtphysikus und 1736 adjungierter Bürgermeister von Havelberg, wurde 1748 Hofmedicus und Stadtphysikus in Potsdam. 1751 ernannte ihn König Friedrich II. zu seinem Leibmedicus; dazu wurde er 1768 Dekan des Obercollegium medicum, der damaligen obersten Medizinalbehörde. Während des 7jährigen Krieges leitete er als Generalfeldstabsmedicus das gesamte Heeressanitätswesen. Nach dem Krieg stieg er zum Direktor des Collegium medico-chirurgicum der Ausbildungsstätte und Prüfungsstelle preußischer Ärzte auf (1768), er wurde Mitglied des Collegium sanitatis, der staatlichen Behörde zur Seuchenbekämpfung. Geadelt wurde er 1770. Neben hohen öffentlichen Ämtern – er war u. a. auch Ehrenmitglied der Königlich Preußischen Akademie der Wissenschaft – leitete er seine umfangreiche, erfolgreiche ärztliche Praxis für arm und reich. Selbst nach seiner Erblindung (1783) setzte er sie mit Hilfe junger Ärzte fort.

Cracow, Georg, Humanist, Jurist und Politiker. * 1525 in Stettin, † 1575 in Leipzig.

Einer der gebildetsten Männer seiner Zeit. Heiratete die Tochter des pommerschen Reformators J. Bugenhagen, war mit Melanchthon und K. Peucer befreundet; lehrte in Greifswald und Wittenberg. Cracow siedelte 1565 nach Dresden über und wurde Vertrauter des Kurfürsten August v. Sachsen, Geheimer Hofgerichtsrat und oft Vertreter des Kurfürsten. Er war ein geschickter Unterhändler und Vermittler bei den Religionsgesprächen in Worms (1557), auf dem Reichstag in Augsburg (1559) und auf dem Konvent zu Naumburg (1561). Cracow war Gegner der protestantischen Orthodoxie und vertrat die vermittelnde Haltung Melanchthons. Seine zahlreichen Gegner verdächtigten ihn des Kalvinismus; er wurde auf der Pleißenburg in Leipzig inhaftiert und gefoltert. Vor einer Urteilsverkündung fand man ihn „elendig tot auf dem Strohe liegend, umgekommen, Gott weiß wie".

Christian Andreas Cothenius

Cramer, Heinz von, Schriftsteller. * 1924 in Stettin, seit 1952 auf der Insel Procida bei Neapel. 1938–43 Studium der Musik in Berlin, u. a. bei Boris Blacher. Zunächst Dramaturg und Regisseur beim Rundfunk, dann Hörspielautor; seit 1953 freier Schriftsteller. Cramer schrieb Opernlibretti für „Preußisches Märchen" (1950), Musik B. Blacher, „Der Prozeß" (1953), „König Hirsch" (1956), Musik H. W. Henze, Essays und zeitkritische Romane, unter anderem „San Silverio" (1955), „Die Konzessionen des Himmels" (1961), „Leben wie im Paradies" (1964).

Croyteppich. 1684 vermachte Herzog → Ernst Bogislaw von Croy diesen Teppich der Universität Greifswald mit der Auflage, ihn alle 10 Jahre am Todestag seiner 1660 verstorbenen Mutter in der Aula auszustellen. Herzog Philipp I. von Wolgast hatte ihn 1554 vom „herzoglichen Tapetmacher" Peter Heymans (signiert!) aus Stettin für das Wolgaster Schloß herstellen lassen. Der 6,90 mal 4,46 m große Gobelin – Wolle, vorwiegend in blauen, gelben bis braunen Farbtönen, Gold- und Silberfäden, Seide für die Gesichter – zeigt in einem breiten Ornament- und Schriftrahmen rechts die Familien Herzog Philipps I. und links Kurfürst Johann Friedrichs des Großmütigen von Sachsen zusammen mit Luther, Melanchthon und Bugenhagen. Der Croyteppich war der Heirat (1536) Herzog Philipps I. mit Maria von Sachsen, Schwester Johann Friedrichs, und der Reformation in Pommern gewidmet. Seine ursprüngliche Bezeichnung war „Die Taufe Christi", deren Darstellung rechts oben im 19. Jh. herausgeschnitten und gestohlen wurde, 1893 durch eine Inschriftkartusche ersetzt.

Daber *(Dobra),* Kreis Naugard, 2262 Einwohner (1983). Die Ackerbürgerstadt liegt in einer breiten, vermoorten glazialen Senke zwischen Kleinem Teetz und Dabersee, an dem die Ruine des Dewitzschlosses steht. Die Stadt mit rechtwinkligem Straßengrundriß ist kaum über den mittelalterlichen Mauerring gewachsen. Im Osten, an der Straße nach Massov, liegt das Gut Daber-Freiheit, im Süden der Kleinbahnbahnhof Daber-Süd, noch in Betrieb, in dessen Nähe eine ehemalige Stärkefabrik (größter Gewerbebetrieb) sowie Molkerei und Sägewerk.
Auf einer Halbinsel im Dabersee lag ein Burgwall mit Pfahlbausiedlung, im 13. Jh.

Notgeld der Stadt Daber, 1921

zugunsten eines zweiten zwischen den Seen aufgegeben. Diese Burg, erstmals 1295 genannt, beschützte die sich südlich anschließende Siedlung. Das Gründungsjahr der Stadt ist unbekannt, 1331 wird Daber als Stadt mit Lübischem Recht genannt. 1373 schloß Kaiser Karl IV., der mit → Elisabeth von Stolp verheiratet war, mit dem verschwägerten Greifenhaus ein Landfriedensbündnis. 1398–1808 hatte die Familie v. Dewitz das Land Daber als Lehen. Der brandenburgische Markgraf Albrecht Achilles belagerte 1478 Daber und zerstörte die Stadt. Von 1497–1502 traten die v. Dewitz die halbe Stadt und das halbe Schloß an Herzog Bogislaw X. ab. Seit Anfang des 17. Jh.s gab es ständige Unruhen der Bewohner gegen die v. Dewitz wegen des eigenen Gerichts- und Untertaneneides (Fortfall 1737) und wegen des Mahlzwanges (aufgehoben 1808). Bis 1815 hieß das Naugarder Land „Daber-Naugard-Dewitzscher Kreis". Um 1850 wurde das Gut Daber-Freiheit erbaut. 1895 erreichte die Saatziger Kleinbahn Daber von Kannenberg aus, 1896 die Regenwalder Kleinbahn und 1902 die Naugarder Kleinbahn – 1945 demontiert. Obwohl die Stadt seit 1568 ein Tuchmachergewerbe besaß und 1775 Maulbeerplantagen für eine Seidenraupenzucht angelegt worden waren, blieb es eine Ackerbürgerstadt mit vier Krammärkten und der Stärkefabrik.

Bauwerke: *St. Marienkirche,* auf dem rechteckigen Markt, heutiger Bau Ende 16. Jh., eine spätgotische Hallenkirche; Chor und Nordkapelle überspannen Sterngewölbe, Langhaus ist mit Stichkappentonnen überwölbt. Der 1870 abgebrannte Turm wurde neugotisch wiederaufgebaut. Der Altar, 1614 von Jobst v. → Dewitz gestiftet, ist eine zweigeschossige stattliche Renaissancearbeit mit einem figurenreichen Golgothaschnitzbild. Der Grabstein (1577) von J. v. Dewitz († 1542) und seiner Frau Ottilie v. Arnim († 1576) zeigt den pommersch-wolgastischen Kanzler mit sechs Fingern und sechs Zehen.

Schloßruine, auf einem 10 m hohen Hügel im Nordosten der Stadt; es sind zwei Schlösser der v. Dewitz. Der ältere Bau, ein Bergfried aus Findlingen, wurde im 15. Jh. erbaut. Den neuen Bau hat Jobst v. Dewitz 1538 errichtet. Im 30jährigen Krieg schwer beschädigt, war das Schloß Anfang des 18. Jh.s nicht mehr bewohnbar.

Paul Dahlke

Dahlke, Paul, Schauspieler. * 1904 in Streitz, Kreis Köslin, † 1984 in Salzburg. Studium an der Bergakademie Clausthal-Zellerfeld und an der TH in Berlin, ab 1927 Besuch der Max-Reinhardt-Schule. 1931 Debüt am Deutschen Theater in Berlin in „Geschichten

Damgarten, Altes Zollhaus

aus dem Wiener Wald". Ab 1934 auch als Filmschauspieler tätig, u. a. „Felix Krull", „Der zerbrochene Krug", „Romanze in Moll" – insgesamt 127 Filme. Engagements als Charakterdarsteller, u. a. am Lessingtheater Berlin, am Deutschen Theater und an der Volksbühne, nach 1945 am Staatstheater in München – über 170 Bühnenrollen hat er gespielt. 1953 Heirat mit der Schauspielerin Elfie Gerhart. 1966 erhielt er den Pommerschen Kulturpreis. Seit 1958 lebte er in Grundlsee im Salzburger Land.

Damast, ein feines Gewebe, dessen Herstellungstechnik, eine Jacquardweberei (Wechsel von Kett- und Schußbindung), aus China stammt. Sie gelangte im 15. Jh. nach Italien und wanderte aus Flandern und den Niederlanden nach Sachsen und Schlesien ein. Nachdem es gelang, statt der kostbaren Seide einheimisches Leinen zu Damast zu verarbeiten, begann eine rasche Verbreitung dieser Webtechnik in Pommern. Ende des 18. Jh.s wurde in Gingst auf Rügen die Damastweberei zu einem bedeutenden Heimgewerbe, das die umliegenden Güter mit Tischwäsche versorgte. Die letzten pommerschen Damastwebstühle standen in Friedrichshuld, Kreis Rummelsburg, wo vielmustrige Damastarbeiten gewebt wurden. 1806 brachte eine sächsische Weberfamilie Verbesserungen der Technik und Bereicherungen der Muster nach Friedrichshuld. Die Brüder Lange waren die letzten Damastweber vor dem Zweiten Weltkrieg. Else Mögelin versuchte 1934 mit Gerda Tangermann, diese Webkunst vor dem Aussterben in Pommern zu bewahren. 1939 wurden noch Seidenweber aus Lodz angesiedelt. 1945 bedeutete das Ende der Damastweberei.

Damgarten, Kreis Ribnitz-Damgarten, früher Franzburg-Barth, 3928 Einwohner (1939). Seit 1950 ist Damgarten mit Ribnitz zusammen eine Kleinstadt: 17693 Einwohner (1985) östlich der Recknitzmündung auf einem flachen Hügel. Damgarten liegt am letzten Straßen- und Eisenbahnübergang vor dem Saaler Bodden über das versumpfte Recknitztal. Die beiden Hauptstraßen stoßen T-förmig aufeinander. Damgarten hat nur einen Straßenmarkt. Die Stadtkirche liegt am Rande des Kerns. Im Norden und Osten gibt es Neubausiedlungen.

Das wendische Dorf Dammechore, 1225 erstmals genannt, erhob 1258 Fürst Jaromar II. von Rügen zur Stadt mit lübischem Recht und baute sie als Grenzfestung gegen

Mecklenburg aus. Ein Palisadenzaun und ein Stadtgraben schlossen Damgarten kreisförmig ein; die am südlichen Stadtausgang angelegte Schanze mit Turm war im 18. Jh. verfallen. Bürgermeister Friedrichs kaufte das Gelände und legte einen Garten an. Dieser Paß war im Laufe der Jahrhunderte heftig umkämpft: 1368 besiegten Mecklenburger die Pommern, 1630 siegte Gustav Adolf über die Kaiserlichen, 1807 siegte Major Schill über Franzosen und Mecklenburger. Ab 1582 erlangte der Vieh- und Pferdemarkt von Damgarten überregionale Bedeutung. Die 1764 gegründete Segelschiffswerft Dierling erlebte im 19. Jh. ihre Blüte, als sie den größten Teil der Segelschiffe vom Fischland baute (zwei Drittel der Rostocker Flotte, 1860). 1852–1913 gab es in Damgarten eine Glashütte. 1888 wurde die Eisenbahnstrecke Stralsund–Rostock über den Recknitzpaß bei Damgarten gebaut, die Franzburger Kleinbahn Nord (1895) wurde 1945 demontiert. 1935/36 entstand eine Heeressiedlung, die Stadt dehnte sich nach Norden und Osten aus. Mit dem Bau einer Flugzeugfabrik in Ribnitz entstand in Damgarten ein Flugplatz und 1937 eine Fabrik für Flugzeugteile. Trotz der verkehrsgünstigen Lage konnte sich die Stadt nicht gegen die Konkurrenz von → Barth durchsetzen und blieb weitgehend Ackerbürgerstadt. 1950 wurde Damgarten mit dem mecklenburgischen Ribnitz zu einer Stadt vereinigt, die Industrie liegt heute vorwiegend in Ribnitz.

Bauwerke: Stadtkirche *St. Bartholomäus* (um 1240), der Chor mit flacher Balkendecke ist erhalten, das niedrigere, gotische Langhaus mit hölzernem Flachtonnengewölbe wurde Ende des 15. Jh.s angebaut; 1723 erhielt die Kirche einen Fachwerkturm, 1886/87 von einem Backsteinturm abgelöst. Der reichgeschnitzte Hauptaltar (1721) hat ein Abendmahlsbild, umrahmt von Säulen und den vollplastischen Figuren Christi und Johannes des Täufers. Die Kanzel (um 1721) ist mit ornamentalen Schnitzereien üppig ausgestattet; ein Engel trägt den Kanzelkorb.

Dammscher See *(Jezioro Dąbie)*. Zwischen → Altdamm und → Stettin erstreckt sich in der Oderniederung der 56 qkm große Dammscher See. Die Große Reglitz, der östliche Oderarm, durchfließt den ca. 3,50 m tiefen See. Im Süden nimmt er die → Plöne auf. Am Ostufer schützt zwischen Altdamm und Lübzin ein Deich das vermoorte Hinterland zwischen Dammschem See und → Gollnower Heide. Mit dem Ausbau des Stettiner Hafens in den 30er Jahren wurde eine Zufahrt durch den Dammschen See gelegt. So wurde er in den Hafen einbezogen. Der 1924 in Altdamm angelegte Flughafen für Land- und Wasserflugzeuge wurde nach 1945 aufgegeben und wird vom Stettiner Aeroclub genutzt. Der See wird ausgiebig von Wassersportlern aufgesucht, die ehemaligen Wasserflugzeuganlegestellen sind heute Segelhäfen.

Darß. Vor der vorpommerschen Küste liegt die Halbinselgirlande des Darß, → Zingst und → Bock, die den Saaler, Bodtstedter und Barther Bodden, den Grabow und den Koppelstrom vom offenen Meer trennt. Der westlichste Teil ist der Darß, der sich in Alt Darß und Neu Darß gliedert. Der Alt Darß besteht aus den sogenannten Heidesanden – spätglaziale Staubeckensande von Schmelzwasserseen am Rand des Inlandeises – die in einem 6–7 m hohen Kliff der Litorinazeit zum Neu Darß abfallen. Auf der trokkeneren, fast ebenen Fläche steht Kiefernwald mit Wacholder, Stechpalmen, Eiben, Birken und Steineichen; es gibt einige Buchenbestände. Als Bodenpflanzen wachsen unter anderem Königsfarn, Orchideen und Bärlappgewächse. Auf einigen Bäumen horsten Fischadler. Der sich nach Norden anschließende Neu Darß ist eine Strandwallebene, ganz aus marinen Sanden aufgebaut, die seit 3750 Jahren an der Westküste abgebaut (0,60–2,40 m pro Jahr) und entlang der Nordküste angelandet werden, an Darßer Ort etwa 9,70 m pro Jahr. Die Wälle, Reffe, – an der Westküste 105, bei Prerow 12 – sind von Dünen bedeckt, die bis zu 2,50 m aufragen, in der Hohen Düne bei Prerow so-

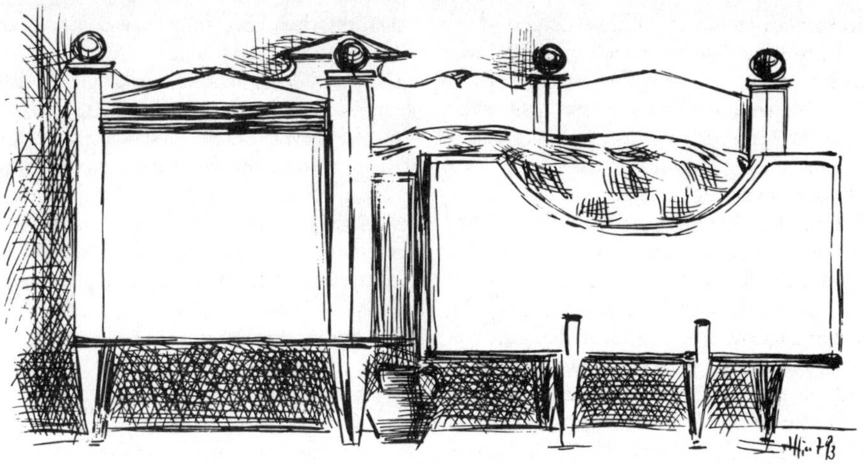

Darß, Ausziehbett

gar 13,40 m über NN. Sie sind hauptsächlich mit Kiefern, Birken, Eichen und auch Buchen bedeckt. In den vermoorten Tälern, Riegen, gibt es einige offene Strandseen, die von Erlenbruchwald umstellt sind.
Dieses Reff-Riegen-Muster bestimmt in Prerow den Straßenplan des Ortes. Von der Boddenseite erstreckt sich nach Nordwesten der Prerowstrom, der bis 1874 die Ostsee mit dem Bodstedter Bodden verband; die Sturmflut 1872 richtete so große Zerstörungen an, daß eine Schließung notwendig war.
Darß und Zingst werden in der 2. Hälfte des 12. Jh.s in dem Streit zwischen Dänemark und dem Fürstentum Rügen genannt. Die Bauern- und Fischerdörfer Wieck, Born, Prerow, Bliesenrade (wüst) wurden im 16. Jh. angelegt. Bis ins 19. Jh. waren sie Sitz zahlreicher Reedereien. Seit 1880 erlangte der Fremdenverkehr eine ungeheure wirtschaftliche Bedeutung – 1880 kamen 80 Urlauber nach Prerow, 1988 waren es 99900. Der Darß gehört heute zum Nationalpark Vorpommersche Boddenlandschaft.

Darßer Volkskunst. Die geographisch isolierte Lage des Darß gab den Bewohnern die Möglichkeit, eine von Seefahrt, Fischerei und Bauerntum geprägte Küstenkultur zu entwickeln. Ein gemeinsames Element der Küstenkultur im Westen Pommerns ist das → altsächsische Bauernhaus, das besonders auf dem Darß queraufgeschlossen ist. Leuchtend bunte Türen – in Gelb, Rot, Blau, Grün oder Braun – mit Blumen, Pflanzen und Sonnen als ausgesägte, geschnitzte, aufgesetzte Ornamente sind die auffallendsten Schmuckstücke der Häuser. Im Inneren zeigen die Möbel eine dezentere Farbigkeit, sie sind rotbraun mit schwarz abgesetzten Profilen angemalt. Das Mobiliar ist sehr stark von der Seefahrt des 18. und 19. Jh.s geprägt, die mit dem Raum sparsam umgehen mußte. Charakteristische Möbelstücke sind Schlafbank, Ausziehbett, Klapptisch und Hängeschrank. Die Schlafbank wurde am Abend aufgeklappt, der Kasten mit Stroh und Betten nach vorn gezogen. Er diente als Bettstatt der Kinder. Das ausziehbare Doppelbett war praktisch und raumsparend. Der große Tisch konnte bei Bedarf aufgeklappt werden. In einigen Häusern gibt es heute noch einen Rauchfang in der Küche. Milchschrank mit ausgesägtem Ornament, „Tellerschapp“, Butterfaß, Eimerbank für das Frischwasser und die „Draht“, die Eimertrage, gehörten zum Inventar jeder Küche. Als → Minnegabe für ihre Angebetete schnitzten die jungen Männer → Wäscheklopfer, die zum Klopfen der handgewebten Wäsche dienten. In Flachschnitzerei und mit farbiger Bemalung wurden sie mit Liebes- und Seefahrtssymbolen versehen. Sie gehören zu den schönsten Volksschnitzereien in Pommern.

Decius, Nikolaus, geistlicher Dichter. * um 1490 in Hof/Oberfranken, † 1541 in Stettin. Sein deutscher Name war wohl „Hövisch" oder „Hovesch", als Mönch wandte er sich der Reformation zu, war 1522 Lehrer in Braunschweig, ab 1524 Prediger in Stettin, 1541 soll er vergiftet worden sein. Decius hat die bekannten Lieder „Allein Gott in der Höh' sei Ehr'" (1525) und „O Lamm Gottes unschuldig" (1531) ursprünglich in niederdeutscher Sprache gedichtet. Einige seiner Lieder hat er selbst vertont.

Deep *(Mrzeżyno)*, Kreis Greifenberg, 1566 Einwohner (1939). Das Dorf liegt an der Mündung der → Rega auf einer Düne; die sumpfige Niederung der alten Rega trennt Deep vom Hinterland ab.
Deep, nach 1457 gegründet, entstand nachdem die Kolberger die weiter östlich gelegene Regamündung mit dem Hafen „Rega" oder „Regamünde" verschüttet hatten. Die Treptower gruben als Ersatz die „neue Rega", fortan Treptower Tief oder plattdeutsch „Deep" genannt; die Bewohner von Regamünde zogen dorthin. Hier ließ Kurfürst Friedrich Wilhelm von Brandenburg 1661–1662 das erste Schiff, den Schoner „Kurprinz von Brandenburg" für seine Flotte bauen. Es wurde nach Königsberg geliefert, vom Obristen v. Hille als zu klein angesehen und 1664 nach London verkauft. Bis ins 20. Jh. gab es in Deep einige zum Teil stark veränderte → altsächsische Bauernhäuser. Wirtschaftliche Grundlage waren Fischerei und Seefahrt; 1938 hatte Deep 17 Fischer und 17 Kutter. Das 20. Jh. fügte den Tourismus hinzu. Von 1924 an kam Lyonel Feininger 12 Jahre lang zum Sommerurlaub nach Deep und schuf zahlreiche Landschaftsbilder. Westlich und östlich von Deep entstanden in den 30er Jahren militärische Einrichtungen, ein Flakschießplatz und ein Flugplatz.

Deeper Kerbschnitzerei. Im Gebiet des ehemaligen Klosters → Belbuck, der Abdü, hat sich in Deep die Kerbschnitzerei als Hauskunst der Fischer und Seefahrer lange erhalten. Kästen und Stühle wurden mit Sonnen, Rädern, Sternen, Dreiecken und linearen Ornamenten verziert. Spätgotische Ornamente, ähnlich denen am Gebälk des Remters im Stettiner Schloß, lebten hier fort. Die Deeper Kerbschnitzereien waren sehr geschätzt. Die reich geschnitzten Stühle erhielten einen besonderen Ehrenplatz in der Stube.

Kerbschnitzerei

Delbrück, Berthold, Indogermanist. * 1842 in Putbus/Rügen, † 1922 in Jena. Nach Studium in Halle und Berlin war er Gymnasiallehrer in Marienwerder. 1867 Habilitation in Halle; 1870 Ruf als Professor für vergleichende Sprachwissenschaft und Sanskrit nach Jena. Er wurde zum Begründer der „Vergleichenden Syntax der indogermanischen Sprachen" – sein Hauptwerk (1893–1900).
Weitere Werke: „Syntaktische Forschungen" (5 Bde. 1871–88), „Das altindische Verbum aus den Hymnen des Rigweda seinem Bau nach dargestellt" (1874).

Delbrück, Hans, Historiker. * 1848 in Bergen, † 1929 in Berlin. Nach seinen Studien

war er 1896–1921 Professor für Geschichte in Berlin, als Nachfolger Treitschkes. 1889–1919 gab er die „Preußischen Jahrbücher" heraus. Sein Hauptforschungsgebiet war die Kriegsgeschichte, daneben beschäftigte ihn die Tagespolitik. Als Freikonservativer erwarb er eine unabhängige Haltung, die ihn von der kaiserlichen Flottenbegeisterung abrücken ließ, damit geriet er in scharfen Gegensatz zu den Alldeutschen. Während des Ersten Weltkrieges setzte er sich für die Abschaffung des Dreiklassenwahlrechtes ein und für eine demokratische, konstitutionelle Monarchie. Nach 1918 unterzog er die Ludendorff-Tirpitzsche „Dolchstoßlegende" einer vernichtenden Kritik.
Werke: „Leben des Grafen Neidhardt v. Gneisenau" (2 Bde., 1882), „Regierung und Volkswille" (1914) und „Weltgeschichte" (5 Bde., 1923–28).

Demmin, Kreisstadt, 16429 Einwohner (1989). Demmin liegt auf dem Sporn einer Grundmoränenplatte, die im Süden, Westen und Norden von den versumpften, schwer passierbaren Niederungen der → Peene, Trebel und Tollense eingefaßt ist; Frühjahrshochwasser führen zu häufigen Überschwemmungen. Demmin hat seit dem frühen Mittelalter seine Lagegunst an einer der wenigen Übergangsstellen des Grenztales und dem Ausgangsort der Peeneschiffahrt genutzt. Die im Zweiten Weltkrieg zerstörte Altstadt ist ohne städtebauliches Konzept mit Plattenbauten vollgestellt; rechteckiger Marktplatz, St.-Bartholomäus-Kirche und Teile der Stadtwehr wirken fremd in diesem Neubauensemble. Demmin hat sich mit Wohngebieten nach Osten auf die Moränenfläche ausgedehnt. In den 60er und 70er Jahren wurde im Norden ein Industriegebiet in der Niederung angelegt, damit hat Demmin neben den Verwaltungsaufgaben auch zentrale Funktion in der Verarbeitung und Vermarktung landwirtschaftlicher Produkte des Umlandes und in der Holz- und Metallindustrie. Eisenbahn, Straßen und Flußhafen sorgen für eine optimale Verkehrsanbindung.

Demmin: Luisentor

Schon in frühgeschichtlicher Zeit war Demmin ein Burgort im Siedlungsgebiet der Redarier, Tollenser, Zirzipaner und Kessiner. 789 erreichte ein Heerzug Karls des Großen gegen die Wilzen in der Gegend von Demmin die Peene, die Burg des Oberkönigs Dargowit wurde erobert. Um 1070 berichtete Adam von Bremen von einer „sehr großen Stadt", und 1128 kam Herzog Wartislaw I. Bischof Otto von Bamberg in der „stolzen und vornehmen Feste Dimin" entgegen. Die Burgsiedlung war 1136–1264 Residenz der Herzöge von Demmin. Diese versuchten, von hier ihren Machtbereich nach Westen auszudehnen; von der Burg kontrollierten sie die Straßen über die Peene, die Brücke 1173 erstmals genannt. Die Burganlage wurde im 17. Jh. gesprengt, durch ein zweigeschossiges Gutshaus „Haus Demmin" ersetzt. Seit 1235 kamen deutsche Siedler aus Westfalen. Unabhängig und in größerer Entfernung entstand die Marktsiedlung, ihr westlicher Teil war vermutlich von Deutschen bewohnt; um 1249 erhielt Demmin lübisches Stadtrecht. 1358–1607 war die Stadt Mitglied der Hanse. 1547 bauten die Bürger die Stadtbefestigung. Wiederholte Stadtbrände, besonders 1495, führten 1568–73 zum Bau einer Wasserleitung. 1602 gab es in Demmin eine Mädchenschule. Bei der Eroberung der Stadt (1676) durch den Großen Kurfürsten blieben nur 30 Häuser erhalten. Nach der preußischen Besetzung (1759) wurden die Wälle abgetragen und die Gräben aufgefüllt. Vor den Toren entstanden im Osten Vorstädte. 1869 wurde in Demmin eine katholische Pfarrei gegründet, nachdem sich die Geistlichen des Dekanats Lövenich bei Köln bereit erklärten, das Gehalt des Pfarrers in Demmin zu bezahlen. 1897 gehörten zu dieser Pfarrei 982 Katholiken und über 2000 polnische → Wanderarbeiter. Mit der Eröffnung der Nordbahn (1878) verlor der Peenehafen an Bedeutung; die Entwicklung der Industrie setzte ein: Zuckerfabrik, Brauerei, Konservenfabrik, Metall- und Holzverarbeitung und Reparaturwerkstätten. Der Zweite Weltkrieg vernichtete die Altstadt bis auf die Pfarrkirche mit einigen Häusern am Kirchhof, ein Stadttor und die Hafenspeicher. Der Wiederaufbau erfolgte völlig unabhängig vom alten Stadtgrundriß.

Bauwerke: Stadtkirche *St. Bartholomäus* (14. Jh.), eine dreischiffige Hallenkirche mit 90 m hohem Turm. 1676 brannte sie bis auf die Außenmauern aus, 1648–1706 Wiederaufbau, 1734 neu eingewölbt; 1856–57 wurden Turmoberteil und Ostgiebel neu erbaut. An der Südseite steht die polygonal geschlossene Taufkapelle „Kirchenköst“ (1422). Die ursprüngliche Ausstattung ist nicht erhalten. Ein Kruzifix und die Figur des Christophorus sind Leihgaben.

Von der *Stadtwehr* sind ein runder Mauerturm und das reich mit Blenden gegliederte *Luisentor* (13. und 15. Jh.) erhalten. Am Kirchhof steht eine Gruppe von Fachwerkhäusern aus dem 18. Jh.

Beliebtes Ausflugslokal, Demmin

Demmin, Landkreis, 955,23 qkm Gesamtfläche, 54769 Einwohner (1939), liegt weitgehend in der ebenen Grundmoräne mit den breiten vermoorten Schmelzwasserrinnen der Tollense, der Peene und des Landgrabens. Im Süden erstreckt sich der Kreis auf die kuppige Grundmoräne. Entlang der Tollense und als Umrandung des Kummerower Sees liegen Endmoränen der Rosenthaler und Gerswalder Rückzugsstaffel. Diese recht nährstoffreichen Böden werden von einer intensiven Landwirtschaft bearbeitet – der wenig verbreitete Wald steht vorwiegend auf den Endmoränen.

1939 waren 16,7 v. H. der Ackerfläche mit Weizen und Zuckerrüben bestellt, 31,5 v. H. mit Kartoffeln und Roggen. Die landwirtschaftlichen Betriebe gehörten zu den mittelgroßen Betrieben (1333 mit 10–100 ha) und Großbetrieben (120 über 100 ha, davon 53 mit 200–500 ha und 41 mit 500–1000 ha). Von den 38856 Beschäftigten waren 1939 etwa 55 v. H. in Land- und Forstwirtschaft, 30 v. H. in Industrie und Handwerk und 14,6 v. H. in Handel und Verkehr tätig. In dem 1952 verkleinerten Landkreis arbeiteten noch 50 v. H. der Beschäftigten in der Landwirtschaft, seit den 60er Jahren bis 1989 in LPGs. Die Produkte wurden in den Industriebetrieben des Kreises verarbeitet, u. a. in Zuckerfabriken, Brauereien und Konservenfabriken, die vor allem in Demmin, Altentreptow und Jarmen ihre verkehrsgünstigen Standorte hatten.

Deutscher Ritterorden, Ordo fratrum hospitalis sanctae Mariae Theutonicorum Ierosolimitanorum; 1198/99 in Palästina gegründet, genoß eine großzügige Förderung durch die Staufer. Er bestand unter einem Hochmeister aus Ordensrittern und Ordenspriestern, die in einigen Besitzungen und Kommenden die Mehrzahl stellten. Halbbrüder, Ordensschwestern und Familiare werden in den Quellen kaum genannt. Ihr Ordensgewand war der weiße Mantel mit schwarzem Kreuz. In der 2. Hälfte des 13. Jh.s hatte der Deutsche Ritterorden seine größte Ausdehnung: im Heiligen Land mit dem Hochmeistersitz in Akkon (bis 1292), in Armenien (bis ins 14. Jh.), in Griechenland (bis ins 15. Jh.), in Sizilien, Apulien und Spanien (bis Ende des 15. Jh.s.), in der Lombardei, von 1292 bis 1309 Hochmeistersitz in Venedig, in Deutschland, Böhmen, Mähren, Österreich, Thüringen, Sachsen, im Elsaß, in Burgund, Lothringen, den Niederlanden, Koblenz, Marburg, Bozen, Westfalen und Franken. 1225/26 forderte der polnische Herzog Konrad von Masowien den Deutschen Ritterorden auf, ihn gegen die Prussen an der Nordgrenze zu unterstützen. Der Orden ließ sich die künftigen Besitzungen in der Goldbulle von Rimini (1226) durch Kaiser Friedrich II., im Kruschwitzer Vertrag (1230) durch den Herzog von Masowien und in der Bulle von Rieti (1234) durch Papst Gregor IX. garantieren. So begann 1231 der Landmeister Hermann Balk mit der Inbesitznahme des Kulmer Landes und der Eroberung des Landes der Pruzzen. Bis 1285 war die Unterwerfung abgeschlossen; parallel dazu siedelte der Deutsche Ritterorden Bauern aus dem deutschen Reich auf seinem Territorium an und baute zahlreiche Burgen, die gleichzeitig Verwaltungssitz, Schutz und Kloster waren. 1309 verlegte der Deutsche Ritterorden seinen Hochmeistersitz nach Marienburg.

Mit Herzog Mestwin II. starb 1294 das pomerellische Herzogshaus aus; in den Erbstreitigkeiten gewann 1309 der Deutsche Ritterorden ganz Pomerellen. Obwohl Pomerellen nicht zum polnischen Territorium gehörte, und obwohl die rechtlichen Verhältnisse ziemlich unklar waren, war das Verhältnis des Deutschen Ritterordens zu Polen stark belastet, auch der Friede von Kalisch (1343), in dem Polen auf Pomerellen verzichtete, brachte keine Lösung des Konflikts. Der Orden versuchte, sein neues Territorium nach Westen hin abzusichern, kaufte 1312 das Land Schlochau und baute die Stadt zu einer Grenzbastion gegen Pommern und Polen aus. 1329 erwarb er das Land Bütow und 1341 das Land Lauenburg. 1384 kam Schivelbein in Ordensbesitz. 1402 gelang es dem Deutschen Ritterorden, die ganze Neumark zu erwerben und so eine Verbindung zum Reich herzustellen – der Konflikt mit Polen-Litauen hatte sich zugespitzt. In der Schlacht bei Tannenberg (1410) unterlag der Deutsche Ritterorden, konnte im 1. Thorner Frieden (1411) seine Besitzungen im Westen halten. Der Orden geriet in eine finanzielle Krise, die er durch Steuern und Abgaben in Preußen zu beheben suchte. Städte und Landadel schlossen sich 1440 im Preußischen

Gebiet des Deutschordenstaats, 1236

Bund gegen den Orden zusammen. Kaiser und Papst erklärten diesen Bund für unrechtmäßig, was dazu führte, daß er sich dem König von Polen unterwerfen mußte. Es begann ein 13 Jahre dauernder, von Söldnern geführter Krieg. 1455 verkaufte der Orden die Neumark an Markgraf Friedrich II. von Brandenburg – dies brachte ihn aber nicht aus der finanziellen Not. Im 2. Thorner Frieden (1466) verlor der Orden Pomerellen, das Kulmer Land und die Marienburg. Die Lande Bütow und Lauenburg hatte Herzog Erich II. von Wolgast besetzt und nicht an Polen herausgegeben, sie wurden in ein polnisches Lehen verwandelt. Schlochau übernahm die polnische Krone. Auf seinem Restterritorium konnte sich der Deutsche Ritterorden nur mit Unterstützung des Reiches halten, die er aber nicht erhielt. So wurde das Ordensland 1525 in ein weltliches Herzogtum übergeführt.

Deutsch Krone *(Wałcz)*, Kreisstadt, 24590 Einwohner (1983). Deutsch Krone liegt auf einem flachen Höhenzug zwischen Großem Radun oder Stadtsee und dem Schloßsee. Die Altstadt mit Marktplatz und Stadtkirche liegt auf dem Seepaß; das Mühlenfließ oder Judenfließ begrenzt sie im Norden. Die neueren Stadtviertel Neustadt (1590) Judenviertel, Jastrower und Tempelburger Vorstadt dehnen sich nach Norden und Osten aus und haben die Eisenbahnlinie der Strecke Schneidemühl – Deutsch Krone – Stargard, die in einem Bogen von Süden am Schloßsee nach Westen die Altstadt umfährt, überschritten. Weite Teile der Vorstädte sind nach 1945 in Plattenbauweise wiederaufgebaut worden. In Bahnnähe liegen Betriebe der Metallverarbeitung, Baustoff- und Nahrungsmittelindustrie.

Das alte slawische Dorf Wałcz lag vermutlich auf der Halbinsel im Schloßsee, später standen hier die Burg und das Starostengut. 1249 schenkte die Witwe des Grafen Petreko de Lank das Dorf „Cron“ dem Templerorden. Das Stadtprivileg stellten 1303 die brandenburgischen Markgrafen Waldemar, Otto IV. mit dem Pfeil, Konrad und Johannes in Liebenwalde aus. Der Name der Stadt schwankte zwischen „die Teutzsche Krone“, „Chrone“ oder „Arn(e)skrone“, erst im 17. Jh. bürgerte sich Deutsch Krone ein. Die Ritter Ulrich Schöning und Rudolf Liebenthal erhielten den Auftrag, neben dem Dorf Wałcz die neue Stadt anzulegen, sie verkauften aber das ganze Gebiet der Familie Liebenow. Markgraf Otto der Faule trat 1368 das Land Krone an Polen ab, in dessen Besitz es bis 1772 verblieb. 1407 versuchte der Deutsche Ritterorden, Deutsch Krone zu er-

Deutsch Krone, Königsstraße

Stadtpanorama von Deutsch Krone

obern; die Burg widerstand, die Stadt wurde eingeäschert. Dafür gelang es 1460 dem Feldoberst von Nostitz, mit Ordenssöldnern die Stadt zu erobern und den Starosten Hans v. Wedell zu vertreiben. Unter dem Starosten Lukas v. Gorka wurde 1535 die Reformation eingeführt. Bei einem gegenreformatorischen Versuch 1594 vertrieben die Bürger den katholischen Pfarrer; 1602 wurde mit Pfarrer Librarius eine neue katholische Pfarrei gegründet. Nördlich des Marktfließ entstand 1590 die Neustadt, die 1612–58 eine selbständige Gemeinde war. Um 1600 zogen viele Schotten nach Deutsch Krone; der Tuchmacher Walson wurde 1617 in das Gewerk aufgenommen. 1618 holte Propst Librarius die Jesuiten nach Deutsch Krone. Sie legten auf dem Mönchsberg, nördlich der Altstadt, ein Kolleg an (1672 auf den Bürgermeisterberg im Osten verlegt) und gründeten 1665 das → „Athenäum", eine Schule, die wegen ihres guten Rufes von den Söhnen des protestantischen Adels gern besucht wurde, u. a. von → Ewald von Kleist. 1773 mußte die Schule geschlossen werden, wurde als königliches Gymnasium weitergeführt. Die Neustadt dehnte sich nach Osten bis zum Bahnhof aus, der 1881 mit der Strecke Schneidemühl – Deutsch Krone eröffnet wurde, 1885 über Kallies und Arnswalde nach Stargard verlängert. Die 1914 gebaute Strecke nach Jastrow (1945 demontiert) und die Kleinbahnen Deutsch Krone–Kreuz (1899) und Deutsch Krone–Virchow (1898) machten die Stadt zu einem Verkehrsknotenpunkt, in dessen Einzugsgebiet sich der Handel mit Nahrungsmitteln und Agrarprodukten sowie Holz- und Metallverarbeitungsbetriebe ansiedelten. Erst in den letzten Jahrzehnten vor dem Zweiten Weltkrieg begann der Fremdenverkehr.

Bauwerke: Das älteste Gebäude war bis 1938 die 1791 gebaute Synagoge. Die katholische Kirche wurde 1865, die evangelische 1904 erbaut. Aus der alten katholischen Kirche wurden die Glocken von 1659, 1672 und 1751 und ein Votivaltar mit Silberbeschlägen übernommen.

Deutsch Krone, Landkreis, 2152,16 qkm Gesamtfläche, 71737 Einwohner (1939). Der zweitgrößte Landkreis der Provinz lag auf der Südabdachung der Endmoräne des Pommerschen Stadiums. Weite Sandflächen kennzeichnen den Landkreis, der in seiner Mitte um Deutsch Krone eine große Grundmoränenplatte enthält. So liegen im Nordosten und Südwesten ausgedehnte Waldgebiete, während in der Mitte eine recht intensive Landwirtschaft vorwiegend von Großbauernhöfen betrieben wird (1939: 1514 mit 20–100 ha, 210 mit über 100 ha). Anbaufrüchte waren auf 60,7 v. H. der Fläche Roggen, Kartoffeln und Lupinen; auf einigen Gütern wurden auch Weizen und Zuckerrüben angebaut und Saatzucht betrieben, vor allem für Kartoffeln, so in Petznick und Ruschendorf. Grünlandwirtschaft mit Viehzucht spielte im Kreis eine untergeordnete Rolle. Von den 1939 vorhandenen 51937 Beschäftigten waren 58,99 v. H. in der Land- und Forstwirtschaft, 29,1 v. H. in Industrie und Handwerk und 11,9 v. H. in Handel und Verkehr tätig. Die letzteren waren vorwiegend in den Städten Deutsch Krone, Jastrow, Märkisch-Friedland, Schloppe und Tütz beschäftigt, in denen auch die Industrie konzentriert war. Auf einigen Gütern wurden Kartoffeln und Zuckerrüben weiterverarbeitet. In Zechendorf gab es eine Silberfuchsfarm, und in Koschütz wurde der Wiesenkalk zu Kunstdünger verarbeitet.

Dewitz, Jobst von, Politiker. * 1491 in Daber, † 1542 in Wolgast. 1518–20 Studium der Rechte in Bologna; Doktor beider Rechte. Seit 1529 Schloßhauptmann in Wolgast, vertrauter Ratgeber von Herzog Barnim XI. und Herzog Georg I. Teilnahme an zahlreichen Fürstentreffen und Reichstagen. Er führte die Verhandlungen über die Landesteilung (1532). Großen Einfluß gewann er unter Herzog Philipp I. Sein Ziel war die Stärkung der herzoglichen Gewalt. Bei der Einführung der Reformation setzte er sich für die Durchsetzung der herzoglichen Forderungen bezüglich der Aneignung der Klöster ein. Herzog Philipp beauftragte ihn 1533, die Kleinodien der vorpommerschen Klöster in Verwahr zu nehmen. Dewitz war an der Abfassung der Vorschläge für den → Treptower Landtag beteiligt. Er führte als herzoglicher Beauftragter zusammen mit → Bugenhagen Kirchenvisitationen durch und hatte entscheidenden Anteil an der Beschlagnahme der Klosterbesitzungen. Erfolgreich verhandelte er 1535–36 über die Aufnahme Pommerns in den Schmalkaldischen Bund und über die Heirat Philipps I. mit der sächsischen Prinzessin Maria. Wahrscheinlich war er auch an der Wiedereröffnung der Universität Greifswald nach der Reformation beteiligt.

Dievenow *(Dziwna),* der östlichste, ca. 36,5 km lange Mündungsarm der → Oder in die → Ostsee, trennt die Insel → Wollin vom Festland. Außer im Camminer Bodden, an dessen Südseite die Insel → Gristow liegt, hat die Dievenow eine durchschnittliche Breite von 200 m; ihre durchschnittliche Tiefe liegt bei 4 m. Sie neigt zu starker Verlandung, daher haben die alten Städte → Cammin und → Wollin als Häfen keine Bedeutung mehr. Zwischen den Dörfern West und Ost Dievenow mündet sie in die Ostsee. Mit Mühe wird die Dievenow auf einer schiffbaren Tiefe gehalten; 1898–1900 wurde die Mündung ausgebaut.

Küstenlandschaft bei Dievenow

Döblin, Alfred, Schriftsteller. * 1878 in Stettin, † 1957 in Emmendingen bei Freiburg. Sohn einer jüdischen Kaufmannsfamilie. Studium der Medizin in Freiburg, von 1911–33 als Nervenarzt in Berlin tätig. War Mitbegründer der expressionistischen Zeitschrift „der Sturm". Vom ekstatischen Stil des Expressionismus wandelte er sich zu einer Sachlichkeit mit Elementen der Textmontage. Im Roman „Berlin Alexanderplatz" (1929) gelingt es Döblin, die Welt der modernen Großstadt zu gestalten. 1933 emigrierte er nach Frankreich, 1940 in die USA. 1945 kehrte er nach Deutschland zurück, 1953 nach Frankreich. 1949 Mitbegründer der Mainzer Akademie. Von seiner Darstellung der Ohnmacht des Einzelnen gegenüber Naturgewalt und Kollektivkräften wandte sich Döblin im Spätwerk dem Christentum zu.

Werke u. a.: „Die Ermordung einer Butterblume" (1913), „Die drei Sprünge des Wanglun" (1915), „Berge, Meere und Giganten" (1924, Neufassung 1932), „Das Land ohne Tod" (1937–48), „Hamlet oder Die lange Nacht nimmt ein Ende" (1956).

Dohrn, Anton, Zoologe. * 1840 in Stettin, † 1909 in München. Studium der Zoologie in Königsberg, Bonn, Jena und Berlin. 1868 Habilitation in Jena. Dohrn gründete 1870 die zoologische (Meeres-)Station in Neapel, die er zum größten zoologischen Laboratorium ausbaute, Eröffnung 1874. Sein Arbeitsgebiet waren die Insekten und Krebse; er versuchte deren allmähliche Entwicklung aus niederen Formen im Sinne Darwins zu erklären. Seine theoretische Auffassung gipfelte im „Ursprung der Wirbeltiere und das Prinzip des Funktionswechsels" (1875), wo er eine Stammesgeschichte der höheren Tiere von den Gliederwürmern entwickelte; vermeintliche Neubildungen von Organen führte er auf Umbildungen bereits vorhandener zurück. Von 1882 an gab er die „Studien zur Urgeschichte des Wirbeltierkörpers" heraus.

Domnik, Hans, Filmproduzent. * 1909 in Stettin, † 1985 in San Diego, USA. Nach Jurastudium wurde er Cutter bei der UFA. Nach 1945 Produktion von Dokumentarfilmen, u. a. „Der goldene Garten" (1953), „Traumstraße der Welt", (1956–61), ein Welterfolg! 1946 gründete er mit Hans Abich die „Filmaufbau"-Produktion in Göttingen, später in Wiesbaden. Hier produzierte er die Kurt-Goetz-Filme „Dr. med. Hiob Prätorius", „Das Haus in Montevideo" und „Hokuspokus". 1960 siedelte er nach Los Angeles, dann nach San Diego über, wo er sich mit technischen Erfindungen beschäftigte.

Domnik, Ottomar, Arzt. * 1907 in Stettin, † 1989 in Stuttgart. Bruder von Hans Domnik. Nach Lehre in einer landwirtschaftlichen Maschinenfabrik und auf einem pommerschen Gut Studium der Medizin und Psychiatrie in Greifswald, Innsbruck, München, Rostock, Berlin und Paris; 1942–45 in Breslau Stabsarzt für Hirnverletzte. Domnik befaßte sich mit Psychoseforschung, Hirnherddiagnostik und Tiefenpsychologie. Leitete eine psychiatrische Privatklinik in Stuttgart. Daneben wurde er 1945 zum Wegbereiter der abstrakten Malerei und des neuen Films. Mit seinem Bruder Hans drehte er einen Film über Willi Baumeister; 1957 den mehrfach ausgezeichneten Film „Jonas". „Gino", „ohne datum", „NN" und „Augenblicke" folgten. Für seine Sammlung abstrakter Malerei baute er 1966–67 ein Privatmuseum in Nürtigen, 1977 übergab er seine Sammlung dem Land Baden-Württemberg.

Dorfform. Im Rahmen der Siedlungsbewegung des 13. Jh.s wurden in Pommern planmäßig neue Dörfer angelegt, teils aus wilder Wurzel, teils in Anlehnung an die pomoranischen Siedlungen, vorwiegend kleine Weiler. In ihrem Aufbau lassen sich in etwa die beiden großen Siedlerströme nachverfolgen. Entlang der Küste, von Vorpommern bis in die Umgebung von Stolp, d. h. auf den guten Böden der Grundmoräne entstanden die Hagenhufendörfer. Eine Insel dieser Dorfform liegt im Südosten von Freienwalde. Die Höfe sind entlang einer Straße aufgereiht, hinter jedem wurde die dem Besitzer gehörende Hufe, in schmalen Streifen, in den Wald hineingeordet. Von Süden, dem → Märkischen Keil, besonders im → Weizacker, drang eine Sonderform des Straßendorfes vor, das Angerdorf, in dem die Höfe um einen langgestreckten Dorfanger mit Dorfteich und Viehweide, später Kirche, Schule und anderen öffentlichen Einrichtungen, liegen. Die Ackerparzellen der Bauern sind auf die Gewanne der Dreifelderwirtschaft verteilt. Die überwiegende Zahl der Dörfer im Osten waren Straßendörfer, in denen sich die Höfe entlang der Straße aneinanderreihten. Die Ackerflur war in Gewanne gegliedert. Haufendörfer, vermutlich aus pomoranischen Weilern hervorgegangen, waren recht selten, desgleichen die Rundlinge. Ein erster Wandel der Dorfform trat mit der Ausdehnung des Gutsbesitzes ein, als die Dörfer ihre Ackerflur an den Großgrundbesitzer verloren, und die innerdörfliche Sozialstruktur auf das Gutshaus ausgerichtet wurde. Mit der Bevölkerungsexplosion nach der Stein-Hardenbergschen Reform und der Industrialisierung des 19. Jh.s nahm in den Dörfern eine städtische Bauweise zu – die bisherigen Dorfformen wurden bis zur Unkenntlichkeit überformt.

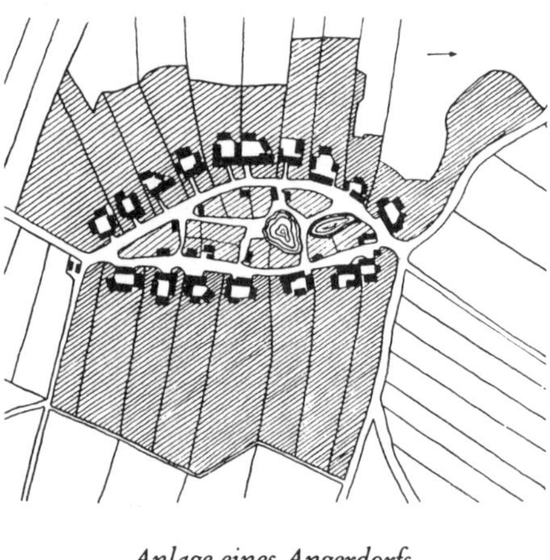

Anlage eines Angerdorfs

Dorfkirchen. Die → Besiedlung Pommerns brachte mit den verschiedenen Dorfformen auch verschieden gebaute Dorfkirchen mit. Auch hier läßt sich eine Differenzierung nach den Herkunftsgebieten der Siedler erkennen:
Westpommern ist vorwiegend das Gebiet der Findlingskirchen, die aus ungleichmäßig gespaltenen Feldsteinen errichtet sind, daneben gibt es Dorfkirchen aus sorgfältig gequaderten und geschichteten Findlingen, deren Portal- und Fensterleibungen, besonders aber die Ostgiebel aus Formziegeln und Backstein gestaltet sind. Die Backsteintechnik kam über Rügen – seit dem 13. Jh. alleiniges Baumaterial für Dorfkirchen auf der Insel – aus Dänemark und fand vor allem in den Stadtkirchen Anwendung.
In Mittelpommern, dem → Märkischen Keil, sind die Dorfkirchen hauptsächlich aus regelmäßig behauenen Quadern mit geglätteten Außenflächen sorgfältig in Schichten aufgebaut. Ihre Baumeister, die kein anderes Baumaterial zuließen, brachten diese Technik aus der Alt- und Uckermark.
Im östlichen Hinterpommern haben sich vom → Rügenwalder Amt die Backsteinkirchen ausgedehnt. Auf dem Pommerschen Höhenzug treten vermehrt die Fachwerkdorfkirchen auf.
Ganz im Osten, im Kreis Bütow, und der ehem. → Grenzmark Posen-Westpreußen, wurden die Dorfkirchen in reiner → Schrotholzbauweise errichtet. Im Grundriß gleichen sie den Fachwerkbauten mit dreiseitigem Ostabschluß. Sie sind als Blockbau entweder mit äußerer Schindelverkleidung oder innerer Bretterverschalung errichtet. Die Dächer sind mit Schindeln gedeckt.

Douzette, Louis, Maler: * 1834 in Tribsees, † 1924 in Barth. 1856 kam er als Stubenmaler nach Berlin. Nachdem seine erste Mondlandschaft Aufsehen erregte, erhielt er 1864 einige Unterweisungen von Eschken. Er unternahm Studienreisen an die Ostsee, nach Rügen und 1865 nach Schweden. In ihrem Gefolge entstanden zahlreiche Winter-

und Mondscheinbilder mit Wasserspiegelungen, in denen er mit feinen Farbabstufungen poetische Stimmung vermittelte, die großen Beifall fand. In weiteren Reisen erschloß er sich die Landschaft Vorpommerns, besonders die des Darß, wo er viele Waldbilder malte. 1886 erhielt er die goldene Medaille der Großen Berliner Kunstausstellung. 1910 wurde er Ehrenbürger von Barth.

Drage *(Drawa).* Aus einer Kette von fünf aneinandergereihten Seen, → Fünfseengebiet, südlich von Bad → Polzin, auf dem Pommerschen Höhenrücken entspringt in 150 m über NN der 168 km lange Nebenfluß der → Netze. Die Drage hat ein Einzugsgebiet von 3198 qkm. Sie durchfließt den Dratzig-, Krössin- und Großen Lübbesee. Die Städte → Falkenburg und → Dramburg liegen an ihr. Bei → Kreuz mündet die Drage in die Netze. Wegen ihrer ausgeglichenen Wasserführung wurde die Drage zur Holzflößerei benutzt. Im 18. und 19. Jh. versuchte man, ihren Unterlauf bis Hochzeit schiffbar zu machen, allerdings mußten die Kähne flußaufwärts getreidelt werden; heute ein Paradies für Wassersportler. Seit 1918 gibt es bei Alt Springe ein Wasserkraftwerk. 1368 bis 1772 war die Drage Grenze zwischen Brandenburg und Polen.

Dramburg *(Drawsko Pomorskie),* Kreisstadt, 10172 Einwohner (1983). Dramburg liegt am Oberlauf der → Drage auf dem → Pommerschen Höhenrücken, 123 m über NN. Die Altstadt mit gitterförmigem Straßennetz und quadratischem Markt erstreckt sich am Nordufer der Drage. Die Neustadt am Südufer wird vom Tuchmachergraben eingeschlossen. Nach Süden ist Dramburg bis zur Eisenbahnlinie erweitert worden. Die Kreisverwaltung, unter anderem Landratsamt, Kreissparkasse, Kreiskrankenhaus und das Realgymnasium, wurden hier angesiedelt. Bedeutender ist die Stadterweiterung entlang der Wangeriner Straße, mit dem Pommerschen Saatzuchtverein und seinen Versuchsfeldern, dem Viehmarkt und dem Schlachthof. Die weiteren Gewerbebetriebe,

Dramburg: Oberschule

wie Sägewerke, Brauerei, Ziegelei, Bürsten- und Tuchfabrik, sind um die Altstadt und an der Saatziger Kleinbahn (1896), Strecke Dramburg – Nörenberg, verteilt. Die 1945 zerstörte Innenstadt ist mit Wohnblocks wiederaufgebaut.

1254 erhielten die Belbucker Mönche das „dessertum Sarcthicze", die Gegend um Dramburg, zur Anlage eines Klosters. Die Mönche unterließen dies jedoch wegen der großen Entfernung und der fehlenden Erschließung. Die Markgrafen Otto III. und Konrad von Brandenburg und die Söhne des letzteren, Johannes und Otto, verliehen 1297 den Rittern Arnold, Konrad und Johann von Goltz den Flecken Dramburg und gaben ihm Magdeburger Stadtrecht. Die Bürger konnten ihrer Aufgabe, eine Stadtwehr anzulegen, nicht fristgemäß nachkommen, so daß Markgraf Ludwig ihnen 1338 und 1350 alle Abgaben erließ. 1350 erhielten die Herren v. Wedell die Stadt als Lehen. 1368 handelten in Dramburg Markgraf Otto der Finner (Faule) von Brandenburg und König Kasimir von Polen einen Frieden aus, in dem das Land → Deutsch Krone an Polen fiel. Kaiser Karl IV. schloß 1377 mit Herzog Swantibor III. von Stettin, Herzog Wartislaw VII. von Neustettin und Bischof Philipp von Cammin einen zehnjährigen Landfrieden. Ende des 14. Jh.s erfolgte die Stadterweiterung um die Neustadt. Markgraf Sigismund verkaufte 1400

Dramburg

das Land Dramburg dem Deutschen Ritterorden, der es nur bis 1455 hielt. In der „Draheimer Fehde“ (1422–23) erstürmten die Dramburger die polnische Starosteiburg Draheim, da von ihr ihre Warenzüge häufig ausgeraubt wurden. 1537 trat der Franziskanermönch Faustinus Schliepe zum lutherischen Glauben über und wurde der erste protestantische Geistliche der Stadt. 1540–1808 gehörten Dramburg und die Vogtei Schivelbein dem Johanniterorden. 1638 ließ der schwedische Oberst Beer Dramburg ausplündern und die Scheunen abbrennen. Das ganze Mittelalter waren die „Vierwerke“ (Wollweber, Schuhmacher, Bäcker und Schlachter) das wirtschaftliche Rückgrat der Stadt. Dramburg hatte auch das Stapelrecht für Kolberger Salz, das drageabwärts verschifft wurde. 1877 erhielt Dramburg Anschluß an die Pommersche Centralbahn, 1896 an die Saatziger Kreisbahn. Es entfaltete sich das Verarbeitungsgewerbe für landwirtschaftliche Produkte, Holz- und Textilindustrie. Die „Pommersche Saatzucht Gesellschaft“ unterhielt in Dramburg ihre Hauptstation. 1945 wurde Dramburg zu etwa 60 v. H. zerstört, danach Wiederaufbau.

Bauwerke: *St. Marienkirche* 1297 erwähnt, dreischiffige, spätgotische Hallenkirche (1. Hälfte 15. Jh., der Turm 2. Hälfte 15. Jh.). An den Portalen des Langhauses sind als Umrahmung Terrakottaplatten mit Pflanzenornamenten eingemauert. Am Südportal sind auf den Platten schwer deutbare Fabelwesen dargestellt. Kaspar Nithard, Hofuhrmacher von Stettin, und seine Ehefrau stifteten 1706 den barocken Hochaltar.

Das alte *Salzhaus* wurde zum Heimatmuseum umgebaut, seine Bestände wurden 1945 vernichtet.

Dramburg, Landkreis. 1209,68 qkm Gesamtfläche mit 43 665 Einwohnern (1939). Dramburg liegt auf dem → Pommerschen Höhenrücken und hat im Springberg bei Gersdorf mit 201 m über NN seine höchste Erhebung. Wald und Seen bestimmen die Oberfläche des Landkreises. Fast ein Drittel ist mit Wald bedeckt; den landschaftlichen Reiz des Kreises erhöhen die vielen Seen, insgesamt 65 qkm, d. h. 5,5 v. H. der Kreisfläche, u. a. Zettzin-, Vansow-, → Großer Lübbesee. Von Falkenburg durchfließt die → Drage den Kreis, um von Neu Lobitz bis Ankrow die Grenze zum Kreis Arnswalde zu bilden. Das verbleibende Ackerland wurde 1939 zu 55,9 v. H. mit Kartoffeln, Roggen und Lupinen bestellt. 13,5 v. H. der Nutzfläche waren Wiesen und Weiden. Von den 3038 landwirtschaftlichen Betrieben gab es 825 mit 10–20 ha und 718 mit 20–100 ha (1939), die allein etwa die Hälfte der Kreisfläche bewirtschafteten; von den 97 Betrieben über 100 ha hatten 14 eine Fläche von 500–1000 ha und 4 über 1000 ha. Die 32652 Erwerbstätigen verteilten sich zu 55 v. H. auf Land- und Forstwirtschaft, 33,6 v. H. auf Industrie und Handwerk und zu 11,2 v. H. auf Handel und Verkehr. Die geringe holzverarbeitende und landwirtschaftliche Industrie war in den drei städtischen Siedlungen Dramburg, Falkenburg und Kallies konzentriert. In Janikow gab es eine Genossenschaftsmolkerei und eine Stärkefabrik. In Klein Mellen war im Schloß die Provinziale Feuerwehrschule untergebracht. Nach 1945 wurde die Seenlandschaft für den Tourismus erschlossen.

Dratzigsee *(Jezioro Drawsko),* Kreis Neustettin. In 128 m über NN liegt der 18,67 qkm große, mit 83 m tiefste See Norddeutschlands; er wird von der → Drage durchflossen. Schmelzwasser der Eiszeit haben das Seebecken, das bis in die Endmoräne bei Tempelburg reicht, ausgespült. Untersuchungen von 1926 geben Anlaß zur Vermutung, daß eine Wasserzirkulation über dem voreiszeitlichen, in Schollen zerlegten Gesteinsuntergrund zu Ausspülungen führte, in die das Deckmaterial einsinken konnte. Folge sind trichterförmige Vertiefungen im Dratzigsee und die sehr steilen Uferbereiche unter dem Wasserspiegel. 1790 verschwand über Nacht eine etwa 1,5 ha große Halbinsel mit einem Exerzierplatz. 1854–58 wurde der Dratzigsee um etwa 2,50 m abgesenkt, dadurch entstand der 35 m tiefe Sarebensee. Die Inseln im Dratzigsee haben eine Gesamtfläche von 82 ha. Eine zoologische Besonderheit wurde in 74 m Tiefe entdeckt: der in der Eiszeit häufig auftretende Kleinkrebs „Mysis relicta". Im See sind die „Teufelssteine", eiszeitliche Findlinge, als Naturdenkmal geschützt.

Am Dratzigsee

Driesen *(Drezdenko),* Kreis Friedeberg. 9156 Einwohner (1983). Die Stadt liegt auf einem flachen Sporn zwischen der Alten und der Faulen → Netze, über dem oft überschwemmten Bruchland. Die Altstadt erstreckt sich quer über den Sporn zwischen den Flußläufen. Mittelpunkt ist der Alte Markt, über den in der Richtstraße der alte Flußübergang verlief. Nach Osten schließt sich mit quadratischem Grundriß und Neuem Markt mit Rathaus die Neustadt an. Jenseits der Neuen Straße liegt der Bereich der alten Festung, von der wenige Reste im Festungsgarten erhalten sind. Westlich der Altstadt liegt an der Kietzer Straße die ehemalige slawische Fischersiedlung; das Werder wurde erst im 20. Jh. in die Stadt eingegliedert. Die „Posener Vorstadt" mit ihren drei Mühlen erstreckt sich südlich der Netze. Etwa 1,2 km nördlich von Driesen liegt am nördlichen Ufer der Netze der Bahnhofsvorort Vordamm. In der Innenstadt wurden nach 1945 die zerstörten Flächen mit Wohnblocks bebaut.

Der Netzeübergang war schon in prähistorischer Zeit besiedelt, wie ein Urnenfund (ca. 1. Jh. v.Chr.) von hier zurückgebliebenen Vandalen bezeugt. Schon 1092 gab es das polnische „Castrum Drzu“ gegen die Pomoranen, um die Straße von Meseritz über die Netze zu sichern. 1251–60 war Driesen im Besitz Herzog Barnims I. von Pommern, kam mit der Kastellanei Zantoch an Brandenburg, dessen Markgraf Konrad 1265 die Burg erobert haben soll. Boleslaw von Polen baute sie 1270 wieder auf; ihr war die slawische Fischersiedlung Kietz zugeordnet, die erst 1894 nach Driesen eingemeindet wurde. Als 1317 Markgraf Waldemar d. Große Heinrich und Burchard von der Osten mit der Burg belehnte, wurde erstmals die „Stadt Driesen“ genannt. 1404 besetzten Polen die Burg. Die v. d. Osten verkauften 1408 ihr Lehen an den Deutschen Ritterorden, der 1455 Stadt und Burg an Kurfürst Friedrich II. verkaufte. Kurfürst Joachim Friedrich legte 1602–03 auf der Gruse, östlich der Stadt, eine fünfzackige Festung an, die 1639 die Schweden durch Verrat eroberten. König Friedrich II. ließ sie 1763 schleifen. Zwischen ihr und der Altstadt baute v. Brenckenhoff die Neustadt, die auch Teile der Festung überdeckte. Erst im 19. Jh. erweiterte sich Driesen südlich der Netze um die Posener oder Polnische Vorstadt. Mit dem Bau der Ostbahn (1857) erhielt Driesen in Vordamm seinen Bahnhof, um den sich die Gewerbebetriebe der Holz-, Metall-, Tabak- und Tonverarbeitung niederließen. Das Werder wurde in den 20er Jahren des 20. Jh.s besiedelt. Driesen wurde zu einer Verwaltungs-, Schul- und Handelsstadt. Der Bau des Bahnhofs Driesen-Süd (1936) konnte sich auf das Wachstum der Stadt nicht mehr auswirken. 1945 wurde Driesen durch Brände zu 50 v. H. zerstört; Wiederaufbau nach 1945.

Bauwerke: Die alte *Fachwerkkirche* von 1755 wurde 1902 durch einen Steinbau ersetzt. Von der *Burg* gibt es spärliche Mauerreste. Im Festungsgarten sind einige Gräben und Wälle der Festung erhalten.

Droysen, Johann Gustav, Historiker. *1808 in Treptow, † 1884 in Berlin. Studium der Geschichte und klassischen Sprachen. Professor in Kiel, Jena und Berlin; Droysen übersetzte die griechischen Klassiker. 1833 schrieb er die „Geschichte Alexanders des Großen“ und 1836–43 die „Geschichte des Hellenismus“. Als Prof. in Kiel publizierte er sein erstes politisches Buch, die „Vorlesungen über die Freiheitskriege“, in dem er die Steinschen Reformen besonders hervorhob. In seinen Werken betonte er die Notwendigkeit eines starken Staates. So beteiligte er sich auch an der deutschen Bewegung in Schleswig-Holstein. 1848–49 war er Abgeordneter für Schleswig-Holstein in der Frankfurter Nationalversammlung. Er trat entschieden für ein Aufgehen Preußens in Deutschland ein und war einer der Führer der erbkaiserlichen Partei. Nach 1850 wurde Droysen zu einem der Begründer der preußisch-kleindeutschen Geschichtsauffassung. Von 1855 bis 86 veröffentlichte er in 14 Bänden die „Geschichte der preußischen Politik“ bis 1756, deren letzte Bände nach seinem Tode erschienen.

Dubberworth. Südwestlich von Sagard/Rügen, an der Straße nach Bergen, liegt das größte Hügelgrab der älteren Bronzezeit auf der Insel, 50 m im Umfang und 12 m hoch. Zahlreiche Sagen ranken sich um den Dubberworth, u. a. er sei das Grab einer Riesin, oder eine in den Fürsten von Rügen verliebte Riesin verfolgte diesen, als er ihren Heiratsantrag ausschlug. An der Lietzower Fähre war der Fürst schneller und der Fährmann konnte sie nicht übersetzen. Wutentbrannt holte sie eine Schürze voll Steine und Erde von der Stubnitz, aber bei Sagard zerriß ihre Schürze, der Inhalt blieb als Dubberworth liegen.

Ducherow, Kreis Anklam. 2540 Einwohner (1990). Das Dorf liegt am Rand der Grundmoränenplatte südlich von Anklam zum Tiefland der eiszeitlichen Flugsanddekken. Das Angerdorf wurde zu einem Gutsdorf umgewandelt, heute mit überörtlichen

Dubberworth

Funktionen durch das Kinderheim und die Diakonische Anstalt. Bis 1945 zweigte in Ducherow die Eisenbahnlinie nach Usedom ab. Die Ziegelindustrie verarbeitet die zum Teil gebänderten Beckentone. 1328 überließ das Kloster Stolpe Herzog Barnim III. das Patronat der Kirche auf Lebenszeit.

Bauwerke: *Dorfkirche,* spätmittelalterlicher Findlingsbau, der Mitte des 18. Jh.s völlig umgebaut wurde; sie erhielt den barocken Turm. Zur Innenausstattung, die 1950 renoviert wurde, gehören der große Kanzelaltar, drei Holzplastiken aus dem 16. und 18. Jh. und die Sandsteingrabplatte des Henricus Praetorius (16. Jh.).

Ebeling, Johann Georg, Musiker. *1637 in Lüneburg, † 1676 in Stettin. 1668–76 war er Professor für Musik am Pädagogium in Stettin. Er vertonte viele Lieder von Paul Gerhardt, u. a. „Du meine Seele, singe", „Die güldene Sonne voll Freud und Wonne".

Eggert, Oskar Historiker. *1896 in Liepe, Kreis Usedom-Wollin, † 1974 in Oberhausen. Nach 1918 Studium der Geschichte, Germanistik und Staatswissenschaft. Im Lehramt unter anderem in Köslin, Swinemünde und Stettin tätig. Seine Arbeiten waren der pommerschen Heimat gewidmet, u. a. „Die Wendezüge Waldemars I. und Knuts VI. von Dänemark nach Pommern und Mecklenburg" (1927), „Dänisch-wendische Kämpfe in Pommern und Mecklenburg" (1928). Er war Mitglied der Historischen Kommission für Pommern. Nach 1945 lebte er in Oberhausen. Von 1952–70 war er Sprecher der Pommerschen Landsmannschaft. 1964 publizierte er „Stände und Staat in Pommern im Anfang des 19. Jh.s" und 1965 „Die Maßnahmen der preußischen Regierung zur Bauernbefreiung in Pommern". Sein letztes Werk, die „Geschichte Pommerns", konnte er 1974 nicht mehr vollenden – es erschien nur der 1. Band.

Eggesin, Kreis Ueckermünde, 7500 Einwohner (1979). Die Kleinstadt liegt am rechten Randowufer mitten in der → Ueckermünder Heide, hervorgegangen aus einem Industriedorf, in dem Ton und Lehm eiszeitlicher Randstauseen in Ziegeleien verarbeitet wurde; eine Eisengießerei wurde von der Torgelower Eisenhütte versorgt. Heute ist das Militär, neben einem Elektromotorenwerk, ein wichtiger Wirtschaftsfaktor. Im Gefolge der Garnison entstanden an der Straße nach Ahlbeck, Kreis Ueckermünde, mehrere Siedlungen im Wald. 1241 bestätigte Bi-

schof Konrad III. von Cammin dem Kloster → Grobe den Besitz des Dorfes mit Kirche, 1292 übertrug Herzog Otto I. das Patronat der Kirche den Augustiner Chorherren von Jasenitz. Seit 1966 ist Eggesin Stadt.
Bauwerke: Die große neugotische *Backsteinkirche* mit hohem spitzen Turm (um 1900) ersetzte eine kleine Dorfkirche von ca. 1731.

Eisbrecherflotte. 1888 schloß die Stettiner Korporation der Kaufmannschaft mit dem Magistrat einen Vertrag über das Offenhalten des Fahrwassers während der Wintermonate vom Ostmolenkopf in Swinemünde bis Stettin. Der Vertrag wurde mehrmals abgeändert und erweitert. 1888 baute die Vulkanwerft die Eisbrecher „Stettin" (I.) und „Swinemünde", 1889 die größere „Berlin". Die Kaufmannschaft bzw. später die Industrie und Handelskammer war Besitz der Eisbrecherflotte, betrieben wurde sie von der Stettiner Reederei → Braeunlich, deren Personal im Winter auf der Eisbrecherflotte weiterbeschäftigt wurde. Der Stettiner Hafen wurde 1888/89 von 231 Schiffen, 1889/90 von 400 Schiffen angelaufen, was einen neuen Eisbrecher erforderlich machte, der 1905 als „Pommern" in Dienst gestellt wurde. Ihm folgte 1915 die „Hindenburg", die 1917 bei der Aland-Insel durch Minentreffer unterging. 1920 kam die „Preußen" zur Eisbrecherflotte. Der extreme Winter 1928/29 führte zu neuen Planungen: die veralterte „Swinemünde" wurde nach Stralsund verkauft, die „Stettin" (I.) in „Swinemünde" (II.) umgetauft und ein neuer leistungsfähiger Neubau in Auftrag gegeben, der 1933 als „Stettin" (II.) in Dienst genommen wurde. Die „Stettin" (II.) war der größte deutsche zivile Eisbrecher. Unter der Eisbär-Flagge hielten die fünf privat betriebenen Eisbrecher der Industrie und Handelskammer Eisbrecherverwaltung, „Stettin", „Preußen", „Pommern", „Berlin" und „Swinemünde", bis 1945 den Schiffahrtsweg zwischen Stettin und Swinemünde offen. Die „Stettin" (II.) blieb bis 1981 im Hamburger Hafen im Dienst, seitdem liegt sie als technisches Denkmal in Lübeck-Travemünde.

Eisenbahn. 1939 gab es in Pommern 4789 km Eisenbahnstrecken, davon 986 km Hauptbahnen, 2029 km vollspurige Nebenbahnen und 82 km Privatbahnen, dazu kamen noch 1692 km → Kleinbahnen. Das Eisenbahnzeitalter in Pommern begann 1836, als durch Kabinettsorder das „Berlin-Stettiner-Eisenbahnkomitee" eine vorläufige Konzession zum Bau einer Eisenbahnlinie zwischen Berlin und Stettin erhielt. 1843 konnte in Anwesenheit des Königs Friedrich Wilhelms IV. die erste Strecke eröffnet werden. 1846 hatte die „Berlin-Stettiner-Eisenbahngesellschaft" ihre Strecke bis Stargard verlängert. Diese zunächst wenig rentable Strecke übernahm bis 1851 die „Stargard-Posener Bahn", die bis 1848 die Verbindung zwischen Stargard und Posen hergestellt hatte. 1849 gründete der Preußische Staat in Bromberg die „Königliche Ostbahn", die Berlin mit Eydtkunen an der russischen Grenze verbinden sollte. Die erste Etappe von Kreuz nach Bromberg wurde 1851 eröffnet; 1857 waren die Verbindungen nach Berlin im Westen und Marienburg im Osten fertig gestellt. Damit verlor die Stargard-Posener Bahn an Bedeutung, bis im gleichen Jahr die „Oberschlesische Eisenbahn" ihr Streckennetz bis Posen erweitert hatte. Jetzt konnte oberschlesische Kohle direkt in den Stettiner Hafen transportiert werden. Die „Hinterpommersche Eisenbahn", eine Tochter der Berlin-Stettiner-Eisenbahn, baute ihr Streckennetz von Stargard nach Köslin und Kolberg (1859), weiter nach Stolp (1869) und Zoppot (1870), womit der Anschluß nach Danzig hergestellt war.
1863 war in mehreren Etappen Stralsund mit Stettin verbunden, eine Abzweigung von Ducherow nach Swinemünde war 1876 betriebsfertig. Bis 1877 gelang es von Süden her der „Breslau-Schweidnitz-Freiburger-Bahn" Stettin im Breslauer Bahnhof im späteren Freihafen zu erreichen, auch hier war der Abtransport der Waldenburger Steinkohle entscheidend. Von Neustettin versuchte ab 1870 die „Pommersche Centralbahn" den Pommerschen Höhenrücken zu erschließen.

Stettiner

Cours-Buch.

Zusammenstellung

der

Eisenbahn-, Post- und Dampfschiff-
Verbindungen Stettin's.

1857. No. I.

Verlag von Th. von der Nahmer
in Stettin.

Stettiner Kursbuch von 1857

Bald ging sie in Konkurs, und die staatliche Ostbahn baute das Streckennetz weiter; 1877–78 die Strecke Ruhnow–Dramburg–Neustettin–Schlochau–Konitz. Die Berlin-Stettiner-Eisenbahn kam 1879 in den Besitz der Königlich Preußischen Eisenbahn Verwaltung (KPEV). 1879 entstand die „Nordbahn" von Berlin nach Stralsund. 1880 versuchten die Aktiengesellschaften „Altdamm-Colberger Eisenbahn" und die „Stargard-Cüstriner Eisenbahn" ein eigenes Netz aufzubauen, 1903 übernahm sie die KPEV. Vor der Übernahme der Ostbahn durch die KPEV (1880) eröffnete jene die Strecken Neustettin–Stolpmünde (1878), Neustettin–Belgard und Zollbrück–Rügenwalde (1878) und Neustettin–Posen (1879). Auf der Insel Rügen wurde 1883 die Strecke Altefähr–Bergen gebaut, die 1891 nach Saßnitz verlängert wurde, so daß 1909 die Fährverbindung nach Trelleborg aufgenommen wurde. 1895 war der Ausbau des Streckennetzes beendet. Bei dieser Größe wurde zu den Eisenbahndirektionen Stettin und Bromberg noch die Direktion Danzig geschaffen, von der Hinterpommern östlich von Köslin und Neustettin verwaltet wurde. Die Deutsche Reichsbahn mußte 1920 die durch den Ersten Weltkrieg und neuer Grenzziehung darniederliegende Preußische Staatsbahn übernehmen und weiterführen. Bis zum Ende des Zweiten Weltkrieges konnte nur noch die Strecke Zinnowitz–Peenemünde elektrifiziert werden, weitere Vorhaben unterblieben.

Nach 1945 war das pommersche Eisenbahnnetz durch die Oder-Neiße-Linie durchtrennt. Zahlreiche Strecken wurden demontiert, u. a. Groß Massow–Bütow–Rummelsburg, Gramenz–Pollnow–Zollbrück, Schlawe–Stolpmünde, Tempelburg–Jastrow–Flatow, Deutsch Krone–Wengerz, Treptow–Cammin. Bei den Hauptstrecken entfernte man das zweite Gleis. Beide Teilbahnen erhielten eine neue Ausrichtung: in Vorpommern auf Berlin, in Hinterpommern auf Posen und Warschau. Die Elektrifizierung ist inzwischen weit fortgeschritten. Seit 1973 gibt es wieder eine Eisenbahnverbindung zwischen Berlin und Stettin.

Eisenbahnfähren. Im Gefolge des Eisenbahnbaus in Vorpommern suchte man auch die Insel Rügen an das Eisenbahnnetz anzubinden. Stralsund war seit 1863 mit Stettin, seit 1878 mit Berlin und seit 1888 mit Rostock verbunden. Als auf Rügen 1881–91 die Strecke Altefähr–Saßnitz gebaut wurde, war eine Fährverbindung zum Festland erforderlich; sie nahm 1883 ihren Betrieb auf. Zunächst wurden Güterwagen mit Baumaterial transportiert. Als 1897 die Postdampferlinie Saßnitz–Trelleborg eröffnet wurde, mußte auch der Personenverkehr über den Strelasund aufgenommen werden. Vier neue Fährschiffe mit 62–77 m nutzbarer Länge wurden angeschafft; sie konnten auch D-Zugwagen transportieren. 1909 war die Eisenbahnfährverbindung Saßnitz – Trelleborg in Betrieb genommen. Der durchgehende Verkehr Schweden – Deutschland wuchs beträchtlich; Nadelöhr war der Strelasund. Die Fährschiffe konnten nur je drei D-Zugwagen befördern; das 1920 eingestellte Fährschiff mußte 1931 auf 94,50 m Nutzlänge erweitert werden. Mit dem Bau des → Rügendammes (1932 – 36) wurden die Trajektschiffe entbehrlich, sie wurden bis 1945 in Swinemünde zur Verbindung mit Ostswine weiterverwendet. Die Eisenbahntrajektlinie Saßnitz – Trelleborg, mit 107 km Länge, kann in ca. 4 Stunden bewältigt werden, 1959 – 89 mit der deutschen Fähre „Saßnitz". Seitdem ist die größere „Saßnitz" von der Deutschen Reichsbahn in Dienst gestellt, deren sechsgleisiges Eisenbahndeck bis zu 56 Güterwagen aufnimmt. Seit 1986 besteht die Fährverbindung von Mukran/Rügen, nach Memel, allerdings nur für die russischen Breitspurwagen, die in Mukran in einer großen Umschlaganlage umgeladen werden. Diese Verbindung war als kürzeste zwischen der DDR und der UdSSR gedacht. 1989 wurden auf ihr etwa 3 Mill. t Güter transportiert. Von den geplanten sechs Trajektfähren sind bisher fünf in Dienst gestellt, die „Mukran", „Kaunas", „Klaipeda", „Greifswald" und „Vilnius". Die sechste, „Wismar", wird nicht mehr gebaut, zumal der Fährbetrieb nur noch von den Eisenbahnfähren „Mukran" und „Greifswald" aufrechtgehalten wird.

Eisfischerei. Auf den großen Seen Pommerns betrieben die Fischer und Bauern der Umgebung die Eisfischerei. In die starke Eisdecke schlugen sie ein großes Loch, eine sogenannte Wune, in die das zweiflügelige Schleppnetz, an dessen oberem Rand Korkstücke, am unteren Bleigewichte befestigt waren, hineingelassen wurden; dazu zwei lange, kräftige Stangen, an deren einem Ende die Flügel des Netzes befestigt waren. In kurzem Abstand schlugen die Fischer weitere Wunen, die Stangen wurden unter dem Eis von Loch zu Loch weitergeschoben. So konnte das Netz durch einen Teil des Sees gezogen werden. Am festgelegten Endpunkt schlugen die Fischer ein neues großes Loch, an dem ein Fischer mit einer Stange ins Wasser schlug, um die Fische ins Netz zu treiben. Das Netz kam, bis auf den Sack, auf das Eis heraus. Mit Keschern holten sie dann die Fische heraus und brachten sie in auf Schlitten bereitstehenden Tonnen unter. Der Fang wurde je nach Größe mit einem oder mehreren Korn begossen. Oft wurde mehrmals hintereinander, von neuen Wunen, gefischt.

Eiszeit. Vor etwa 1 Million Jahren, zu Ende der Tertiärzeit, begann sich allmählich das Klima abzukühlen, um schließlich 6 – 7 Grad Celsius kälter als heute zu sein. Die Folge war das Anwachsen der Polkappen. Eis- und Firnfelder erweiterten sich, so daß von Skandinavien riesige Gletscherströme nach Süden flossen, in ihrer größten Ausdehnung bedeckten sie in Europa eine Fläche von 6 Mill. qkm mit Inlandeis. Am Südrand kam das Eis durch Abschmelzen zu einem Stillstand. Dieser Vorgang war mindestens sechsmal durch Warmzeiten unterbrochen. In Norddeutschland sind die Elbe-, Elster-, Saale- und Weichsel-Eiszeit festzustellen. Während der ersten drei Kaltzeiten war ganz Norddeutschland tiefer abgesenkt, so daß das Eis ungehindert bis zur Mittelgebirgsschwelle vordrang und in Pommern keine Moränenzüge zurückließ. Erst in der letzten Warmzeit, etwa vor 193 000 – 118 000 Jahren, begann sich der Pommersche Höhenrücken zu heben, der Felsuntergrund kam z. T. über den heutigen Meeresspiegel. Nur der Oderraum senkte sich, westlich von Stettin liegen die Gesteine 136 m unter NN, bei Frankfurt a. d. Oder sogar bei 140 m unter NN; im Tollense Winkel dagegen nur bei 16 m unter NN. Der darauf einsetzende erneute Eisvorstoß erfolgte in drei Stoßrichtungen: Der Belteisstrom schob nördlich an Rügen vorbei, der Odergletscher rutschte an der Ostküste Rügens tief in das Odertal vor, im Osten wurde er durch den hochgehobenen Höhenrücken zum Stillstand gebracht. Der Weichselgletscher drang weit ins Weichseltal vor, er war mitbeteiligt am Auftürmen der größten Höhen, dem Schimmritzberg, 256 m über NN, und dem Turmberg, 331 m über NN. In mehreren Vorstößen brachten die Eismassen innerhalb von 44000 Jahren viele Millionen Tonnen Sand, Schotter und Gesteinsblöcke, → Findlinge, nach Pommern. Ein allmählicher Temperaturanstieg brachte das Eis zum Abschmelzen, der Höhenrükken wurde eisfrei. 60–70000 Jahre dauerte das Eis„rückenschmelzen". Es war kein kontinuierlicher Vorgang, immer wieder gab es Kälteeinbrüche, die die Eismassen sich ausdehnen ließen; das Lockermaterial wurde zu Stauchmoränen zusammengeschoben. Die Schmelzwasser sammelten sich z. T. vor dem Eisrand in Stauseen, in denen sich Wärme speicherte und so das Rückschmelzen beschleunigte. Diese Eisstauseen konnten sehr schnell nach Norden verlegt werden, sie hinterließen weite Sandterrassen, die fälschlich als „Pommersches Urstromtal", das sich von Lauenburg bis Anklam ausgedehnt hat, bezeichnet wurden. Eine letzte Kette von Eisrandseen bildete das sogenannte Leba-Rheda-Urstromtal. Vielfach floß das Schmelzwasser in Spalten des Eises nach Norden, spülte Rinnen in den Untergrund und zerlegte den Eisrand in Toteisblöcke, die im Moränenschutt liegen blieben. Vom Höhenrücken transportierten die Schmelzwasser ungeheure Sandmassen zum Netze-Warthe-Tal hinab, die Sanderflächen. Um 14000 v.Chr. waren die letzten Eisreste aus Pommern verschwunden, die letzten Toteisblöcke zerfallen; zurück blieben kleine, wassergefüllte Sölle und lange, tiefe Rinnenseen.

Eldena, Stadt Greifswald. Das 1939 nach → Greifswald eingemeindete Dorf beherbergt die Ruine eines der bedeutendsten Zisterzienserklöster Pommerns. Caspar David → Friedrich hat sie sehr häufig als Gleichnis der Vergänglichkeit alles Irdischen in seinen Bildern gemalt. Von der imposanten Klosteranlage, die Kirche allein war 72,04 m lang, sind Teile des Chors, der südliche Querschiffarm mit Gewölbeansätzen, drei Vie-

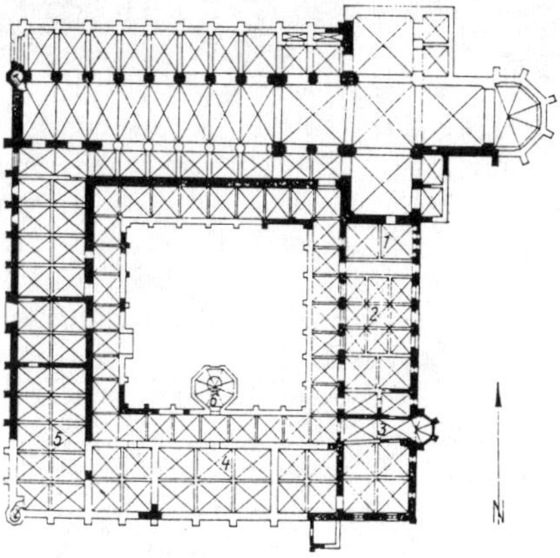

Grundriß der Kosteranlage Eldena

rungspfeiler (Anfang 13. Jh.), die vielgemalte Westfront mit dem 16,50 m hohen Spitzbogenfenster und dem blendenreichen Treppenturm (Mitte 14. Jh.) sowie der östliche Flügel der Klostergebäude (vor 1265) erhalten geblieben. 1193 erhielt das Kloster Darung, dessen Mönche aus dem dänischen Zisterzienserkloster Esrom stammten, eine Salzpfanne in Eldena geschenkt. In den kriegerischen Auseinandersetzungen zwischen dem dänischen König Knut VI. und den pommerschen Herzögen wurde Dargun zerstört, die Mönche flohen nach Eldena (1199). Fürst Jaromar I. von Rügen und Bischof Sigwin von Cammin überredeten sie zum Bleiben; Papst Innozenz III. bestätigte dem monasterium Hildense 1204 den Landbesitz. Nach der ersten sicheren Urkunde von 1207 weihte Abt Livinius die Klosterkirche der Mutter Gottes. Der Landbesitz wuchs, so daß die Mönche 1209 das Recht erhielten, dänische, deutsche und slawische Kolonisten und Handwerker anzusiedeln und Pfarreien zu gründen. Gleichzeitig werden die ersten Klostergebäude erwähnt. 1249 gründete Herzog Wartislaw III. von Demmin die Stadt Greifswald, Bischof Wilhelm verlieh dem

Abt das Patronat über die Greifswalder Kirchen und über alle auf Eldenaer Gebiet liegenden und entstehenden. Fürst Wizlaw II. von Rügen bestätigte 1276 Eldena den Besitz auf der Halbinsel → Mönchgut auf Rügen; durch Kauf des Landes Zicker (1360) besaß das Kloster die ganze Halbinsel „dat Mönnike Guet". Erstmals wurde 1378 Eldena das „Kloster tho der Eldena" genannt. Eldena nahm regen Anteil an der Entwicklung von Greifswald und beteiligte sich führend an der Gründung der Universität 1456.
1490 erfahren wir von der Existenz des Kapitelsaals. Abt Gregorius Groper brachte das Kloster in große wirtschaftliche Schwierigkeiten, so daß die Mönche Kleinodien aus dem Klosterschatz für 6000 Dukaten verkaufen mußten. Bis 1527 konnte Eldena seinen Besitz vergrößern. Das Kloster war auch Grablege pommerscher Herzöge, so: Bogislaw VI. mit Gattin Jutta, Wartislaw VI., Erich II., Anna, Gattin Bogislaws X. und für Johann IV. Graf von Gützkow. Nach dem Landtag von Treptow (1534) wurde das Kloster säkularisiert. Die Herzöge Barnim IX. und Philipp I. kamen 1535 nach Eldena, besuchten die Sakristei des Klosters und nahmen 1400 Mark Bargeld, Abtsstäbe und Kelche „in Verwahrung". Einige Mönche durften in Wittenberg studieren, andere konnten im Kloster verbleiben, aber ihnen war das Feiern der heiligen Messe verboten. Prior Michael Knabe, der die unfreiwillige Muße zum eifrigen Studium der Klosterbibliothek nutzte, starb 1547 als letzter Mönch in Eldena. Die Klostergüter wurden in einem herzoglichen Amt zusammengehalten. 1633 erschienen die ersten Berichte über den Verfall der Klostergebäude. Herzog Bogislaw XIV. schenkte den ganzen Klosterbesitz der Universität Greifswald. Die Schweden steckten 1637 die Klostergebäude in Brand, die Kirche blieb verschont. Ein Jahr später beschädigten sie die Kirche, dennoch konnten 1641–72 in ihr Gottesdienste abgehalten werden. 1635 und 1684 diente Eldena als Steinbruch, allein 1684 lieferte Eldena 17000 Steine für Befestigungsanlagen. Auch die Universität setzte noch 1728 den Abbruch fort. Die ersten Zeichnungen der Klosterruine von C. D. Friedrich bewirkten ein Umdenken. 1828–30 ließ der Konservator Dr. Schilling die Umgebung der Ruine säubern, und Peter Joseph Lenné, Generaldirektor der königlichen Gärten, gestaltete die Anlage. Die z. T. noch erhaltenen Hofgebäude zerstörte ein Brand 1837. Seit 1843 wird die Ruine vor weiterem Verfall ständig gesichert.

Elisabeth von Pommern. *1347, † 1393 in Königgrätz. Einzige Tochter Herzog Bogislaws V. von Wolgast und Elisabeth von Polen. 1358 wurde „Jungkvrowen Elseken" mit Markgraf Otto verlobt, wegen erneuter Feindseligkeiten zwischen Pommern und Brandenburg wurde die Verlobung rückgängig gemacht. 1361 kam sie mit ihrem Bruder Kasimir zur Erziehung an den großväterlichen Königshof in Krakau. Kaiser Karl IV. war politisch in Schwierigkeiten geraten gegen eine Koalition des Ungarnkönigs, Kasimirs III. von Polen und Waldemars IV. von Dänemark. Er beschloß, nach dem Tod seiner dritten Frau (1362), Elisabeth v. Pommern, die mit allen drei Gegnern eng verwandt war, zu heiraten, da Kasimir III. keinen Erben hatte, konnte Karl IV. auf den polnischen Thron hoffen. Pfingsten 1363 fand in Krakau die Hochzeit zwischen dem 47jährigen Kaiser und der 16jährigen Elisabeth statt. In Prag wurde sie zur Königin von Böhmen gekrönt – nicht zur deutschen Königin. Kaiser Karl IV. brach 1368 mit seiner jungen Gemahlin, die kurz vorher ihren Sohn Sigismund, den späteren Kaiser, geboren hatte (fünf weitere Kinder folgten), zur Reichsheerfahrt nach Italien auf, wo sie Papst Urban V. am 1. 11. zur neuen Kaiserin krönte. Elisabeth kehrte 1369 nach Prag zurück. 1381 erteilte sie die Vollmacht zu Verhandlungen über die Eheschließung ihrer Tochter Anna mit dem englischen König Richard II., ihr letztes schriftliches Zeugnis. Nach Kaiser Karls Tod, 1378, zog sie sich auf ihren Witwensitz in Königgrätz zurück, wo sie als Franziskanertertiarin lebte. 1393 wurde sie im Veitsdom in Prag an der Seite ihres Gemahls begraben. Berühmt wurde sie durch ihre außergewöhnlichen Körperkräfte, von denen Benesch von Weitmil in seiner Chronik berichtete. Danach soll sie Hufeisen mit bloßer Hand zerbrochen, Schwerter verbogen, Panzerhemden zerrissen haben – allerdings nur auf ausdrücklichen Wunsch ihres kaiserlichen Gemahls.

Enzigsee *(Jezioro Ińsko)*, bei Nörenberg, Kreis Saatzig. Der 5,96 qkm große, bis 41 m tiefe Grundmoränensee liegt 122 m über NN vor dem nach Süden umbiegenden Hauptendmoränenwall als Wasseraufstauung der letzten Eiszeit. Zahlreiche Buchten, Lanken, machen den landschaftlichen Reiz des Sees aus. In ihm liegen unzählige große Findlinge, die bis 0,10 m unter die Seeoberfläche am „Pfahlberg" mitten im See emporreichen. Der „Schulzenwerder" ist eine 25 ha große, mit Rotbuchen und Tannen bestandene Insel. Am Ostufer erhebt sich im „Fier" eine Endmoräne, die fast ganz aus gewaltigen Findlingen aufgebaut ist – als Naturdenkmal geschützt. Berühmt wurde der See und das Ackerbürgerstädtchen → Nörenberg durch die Sage vom großen Krebs. Bis ins 20 Jh. gab es am Enzigsee bedeutenden Krebsfang, den die eingeschleppte Krebspest vernichtete.

Eosander, Johann Friedrich, genannt E. v. Göthe, Architekt. 1669 in Stralsund getauft, † 1728 in Dresden. 1683 kam er nach Riga, ging 1685 in die Lehre, auch bei → Tessin d. Ä. Eosander wurde schwedischer Festungskondukteur in Stettin; 1699 an den Berliner Hof berufen. Umbau und Erweiterung des Grumkanschen Hauses in Schönhausen b. Berlin. 1700 unternahm er eine Studienreise nach Paris. Eosander wurde 1702 zum Baudirektor ernannt; er erhielt den Auftrag für Innen- und Außenarbeiten am Schloß Lützenburg (ab 1705 Charlottenburg), an dem er den mittleren kuppelgekrönten Turm erbaute. Seit 1707 war er als Nachfolger Schlüters Leiter des Berliner Schloßbaus, er wurde Oberbaudirektor. Eosander erweiterte den großen Hof und schuf ein eindruckvolles Portal in der Form eines Triumphbogens. 1713 schied er aus seinen Ämtern und trat in den Dienst Karls XII. von Schweden. Nachdem er 1715 in preußische Kriegsgefangenschaft geraten war, trat er 1722 als Generalleutnant in Kursächsischen Dienst und zog nach Dresden. Sein letzter Bau war 1724–26 das Schlößchen Übigau bei Dresden für Graf Fleming. Sein Baustil war an die Pariser Hofkunst angelehnt, und so führte er in Norddeutschland den französischen Flügelbau ein.

Erich I., König der Kalmarer Union. *1382, † 1459 in Rügenwalde. Sohn Herzog Wartislaws VII. von Stolp. Seine Großtante, Königin Margarete von Dänemark, holte, nachdem ihr einziger Sohn gestorben war, 1388 Bogislaw an ihren Hof. Unter dem Königsnamen „Erich" wurde er 1397 zum König der Kalmarer Union von Dänemark, Schweden und Norwegen gewählt und gekrönt; 1401–12 war er ihr Mitregent. 1406 heiratete er Philippa von England († 1430). Sein Bemühen war, in Schleswig die Macht der Schauenburger zurückzudrängen. 1410 begann ein 25jähriger Krieg gegen die Schauenburger, denen sich 1426 die Hansestädte anschlossen. Währenddessen unternahm er eine große Auslandsreise über Venedig ins Heilige Land. Nach seiner Rückkehr gelang es ihm, den Sundzoll am Öresund durchzusetzen, der erst 1857 aufgehoben wurde. Sein Konflikt mit der Hanse führte 1434 zum schwedischen Aufstand Engelbrecht Engelbrechtsons. Erich I. hatte keine leiblichen Erben, so bemühte er sich, seinen jüngeren Vetter Bogislaw IX. als Thronfolger einzusetzen, was 1436 die Reichsräte ablehnten. Die Unruhen steigerten sich in dem vom langen Krieg geschwächten Reich; 1439 entthronten ihn die Reichsräte. Für über 10 Jahre zog er sich auf die Insel Gotland zurück und betrieb Seeräuberei. Schließlich kehrte er mit seiner Geliebten, Caecilia, nach Rügenwalde zurück, wo er 1459 in der Stadtkirche begraben wurde.

Ernst Bogislaw von Croy, *1620 in Vinstingen/Lothringen, † 1684 in Königsberg. Sohn der Herzogin Anna, Schwester Herzog Bogislaws XIV., wurde nach dem Tod seines Vaters Herzog Ernst v. Croy und Arschot von seiner Mutter in Stolp erzogen und von seinem Onkel gefördert. 1634 besuchte er die Universität Greifswald. Das Camminer Domkapitel wählte ihn 1633 zum Bischof, er konnte aber sein Amt nach 1637 nicht mehr antreten. Nach dem Westfälischen Frieden mußte er 1650 zu Gunsten Brandenburgs auf alle seine Rechte am Bistum Cammin gegen eine Zahlung von 100000 Talern verzichten. Ernst Bogislaw v. Croy erhielt die Hinterlassenschaften des letzten Herzogs und zog zu seiner Mutter nach Stolp. Er blieb unverheiratet. 1663 erhielt er die Herrschaften Massow und Naugard zu Lehen. 1665–70 war er brandenburgischer Statthalter von Hinterpommern und Cammin. Bei den pommerschen Ständen gelang es ihm, die brandenburgische Staatsidee von protestantischer Pflichterfüllung zum Wohl des Ganzen durchzusetzen. 1669 stiftete er die prächtige Orgel im Dom von Cammin. 1670 wurde er zum Statthalter von Preußen ernannt. Bis zu seinem Tode am 7. 2. 1684 lebte er in Königsberg. Aus seinem Besitz vermachte er der Univeristät Greifswalde den → Croy Teppich.

Erweckungsbewegung. Sie steht im Zusammenhang mit der Erweckungsbewegung in der angelsächsischen Welt des 17. und 18. Jh.s. Im Gefolge der Kirchenunion in Preußen begann im 19. Jh. eine pietistische Bewegung gegen den sich ausbreitenden Rationalismus in der protestantischen Kirche. Um 1820 machten die Brüder v. Below ihr Gut Seehof, Kr. Stolp, zu einem Zentrum der Erweckungsbewegung, nachdem Gustav v. Below als Offizier in Berlin im Kreis der „Maikäfer" eine Erweckung erlebt hatte. Er gewann seine Brüder Heinrich und Carl, die Puttkamer aus Versin und Heinrich v. Puttkamer auf Reinfeld, Otto v. Bismarcks Schwiegervater für die Erweckungsbewegung. Sie hielten für ihre Familien und Gutsleute Andachten und Sonn- und Feiertagsgottesdienste. Nach anfänglichen, vergeblichen Versuchen, Pastoren für ihre Bewegung zu gewinnen, legten sie die Bibel selber aus und predigten vor bis zu 1000 Zuhörern. Ihre Versammlungen standen unter Polizeiaufsicht. 1821 sollten sogar die Kösliner Blücherhusaren gegen Seehof mobilisiert werden. Bei den Anhängern der belowschen Erweckungsbewegung entwickelte sich ein schwärmerischer Fanatismus; Visionen und Verzückungen, Weissagungen, Krankenheilungen und Exorzismen stellten sich auf ihren Versammlungen ein. Die Sakramente wurden untereinander, d. h. von Laien, ausgeteilt. Damit war die Verbindung zur Landeskirche aufgelöst.

Im Kr. Greifenberg war Adolf v. Thadden-Triglaff Mittelpunkt einer Entwicklungsbewegung, die der lutherischen Orthodoxie nahestand. Bis 1841 bestand ein enges Band zur Landeskirche. A. v. Thadden holte für seine Hausandachten erweckte Prediger auf sein Gut. Sein Schwager Ernst v. Senfft-Pilsach auf Gramenz, „Scheunenprediger", hielt unter großem Zulauf seine Erbauungsstunden an verschiedenen Orten. Diese Versammlungen konnten ungehindert abgehalten werden. A. v. Thadden, „tief fromm, von kindlicher Sittenreinheit, mildtätig bis zur Verschwendung" (Treitschke), vermied jeden Zug ins Schwärmerische. Staatsgefährlich waren seine ab 1829 durchgeführten Konferenzen über Bibelarbeit, Gemeindeleben und die kirchliche Lage für Pastoren aus ganz Norddeutschland. 1835 trat er in Kontakt mit dem altlutherischen Pastor Lasius aus Posen, 1836 kam es zum Anschluß Heinrich v. Belows und 1848 Adolf v. Thaddens an die → Altlutheraner.

Fabricius, Jacob, Hofprediger, Dichter. *1593 in Köslin, † 1654 in Stettin. Sohn eines Schuhmachermeister, wurde wegen seiner außergewöhnlichen Befähigung 1620 Hofprediger Herzog Bogislaws XIV. in Stettin. 1626 promovierte er zum Dr. theol. in

Falkenburg: Schloßmühle

Greifswald. Auf nachdrücklichen Wunsch König Gustav Adolfs v. Schweden gab ihn 1631 Herzog Bogislaw frei, er wurde königlich schwedischer Hof- und Feldprediger, begleitete den König auf seinen Feldzügen durch Deutschland und hielt 1632 dessen Totenpredigt in der Schloßkirche in Wolgast. Seit 1634 war er Generalsuperintendent für Hinterpommern. Von seinen zahlreichen Kirchenliedern ist „Verzage nicht, du Häuflein klein" noch bekannt.

Falkenburg *(Złocieniec)*, Kreis Dramburg, 12927 Einwohner. Die Stadt auf dem Pommerschen Höhenrücken liegt auf einem Sporn am Zusammenfluß der Drage mit dem Vansowfließ. An die Altstadt mit Marktplatz, Rathaus und St. Marienkirche, schließt sich nach Osten, jenseits der Obermauerstraße, entlang der Tempelburger Straße eine locker bebaute Vorstadt an. Jenseits des Vansowfließ entstand bis zur Eisenbahnlinie die Neustadt. Von der Altstadt ist das Schloß durch einen Graben abgesetzt. Nach 1945 entstanden Neubaugebiete um die Stadt. Die Falkenburger Industrie (5 Tuchfabriken) liegt wegen ihres hohen Wasserverbrauchs entlang des Vansowfließ.

1250 bauten die Tempelritter eine Burg an der Drage. Markgraf Waldemar d. Große von Brandenburg verpfändete 1317 das ganze Gebiet für vierzehn Jahre an Bischof Heinrich von Cammin, löste es aber nicht mehr ein. 1333 verliehen die Brüder Lüdecke und Hasso v. Wedell „to Valkenborch" Magdeburger Stadtrecht. Der Deutsche Ritterorden kaufte 1402 Falkenburg; die Stadtkirche St. Marien war schon erbaut. 1435 eroberten Polen Stadt und Schloß. Ritter Heinrich v. Borke, der gefürchtete „schwarze Ritter", kaufte 1455 Falkenburg; die Stadt gehörte somit wieder Brandenburg. Während des 30jährigen Krieges waren 1627 in Falkenburg kaiserliche Truppen im Winterquartier. 1658 zündete der Tuchmachergeselle Mantey die Stadt an; sie brannte bis auf wenige Häuser ab. Falkenburg entwickelte sich zu einer Tuchmacherstadt, 1792 gab es 72 Tuchmacher. 1838 gründete Ludwig Ferdinand Klatt die erste Tuchfabrik, in ihr stand die erste Dampfmaschine der Stadt. 1862 konnte sich Falkenburg eine Straßenbeleuchtung mit Petroleumlampen leisten. Den ersten Eisenbahnanschluß erhielt Falkenburg 1877 durch die Pommersche Centralbahn, an der Strecke Neustettin–Ruhnow. 1900 wurde die Strekke nach Kallies eröffnet, 1903 nach Polzin verlängert. Die Verkehrsgunst machte Falkenburg zu einem bedeutenden Standort der Textilindustrie – hauptsächlich für den Uniformstoff „Falkenburger Feldgrau". Daneben entstanden sechs Ziegeleien, Sägewerke, Nahrungsmittelbetriebe und Reparaturwerkstätten. In jüngster Zeit entwickelte sich Falkenburg zu einem Luftkurort.

Bauwerke: Stadtkirche *St. Marien*, ein spätgotischer Backsteinhallenbau, der seine heutige Gestalt im 19. Jh. erhielt – Turm von 1879. Nur im Chor sind die ursprünglichen Sterngewölbe erhalten.

Das *Schloß*, ein zweiflügliger Bau, enthält einige Baureste aus dem 16. Jh. 1906 wurde es auf den alten Fundamenten neuerbaut. In der Kl. Marktstraße gab es ein *Fachwerkhaus* von 1690.

Fallada, Hans, Schriftsteller. Pseudonym für Rudolf Ditzen. *1893 in Greifswald, † 1947 in Berlin. Sohn eines Land- und Reichsgerichtsrates; 1899 Übersiedlung nach Berlin. Konnte keine Ausbildung abschließen und einen Beruf finden. Er versuchte sich als Nachtwächter, Buchhalter, Kartoffelzüchter, Anzeigenwerber, Adressenschreiber und Angestellter im Rowohlt Verlag. 1931 veröffentlichte er den aufsehenerregenden Roman „Bauern, Bonzen und Bomben". Sein zweiter Roman „Kleiner Mann, was nun?" (1932) errang Welterfolg. Es folgten „Wer einmal aus dem Blechnapf frißt" (1934), „Wolf unter Wölfen" (1937) und auf Anregung Emil Jannings „Der eiserne Gustav" (1937). 1943 war er Reichsarbeitsdienst Sonderführer. Er kehrte 1945 nach Berlin zurück, an Leib und Seele gebrochen – ein Trinker. Hier schrieb er noch „Jeder stirbt für sich allein" (1947) und seinen letzten Roman „Der Trinker" (1950 posthum veröffentlicht). Er schildert sachlich genau mit lebensnahen Dialogen Schicksale kleiner Leute zwischen den Weltkriegen. Fallada hat nichts geschrieben, was er nicht selbst durchlitten hat.

Fastnachtsbräuche. Die Fastnachtszeit beginnt gewöhnlich Anfang des neuen Jahres und endet am Aschermittwoch. In diesem Zeitraum gab es in Pommern recht uneinheitliche Bräuche, was wohl auf die verschiedene Herkunft der Siedler zurückzuführen ist.

In Vorpommern aß man „Heitwecken in Melk", vorher zogen auf Usedom, Wollin und Rügen Kinder, z. T. in alten Kleidern und mit geschwärzten Gesichtern, mit der „Fastelabendrod", einer bunt bebänderten Rute, von Haus zu Haus, sagten Sprüche auf und sammelten Gaben ein. Auf dem Festland gingen Kinder „stiepen", sie stiepten mit ihren Ruten am frühen Morgen Eltern und Bekannte aus den Betten, dafür erhielten sie einen Lohn.

In Mittelpommern wurden Fastenbrezeln gebacken. Die Kinder zogen mit dem „Spett", „Splett" oder „Spitt", einer Holzgabel, von Haus zu Haus und hingen ihre gewonnenen Gaben an sie oder spießten sie auf. Im Weizacker zogen → Schnabbuck und Schimmelreiter durch einige Dörfer.

In Teilen Ostpommerns gab es die Flinsen, aus Mehl, Eiern oder Kartoffeln. Hauptverbreitungsgebiet dieser Pfannkuchen waren die Kreise Lauenburg, Bütow, Rummelsburg, Schlawe und Köslin. In Wilhelmine, Kr. Schlawe, zogen die Jungen durchs Dorf und sangen „Gut'n Owend, Fastlowend, die Krebbel sind gar, sie leun om Open, un rufn hurra". Im Südosten wurde der „Bär", eine mit Stroh umkleidete Gestalt, an der Kette von Haus zu Haus geführt. Im übrigen Ostpommern waren Umzüge unbekannt. Mit der Aufsiedlung vieler Güter in den 20er Jahren des 20. Jh.s mit Siedlern aus dem Rheinland, kam der rheinische Karneval mit Sitzungen und Rosenmontagszügen nach Hinterpommern, u. a. Sampohl und Preußisch Friedland, Kreis Schlochau.

Feldmühle AG, hatte in Scholwin, ab 1929 Odermünde, die größte Papierfabrik Deutschlands. In ihr wurden von der Verarbeitung des Holzes alle Zwischen- und Nebenprodukte hergestellt. 1925 nahm die Feldmühle AG die größte Papiermaschine Europas in Betrieb. Vor dem Zweiten Weltkrieg gab es über 2000 Beschäftigte, die die Halbfabrikate Holzschliff und Sulfitzellstoff und die Fertigprodukte Zeitungs-, Pack-, Seiden-, Tütenpapier u. a. erzeugten. 1930 wurden täglich 320 t Papier produziert.

Fiddichow *(Widuchowa),* Kreis Greifenhagen. 5654 Einwohner (1983). Der Mittelpunktsort einer Großgemeinde (Gmina) liegt auf einem höheren Plateau am rechten Ufer der Oder. Die Straßen verlaufen senkrecht vom Fluß, von einer Uferstraße den Steilhang hinauf – eine hieß „Himmelsleiter". Von einer Anlegestelle gab es einen regelmäßigen Schiffsverkehr nach Stettin und Schwedt. Die Eisenbahn von Stettin nach Küstrin führte in 4 km Entfernung an der Stadt vorbei. Das Ackerbürgerstädtchen – es hatte noch ein eigenes Scheunenviertel – besaß im Norden an der Oder und im Osten einige landwirtschaftliche Verarbeitungsbetriebe: drei Rohrflechtfabriken, Mühlen, Zigarettenfabriken und Sägewerke. 1984 kam ein Münzfund mit ca. 125 Münzen zutage, dessen älteste eine samanidische Münze von 901–907 n. Chr. und dessen jüngste eine von Herzog Wartislaw II. (1061–86) ist. Schon 1867 war in Fiddichow eine arabische Münze von 896 n. Chr. gefunden worden. 1159 wird ein „castrum Viduchow" genannt. 1283 verlor der Flecken Fiddichow seine Marktgerechtigkeit zu Gunsten Greifenhagens. Herzog Barnim III. verlieh 1347 dem „Wickbede tho Videchow" Magdeburger Stadtrecht. Fiddichow blieb wechselweise eine Mediatstadt der Familien v. Trampe, v. Hohenstein und v. Steinwehr. Sie besaß einen Rat der Stadt, allerdings ohne größere Befugnisse. 1718 erhielt Fiddichow seine Marktgerechtigkeit zurück. 1725 erwarb Markgraf Friedrich v. Schwedt das Städtchen und ließ sofort das Schloß abreißen, es war seinem in Schwedt zu ähnlich. Das preußische Königshaus erwarb Fiddichow 1788. In der Stadt wurden sechs Rohrgewebefabriken gegründet; eine Zuckerfabrik entstand 1872. Die 1873 gebaute Stettin-Küstriner Eisenbahn verlief so weit östlich der Stadt, daß sie auf die wirtschaftliche Entwicklung keinen Einfluß hatte. Bedeutsamer wurde der Schiffsverkehr zwischen Schwedt-Fiddichow und Stettin, der den Frachtverkehr besorgte. 1945 wurde Fiddichow z. T. zerstört und verlor sein Stadtrecht.

Bauwerke: *St. Nikolaikirche* (1303), Granitquaderbau, beim Stadtbrand 1601 bis auf die Außenmauern zerstört. Der Fachwerkturm mit Barockhaube wurde 1724 angebaut.

Inserat der Feldmühle AG

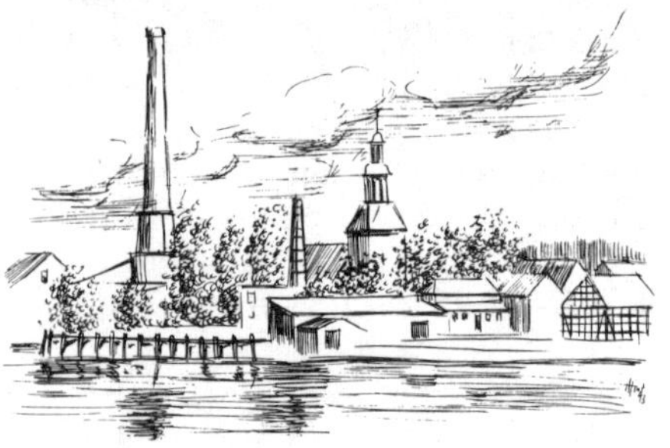

Fiddichow

Findlinge. Im eiszeitlichen Geschiebematerial wurden große Mengen von Findlingen nach Pommern verfrachtet. In ganz Pommern kann man sie in verschiedensten Größen finden. Häufig treten sie in Blockpakkungen in den Endmoränenzügen wie z. B. im „Fier“ am → Enzigsee, bei Wurchow, Kreis Neustettin, und bei Elsenau, Kreis Schlochau auf. In der → Buchheide sind zahlreiche Findlinge freigelegt, u. a. der Wiegenstein (5,50 m lang, 3,50 m breit, 2 m hoch), der Pionierstein und der Große Stein (4,45 m lang, über 3,25 m breit). Der größte wurde 1872 gesprengt. Er lieferte eine 3 m hohe Säule, 8 Säulen von 4 m Länge für die Nationalgalerie in Berlin und 16 Säulenfüße für die Siegessäule. Auf Rügen ist der → „Buskam“ bei Göhren mit 600 cbm Granit der größte. Bei Cammin liegt auf der Insel Gristow „die grote Stein in Water“ (4 m lang, 2 m über dem Wasser, mit einem Umfang von 20 m). Große Teile sind von ihm abgesprengt worden. Heute liegt der größte Findling in Groß Tychow, „der große Stein“. Er hat eine Länge von 16,90 m, eine Höhe über dem Boden von 3,74 m, eine Breite von 11,25 m, reicht über 4 m tief in den Boden und besteht aus über 700 cbm Stein.

Fischerei. Im Land am Meer bildete seit alters her die Fischerei eine der Hauptnahrungsgrundlagen für die Küstenbewohner. Bis Ende des 19. Jh.s lag der Heringsfang an erster Stelle. Nachdem die Heringsschwärme seltener wurden, betrieb die Küstenfischerei im Frühjahr hauptsächlich Lachsfang mit Stell- und Treibnetzen, im Herbst und Winter mit Angeln. An Darß und Zingst, in der Pommerschen Bucht und an der hinterpommerschen Küste betrieben die Fischer Dorschfang mit Stellnetzen (1938: 6878 t). Auf Rügen und um Kolberg lagen Zentren der Aalreusenfischerei, während die Aale in der Pommerschen Bucht mit Grundschleppnetzen (Zeesen) gefangen wurden. Größte Bedeutung hatte die Fischerei nach Plattfischen (Schollen, Flundern, Steinbutt) mit Stellnetzen an der Küste und Zeesen während der kälteren Jahreszeit (1938: 3073 t Flundern – 61 v. H. des gesamten deutschen Flunderfanges). Die drei Oberfischmeisterbezirke Stralsund, Swinemünde und Kolberg vereinigten 7305 Berufsfischer mit 5000 Kuttern, die 1938 23880 t Fisch anlandeten. Dazu kam noch die Binnenfischerei in Seen und Flüssen, die dazu noch 2181 t Fisch erbrachte. Stettin blieb trotz der nur 3920 t (1938) angelandeter Heringe der größte deutsche Heringsstapelplatz. Bis 1945 kam der größte Teil „Kieler Sprotten“ aus Leba. Das Jahr 1945 bedeutete das Ende der Küstenfischerei, der überwiegende Teil der Fischer ging mit den Fahrzeugen nach Westen. Auf polnischer Seite begann der Aufbau einer genossenschaftlichen Fischerei. Von Kolberg und Stolpmünde wird die Ostseefischerei betrieben. Swinemünde und Saßnitz wurden

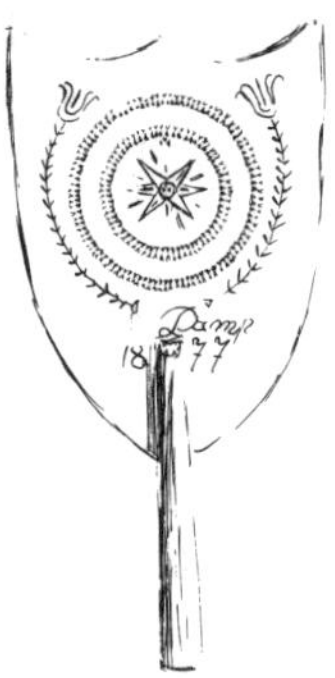

Flachsschwinge

Zentren der Hochseefischerei. Die Küstenfischerei hat weitgehend lokale Bedeutung.

Flachsschwinge. Dieses Gerät ist ein hölzernes Brettchen mit Stiel, mit dem die harten Teile des Flachsstengels aus den Fasern geschlagen wurden. Die Flachsschwinge gehörte, wie der → Webkamm und der → Wäscheklopfer, zu den typischen Minnegaben des jungen Mannes an sein Mädchen; daher sind sie reich verziert mit sinnbildlichen Zeichen und Jahreszahlen (Kerbschnitzereien, Malerei, Einlegearbeiten mit rotem und grünem Wachs). Die schönsten Flachsschwingen in Pommern stammen von Mönchgut auf Rügen.

Flatow *(Złotów)*, Kreisstadt. 15378 Einwohner (1983). Die Stadt liegt an einer Seeenge zwischen Flatower Stadt-, Babben-, Bielsk- und Petziner See, die von der Glumia durchflossen werden. Zwischen Stadt- und Babbensee liegt die Innenstadt mit großem Hauptmarkt und evangelischer Stadtkirche. Stadterweiterungen gibt es nach Osten hin um den Krautmarkt, auf dem die Synagoge stand, und den Bethlehemsmarkt. Der Bahnhof bildet mit der Eisenbahnlinie den östlichen Abschluß. Im Glumiabogen im Westen stand, durch einen Graben getrennt, das alte Schloß, das auf das Nordufer der Glumia verlegt wurde. Weite Neubaugebiete, z. T. in Plattenbauweise, umgeben Flatow. Ein alter pomoranischer Burgwall, Judenberg, zwischen Propst und Babben See, war um 700 Sitz eines Häuptlings. Bis 1120 waren Pomoranen Besitzer des Flatower Landes, danach wurde es ständig umkämpftes Grenzland. Im Kalischer Vertrag, zwischen dem Deutschen Orden und Polen, konnten letztere sich den Besitz von Flatow sichern. 1370 wird Flatow als Stadt mit Magdeburger Recht genannt; damals war Flatow Mittelpunkt einer kleinen Herrschaft Herzog Kasimirs III. von Stettin. Bis ins 20. Jh. blieb Flatow eine adlige Mediatstadt, in der sich die Grundherren abwechselten. Das Marktrecht erhielt Flatow 1532. Die Stadt entwickelte sich zu einer Brauerei- (1785 über 40 Brauer), Tuchmacher- und Spitzenherstellerstadt (1792 gab es 40 Tuchfabrikanten). Als Flatow in der ersten polnischen Teilung an Preußen kam, lag der gesamte Handel in jüdischer Hand – noch 1792 gab es in Flatow keinen einzigen christlichen Kaufmann. 1871 erhielt die Stadt einen Eisenbahnanschluß durch die Preußische Ostbahn; die 1914 gebaute Strecke Flatow–Wengerz–Jastrow demontierten 1945 die Russen. Die im 20. Jh. entstandenen Gewerbebetriebe u. a. Ziegelei, Brennerei, Molkerei, Ein- und Verkaufsgenossenschaft und die Überlandzentrale für Elektrischen Strom, hatten kaum überörtliche Bedeutung. 1945 wurden etwa 30 v. H. der Stadt (besonders um den Krautmarkt) zerstört.

Bauwerke: *Schloß* (Mitte 18. Jh.), von Schinkel entworfen, ein einfacher Putzbau mit Turm. Es war ein Folgebau des 1657 von Schweden zerstörten Schlosses, Mittelpunkt der Herrschaft Flatow-Krojanke. Es blieb 1945 erhalten und beherbergte ein Forstamt. Stadtkirche *St. Mariä Himmelfahrt,* katholisch, hat 1660 Andreas Carl de Grudna-Grudzinski erbaut. Die turmlose Kirche hat mit ihren kuppelbedeckten Kapellen einen kreuzförmigen Grundriß. Der Hochaltar, 1666 von Paulus Hack aus den Niederlanden geschaffen, hat die Krönung Mariens als Mittelbild. Seitenaltäre und Kanzel soll Johann Daniel Danzer aus Flatow geschnitzt haben – er soll mit 110 Jahren gestorben sein.

Flatow, Landkreis, 980,42 qkm Gesamtfläche, 39399 Einwohner (1939); liegt auf der Südabdachung des → Pommerschen Höhenrückens, südlich der Dobrinka. Die → Küddow bildet seine Westgrenze. Die Grenze nach Polen ist erst 1919 gezogen worden, nachdem eine Fläche von 611 qkm mit Zempelburg, Kamin und Vandsburg an Polen abgetreten werden mußte; dafür kam im Süden das Städtchen Krojanke zum Landkreis. Der Kreis war primär von der Landwirtschaft geprägt (Kartoffel-, Roggen- und Gersteanbau, 60,8 v. H. der Nutzfläche). 65,3 v. H. der 31617 Beschäftigten (1939) waren in Land- und Forstwirtschaft, 24,7 v. H. in Industrie und Handwerk und 9,9 v. H. in Handel und Verkehr tätig. Die Ackerfläche wurde von 839 Betrieben mit 5–10 ha, 1098 mit 10–20 ha und 931 mit 20–100 ha bewirtschaftet. Die 72 Großbetriebe mit über 100 ha traten nicht so stark in Erscheinung. Um Krojanke betrieb man Saatkartoffelzucht, so daß sie als „Stadt der Qualitätskartoffeln" bezeichnet wurde. Aus Linde wurden Saatkartoffeln ins Ruhrgebiet und nach Holland verschickt, eine Stärkefabrik verarbeitete die restlichen Kartoffeln. Die Steinobst- und Beerenweinkelterei Dr. Joh. Schliemann hatte überregionale Bedeutung. An weiteren Industriebetrieben sind die Pottlitzer Brauerei, die Ofen- und Tonfabrik in Grunau, die Papierfabrik in Tarnowke und die Kalksandsteinwerke in Kölpin zu nennen. Nach 1945 wurde in Schönfeld Erdöl erbohrt, das in der Schneidemühler Raffinerie verarbeitet wird. Eine größere kulturelle Bedeutung hatte die katholische Heimvolkshochschule → Marienbuchen in Klein Butzig.

Flötenstein *(Koczała)*, Kreis Schlochau. Seit 1982 Mittelpunkt einer Großgemeinde mit 3423 Einwohnern. Vor 1939 war das stark zugebaute Angerdorf ein zentraler Ort mit wichtigen Verwaltungs- (Nebenstelle des Arbeitsamtes), Markt- und Schulfunktionen (drei Schulen).
Die das Dorf umgebenden weiten Sandflächen lieferten den Rohstoff für Betonfabriken. Ein im Ort liegender Hügel mit erkennbarem Graben hieß „Babylon", vermutlich eine prähistorische Kultstätte. 1356 beauftragte der Schlochauer Ordenskomtur Heinrich v. Thaba den Adligen Alexander Stange, dem Schulzen Hermann eine Handfeste nach Kulmer Recht für Flötenstein auszustellen; Kirche und Pfarrei waren bereits vorhanden. Das Ordensgut in Flötenstein betrieb hauptsächlich Schafzucht. 1455 verpfändete der Deutsche Orden Flötenstein an Anton v. d. Osten und Cordt Glasenapp für zunächst 2500, später 6000 Mark. 1903 wurde die Eisenbahn Schlochau–Flötenstein–Reinfeld gebaut.

Flötenstein

Bauwerke: *St.-Maria-Magdalena-Kirche*, ein neuromanischer Bau von 1901–02, als Nachfolgebau 1695 und 1891 abgebrannter Kirchen. Der Kanzelkorb wird vom „Starken Simson mit dem Eselskinnbacken", einer barocken Holzplastik, getragen.

Flüsse. Die Flüsse in Pommern sind während und nach der Eiszeit angelegt und haben so keine Zeit gehabt, klar ausgestaltete Flußtäler zu bilden. Viele verlaufen in viel zu breiten, vermoorten Tälern und haben kaum ein Gefälle. Zentraler Fluß ist der Unterlauf der → *Oder*, etwa 90 km von 903 km Gesamtlänge. Sie ist die wichtigste Wasserstraße Pommerns. In Vorpommern fließen:
→ *Recknitz*, 111 km lang, bis ins 20. Jh. Grenzfluß zu Mecklenburg; ihr Einzugsgebiet ist 704,6 qkm groß, liegt größtenteils in Mecklenburg.
→ *Peene*, 126 km lang, mit einem Einzugsgebiet von 5098 qkm. Quellflüsse sind West-, Ost- und Kleine Peene. Schiffahrt ist bis Demmin möglich. Nebenflüsse: *Tollense* und *Trebel*.
→ *Uecker*, 103 km lang, mit 2200 qkm Einzugsgebiet. Nebenfluß: *Randow*.
Barthe, Ryck, Ziese, Zarow haben nur untergeordnete Bedeutung.
In Hinterpommern fließen die größeren Küstenflüsse:
→ *Plöne*, 79 km lang, mit 1173 qkm Einzugsgebiet.
→ *Ihna*, 128 km lang, mit 2131 qkm Einzugsgebiet.

→ *Rega,* 199 km lang, mit 2672 qkm Einzugsgebiet, Nebenfluß: *Molstow.*
→ *Persante,* 165 km lang, mit 3145 qkm Einzugsgebiet, Nebenfluß: *Radüe.*
→ *Wipper,* 115 km lang, mit 2150 qkm Einzugsgebiet, Nebenfluß: *Grabow.*
→ *Stolpe,* 137 km lang, mit 1652 qkm Einzugsgebiet, Nebenfluß: *Bütow.*
→ *Lupow,* 120 km lang, mit 939 qkm Einzugsgebiet.
→ *Leba,* 135 km lang, mit 1694 qkm Einzugsgebiet.
Nach Süden zur Netze fließen:
→ *Drage,* 168 km lang, mit 3198 qkm Einzugsgebiet.
→ *Küddow,* 147 km lang, mit 4744 qkm Einzugsgebiet, Nebenflüsse: *Zahne, Pilow* und *Dobrinka.*

Forstwirtschaft. 1938 wurden 26,5 v. H. (1016447 ha) der Fläche Pommerns forstwirtschaftlich genutzt, davon waren etwa 75 v. H. Nadelwald, besonders auf den Sanderflächen, Talsanden, Eisstauseeflächen und Dünen an der Küste. Auf den Grundmoränen steht Laubwald, hervorzuheben sind die Buchenwälder Rügens, die → Buchheide bei Stettin und der → Gollen bei Köslin. Etwa 60 v. H. dieser Waldflächen waren in privatem Besitz, nur ca. ein Drittel waren Staatsforste. Die Forstwirtschaft in heutigem Sinne begann erst um 1863, als die bisherigen Waldweidegerechtsame abgelöst wurden und so eine Pflege des Waldes und die Erneuerung des Baumbestandes eingeführt wurden. 1815 nahm der Wald nur 9,5 v. H. der Fläche Pommerns ein. Die armen Böden wurden aufgeforstet. Die Holzerträge bedeuteten eine Rohstoffgrundlage für eine örtliche holzverarbeitende Industrie: Sägewerke, Papier- und Möbelfabriken benötigten etwa die Hälfte des Holzeinschlages (1927 waren es 2,15 Mill. Festmeter), die andere Hälfte wurde als Brennholz verbraucht. Nach 1945 wurde sehr viel Brachland aufgeforstet.

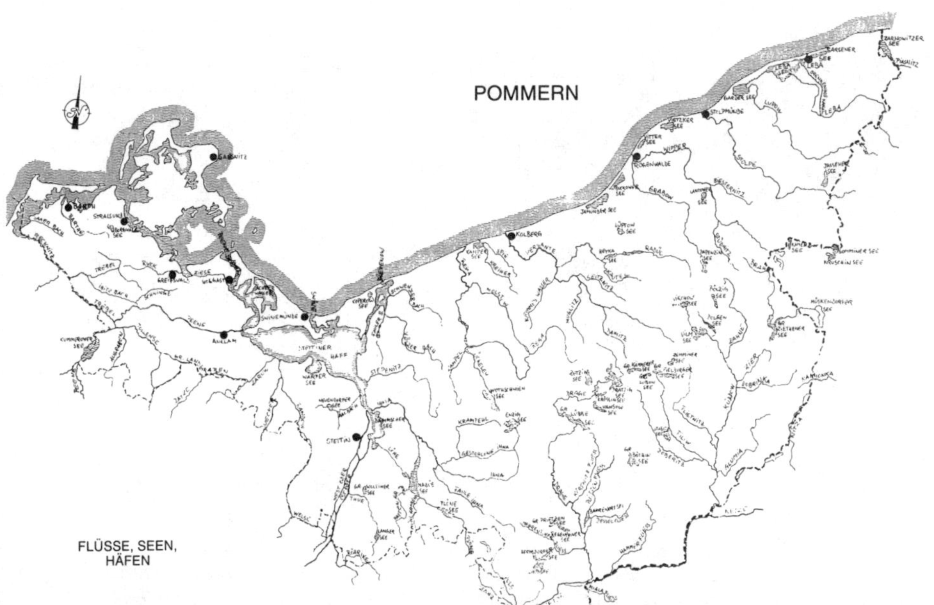

Franz, Herzog von Pommern-Stettin. *1577 in Barth, † 1620 in Stettin. Zweiter Sohn Herzog Bogislaws XIII. und dessen Ehefrau Clara von Braunschweig-Lüneburg. Er genoß eine mäßige Ausbildung, unternahm Reisen nach Ungarn und Italien. 1602 wurde er Titularbischof von Cammin, 1606 hatte er die Herrschaft über das Amt Bütow. 1610 Heirat mit Sophia von Sachsen; die Ehe blieb kinderlos. 1618 mußte er das Herzogtum Stettin von seinem Bruder Herzog Philipp II. übernehmen. In seiner zweijährigen Regierungszeit vollendete er den Philippsbau am Stettiner Schloß, ließ den Andruck der Lubinschen Karte anfertigen. Traurige Berühmtheit erlangte er durch den Hexenprozeß gegen Sidonia v. → Borke. Wenige Monate nach ihrer Hinrichtung verstarb Herzog Franz.

Herzog Franz

Franzburg, früher Franzburg-Barth, heute Kreis Stralsund. 2800 Einwohner (1980). Franzburg liegt auf einem flachen Hügel in einem Urstromtal südlich des Reichtenberger Sees. Die Hauptstraße erweitert sich zu einem Marktplatz, an dem das Rathaus steht. Die Franzburg umgebenden Wiesen haben die Ausdehnung der Stadt begrenzt. Nur nach Südosten erfolgte eine Stadterweiterung zum Bahnhof hin.

Herzog Bogislaw XIII. gründete 1587 auf dem ehemaligen Gelände des Klosters → Neuenkamp eine Stadt für Künstler, Kaufleute und Gewerbetreibende; er verbot den Bewohnern den Besitz von Ackerland. Franzburg erhielt seinen Namen vom herzoglichen Schwiegervater, Herzog Franz von Braunschweig-Lüneburg. Herzog Philipp Julius baute das ehemalige Kloster 1580 in ein Schloß um. Um 1600 erfolgte die Gründung der Fürstlichen Schule für Edelknaben. Als Residenz gaben die Herzöge Franzburg 1605 auf. Herzog Philipp Julius verlieh 1609 seinem Landrentmeister Caspar Rotermund das Privileg, eine Münze einzurichten. Nach Reichsrecht war sie ungesetzlich und wegen ihrer minderwertigen Prägungen berüchtigt, trotzdem bestand sie bis 1625. In der → Franzburger Kapitulation 1627 erhielt der Kaiser das Recht, Truppen in Pommern zu stationieren. Wallenstein bezog 1628 mit seinen Truppen das Schloß – sein Zerfall begann, die letzten Reste wurden 1876 beseitigt. Erst 1840 hat die Stadt Ländereien erworben.

Die Eisenbahnverbindung nach Stralsund wurde 1895 von der Franzburger Kleinbahn eröffnet. Die wenigen Gewerbebetriebe (Ziegeleien, Möbelfabrik, Nahrungsmittelbetriebe) haben nur lokale Bedeutung. 1924 entstanden um den alten Kern Stadtrandsiedlungen. Franzburg verlor viel von seiner Bedeutung, als 1925 das Landratsamt nach Barth verlegt wurde.

Bauwerke: Stadtkirche *St. Marien*, das südliche Querschiff der alten Klosterkirche, erhielt 1876–77 ein neues Dach und neugotische Giebel, die Fenster wurden vergrößert. 1978 wurde die neugotische Ausstattung entfernt. Von der alten Einrichtung blieben eine Madonna auf der Mondsichel (um 1430), ein

Franzburg

barockes Kreuz (um 1720) und zwei Grabsteine der Äbte Heinrich Witte († 1518) und Vicko († 1520) erhalten.
Rathaus (1745), barocker eingeschossiger, zweiflügliger Bau, von Amtshauptmann v. Boltenstern erbaut.

Franzburg-Barth, Landkreis. 1080,75 qkm Gesamtfläche, 55542 Einwohner (1939). Nach 1952 geteilt in die Kreise Ribnitz-Damgarten und Stralsund. Die Kreisverwaltung war seit 1925 in Barth untergebracht. Städtische Siedlungen sind Barth, Damgarten, Franzburg und Richtenberg. Die fruchtbaren Grundmoränenböden dienten zu 17,8 v. H. dem Weizen- und Zuckerrübenanbau, daneben wurden Kartoffeln und Roggen angebaut. Eine größere Bedeutung hat die Grünlandwirtschaft, etwa 24 v. H. der Nutzfläche sind Wiesen und Weiden. Von den 1939 vorhandenen 3133 landwirtschaftlichen Betrieben waren 131 über 100 ha groß, allein 80 mit 200–500 ha und 34 mit 500–1000 ha, 418 mit 20–100 ha und 975 mit 10–20 ha, diese bewirtschafteten weit über die Hälfte des Kreisgebietes. Die 36661 Beschäftigten verteilten sich zu 59,6 v. H. auf Land- und Forstwirtschaft, zu 27,2 v. H. auf Industrie und Handwerk und zu 13,1 v. H. auf Handel und Verkehr. Schon vor der Jahrhundertwende nahm, vor allem auf → Darß und → Zingst, das Dienstleistungsgewerbe mit dem wachsenden Tourismus zu – von 80 Urlaubern im Jahre 1880 in Prerow auf 160650 Urlauber im Jahre 1988 in Prerow und Zingst. Die größeren industriellen Unternehmen waren in den Städten konzentriert, so die Zuckerfabrik und die Fischkonservenfabrik in Barth, die Kornbrennerei in Richtenberg. Molkereien, Sägewerke und Mühlen waren im Kreis verteilt.

Franzburger Kapitulation, am 10. 11. 1627 zwischen Herzog Bogislaw XIV. und Hans Georg v. Arnim, Wallensteins Feldmarschall, abgeschlossen. Vergebens hatte Herzog Bogislaw XIV. versucht, die kaiserlichen Truppen von Pommern fernzuhalten; v. Arnim hatte schon seine Truppen an der mecklenburgisch-pommerschen Grenze zu einem Einmarsch zusammengezogen. Die eigenen Verteidigungsbemühungen blieben wegen des Widerstands der Städte und des Adels in den Anfängen stecken. Die Kriegskasse blieb leer, und bereits angeworbene Söldner liefen fort. Herzog Bogislaw mußte sein Land den Kaiserlichen öffnen. In einem Vertrag mit 42 Punkten wurden Modalitäten festgelegt: Pommern-Wolgast mußte 21 Kompanien und 2600 Pferde, Pommern-Stettin und das Bistum Cammin 46 Kompanien, insgesamt 22000 Mann in Quartier nehmen. Stettin, Wolgast, Köslin, die herzoglichen Ämter und die adligen Güter sollten von einer Einquartierung befreit sein, ebenso in den Städten die Pastoren, Bürgermeister und Ratsmitglieder. Auch Kirchen, Schulen, Klöster und Spitäler sollten verschont werden. Die Masse der Bürger und Bauern, auf die alle Lasten abgewälzt worden waren, sollten durch klare Vorschriften vor Übergriffen geschützt werden; besondere Kommissare sollten die rechtmäßige Durchführung der Vorschriften kontrollieren. Der pommersche Herzog sollte für den Unterhalt des Heeres aufkommen, nach v. Arnims Forderung 40000 Taler monatlich und Proviant für Soldaten und Pferde. Herzog, Landtage und Räte suchten vergeblich, die drückende Last loszuwerden, da sich die arnimschen Oberste nicht an die Vereinbarungen hielten.

Fredersdorf, Michael Gabriel. *1708 in Gratz an der Oder, † 1758 in Potsdam. König Friedrich II. hatte den einfachen Musketier und Oboisten im Regiment Schwerin während seiner Küstriner Festungshaft kennengelernt. Er nahm ihn mit nach Ruppin und Rheinsberg. Fredersdorf war zunächst Kammerdiener des Kronprinzen, seit 1740 Geheimkämmerer des Königs, dessen völliges Vertrauen er besaß und so als Schatullenverwalter eine einflußreichere Stellung als mancher Minister einnahm. Fredersdorf erwarb ein ansehnliches Vermögen, kaufte Gut Zernickow, Häuser in Berlin, eine Ziegelei und Brauereien in Köpenick und Spandau. Er war oft kränklich, so daß er vor 1756 seinen Dienst aufgeben mußte.

Freienwalde *(Chociwel),* Kreis Saatzig, 2406 Einwohner (1983). Die Kleinstadt liegt im Grundmoränengebiet am südwestlichen Ufer des Großen Staritz Sees. Die Altstadt hatte ein gitterförmiges Straßennetz mit rechteckigem Marktplatz, an dessen Nordseite die Stadtkirche St. Marien steht. Ein ursprünglich westlich der Stadt gelegenes Sumpfgelände engte die Ausdehnungsmöglichkeiten stark ein. Nur am Nordufer des Sees zum Bahnhof hin erfolgte eine Erweiterung, hier liegen auch die wenigen Industriebetriebe (Sägewerk, Molkerei, Kalksandsteinwerk). Die Innenstadt, bis auf die Kirche, ist nach 1945 mit Wohnblocks neugebaut worden.

In Stadtnähe liegen Reste eines wendischen Burgwalls. Um 1250 war die Gegend wüst, um 1250–1300 gründeten deutsche Siedler einen Flecken in Burgwallnähe, der 1338 von den Brüdern Wedego und Henning v. Wedell Magdeburger Stadtrecht erhielt. Eine Stadtwehr mit Hohem- und Mühlentor umgab 1375 die Stadt; 1852 wurden die Ruinen der Stadttore abgerissen. 1474 hatte Freienwalde einen Schulmeister. 1603 kam es an Pommern. Während des 30jährigen Krieges starben in Freienwalde 760 Menschen an der Pest, die 40 Überlebenden flohen nach Polen, von wo sie einige Jahre später zurückkehrten. 1859 erhielt Freienwalde einen Eisenbahnanschluß an die Hinterpommersche Eisenbahn. Der Autobahnbau wurde 1941 kurz vor der Stadt eingestellt; nach 1945 bauten die Polen bei Voßberg eine Ausfahrt. 1945 wurde die Altstadt bis auf die Kirche zerstört; die Bahnhofsvorstadt blieb erhalten. Bauwerke: *St. Marienkirche* (1. Hälfte des 15. Jh.s), dreischiffige Backsteinhallenkirche mit einschiffigem Chor; reiche Sterngewölbe überspannen sie. Der mit Blendarkaden verzierte Turm hat eine offene Halle, sein Obergeschoß ist stark verjüngt. 1877 wurde er nach einem Blitzschlag wieder aufgebaut.

Freundlich, Otto, Maler und Bildhauer. *1878 in Stolp, † 1943 im KZ Lublin-Majdanek. Nach Studium der Kunstgeschichte begann er 1905 mit eigener künstlerischer Tätigkeit. 1908–09 kam er in Berührung mit der Pariser Avantgarde, u. a. Picasso und

Braque. 1914–24 lebte er vorwiegend in Köln, dann in Paris. Freundlich gehört zu den wichtigsten Mitbegründern der abstrakten Kunst und hier besonders der abstrakten Skulptur. Seine Arbeiten sind durch rhythmisierte leuchtende Farbflächen und durch kontrastierende Massen gekennzeichnet.

Friedeberg/Neumark *(Strzelce Krajeńskie)*, 7956 Einwohner (1983). Die Kreisstadt liegt auf der Grundmoräne westlich an der Seenenge des Ober- und Untersees. Die Stadt hat einen kreisrunden Grundriß. Stadterweiterungen erfolgten nach Westen und Süden zum Kleinbahnbahnhof hin. Hier liegen die wenigen Gewerbebetriebe des kleinen Akkerbürgerstädtchens (Möbel-, Filz-, Leder-, Pantoffelherstellung). Die Innenstadt wurde nach den Zerstörungen des 2. Weltkrieges mit Wohnblocks wiederaufgebaut.

Markgraf Konrad von Brandenburg erbaute 1260 an der Seenenge, am Markgrafenweg von Landsberg nach Hochzeit, eine Burg mit einem Burgort, der um 1260 Magdeburger Stadtrecht erhielt. 1345 erhielt Friedeberg allein das Recht, Netze und Warthe frei als Handelsweg zu nutzen. Um 1350 hatte Friedeberg ein Augustiner-Ermiten-Kloster. Schon vor 1363 gab es in Friedeberg mehrere Wochenmärkte. Markgraf Otto der Faule verpfändete der Stadt 1372 für 400 Mark Finkenaugen das Oberste Gericht, es wurde nie ausgelöst. Die Bürger und der Deutsche Orden verteidigten 1433 vergeblich Friedeberg gegen Polen und Hussiten. Im Gefolge des 30jährigen Krieges hatte die Stadt schwere Verluste hinnehmen müssen, 1647 hatte sie nur noch 40 Einwohner. Seit 1832 ist Friedeberg Kreisstadt und kam 1938 zur Provinz Pommern. Nach dem Bau der Preußischen Ostbahn (1857) bemühte sich die Stadt um eine Eisenbahnverbindung; erst 1897 schloß die Friedeberger Kleinbahn diese Lücke. 1945 wurde die Innenstadt weitgehend zerstört, am Marktplatz blieb nur ein Fachwerkhaus erhalten. Neben einer Lederfabrik erhielt Friedeberg nach 1945 ein Technikum für landwirtschaftliche Mechanisierung.

Bauwerke: *St. Marienkirche* (13. Jh.), nach 1433 zur dreischiffigen Backsteinhallenkirche mit Sterngewölben umgebaut. Der Turm erhielt 1697 einen Barockaufsatz. Der 1762 aufgestellte Rokokoaltar wurde 1863 entfernt. 1945 brannte die Kirche völlig aus, ist aber wiederaufgebaut. Von der Stadtwehr sind z. T. die Feldsteinmauer (bis 8 m Höhe) und das *Driesener Tor* erhalten.

Friedeberg, Landreis. 1102, 19 qkm Gesamtfläche, 52499 Einwohner (1939). Der Landkreis Friedeberg liegt auf der Südseite des Hauptendmoränenzuges. Im nördlichen, größeren Teil des Kreises liegen um Friedeberg und Woldenberg auf einer Grundmoränenplatte, wie auf übergroßen Rodungsinseln, die wichtigsten landwirtschaftlichen Nutzflächen, zu 5,4 v. H. mit Weizen und Zuckerrüben genützt, zu 57,6 v. H. mit Roggen und Kartoffeln (1939). Mit einem deutlichen Knick senkt sich im Süden die Landschaft zum Netzetal ab, dem ehemaligen Thorn-Eberswalder Urstromtal. Diese ursprüngliche Bruchlandschaft ist durch → Brenckenhoff im 18. Jh. urbar gemacht worden. Weite Wiesenflächen, etwa 25 v. H. der gesamten Nutzfläche, erstrecken sich entlang der kanalisierten Netze. Die neuen Dörfer, u. a. Neu Anspach und Neu Ulm, weisen auf die Herkunft ihrer Bewohner hin. Nach Süden schließt sich eine Talsandlandschaft an, auf deren Sandflächen nordsüdlich ausgerichtete Binnendünen liegen. Der Dorfname „Modderwiese“ kennzeichnet den Zustand zu Beginn der friderizianischen Kolonisation. Seit 200 Jahren wurde dieser Raum planmäßig aufgeforstet und ist heute eine typische Kiefernheide. Der Wald nimmt etwa 40 v. H. der Kreisfläche ein.

Ackerbau wurde vorwiegend von kleinen bis mittleren Bauernhöfen betrieben, fast die Hälfte (1939: 2025 von 4978) von ihnen waren 5–20 ha groß. Großgrundbesitz gab es nur um Woldenberg und Friedeberg. Von den 39843 Beschäftigten (1939) waren 53 v. H. in Land- und Forstwirtschaft, 33 v. H. in Industrie und Handwerk und 13,2 v. H. in

Handel und Verkehr tätig. Die Gewerbebetriebe, die sich im wesentlichen mit der Nutzung des Waldes befaßten, waren hauptsächlich in den drei städtischen Siedlungen Driesen, Friedeberg und Woldenberg konzentriert. Driesen spielte durch seine Lage an der Preußischen Ostbahn eine größere Rolle im Holzhandel. 1938 wurde, nach Auflösung der → Grenzmark Posen-Westpreußen, der Kreis Friedeberg der Provinz Pommern angeschlossen. Die Zerstörungen während des 2. Weltkrieges waren, wie im Kreis Arnswalde, beträchtlich, da durch sie der Hauptstoß der Roten Armee nach Berlin führte.

Friedrich, Caspar David, Maler. *1774 in Greifswald, † 1840 in Dresden. Sohn eines Seifensieders, studierte 1788–98 an der Kunstakademie in Kopenhagen, siedelte nach Dresden über und war seit 1816 Lehrer an der dortigen Akademie. Seine Reisen nach Rügen, Böhmen, ins Riesengebirge und in den Harz waren für seine Landschaftsmalerei von entscheidender Bedeutung. Die Freundschaften mit Ph. O. → Runge und den romantischen Dichtern Novalis, Tieck und Schelling förderten seine Malerei zu einer meditativen Kunst. Die sanften, von innen her leuchtenden Farben seiner Bilder, ihre stillen Landschaftsmotive werden zu Sinnbildern von Werden und Vergehen der Natur. Auf reaktionäre politische Ereignisse reagierte er mit besonderer Motivauswahl. Zusammen mit Ph. O. Runge ist er der Begründer der deutschen romantischen Malerei. Schon zu Lebzeiten wurde er durch die sich ausbreitende realistische Malerei in den Hintergrund gedrängt. Seine Bilder hängen in Berlin, Dresden und Hamburg. Berühmt sind u. a. Tetschener Altar (Dresden), Mönch am Meer (Berlin), Zwei Männer in Betrachtung des Mondes (Dresden), Wrack im Eismeer (Hamburg), Kreidefelsen auf Rügen (Winterthur).

Caspar David Friedrich

Friedrichswalde *(Podlesie),* Kreis Naugard. Etwa 8 km nordöstlich von Karolinenhorst lag das herzogliche Jagdschloß Friedrichswalde, von Herzog Johann Friedrich erbaut. Die Schweden zerstörten das Schloß bis auf den Kapellenflügel. Seine wertvolle Einrichtung hatte Herzog Johann Friedrich von der Oderburg bei Stettin, der früheren Kartause Gottesgnade, hierher überführt. Während des 30jährigen Krieges war sie nach Stargard ausgelagert, kam dann nach Stettin und 1889 in die neuerbaute Kirche mit weithin sichtbarem Backsteinturm in Friedrichswalde. Der Altar hat die Kriegswirren überstanden. Er ist der älteste protestantische Altar Pommerns, nach einer Überlieferung ein Werk Herzog Barnims III. Das Mittelfeld des dreiflügligen Altars, wahrscheinlich von Hans Preissner 1560–61 geschnitzt, zeigt das Abendmahl, auf den Seitenflügeln sieht man Kreuztragung und Auferstehung. Sollte der Herzog an diesem Werk mitbeteiligt gewesen sein, so stammen von seiner Hand das Rahmenwerk und das Abendmahl, das eine Kreuzigungsdarstellung ersetzte. Die reich geschnitzte Kanzel hatte an ihrem Treppenaufgang die seltene Darstellung vom reichen Prasser und dem armen Lazarus. Am Kanzelkorb waren rundbogige Reliefs der Verkündigung, Anbetung der Heiligen Drei Könige, Kreuzigung und Auferstehung angebracht. In der Turmhalle steht die Kalksteingrabplat-

Fünfseenlandschaft

te des Hofnarren Klaus → Hintz († 1599). Ursprünglich stand sie auf dem Kirchhof seines Dorfes Hinzendorf.

Fünfseengebiet, Kreis Neustettin. Im Westen des Kreises erstreckt sich ein ca. 60 m tiefes, 250–500 m enges Tal von außerordentlicher landschaftlicher Schönheit quer in den Höhenrücken hinein. Außer den Seen hat in ihm nur noch die Straße Platz. Wahrscheinlich entstand es als Erosionsrinne während der letzten Eiszeit. Die Seen sind Reste eines großen Sees, der durch Geschiebe an seinen flachsten Stellen in einzelne Teile zerlegt wurde. 150 m über NN liegt der Obere See, nur 2–3 m tief, aus ihm fließt die → Drage durch den Runden See nach Süden. Der Lange See, etwa 1 km lang, ist nirgends tiefer als 5 m. Der Tiefe See, etwa 6 ha groß, erreicht eine Tiefe von 20 m; der Kleine See, 3,8 ha groß, ist bis zu 15 m tief. Die beiden letztgenannten sind wohl Reste eiszeitlicher Strudellöcher. Die dicht bewaldeten Talhänge, durch Wanderwege erschlossen, lockten mit ihren vielfältigen, malerischen Aussichten auf die Seen zahlreiche Touristen an.

Fürstenthum Kammin, Kreis. Das bischöflich camminsche Stiftsgebiet um Kolberg und Köslin ging nach 1534 als Sekundogenitur in den Besitz der pommerschen Herzöge über; auch nach ihrem Aussterben (1637) blieb es als selbständiges Amt erhalten. Bei der preußischen Neugliederung 1818 wurde es zum Kreis Fürstenthum mit über 2000 qkm Fläche und blieb in dieser Form bis 1872 bestehen, als der Kreis Fürstenthum in die drei Landkreise Köslin, Bublitz und Kolberg-Körlin aufgeteilt wurde. Köslin und Bublitz wurden 1932 zu dem Kreis Köslin zusammengelegt.

Funkenhagen *(Gąski),* Kreis Köslin, 483 Einwohner (1939). Das Ostseebad liegt an einem durch Abtragung stark gefährdeten Stück der pommerschen Küste. Auf 9 km Küstenlänge wurden zu Beginn des 20. Jh.s 156 Buhnen angelegt, um den Strand zu schützen und die Küstenzerstörung zu verlangsamen. Der 1876–77 erbaute Leuchtturm bietet eine gute Aussicht über diesen Küstenabschnitt.

Erstmals wurde 1288 „Vunkenhagen" urkundlich erwähnt. In der Nähe des Dorfes hatte 1286 der herzoglich stettinische Heerführer Wulwold Below polnische Truppen in den Auseinandersetzungen zwischen Brandenburg und Polen um das Herzogtum Pomerellen geschlagen. Das Kirchenpatronat hatte das Zisterzienserinnenkloster Köslin; 1489, 1491 und 1493 hatte es in Funkenhagen den Dorfpfarrer eingesetzt. 1576 fand man an der Steilküste ein Stück Bernstein, das 11,5 Pfund wog.

Garder See *(Jezioro Gardno)*, 25qkm großer Strandsee, von der Ostsee durch eine 1–2 km breite Nehrung mit hohen Dünen getrennt. In den östlichen Teil des Sees, der kaum tiefer als 1 m ist, schiebt die → Lupow ihr großes Delta, Garder Wiesen, vor. An ihm liegt der 115 m hohe → Revekol. Der westliche Teil des Sees ist bis zu 2,80 m tief. In ihm liegt die Steininsel, ein Reservat für Wasservögel. Bei Klein Rowe windet sich die Lupow durch die Nehrung in die Ostsee. Meerwasser kann nur selten in den See eindringen, so daß er den übrigen, lagunenartigen Strandseen unähnlich ist. Herzog Mestwin II. von Pomerellen erlaubte 1281 dem Prämonstratenserinnenkloster in Stolp freie Fischerei im Garder See.

Gartz a. d. Oder, Kreis Greifenhagen, heute Kreis Angermünde, 2600 Einwohner (1980). Der Ort liegt am linken Ufer der Oder, nördlich der Mündung des Salviebaches, der die Stadt im Westen begrenzt. Gartz hat einen elliptischen Grundriß mit fast quadratischem Markt. Nach Norden, jenseits der mittelalterlichen Stadtmauer, erstrecken sich einige Straßenzüge der Vorstadt. Auf der westlichen Talseite des Salviebaches stand von 1913–45 der Bahnhof einer Stichbahn nach Tantow. Die nicht sehr bedeutenden Gewerbebetriebe verarbeiteten den → Tabak, der im Oderdurchbruchstal angebaut wurde. Ihre Funktion einer Brükkenstadt hat Gartz 1945 mit der Grenzziehung und der Sprengung der Oderbrücke verloren. Die Innenstadt mußte nach 1945 neuaufgebaut werden.

Zwischen Mühlteich und der Oder lag wohl ein Burgwall der → Lausitzer Kultur, zahl-

Gartz a. d. Oder: Stettiner Tor

reiche Lausitzer Scherben weisen auf ihn hin. Bischof Otto v. Bamberg kam 1124 zur Burg und zum Flecken Gartz. 1236 war die Burg ein wendischer Kastellanssitz. Herzog Barnim I. verlieh Gartz 1249 Magdeburger Stadtrecht und schenkte ihr 1259 die Stelle der alten Burg und des Burgfleckens. Die günstige Verkehrslage an der Oder und der Grenze zu Brandenburg ließen den Handel erblühen. 1320 erhielt die Stadt freies Schifffahrtsrecht auf den Odergewässern, 1321 wurde die Stadt herzogliche Zollstation. Die Bürgerschaft erzwang, daß die Landstraße von Schwendt nach Stettin über Gartz zu führen hatte; alle Händler mußten in Gartz ihre Waren feilbieten. Die Stadt durfte eine Brücke über die Oder bauen und Zoll erheben (1305 von Herzog Otto I. gestattet). So wurde Gartz Mitglied der Hanse. 1630 zerstörten die Schweden die Oderbrücke, sie vertrieben 1639 die Bewohner nach Stettin und Greifenhagen und zerstörten Gartz bis auf die Kirche und die Schule, die bereits seit 1397 bestand. Die Berlin-Stettiner Eisenbahn (1843) führte in 8 km Entfernung an Gartz vorbei, eine Stichbahn (1913) verband Gartz mit Tantow, 1945 demontiert. Erst 1929 entstand eine Hängebrücke, die 1945 zusammen mit dem Stadtkern vernichtet wurde. Bis 1989 lag Gartz in einem toten Winkel an der Grenze zu Polen und hatte keine wirtschaftlichen Entfaltungsmöglichkeiten.

Bauwerke: Von der Stadtwehr blieb das *Stettiner Tor*, 26,30 m hoch, mit reicher Blendengliederung erhalten. Der *„blaue Hut“*, ein 23,10 m hoher Mauerturm, dessen Spitze mit tiefblau glasierten Ziegeln bedeckt war, wurde 1945 zerstört.

Stadtkirche *St. Stephan* (1259), ein Granitquaderbau, in der 2. Hälfte des 14. Jh.s und Anfang des 15. Jh.s zu einer dreischiffigen Hallenkirche umgebaut, mit Sterngewölben in Chor und Mittelschiff. Der Turm hatte eine achteckige spätbarocke Haube. 1945 bis auf die Außenmauern zerstört; teilweiser Wiederaufbau – der Chor ist für den Gottesdienst wiederhergestellt.

Garz, Kreis Rügen. 2000 Einwohner (1990). Das Ackerbürgerstädtchen liegt im südlichen Niederrügen. In Anlehnung an einen Burgwall hat sich Garz mit etwa dreieckigem Grundriß entwickelt. Der Markt ist nur eine Verbreitung der Langen Straße. Die Stadt hat sich kaum über ihren alten Umfang ausgedehnt.

Im Garzer Moor fand man zwei angeschnittene Rentiergeweihstangen aus dem 9. Jahrtausend v.Chr. Der in Süden von Garz angrenzende Burgwall „Charenza“ war rügischer Fürstensitz. 1168 zerstörten König Waldemar I. von Dänemark und Bischof Absalom von Roskilde den Tempel der Kriegsgötter Rugevit und Porevit und des Friedensgottes Porenut auf dem Burgwall; dafür erbauten sie die Kapelle „St. Marien auf dem Wall“. Herzog Bogislaw II. und Herzog Kasimir II. von Demmin zerstörten 1199 den Burgwall, der 1207 wieder Sitz der regierenden Fürsten von Rügen war. Im „castrum Garchen“ wurde 1234 die Gründungsurkunde von Stralsund ausgestellt. Seit 1240 entstand nordöstlich der Burg eine deutsche Siedlung (neben dem wendischen „Wendorf“), der 1316/17 Fürst Wizlaw III. Stadtrecht verlieh. Erst 1900 wurden die beiden Gemeinden vereinigt. 1896 stellte die Rügische Bahn eine Eisenbahnverbindung her – nach 1945 demontiert. Die Universität Greifswald gründete 1930 das erste Diabetikerheim Deutschlands in Garz.

Bauwerke: Stadtkirche *St. Petrus* (Mitte 14. Jh.), 1396 geweiht. Der Westturm von 1450 trägt einen Barockhelm; der östliche Teil im 15.–16. Jh. angebaut, der Chorbau erst 1741. Der Hauptaltar von 1724 kommt aus der Werkstatt Elias Keßlers, Stralsund. Eine Mosesfigur trägt den barocken Kanzelkorb (1707–08). In dieser Kirche wurde E. M. → Arndt getauft und konfirmiert. Viele der Bürgerhäuser stammen aus der Zeit des großen Stadtbrandes von 1765.

Gaudecker, Rita von, Schriftstellerin. * 1879 in Molstow, Kreis Greifenberg, † 1968 in Allmendingen. geb Freiin v. Blittersdorf; seit 1914 war sie Leiterin der Jugendhilfe des Kapellenvereins. Sie lebte nach ihrer Heirat mit Kapitänleutnant z. See Gerhard v. Gaudecker in Kiel und Wilhelmshaven, 1919–45 in Deep, Kr. Greifenberg. Sie gründete und verwaltete drei Kinderheime für bedürftige und elternlose Kinder an der Ostsee. 1945 floh sie nach Holstein und siedelte 1950 nach Allmendingen über. Für ihre Kinderarbeit schrieb sie viele Bücher, u. a. „Unter der Molstower Linde“, „Meine kleine Laterne“, „Weg aus der Einsamkeit“, „Lieder der Küste“. Nach ihr benannt ist der „Helferbund Rita v. Gaudecker“, der Menschen in Mittel- und Ostdeutschland hilft.

Geduldflaschen; Schnitzereien oder Klebearbeiten aus Holz, Papier und anderen Materialien werden durch den Hals einer Glasflasche gebracht und dann zusammenge-

Geduldflasche

setzt oder mit Fäden verbunden und in der Flasche durch Zug auseinandergefaltet. Diese große Geschicklichkeit und Geduld erfordernden Werke der Volkskunst wurden vorwiegend von Fischern und Matrosen angefertigt. In Vorpommern wurden Landschaften, Städte und Schiffsmodelle in die Geduldflasche gebracht. In Mittel- und Ostpommern traten neben den Seefahrtsmotiven auch religiöse Motive auf, bevorzugt waren Kreuzigungsdarstellungen und Christus mit den Marterwerkzeugen.

Gehlen, Adolf Ferdinand, Chemiker. *1775 in Bütow, † 1815 in München. In Königsberg ließ er sich beim Hofapotheker und Prof. K. G. Hagen zum Apotheker ausbilden. In Berlin gab er 1803–06 das „Neue Berliner Jahrbuch für die Pharmazie" und das „Neue allgemeine Journal der Chemie" heraus. 1806 Promotion in Halle, wurde Privatdozent am Institut von J. Ch. Reil. 1807 wurde Gehlen als „akademischer Chemiker" an die Akademie der Wissenschaften in München berufen. Hier entwickelte er u. a. Farben für die Nymphenburger Porzellanmanufaktur. Seine Forschungen mit Blausäure und Arsenverbindungen untergruben seine labile Gesundheit. Er war weithin als wissenschaftlicher Berater bekannt und geschätzt. Gehlen war auch Mitbegründer des „Pharmaceutischen Vereins in Baiern". Nach ihm ist ein an der Monzoniinstrusion am Fassatal in den Dolomiten gefundenes, weißes bis grünlichgraues Kontaktmineral, der Gehlenit, benannt. In der Metallverhüttung spielte es eine wichtige Rolle. Seine Kenntnisse von acht lebenden Sprachen machten ihn zu einem idealen Übersetzer fremdsprachlicher chemischer Veröffentlichungen und führte so zu einem grenzüberschreitenden wissenschaftlichen Meinungsaustausch. Kurz nach seinem Tode erschien sein erster Band „Repertorium der Pharmacie" (1815).

Gell Ort. Etwa 1 km nordwestlich vom Kap → Arkona liegt im Gell Ort der nördlichste Punkt → Rügens; auf dem zum Teil bewachsenen Geröllstrand markiert der „Söbenschniedersteen", ein Findling von ca. 61 cbm und ca. 165 t, diesen Punkt. Er liegt exakt 13° 25' 49" östlich von Greenwich, 54° 41' 0" nördlicher Breite. Ein schmaler Trampelpfad führt von den Leuchttürmen zum Gell Ort.

Gentzen, Gerhard Karl Erich, Mathematiker. * 1909 in Greifswald, † 1945 in Prag. Schüler von H. Weyl und D. Hilbert, wurde 1942 Dozent in Göttingen, ab 1943 an der Deutschen Universität in Prag. Seine Forschung setzte das Hilbertsche Programm für den Aufbau der Mathematik fort. 1936–38 bewies er die Widerspruchsfreiheit der axiomatischen Zahlentheorie, daneben bewies er den Hauptsatz der Gentzschen Kalküle der Quantorenlogik.
Werke: „Untersuchungen über das logische Schließen" (1934), „Die Widerspruchsfreiheit der reinen Zahlentheorie" (1936).

Geologie. Oberflächlich betrachtet scheint sich die Geologie Pommerns im Formenschatz des Pleistozäns, d. h. der → Eiszeit zu erschöpfen. Ein großer Endmoränenzug er-

Gell Ort

streckt sich durch Hinterpommern, Sander wurden an seiner Außenseite abgelagert. An seiner Innenseite lassen sich Grundmoränen und Sander von Eisrandstauseen finden. Die Kreideklippen von Rügen, die Jurakalke von Zarnglaff und die Solen von Greifswald und Kolberg lassen aber auf einen vielgestaltigeren Untergrund schließen. Bohrungen während der letzten Jahrzehnte brachten einigen Aufschluß über den voreiszeitlichen Untergrund.

Die wichtigste geologische Grenzlinie verläuft von Nordosten nach Südwesten quer durch Hinterpommern, von Köslin bis östlich Neustettin, die als Südwestgrenze des Baltischen Schildes anzusehen ist, der hier allmählich abtaucht. Nach Südwesten schließt sich in herzynischer Richtung eine Bruchzone, die Hinterpommersche Staffelzone, an. Bis in die Eiszeit war diese Zone sehr labil. Es gab wiederholt Senkungen und Hebungen, verbunden mit Zerbrechen des Gesteinsuntergrundes, z. B. war der nördliche Teil Rügens während des Silurs, vor 400–450 Million Jahren, ein Höhengebiet. Im Devon und Karbon erfolgte eine Absenkung mit Ablagerungen von bis zu 2000 m mächtigen Sedimentschichten, auf denen die Salz-Sedimente der Permzeit liegen. Die nachfolgenden Ablagerungen brachten das Salz in Bewegung, es begann in einzelnen Diapiren (Salzstöcke) aufzusteigen und die aufliegenden Sedimente emporzuwölben; an ihren Rändern wurde bei Grimmen, bei Cammin, bei Schneidemühl Erdöl und Erdgas erbohrt. Große Geosynklinaltröge entlang der Grenzlinie wurden mit Kreidemassen (700–1000 m mächtig) aufgefüllt, von denen auf Rügen nur die obersten 60–80 m herausragen. Im Tertiär erfolgten von der Nordsee her Meereseinbrüche, d. h. der Untergrund senkte sich ab. Die letzten Hebungen und Senkungen während des Pleistozäns gaben den skandinavischen Eisströmen ihre Fließrichtung.

Geologische Landessammlung von Pommern, untergebracht im Geologischen Institut der Ernst-Moritz-Arndt-Universität in Greifswald. 1908 eröffnete sie Prof. Otto Jaekel im geologisch-mineralogischen Institut, deren Grundstock Prof. Wilhelm Deecke, der „Vater der Geologie Pommerns" und Autor der „Geologie von Pommern", gelegt hat. Prof. Serge v. Bubnoff erweiterte sie unter anderem um die geologische Reliefkarte Pommerns. 1976 wurde die Sammlung, die jetzt auch zahlreiche Bohrkerne der Erdölsuche enthielt, als „Geologische Landessammlung der drei Nordbezirke der DDR" eröffnet; seit 1989 heißt sie wieder Geologische Landessammlung von Pommern. Gegliedert ist die Geologische Landessammlung in die Abteilungen Historische Geologie, Geschiebekunde und Lagerstättenkunde. Vitrinen mit Mineralien und Fossilien, Karten und Schaubilder geben dem Besucher einen Einblick in die Geologie ganz Pommerns.

George, Heinrich, Schauspieler. Pseudonym für Heinz Georg Schulz. * 1893 in Stettin, † 1946 in Sachsenhausen. Gegen den Willen des Vaters begann er sein Schauspielstudium. Nach erstem Engagement in Frankfurt a. M., dem seine erste Rolle, noch vor 1914, am Sommertheater in Kolberg für 35 Mark Monatsgage vorausging, kam er 1921 ans Deutsche Theater in Berlin. 1923 begegnete er am Staatstheater dem Regisseur Jürgen Fehling, mit dem ihn eine lebenslange Freundschaft verband. 1930 spielte er den Götz von Berlichingen, seine Partnerin als „Adelheid", Berta Drews, wurde seine Frau. 1936–44 war er Intendant des Schillertheaters in Berlin. Neben seinen Helden- und Charakterrollen, u. a. den Götz und den Richter von Zalamea, wirkte er in bedeutenden Filmen mit, z. B. in Metropolis und Berlin Alexanderplatz. Seinen größten Erfolg hatte er im Film „Der Postmeister" (1940, nach Puschkin). 1945 fand die Premiere seines letzten Films, „Kolberg", im bereits von Russen eingeschlossenen Kolberg statt. Heinrich George wurde extra dazu eingeflogen. Nach Kriegsende wurde er von den Russen verhaftet und in die Lager Hohenschönhausen und Sachsenhausen gebracht, wo er an einer Blinddarmentzündung starb.

Georgi, Johann Gottlieb, Botaniker. *1729 in Wachholzhagen, Kreis Greifswald, † 1802 in St. Petersburg. Nach Studium in Upsala war Georgi Apotheker in Stendal. 1770 wurde er an die Petersburger Akademie der Wissenschaften berufen und von der Zarin Katharina II. zum Professor ernannt. Er nahm an zahlreichen Expeditionen innerhalb Rußlands teil. Wegen seiner Forschungsergebnisse verlieh ihm die Zarin eine goldene Medaille und 300 Dukaten. 1783 wurde er Mitglied der Königlich Preußischen Akademie der Wissenschaften und der Kaiserlichen Russischen Akademie der Wissenschaften. Der Berliner Botaniker Wildenow benannte zu Ehren Georgis eine amerikanische Blume „Georgine", heute als Dahlie bekannt.

Gerstenberg, Otto, Mathematiker und Versicherungsfachmann. *1848 in Pyritz, † 1935 in Berlin. Studium der Mathematik. 1873 trat er in die „Allgemeine Eisenbahn Versicherungs Gesellschaft", der späteren „Victoria zu Berlin", ein. 1888 wählte ihn der Aufsichtsrat zum Direktor, 1901 zum Generaldirektor. Gerstenberg führte ins Versicherungswesen die Lebens- und Unfallversicherung mit Prämiengewähr und das System der steigenden Dividenden also eine Form der Gewinnbeteiligung ein. 1889 hatte er auch die Lebenslängliche Verkehrsmittel-Unglück Versicherung mit einmaliger Prämienzahlung entwickelt. Er schuf 1892 die Volksversicherung als Lebensversicherung für jedermann. 1904 gründete er die Victoria Feuer Versicherung A. G. Neben seiner Berufstätigkeit gelang es ihm, die vollständigste Sammlung der Grafiken von Toulouse-Lautrec aufzubauen.

Gesichtsurnen. In Garzigar, Kreis Lauenburg, wurden eine Reihe von bronzezeitlichen Urnen (800–200 v.Chr.)gefunden, die an ihren Hälsen plastisch herausgebildete Ohren und Nasen, zuweilen auch Münder und Augen tragen. An einigen Urnen waren Bronzeringe durch die Ohren gezogen; eine hatte eine Bronzespirale als Halsschmuck umgehängt. In ihnen wurden die Brandreste der Toten beigesetzt. Ihr Verbreitungsgebiet erstreckt sich von der Persante bis in die Weichselniederung, wobei der Kreis Lauenburg besonders reich an Funden ist. Um 300 v.Chr. begannen die Hersteller der Gesichtsurnen, der Lausitzer Kultur zugehörig, nach Süden abzuwandern.

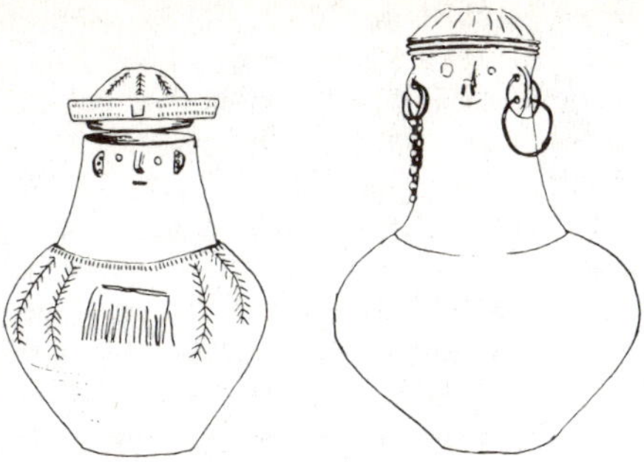

Gesichtsurnen

Giebelbrett. Besonders verziertes Brett am Firstende eines Stroh- oder Reetdaches. Diese Stellen des Daches mußten besonders vor Witterungseinflüssen geschützt werden. Die Giebelbretter gab es in zwei Formen: die sich kreuzenden und die senkrecht in der Fuge befestigten, die z. T. mit Tulpen und Blütenkelchen oder mit Herzen und Kreuzen verziert waren. Die meisten Giebelbretter stammen aus dem 19. Jh., gehen aber in ihrer Form auf ältere Vorbilder zurück.

Gierke, Otto von, Jurist. * 1841 in Stettin, † 1921 in Berlin. Nach Rechtsstudium in Berlin und Heidelberg lehrte er deutsches Recht in Berlin (1867), Breslau (1872), Heidelberg (1884) und Berlin (1887). Das Hauptaugenmerk seiner Rechtsforschung galt der Genossenschaft, die er als eine Gesamtperson verstanden wissen wollte, die „das Fürsichsein der Individuen in einem bestimmten Bereich überwindet und durch Verbundenheit ersetzt". Sein Idealbild des Staates war der genossenschaftlich organisierte Verband freier Bürger, wie ihn das ältere deutsche Recht vor der Einführung des römischen Rechts kannte. Sein Bemühen war es, diesem Recht im BGB und in der Staatslehre Geltung zu verschaffen. Sein lebenslanges Streben war, dem Volk wieder seine Rolle als Träger des Rechts klar zu machen, es an Gesetzgebung und Rechtsprechung zu beteiligen.
Werke u. a.: „Das deutsche Genossenschaftsrecht" (1868–1913), „Der Entwurf eines bürgerlichen Gesetzbuchs und das deutsche Recht" (1889), „Die soziale Aufgabe des Privatrechts" (1889).

Gilly, Friedrich, Baumeister. * 1772 in Altdamm, † 1800 in Karlsbad. Sein Vater, David, war in Stettin Baudirektor von Pommern; 1788 Übersiedelung nach Berlin und Studium der Baukunst bei Langhans und Erdmannsdorf. Studienreisen nach Frankreich und England (1797). 1798 wurde er Professor an der Berliner Bauakademie – sein bedeutendster Schüler war K. F. Schinkel. Seine Entwürfe für ein Denkmal Friedrichs d. Gr. (1796) und ein Nationaltheater (1800) machten ihn zum führenden Baumeister des deutschen Klassizismus und zum Begründer des modernen Theaterbaus. Seine Zeichnungen der Marienburg weckten das Interesse an mittelalterlichen Baudenkmälern – in denkmalpflegerischem Sinne. Seine Entwürfe konnte er wegen seines frühen Todes nicht ausführen.

Gingst, Kreis Rügen, 2400 Einwohner (1990). Der Marktflecken, ein erweitertes Angerdorf, liegt im Nordwesten Niederrügens, inmitten eines landwirtschaftlich intensiv genutzten Gebietes (Saatzuchtbetriebe). Das Ortsbild wird durch Fachwerkhäuser mit Reetdächern des 18. und 19. Jhs geprägt. Fürst Wizlaw I. überwies 1232 der Kapelle in Garz eine Rente aus dem Krug von „Ghynxt". Seit 1503 war Gingst „oppidum" ohne Stadtrecht. 1779 organisierte Praepositus Picht die Innung der Damastweber, nachdem er 1774 die Leibeigenschaft für das Kirchgut aufgehoben hatte.
Bauwerke: Pfarrkirche *St. Jakobus* (um 1300), Backsteinhallenkirche, um 1400 wurde an den Chor ein dreischiffiges Langhaus angebaut, dem nach 1450 der blendengegliederte Turm angefügt wurde; im 18. Jh. erhielt er eine achteckige Haube. Ein Blitzschlag beschädigte 1699 die Kirche schwer, die Gewölbe stürzten ein, erst 1725 wurde eine stuckverzierte Flachdecke eingezogen. Die Ausmalung von 1963 lehnte sich an Reste der mittelalterlichen und barocken Bemalung an. Der Hochaltar, 1776, hat als Mittelbild die

Gingst

Himmelfahrt Christi, 1796 erhielt er im Obergeschoß eine Uhr. 1790 fertigte Christian Kindt aus Stralsund die Orgel, deren Werk noch annähernd erhalten ist. Kanzel, Beichtstühle und Taufe stammen von etwa 1725.

Gliewe, Siegfried, Schriftsteller. * 1902 in Stolp, † 1982 in Felde bei Kiel. Als 15jähriger Militärdienst an der Ostfront. Lehrerausbildung in Bütow und Pyritz, 1922–26 Studium in Berlin und Greifswald; war Lehrer im Land- und Stadtkreis Stolp; nach 1945 in Laboe, Schleswig-Holstein. Schon in Stolp begann er zu schreiben; es entstanden Gedichte, Erzählungen, Romane, Hörspiele und Beiträge für Heimatbücher.
Werke: u. a. „Die Kiste, die aus der See kam" (1944), „Meeresstrand – Küstenland" (1964), „Pommersches Kalendarium" (1958), „Das ewige Licht" (ein Krippenspiel), „Wintermärchen" (ein Weihnachtsspiel), „Schimmel und Schnabbock" (ein Hörspiel).

Göhren, Kreis Rügen, 1800 Einwohner (1971). Das Ostseebad liegt auf dem bewaldeten Göhrener Inselkern (bis 60 m über NN) dem Göhrenschen Höft, auf der Halbinsel → Mönchgut. Im Osten des Ortes schließt sich die Halbinsel Nordperd mit malerischen Steilabfällen, vorgelagertem Blockstrand mit → Buskam an. Nördlich und südlich von Göhren erstrecken sich Nord- und Südstrand. Eine Kleinbahn, „Rasender Roland", stellt die Verkehrsverbindung nach → Putbus her.
Göhren gehörte zu den Orten, die Fürst Jaromar II. 1276 dem Kloster → Eldena verkaufte. 1877 wurde Göhren Badeort. Seit 1899 hat die Rügensche Kleinbahn hier ihre Endstation. 1901 kamen bereits 6800 Kurgäste nach Göhren. In einem stattlichen, reetge-

Göhren

deckten Bauern-, Fischer- und Lotsenhaus (1. Hälfte 19. Jh.), wurde 1963 das Heimatmuseum eröffnet, dem das Museumsschiff „Luise" (1982), das „Rookhaus" und der Museumshof angegliedert wurden. In ihm wird die Entwicklung und Eigenständigkeit des Mönchguts gezeigt.

Goerdeler, Carl Friedrich, Politiker. * 1884 in Schneidemühl, † 1945 in Berlin-Plötzensee. Nach der Verwaltungsausbildung war er 1920–30 zweiter Bürgermeister von Königsberg und 1930–37 Oberbürgermeister in Leipzig. Daneben war er 1931–32 und 1934–35 Reichskommissar für Preisüberwachung. Mit Hitlers Machtübernahme wuchs zunehmend sein Widerstand zum Nationalsozialismus. Während des 2. Weltkrieges wurde er zum führenden Politiker des nichtkommunistischen Widerstandes; für den Fall eines Sturzes Hitlers war er für das Amt des Reichskanzlers vorgesehen. In mehreren Denkschriften entwickelte er Richtlinien zur Wiederherstellung des Rechtsstaates; dazu Verfassungsmodelle, in denen er das parlamentarische System mit starker Regierungsgewalt mit einem System der Selbstverwaltung verband. Nach dem Stauffenberg-Attentat am 20. 7. 1944 floh er nach Westpreußen, wurde erkannt, verhaftet und zum Tode verurteilt.

Götzendorf-Grabowski, Adam Stanislaus, Bischof. * 1698 in Grabau, Kreis Schlochau, † 1766 in Heilsberg. Studium der Rechtswissenschaften, nach kurzer Tätigkeit in Schöneck bei Dirschau widmete er sich der Verwaltung seiner Güter. Begann das Theologiestudium und wurde 1730 in Warschau zum Priester geweiht. Er wurde Domherr in Leslau und Lemberg. Am polnischen Königshof war er mit der Herausgabe der Gesetzbücher beschäftigt. 1732 wurde er Weihbischof in Posen und Domherr von Gnesen. Papst Klemens XII. ernannte ihn 1736 zum Bischof von Kulm, er blieb es bis 1739, wurde dann bis 1741 Bischof von Leslau; daneben stand er in ständigem Dienst am Königshof in Warschau. Als das Bistum Ermland vakant wurde, bewarb er sich und wurde 1741 zum Bischof von Ermland und Samland gewählt; damit war er auch weltlicher Herr des Ermlandes, erhielt den Titel „Präsident des Landes Preußen" und war so deutscher Reichsfürst. Während seines Pontifikats setzte er sich für das Wohlergehen seiner Untertanen ein, förderte die kirchliche Kunst und als der polnische König die Rechte der Deutschen im Ermland beschneiden wollte, setzte Götzendorf-Grabowski sich energisch zur Wehr und verteidigte die ermländischen Freiheiten. Zu ihrem Schutz erließ er 1766 die Landesordnung für das Ermland, seine letzte Regierungstat zum Wohle des Ermlandes.

Gohrband, Erwin, Chirurg. * 1890 in Schlawe, † 1965 in Berlin. Nach medizinischem und theologischem Studium war er 1919 Arzt an der Charité in Berlin. 1928 wurde er Professor und leitete von 1928–58 das Krankenhaus Moabit in Berlin; seit 1955 Professor an der Technischen Universität Berlin. Seine Hauptarbeitsgebiete waren die Chirurgie der Kinder (er gewann internationales Ansehen wegen seiner Herzoperationen an „Blausuchtkindern"), die Chirurgie des vegetativen Nervensystems, der Gallenwege und der Blutgefäße.
Werke u. a.: „Chirurgische Krankheiten im Kindesalter" (1928, Mitautor), „Chirurgische Fragen der Kinderheilkunde in der Praxis" (1936).

Gollen *(Góra Chełmska).* Östlich von Köslin steigt aus der Küstenebene der 137 m hohe Gollen auf. Geologisch gesehen besteht er in seiner Hauptmasse aus tertiären Sanden, vor allem miozäne Quarzkiese, die an seinem Fuß von pleistozänen Schichten überlagert sind. Bei einer Braunkohleprospektion (1902) wurden unter der Tertiärschicht, in 100 m Tiefe, pleistozäne Geschiebe erbohrt. Der Gollen scheint eine der gewaltigsten Schollen zu sein, die von Eis bewegt wurden. Sie sinkt gegen Zanow im Osten langsam ab. Ein anderer Erklärungsversuch bringt den Gollen in Verbindung

Gollen: Wallfahrtskirche (Rekonstruktion)

mit tektonischen Bewegungen, die den Landzusammenhang des Bornholmer Horstes mit Hinterpommern zerstörten.

Der vom Meer aus 20 Seemeilen Entfernung erkennbare Berg war bereits im 9.–12. Jh. besiedelt. 1214 wurde der „Cholin" dem Kloster Belbuck übergeben. Erstmals wird 1263 eine Pfarrkirche auf dem Gollen genannt. Um 1352 beginnen die ersten Wallfahrten zur St. Maria auf dem Berg. Dieser älteste Gnadenort für Reisende und Seeleute war gleichzeitig ein bedeutsames Seezeichen mit einem Richtfeuer. Ebenso führte die wichtigste Landverbindung der baltischen Länder mit Mittel- und Süddeutschland am Gollen vorbei. Die Reformation brachte die Aufhebung des Wallfahrtsortes, die Kapelle verfiel, um 1530 war sie zerstört. Eine große Wetterfahne an einem Baum ersetzte das Leuchtfeuer. Mit der Versandung des Tiefs zum Jamunder See, dem Kösliner Hafen, wurde das Seezeichen entbehrlich. K. F. Schinkel entwarf 1829 ein Kreuz für die Gefallenen von 1813–15. Sein Gollenkreuz verschwand nach 1945. 1888 entstand ein 31,50 m hoher Aussichtsturm mit Restaurant. Papst Johannes Paul II. hat bei einem Besuch (1991) die alte Wallfahrtstradition wiederbelebt.

Gollnow *(Goleniów),* Kreis Naugard. 19948 Einwohner (1983). Stadt an der → Ihna in der → Gollnower Heide. Die Altstadt hat einen elliptischen Grundriß mit gitterförmigem Straßennetz und rechteckigem Markt. Von der Stadtwehr sind Teile der Mauer und das Wolliner Tor erhalten. Die Vorstädte liegen um die Altstadt, in ihnen sind die wenigen Industriebetriebe (Baustoffe und Holzverarbeitung) verstreut. Die Zerstörungen des Zweiten Weltkrieges, besonders in der Innenstadt, sind durch große Miethäuser beseitigt. 1268 gründete Herzog Barnim I. die Stadt „Vredeheide" mit Magdeburger Recht. Die Bürger bevorzugten den Landschaftsnamen „Golinog". Herzog Otto I. gab der Stadt 1314 lübisches Recht. 1339 erhielt Gollnow Zollfreiheit auf der Ihna und der Peene. 1308 war Gollnow Mitglied der Hanse. Vor der Stadtmauer entwickelte sich die Kahnschiffervorstadt „Wiek". Bis ins 18. Jh. betrieb die Stadt einen ausgedehnten Korn-, Holz- und Salzhandel. 1383 erhielt Gollnow das Recht „Weißpfennige" zu prägen und das erforderliche Silber anzukaufen. Gollnow konnte jederzeit die Ihna für flußaufwärts fahrende Schiffe sperren; Stargard erkaufte mit hohen Summen eine freie Durchfahrt. 1595 konnte sich Gollnow eine Mädchenschule leisten. Die schwedische Besetzung 1630–1720 zerstörte die Wirtschaft der Stadt. Die Preußische Staatsbahn schloß 1882 Gollnow mit der Strecke Altdamm–Gollnow–Naugard—Kolberg ans Eisenbahnnetz an. 1892 eröffnete sie die Strecke Gollnow–Wietstock–Wollin bzw. Cammin. Dadurch erhielten Textilherstellung und Papiermühlen einen größeren Absatzmarkt, wurden aber durch die Näh- und Stecknadelfabrik (1811) und den Kupferhammer überflügelt. Die Nutzung der Gollnower Heide führte zur Gründung zahlreicher holzverarbeitender Betriebe. Nach 1945 wurde Gollnow Flughafen für Stettin und Zentrum der polnischen Möbelindustrie. 1945 brachte der Stadt schwerste Zerstörungen.

Bauwerke: Stadtkirche *St. Katharina* (15. Jh.), dreischiffige Hallenkirche. 1686 beim großen Stadtbrand schwer beschädigt, 1865–67 völlig umgebaut; der 82 m hohe Turm wurde 1882 angebaut. 1945 stürzten nach dem Brand die Gewölbe ein, die Kirche ist heute wieder aufgebaut. Das *Rathaus* (18. Jh.) und die *St. Georgskirche* im Wiek wurden 1945 vernichtet.

8 Die Ruine des Klosters Eldena bei Greifswald

9 *Blick auf die Stadtkirche von Gollnow*

10 Dorfstraße in Freest, in der die pommerschen Fischerteppiche geknüpft werden

11 Ländliche Idylle in Pommern: Landweg bei Funkenhagen

12 Blick auf die Marienkirche in Greifenberg

13 Schloß Granitz auf Rügen, Jagdschloß des Fürsten Malte I. von Putbus

14 Blick in das fürstliche Speisezimmer auf Schloß Granitz

15 Greifenberg: Blick über die Rega zum Pulverturm

16 Die Marienkirche am Marktplatz von Grimmen

17 Die St. Nikolaikirche in Greifenhagen

Gollnower Heide *(Puszcza Goleniówska).* Östlich des → Dammschen Sees, zu beiden Seiten der → Ihna bis in den Staatsforst Stepenitz hinein dehnen sich nacheiszeitliche Talsandflächen mit eingestreuten Mooren aus. Der Wind wehte den Sand zu Binnendünen zusammen. Mit der Klimaverbesserung breitete sich eine unzugängliche Waldwildnis, „Golinog“, aus, die im Süden in den Urwald am → Madüsee überging. Die Kolbatzer Äbte bezeichneten diese Landschaft als „desertum“ – Wüste.

Die Erschließung der Gollnower Heide begann schon 1274 mit Lübzin am Dammschen See. Bei Christinenberg entstanden zwei wendische Dörfer, die bald eingingen. Nördlich von Gollnow wurde Schmiedeberg gegründet, das im 30jährigen Krieg wüst wurde. Erst unter den Königen Friedrich Wilhelm I. (um 1738) und Friedrich II. (1748–50) begann die systematische Erschließung der Gollnower Heide. Das Moor „Großes Gelüch“ wurde 1770 trocken gelegt; im 19 Jh. setzte mit der Aufforstung mit Kiefern eine planmäßige Waldwirtschaft ein. Nach 1945 fielen weite Teile dem Stettiner Flughafen zum Opfer.

Golm. Südwestlich von → Swinemünde erhebt sich die mit 50 m über NN höchste Erhebung der Insel → Usedom. Die Stauchendmoräne ist mit einem Buchen- und Traubeneichenwald bedeckt. Bereits in prähistorischer Zeit stand hier eine Burg der → Lausitzer Kultur, d. h. der jüngsten Bronzezeit, etwa 750–500 v.Chr. Sie gehörte zur Burgenkette der Nordillyrer entlang der Oder von Schöningen über Stettinn zum Golm. 1945 wurde er für über 25000 Opfer des Bombenangriffs auf Swinemünde – vorwiegend Flüchtlinge aus Hinterpommern – zur letzten Ruhestätte.

Golm: Mahnmahl der Kriegsopfer

Goten. Bedeutendes Volk der östlichen Germanen, das seit dem 3. Jh. v.Chr. von Skandinavien in den unteren Weichselraum einwanderte. Als polyethnischer Stammesverband dehnten sie ihr Siedlungsgebiet in Hinterpommern bis zur Persante aus und drängten dabei die → Burgunder nach Westen und Süden ab. Bis etwa 300 n.Chr. wohnten sie westlich der Weichsel, östlich lebten die Gepiden, Träger der masowischen Fundgruppe, deren Bestattungen ohne Waffenbeigaben für sie typisch sind. Die Goten trieben mit gallischen und rheinischen Gebieten im Westen einen schwungvollen Handel. Handelsgüter waren Bernstein, Pelze und Frauenhaar. Römische Waren, darunter viele Münzen, kamen an die Ostsee. Im 2. und 3. Jh. n.Chr. begannen sie mit ihrer Südwanderung zum Schwarzen Meer, wo sie sich um 290 in West- und Ostgoten teilten. Im 6. Jh. hören die gotischen Funde in Pommern auf, d. h. die letzten Reste der Stämme waren abgezogen und gaben den → Ostseeslawen Raum.

Grabau *(Grabowo),* Kreis Schlochau. 595 Einwohner (1939). Das Gutsdorf liegt auf der Sanderfläche östlich von Baldenburg. 1374 kam Grabau in den Besitz eines Götzendorfes. 1721 gab Andreas Theodor von Götzendorf-Grabowski, Burggraf von Kulm und Vater des Bischofs Adam Stanislaus → Götzendorf-Grabowski, die Dorfkirche, die fast 200 Jahre den Protestanten als Gotteshaus gedient hat, den Katholiken zurück. 1801–12 wohnte Vikar König aus Flötenstein in Grabau; zu seiner Pfarrei gehörten noch Baldenburg, Eickfier und Groß Wittfelde. Die Kirche mußte 1827 wegen Baufälligkeit abgebrochen werden. 1864 wurde die katholische Gemeinde für erloschen erklärt.

Grabdenkmal. Die Grabdenkmäler in Pommern waren ursprünglich wegen des Waldreichtums aus Holz, sind aber wegen der Vergänglichkeit des Materials weitgehend verloren. Bis ins 20. Jh. hatten sich Reste dieser Volkskunst erhalten. Im Kreis Greifenberg standen auf einigen Friedhöfen Stelen aus schweren Eichenbohlen, die oben mit einer reichen Bekrönung abschlossen; je mehr sich seit dem 18. Jh. das steinerne Grabdenkmal durchsetzte, versuchte man dessen Formen in Holz nachzuahmen. In Jamund war das Grab von einem Holzkasten eingefaßt, an dessen Kopfseite eine barocke Bekrönung aufgesetzt war. Die Langseiten waren mit Blumen und Herzen bunt bemalt. Die steinernen Grabdenkmale wurden von den Städten aus verbreitet, z. T. haben die Küster sich als Steinmetze betätigt. Auf Rügen gibt es sie als Stelen, deren oberer Teil ein Flachrelief oder eine Ritzzeichnung von christlichen Symbolen, Schmetterlingen, Ähren u. a. ziert; sie waren häufig bunt bemalt.

Grabwange

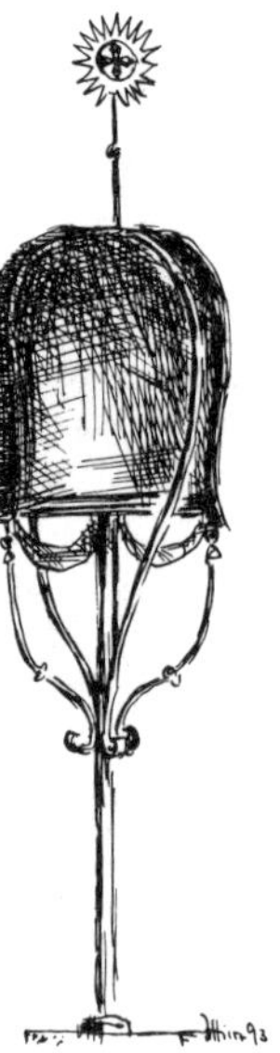

Kaschubenkreuz

Die Grabstelen auf dem Darß, mit ihren Darstellungen von Schiffen, weisen nach Nordfriesland hin. Daneben wurde auch Eisen zu Grabdenkmalen verarbeitet. Die schmiedeeisernen Grabkreuze sind mit Tulpen, Herzen und Ankern von weniger kunstfertigen Dorfschmieden gefertigt worden. Im Kreis Anklam waren sie besonders kunstvoll geschmiedet. Im Kreis Bütow gab es schmiedeeiserne Grabdenkmale, sogenannte „Kaschubenkreuze", die die Form eines griechischen Omegas hatten, das auf einem Eisenstab stand und von einer Sonne überragt war. Mit dem Aufkommen der Marmorgrabdenkmale verschwanden die alten Formen.

Grabow *(Szczecin Grabowo)*, Groß Stettin; unmittelbar im Norden der Stadt. Der Ort gehörte zu den ältesten Besitzungen des Zisterzienserinnenklosters in Stettin (1243). 1278 wird ein Weinberg in Grabow genannt – der älteste Weinbau Pommerns. Herzog Barnim III. gründete 1360 die Kartause „Gottesgnade"; an der Schöpfung ihres Hochaltares soll er als Bildschnitzer mitbeteiligt gewesen sein. Nach der Säkularisation (1538) baute Herzog Barnim IX. das Kloster in sein

Lustschloß „Oderburg“ um; während des 30jährigen Krieges zerstört und abgebrochen. Altar und Kanzel der Klosterkirche konnten in die Kapelle des Jagdschlosses → Friedrichswalde gerettet werden. 1847 erhielt Grabow das Marktrecht und 1853 wurde es zur Stadt erhoben. Noch 1861 gehörte Grabow zum Pfarrbezirk von St. Peter und Paul in Stettin. Die Friedenskirche wurde erst 1890 erbaut. Am 1. 4. 1900 wurde die Stadt Grabow nach Stettin eingemeindet.

Grabow *(Grabowa).* Der Fluß entspringt in 180 m über NN im Wockminsee, Kreis Schlawe, und mündet nach 75 km unterhalb von → Rügenwalde in die → Wipper. Bis in die Gegend von Krangen hat sie ein beträchtliches Gefälle, fließt dann in einem weiten Wiesental nach Norden. Bei Altenhagen zweigt der linke Mündungsarm in den Bukkower See ab, der Hauptarm fließt zur Wipper. 1287 schlossen in Malchow, „an einem Fluß, der gemeinhin Wtra genannt wird“ (heute Grabow), Herzog Mestwin II. von Pomerellen und Bischof Hermann von Gleichen ein Verteidigungsbündnis ab.

Grade, Hans, Flugpionier. * 1879 in Köslin, † 1946 in Borkheide/Brandenburg. Nach Ingenieurstudium an der TH Charlottenburg gründete er 1905 in Magdeburg ein Motorenwerk; er beschäftigte sich intensiv mit dem Flugzeugbau. Seine ersten Flugversuche unternahm er 1908, zunächst mit einem Dreidecker. Mit dem ersten Motor-Eindekker, dem Grade-Eindecker, überflog er 1909 in 8 m Höhe eine Strecke von 60 m; 1909 gewann er den mit 40000 Mark dotierten Lanz Preis der Lüfte. 1910 gründete er in Bork die Grade-Flugzeugwerke und eine Flugschule, in der er bis 1916 über 350 Flugschüler ausbildete. Sein Erfolg ließ ihn 1912 einen privaten Flugpostdienst einrichten. Nach dem Ersten Weltkrieg entwickelte er den ersten deutschen Kleinwagen, dessen Produktion 1919 begann. Die Inflation stoppte diese Entwicklung jäh.

Granitz. Eine zerrissene Endmoränenstaffel des Odergletschers bildet den Untergrund dieser südöstlichen Landschaft Rügens. Buchen- und Eichenwälder bedecken die Hügel. Mit → Binz und Sellin gehörte die Granitz den Fürsten von Putbus. In einem hohen, steilen Kliff fällt die Granitz zum steinigen Ostseestrand ab. Der kleine, einsame „Schwarze See“ ist von außerordentlicher Schönheit. Bis ins 19. Jh. war die Granitz, ca. 13 qkm groß, ein eingezäuntes Jagdgebiet der Fürsten von Putbus, und blieb so von Rodungen verschont. Auf dem höchsten Punkt, dem 107 m hohen Tempelberg, ließ Fürst Malte I. auf Putbus ein zinnengekröntes Jagdschloß errichten (1836–40). Der zweigeschossige, quadratische, verputzte Backsteinbau mit vier Ecktürmen erhielt 1844 einen 38 m hohen Turm – Entwurf von K. F. Schinkel. Das Schloß wird zu einem Jagdmuseum umgebaut.

Granow *(Granowo),* Kreis Arnswalde. 640 Einwohner (1939). Am 24. 7. 1627 überfielen die kaiserlichen Regimenter Merode und de la Trappola das von Schlesien nach Norden ziehende dänische Regiment Baudissin, das in Granow sein Hauptquartier hatte. Die Dänen wurden besiegt, 500–600 Tote waren zu beklagen, unter ihnen der kaiserliche Oberst Pechmann. Die von den Dänen mitgeschleppten Geiseln, u. a. die Grafen Johann Georg v. Mansfeld und Heinrich v. Dohna, wurden befreit. Elf Kompanien traten in kaiserlichen Dienst über. Damit war die Hoffnung von König Christian v. Dänemark zerschlagen, sich mit den Truppen Baudissin zu vereinigen, um so eine Wende im Krieg herbeizuführen.

Granzow, Klaus, Schriftsteller, Schauspieler. * 1927 in Mützenow, Kreis Stolp, † 1986 in Hamburg. Nach Gymnasialbesuch in Stolp wurde er 1943 als Marinehelfer eingezogen und geriet 1945 in russische Gefangenschaft. 1947 Vertreibung nach Hamburg. Schauspielstudium 1951; daneben schriftstellerische Tätigkeit, z. T. schrieb er in pommerschem Platt. 1964 erhielt er den Pommerschen Förderpreis für Kultur. 1964/65 spielte er zum ersten Mal beim Ohnsorg

Theater in Hamburg in „De hölten Deern", seit 1980 war er fest im Ensemble engagiert. 1965 veröffentlichte er das „Tagebuch eines Hitlerjungen". Ab 1968 war er Redakteur der Wochenzeitung „Kirche in Hamburg". 1971 begann er mit seinen großen Studienreisen nach Brasilien. Der Ostdeutsche Kulturrat verlieh ihm 1971 den ersten Preis im Hörspielwettbewerb für die Funkerzählung „Deutsche Auswanderer heute". Insgesamt hat er fast 400 Rundfunksendungen geschrieben und gesprochen. 1976 folgte der „Pommersche Kulturpreis". 1976–86 redigierte er den Almanach „Pommersches Heimatbuch". Eines seiner letzten Werke ist „Typisch Pommern" von 1982. Darüber hinaus stammen aus seiner Feder: „Der Schauspieler Gottes" (1960 in Lübeck uraufgeführt), „Berlin-Advent" (1962), „Bei uns im Dorf", „Grün ist das Tal am Rio Itajai".

Graßmann, Hermann, Mathematiker. * 1809 in Stettin, † 1877 in Stettin. Nach Theologiestudium beschäftigte er sich mit der Sprachwissenschaft und der Mathematik, wurde Gymnasiallehrer in Stettin. Seine mathematischen Arbeiten, mit denen er die Grundlagen der modernen Vektor- und Tensorrechnung legte, blieben zunächst unbeachtet. Darauf studierte er den Veda und stellte Sprachvergleiche an; dabei entdeckte er das Graßmannsche Gesetz: Es regelt die Dissimilation behauchter Anlaute aufeinanderfolgender Silben im Indischen und im Griechischen. Daneben sammelte er pommersche Volkslieder und publizierte Schulbücher.
Werke: „Die Wissenschaft der extensiven Größen oder die Ausdehnungslehre" (1844), „Gesammelte mathematische und physikalische Werke" (1894–1911), „Wörterbuch des Altindischen".

Grawitz, Paul, Pathologe. *1850 in Zerrin, Kreis Bütow, † 1932 in Greifswald. Studium in Halle und Berlin, wurde 1875 Assistent Rudolf → Virchows. 1884 begann seine Lehrtätigkeit in Greifswald; hier beschrieb er die „Grawitzsche Geschwulst" (Hypernephrom). 1887 wurde er Prof. für pathologische Anatomie. Seine Forschungsgebiete waren die krankheitserregenden Pilze, die er als erster in Reinkultur beobachtete, die Entzündungen und Geschwülste. Nach ihm sind die Grawitzschen Nierentumoren und die Grawitzschen Schlummerzellen benannt. In seinen letzten Lebensjahren beschäftigte er sich erfolgreich mit der Gewebezüchtung.
Werke u. a.: „Die Entstehung von Nierentumoren aus Nierengewebe" (1884), „Atlas der pathologischen Gewebelehre" (1893), „Anleitung zum Selbststudium der pathologischen Anatomie" (1919), „Geschichte der Medizinischen Fakultät Greifswald" (1806–1906).

Greifenberg *(Gryfice),* Kreisstadt. 15940 Einwohner (1983). Greifenberg liegt am westlichen Ufer der Rega. Die Altstadt hat einen ovalen Grundriß mit gitterförmigem Straßennetz und quadratischem Markt, 100 mal 100 m. Die Stadt erweiterte sich über die mittelalterliche Mauer nach Westen zum Bahnhof hin, darüber hinaus bis zur Siedlung West, eine weitere Stadterweiterung erfolgte über die Rega auf den Lübsower Berg hin. In diesen Vorstädten hat sich, durch die Eisenbahn- und Kleinbahnlinien begünstigt, Industrie angesiedelt (unter anderem Zuckerfabrik, Ofenfabrik, Kalksandsteinwerk, Sägewerke, Mühlen). Die Altstadt ist mit Neubauten nach 1945 zugebaut.
Herzog Wartislaw III. von Demmin gründete 1262 Greifenberg mit lübischem Recht und verlieh der Stadt 100 Hufen Land, von denen 20 der Lokator Jakob v. Trebetow erhielt. Erst 1264 erhielt die neue Stadt von Herzog Barnim I. ihren Namen „Griphenberch". 1365 trat Greifenberg der Hanse bei. Grundlage ihres Wohlstandes war das Recht auf freie Schiffahrt auf der Rega, das Anlaß zu einem Dauerstreit mit → Treptow und dem Kloster → Belbuck gab. 1386 wird die angeblich älteste Lateinschule Pommerns erwähnt. Im 18. Jh. dehnte sich die Stadt in der Camminer und der Trieglaffer Vorstadt aus; in Greifenberg existierte eine berühmte Lei-

Greifenberg: Steintor

nenweberei; um 1700 wurde der Seehandel eingestellt. Im 19. Jh. entstand die Neustadt. 1882 erhielt Greifenberg einen Eisenbahnanschluß mit der Strecke Altdamm – Greifenberg – Kolberg; 1896 – 1913 erschlossen die Greifenberger Bahnen (eine Schmalspurbahn), das Kreisgebiet. Seit 1900 wurden die Zucker-, Ofen- und Tonwarenfabriken gegründet. 1915 entstand eine neue katholische Gemeinde für 200 ortsansässige Katholiken und 2000 Wanderarbeiter. 1945 zündeten die Russen Teile der Altstadt an und zerstörten ca. 40 v. H. von der Stadt. 1947 wurde in Greifenberg eine Kleiderfabrik gebaut.

Bauwerke: Von der Stadtwehr sind Mauerreste, das *Hohe* und das *Steintor* sowie der 33 m hohe *Pulverturm* erhalten.

Stadtkirche *St. Marien* (Ende 13. Jh.), dreischiffige Backsteinhallenkirche. Im 14. Jh. war das Langhaus fertig. Am Turm sind zehn Skulpturen von Menschenköpfen (14. – 15. Jh.) zu finden. Der Stadtbrand 1658 zerstörte die Kirche völlig, 1668 war sie wiederhergestellt, die Gewölbe wurden erst 1913 eingezogen. Im 18. Jh. erhielt der Turm eine kupferne Barockhaube. Der barocke Hochaltar stammt von etwa 1700. Ein Kreuzigungsbild wird von spiralig gewundenen, mit Weinlaub bekränzten Säulen umrahmt. Die Figuren Christi, der Mutter Gottes und des hl. Johannes sind farbig gefaßt. Ein lebensgroßer Engel trägt den Kanzelkorb.

St. Georgskapelle ist spätgotisch; Altar (16. Jh.) mit gemalten Flügeln und einem Abendmahlsrelief.

Greifenberg, Landkreis, 765,28 qkm Gesamtfläche, 47806 Einwohner (1939). Der Landkreis erstreckt sich von der Ostsee vom Dünensaum über die versumpfte Küstenniederung in das Gebiet der Grundmoränen hinein. Von Süden nach Norden durchfließt den Kreis die Rega, ein mittelalterlicher Schiffahrtsweg, an dem die beiden städtischen Siedlungen Greifenberg und Treptow liegen. Der waldarme Landkreis wurde zu etwa 28 v. H. für die Wiesen- und Weidewirtschaft mit Milchviehhaltung genutzt. Entlang der Rega, auf ehemaligem Belbucker Klosterland, liegen vor allem die Bauerndörfer; Betriebe von 5 – 100 ha sind hier die Regel. Erst an der Westgrenze des Kreises treffen wir auf Rittergüter mit über 100 ha. 1925 gab es 14 Güter mit 500 – 1000 ha und 1 mit über 1000 ha, die etwa ein Drittel der Fläche bewirtschafteten. Anbaufrüchte waren vor allem Roggen, Hafer und Kartoffeln. Die Zuckerrüben wurden in der genossenschaftlichen Zuckerfabrik in Greifenberg verarbeitet. Entlang der Küste war die Küstenfischerei von einiger Bedeutung; in Rewahl waren 16, in Horst 25 und in Deep 26 Fischer beheimatet, die dem Fang von Flunder, Dorsch, Hering und anderen Fischen nachgingen. Sie konnten ihre Fänge in den benachbarten Bauerndörfern absetzen. Der Tourismus hat die Küstendörfer erobert. Rewahl begann 1827 als Badeort. 1937 kamen über 3700 Gäste nach Horst und Rewahl. Nach 1933 wurden in Kamp und Deep militärische Einrichtungen angelegt. Von den 32870 Beschäftigten waren 59 v. H. in der Land- und Forstwirtschaft, 26 v. H. in Industrie und Handwerk und 14 v. H. in Handel und Verkehr tätig. Der östliche Teil des Kreises gehörte ehemals dem Kloster → Belbuck, in ihm haben sich inselartig Reste der Volkskunst erhalten. Hier standen die alten → Vierkanthöfe der Abdü. In Deep wurde die Flach- und Kerbschnitzerei gepflegt, in Treptow hatte sich Weberei und der Blaudruck erhalten. Auf den Friedhöfen standen noch eichene Grabstelen. Bis Mitte des 19. Jh.s wurde noch die → Belbucker Tracht getragen.

Greifenhagen *(Gryfino)*, Kreisstadt, 17736 Einwohner (1983). Die Stadt liegt am rechten Ufer des östlichen Oderarms, der Reglitz, dort wo sich die Randhöhen des Odertals bis auf 4 km nähern. Die Altstadt, mit gitterförmigem Straßennetz und rechteckigem Marktplatz, auf dem die Stadtkirche steht, liegt auf einer Talsandterrasse. Sumpfwiesen beengten Greifenhagen im Norden und Süden. Die Stettiner und die Bahner Vorstadt erstrecken sich in diesen Wiesenbereich hinein. Östlich der Eisenbahn befindet sich die letzte Stadterweiterung auf dem Galgenberg. Die die landwirtschaftlichen Produkte verarbeitende Industrie und die Chemische Fabrik liegen sowohl in Fluß- als auch in Eisenbahnnähe. Die Oderbrücke machte Greifenhagen zu einem wichtigen Brückenort, der aber heute seine Funktion wegen der Grenznähe eingebüßt hat. Die 1945 völlig vernichtete Innenstadt ist mit Wohnblocks wieder aufgebaut.

Herzog Barnim I. gründete 1254 die deutsche Stadt südlich eines wendischen Fischerwieks, dessen Einwohner nicht in die Stadt ziehen durften, und übergab ihr die Fährgerechtigkeit über die Oder. Der Lokator Rudolf v. Bertekow erhielt das Amt eines Schultheißen. 1281 wurde Greifenhagen das Recht der freien Schiffahrt auf allen Gewässern des Herzogtums und die volle Handelsfreiheit für ganz Pommern verliehen, und 1283 wurden die Marktgerechtsame von → Fiddichow und Wollin zugunsten Greifenhagens aufgehoben. Die Stadt baute 1306 je eine Brücke über die Reglitz und die Westoder und einen Steindamm durch die Niederung als hochwassersicheren Verbindungsweg. Der Damm- und Brückenzoll ermöglichte 1312 den Kauf der „Wiek", 1314 den Bau der Stadtmauer. Die Herzöge Otto I. und Barnim III. erlaubten 1325 Greifenhagen, im Falle einer Behinderung seiner Schiffahrt, Vergeltungsmaßnahmen gegen Stettin zu ergreifen. Greifenhagen nahm an Bedeutung zu, so daß es 1339 zu einer herzoglichen Münzstätte erhoben wurde. Der große Stadt-

Greifenhagen: Bahner Tor

brand (1530) vernichtete die Stadt bis auf wenige Häuser. Die Schweden zerstörten im 30jährigen Krieg die Oderbrücke und die Stadtmauer an der Flußseite. 1845 entstand im Norden die Stettiner und 1850 im Süden die Bahner Vorstadt. Zwei Holzbrücken stellten 1857 wieder eine Verbindung zum anderen Oderufer her. Die 1873 gegründete Greifenhagener Dampfschiffsreederei übernahm den Gütertransport zwischen Schwedt und Stettin, sie erhielt eine noch größere Bedeutung mit dem Ausbau des → Großschifffahrtsweges Berlin – Stettin, 1904. Die Stettin-Küstriner Eisenbahn band die Stadt 1877 an das pommersche Eisenbahnnetz. Folge dieser Verkehrsgunst war der Ausbau einer Lebensmittelindustrie und einer Filzfabrik. 1909 entstand eine Chemische Fabrik, danach eine Seifen-, Parkett- und Kurbelwellenfabrik. Die weit geschwungene Oderbrükke (1911 – 13) ersetzte die alten Holzbrükken. Nach 1920 dehnte sich Greifenhagen auf den Galgenberg aus. 1945 brachte die totale Vernichtung der Innenstadt. Danach geriet die Stadt in den Einzugsbereich von Stettin, so daß sie zur Schlafstadt wurde.

Bauwerke: Von der Stadtbefestigung ist das *Bahner Tor* erhalten.

Stadtkirche *St. Nikolaus*, 1257 als Hl. Geistkirche erbaut, dreischiffige Granitquaderkirche mit einschiffigem Chor und Querschiff. Im 15. Jh. wurde die ursprüngliche Balkendecke durch ein Sterngewölbe ersetzt. Der Turm erhielt 1938 – 41 eine achteckige barokke Haube. Die Kriegsschäden sind beseitigt. Der alte Hochaltar, ein Flügelaltar mit einer Kreuzigung als Mittelbild, „Anno 1580 den 27 April Ist dis Werck vollendet durch David Redtel Maler“, kam nach 1945 ins Stettiner Museum. Die Renaissancekanzel (1605) aus Sandstein steht in der Kirche.

Greifenhagen, Landkreis, 1453,66 qkm Gesamtfläche, 69 326 Einwohner (1939, nach Auflösung des Kreises Randow). Städtische Siedlungen neben der Kreisstadt Greifenhagen waren → Bahn, → Fiddichow, → Gartz a. d. Oder und → Penkun. Der Landkreis lag zu beiden Seiten der unteren Oder und umfaßte das sehr fruchtbare Bahner Hochland und die Randow-Hochfläche. Die lehmigen Grundmoränen und die Mergelböden gehören zu den fruchtbarsten Böden Pommerns. Auf etwa 10,5 v. H. der Ackerfläche wurden Weizen und Zuckerrüben angebaut, daneben gab es noch Raps und Tabak. Entlang den Talrändern des Odertales können, klimatisch und durch Stettin absatzmäßig begünstigt, Spezialkulturen wie Obst-, Gemüse- und Treibhauskulturen betrieben werden. Die sandigen Stauchmoränenhöhen der → Buchheide und des Kehrberger Forstes sind mit Buchenwald besetzt. Die Oderniederung wird als Grünland für intensive Viehzucht genützt. Bei den bäuerlichen Betriebsgrößen unterschieden sich die beiden Kreishälften; im östlichen Teil waren die bäuerlichen Betriebe zwischen 10 und 50 ha vorherrschend, während im westlichen der Großgrundbesitz verbreitet war, z. B. gab es 68 Höfe mit 200 – 1000 ha im Westen, dagegen nur 30 im Osten. Nach dem Ersten Weltkrieg wurden auf dem Randow Hochland ca. 1850 ha Gutsland in mittlere Siedlerstellen aufgeteilt. Die Industrie (Maschinen-, Filz-, Chemische-

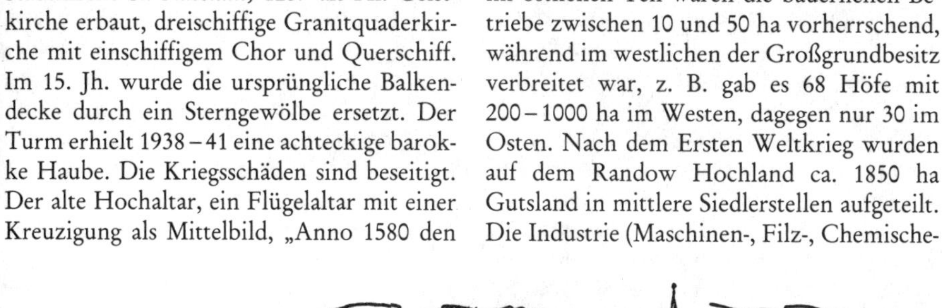

Greifenhagen

und Seifenfabrik) war in Greifenhagen mit seiner verkehrsgünstigen Lage konzentriert; Brennereien und Brauereien, kartoffelverarbeitende Betriebe, Molkereien, Ziegeleien und Sägewerke waren auf das Kreisgebiet verstreut, hatten keine überregionale Bedeutung. Im Rahmen der Eingemeindung und Vergrößerung von Stettin, wurden am 15. 10. 1939 487,78 qkm des Landkreises Randow mit 39 Gemeinden dem Landkreis Greifenhagen zugeschlagen. Von den Beschäftigten waren nach der Erweiterung ca. 36 v. H. in Land- und Forstwirtschaft, ca. 10 v. H. in Handel und Verkehr tätig.

Greifswald, Kreis- und Universitätsstadt, 50 qkm Gesamtfläche, 67500 Einwohner (1990). Greifswald nimmt mit seiner Innenstadt einen ovalen Geschiebemergelrücken am Südufer des Ryck ein, 5 km oberhalb seiner Mündung in die Dänische Wieck. Die Wiesen, welche die Stadt umgeben, bildeten lange ein Hindernis für eine Stadterweiterung. Im Süden liegt mit dem Bahnhof die Fleischervorstadt, ein Arbeiterwohngebiet. Im Osten entstand die Mühlenvorstadt mit Villen und dem Stadttheater. Die Fettenvorstadt im Westen entstand um Teile der Universitätsklinik, wurde nach Süden um eine Stadtrandsiedlung mit Kleingärten erweitert. Die Steinbecker Vorstadt an der Stralsunder Straße, im Bereich der ehemaligen Boltenhagener Teiche, ist weithin ohne Bedeutung. Mit der Verlegung der Universität und dem Ausbau des Kernkraftwerks Lubmin wuchsen im Osten die in Plattenbauweise angelegten Vorstädte Ostseeviertel und Schönwalde, die an das ehemalige Dorf Eldena grenzen. Entlang der Eisenbahnlinie nach Anklam hat sich Industrie, u. a. Elektro-, Textil-, Maschinenbau- und Möbelfabriken, konzentriert. Mit der Ernst-Moritz-Arndt-Universität und ihren Spezialkliniken, dem Sitz der Pommerschen Evangelischen Kirche (seit 1947) und den Schulen hat Greifswald überregionale Funktionen erworben.

Die Anfänge der Siedlung reichen bis zum 1193 erstmals erwähnten Salzwerk nördlich des Ryck zurück, 1209 kam es in den Besitz des Klosters → Eldena. Fürst Wizlaw I. von Rügen und Herzog Wartislaw III. von Demmin verliehen der Siedlung 1241 die Marktrechte. Es entwickelten sich parallel die Altstadt mit St. Marien und ein Stadtteil um St. Nikolai (um 1241) mit gemeinsamem Markt. 1248 wird erstmals die Altstadt als „oppidum Gripheswald" bezeichnet. Herzog Wartislaw III. nahm diese Siedlung vom Kloster Eldena zu Lehen und verlieh ihr 1250 lübisches Stadtrecht; 1254 machte der Herzog den Hafen der Stadt vom Gellen und Ruden bis zur Stadt zum Freihafen und versprach den Kaufleuten doppelten Ersatz für durch Seeräuber verlorene Waren. Greifswald erwarb 1258 die Halbinsel Struck an der Mündung des Peenestroms. 1264 gestattete Herzog Wartislaw III. die Vereinigung von Altstadt und der Siedlung um St. Jakobi zu einer Gemeinde. Greifswald hielt 1274 das Stapelrecht für alle pommerschen Waren, außer Getreide; es wurden die Kompanien der Bergen-, Schonen- und Kopenhagenfahrer gegründet. Seit 1278 gehörte Greifswald der Hanse an; es erwarb 1288 nördlich des Ryck das Rosental mit Salzwerk und Ziegelei. Die Stadt betrieb die Salzgewinnung und den Salzhandel in eigener Regie, bis eine Sturmflut die Saline 1307 zerstörte. Der Hafen wurde 1297 nach Wieck verlegt. Den Höhepunkt städtischer Macht erreichte Greifswald 1452 mit der Verleihung der „Goldenen Privilegien" durch die Herzoge Erich I. und Wartislaw IX. Bürgermeister Heinrich → Rubenow gründete 1456 zusammen mit Herzog Wartislaw IX. und Bischof Henning Iven die Universität als geistiges Zentrum Pommerns; nach der Reformation eröffnete sie Herzog Philipp I. (1539) als streng lutherische Hochschule. Der 30jährige Krieg vernichtete den Wohlstand der Hansestadt. Im 18. und 19. Jh. erlebte Greifswald durch den Segelschiffbau eine neue Blüte, der Hafen wurde ausgebaut. Die erste Zeitung, die „Pommersch-Rügianischen Intelligenzen", erschien 1753–56. Mit dem Niederlegen der

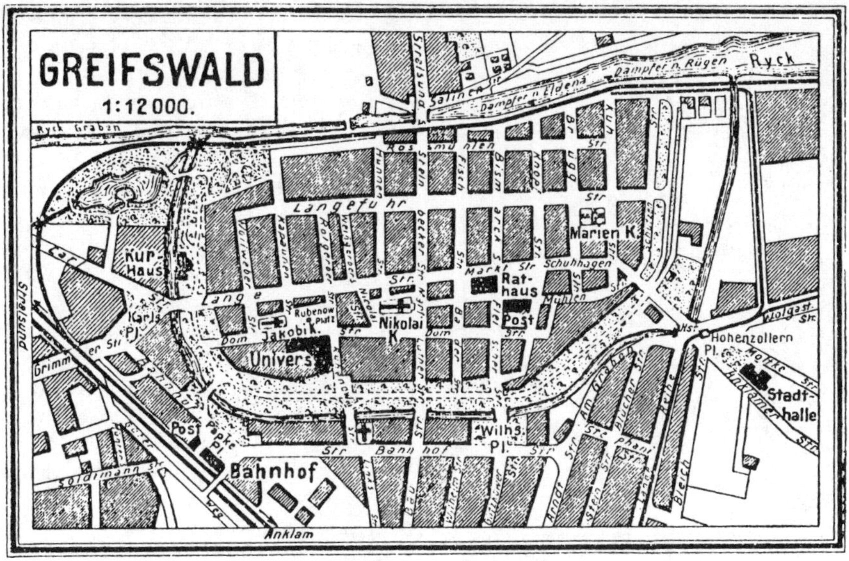

Stadtplan von Greifswald, 1925

äußeren Festungswälle (1810) konnten ab 1815 die Mühlentor-, Fleischertor-, Fettentor- und Steinbeckertor-Vorstadt angelegt werden. Der Eisenbahnbau (1863), der Bau der Greifswalder Bahnen (1893) und der Greifswald – Grimmener Privatbahn (1896) machten die Stadt zu einem Verkehrsknotenpunkt, an dem sich trotz Einstellung des Salinenbetriebes (1872) eine vielfältige Industrie ansiedelte (unter anderem Maschinenbau, Brauerei). 1913 wurde Greifswald kreisfreie Stadt, 1939 kamen Wieck und Eldena nach Greifswald. Kampflos zog 1945 die Rote Armee in Greifswald ein. Danach entstanden Werke der elektronischen Schiffsausrüstung, der Boots- und Kraftfahrzeugreparaturen. 1975 wurde der Bahnhof Greifswald-Süd errichtet, von dem die Pendler nach Lubmin fuhren. Die Neubaugebiete, Südstadt (1960–68), Schönwalde I. (1969–74), Schönwalde II. (1974–80), Ostseeviertel (1981–86), entstanden an den Ausfallstraßen nach Anklam und Wolgast. Die Altstadt wurde in ihrem nördlichen Teil in Plattenbauweise „saniert“.

Bauwerke: Von der Stadtwehr ist nur der *Fangelturm* am Ryck erhalten.

Altstadtkirche *St. Marien,* genannt „dicke Marie“, nach 1260, als Basilika begonnen, 1275 als dreischiffige Hallenkirche ohne Chor weitergebaut, 1280 war sie vollendet. Ein architektonisches Prunkstück ist der Ostgiebel, den fünf Pfeiler in vier Felder teilen, die acht Spitzbogenblenden ausfüllen, das gewaltige Dach gibt dem Giebel seine außerordentliche Monumentalität. Der Turm ist durch die vorgezogenen Seitenschiffe in den Gesamtbau einbezogen; spitzbogige Blenden und Fenster gliedern seine Wände. Das Zeltdach wurde erst 1780 aufgesetzt. In der kreuzgewölbeüberspannten Halle hat man in Turmnähe Fresken des 15. und 16. Jh.s freigelegt, u. a. ein Wal. Der spätgotische Schnitzaltar, die Grablegung Christi (um 1505), ist vermutlich von einem schwäbischen Meister. Der Rostocker Joachim Mekelenborg fertigte 1587 die prächtige, mit Intarsien verzierte Kanzel. Im Turm steht der Gedenkstein für den 1462 ermordeten Bürgermeister Heinrich Rubenow.

St. Nicolai, Turm

St. Jakobikirche, kleiner Jakob (1280), frühgotische dreischiffige Hallenkirche, im 14. Jh. erhielt sie den gotischen Chor. Ältester Teil der Kirche ist der Unterbau des Turmes mit seinem schönen Westportal; Obergeschoß mit feingliedrigen Blenden und vierseitigem Helm kamen später dazu. Im Mittelschiffsgewölbe fand man das Fresko „Christus als Weltenrichter" (um 1400).
St. Nikolaikirche wurde 1264 als gotische Hallenkirche ohne Chor begonnen, 1280 vollendet; Chor (Mitte 14. Jh.) angebaut, das Mittelschiff erhöht, der Turm mit Ecktürmen versehen und erhöht. Nachdem der Turm 1650 auf das Langhaus gestürzt war, wurde er 1652 nach einem holländischen Entwurf mit kräftig geschwungenem Barockhelm wiederaufgebaut. Seit 1952 ist sie Dom der „Pommerschen Evangelischen Kirche". In den Seitenschiffskapellen fand man Reste spätgotischer Fresken.
Im *Guardianshaus* des Franziskanerklosters (14. Jh.) ist das Museum untergebracht.
Das *Rathaus* auf dem Markt (14. Jh.) wurde nach einem Stadtbrand (1713) als Barockbau wiederhergestellt (1738). Der gotische Laubengang wurde 1934 freigelegt. In der ehemaligen Ratsstube sind die barocken Stuckdekken und gemalte Tapeten erhalten. *Universität,* ein schloßartig langer, dreigeschossiger Barockbau, 1747–50 von Andreas Mayer aus Augsburg erbaut. Der ursprüngliche Bibliothekssaal, heute Aula, ist mit seinem spätbarocken Dekor erhalten.
Von den zahlreichen *Bürgerhäusern* sind nur wenige erhalten. Am Markt stammen die Häuser Nr. 11 und 13 aus gotischer Zeit, wobei sich an Nr. 11 Einflüsse von Heinrich → Brunsberg nachweisen lassen (frühes 15. Jh.). In der Knopfstraße hat die Stadtbibliothek das Haus Nr. 33 mit prachtvollem Renaissancegiebel (Ende 16. Jh.) bezogen.

Greifswald, Landkreis. 931,86 qkm Gesamtfläche, 39207 Einwohner (1939). Der Landkreis umfaßt die Grundmoränenplatte nördlich der Peene, die vom Ziesetal durchzogen wird. An städtischen Siedlungen gibt es neben der Kreisstadt Greifswald: Gützow, Lassan und Wolgast.
Der Landkreis war von der Landwirtschaft geprägt, auf 17 v. H. der Anbaufläche wurden Weizen und Zuckerrüben angebaut; er stand damit hinter Pyritz und Franzburg-Barth an dritter Stelle. Daneben spielte die Wiesen- und Weidewirtschaft (23,9 v. H. der Nutzfläche) eine größere Rolle. Von den 2047 landwirtschaftlichen Betrieben waren 524, d. h. 25,6 v. H. größer als 20 ha (1939), 1925 gab es 86 Betriebe von 200–500 ha, 26 von 500–1000 ha und 1 mit über 1000 ha. Der Großgrundbesitz herrschte vor. Zwar wurden von 1925–31 5450 ha Gutsland aufgesiedelt, konnten aber die Verhältnisse nicht grundlegend ändern. Auf einer Sanderfläche südlich einer Endmoräne der Franzburger Staffel zieht sich ein Waldgebiet quer durch den Kreis. 64,6 v. H. der 31310 Beschäftigten waren 1939 in Land- und Forstwirtschaft, 25,8 v. H. in Industrie und Handwerk und nur 9,5 v. H. in Handel und Ver-

kehr tätig. Die Industrie war auf die Städte mit Zugang zum Meer konzentriert; in Lassan die Möbelfabrikation, in Wolgast Zementwerk und Werft, in Greifswald Maschinenbau und anderes. Lubmin erhielt seit 1972 eine überregionale Bedeutung mit seinem Kernkraftwerk, das aber 1990 stillgelegt werden mußte. Eine gewisse Wichtigkeit hatte die Fischerei von Crösslin und Freest. Auf volkskundlichem Gebiet war Freest durch das Knüpfen von Fischerteppichen überörtlich bekannt, eine Kunst, die nach 1945 wiederbelebt wurde. 1952 brachte eine völlige Veränderung des Landkreises: er wurde aufgeteilt. Ein Gebietsstreifen von Lubmin bis etwa Lassan bildet mit dem Rest der Insel Usedom den Landkreis Wolgast; die Gemeinden Groß-Bünzow, Murchin, Rubkow, Schlatkow und Ziethen wurden dem Kreis Anklam zugeschlagen. Der Rest verblieb als Landkreis Greifswald mit 587 qkm und 24650 Einwohnern (1990).

Greifswalder Bodden, 510 qkm groß mit einem Wasservolumen von 3 cbkm, liegt zwischen der Insel Rügen und der Festlandküste. Er steht über den → Strelasund und die Boddenrandschwelle (ein Endmoränenzug der letzten nordrügischen Vereisung) mit der Ostsee in Verbindung. Der Salzgehalt beträgt etwa 7,3 v. T., steigt im Winter etwas an, was dennoch ein Zufrieren des Greifswalder Boddens nicht verhindert – 1963 war er für 13 Wochen mit einer 0,48 m dicken und 1965 für 5 Wochen mit einer 0,17 m dicken Eisschicht überdeckt. Der aus Sand und Schlick bestehende Untergrund fällt von Westen allmählich zur Mitte hin ab. Die Boddenrandschwelle, aus übereinandergestapelten Geschiebemergelschollen mit Sandeinlagerungen aufgebaut, eine Untiefe mit weniger als 2–3 m Wasserbedeckung, wird vom Landtief südöstlich von Thießow (bis 1945 die Wasserstraße) vom Neuen Tief zwischen → Ruden und Peenemünder Haken, (wohl 1304 entstanden, Wasserstraße für die Hanse Schiffahrt) und dem Osttief (südlich vom Neuen Tief, mit 5,60 m der heutige Zugang zum Greifswalder Bodden) durchbrochen. Von der Schwelle fallen zur Boddenmitte zwei Rinnen ab, die 11,50 m und 13,50 m tief sind. Zwischen ihnen liegen einige Untiefen, „Gründe“, die größte ist der Große Stubber, eine 200 m lange, 10 m breite und 0,40 m hohe Sandbarre, die 1845 noch mit Sträuchern bewachsen war. Stürme, Kiesentnahme und Steinzangen führten zu seiner Abtragung. Die nordöstlichen Boddenbuchten bei → Mönchgut stehen in engem Zusammenhang mit der Entstehung dieser rügischen Halbinsel. Die genossenschaftliche Fischerei befischt den Greifswalder Bodden vorwiegend nach Hering, 74 v. H. der Fänge.

Greifswalder Ernst-Moritz-Arndt-Universität. Auf Initiative des Bürgermeisters Heinrich → Rubenow, unter Mitwirkung von Herzog Wartislaw IX. und Bischof Henning Iven von Cammin, unterstützt von den Äbten von Eldena, Neuenkamp und Stolpe, wurde 1456 in Greifswald die zweite norddeutsche Universität gegründet, nachdem Papst Calixt III. sie in einer Bulle bestätigt hatte. Gleichzeitig erteilte ihr Kaiser Friedrich III. sein Privileg für Generalstudien – nach Köln (1442) das zweite in Deutschland. Zugleich wurde an der St. Nikolaikirche ein Kollegiatstift eingerichtet, an dem die Professoren die Domherrenstellen einnahmen. Das Kloster Eldena verzichtete zugunsten der Universität auf das Patronat der Greifswalder Kirchen. Heinrich Rubenow war bis zu seiner Ermordung (1462) ihr erster Rektor. Der Rat der Stadt und der Herzog stellten der Universität drei Häuser zur Verfügung. Nach der Ermordung Rubenows war auch das Ansehen der Universität schwer beeinträchtigt. Weitere Streitigkeiten und der Ausbruch der Pest verhinderten den Zuzug neuer Studenten.

Im 16. Jh. gewann der Humanismus in der philosophischen Fakultät an Bedeutung. Hermann von dem Busche lehrte hier 1504, einer seiner Hörer war Johannes → Bugenhagen. In den geistigen Wirren des 16. Jh.s blieb die Universität der Kirche treu, was fast

Greifswalder Oie

zu ihrem Untergang führte. Herzog Philipp I. reorganisierte sie zu einer streng lutherischen Hochschule. Professor Joachim Stephani schuf in seinen „Institutiones iuris canonici" (1612) die Formel„cuius regio, eius religio", eine wenig segensreiche Rechtsmaxime für das Deutsche Reich. 1630 versprach König Gustav Adolf von Schweden der Universität königlichen Schutz, aber erst durch die Übereignung des herzoglichen Amtes Eldena (1634) erhielt sie eine sichere materielle Basis. Im 18. Jh. waren an ihr hervorragende Gelehrte versammelt. 1747–50 errichtete der Architekt und Mathematikprofesor Andreas Mayer das heutige dreigeschossige Barockgebäude mit der Bibliothek, die in ihrem spätbarocken Zustand erhalten ist und als Aula genutzt wird. Im 19. Jh. traten zu den bisherigen Fakultäten die Kliniken und die naturwissenschaftlichen Institute hinzu. Der Mediziner August Friedrich Berndt († 1854) führte den klinischen Unterricht ein und gründete die „Geburtshülfliche Lehranstalt", die Frauenklinik. Die Universität dehnte sich jenseits der Eisenbahn in der Fettenvorstadt mit zwei großen Kliniken, heute Kinder- und Nervenklinik, und dem Chemischen Institut aus. Seit den 30er Jahren des 20. Jh.s ist die Universitätsklinik in der Diabetesforschung führend. Mit Anlage des Arboretums (1934) war der Ausbau in die neuen Stadtviertel zwischen Mühlenvorstadt und Greifswald-Schönwalde vorgezeichnet. 1956 wurde hier die Mathematisch-Naturwissenschaftliche Fakultät gebaut und in den 70er und 80er Jahren das Klinikum erweitert. Nach der kommunistischen Einengung der geistigen Vielfalt konnte 1991 eine Rechts- und Staatswissenschaftliche Fakultät neu eröffnet werden. Die Ernst-Moritz-Arndt-Universität ist bis heute eine kleine, intime Universität geblieben, 1989 hatte sie etwa 4000 Studenten.

Greifswalder Oie. Am Ostrand der Boddenrandschwelle liegt die Greifswalder Oie, Rest einer Stauchendmoräne des letzten Nordrügener Eisvorstoßes, 0,62 qkm groß, eine flache Tafel, die im Norden bis zu 18 m über NN aufragt. In unserem Jahrtausend wurden einige hundert Meter Land abgetragen; die geröllbedeckte Schorre kann die Greifswalder Oie nicht schützen und so wurden Anfang des 20. Jh.s Schutzmauern errichtet. Das Inselwäldchen hat, als botanische Besonderheit, bis zu 8 m hohen, baumförmigen Weißdorn. 1291 erwarb Greifswald die Insel, die lange Zeit unbewohnt blieb. 1749 lebten auf ihr drei Bauernfamilien. Für die Schiffahrt wurde die Insel wichtig, als 1832 eine Leuchtbake aufgestellt und 1853–55 der Leuchtturm erbaut wurde. 1873–75 entstand an der Westseite ein Nothafen für die Fischer. 1883 verkaufte Greifswald die Insel an den Staat. Am Hafen waren ein Pächtergehöft und das Restaurant „Seemannsheim" die einzigen Unterkünfte für Fischer und Urlauber. Mit dem Ausbau der Raketenversuchsanstalt in Peenemünde entstand auf der Greifswalder Oie eine Leitstation, seitdem war sie militärisches Sperrgebiet. In den letzten Jahren dient die Oie der Freilandhaltung von 20 Shetlandponies.

Greifswalder Saline. Bereits 1193 wird ein Salzwerk nördlich des Ryck erwähnt, das Kloster Dargun erhielt eine Salzpfannenstelle in Eldena; seit 1209 im Besitz des Klosters → Eldena. 1288 erwarb Greifswald die Salzwiesen im Rosental mit dem Salzwerk. Die große Sturmflut von 1307 zerstörte die Anlage. Sie wurde wieder aufgebaut, konnte sich aber gegen die Konkurrenz von fremdem Salz nicht behaupten und verfiel. Ein wallensteinscher Feldoberst baute sie 1627 wieder auf, aber eine große Flut schwemmte 1634 Hütten und Sudpfannen hinweg; bis 1745 blieb die Quelle ungenutzt. Um 1750 wurde ein Gradierwerk errichtet, das mehrfach verlängert wurde und bis 1878 stand. Das Salzwerk konnte sich wirtschaftlich halten. Die französische Besetzung (nach 1806) fügte der Greifswalder Saline schweren Schaden zu. Das endgültige Ende der Greifswalder Saline kam 1815 mit den preußischen Berg- und Salzgesetzen; dazu machten die reichen sächsischen Salzlager das Sieden einer so schwachen Sole, 2,6–4 v. H. Salzgehalt (1846) unrentabel. Die Jahresproduktion betrug etwa 455 t nicht sehr hochwertigen Salzes. 1872 wurde der Betrieb der Greifswalder Saline eingestellt, Gradierwerk, Sud- und Salzhaus wurden abgebrochen.

Grenzmark Posen-Westpreußen. Preußische Provinz, die 1922 aus den Resten der Provinzen Posen und Westpreußen gebildet wurde. Sie umfaßte die Landkreise Schlochau, Flatow, Deutsche Krone, Netzekreis, Mesetitz, Schwerin/Warthe, Bomst, Fraustadt und den Stadtkreis Schneidemühl; hatte eine Fläche von 7715 qkm und 337600 Einwohner (1933). 1938 wurde diese künstlich geschaffene, wirtschaftlich nicht überlebensfähige Provinz aufgelöst. Die Kreise Schlochau, Flatow, Deutsch Krone, Netzekreis und der Stadtkreis Schneidemühl bildeten zusammen mit den pommerschen Kreisen Dramburg und Neustettin und den neumärkischen Kreisen Arnswalde und Friedeberg den Regierungsbezirk Schneidemühl mit 11457,36 qkm Fläche und 479272 Einwohnern (1939). Die übrigen Kreise kamen zu den Regierungsbezirken Frankfurt a. d. Oder und Liegnitz. Auch kirchlicherseits erfolgte eine Neuordnung; 1923 wurde Schneidemühl zum Sitz eines Generalsuperintendenten und 1924 eines Konsistoriums. Für die Katholiken wurde die Provinz zur Prälatur nullius → Schneidemühl.

Gribel, Friedrich Wilhelm, Reeder. * 1785 in Stettin, † 1846 in Stettin. Er machte seine Lehre in der väterlichen Weinhandlung, die seit 1773 auch eine Reederei betrieb. 1805 wurde er Teilhaber in der Firma. Gribel war 1817 an der Gründung der „Pommerschen Provinzial Zuckersiederei" mitbeteiligt, wodurch seine Reederei am Transport von Zuckerrohr aus Westindien teilhaben konnte. Ebenso gehörte er zu den Mitbegründern der „Preußischen See- und Assekuranz Companie" (1825) und der „Preußischen National Versicherungs Gesellschaft" (1845). 1835–40 war er tätiges Mitglied in dem „Eisenbahn Comité", das den Bau der Berlin-Stettiner Eisenbahn finanziell vorbereitete.

Grimmen, Kreisstadt, 14425 Einwohner (1989). Die Stadt liegt am Südrand des weiten von Wiesen ausgefüllten Trebeltales. Die Altstadt ist oval mit drei ostwestlich verlaufenden Hauptstraßen, die von sieben nord-südlich führenden Nebenstraßen gekreuzt werden. Stadtkirche und Marktplatz bilden das Zentrum der Kleinstadt, die sich mit ausgedehnten Neubaugebieten nach Westen und Süden erweitert hat. Am Galgen- und Mühlenberg im Osten entstanden kleinere Siedlungen. Im Norden jenseits der Trebel liegt das Industriegebiet, mit Baustoffindustrie und Erdölförderung.

Schon in prähistorischer Zeit führte hier die via regia von Greifswald über Grimmen und Tribsees nach Westen. Eine andere Straße von Wolgast stieß in Grimmen auf die erste. Ein wendischer Burgwall, später darauf ein Schloß der Fürsten von Rügen, sicherte die Straße. 1267 wird Grimmen erstmals genannt. Der Ritter Arnold v. Grimmen war 1278 Vasall des Bischofs Hermann von Schwerin. Grimmen wurde 1303 Stadt mit lübischem Recht; seit 1306 hat sie einen Rat. Herzog Wartislaw IX. übertrug 1455 das Patronat der Kirche der Greifswalder Universität. Der Wohlstand der Stadt – an der großen Kirche und dem eindrucksvollen Rathaus abzulesen – wurde im 30jährigen Krieg vernichtet: Von den ca. 1000 Einwohnern, die um 1600 in Grimmen lebten, existierten 1675 nur noch 300. 1805 wurde die Stadt Kreisstadt. 1878 eröffnete die Nordbahn ihre Strecke Berlin – Grimmen – Stralsund, 1896 nahm die Privatbahn Greifswald – Grimmen – Tribsees ihren Betrieb auf. Durch sie erhielten die landwirtschaftlichen Produkte des Umlandes einen viel größeren Absatzmarkt. 1895 entstand der größte landwirtschaftliche Ein- und Verkaufsverein Vorpommerns. Die Einwohnerzahl stieg 1911 auf 4037, was zur Anlage kleiner Vorstädte vor dem Tribseer, Stralsunder und Greifswalder Tor führte. Die Baustoff- und die Nahrungsmittelindustrie siedelten sich in der Stralsunder Vorstadt an; 1962 begann die Förderung von Erdöl. Als Folge entstanden in den 60er Jahren weite Neubausiedlungen. Das Greifswalder Kleiderwerk errichtete in den 70er Jahren einen eigenen Betrieb.

Bauwerke: Von der Stadtwehr sind die drei Stadttore: *Stralsunder-, Mühlen-* oder *Tribseer-* und *Greifswalder Tor* (etwa 15. Jh.) erhalten. Stadtkirche *St. Marien* (2. Hälfte des 13. Jh.s), frühgotische Backsteinhallenkirche, die im 15. Jh. einen kreuzrippengewölbten Hallenchor und den Turm erhielt. Von der alten Inneneinrichtung sind Gestühle (um 1590 und 1622) und die reichgeschnitzte Kanzel (1707) erhalten. Aus der Gründungszeit stammt eine Kalksteintaufe mit rundbogigen Blenden.

Rathaus (14. Jh.), ein prächtiger siebenachsiger Pfeilergiebel mit durchgehenden Streben zeigt zur Marktseite hin. Geschlossene Doppelblenden mit Wimperg-Dreiecken füllen die Zwischenfelder aus.

Grimmen, Landkreis, 952 qkm Gesamtfläche, 42 259 Einwohner (1939). Der Landkreis liegt im Bereich der Grundmoränen, die im Süden vom versumpften Peenetal, im Westen vom Grenztal begrenzt und vom Trebeltal durchquert werden. Der recht waldarme Kreis bewirtschaftete 22,7 v. H. seiner Nutzfläche als Wiesen und Weiden, die die Viehwirtschaft nutzte. Die recht guten Böden dienten zu 15,1 v. H. dem Weizen- und Zuckerrübenanbau (1939). 1939 hatten von den 2759 landwirtschaftlichen Betrieben 1038 zwischen 10 und 20 ha und 517 zwischen 20 und 100 ha. Dominierend war der Großgrundbesitz: Es gab 72 Güter mit 200 bis 500 ha und 24 mit 500 bis 1000 ha. In den Jahren 1925 – 31 wurden über 10 000 ha aufgesiedelt. Nach 1960 wurden die ehemaligen Güter in LPGs übergeführt. Obwohl der Landkreis an den Greifswalder Bodden grenzt, hat der Fischfang nur lokale Bedeutung. Städtische Siedlungen sind Grimmen, Tribsees und Loitz, in ihnen konzentrieren sich auch die industriellen Betriebe (Sägewerke, Ziegeleien, Molkereien, Mühlen, Stärkefabriken). 1961 wurde bei Reinkenhagen in 2453 m Tiefe und 1962 im Grimmener Industriegelände Erdöl erbohrt. Von den 34 473 Beschäftigten (1939) waren 64 v. H. in der Land- und Fortstwirtschaft, 25,6 v. H. in In

Grimmer Kreis-Wochenblatt.

Amtliches Organ des Kreises Grimmen.

Stück 36. Dienstag, den 26. März 1901.

Amtliches.

Bekanntmachung.

Bekanntmachung.

Bekanntmachung.

Bekanntmachung.

England und Rußland.

(Nachdruck verboten.)

Erlebnisse und Erinnerungen

dustrie und Handwerk und 10,4 v. H. in Handel und Verkehr tätig. 1952 wurde der südöstliche Teil des Kreises mit Loitz an Demmin abgetreten.

Gristow *(Chrząszczewska Wyspa),* Insel am Südende des Camminer Boddens, 9 qkm Fläche, ragt bis 17 m über NN auf und besteht aus einer Kreidekalkscholle, die bergmännisch abgebaut wurde, als Düngemittel und zum Brennen; seit langem ist dieser Betrieb eingestellt. Auf der Insel werden von den Bauerndörfern Gristow, Bünnewiwtz und Neu Gristow Roggen, Gerste, Hafer und Kartoffeln angebaut. Vor der Nordküste liegt ein 1426 bereits genannter Findling, „die grote Stein in Wasser". Er ist noch 4 m lang, ragt 2 m über das Wasser und hat einen Umfang von 20 m. Im Laufe der Zeit sind größere Teile von ihm abgesprengt worden.

Grobe-Pudagla, Kreis Usedom-Wollin. In unmittelbarer Nähe von Usedom gründete Pribislawa, Gattin Herzog Ratibors I., 1156 das Prämonstratenserkloster Grobe. Zwölf Chorherren und zwölf Laienbrüder unter Propst Sibrand kamen von Havelberg. 1159 war die Klosterkirche „St. Maria et St. Godeardus" fertiggebaut. Papst Alexander III. bestätigte dem Kloster 1179 den Besitz; zu dieser Zeit war es auch vorübergehend Bischofssitz. 1184 war das Monasterium Uznam ein suburium von Usedom, d. h. vom Ort getrennt. Die neuen Gebäude standen wohl auf dem Marienberg, die alte Klosterkirche wurde wahrscheinlich zur Pfarrkirche in Usedom. Fast die ganze Insel → Usedom erwarb das Kloster, es schreckte nicht einmal vor Urkundenfälschungen zurück. 1273 schenkte ihm Herzog Barnim I. das Dorf Pudagla, das auf einem schmalen Landstreifen zwischen Achterwasser und Schmollensee liegt, wohin 1309 das Kloster verlegt wurde. Noch lange führte das Kloster den Namen Grobe, häufiger jedoch „Monasterium Uznamense" mit dem Zusatz „in Pudglowe". Die Klosterkirche wurde 1368 „Zur Hl. Dreifaltigkeit" geweiht. Abt Heinrich Wittenburg (1394–1435) versuchte mit Glaubensreformen den ausufernden Aberglauben zu steuern. Er zerstörte die Goldene Rose (um 1430), die in der Marienkapelle auf dem Marienberg aufbewahrt war und das „wundertätige" Mechthildbild. Seine Reformansätze gingen im Strudel der Reformation unter. 1535 fiel der Klosterbesitz an die pommerschen Herzöge. Herzog Ernst Ludwig baute 1574 in Pudagla im Klosterbezirk das Schloß für seine Mutter Maria v. Sachsen. Die Klostergebäude und eine Kapelle verfielen (1720). Auf den Fundamenten des alten Klosterhauses entstand das heutige Schloß, über dessen Haupteingang das große pommersche Wappen aus Haustein (1574) angebracht ist. Von den Baulichkeiten in Grobe ist nichts mehr erhalten.

Großer Lübbesee *(Jezioro Lubie),* Kreis Dramburg, ein 14,85 qkm großer, 13,50 km langer und bis zu 2 km breiter, sehr fischreicher Endmoränensee, in 96 m über NN, mit einer Tiefe von 46 m. Die → Drage durchfließt ihn, ihr Ausfluß aus dem Großen Lübbesee führt in eine Waldschlucht, „Hölle" genannt. Seine Inseln, Schulzenwerder und Fischwerder, sind insgesamt 37 ha groß. Das kuppige Nordufer ist waldarm und wird landwirtschaftlich genutzt, das Südufer ist dagegen dicht bewaldet. Inmitten der Wälder steht auf einer Uferhöhe das Schloß Karwitz. Auf einer Landzunge bei Gütershagen und auf einer Insel am Ausfluß der Drage lagen wendische Burgwälle. 1320 wurde der „stagnum Lubbezes", der „liebliche" See dem Augustinerinnenkloster in Pyritz gegeben.

Groß Garde *(Gardna Wielka),* Kreis Stolp. 1310 Einwohner (1939). Das Dorf liegt auf der zum → Garder See abfallenden Endmoräne, war früher einer der Hauptorte des Kaschubengebietes. Die Häuser wiesen eine abweichende Bauweise auf – einstöckige Reihenhäuser mit zwei Wohnungen, die eine gemeinsame Küche hatten. Groß Garde ging aus einem reinen Fischerdorf hervor. Es war, in Ermanglung von Bauernstellen, in 45 Hauptfeuerstellen gegliedert, unter denen der Landbesitz aufgeteilt war; diese Feuerstellen waren wiederum unterteilt. Gemeinschaftseigentum waren Dorfplatz, Brunnenplätze, sämtliche Wege, Dämme und Gräben, Wiesen, der Heutrockenplatz und die Sandgrube. Diese Besitzform hielt sich bis ins 19. Jh. 1938 wurde von 21 Fischern mit 12 Küstenfahrzeugen Fischfang auf der Ostsee (nach Lachs und Flundern) und auf dem Garder See (nach Plötzen, Barschen, Schleien und Karauschen) betrieben.
Herzog Mestwin II. von Pomerellen bestätigte 1282 die Schenkung seines Vaters Swantopolk II. an die *St. Stanislauskirche,* bereits 1226 erbaut. Das Patronat erhielt 1284 das Kloster → Belbuck und die St. Nikolaikirche in Stolp. Die Kirche wurde vielfach umgebaut, so daß kaum Spuren des alten Baus festzustellen sind.

Großmöllen *(Mielno Koszalińskie),* Kreis Kösin. Mittelpunkt einer Großgemeinde mit 4507 Einwohnern (1983) ist das Bad der Stadt → Köslin. Neben dem Bauern- und Fischerdorf entstand östlich, durch den Park des Rittergutes getrennt, das moderne Seebad mit Villen und Gastronomiebetrieben. Der Gutsbesitzer v. Schmeling hatte das Gelände für die Badeanstalt, den Kurpark und die Segel-

Großmöllen

sportanlage am Jamunder See zur Verfügung gestellt. Die Strandpromenade ist nach 1945 bis nach Nest verlängert worden. Seit 1912 brachte die Strandbahn die Besucher von Köslin nach Großmöllen; nach dem Ersten Weltkrieg wurde noch eine zweite Straßenbahn gebaut.
Die ersten schriftlichen Quellen reichen bis 1288 zurück. Henning Schlieff verkaufte 1333 das Dorf an Hermann Damitz, es verblieb bis 1776 im Besitz seiner Familie.
Bauwerke: Die *Dorfkirche* stammt aus frühgotischer Zeit, wurde aber stark verändert, 1856 wurde die Apsis neugebaut. Der Backsteinturm scheint der älteste Teil zu sein. Die Kanzel (17. Jh.) ist mit Engelsköpfen als Konsolen unter den Ecksäulen des Korbes und in den Füllungen verziert.

Großschiffahrtsweg Berlin – Stettin, Kanalverbindung von 135 km Länge zwischen dem Industriestandort Berlin und dem Ostseehafen Stettin. Schon vor dem 30jährigen Krieg suchten die Brandenburgischen Kurfürsten Joachim Friedrich und Georg Wilhelm, einen Wasserweg nach Stettin zu bauen (1605–1620); es wurde der erste Schleusenkanal Deutschlands, er folgte dem Tal der Finow. Friedrich II. ließ 1744–46 den verfallenen Schiffahrtsweg wiederherstellen, und 1746 fuhr das erste Schiff mit 100 t Salz von Berlin nach Stettin. Der Kanal wurde weiter ausgebaut; den 38 m tiefen Abstieg zur Oderniederung überwanden 13 Doppelschleusen. 1914 war ein Entlastungskanal, der Hohenzollernkanal, vom Lehnitzsee nach Niederfinow gebaut worden. Dort war das Gefälle von 36 m über eine Schleusentreppe zu überwinden; die Schiffe mit 600 t, ausnahmsweise mit 800 t, benötigten dafür ca. 2 Stunden. Das Eilgüteraufkommen von Berlin nach Stettin stieg sprunghaft an, so daß eine neue Lösung für Niederfinow gefunden werden mußte. 1926 begann der Bau des Schiffshebewerkes Niederfinow, das 1934 seinen Betrieb aufnahm. Die Fahrzeit im Hebewerk dauerte 30 bis 40 Minuten; seine Tagesleistung betrug 38 280 t, so daß eine Jahresleistung von ca. 10 Mill. t erreicht werden konnten. Nach 1945 hat der Großschiffahrtsweg seine Bedeutung verloren, in Zukunft wird er wieder stärker genutzt werden.

Groß Tychow *(Tychowo)*, Kreis Belgard, Mittelpunkt einer Großgemeinde mit 7082 Einwohner (1983); seine Lage zwischen den Städten Belgard, Köslin, Bublitz und Bad Polzin machte Groß Tychow zu einem Verkehrsknoten und zu einem Versorgungszentrum für die umliegenden Gemeinden. In Verbindung mit dem Rittergut standen auch die Maschinen- und Faßfabrik, Sägewerk und Brennerei.

Von etwa 1250 bis 1945 war Groß Tychow im Besitz der Familien v. Kleist. Am Westende des Dorfes steht die mittelalterliche *Backsteinkirche*, 1591 der hl. Katharina geweiht. 1830 gab es eine Erweiterung des Schiffes als Fachwerkanbau; 1871 erhielt der Turm ein Fachwerkobergeschoß mit geschweifter Haube. 1976 wurde bei einem Umbau der Eingang an die Ostseite verlegt. Die Inneneinrichtung stammt aus der 1. Hälfte des 18. Jh.s; Empore und Grafenloge sind seit 1945 nicht mehr vorhanden. Das um 1775 von Peter Christian v. Kleist erbaute U-förmige *Schloß* verfiel nach 1945 und wurde abgebrochen. Im Gutspark entstand eine Landwirtschaftsschule. Westlich der Neustettiner Straße wurde eine Wohnsiedlung gebaut. Berühmt ist der „Große Stein" auf dem Friedhof. Der granithaltige Gneisblock, der größte Findling Deutschlands, ist 3,74 m hoch, 16,90 m lang, 11,25 m breit und hat einen Umfang von ca. 44 m. Bei einem Versuch ihn freizulegen umgrub man ihn bis auf 4 m Tiefe, ohne seinen tiefsten Punkt zu erreichen. Er besteht aus mehr als 700 qkm Stein.

Grümbke, Johann Jakob, Privatgelehrter. * 1771 in Bergen, † 1849 in Bergen. Nach Jurastudium in Greifswald zog er als Privatgelehrter nach Bergen, um als freier Schriftsteller zu leben. Seine ganze Kraft widmete er der Erforschung der Geschichte sowie der Landes- und Volkskunde Rügens. Sein bekanntestes Werk ist „Streifzüge durch das Rügenland" (1805). Danach folgten: „Darstellungen von der Insel Rügen" (1819), und „Geschichte des Nonnenklosters in Bergen auf Rügen" (1833). Zahlreiche Zeitschriftenartikel veröffentlichte er unter dem Pseudonym „Indigena".

Grünhof *(Świeciechowo)*, Gemeinde Lowin *(Lugowino)*, Kreis Regenwalde. 1827 erwarb der königliche wirkliche Geheime Oberregierungsrat Dr. Ludolf v. Beckedorff das Gut Grünhof, nachdem er wegen seines Übertritts zum katholischen Glauben aus dem preußischen Staatsdienst entlassen worden war. 1855–59 ließ er eine Kirche erbauen, 1857 gründete er das St. Aloysiusstift, das erste nachreformatorische Kloster Pommerns. Trebnitzer Borromäerinnen zogen 1861 ein und eröffneten eine private Volksschule und ein Waisenhaus; sie gründeten von hier aus katholische Kinderheime in Stralsund, (1862) und Stettin (1867). 1914 entstand ein Krankenhaus mit Altenpflegeheim. 1927 fand aus Anlaß der 100-Jahr-Feier ein Pommerscher Katholikentag statt. 1945 bedeutete das Ende dieses karitativen Werkes; ein Bauernhof und die Kirche, deren Hochaltar nach Regenwalde gebracht wurde, blieben erhalten; heute ist Grünhof verlassen und verfallen.

Grzesinski, Albert, Politiker. * 1879 in Altentreptow, † 1947 in New York. Nach einer Lehre als Metallarbeiter wurde er 1906 Gewerkschaftssekretär. 1919 wurde er für die SPD in den preußischen Landtag gewählt und bald Unterstaatssekretär im Kriegsministerium. 1922–24 war er Leiter des preußischen Landespolizeiamtes; 1925 Polizeipräsident von Berlin. Von 1926–30 war er preußischer Innenminister. Erneut Berliner Polizeipräsident, von der Regierung des Freiherrn v. Papen wurde er seines Amtes enthoben. Er hatte versucht, die preußische Staatsverwaltung und Polizei zu demokratisieren, was ihm heftige Anfeindungen von den Rechtsparteien einbrachte. 1933 emigrierte er nach Frankreich, 1937 in die USA. Er war einer der führenden Köpfe der sozialdemokratischen Emigranten.

Gülzow *(Golczewo)*, Kreis Cammin, 5529 Einwohner (1983). Seit 1990 ist Gülzow Stadt mit etwa 2400 Bewohnern; liegt am Ostrand des Nemitzbaches, der hier den Ober- und Untersee durchfließt. Der Seepaß wurde von einer Burg beherrscht.

In einem Treue- und Beistandsvertrag zwischen Herzog Bogislaw IV. und Bischof Heinrich v. Cammin erhielt 1304 der Bischof die Burg. Nach 1500 war sie Residenz der Bischöfe. 1670 war sie zerstört. 1755 erhielt Gülzow ein Privileg für eine neue Apotheke. Südwestlich der Stadt liegt ein 15 m hoher, dicht bewachsener Hügel, auf dem sich an der Südostecke ein 31 m hoher Bergfried erhebt. An der Ostseite steht ein zweigeschossiger Fachwerkbau von 1732, das *Amtshaus.* Die *Stadtkirche* (15. Jh.), ein Feldsteinbau, wurde 1805 erneuert und erhielt 1882 einen massiven Backsteinturm. Eine flache, 1882 bemalte Balkendecke überspannt das Kirchenschiff. Der Kanzelaltar war 1805 aus verschiedenen älteren Teilen zusammengesetzt. Zwischen den beiden Seen entsprang eine schon Anfang des 17. Jh.s bekannte Mineralquelle. Herzog → Ernst Bogislaw von Croy ließ sie einfassen; es entstand ein kleiner Kurort, den besonders fettleibige Patienten aufsuchten. 1779 wurde das Wasser zum Brauhaus auf dem Amtshof geleitet. Nach 1945 siedelten sich verschiedene verarbeitende Betriebe an, so daß etwa 50 v. H. der Beschäftigten in ihnen Arbeit finden.

Gülzow

Gützkow, Kreis Greifswald. 2983 Einwohner (1990). Die Kleinstadt liegt auf der Grundmoränenplatte nördlich der Peeneniederung. In einer Schleife des Swinowbaches liegt der Stadtkern mit St. Nikolaikirche und dem durch einen Graben abgetrennten Schloßberg. Nach Westen und Südosten hat sich die Stadt ausgedehnt. Bürgerhäuser des 18. Jh.s mit großen Toreinfahrten zeigen, daß Gützkow eine Ackerbürgerstadt ist. Die Molkerei, Brauerei und Stärkefabrik verarbeiteten die landwirtschaftlichen Produkte der Umgebung; eine Maschinenfabrik, Baubetriebe und Handwerker kamen dazu. Um 1128 war Gützkow Sitz des wendischen Fürsten Mitzlaw und Tempelort; Otto von Bamberg zerstörte 1128 den Tempel und gründete eine Kirche. Auf seinen Wendenkriegszügen zerstörte König Waldemar von Dänemark den Ort 1164 und 1177. Von 1219–23 gehörte Gützkow Wartislaw, nach dessen Tod heiratete seine Witwe Dorbroslawa (um 1233) Jaczo von Salzwedel, der die → Graf-

schaft Gützkow begründete. 1301 wurde der Ort erstmals als Stadt bezeichnet, er lag südlich des Schloßberges auf dem Stadtberg. 1425–49 war Gützkow Apanage für Herzog Barnim VII. 1729 vernichtete ein Brand die Stadt fast vollständig. Beim Wiederaufbau entstand eine Vorstadt im aufgeschütteten Swinowtal; der südöstliche Hügel wurde ins Stadtgebiet einbezogen. 1932 wurde im Westen das Gut Wieck aufgesiedelt, es entstand eine Siedlung an der Greifswalder Straße. Hier wird ein Gewerbegebiet erschlossen.
Bauwerke: Auf dem *Schloßberg* fanden sich nur noch Fundamente des Schlosses.
St. Nikolaikirche (1241 genannt), ein Feld- und Backsteinbau. Den Ostgiebel gliedern ein Rundbogenfries und drei Blenden. In spätgotischer Zeit erhielt das zweischiffige Langhaus ein Kreuzgewölbe, der Chor hat ein Kuppelgewölbe. 1729 brannte die Kirche aus, von der alten Ausstattung blieb nur der gemauerte Altartisch erhalten.

Gützkow, Grafschaft. Die Burg Gützkow war schon in wendischer Zeit politischer Mittelpunkt der Landschaft zwischen Peene und Ryck. 1219 erhielt ein Wartislaw das Land Gützkow, das zu einer pommerschen Grafschaft umgewandelt wurde; er bezeichnete sich als „Fürst Wartislaw von Gützkow". Nach seinem Tode heiratete seine Witwe Dobroslawa, Tochter Herzog Bogislaws II. – sie nannte sich „Gräfin tho Gützkow" – den deutschen Jaczo von Salzwedel, der mit dem Land Gützkow belehnt wurde; mit ihm kamen zahlreiche deutsche Siedler ins Land. Die Grafschaft Gützkow reichte im Norden über Jagenow bis etwa zur Schwinge, dann über Weitenhagen, Güst, Hanshagen, Bünzow und Polzin, südlich der Peene gehörten Kagenow, Toitin, Kartlow, Müssentin, Tutow und Benzin dazu.
1237 verlieh Bischof Konrad I. von Salzwedel seinem Bruder Jaczo I. und dessen Söhnen den Zehnt der Usedomer Halbinsel Liepe. Jaczo I. und Dobroslawa legten 1242 den Grundstein für das Franziskanerkloster in Greifswald, das zur Begräbnisstätte der Gützkower Grafen wurde. Der Tod von Jaczo I. fällt in die Zeit zwischen 1242 und 1250. Seine Söhne Johann I., Konrad und Jaczo II. führten ab 1270 den Titel „Grafen von Gützkow". Durch die Heirat Jaczos II. mit Cecislawa von Putbus kam die Grafschaft Streu auf Rügen an die Grafschaft Gützkow. Seine Söhne Jaczo III. und Johann II. heirateten ins pommersche Herzoghaus und in den Hochadel Mecklenburgs und gewannen dadurch großes Ansehen. Jaczo II. trat als Zeuge bei der pommerschen Landesteilung 1295 auf. 1319 ernannte Herzog Wartislaw IV. von Wolgast Nikolaus von Gützkow, Sohn Jaczos III. und der Fürstin v. Werle, zum Oberrichter für das Herzogtum Wolgast; er muß einen Bruder Bernhard gehabt haben, der 1317 genannt wird. Johann II. war mit Margarete von Pommern verheiratet, hatte drei Söhne: Jaczo IV., Johann III. d. Ä. und Johann IV. d. J. Erster fiel 1322 in der Schlacht bei Oldenwörde, letzter starb nach der Schlacht am Kremmer Damm gegen Brandenburg, dieser hatte noch einen Sohn Johann(es) V. Im rügenschen Erbfolgekrieg fiel Johann V. an seinem Hochzeitstag 1351 bei Loitz. Johann III. starb kinderlos. Die Schwestern Johanns V., Elisabeth und Mechthild, lebten bis 1378 im Schloß Gützkow. Danach fiel die Grafschaft als erledigtes Lehen an das Herzogtum Pommern zurück. Das Wappen der Grafen, zwei schräggekreuzte rote Stäbe auf goldenem Grund mit vier roten Rosen in den Ecken, wurde ins pommersche Herzogswappen übernommen. Der Grafentitel blieb erhalten und ging auf den jeweiligen Landesherrn über.

Gützlaff, Karl Friedrich August, Missionar. * 1803 in Pyritz, † 1851 in Hongkong. Sohn eines armen Schneiders, kam 1821 in das Missionsinstitut des Predigers Jänike in Berlin und 1823 zur Holländischen Missionsgesellschaft nach Rotterdam. 1826 ging er nach Batavia, heute Jakarta, wo er die gängigen chinesischen Dialekte lernte. 1828 zog er nach Singapur und dann nach Bangkok, hier übersetzte er die Bibel ins Siamesische. 1831 begann seine Tätigkeit in China; er rief die deutsche evangelische Chinamission ins Leben. 1844 gründete er in Hongkong den „Christlichen Verein zur Verbreitung des Evangeliums“, um auch Chinesen als Prediger heranzubilden. Über seine Reisen in China verfaßte er zahlreiche Berichte u. a. „Voyages along the Coast of China in 1831–33“ (1834), „Geschichte des Chinesischen Reiches“ (1847). Auf seinen Reisen in England und Deutschland, noch kurz vor seinem Tod, konnte er beide Länder für sein missionarisches Werk gewinnen.

Häfen. Die 519 km lange pommersche Küste regte die Bewohner schon frühzeitig an, die Ostsee als Verkehrsraum zu verstehen. An besonders günstigen Stellen entstanden Häfen; bevorzugt war die Boddenküste Westpommerns, an der → Barth, → Stralsund, → Greifswald, → Wolgast, → Anklam, → Ueckermünde, → Usedom, → Wollin und → Cammin entstanden. Die seichten und unübersichtlichen Küstengewässer erschwerten eine Schiffahrt, so daß ihre Bedeutung allmählich abnahm. Die künstlich angelegten Außenhäfen haben sich stärker entwickelt, so → Saßnitz (1895), als Ausgangspunkt der Eisenbahnfähre nach Trelleborg/Schweden, als auch → Swinemünde als Vorhafen von Stettin. Die Schiffahrtsstraße nach → Stettin, die Kaiserfahrt (1880), und die Fahrrinne zwischen Swinemünde und Stettin wird ständig auf einer gleichmäßigen Tiefe gehalten und im Winter durch Eisbrecher offengehalten. Infolgedessen hat sich Stettin zum wichtigsten Hafen der südlichen Ostsee entwickelt; 1937 mit einem Gesamtgüterumschlag von 8,3 Mill. t und 1976 von 24 Mill. t. Entlang der ostpommerschen Küste konnten nur an Flußmündungen, die durch Molen geschützt werden müssen, Häfen entstehen, so → Kolberg, → Rügenwalde, → Stolpmünde und → Leba. Sie erwarben eine gewisse zentrale Bedeutung, doch ist ihr Hinterland zu klein und liefert nur Agrarprodukte. In den ersten Jahren nach 1945 betrieb Polen über sie den Kohlenexport; heute dienen sie wieder der Fischerei.

Haberfeldtreiben, Überrest aus der Rechtsüberlieferung des Volkes. Das Haberfeldtreiben gehört zu den alten germanischen Rechtsformen, die vom Strafgesetzbuch nicht erfaßt sind. Ursprünglich geht der Begriff auf den Brauch zurück, ein gefallenes Mädchen mit seinem Verführer ins Haberfeld zu jagen. Zeitweilig gab es einen Geheimbund, der altdeutsches Recht und altdeutsche Sitte aufrechtzuerhalten suchte; um 1705 historisch greifbar. In Schloppe, Kreis Deutsch Krone, gab es 1664 ein Haberfeldtreiben, bei dem etwa 400 protestantische Bürger aus Schloppe und Einwohner der Nachbarorte, mit Spießen und Flinten bewaffnet, einen Sturm auf das katholische Pfarrgrundstück unternahmen. Dieses Haberfeldtreiben stand in Zusammenhang mit den Auseinandersetzungen der Gegenreformation; das Resultat ist nicht überliefert.

Hammermühle *(Krępice),* Kreis Rummelsburg, 3863 Einwohner (1980). Die Stadt liegt im Tal der Wipper inmitten großer Wälder. Ursprung war ein kleines Eisenhammerwerk. Otto v. Bismarck kaufte das Gelände und gründete mit Moritz und Georg Behrend 1871 die Papierfabrik Fuchsmühle, 1872 die Fabrik Hammermühle und 1874 die Kampmühle, die das viele Holz der umliegenden Wälder verarbeiteten. Moritz Behrend trennte sich von seinem Bruder und betrieb die Firma als „Varziner Papierfabrik“ weiter, die 1889 in eine Aktiengesellschaft umgewandelt wurde. 1912 produzierte das Werk 100 t Zellulose und 70 t Papier pro Tag und war das bedeutendste Industrieunternehmen Ostpommerns. Etwa 50 v. H. ihrer Produktion wurden bis 1930 nach England exportiert. 1928 wurden durch die Gemeindeneuordnung Hammer-, Fuchs- und Kampmühle und der Bahnhof zur Landgemeinde Hammermühle vereinigt, die 2169 Einwohner (1939) hatte. Erst nach 1960 begann ein zügiger Wiederaufbau der Fabrik. Um 1981 erfolgte der Bau einer neuen Kirche; um die

Hammerstein: Markt

gleiche Zeit wurde Hammermühle zur Stadt mit einer vielfältigen holz- und metallverarbeitenden Industrie erhoben.

Hammerstein *(Czarne)*, Kreis Schlochau, 5892 Einwohner (1983). Die Kleinstadt liegt auf dem linken Ufer der Zahne, einem Nebenflüßchen der Küddow, inmitten ausgedehnter Waldungen. Die Innenstadt hat ein gitterförmiges Straßennetz mit zwei rechteckigen Kirchplätzen, von denen der größere als Markt diente. Auf dem rechten Zahneufer hat sich die Mühlenvorstadt entwickelt. Im Norden der Altstadt lag am Fluß die alte Ordensburg, die bis auf geringe Reste verschwunden ist. Zum Bahnhof im Süden entstanden neue Siedlungen, in denen die wenigen Gewerbebetriebe (u. a. Sägewerke, Molkerei, Betonwerk, Ziegelei) den Eisenbahnanschluß suchten. Jenseits der Bahnlinie lag die Ratzebuhrer Siedlung auf dem Weg zum Truppenübungsplatz. Innerhalb des Stadtgebietes, besonders im Osten, gab es eine Reihe größerer Bauernhöfe.

An dem Flußübergang der alten Straße von Neustettin nach Schlochgau legte der Deutsche Ritterorden ein Wildhaus an, neben dem ein Dorf entstand, das 1395 Hochmeister Konrad von Jungingen zur Stadt mit Kulmer Recht erhob. Stadt und Burg sicherten die Westgrenze des Ordensstaates. 1455 gelang es dem Ordenshauptmann Kaspar Nostitz, Hammerstein für den Orden zurückzuerobern. 1466, im 2. Thorner Frieden, kam Hammerstein zu Polen, die Ordensburg wurde Starosteisitz. Im Polnisch-Schwedischen Krieg (1626–35) erlitten 1627 die Schweden in der Schlacht von Hammerstein eine empfindliche Niederlage. Die Stadtkirche mußte 1600 den Katholiken zurückgegeben werden, was 1645 zur Folge hatte, daß der katholische Lehrer und Küster Jakob Büttner in der Kirche erschlagen, Pfarrhaus, Schule und Kirche verwüstet wurden. Die Stadt wurde verurteilt, den Schaden wiedergutzumachen und die zerstörten Gebäude wiederaufzubauen. Noch 1910–14 führte deswegen die Pfarrei einen erfolgreichen Prozeß gegen die Stadt beim Reichsgericht in Leipzig. 1772 kamen die Starosteigüter an das Domänenamt, dessen Verwaltung nach Baldenburg verlegt wurde. Vor der Industrialisierung war Hammerstein eine Stadt der Schuh- und Tuchmacher – um 1850 hatte sie etwa 200 Schuhmacher. Die Pommersche Centralbahn erreichte 1878 Hammerstein mit der Strecke Tempelburg–Neustettin–Hammerstein–Schlochgau. Südlich der Stadt richtete 1885 der preußische Staat einen Schießplatz ein, der zum Truppenübungsplatz ausgebaut wurde. Neben ihm gab es als Wirtschaftsfaktoren Holzverarbeitung, Baustoffbetriebe, Mühlen.

Bauwerke: Von der *Ordensburg* haben sich die Fundamente und ein Feldsteinturm erhalten. 1850 erbaute Amtsrat v. Livonius auf ihrem Platz das Schloß.

Katholische Kirche *Mariä Himmelfahrt* (1645) fiel 1653 und 1755 Bränden zum Opfer; jedesmal wurde sie als Fachwerkbau wiederaufgebaut.

Evangelische Kirche (1819) auf dem Markt, wurde 1945 völlig zerstört und abgetragen.

Hanse. Nach ersten Anfängen einer Hanse, der Kölner Englandfahrer (um 1160), entwickelte sie sich im ausgehenden 13. Jh. vom Niederrhein bis zum Baltikum. Kaufleutegruppen und Städte schlossen sich zu Hansen zusammen, um ihre Autonomie gegen Stadt- und Landesherren zu sichern. An der Ostsee konzentrierte sich der Handel auf Lübeck, von wo die Kaufleute bis Nowgorod in Rußland Handel trieben; daneben regelte die Hanse auch die Einwanderung deutscher Kaufleute und Handwerker in den Ostseegebieten. Die Kaufleute der Ostseestädte suchten auch im Bereich der Nordsee Fuß zu fassen, u. a. in Brügge, Antwerpen, London, Bergen. Um 1280 entstand die Gesamthanse, die die handelspolitischen Ziele der verschiedenen Kaufleutegruppen koordinierte; Lübeck übernahm die Leitung. Die Hanse begegnete sogar der Expansionspolitik König Waldemars IV. von Dänemark, der 1360/61

den wichtigsten Heringshandelsplatz, Schonen, und die Insel Gotland erobert hatte, mit einem 1367 in Köln beschlossenen Krieg, der im Frieden von Stralsund 1370 beendet wurde. Der König mußte alle Privilegien der Hanse bestätigen und garantieren. Die Hanse hatte den Höhepunkt ihrer Macht erreicht – abzulesen an den prächtigen Bauwerken in Lübeck, Stralsund, Danzig. Von den 57 pommerschen Städten gehörten bis zum 15. Jh. 17 der Hanse an. Westlich der Oder: Stralsund, Greifswald, Demmin, Anklam und Stettin. Östlich der Oder: Wollin, Cammin, Gollnow, Stargard, Greifenberg, Treptow, Kolberg, Köslin, Belgrad, Rügenwalde, Schlawe und Stolp. Handelsprodukte waren u. a. Hering, Getreide, Kupfer, Wolle, Salz und Holz.

Aber im 14. Jh. begann die englische und holländische Konkurrenz in das Ostseegebiet einzudringen; gleichzeitig konsolidierten sich die Territorialstaaten, die andere handelspolitische Schwerpunkte setzten. Zudem brachten die unterschiedlichen Handelsinteressen der einzelnen Städtegruppen und Schwerpunktverlagerungen im Hansesystem eine Entwicklung in Gang, die zum Verfall der Hanse führten. Handelsbeschränkungen und Garantien der Privilegien – so im Frieden von Vordingborg (1435) am Ende des hansisch-dänischen Krieges (1426–35) – konnten die Holländer, die seit 1441 von den dänischen Königen gefördert wurden, nicht verdrängen. Als Zar Ivan III. Nowgorod eroberte, verlor das 1514 wiedereröffnete Hansekontor schnell seine Bedeutung – der Rußlandhandel wurde von da ab von den Zaren betrieben. Dazu gewann der Handelsplatz Antwerpen immer mehr an Bedeutung, und vom 15. Jh. an verlagerte sich der gesamte europäische Handel von der Ostsee an die Atlantikküste; die Einflußmöglichkeiten der Ostseestädte wurden drastisch reduziert. Bezeichnend für den Machtverlust der Hanse ist die Belagerung Stralsunds (1628), als die Stadt vergeblich Hilfe bei ihren hansischen Bundesgenossen suchte. Unterstützung erhielt Stralsund von den Territorialstaaten Dänemark und Schweden – die Hanse war zu einem Anachronismus geworden.

Hartz, Dr. Franz, Prälat. * 1882 in Hüls bei Krefeld, † 1953 in Hüls. Studium der Philosophie und Theologie in Münster, 1908 Priesterweihe. 1912 war er Leiter des Collegiums Dettenianum, des Schülerkonvikts des Münsterländer Adels. Promotion 1914. 1921 Kaplan in Berlin bei dem späteren Bischof von Münster, Clemens August Graf von Galen; 1928 Pfarrer in Berlin. 1931 Ernennung zum Prälaten der Freien Prälatur → Schneidemühl. Obwohl es nur eine Prälatur war, war ihr Prälat ständiges Mitglied der Deutschen Bischofskonferenz, er hatte außer der Weihe von Priestern alle bischöflichen Vollmachten. Während seiner Amtszeit entwickelte sich die Freie Prälatur zu einer lebendigen Kirchenprovinz, trotz der ständigen Bedrohung durch die Nationalsozialisten. Er war der erste deutsche Bischof, der die Betsingmesse in seiner Diözese einführte. 1945 Flucht über Demmin nach Hainzell und Fulda. 1949 wurde er zum Päpstlichen Beauftragten für die Seelsorge für die Heimatvertriebenen bestellt. Gemeinsam mit der „Ostpriesterhilfe" P. Werenfried van Straatens und dem ersten Bundesvertriebenenminister, Dr. Lukaschek, setzte er sich in rastloser Arbeit für die Heimatvertriebenen ein. Prälat Hartz wurde zum „Vater der Vertriebenen".

Hassell, Ulrich von, Diplomat. * 1881 in Anklam, † 1944 in Berlin. 1919 kam der monarchistisch gesinnte v. Hassell in den auswärtigen Dienst, war Schwiegersohn des Großadmirals v. Tirpitz. 1926–30 war er Gesandter in Kopenhagen, 1930–32 in Belgrad und 1932–38 Botschafter in Rom. Er verließ den Staatsdienst und wurde Vorstandsmitglied des Mitteleuropäischen Handelstages. In wissenschaftlichen Arbeiten und in Vorträgen befaßte er sich mit Ungarn und dem Balkan. 1938 trat er der Widerstandsbewegung bei, führte 1940 über Mittelsmänner Verhandlungen mit der britischen Regierung, war eine Zeitlang als Außenminister einer Regierung Goerdelers vorgesehen. Am 28. 7. 44 wurde er verhaftet und zum Tode verurteilt, in Berlin-Plötzensee hingerichtet.

Hausurnen. Die erste Hausurne wurde 1893 in Obliwitz, Kreis Lauenburg, gefunden, aber erst viel später in ihrer kulturhistorischen Bedeutung erkannt. Sie stammt aus dem 1. Jahrtausend vor Christus. Die Hausurnen sind aus Ton geformt und gebrannt, haben einen rechtwinkligen Grundriß und

Hausurne

ruhen auf vier gedrehten Füßen oder Pfählen. An einer der Längsseiten befindet sich eine Türöffnung. An den Außenwänden sind zum Teil Stiele und Riegel eingeritzt. Die Naturtreue geht sogar so weit, daß innen an der Tür die Vorrichtungen für Sperrbalken angebracht sind. Die Hausurne von Obliwitz hat eine Länge von 0,47 m, eine Breite von 0,37 m und eine Höhe von 0,37 m. Sie befand sich im Museum in Stettin und hat den Krieg unbeschädigt überstanden.

Heiliger, Bernhard, Bildhauer. * 1915 in Stettin. Schüler der Stettiner Werkschule, Studium in Berlin und Paris, Kontakte u. a. zu Maillol. Sein künstlerlisches Schaffen entfaltete sich erst nach 1945. 1947 Lehrauftrag an der Berliner Hochschule für angewandte Kunst und 1949 Professor an der Hochschule für bildene Künste in Berlin. In seinen Skulpturen löst er sich von den traditionellen Formen, er vereinfacht sehr stark. In seinen stehenden und liegenden Figuren treten die Details zurück, Bewegung und Masse sind ihm wesentlich. Daneben hat er eine Reihe von bedeutenden Porträts geschaffen, u. a. von Ernst Reuter (1889–1953), einst Regierender Bürgermeister von Berlin.

Heinrichswalde, Kreis Ueckermünde, 624 Einwohner (1991). Das Dorf liegt am Südrand der Großen Friedländer Wiese, am Ostufer des Galenbecker Sees. Es wurde im Rahmen der friederizianischen Kolonisation (1737), als Vorwerk des Amtes Torgelow angelegt. 1748 kamen Kolonisten aus Süddeutschland, denen Unterkünfte, Acker- und Wiesenland, Befreiung vom Militärdienst und freie Religionsausübung zugesagt worden war. Als die sechs Bauern, sechs Halbbauern und 18 Kossäten, in Heinrichswalde eintrafen, mußten sie sich entgegen der Zusage ihr Land erst selber roden; danach wurde ihnen das Land vom Generalpächter Henrici nicht nach pommerschem Maß, sondern nach Magdeburger vermessen, was für jeden Bauern 7000 qm Ackerland weniger bedeutete. Zusätzlich zu diesem Betrug forderte der Generalpächter die Pacht in brandenburgischen Münzen, ihre Schwerarbeit wurde aber in sundischen Schillingen entlohnt, so daß sie beim Umtausch Verluste hinnehmen mußten. In ihrem Privileg waren keine Dienstleistungen auf dem Vorwerk Heinrichswalde erwähnt, Henrici jun. verlangte sie dennoch von den Siedlern. Ein jahrzehntelanger Streit begann zwischen den Kolonisten und der Kriegs- und Domänenkammer in Stettin. 1771 wurden die Sprecher von Heinrichswalde, Wittmann, Lauffer und Greiner, zeitweilig inhaftiert. Die Bauern schalteten auch das Generaldirektorium in Berlin und König Friedrich II. in ihren Streit ein. Der neue Generalpächter, Ingermann, versuchte, auch Pasewalker Dragoner einzusetzen, um die Bauern zu den Naturaldiensten zu zwingen. Schließlich kam der Streit 1774 zu einem Ende: In Hofbriefen erhielten sie ihren Besitz als Eigenturm bestätigt, jedoch wurden Dienste, wenn auch stark ermäßigte, für die Vorwerke Wilhelmsburg und Mühlenhof festgeschrieben.

Heise, Hans-Jürgen, Dichter. * 1930 in Bublitz, wohnt seit 1968 in Kiel. 1949–50 war er Redakteur der Ostberliner Zeitschrift „Sonntag"; 1950 Flucht nach Westberlin, war bis 1958 als Journalist tätig. 1958 wurde er Archivlektor am Institut für Weltwirtschaft in Kiel. Seit 1950 erschienen seine Bildgedichte, in denen er sich mit dem spanischen Kulturkreis auseinandersetzt, in verschiedenen Zeitschriften, z. T. unter Pseudonymen. Daneben schuf er Gedichte aus seiner pommerschen Bublitzer Kindheit. Einen Großteil seiner Gedichte hat er in Zyklen angeordnet. In ihnen beschreibt er, mit Freude am Detail, einzelne organisch gewachsene Kulturräume des Mittelmeeres und der Ostsee. 1973 erhielt er die Ehrengabe des Andreas-Gryphius-Preises, 1974 den Kulturpreis der Stadt Kiel, 1976 den Kulturpreis von Malta. Seine Dankadresse war das Gedicht „Die Ostsee – eine Bucht des Mittelmeeres". 1988 war er Gastdozent für Poetik an der Johannes-Gutenberg-Universität in Mainz. 1989 erhielt er ein Stipendium für die

Heringsdorf: Weißes Schloß

Villa Massimo in Rom. Heise, 1990 zum Professor ernannt, gehört mit zu den bedeutendsten Vertretern der modernen Naturlyrik, der auch jenseits der Grenzen Ansehen genießt. Seine streitbaren Essays zur lyrischen Sprache der Gegenwart blieben nicht unwidersprochen.

Werke: „Vorboten einer neuen Steppe" (1961), „Werke aus der Zentrifuge" (1966), „Besitzungen in Untersee" (1973), „Das Profil unter der Maske" (Essays, 1974), „Der Phantasie Segel setzen" (1983), „Einhandsegler des Traums" (1989), „Der Aufstand der Requisiten" (1992).

Henke, Karl Ludwig, Astronom. * 1793 in Driesen, † 1866 in Marienwerder. Postbeamter, der sich in seiner Freizeit ganz der Astronomie hingab. Nach zwanzigjähriger Himmelsbeobachtung mit primitiven Hilfsmitteln, gelang ihm 1845 und 1847 die Entdeckung zweier Planetoide, denen er die Namen seiner beiden Töchter Asträa und Hebe gab. Spät wurde seine Arbeit in Fachkreisen anerkannt. Seine „Berliner akademische Sternkarte" wird heute noch wegen ihrer Genauigkeit geschätzt. Zwischendurch war er Postmeister in Friedeberg. Nach seiner Pensionierung stellte er sich seiner Vaterstadt als Ratsmann zur Verfügung.

Heringsdorf, Kreis Wolgast, früher Kreis Usedom-Wollin. 4200 Einwohner (1971). Ostseebad auf der Insel Usedom. Neben dem kleinen Fischerort Neukrug richtete 1819 der Rittergutsbesitzer Bernhard v. Bülow ein besonderes Logierhaus für Badegäste ein. Nach der Parzellierung des Rittergutes Gothen entstand im Strandwald eine Villenkolonie, später mit Neukrug vereinigt. Seit 1825 ist Heringsdorf ein amtlich anerkannter Badeort, den Kommerzienrat Dr. Delbrück zu Weltruhm führte. Die Gemeinde Heringsdorf erwarb 1921 das Bad. 1927 erbohrte man in 400 m Tiefe eine radiumhaltige fünfprozentige Sole. Die Strandpromenade verband → Bansin, Heringsdorf und → Ahlbeck mit → Swinemünde. 1894 erhielt Heringsdorf einen Eisenbahnanschluß und konnte sich zum Modebad reicher Kaufleute, Industrieller, Adliger und der Theater- und Filmprominenz entwickeln. Nach dem 2.

Weltkrieg verschwanden viele Bauten der Gründerzeit, Betonbauten ersetzten sie. Die Zahl der Urlauber lag 1986 bei 76 552, dazu kamen noch 9814 Winterurlauber.

Bauwerke: Die *Kirche* (1848), hat eine Inneneinrichtung, deren Gestaltung von König Friedrich Wilhelm IV. stark beeinflußt war.

Hermes, Johann Timotheus, Theologe und Schriftsteller. * 1738 in Petznick, Kreis Pyritz, † 1821 in Breslau. 1758–61 Theologiestudium in Königsberg, wurde 1769 Hofprediger und Pastor in Pleß/OS., 1772 Superintendent, Oberkonsistorialrat und Theologieprofessor in Breslau. In Anlehnung an Richardson, Fielding und Sterne schrieb er seine vielgelesenen kulturgeschichtlich bedeutsamen Romane, u. a. „Geschichte der Miss Fanny Wilkes" (3 Bde. 1766), „Sophiens Reise von Memel nach Sachsen" (5 Bde. 1769–73), „Für Töchter edler Herkunft" (3 Bde. 1787). 1790 traf er mit Goethe zusammen, der sich mit Schiller in den „Xenien" über die verfänglichen Passagen lustig machte, die in Hermes' moralisierenden Romanen zu finden sind.

Herthasee. Inmitten der Stubnitz, dem großen Buchenwald auf Jasmund, liegt etwa 1 km westlich des Königsstuhls der Herthasee, früher auch Schwarzer See genannt. 170 m lang, 140 m breit und in der Mitte 15 m tief, vom moorigen Untergrund ist das Wasser tiefschwarz. Nördlich des Herthasees erhebt sich die Herthaburg, ein 15 m hoher halbkreisförmiger Erdwall einer wendischen Burganlage. Anfang des 17. Jh.s haben einige Gelehrte die in der „Germania" des Tacitus erwähnte Nerthussage an den Herthasee verlegt.

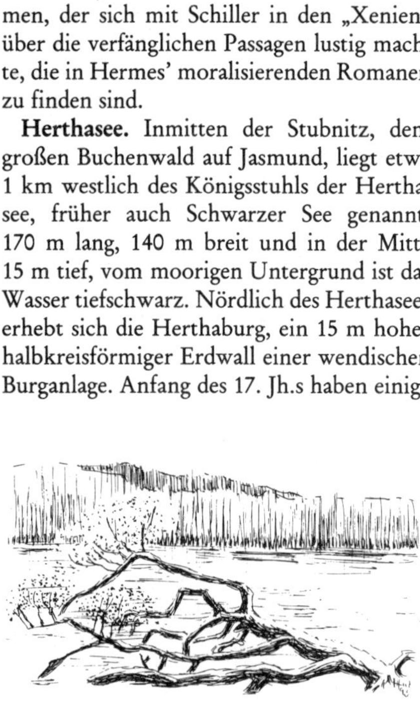

Am Herthasee

Hertzberg, Ewald Friedrich Graf von, Staatsminister. * 1725 in Lottin, Kr. Neustettin, † 1795 in Berlin. Jura- und Philosophiestudium in Halle, trat als Archivar in den Dienst der preußischen Staatsverwaltung, wurde 1750 Leiter des Geheimen Staatsarchivs. Betätigte sich als Schriftsteller und Förderer der deutschen Sprache und Literatur; 1752 wurde er Mitglied der Akademie der Wissenschaft. 1763 handelte er für Preußen den Hubertusburger Frieden aus, der den 7jährigen Krieg beendete. Von da ab war Hertzberg Minister für Auswärtiges bis 1791, als er bei König Friedrich Wilhelm II. in Ungnade fiel. 1772 eröffnete er das Fürstlich-Hedwigische-Gymnasium in Neustettin nach den Zerstörungen des 7jährigen Krieges wieder. Als Außenminister hat er 1771 die preußischen Forderungen auf Pomerellen begründet, vor der zweiten polnischen Teilung auch die Forderung auf Danzig, lehnte aber die Auslöschung des polnischen Staates entschieden ab. 1786 hielt er sich während der letzten Wochen König Friedrichs II. auf Schloß Sanssouci auf. Nach dessen Tod setzte er sich für die von Schadow geschaffene Statue Friedrichs II. für den Königsplatz in Stettin ein.

Heykasee *(Jezioro Hejka).* 1909–11 errichteten die Gutsherren v. Heydebreck und v. Kameke an der Radue, dem Nebenfluß der Persante, das erste Wasserkraftwerk Ostdeutschlands. Das Wasser der Radüe wurde zum 5 km langen, 100 ha großen Heykasee aufgestaut. Die Überlandzentrale Belgard übernahm den gesamten Strom des Wasserkraftwerks (1929 waren es 1500 kWh). Am oberen Ende des Heykasees entstand in den 20er Jahren das Kraftwerk Roßnow, das einen 10 km langen See aufstaute; seine Leistung war 1929 5070 kWh. Ein Dammbruch (1939/40) zerstörte die ganze Anlage, die aber während des Krieges repariert wurde; sie wird zur Zeit noch genutzt.

Alte Luchte auf Hiddensee

Hiddensee. Westlich von Rügen erstreckt sich die 17 km lange, 100 m bis 2 km breite, 18,6 qkm große Insel Hiddensee in nordsüdlicher Richtung. Seit dem Ende der Eiszeit ist sie aus verschiedenen Teilen aufgebaut: im Norden der Inselkern des Dornbusch, Rest einer Stauchendmoräne, die im Bakenberg 72 m über NN erreicht und nach allen Seiten mit einem bis zu 60 m hohen Steilkliff abfällt. Nach Süden schließt sich das Flachland an, dessen südlichster Teil der Gellen ist; in ihm liegen einige Moränenreste, die von Strandwällen verbunden werden. Entlang der Westküste findet ein starker Materialtransport statt, der den Gellen ständig weiterwachsen läßt; der 1906 errichtete Leuchtturm auf der Südspitze liegt heute ca. 5 km landeinwärts. Östlich des Dornbusch dehnen sich die Strandwälle des Bessin aus, die bis zu 1,50 m aufragen und 3,5 km lang sind. Dem inzwischen bewachsenen Alt-Bessin, ein Vogelschutzgebiet, ist im Osten der Strandwall des Neu-Bessin vorgelagert. Durch einen seichten Wasserarm von der Hauptinsel getrennt, liegt im Osten die 0,37 qkm große Fährinsel, die aus mehreren großen Strandwällen besteht. Ihr Untergrund ist ein eiszeitlicher Geschiebemergelkern. Als Vogelschutzgebiet ist sie unzugänglich.

Erste Siedlungsspuren reichen in die mittlere Steinzeit zurück. Wendische Funde stammen aus dem 9. Jh. 1296 übergaben die rügischen Fürsten die Insel dem Zisterzienserkloster → Neuenkamp, das 1297 ein Filialkloster auf dem Dornbusch gründete – der Ort Kloster steht auf dem Klostergelände. Weitere Orte wurden angelegt: Grieben, Vitte, Plogshagen, Glambeck (seit 17. Jh. wüst), an seiner Stelle entstand Neuendorf. Im 30jährigen Krieg vernichteten um 1628 wallensteinsche und dänische Truppen den großen Eichenwald auf Hiddensee. 1750 entdeckte der Stralsunder Kaufmann Giese die Cyprinentone, die er 1757–92 in seiner Fayencefabrik in Stralsund zu Geschirr, Wand- und Ofenkacheln verarbeitete; sein Absatzgebiet dehnte sich bis Danzig aus. Berühmt wurde Hiddensee durch seinen Goldschatz, der 1872 am Strand gefunden wurde. Bis in die 2. Hälfte des 19. Jh.s gab es auf Hiddensee neben Landwirtschaft und Fischerei noch Seefahrt; danach setzte der Seebäderverkehr nach Kloster und Vitte ein, der jährlich etwa 30000 Sommergäste nach Hiddensee bringt. Seine Abgelegenheit brachte zahlreiche Künstler auf die Insel, u. a. Gerhart Hauptmann, Ernst Wolzogen, Gründer des „Überbrettl“, Otto Gebühr, Max und Oskar Kruse, Bildhauer und Maler. Heute ist Hiddensee dem Massentourismus ausgesetzt.

Hiddensee, Goldschatz. Nach der großen Sturmflut (1872) wurden am Strand von Neuendorf, wo eine Düne fortgespült worden war, die ersten Teile des Schatzes gefunden. Eine erneute Sturmflut (1874) brachte weitere Teile zum Vorschein, so z. B. Teile eines fürstlichen Halsschmucks, die im Museum in Stralsund aufbewahrt werden. Der Hiddenseer Goldschatz besteht aus folgenden Teilen: einem Halsring aus drei geflochtenen Drähten, die gepunzte Ornamente tragen, einer runden, 8 cm großen Schmuckscheibe, einer Fibel, die mit Flechtband und Tierornamenten in aufwendigen Goldschmiedetechniken, wie Guß-, Treib-, Granulations-, Filigran- und Glasschmelztechnik, verziert ist, sechs großen und vier kleinen kreuzförmigen, flechtbandverzierten Hängestücken, vier länglichen Filigranperlen; insgesamt 598,2 g feinstes Gold. Der Hiddenseer Goldschatz ist wahrscheinlich Ende des 10. Jh.s in Dänemark hergestellt worden. Modelle und Gußformen ähnlicher Gold- und Silberschmiedearbeiten sind im Hafen von Haithabu/Schleswig gefunden worden. Eine ähnliche Fibel aus Silber grub man in Wollin aus.

Hilgendorff, Robert, Seefahrer. * 1852 in Schiebenhorst/Wohnplatz von Stepenitz, Kreis Cammin, † 1937 in Hamburg. Sein Vater war ein bekannter Kapitän, der schon 1864 seinem Sohn die Führung eines Schiffs auf dem Stettiner Haff überließ. 1867 ging Hilgendorff zur See, wurde 1869 Vollmatrose und befuhr Ost- und Nordsee. Er besuchte die Navigationsschule Altona, die er 1876 mit dem Steuermannspatent verließ, 1878 erwarb er das Kapitänspatent und ging zur Reederei Laeisz in Hamburg, bei der er bis 1901 tätig war. 1881 führte er die „Parnass" als Kapitän vor allem auf der Salpeterroute nach Chile. Er umsegelte 66mal das Kap Hoorn, in Rekordzeiten von etwa je 10 Tagen, was ihm den Namen „Düwel vun Hamborg" oder „flying German" einbrachte. 1895–1901 segelte er das Fünfmasterschiff „Potosi", das fünftgrößte Selgelschiff der Welt. Nach Aufgabe der aktiven Seefahrt war er Sachverständiger für Havarien und „Schifferalter", d. h. nautischer Sachverständiger der Handelskammer Hamburg.

Hinterpommern. Ostpommern erhielt den Namen Hinterpommern, der schon 1473 nachzuweisen ist, erst im Gefolge des 30jährigen Krieges, als Brandenburg 1648 sein pommersches Erbe antreten wollte, aber Schweden nicht daran dachte, seine besetzten Gebiete dem rechtmäßigen Erben herauszugeben. Es behielt Vorpommern und überließ Brandenburg Hinterpommern, bis auf einen Streifen östlich der Oder. Provinzialhauptstadt war bis 1723 Stargard. Erster brandenburgischer Statthalter in Hinterpommern war 1665–70 Herzog → Ernst Bogislaw von Croy. 1654 stellte der Große Kurfürst Hinterpommern unter die Verwaltung einer Regierung mit einem Präsidenten und Kanzler (in Kolberg ansässig, mit einem Hofgericht in Stargard, mit Landvogteien und Burggerichten). 1653 gliederte er das Land des Camminer Stiftsbezirks um Kolberg, Köslin und Bublitz der Provinz ein. Mit dem schwedisch-polnischen Krieg (1657) gewann Brandenburg die Lande Lauenburg, Bütow und Draheim für Hinterpommern. Im Frieden von St. Germain (1679) mußte Schweden den Gebietsstreifen östlich der Oder an Brandenburg herausgeben. Nach Aufhebung des Edikts von Nantes strömten Französische Refugiés nach Brandenburg, sie siedelten sich u. a. in Stargard, Kolberg und Stolp an und entfalteten in der Textilverarbeitung und Tabakproduktion eine rührige Tätigkeit. 1723 verlegte Preußen die „Pommersche und Kamminsche Regierung" nach Stettin, 1739 das Hofgericht. Die ständisch stark zersplitterten Ämter und Vogteien wurden 1724 zu territorialen Einheiten, den Landkreisen, zusammengefaßt. Im Laufe des 18. Jh.s wurden eine Reihe von Brüchen entwässert, Seenspiegel abgesenkt, Flüsse reguliert, so daß neues Siedelland entstand, auf

Grabstein des Claus Hintze

dem Kolonisten aus Schwedisch-Pommern, Mecklenburg, Schwaben, der Pfalz und dem Odenwald angesiedelt wurden.
In der großen Kreisreform von 1817/18 wurden die neumärkischen Kreise Schivelbein und Dramburg der Provinz Pommern angegliedert. Die noch immer ungleich großen, unregelmäßigen Kreise von 1724 erhielten 1825 völlig neue Grenzen und wurden zu funktionstüchtigen Verwaltungseinheiten gemacht. 1845/46 wurden die Kreise Lauenburg und Bütow getrennt, 1872 der Kreis → Fürstenthum in die Kreise Kolberg-Körlin, Köslin und Bublitz aufgeteilt. Die letzte große territoriale Veränderung Hinterpommerns erfolgte 1938, als die Provinz Grenzmark Posen-Westpreußen und die neumärkischen Kreise Arnswalde und Friedeberg Pommern angegliedert wurden. Hinterpommern wurde in die Regierungsbezirke Köslin, Schneidemühl und Stettin, der ganz Vorpommern mitumfaßte, aufgeteilt.

Hintze, Claus, Hofnarr. * in Massow, † 1599 in Stettin. Er kam schon früh an den Hof Herzog Johann Friedrichs und wurde dessen Hofnarr oder „lustiger Rat". Für seine treuen Dienste schenkte ihm der Herzog das Dorf Buttendorf, das von da an Hinzendorf hieß. Ihm ließ er seine ganze Fürsorge angedeihen, so daß seine Bauern keinen Brückenzoll an der Ihna zu zahlen brauchten. Als eines Tages der Herzog erkrankte, sorgte sich Hintze sehr um ihn, forschte nach und erfuhr, daß den Herzog nur ein großer Schreck heilen könne. Auf einem Spaziergang mit dem Herzog stieß er ihn in einen Teich. Der Herzog wurde herausgefischt, zu Bett gebracht, innerhalb von drei Tagen war er wieder gesund. Hintzes Neider ruhten nicht eher, bis Hintze ins Gefängnis gesteckt und wegen Majestätsverbrechen zum Tode verurteilt wurde. Auf Anweisung des Herzogs benutzte der Scharfrichter statt seines Schwertes eine lange Wurst und versetzte Hintze einen Schlag ins Genick. Herzog Johann Friedrich rief: „Claus, ull Fründ, nu stoah man up, nu will'n wi werrer eene drinke. Dat is nu Wust werrer Wust!" Aber der Hofnarr rührte sich nicht, er war tot vor Schreck.

Hoff *(Trzęsacz),* Kreis Greifenberg. 200 Einwohner (1939). Das Dorf mit heute ca. 33 ständigen Bewohnern liegt fast auf dem 15. Längengrand – an ihm wird die Mitteleuropäische Zeit (MEZ) festgelegt – auf einem 16 m hohen Kliff, das ständig von der Ostsee abgetragen wird. Vom alten Dorf stehen nur noch wenige Häuser. Um das Gutshaus, das für Feriengäste genutzt wird, sind einige Neubauten errichtet.
Bekannt wurde Hoff durch seine Kirchenruine. Die gotische Backsteinkirche (vor 1250) stand etwa 2 km vom Strand entfernt. Die Ostsee trug die Küste so weit ab, daß 1730 zwischen Kliff und Kirche nur noch zwei Bauernhöfe standen. 1771 mußte der Friedhof verlegt werden. 1806 war die Kliffoberkante bis auf 15 m an die Kirche heran-

Kirchenruine Hoff

kommen. Bei einem heftigen Sturm 1843 konnte sich der Pastor von der Kanzel nur mit Mühe verständlich machen. 1868 befand sich zwischen Steilufer und Kirche nur noch 1 m Boden. Alle Versuche der Bauern, ihre Kirche zu retten, blieben ohne Erfolg. 1874 mußte sie geschlossen werden, ihre Einrichtung kam in den Camminer Dom. 1901 rutschte im Frühjahr beim Auftauen des Kliffs die Nordwand der Kirche in die Tiefe. Der Westgiebel wurde 1902 unterspült und stürzte 1922 ein. Heute steht nur noch die Südwand über dem Kliffrand. In den 80er Jahren des 19. Jh.s baute die Gemeinde weiter landeinwärts eine neue Kirche. 1945 wurde sie durch Beschuß von See her zerstört. Hoff besitzt heute zwei Kirchenruinen.

Hoffmann, Erich, Arzt. * 1868 in Witzmitz, Kreis Regenwalde, † 1959 in Bonn. Studium der Medizin mit dem Spezialgebiet der Dermatologie. 1905 gelang ihm mit F. Schaudinn die Entdeckung von *Treponema pallidum,* dem Erreger der Syphilis. 1918–34 war er Professor und Direktor der Bonner Hautklinik. Sein Hauptgebiet wurde die Früherkennung und Frühbehandlung der Syphilis; daneben führte er Untersuchungen zur Histologie der Haut und Hautgeschwülste durch und beschäftigte sich mit der Geschichte der Geschlechtskrankheiten. Auf medizinisch-technischem Gebiet befaßte er sich mit der Verbesserung der Dunkelfeldmikroskopie. Sein Hauptwerk ist „Fortschritte in der Erkennung und Behandlung der Syphilis" (1913).

Hoffmann, Hans, Dichter. * 1848 in Stettin, † 1909 in Weimar. Studium der Philologie in Bonn, Berlin und Halle, Gymnasiallehrer, unternahm Reisen nach Italien, Norwegen und Griechenland. 1879 gab er den Lehrberuf auf, wurde Redakteur der „Deutschen Rundschau", dann freischaffender Schriftsteller, nachdem seine ersten schriftstellerischen Versuche unter dem Pseudonym „Hans Fröhlich" unerwarteten Anklang gefunden hatten. Erster Novellenband war „Unter blauem Himmel" (1881). 1883 zog er nach Freiburg, dann nach Bozen, Potsdam und Wernigerode. Bis zum Tod seiner Frau (1901) dauerte seine reichste schöpferische Phase; es erschienen u. a. „Geschichten aus Hinterpommern" (1891), „Iwan der Schreckliche" (1889), „Von Frühling zu Frühling" (1889). „Wider den Kurfürsten" (1894) und „Tante Fritzchen" (1899). 1902 übernahm er die Stelle des Generalsekretärs der Schiller-Stiftung, einer sozialen Einrichtung für in finanzielle Not geratene Schriftsteller. Seine eigene literarische Erfindung war das Kunstmärchen für Erwachsene: „Ostseemärchen" (1895), „Bozener Märchen" (1896), „Harzmärchen" (1902). Das Gesamtwerk des bedeutendsten pommerschen Erzählers umfaßt über 30 Bände, 3 Romane, 75 Erzählungen, 25 Kunstmärchen, etwa 300 Gedichte und zahlreiche Reiseberichte. Nach seinem Tod entstand im Stettiner Stadtgymnasium ein Hans-Hoffmann-Archiv.

Hohenkrug *(Struga),* Groß Stettin. 76 Einwohner (1939). Hohenkrug wird in der Gründungsurkunde des Zisterzienserklosters

Hohenkrug: Papierfabrik

→ Kolbatz (1173) als „Villa Theutonicorum" genannt, ein Hinweis, daß die Besiedlung mit Deutschen schon von den Herzögen eingeleitet worden war, wahrscheinlich als Folge der Niederlage Herzog Wartislaws I. gegen den Polenherzog Boleslaw (1121). 1528 verliehen die Herzöge Georg I. und Barnim XI. Jost Klopfer das Privileg, an der Plöne Papier herzustellen. Bis 1926 arbeitete die älteste Papiermühle Pommerns, dann übernahm sie der Feldmühle-Konzern, der hier 1928 die größte und modernste Papiermaschine zur Herstellung von Schreibpapier aufstellte.

Holz, Paul, Zeichner. * 1883 in Riesenbrück, Kreis Ueckermünde, † 1938 in Schleswig. 1904–24 Volksschullehrer, zuletzt in Stettin, daneben autodidaktische Zeichentätigkeit. 1924 Staatsexamen als Zeichenlehrer. 1925–33 Zeichenlehrer am Friedrichs-Gymnasium in Breslau und nebenamtlicher Lehrer für Methodik und Wandtafelzeichnen an der Breslauer Kunstakademie. 1926 wurde er Fachberater für den Zeichenunterricht in Ober- und Niederschlesien, 1927 für Pommern. Am Provinzialen Schulkollegium in Breslau wurde er Mitglied des pädagogischen Prüfungsamtes. 1932 wurde die Akademie geschlossen, 1933 wurde er seiner Ämter enthoben und als „entartet" verfemt. 1934–38 war er, wie ein Strafversetzter, an der Domschule in Schleswig tätig. Seine Zeichnungen, von denen bereits 1914 das Stettiner Museum 20 Stück erwarb, schuf er aus der Vorstellung heraus; Naturformen vernachlässigte er, dafür konzentrierte er sich auf den Ausdruck. Zahlreiche Zeichnungen sind „hingeschrieben", er hat ihnen oft einen Text so beigefügt, daß eine untrennbare Einheit entsteht. Seine Themen sind Familie und Heimat, Tiere, besonders beim Schlachter, Zirkus und Varieté, Illustrationen zur Bibel, zu Hamsun und Dostojewski. „Ich konnte immer nur zeichnen, was mich ergriff."

Hoppenwalde, Kreis Ueckermünde. 703 Einwohner (1939). Das Dorf liegt zwischen Ueckermünde und Eggesin am Ostrand des Ueckertales. Es entstand im Rahmen der friderizianischen Binnenkolonisation (1752). Die ersten katholischen Siedler aus der Pfalz wurden hier im protestantischen Preußen angesiedelt. Ihre Geschichte zeigt einen nicht uninteressanten Aspekt der königlich-preußischen Toleranz. 1747 fanden sich 100 Pfälzer Familien bereit, den königlichen Versprechungen zu folgen, u. a. Befreiung vom Militärdienst, Stellung eines Lehrers auf Staatskosten, freie und uneingeschränkte Religionsausübung. Nachdem sie Flußregulierungsarbeiten an der Oder geleistet hatten, wurden sie in Hoppenwalde angesiedelt, allerdings wurden die Zusagen der Religionsfreiheit und der Kindererziehung nicht eingehalten. Ehe sie ihren Untertaneneid (1748) ablegten, gaben die Siedler zu Protokoll, daß sie noch immer keinen der versprochenen Geistlichen und Lehrer erhalten hätten. Die Regierung lehnte die Forderungen der Siedler immer schroffer ab, sie könnten ja in die protstantische Kirche gehen. In Selbsthilfe errichteten die Pfälzer eine Kapelle und eine Schule, mit Rohr gedeckte Fachwerkbauten. Ab 1766 durfte ein- bis zweimal im Jahre der Militärgeistliche aus Stettin zum Gottesdienst kommen. Als 1800 die Kapelle baufällig geworden war, wandte sich Pfarrer Kintzel aus Stettin erfolglos an die Regierung in Berlin mit der Bitte um Beihilfe zu einem Neubau der Kapelle. Pfarrer Heinevetter baute 1808 eine kleine Kirche in Hoppenwalde. Alle Anträge auf Anstellung eines eigenen Geistlichen scheiterten. Fürstbischof Melchior von Breslau gelang es 1848 – 100 Jahre nach der Zusage Friedrichs des Großen – einen Geistlichen nach Hoppenwalde zu senden. Schließlich erhielt 1858 die Missionspfarrei ihre staatliche Anerkennung; die Pfälzergemeinden hatten zusammen 837 Gläubige. Noch 1849 hielten sich die Polizeiorgane befugt, den katholischen Geistlichen wie einen fahrenden Handwerksgesellen nach seinem Auftrag zu fragen, ebenso auf Grund welcher Vollmacht er sich in dieser Gegend aufhalte. Die Kirche *Mariä Himmelfahrt* wurde 1888 erbaut.

Ihna *(Ina).* Der Fluß entspringt in der Gegend von Nörenberg, Kreis Saatzig, östlich von Temnick, in der Nähe des Gehöfts Ihnatal in 105 m über NN und hat eine Länge von 128 km. Von der Quelle bis Reetz fließt die Ihna von Norden nach Süden, macht einen großen Bogen nach Nordwesten, um von Gollnow westwärts in den Dammschen See zu gelangen. Bei Temnick nimmt sie die Abflüsse des Enzig- und Nethstubbensees auf; bei Stargard fließt die Kleine oder Faule Ihna zu. Von hier war die Ihna auf ihren letzten 58 km schiffbar. 1808 wurde die Flußmündung verlegt, die neue Mündung mit Steinwällen und einer Leuchtbake gesichert. Das Flußgebiet hat eine Fläche von 2131 qkm. Im Mittelalter führte die Ihna wesentlich mehr Wasser, so daß der Flußhafen von Stargard die Hansekoggen fassen konnte.

Industrie. Die industrielle Entwicklung Pommerns im 19. und 20. Jh. stützt sich einerseits auf die Verarbeitung und Veredlung landwirtschaftlicher Produkte, andererseits auf Betriebe in günstiger Verkehrs- und Absatzlage. Mühlen, Brennereien, Brauereien, Fleischwarenfabriken, Zuckerfabriken und Sägewerke waren über ganz Pommern in den Klein- und Mittelstädten sowie auf den Gütern verteilt; dazu kamen die Betriebe für landwirtschaftliche Maschinen und für deren Reparatur.

Das industrielle Zentrum Pommerns war der verkehrsgünstige Oderraum um Stettin. Hier wurden in Großbetrieben nicht nur die Landesprodukte, sondern auch Importwaren verarbeitet. 1817 gründete Heinrich Dohrn den ersten Großindustriebetrieb, die Pommersche Provinziale Zuckersiederei, 1837 entstand in nächster Nähe eine Ölmühle und 1850 die größte Mahlmühle Europas. 1857 begann die Vulkan Werft mit dem Eisen- und Stahlschiffbau. In Züllchow wurde 1852 die erste deutsche Portland Zementfabrik gegründet, und in Pölitz stellte ab 1939 das Hydrierwerk synthetischen Treibstoff her. In Kratzwieck wurde ab 1897 im Hochofenwerk „Kraft“ schwedisches Eisenerz mit oberschlesischem Hüttenkoks zu Roheisen verhüttet. Zudem war der Stettiner Hafen der Ostseehafen für Berlin, Schlesien und die Tschechoslowakei, was weitere Betriebe des Maschinen-, Schiff- und Fahrzeugbaus, Papiermühlen, Chemische Werke, Textilbetriebe im Großraum Stettin konzentrierte. Eine mittlere Bedeutung erhielten die Küstenhäfen, so Stralsund für Vorpommern und Stolpmünde für Ostpommern. Im Binnenland konnten sich Stargard, Köslin und besonders Stolp zu industriellen Mittelzentren entwickeln.

Die erforderliche Energie lieferten die Wärmekraftwerke in Stralsund, Stettin und Belgard, sowie die 26 Wasserkraftwerke Hinterpommerns. 1939 waren von den 258 549 in Industrie und Handwerk Beschäftigten 29,5 v. H. im Baugewerbe, 20,7 v. H. in der Metallverarbeitung und 16,7 v. H. in der Nahrungs- und Genußmittelindustrie tätig. Besondere Wachstumsbranchen waren die Papierherstellung und die Chemische Industrie. Das Jahr 1945 bedeutete das Ende der Privatwirtschaft. Durch die sowjetische Demontage konnten viele Betriebe erst im Laufe der 50er Jahre oder noch später ihre Produktion wiederaufnehmen. Die Grenzziehung führte ebenfalls zu einem Niedergang des Oderkernraumes. Die industrielle Entwicklung mit der Reprivatisierung der Betriebe nach 1989 könnte Stettin wieder eine wesentlich größere Bedeutung geben.

Isinger *(Nieborowo),* Kreis Pyritz. 525 Einwohner (1939). Vor 1945 hatte Isinger noch einige wenige giebelständige Fachwerkhäuser des 18. und 19. Jh.s. 1226 bestätigte Herzog Barnim I. dem Kloster → Kolbatz den Besitz von „Ysingher“. Die Dorfkirche ist ein Findlingsbau des späten Mittelalters, der ungegliederte Turm wird von einer Barockhaube mit durchbrochener Laterne bekrönt. Das Südportal war mit schwarzglasierten und unglasierten Backsteinen eingefaßt. Eine große Mittelblende beherrschte den Ostgiebel. An der Ost- und Südwand entdeckte man größere Reste mittelalterlicher Fresken.

18 Die „Blaue Scheune“ in Vitte auf Hiddensee

19 Fischer mit ihren malerischen Booten bei Misdroy

20 Typisches Fischerhäuschen an der Ostsee

21 Die Greifswalder Oie: Aufgang von der Insel zum Hafen

22 Das Greifenberger Steintor

23 Landschaft im Stowinski-Nationalpark bei Leba ▶

24 Greifswald: Marktplatz mit Rathaus und Blick auf die St. Nikolaikirche

25 Die Südwand der Kirchenruine Hoff bei Horst

26 *Das Merkurhaus in Kolberg*

27 *Das Friedrich-Wilhelm-Denkmal in Köslin*

28 Der Mariendom zu Kolberg

Isinger

Aus dem 18. Jh. stammt der barocke Kanzelaltar. Der schmiedeeiserne, bunt mit Tulpen bemalte Kronleuchter hatte „Gürgen Matthes, Hof- und Waffenschmied, Anno 1697 gestiftet und Baltzer Tetener Anno 1697 geschaffen".

Jakobshagen *(Dobrzany)*, Kreis Saatzig, 2081 Einwohner (1983). Die Kleinstadt ist am Nordende des Saatziger Sees gelegen. Sie hat nur im Innenbereich einen regelmäßigeren Grundriß, Breite- und Hinterstraße verlaufen parallel zueinander; die Kirche liegt auf einem erweiterten Platz. Das Rathaus liegt außerhalb an der großen Straßenkreuzung von Stargarder und Breiter Straße. An den Ausfallstraßen nach Norden und Westen hat sich das Ackerbürgerstädtchen erweitert; hier liegen die Ziegelei und die Molkerei, neben einer Mühle und einem Sägewerk die einzigen Gewerbebetriebe von Jacobshagen. Auch nach 1945 ist Jacobshagen nur unwesentlich über seine Grenzen gewachsen. 1336 wird Jacobshagen erstmals im Besitz der Gebrüder von Stegelitz genannt, bis Ende des 15. Jh.s wird Jacobshagen als „Villa" bezeichnet. Erst 1567 verlieh Herzog Barnim XI. dem „Städtchen" zwei Jahrmärkte. Als 1598 die von Joachim v. Wedell erbaute Kirche geweiht wurde, wird Jacobshagen als „Stadt" bezeichnet, die dem Amt Saatzig als Mediatstadt zugeordnet wurde; in ihr galt aber noch die pommersche Bauernordnung. Der große Stadtbrand von 1781 vernichtete Jacobshagen bis auf vier Häuser, nur mit Hilfe Friedrichs II. konnte sie wiederaufgebaut werden; das Baumaterial holten die Bürger von der Burg Saatzig. 1895 erhielt Jacobshagen durch die Saatziger Bahnen, eine Schmalspurbahn, einen Eisenbahnanschluß; der Holzhandel gewann an Bedeutung.

Bauwerke: *Stadtkirche* (1781), nach Plänen von David Gilly, ein Saalbau mit einem der Längsseite vorgelagerten Turm; analog stand der Kanzelaltar in der Querachse der Kirche.

Jakobshagen

Jägerin, Schwarze. In der Sage von der schwarzen Jägerin paaren sich die Sagen der wilden Jagd mit denen der → Aufhocker. Bei der schwarzen Jägerin, auch Margarethe genannt, handelt es sich um die jagdsüchtige Tochter oder Schwester Herzog Swantepolks I. von Pomerellen. Sie soll mit dem dänischen König Christoph I. seit 1252 verheiratet gewesen sein, danach hauste sie auf der Burg → Belgard, Kreis Lauenburg. Von dort unternahm sie ihre Jagdzüge, ohne sich an Sonn- und Feiertage zu halten. Sie soll einem Marienbild, das an einem Kreuzweg aufgestellt war, aus Übermut das Herz durchschossen haben. Über ihren Tod hinaus ist sie zu ewigem Jagen verdammt und treibt ihr Unwesen in der Nacht vor dem 18. Juli, dem St. Margarethentag. Einmal hat sie einen Bauern jammernd gebeten, sie durch den Simelbach zu tragen, ohne sich dabei umzusehen. Er drehte sich aber um, und so wartet sie weiter als schwarzgekleidete Gestalt am Bach auf einen Vorübergehenden, der sie hinübertragen könnte.

Jamund *(Jamno)*, Kreis Köslin. 765 Einwohner (1939). Das Bauerndorf liegt am Südufer des → Jamunder Sees, inmitten eines Weizenanbaugebietes. Durch seine Verkehrsferne konnte sich bis ins 20. Jh. eine reichhaltige bäuerliche Kultur erhalten. Massige, geschlossene → Vierkanthöfe umstanden den Dorfplatz. In ihnen standen die roten Jamunder Möbel mit ihren großlinigen Tier- und Pflanzenornamenten in Flachschnitzerei, als Aussägearbeit oder Malerei (die rot oder dunkelgrün angemalten Schränke mit ihren geschnitzten Gesimsen, die hellblauen Bettluchten, Schrankbetten). Prunkstücke waren die mit strengformigen Tulpen, Sternen, Herzen und Kreuzen bemalten Brautstühle.

Bis zum Ende des 19. Jh.s wurde hier eine eigene Tracht getragen. Neben dem Ackerbau betrieben einige Höfe Damastweberei und Spitzenknüpferei. Großbrände (1889 und 1932) vernichteten wertvolle Schätze der Volkskunst.

Bauwerke: Die *Dorfkirche*, ein ursprünglich gotischer Backsteinbau, ist im 19. Jh. bis zur Unkenntlichkeit umgebaut worden. Die reich geschnitzte, blau und weiß gefaßte Kanzel und der Taufstein stammen aus dem 18. Jh.

Jamunder See *(Jezioro Jamno)*, 23 qkm großer, bis zu 2 m tiefer, lagunenartiger Strandsee, den eine 500–750 m breite Nehrung von der Ostsee trennt. Streitzsee-, Mühlen- und Nestbach führen ihr Wasser dem See zu, das durch ein Tief ins Meer abfließt. Der Seespiegel liegt 0,10 m über dem der Ostsee.

1313 wird er als „Stagnum Jamundense" und 1352 „Stagnum dictum Wusseken" genannt. Damals konnten durch das Tief Schiffe in den See fahren, er war der natürliche Hafen Köslins; ihm diente auch das Seezeichen auf dem → Gollen. Im 17. Jh. versandete das Tief und wurde dadurch für Schiffe unpassierbar.

Jamunder Tracht. Bis ins 20. Jh. getragen. Von 1904 wird berichtet, daß sie noch 26 Personen, alles ältere Leute, drei Männer und 23 Frauen, regelmäßig trugen. Sie wurde auch als „Fischertracht" bezeichnet, die enge Verwandschaft zu den Trachten von Sylt und Niebüll hatte. Die Männer trugen über einer weißleinenen oder gelben schafledernen Kniebundhose das meistens rot-schwarz gestreifte „Bostdok", eine Weste mit Messingknöpfen, und das „Fauderhemd", eine lange blaue, rotgefütterte Jacke. Zu Festtagen trugen die Männer darüber einen dunkelblauen oder schwarzen, bunt gefütterten Mantel, der nur mit Haken und Ösen geschlossen wurde und ein buntgemustertes Halstuch. Die Frauen trugen das „Schnürlif", ein Mieder aus gleichem Stoff wie das Bostdok; ein Prunkstück war daran der Brustlatz aus rotem Samt, mit Goldlitze überzogen und reich mit Goldfäden bestickt. Am unteren Saum des Schnürlifs befand sich ein Hedewulst, auf dem die verschiedenen einfarbigen Röcke auflagen. Zum Ausgang zogen die Frauen die „Jop" an, eine Jacke aus selbstgewebtem schwarzen Wollstoff, die völlig geschlossen wurde. Somit wurde auch der Brustlatz völlig verdeckt. Zum Abendmahl zogen die verheirateten Frauen einen kurzen Mantel aus schwarzem Tuch an, der an seinen Säumen mit einem breiten schwarzseidenen Atlasband eingefaßt war, der Rücken war in regelmäßige feste Falten gelegt. Die Braut trug den „Pail“, die prächtig mit Blumen, Kugeln und Bändern verzierte Brautkrone und einen goldbestickten Brautgürtel. Der Dorfbrand 1889 vernichtete etwa die Hälfte aller Jamunder Trachten, weitere verbrannten in den folgenden Jahren, zuletzt 1932.

Jarmen, Kreis Demmin. 3400 Einwohner (1990). Die Kleinstadt liegt am Südufer des 2 km breiten Peenetals. Eisenbahn und Straße überqueren an dieser Engstelle die Peene. Das Landstädtchen hat einen fast dreieckigen Grundriß mit einer gewundenen und drei geraden Hauptstraßen. Im Norden liegt der dreieckige Marktplatz mit der St. Marienkirche. Entlang den Ausfallstraßen nach Süden und Westen hat sich Jarmen ausgedehnt. Die Stadt hat nur wenige Gewerbebetriebe: Mühle, Molkerei, Zuckerfabrik und Textilverarbeitung. Im kleinen Peenehafen steht als Wahrzeichen ein riesiges Getreidesilo.
In der ursprünglichen wendischen Fischersiedlung war 1269 ein Thidericus von Jarmen als Pfarrer tätig. 1290 gibt es bereits ein „oppidum Jermyn“. Ein Stadtgründungsdatum ist nicht bekannt, es wurde früh lübisches Recht angewendet. Bischof Heinrich von Cammin verkaufte 1305 Jarmen mit sechs Dörfern an Herzog Otto I. Herzog Barnim III. verlieh 1339 das Patronat der Kirche dem Michaelskloster in Bamberg. 1893 wurde Jarmen von der Mecklenburg-Pommerschen Schmalspurbahn an das Eisenbahnnetz angeschlossen, es folgten 1897 die Greifswalder Bahnen. Dadurch erhielt die 1897 gegründete Zuckerfabrik einen einfachen Zugang zu den Zuckerrübenbauern. 1911 wurde die Brücke über die Peene gebaut, an der heutigen Straße Berlin–Stralsund–Skandinavien. Eine Umgehungsstraße

Jasmund: Die Wissower Klinken

hat den Verkehr aus dem Stadtkern herausgezogen.
Bauwerke: Stadtkirche *St. Marien* (1540 eingeweiht), heute Neubau von 1864, in den der alte Findlingsturm als Treppenhaus und Orgelempore einbezogen ist.

Jasmund. Bekannteste Landschaft → Rügens; von → Lietzow am Großen Jasmunder Bodden steigt das Land allmählich nach Nordosten bis zum Piekberg mit 161 m über NN an. Im Westen liegt in einer Mulde inmitten fruchtbaren Ackerlandes der Hauptort, Sagard, der um 1794 für kurze Zeit der erste Quellenkurort Rügens war. Nach Osten dehnt sich der große Buchenwald, der Stubnitz, mit seinen zahlreichen Tälchen aus. Er ist mit seinen Riesenschachtelhalmen, Elsbeeren und Orchideen ein geschütztes Biotop. In ihm liegt der → Herthasee mit der Herthaburg, um den sich viele Volkssagen ranken. Den Ostrand Jasmunds bilden die Kreidefelsen der Stubbenkammer mit 122 m Höhe. Mittelpunkt dieser vielfach zerrissenen Kreideklippe ist der Königsstuhl (119 m hoch) mit seiner herrlichen Aussicht; sein Name ist 1584 bezeugt. 1818–19 wurde ein erstes Gasthaus erbaut – der Anfang des Tourismus. An seinem Fuß liegt der sogenannte Waschstein, ein großer Findling, in dessen Nähe Klaus Störtebeker seinen Unterschlupf gehabt haben soll. Nach Süden, bis → Saßnitz, dem heutigen städtischen Zen-

Jastrow: Straßenmarkt

trum, erheben sich die Kleine Stubbenkammer und die spitzen Wissower Klinken.

Jastrow *(Jastrowie)*, Kreis Deutsch Krone. 7573 Einwohner (1983). Die Kleinstadt liegt zu beiden Seiten des Mühlenfließ; das es begleitende Wiesen- und Gartengelände trennt die beiden Stadtteile entlang der Grünen- und Seestraße von dem der Berliner und Königsberger Straße. Drei Straßen mit Brücken verbinden die Hauptstraßen. An erster liegen das Rathaus, wahrscheinlich der ehemalige Starosteisitz, und die evangelische Kirche; letztere erweitert sich zu einem langen Straßenmarkt, an dessen Ende die katholische Kirche steht, heute die Stadtmitte Jastrows. In der Stadt lagen die wichtigsten Gewerbebetriebe, eine Tuch-, Zigarren-, Schuh- und Konservenfabrik und Molkerei. Etwa 1,5 km südlich von Jastrow steht der Bahnhof an der Strecke Schneidemühl–Neustettin. Stadterweiterungen nach 1945 erfolgten nur spärlich.

1363 wird Jastrow als königliches Dorf genannt, ein Kossätendorf mit einem königlichen Tafelgut, das zur Starostei Usch–Schneidemühl gehörte. Der Starost Stanislaus Gorka wandelte 1560 das Gut, „Ökonomie“ genannt, in ein deutschrechtliches Bauerndorf um. 1565 nötigte Herzog Barnim IX. die Besitzer v. Vangerow, ihm Jastrow abzutreten. Darauf legten 1568 die Polen neben dem pommerschen Dorf ein eigenes an; gegenseitige Überfälle waren die Folge. Recht bald wurden beide Dörfer vereinigt. 1587 trat der katholische Dorfpfarrer zum Protestantismus über; die Protestanten übernahmen die Kirche, die um 1600 durch einen Neubau ersetzt wurde. Es folgte ein lebhafter Zuzug von Juden, denen man den Woll- und Kornhandel verbot; am Marktplatz erbauten sie ihre Synagoge. 1602 verlieh der Starost Peter Potulicki Jastrow Magdeburger Stadtrecht; erster Bürgermeister war Andreas Barry, ein zugewanderter Schotte. Jastrow erhielt keine Befestigungsanlagen. 1619 trat der Prediger Martin Goltbach zur katholischen Kirche über, die Stadtkirche wurde den Katholiken zurückgegeben. Die Glaubensstreitigkeiten nahmen ein Ende als 1768 die Truppen des polnischen Adligen Roskowski den protestantischen Prediger und Rektor Willich erschlugen. Die Preußische Ostbahn er-

öffnete ihre Strecke Posen–Schneidemühl–Jastrow–Neustettin 1879; eine weitere Eisenbahnlinie führte 1908 nach Tempelburg, 1914 nach Wengerz verlängert, 1945 demontiert. Bis in 19. Jh. war Jastrow eine Tuch- und Schuhmacherstadt. Der Pferdehandel hatte überörtliche Bedeutung. Noch 1930 hatte Jastrow fünf Tuchfabriken, eine Wollspinnerei, eine Textilfabrik und zwei Schuhfabriken; daneben gab es noch Tabakverarbeitung. An der nahen → Küddow wurde 1929 ein Wasserkraftwerk in Betrieb genommen.
Bauwerke: Die beiden Kirchen sind im 19. und 20. Jh. erbaut worden.

Jershöft *(Jarosławice)*, Kreis Schlawe. 327 Einwohner (1939). Fischerdorf und Badeort, liegt auf einer 26 m hohen tertiären Toninsel, die in einem Kliff zur Ostsee abfällt, in sie sind pleistozäne Geschiebemergel eingefaltet. Bis 1918 schob das Meer die Kliffkante etwa 0,50 m pro Jahr landeinwärts. Zementmauern und Buhnen konnten die Küstenabtragung stark verlangsamen. Östlich von Jershöft beginnt das Gebiet der hinterpommerschen → Wanderdünen. Wahrzeichen des Dorfes ist der 1853 erbaute, 34 m hohe Leuchtturm. Das Fischerdorf (vorwiegend Lachsfang) wandelte sich in ein Ostseebad, als es 1865 zu einem der ersten Badeorte erhoben wurde. Ein Wandel im Erscheinungsbild des Ortes trat ein, die Strohdächer wurden durch Ziegeldächer mit Gauben, Dach- und Giebelfenstern ersetzt; das Hotel Lindenhof und das Strandschlößchen entstanden. Vor 1945 kamen bis zu 2000 Badegäste nach Jershöft, heute bis zu 20000 Besucher in der Saison. Sie werden in neuen Hotels, auf Campingplätzen und in Privatquartieren untergebracht.

Jershöft: Steilufer

Jessel, Leon, Komponist. * 1871 in Stettin, † 1942 in Berlin. Sein Vater, Kaufmann Samuel Jessel, ließ ihn als Konfektionär bei H. B. Juda, Stettin, ausbilden. Danach widmete er sich ganz der Musik. 13 Spielzeiten war er Theaterkapellmeister in Bielefeld, Stettin, Freiberg, Chemnitz, Lübeck, Bremen und Kiel. Er begann zu arrangieren und zu komponieren. Sein Op. 123 „Parade der Zinnsoldaten“ verschaffte ihm größere Popularität. 1911 siedelte er nach Berlin über. Er komponierte sehr viel Salonmusik. 1917 hatte er mit der Operette „Schwarzwaldmädel“ nachhaltigen Erfolg. 900mal wurde sie in der Komischen Oper in Berlin aufgeführt. 1934–45 durften seine Werke in Deutschland nicht gespielt werden – er war Jude. Im Oktober 1941 wurde er verhaftet und bis zum 3. 1. 1942 gefangengehalten; schwer verletzt wurde er auf der Straße gefunden, er starb am folgenden Tag.

Johanniterorden. Der älteste geistliche Ritterorden, 1099 in Jerusalem gegründet, war besonders in der Krankenpflege tätig – zeitweilig auch Hospitaliter genannt. Den weißen Ordensmantel ziert ein schwarzes achtspitziges Kreuz, Johanniterkreuz. Sehr früh kam der Johanniterorden nach Pommern; Papst Lucius III. sprach 1182 von „fratribus in Boemia, Polonia et Pomerania“. Herzog Ratibor († 1155/56) hatte dem Orden das Haus Schlawe und die Häuser Jestin und Moitzlin im Lande Kolberg geschenkt. Etwas später entstand ein Johanniterhaus in Stargard, das 1238 Papst Gregor IX. dem Orden bestätigte. Zu diesen Häusern erhielt der Johanniterorden noch eine Reihe von Dörfern geschenkt, in denen sie, vor allem um Stargard, deutsche Bauern ansiedeln durften. Der Johanniterorden trat in Pommern primär als geistliche Bruderschaft, weniger als eine ritterliche auf. Seine älteste Komturei war Schlawe, in die die Häuser Moitzlin und Jestin aufgingen. Die Komturei Stargard verlegte um 1280 ihren Sitz nach Kopan, von dort 1295 nach Zachan; hier blieb sie bis zur Reformation.

Als 1312 der → Templerorden vom Papst aufgelöst wurde, teilte Papst Klemens V. dem Erzbischof von Gnesen und den Bischöfen von Cammin und Posen mit, daß er dessen Güter dem Johanniterorden übertragen habe. Der Besitz des Templerordens war in Pommern beträchtlich (das Land Bahn und das Land Tempelburg), so daß es bei der Übergabe Schwierigkeiten mit den Landesherren gab. Bis 1345 dauerte es, bis die Stadt Bahn sich dem Johanniterorden unterstellte. In gleichem Jahr erst übergab Markgraf Ludwig von Brandenburg Schloß und Stadt Tempelburg dem Johanniterorden. Es entstanden die Komtureien Tempelburg und Röhrchen, letztere mußte 1377 nach Wildenbruch verlegt werden. Die Aufgabe des Johanniterordens bestand darin, seinen Grund und Boden urbar und ertragreich zu machen, um möglichst hohe Überschüsse zum Ordensmeister nach Rhodos zu überweisen, damit sie im Kampf gegen die Ungläubigen, zum Aufbau von Krankenhäusern, zur Pflege von Kranken, Verwundeten und Pilgern verwendet werden konnten. Mit der Reformation trat ein Teil des Johanniterordens zur Augsburger Konfession über. Die Komturei Wildenbruch, über die es Informationen gibt, regelte ihr Verhältnis zu den Herzögen 1547 in einem Vertrag: Der Ordensmeister wurde Lehnsmann des Herzogs. Im Westfälischen Frieden wurde der Ordensbesitz säkularisiert.

Johnson, Uwe, Schriftsteller. * 1934 in Cammin, † 1984 in Sheerness-on-Sea/Kent. Studium der Germanistik in Rostock (1952) und Leipzig (1954). 1959 erschien kurz nach seiner Übersiedlung nach Westberlin sein Roman „Mutmaßungen über Jakob“, der ihm literarischen Ruhm, den Fontanepreis der Stadt Berlin und den Internationalen Verlegerpreis einbrachten. Mit seinen Romanen „Das Dritte Buch über Achim“ (1961) und „Zwei Ansichten“ (1965) hat er deutsch-deutsche Themen gestaltet. Johnson hat sich ständig gegen eine einseitige Wertung gewehrt. 1966–68 lebte er als Verlagslektor in New York. Ein weiteres Hauptwerk war „Jahrestage“, die Geschichte der Bankangestellten Gesine Cresspahl und ihrer Tochter Marie, die ersten drei Bände erschienen 1970 bis 1973, der letzte 1983. 1974 zog er, ein stiller, einsamer, verletzter Mensch (seine Frau Elisabeth hatte jahrelang ein Verhältnis zu einem tschechoslowakischen Geheimdienstmann), nach Sheerness-on-Sea. 19 Tage nach seinem Tode wurde er auf der Themseinsel gefunden. Dies gab zu vielen Spekulationen Anlaß.

Jomsburg, auch Jumne oder Julin genannt. Der Ort lag auf dem Westufer der Dievenow, auf Wollin. Angeblich hatte hier Harald Blauzahn von Dänemark um 950 eine Seeburg errichtet; die Dänen haben sich mit dem dortigen Stamm der Velunzani vermischt. Es war die größte und reichste Stadt im nördlichen Europa und bildete den historischen Grund der → Vineta Sage. Ausgrabungen im 19. Jh., 1934–40, 1952 und seit 1954 lüfteten ein wenig den Schleier über dieser Stadt.

An der günstigsten Übergangsstelle über die Dievenow entstand im 6. u. 7. Jh. eine slawische Siedlung, deren Bewohner Fischfang, Ackerbau und Viehzucht betrieben. Das 7. und 8. Jh. brachte einen wirtschaftlichen Aufschwung. Die Stadt dehnte sich im 8. Jh. weit nach Süden und im 9. Jh. auf die Höhen des Silberberges im Norden aus. Handwerker verarbeiteten Eisen, Holz, Leder, Horn, Bernstein und Ton. Die Keramik wurde nach Skandinavien exportiert, in zwei Hornwerkstätten fand man 39 300 Roh- und Halbfabrikate, u. a. Kämme, Anstecknadeln und Würfel. Aus der Bernsteinverarbeitung hat man bisher 90 kg Bernstein, Halbfabrikate und fertige Erzeugnisse gefunden: Mengen, die für einen großräumigen Export bestimmt waren. Der Schiffbau erlangte größere Bedeutung. Im 9. Jh. war Jomsburg zum wichtigsten Handelsplatz an der Ostsee geworden; es erhielt eine Befestigungsanlage. Die innerstädtische Bebauung folgte einem rechtwinklig verlaufenden Straßennetz. Der Hafen wurde ausgebaut. Ende des 10. und im 11. Jh. wurden Anlegebrücken gebaut, die Kailänge betrug etwa 250–300 m, was der Ausdehnung der „Altstadt" des 9. Jh.s entsprach. Im Westen lag ein Friedhof mit Körperbestattungen, bei denen christliche Bestattungsformen zu erkennen sind. Jomsburg muß auch viele ausländische Händler und Handwerker beherbergt haben. Im 10. Jh. war Jomsburg eine Siedlung, die sich etwa 4 km entlang der Dievenow ausdehnte und ca. 6000–8000 Einwohner hatte.

Die Handelsverbindungen, an den Funden abzulesen, reichten nach Byzanz (Brokatstoff), nach China (Seide), zum Indischen Ozean (Kaurimuscheln), nach Syrien und Ägypten (Glasperlen), nach Arabien (Silberschmuck und Münzen), ins Rheinland (Bronzekessel und Pingsdorfer Keramik) und nach Skandinavien (Speckstein). Der für damalige Zeiten unermeßliche Reichtum erzeugte Begehrlichkeiten vor allem Polens und Dänemarks. 967 wurden die Wielecier von Polenherzog Mieszko I. geschlagen. 1043 und 1098 eroberten die Dänen Jomsburg. 1140 wurde Jomsburg bzw. Wollin Bischofssitz für ganz Pommern, damit versuchte die Stadt vergeblich, mit Hilfe des Christentums seine Unabhängigkeit von den Fürsten zu bewahren. 1170–85 zerstörten die Dänen unter König Waldemar die Stadt vollständig, die Bewohner verließen sie mitsamt dem Bischofssitz, um sich im sicheren → Cammin niederzulassen.

Jopsel. Eine herzförmige Hemdspange, die aus Horn, Knochen oder Bernstein geschnitzt ist. Oft ist die Jopsel mit zwei Tauben oder einer Krone verziert. Die Jopsel gehörten zu den → Minnegaben, die die jungen Männer ihren Mädchen schenkten. Hauptverbreitungsgebiet der Jopsel war das → Belbucker Amt.

Jopsel

Jordansee. Ein winziger, buchtenreicher, mit einer Insel versehener See an der Nordküste Wollins, ca. 7 km nordöstlich von Misdroy, inmitten eines großartigen Buchenwaldes. Sein Wasserspiegel liegt über dem Meeresspiegel, der Kreide- und Tonuntergrund verhindert ein Abfließen des Wassers. Dieser eigenwillige See ist Schauplatz zahlreicher Sagen. Eigentlich heißt er Gertasee, nach einer der beiden Göttinnen Gerta und Herta, die hier wohnten und von hier alle pommerschen Seen besuchten, aber immer wieder zu ihm zurückkehrten. Ein anderer Sagenkreis behandelt die Anführerin einer Seeräuberbande, Stina. Als die Bürger von Wollin ihr Lager erstürmten, stürzte sie sich mit ihrem Räuberschatz in den See. An jedem Johannistag steigt sie auf und hofft, daß sie ein junges, am Johannistag geborenes Mädchen erlöst.

Julklapp. „Jul" ist die nordgermanische Bezeichnung für Weihnachten und die Mittwinterzeit. Hieran knüpft der Brauch des Julklapps, der seit 1741 in Pommern bezeugt ist. Das Gebiet des Julklapps dehnt sich weit nach Westen und Osten über das ehemalige Schwedisch-Vorpommern aus, so daß seine Herkunft nicht unbedingt aus Schweden sein muß.

Am Weihnachtsabend versucht ein Geber, möglichst unerkannt sein Geschenk zu überbringen; er wirft es durch die noch kaum geöffnete Tür in die Stube und ruft „klapp" oder „Julklapp" und verschwindet. Das Geschenk ist mehrfach verpackt, trägt auf den einzelnen Verpackungen verschiedene Aufschriften, so daß der Beschenkte in die Irre geführt wird und erst mit dem Fallen der letzten Verpackung erfährt, was ihm zugedacht war.

Kämtz, Ludwig Friedrich, Meteorologe. * 1801 in Treptow, † 1867 in St. Petersburg. 1819 Studium in Halle, zuerst Jura, später Philosophie, Mathematik und Physik. 1834 ordentlicher Professor für Physik in Halle. 1842 ging er nach Dorpat. 1831–36 publizierte er das dreibändige „Lehrbuch der Meteorologie". Von Dorpat reiste er nach Finnland (1847, 1849), Norwegen (1849) und in die Schweiz (1855). 1859–64 verfaßte er das dreibändige „Repertorium für Meteorologie". 1865 wurde er russischer Staatsrat und Direktor des Russischen Physikalischen Zentralobservatoriums in St. Petersburg. Er verbesserte die meteorologischen Instrumente, organisierte einen russischen Wetterdienst und erforschte das Klima Rußlands.

Kaiserfahrt *(Kanał Piastowski).* 1874–80 mußte die stark versandete Swine als Zufahrt zum Stettiner Hafen vertieft werden, dabei wurde ein 9,3 km langer Kanal, die Kaiserfahrt, erbaut. 5,1 km lang und 80 m breit ist der Durchstich durch die Insel Usedom, der das Dorf Kaseburg von der Hauptinsel trennt. Kurz vor dem 2. Weltkrieg konnte die gesamte Fahrrinne durch das → Stettiner Haff und die Kaiserfahrt auf eine einheitliche Tiefe von 9 m gebracht werden. Im Winter muß die Kaiserfahrt von Eisbrechern offen gehalten werden.

Kallies *(Kalisz Pomorski),* Kreis Dramburg. 3854 Einwohner (1983). Die Kleinstadt liegt in einem weiten Talgrund zwischen Großem und Kleinen Bobrow See und dem Mühlenteich. Kallies hat einen Schachbrettgrundriß mit quadratischem Markt. In der Südwestekke, beim Gutshof Schloß Kallies, gibt es Reste eines abgebrochenen Schlosses. Zwischen den Seen haben sich Häuserzeilen durchgeschoben; nach Süden hat sich das Bahnhofsviertel entfaltet, in dem u. a. ein Sägewerk, die Faßfabrik und ein Kalksandsteinwerk liegen. Um die Kirche stehen einige Wohnblocks, entlang den Straßen nach Osten und Westen erfolgte nach 1945 keine Stadterweiterung. Kallies war schon in prähistorischer Zeit besiedelt. Ein großer Schatzfund aus der spätern Bronzezeit (1200–800 v.Chr.) konnte gehoben werden. In der Nähe des Bahnhofs entdeckte man 1939 eine Urnengrabstätte von 200–400 n.Chr. 1303 verliehen die Markgrafen von Brandenburg dem Ort Magdeburger Stadtrecht und das Stapelrecht für Holzkohle und Pech. 1313 wird das Schloß erwähnt. Markgraf Ludwig erließ der Stadt alle Abgaben, damit die Bürger eine Stadtwehr bauten. Ritter Henning v. Wedell wurde 1350 mit Kallies belehnt, 1378 übernahmen die v. Güntersberg das Lehen und behielten es bis 1731. 1402–55 war Kallies im Besitz des Deutschen Ritterordens; während dieser Zeit wurde die Stadt dreimal von Polen niedergebrannt. 1683 und 1771 vernichteten Stadtbrände Kallies vollständig. Danach wurde Kallies auf neuem Grundriß aufgebaut. Durch die Eröffnung mehrerer Eisenbahnstrecken wurde Kallies zu einem Verkehrsknotenpunkt (1888 nach Schneidemühl, 1895 nach Arnswalde und nach Stolzenhagen, 1900 nach Falkenburg). Kallies hatte zwei Bahnhöfe. Das im Mittelalter wichtige Tuchmachergewerbe kam 1834 zum Erliegen. Die letzte Tuchfabrik ging 1927 ein. Es blieben die Zementwaren, die Schuh-, die Pantoffel-, die Faß- und die Kalksandsteinfabrik. 1945 wurde Kallies schwer zerstört.

Bauwerke: *Stadtkirche* (1781), ein rechteckiger Putzbau, hat die Potsdamer Garnisonskirche zum Vorbild. An der Ostwand umkleidete eine Stuckdekoration den Kanzelaltar.

Kamp *(Kępa),* Kreis Greifenberg, 123 Einwohner (1939).Das kleine Dorf liegt inmitten ausgedehnter Sümpfe am Kamper See. Lange Zeit war es nur auf dem Wasserweg erreichbar. Die Bewohner trieben Fischerei und Wiesenwirtschaft, Ackerbau war nur auf Pachtland in Nachbarorten möglich. Das Dorf besteht aus zwei Teilen, von denen der westliche mit seinen elf → altsächsischen Bauernhäusern, aus Fachwerk mit Rohrdach, der volkskundlich wichtigere war. Um die Diele mit Herd (ohne Schornstein) und Brunnen gruppierten sich Zimmer und Ställe. Die „Hell", der Bodenraum, hatte einen Zugang vom hinteren Giebel und diente als Heuboden. In Ortsnähe wurde Werkzeug aus der Ellerbeker Stufe der jüngeren Steinzeit, bzw. der Litorinazeit (5500–2000 v.Chr.) gefunden. Erstmals wird das Dorf 1307 in einem Grenzvergleich zwischen dem Kloster Belbuck und der Stadt Treptow genannt. Um 1454 siedelte sich ein Teil der Bewohner des zerstörten Regamünde in Kamp an. 1946 schoß ein russischer Soldat drei Rauchhäuser in Brand, die letzten verschwanden in den 50er Jahren des 20. Jh.s.

Kantzow, Thomas, herzoglicher Kanzleisekretär. * um 1505 in Stralsund, † 1542 in Stettin. Nach Studien in Rostock wurde er 1528 herzoglich wolgastischer Kanzleisekretär. 1538 besuchte er die Universität in Wittenberg und wurde entschieden von Melanchton beeinflußt. Als Secretarius Herzog Philipps I. verfaßte er die erste bedeutsame pommersche Territorialgeschichte. 1536/37 schrieb er eine kurze Chronik in niederdeutscher Sprache, 1537/38 und vor 1542 erweiterte er sie in hochdeutscher Sprache. Seine letzte handschriftliche Fassung beendete sein Mitarbeiter Nikolaus Klempzen – sie befindet sich in der königlichen Bibliothek in Kopenhagen. Ihr sind die beiden ältesten Landkarten Pommerns beigefügt.

Kaschuben. Westslawischer Volksstamm, der ein Rest der altslawischen Pomoranen ist. Geschichtlich lassen sich die Kaschuben schwer fassen: Die Herzöge von Pommern-Stettin und Wolgast bezeichneten damit die Bevölkerung des Schlawer und Stolper Gebietes, die Herzöge von Pomerellen dagegen die Bevölkerung um Neustettin und Dramburg. Erst im 15. und 16. Jh. wurden die Bewohner Pomerellens als Kaschuben bezeichnet, davor hießen sie „Pomoranid". Der Siedlungsraum der Kaschuben lag im 19. und 20. Jh. nördlich der Tuchler Heide, zwischen Stolpe und Weichsel. Hier lebten eine nördliche, wegen ihres Siedlungsgebietes auch Lebakaschuben genannte, und eine südliche Gruppe, die ihr Gebiet in den Kreisen Bütow, Schlochau und grenzüberschreitend in Westpreußen in den Kreisen Berent, Karthaus, Neustadt und Putzig hatten. Die Lebakaschuben lebten in den kleinen Straßendörfern um den Lebasee (in Klucken, Giesebitz, Speck und Charbrow/Degendorf) in rohrgedeckten Schrotholzhäusern. Im 18. und 19. Jh. gehörte noch Groß Garde, Kreis Stolp, dazu. Im Unterschied zur südlichen Gruppe waren sie frühzeitig protestantisch geworden, damit waren sie dem Verlust ihrer Stammesidentität ausgesetzt, was dazu führte, daß sie bis zum Beginn des 20. Jh.s ihre slowinzische Sprache gegen das Plattdeutsche vertauscht hatten. Viele Begriffe ihrer Berufssprache, die der Fischer und Bauern, blieben erhalten. Infolge der bei ihnen üblichen Realerbteilung war der Besitz im Laufe einiger Generationen so zersplittert, daß er dem jeweiligen Besitzer keine ausreichende Nahrungsgrundlage garantierte; Nebenerwerb als Waldarbeiter und Wilddieb war die Folge.
Die südliche Gruppe blieb nach dem Verlust von Pomerellen an Polen (1466) katholisch. Auch hier war, auf schlechten Böden, aus ordenszeitlichen Gütern durch Realerbteilung der Kleinbesitz der „Panen", der Kleinadligen, entstanden. Im Kreis Bütow liegen die Dörfer der Kaschuben, u. a. Zemmen und Tschebiatkow/Radensfelde, entlang der südlichen Grenze; im Westpreußischen sind es Adlig Briesen, Borzyszkowo und Prondzonna. Über diese Siedlungsbarriere ist die deutsche Besiedlung des 16. Jh.s nicht nach Osten vorgedrungen. Zu Beginn des 17. Jh.s entstand hier eine Reihe neuer Dörfer, mit kaschubischen Siedlern, aber nach deutschem Recht, u. a. Pschywors/Adolfsheide

Kaschuben: Schrotholzhof

(1618), Pyaschen/Franzwalde (vor 1625), im Kreis Bütow, jenseits der Grenze Woysk (1619) und Lubon (1636). Vermutlich fand hier eine kaschubische Wanderbewegung aus Pommern nach Westpreußen statt. Die Kaschuben entwickelten im 19. Jh. eine Mischsprache: Im Bereich der Kirche blieb sie kaschubisch mit Entlehnungen aus dem Polnischen, im Bereich der modernen Technik wurden deutsche Begriffe aufgenommen und assimiliert. Bis 1945 entsprach das Gebiet der Kaschuben auch dem Verbreitungsgebiet der → Schrotholzbauten.

Katharina II., Zarin. * 1729 in Stettin, † 1796 in Zarskoje Selo. Sophie Friederike Auguste, Tochter des Fürsten Christian August von Anhalt-Zerbst, der in preußischem Dienst stand. Seit 1745 mit dem russischen Thronfolger, später mit Zar Peter III. verheiratet; nach dessen Sturz (1762) Zarin. Die hochgebildete Frau regte zunächst Reformen in Rußland an, dann stärkte sie aber die alte Sozialordnung, d. h. die Leibeigenschaft wurde ausgedehnt. Im Alter lehnte sie jede Reform ab. Seit 1764 rief sie deutsche Bauern ins Land und siedelte sie an der Wolga an. In zwei Kriegen gegen die Türken (1768–74 und 1787–92) verschaffte sie Rußland Zugang zum Schwarzen Meer; 1783 annektierte sie die Krim. In den polnischen Teilungen (1772–95) schob sie Rußlands Westgrenze bis zur Weichsel vor. Unter ihren zahlreichen Liebhabern hatte G. A. Potjomkin, der Erfinder der „Potemkinschen Dörfer“, den größten Einfluß auf die Zarin.

Kaufmann, Erich, Staats- und Völkerrechtslehrer. * 1880 in Demmin, † 1972 in Heidelberg. Nach Jurastudium, 1913 Prof. in Königsberg, 1917 in Berlin, 1920 in Bonn und 1934 wieder in Berlin. Von 1927–33 war er Rechtsberater des Auswärtigen Amtes; 1933 mußte er in die Niederlande emigrieren. 1946 wurde er Professor in München, danach Honorarprofessor in Bonn und Heidelberg. 1950–58 betätigte er sich als Rechtsberater der Bundesregierung, besonders als deutscher Vertreter vor dem Haager Gerichtshof und bei verschiedenen internationalen Verhandlungen.
Werke u. a.: „Der Ersatzanspruch für Schäden durch außerordentliche Kriegsmaßnahmen“ (1923), „Zur Problematik des Volkswillens“ (1931), „Deutschlands Rechtslage unter der Besatzung“ (1948).

Kenz, Kreis Ribnitz-Damgarten, früher Franzburg-Barth, 381 Einwohner (1939). Das Dorf war mit dem wundertätigen Marienbild (St.-Maria-Pomerana) und einer heiligen Quelle neben dem → Gollen der bedeutendste pommersche Wallfahrtsort im

Mittelalter. 1398 erstmals genannt. Herzog Barnim VI. suchte 1405, nachdem er von der Pest befallen war, in Kenz Heilung; auf dem Weg verstarb er und wurde in der Kirche beigesetzt. Der erste Goldgulden Pommerns trägt auf seiner Rückseite die Maria Pomerana. Mit der Reformation wurde der Gnadenort aufgehoben und das Marienbild zerstört. Die Quelle wurde im 17. Jh. zu einem Gesundbrunnen – Kenz war der erste Badeort Vorpommerns. Heute steht über der Quelle eine Wasserpumpe.
Bauwerke: *St. Marienkirche,* (1. Hälfte des 15. Jh.s), einschiffiger Backsteinsaalbau, der Turm mit reicher Blendengliederung ist zu einem Drittel in das Schiff einbezogen. In den Kreuzrippengewölben sind Reste einer Bemalung aus der 2. Hälfte des 15. Jh.s gefunden und im 19. Jh. ergänzt worden. Die Glasfenster (zum Teil 1. Drittel 15. Jh.) zeigen Szenen aus dem Marienleben, eine Kreuzigungsgruppe, verschiedene Heilige und zahlreiche Wappen. Der dreigeschossige Altar (1697) stammt aus der Stralsunder Werkstatt Thomas Phalerts. Das Himmelfahrtsbild des Obergeschosses wurde 1895 entfernt. Eine Mosesfigur trägt den Kanzelkorb. Kurz nach Herzog Barnims VI. Tod entstand sein Grabmal, ein hölzerner Schrein von 2,40 m Länge und 0,75 m Breite mit der etwas überlebensgroßen, farbig gefaßten, in vollem Ornat bekleideten Figur des Verstorbenen unter einem dachartig aufklappbarem Deckel. Ein besonderes Kunstwerk ist eine Patene (um 1200), auf deren äußerem Rand die Umschrift „Gott ist Gott" in arabisch-kufischer Schrift angebracht ist. In ihrer Mitte ist Christus als Opferlamm dargestellt, um das Zentrum zieht sich die Darstellung Christi und seiner Jünger beim Abendmahl. Ihre Herkunft ist unbekannt.

Maria Pomerana von Kenz

Kleinbahn. 1892 erließ Preußen das Gesetz über Kleinbahnen und Privatanschlußbahnen, das sogenannte preußische Kleinbahngesetz, mit dem ein Bau und Betrieb von Bahnstrecken, die für den allgemeinen Verkehr geringere Bedeutung hatten, erleichtert wurde.
Die pommerschen Interessenten wandten sich an den Geheimrat Friedrich → Lenz, der neben seinen Kenntnissen auch einen Teil der Investitionssumme mitbrachte. Zwei Tage nach Erlaß des Gesetzes gründete Friedrich Lenz die Lenz & Co. GmbH (L & C) mit einem Kapital von 4 Mill. Mark, deren größter Gesellschafter die Berliner Handelsgesellschaft war. Lenz gründete jeweils eine Kleinbahn AG, an deren Aktienkapital sich L & C beteiligen mußte. Dazu mußte sich L & C verpflichten, die Bahnen für 15 Jahre auf eigenes Risiko zu betreiben; daher hielt er die Investitionen so niedrig wie nur möglich. Das gesamte Gut wurde so weit es ging standardisiert und in großen Mengen bestellt. Dennoch waren die Kosten so ungeheuer, daß die Firma 1907 als AG für Verkehrswesen an die Börse ging. Die Lenzschen Bahnen erwiesen sich als sehr solide Unternehmen; bis 1939 mußte nur eine einzige stillgelegt werden. In Pommern baute L & C folgende Kleinbahnen: 1895 die Rügensche Kleinbahn AG, die Franzburger Kreisbahn, die Greifenhagener Kreisbahnen, die Saatziger Kleinbahnen und die Kolberger Kleinbahn, 1896 die Kleinbahn Greifswald–Grimmen, die Kleinbahn Anklam–Lassan, die Regenwalder Kleinbahn, die Greifenberger Kleinbahn. Es folgten die Demminer Kleinbahn (1897) und die Kleinbahn Deutsch Krone-Virchow.
1910 wurde, nachdem die ersten Betriebsverträge mit L & C ausliefen, eine Kleinbahnabteilung in der Provinzialverwaltung errich-

Kleinbahn: Fahrkarte

tet, die den Betrieb von 18 Kleinbahnen übernahm, was eine Kostenreduzierung für die Kommunalverbände bedeutete. Gustav Witthöft, ein langjähriger Mitarbeiter von L & C, wurde Leiter dieser Abteilung. Pommern war jetzt das Land der Kleinbahnen, auf 100 qkm kamen 4,15 km Kleinbahn, dagegen hatte die Rheinprovinz nur 2,52 km und Schlesien 1,27 km.

Nach dem 1. Weltkrieg gründeten die pommerschen Kleinbahnen eigene Betriebsführungsgesellschaften, so 1919 die Vereinigung Vorpommerscher Kleinbahnen GmbH, der sich die Kleinbahngesellschaft Anklam-Lassan, die AG der Demminer Kleinbahn Ost, die AG der Demminer Kleinbahn West, die AG Franzburger Südbahn, die AG Franzburger Kreisbahn, die Kleinbahngesellschaft Greifswald-Jarmen, die Kleinbahngesellschaft Greifswald-Wolgast und die Rügensche Kleinbahn AG anschlossen. In Stettin entstand die Vereinigung der mittelpommerschen Kleinbahnen, der die Greifenhagener Kreisbahnen AG, die Naugarder Kleinbahn, die AG Kleinbahn Casekow-Penkun-Oder und die Randower Kleinbahn AG zugehörten. Unter dem Dach der Vereinigung der hinterpommerschen Kleinbahnen sammelten sich die Greifenhagener Kleinbahn AG, die Kolberger Kleinbahn und die Regenwalder Kleinbahn AG. Die Stolper Kreisbahn, die AG Stolpetalbahn und die Schlawer Kleinbahn GmbH bildeten eine eigene Betriebsgesellschaft.

Nach der Inflation (1921) erhielten die Kleinbahnen eine Konkurrenz im Straßenverkehr, so daß einige Kleinbahnen einen eigenen Busbetrieb aufnahmen. Gegen Ende der 20er Jahre schlossen sich die Kleinbahn Chottschow-Garzigar, die Kleinbahn AG Neustadt-Prüssau und die AG der vereinigten Kleinbahn der Kreise Köslin-Bublitz-Belgard der Vereinigung hinterpommerscher Kleinbahnen an. 1935 wurden alle drei Vereinigungen zu einer Einheit zusammengefaßt, um 1937 ganz aufgelöst zu werden. Die Landesbahndirektion übernahm die Betriebsführung aller Kleinbahnen, was den Vorteil hatte, daß mit Hilfe einer Ausgleichskasse die Defizite der schwächeren Kleinbahnen aufgefangen wurden. 1939 wurde die Kleinbahn Deutsch Krone-Virchow der Direktion unterstellt. Es wurden Betriebsführungsverträge auf 12 Jahre abgeschlossen. 1940 wurde die Körperschaft des öffentlichen Rechts „Pommersche Landesbahnen" errichtet, die zum größten Kleinbahnunternehmen Deutschlands mit 1590 Streckenkilometern wurde. 1944 wurden die Kleinbahnen der Kriegswirtschaft unterstellt. Nach 1945 wurden in Vorpommern alle Kleinbahnen, bis auf die Strecke Putbus – Göhren, stillgelegt und demontiert. Auch in Hinterpommern verschwanden die meisten Kleinbahnen. Erhalten blieben Reste der Greifenhagener Kleinbahn, der Greifenberger Kleinbahn, der Saatziger Kleinbahn, der Stolper Kreisbahn, der Naugarder Kleinbahn, der Kleinbahn Chottschow-Garzigar und der Kleinbahn Neustadt-Prüssau, z. T. in ursprünglicher Schmalspurweite, z. T. auf Normalspur umgerüstet.

Kleinschmidt, Paul, Maler. * 1883 in Bublitz, † 1949 in Bensheim/Bergstraße. Kunststudium in Berlin in den 20er Jahren. Seine Bilder kreisen hauptsächlich um das Thema „Frau", daneben malte er zahlreiche Stilleben und Großstadtlandschaften. Weiß in allen Nuancen dominiert in seinen berstend vollgepackten Figurenbildern. 1927–29 entstand eine Serie von Zirkusreiterinnen. Private Sammler schätzten seine Bilder sehr. 1933 emigrierte er in die USA, da sein Werk als entartete Kunst gebrandmarkt wurde. 1936 kehrte er nach Holland zurück. In Frankreich war er in Internierungslagern in der Bretagne und in Chartre inhaftiert. 1943 holte ihn die Gestapo nach Deutschland zurück. HAP Grieshaber und George Groß versuchten, sein Werk der Vergessenheit zu entreißen. Arm, krank und unbekannt starb er als Staatenloser.

Kleinschmidt, Peter, Grafiker. * 1923 in Lauenburg. Studium an der Landeskunstschule in Hamburg, 1954 Preisträger „Junge Künstler aus Schleswig-Holstein". Bis 1985 Kunsterzieher in Lübeck. Studienreisen nach Finnland, Italien und mehrmals nach Pommern. Seine Zeichnungen, Holzschnitte und Illustrationen haben die Themen „Küste" und „allmählich verfallende Architektur der Dörfer". Er gestaltet die Not unserer Zeit, die Verarmung und Gefährdung der Menschheit durch Bedenkenlosigkeit, Gleichgültigkeit und Mißachtung des Überkommenen in Natur und Kultur.

Kleist, Ewald Christian von, Dichter und Offizier. * 1715 in Zeblin, Kr. Köslin, † 1759 in Frankfurt a. d. Oder. 1731 Studium der Philosophie, Mathematik und Rechtswissenschaft in Königsberg. 1736 dänischer Offizier, 1740 in preußischem Dienst, 1757 Beförderung zum Major. Kleist neigte stark zu Melancholie und Depressionen, daher seine Hinwendung zur Dichtung. Freundschaft mit J. W. L. Gleim, K. W. Ramler und F. Nicolai, später mit G. E. Lessing. 1749 erschien „Der Frühling", ein lyrisches Gedicht, das nach ausgedehnten Spaziergängen um Potsdam entstand; es wurde begeistert aufgenommen und von Klopstock mit Beifall bedacht. 1751 traf er in Zürich Bodmer, Breitinger und Salomon Geßner. Weitere Werke waren, u. a. unter Lessings Einfluß, das Epos „Cissides und Paches" (1759), das Trauerspiel „Seneca" und die „Ode an die preußische Armee" (1757). In der Schlacht von Kunersdorf (1759) wurde er so schwer verwundet, daß er an den Folgen seiner Verletzung verstarb. Kleist war Vorbild für den Major von Tellheim in Lessings „Minna von Barnhelm".

Kleist, Ewald von, Politiker. * 1890 in Dubberow, Kreis Belgard, † 1945 in Berlin. Gutsbesitzer auf Schmenzin, Kr. Belgard, war Vorsitzender der Arbeitsgruppe des Landbundes und Mitglied der Provinzialsynode. Aus seiner preußisch-monarchistischen und christlichen Haltung lehnte er jede Mitbestimmung des „gemeinen" Volkes ab. Er war überzeugt von der alleinigen Verantwortung des Adels für sein Land. So bekämpfte er zunächst die Weimarer Republik. Weit größer war sein Gegensatz zum Nationalsozialismus. Dafür wurde er schon 1933 zweimal verhaftet. Auf einer Reise nach London traf er 1938 W. Churchill und drängte, mit geringem Erfolg, die britische Regierung zu einer festen Haltung gegenüber Hitler, um so Umsturzpläne gegen Hitler zu fördern. Nach dem Attentat auf Hitler (1944) wurde er erneut verhaftet und zum Tode verurteilt. Am 9. 4. 1945 wurde er in Plözensee enthauptet.

Kleist, Ewald Jürgen von, Domdechant. * 1700 in Vietzow, † 1748 in Köslin. 1719–22 Studium der Rechte in Leiden, war bis 1747 Domdechant in Cammin. Er widmete sich ganz seiner Liebhaberei – der Physik; ihm gelang 1745 die Erfindung der elektrischen Kondensatorflasche („Kleistsche Flasche"). Diese Entdeckung teilte er J. G. Krüger in Halle mit, der sie erst 1746 publizierte, fast zeitgleich mit der des Leidener Physikers Cunaeus; daher wurde sie „Leidener Flasche" genannt. 1747 wurde er korrespondierendes Mitglied der Akademie der Wissenschaften in Berlin und zum Präsidenten des Hofgerichts nach Köslin berufen. Der Wittenberger Physiker Johann Daniel Titius publizierte 1771 erneut Kleists Erfindung und stellte fest, daß jener die „Kleistsche Flasche" zeitlich vor den „Leidener" erfunden hatte.

Kleist-Retzow, Hans Hugo, Politiker. * 1814 in Kieckow, Kreis Belgard, † 1892 in Kieckow. Er begann als Kommunalpolitiker, wurde 1848 Landrat und leitete das Junkerparlament. Kleist-Retzow begründete die „Kreuzzeitung". 1849–52 war er Mitglied im preußischen Abgeordnetenhaus und wurde Führer der hochkonservativen und hochkirchlichen Richtung der Konservativen. 1851–58 Oberpräsident der Rheinprovinz. Er war ein entschiedener Gegner der Bismarckschen Kreisordnung, es kam zum Bruch mit dem Reichskanzler. 1877–92 war er Reichstagsabgeordneter der Deutschkonservativen Partei.

Klempin, Karl Robert, Historiker. * 1816 in Swinemünde, † 1874 in Stettin. Geschichtsstudium in Berlin, 1857 Leiter des Staatsarchivs in Stettin. Seine bedeutenden Geschichtswerke sind: „Biographien des Bischofs Otto und deren Verfasser" (1842), „Die Lage der Jomsburg" (1847) und „Diplomatische Beiträge zur Geschichte Pommerns in der Zeit Bogislaws X." (1859). Das „Pommersche Urkundenbuch" war als sein Hauptwerk gedacht; Klempin erlebte aber leider nur noch das Erscheinen des ersten Bandes.

Kloster, Kreis Rügen. Im Norden der Insel → Hiddensee, am Dornbusch, liegt das aus zwei Teilen bestehende Dorf Kloster, am Südrand der Teil Kloster, am Ostrand Grieben. Anfang des 20. Jh.s bestand Kloster aus neun Gebäuden. Ein Krug wird schon 1532 erwähnt. 1910 begann die Entwicklung zum Künstler- und Fremdenverkehrsort. 1931 wurde in Kloster eine Biologische Forschungsstation eingerichtet. Ein Heimatmuseum gibt es seit 1954.
Nachdem 1159 König Waldemar von Dänemark die „insula Hythini" erobert hatte, schenkten 1296 Fürst Wizlaw II. von Rügen und seine Söhne Wizlaw, Jaromar und Zambor die ganze Insel „Hyddensee" dem Zisterzienserkloster → Neuenkamp, mit der Bitte um Gründung eines Tochterklosters, das 1297 als „Abbatia Scti Nicolai in Hethensoe" von Bischof Stigor von Roskilde geweiht wurde. Neben der Insel und Landbesitz auf dem Festland erhielt das Kloster Fischereirechte um die Insel und drei Salzpfannen in Lüneburg. 1302 errichteten die Mönche eine Kapelle auf dem Gellen, deren Turm seit 1316 ein Leuchtfeuer war. Große Teile des Klosters wurden 1389 durch ein Feuer zerstört. 1525 kamen herzogliche Beauftragte ins Kloster und schafften alle Kleinode nach Wolgast. Stralsunder Pöbel richtete 1529 in Kloster großen Schaden an. Mit der Säkularisation wurde Kloster ein herzogliches Kammergut; die letzten katholisch gebliebenen Mönche wurden 1536 aus dem Kloster vertrieben. Die Klostergebäude verfielen allmählich. Der Stralsunder Kammerrat Ulrich v. Giese kaufte 1752 die Insel und errichtete einen neuen Hof, der 1945 unter 18 Bauern aufgeteilt wurde; 1959 wurden sie zur LPG Dornbusch zwangskollektiviert.
Bauwerke: *Dorfkirche* (1781), Backsteinbau mit hölzernen Tonnengewölbe. Der Kanzelaltar enthält einen Kanzelkorb des 17. Jh.s. Auf dem Friedhof ruht Gerhart Hauptmann; sein Haus ist eine Gedenkstätte.

Klöster. Nachdem Bischof Otto von Bamberg auf seinen Reisen nach Pommern 1124/25 und 1128 das Christentum mitgebracht hat, war eine Festigung des neuen Glaubens dringend erforderlich. Sein Werk wurde von den Landesherren unterstützt, die die Notwendigkeit der Gründung von Klöstern einsahen. Herzog Ratibor war wahrscheinlich der erste, der um 1150 den Johanniterorden nach Schlawe holte. Im Westen des Landes entstanden auch unter seiner Herrschaft das Benediktinerkloster Stolpe (1153) und das Prämonstratenserkloster Grobe-Pudagla

(1156). Mit der Gründung von Kolbatz (1173) begannen die Zisterzienser ihr Missions- und Kulturwerk. Innerhalb von ca. 120 Jahren gründeten sie die Klöster Eldena (1199), Neuenkamp (1231), Buckow (1252/58), Marienwalde (um 1286) und Hiddensee (1296), die mit ihrer Siedlungspolitik Raum für zahlreiche zweite und dritte Söhne westdeutscher, niederländischer und dänischer Bauern schufen und die sogenannte Ostkolonisation in Gang hielten. Der Benediktinerorden hat nur noch die Nonnenklöster in Verchen (1191) und Kolberg-Altstadt (1277) angelegt. Desgleichen hielten sich die Prämonstratenser etwas zurück, sie gründeten 1178 das Kloster Belbuck und die Prämonstratenserinnenklöster Marienbusch bei Treptow (1224) und Stolp (1278); auch sie förderten eine rege Besiedlung. Da sie den weiblichen Zweig ihres Ordens nicht sonderlich pflegten, verwiesen sie angehende Nonnen an die Zisterzienserinnen, die wegen ihrer karitativen Tätigkeiten allseits unterstützt wurden, zumal sie auch der Versorgung unverheirateter adliger Töchter dienten. Ihr erstes Kloster gründete Fürst Jaromar I. von Rügen 1193 in Bergen; es folgten die Klöster in Stettin (1243), in Marienfließ (1248), in Köslin (1278), in Reetz (1284), in Wollin (1288) und in Krummin (1302).

Im 13. Jh. entstand die Bewegung der Bettelmönche, die ihr Wirken auf die entstehenden Städte konzentrierten. Auch in Pommern fanden die beiden Orden, Franziskaner und Dominikaner, auch Predigerorden genannt, ihr reiches Arbeitsfeld. 1228 gründete Herzog Wartislaw III. in Cammin das erste Dominikanerkloster in Pommern, es war eines der ersten in Deutschland überhaupt. Innerhalb von 50 Jahren entstanden ihre Niederlassungen in Stralsund (1251), Greifswald (1254), Pasewalk (1272) und Stolp (1278); Arnswalde erst 1338. Die Franziskaner gingen in die größeren Städte: 1240 nach Stettin, 1242 nach Greifswald, 1251 nach Stralsund, 1281 nach Pyritz, um 1290 nach Greifenberg und um 1350 nach Dramburg. Zur Gruppe der Bettelorden gehören auch die Augustinermönche, die einmal als Chorherren 1260 das Kloster Ueckermünde gründeten, das sie später nach Jasenitz verlegten, zum anderen sich als Eremiten 1270 in Stargard, 1290 in Friedeberg, um 1308 in Gartz a. d. Oder, 1356 in Marienthron bei Neustettin niederließen; in Pyritz-Altstadt gründeten sie um 1255 ein Augustinerinnenkloster.

Eine mehr politische Aufgabe hatten die Ritterorden, zum einen wurden sie von den Landesherren in ganz bestimmten Gegenden angesetzt, zum anderen nutzten diese Orden, die während der Kreuzzüge gegründet worden waren, die neuerworbenen Gebiete als Pfründe, um die Ordensbrüder im Heiligen Land zu unterstützen. Zur Hebung ihrer Einkünfte holten sie sich zahlreiche Siedler in ihr Klostergebiet. Herzog Barnim I. verlieh 1234 dem Templerorden das Land Bahn, während der Polenherzog Przemislaw II. ihnen das Land Tepelburg übergab. Als dieser Orden 1320 aufgelöst wurde, erhielt der Johanniterorden, der neben Schlawe (um 1295) die Komturei Zachan gegründet hatte, den Besitz der Tempelherren. Der dritte Orden, der Deutsche Ritterorden, gründete im Süden und Osten Pommerns seine Ordensburgen, so 1313 in Schlochau, 1329 in Bütow, 1341 in Lauenburg, 1384 in Schivelbein und 1402 in Arnswalde. Neben ihrer grenzsichernden Funktion waren sie auch Klöster, in denen ein geregelter klösterlicher Tagesablauf des „bete und arbeite" gelebt wurde.

Recht spät traten in Pommern die beschaulichen Orden auf; die Kartäuser bauten 1360 in Stettin die Kartause „Gottesgnade", 1394 in Rügenwalde „Marienkron" und 1447 in Schivelbein „Gottesfriede", das letzte vorreformatorische Kloster. 1441 kamen die Karmeliten nach Stettin und seit 1421 hatten die Brigittinen ihr Kloster in Stralsund, wo sie ihren krankenpflegerischen Aufgaben nachgingen. 1543 wurden alle Klöster aufgelöst und die Mönche und Nonnen, so weit sie sich nicht dem Protestantismus anschlossen, vertrieben. Ihre Besitzungen eigneten sich größtenteils die Herzöge an, einige Nonnenklöster wurden als adlige Fräuleinstifte zur Versorgung lediger Adelstöchter weitergeführt. Die Klostergebäude verfielen und wurden zerstört; auch jede Kenntnis über die Klöster ging verloren, so daß es über einige Klöster nur Vermutungen gibt. Mit dem Einsetzen der Gegenreformation entstanden 1601 in Tütz, 1618 in Deutsch Krone und 1726 in Märkisch Friedland Niederlassungen der Jesuiten, die neben ihrer Tätigkeit in Schulen, u. a. dem → Athenäum, Pommern bereisten und nach verstreut lebenden Katholiken suchten und sie seelsorglich betreuten.

Im 19. Jh. wurden in Pommern einige Nonnenklöster gegründet, so von den Borromäerinnen: Gründhof (1861), Stralsund (1862), Stettin-Grünhof (1867) und Misdroy (1899). Marienschwestern ließen sich 1907 in Swinemünde, 1919 in Bergen und Zinnowitz, 1925 in Wolgast nieder. Graue Schwestern hatten ihre Häuser in Kolberg (1891), Tütz (1894), Deutsch Krone (um 1905), Greifswald (1905) und Prechlau (1928). Um 1929 kamen Salvatorianerinnen nach Belgard und Heringsdorf und 1938 die Töchter der göttlichen Liebe nach Greifswald. Allen diesen Ordensgemeinschaften ist ihre karitative Tätigkeit in Waisen- und Krankenhäusern, Kindergärten, Altenheimen und Kurheimen gemein. Diese Aufgaben ließen sie in Vorpommern sogar den real existierenden Sozialismus überleben. 1922 wurde in Stettin Züllchow das einzige Männerkloster in Pommern, der Oblatenpatres, gegründet. 1932 eröffneten in Bärenwalde, Kreis Schlochau, die Missionare von der Hl. Familie die Missionsschule „Cor Jesu".

Klützow *(Kluczewo),* Kreis Pyritz, 1193 Einwohner (1939). Klützow wurde 1327 in einer Urkunde Herzog Barnims III. erwähnt. Er schenkte 1346 das Dorf dem St. Ottostift in Stettin zum Unterhalt von zwölf Chorschülern. Die *St. Petrikirche* ist ein Findlingsbau des späten Mittelalters mit einem mit Blenden reich verzierten Turm, den eine geschweifte -Haube krönt. An den Innenwänden fand man 1935 kleine Fresken (16. Jh.) mit Szenen aus dem Neuen Testament und mit Bildern der Reformatoren. 1883 wurde die „Aktien Zuckerfabrik Klützow" gegründet, heute noch in Betrieb. 1886/87 wurden täglich 3250 dz Zuckerrüben verarbeitet, 1893/94 waren es 5300 dz, 1930 sogar 17000 dz. Von 1905–37wurden die Güter Sallentin und Klemmen für die Zuckerfabrik bewirtschaftet. Mit der Gründung der Fabrik wurde eine zunächst mit Pferden betriebene Feldbahn nach Barnimskunow gebaut. Das private Streckennetz, das viele Güter des Kreises Pyritz an die Fabrik anschloß, hatte eine Länge von etwa 100 km.

Knipstro, Johannes, Reformator. * 1497 in Sandow bei Havelberg, † 1556 in Wolgast. Als Franziskanermönch trat er 1518 in Frankfurt a. d. Oder gegen Tetzel auf und wurde ins Franziskanerkloster in Pyritz strafversetzt. Hier bekannte er sich 1521 offen zur Lehre Luthers, floh 1523 aus dem Kloster und war in Stettin und Stargard tätig, wurde 1525 Pfarrer in Stralsund. 1531 begann er, die kirchlichen Verhältnisse in Greifswald umzugestalten. 1535 wurde er Hofprediger in Wolgast und 1539–52 Professor in Greifswald. Sein Bemühen als Superintendent galt dem inneren Ausbau der protestantischen Kirche.

Koeppen, Wolfgang, Schriftsteller. * 1906 in Greifswald, lebt in München. Koeppen wurde Schauspieler, Dramaturg, 1932–33 Feuilletion-Redakteur am „Berliner Börsen Courier". Sein erstes Werk, „Eine unglückliche Liebe", erschien 1934. Er hielt es für ratsam, sich ins Exil zu begeben. Nach 1945 nahm er Teil am geistigen Neuaufbau der Bundesrepublik mit den drei Romanen „Tauben im Gras" (1951), „Das Treibhaus" (1953) und „Der Tod in Rom" (1954). In ihnen nahm er die Erzähltradition Alfred → Döblins, von James Joyce, William Faulkner und Virginia Woolf auf. Danach folgten Reisebücher, so „Nach Rußland und anderswohin" (1958), „Reise nach Frankreich" (1961), „Die ersten Griechen" (1962). 1962 erhielt er den Georg-Büchner-Preis. Nach einer Phase des Schweigens erschien 1976 „Jugend“, das stark autobiographische Züge trägt. 1981 gab M. Reich-Ranicki eine Sammlung von Koeppens Aufsätzen „Die elenden Skribenten“ heraus. 1986 erhielt er den Kulturpreis der Pommerschen Landsmannschaft und 1990 verlieh ihm die Ernst-Moritz-Arndt-Universität die Ehrendoktorwürde der Philosophischen Fakultät.

Königsholland, Amt. Im Tal der → Uekker siedelte schon König Friedrich Wilhelm I. die ersten Siedler an, zunächst Holländer, daher auch der Name „Holländerei“ für die Gehöfte. Ab 1730 entstanden auch an der versumpften Zarow zahlreiche neue Dörfer, so Ferdinandshof, Wilhelmsberg, → Heinrichswalde, Eichhof, Meiersberg-Schlabrendorf, Blumenthal. Erstmals erschien 1737 der Name „Amt Königsholland“. In der Regierungszeit Friedrichs II. warb der Generalpächter Christoph Ludwig Henrici Siedler aus der Kurpfalz, aus dem Herzogtum Pfalz-Zweibrücken und aus anderen Gebieten Süddeutschlands an. Seine großen Versprechungen konnte er nur bedingt halten, jahrelang mußten sie auf ihre Höfe warten, die dann auf diesen wenig fruchtbaren Böden zu klein waren. 1740 verlegte Henrici seinen Amtssitz nach Ferdinandshof. 1747 entstanden die Dörfer → Hoppenwalde, Viereck und Uhlenkrug mit katholischen Siedlern aus der Pfalz, nachdem sie einige Gebiete im Oderbruch urbar gemacht hatten. Auch sie wurden vom Generalpächter übervorteilt. Mit der Einführung der Kartoffeln in Pommern (2. Hälfte 18. Jh.) setzte ein allmählicher wirtschaftlicher Aufschwung ein. Mit der Stein-Hardenbergschen Reform entstanden neue Landkreise nach topographischen Gesichtspunkten. Zum 31. 12. 1817 wurde das Amt Königsholland aufgelöst und zum 1. 1. 1818 dem Kreis Ueckermünde zugeordnet.

Königsstuhl. Der höchste Punkt der rügenschen Kreidesteilküste, ein zerklüfteter Kreidefelsen, 119 m über NN, steigt schroff aus dem Meer auf. Die Kreideschollen aus

Körlin: St. Michael

der Oberen Kreide sind weitgehend steilgestellt, Feuersteinlager zeichnen diese Lagerung nach. Der Königsstuhl ist ein markanter Aussichtspunkt, sein Name ist bereits 1584 bezeugt. Die Verbindung mit Karl XII. (1715) ist eine moderne Sage. Südlich des Königstuhls führt die Teufelsschlucht zum Geröllstrand hinab, wo der sagenumrankte „Waschstein“, ein großer Findling, unterhalb des Königsstuhls im Wasser liegt.

Körlin *(Karlino),* Kreis Kolberg-Körlin. 5350 Einwohner (1983). Die Kleinstadt liegt am Zusammenfluß der Radüe mit der → Persante; der Mühlengraben verlief unmittelbar vor der Stadtmauer. Die Altstadt gruppiert sich um den rechteckigen Marktplatz, an dessen nordwestlicher Seite die Stadtkirche steht. Auf der von Persante, Radüe und Mühlengraben gebildeten Insel stand ein Schloß, dann der Amtshof. Die Stadterweiterung erfolgte entlang der Kösliner Straße und wird im Nordosten durch die Eisenbahnlinie begrenzt, wo auch die einzige Maschinenfabrik liegt. Erweiterungen nach Süden und Westen behindern die weiten, nassen Täler der Persante und Radüe.
An der Kreuzung der alten Heerstraße von Stettin nach Danzig mit der Salzstraße Kolberg–Neustettin entstand sehr früh eine Siedlung; ein eisenzeitlicher Goldfund mit oströmischen Goldmünzen deutet auf einen Handelsort hin, von dem 1299 ein „Civis in Cornlin“ genannt wird. Noch 1308 ist Körlin „oppidum Corlin“ mit einer herzoglichen

Burg und Zollstätte. 1313 erhielt Körlin lübisches Stadtrecht. In der 2. Hälfte des 14. Jh.s kam Körlin in Besitz der Camminer Bischöfe, die die Stadt zu einer ihrer Residenzen erhoben. 1409 überfiel Herzog Bogislaw VIII. die Stadt und zerstörte sie bis auf das bischöfliche Schloß; dieses wurde 1761 von Russen bis auf die Keller eines Speichers vernichtet. Die Ackerbürgerstadt betrieb Holz- und Getreidehandel, im 18. Jh. entstand das Gewerk der Rasch- und Zeugmacher. Seit 1594 war Körlin eine Braustadt, die 1718 noch 15 Bierbrauer hatte. Die 1859 eröffnete Hinterpommersche Eisenbahn Stettin – Danzig brachte der Stadt nicht die große wirtschaftliche Entwicklung. Eine Maschinenfabrik, Mühlen, Sägewerke und Ziegeleien waren die wichtigen Gewerbebetriebe.
Bauwerke: Stadtkirche *St. Michael* (1510), spätgotische Hallenkirche mit schönen Sterngewölben. Die Inneneinrichtung stammt von 1866. Von der Stadtwehr blieb das *Mühlentor* erhalten.

Köselitz *(Kozielice)*, Kreis Cammin, 231 Einwohner (1939). Das Bauerndorf liegt am Völzer Bach. Herzog Bogislaw IV. schenkte 1281 das halbe Dorf dem Camminer Bischof Hermann und die andere Hälfte der Camminer Kirche. Der Freischulzenhof war von 1369 – 1428 im Besitz der Familie Ponate, dann ging er auf das Domkapitel über.
Bauwerke: Die *Feldsteinkirche* (14. Jh.) hat einen mit sechs Blenden reich gegliederten Giebel (15. Jh.). Der Turm, ein bretterverschalter Fachwerkbau auf Feldsteinuntergeschoß, wird von einer barocken Haube bekrönt. Der Schatz der Dorfkirche war die Kanzel, die 1694 aus dem Camminer Dom nach Köselitz kam, ihr Korb wurde mit neuen barocken Tafeln verschalt. Als diese 1878 entfernt wurden, kamen vier Wände eines spätgotischen Kanzelkorbes (15. Jh.) zum Vorschein. Die Korbwände waren mit reichem Maßwerk aus Vierpässen, gestaffelten Spitzbogenblenden und darüber je einer großen Rosette mit unterschiedlichen Mustern, unter anderem Fischblasen, verziert. 1913 wurde sie neu gefaßt.

Köselitz

Köslin *(Koszalin)*, Stadtkreis mit 97 849 Einwohnern (1983). Köslin war Regierungsbezirkshauptstadt und ist Hauptstadt einer Wojewodschaft; Köslin liegt am Nordwestfuß des → Gollen, am linken Ufer des Mühlenbachs. Die fast kreisförmige Altstadt hat ein gitterförmiges Straßennetz, am Kreuzungspunkt der Neutor- bzw. Bergstraße mit der Mühlentor- bzw. Hohentorstraße liegt der quadratische Marktplatz. Nach Osten dehnt sich vom Friedrich-Wilhelm-Platz die planmäßig angelegte Friedrich-Wilhelm-Vorstadt auf den Gollen hinauf aus. Im Süden entstand die Hohetor-, im Norden die Mühlentor- und im Westen die Neutorvorstadt, die jenseits der Eisenbahnlinie mit Hauptbahnhof zum Kösliner Industriegebiet wird. Um diese Vorstädte legt sich ein dichter Ring von großen Wohnsiedlungen. Köslin ist primär eine Verwaltungsstadt mit einer Reihe weiterführender Schulen. Die Industrie konzentriert sich auf die Verarbeitung land-, fisch- und forstwirtschaftlicher Produkte, dazu gibt es Maschinenfabriken, elektronische Werke, metallverarbeitende Betriebe. Von den 18 222 Beschäftigten (1939) waren 61,4 v. H. in Industrie und Handwerk tätig.
Herzog Bogislaw II. schenkte 1214 das Dorf Cossalitz dem Kloster → Belbuck, 1248 kam es zum Camminer Domstift und verblieb dort bis 1650. Bischof Hermann von Gleichen beauftragte 1266 die Ritter Marquard und Hartmann mit der Anlage der Stadt Kös-

Köslin: Bahnhof

lin nach lübischem Recht. 1281 wird ein „castrum cussalin" erwähnt. 1292–1308 errichteten die Bürger eine 3000 Schritte lange Ringmauer mit drei Toren und 45 Wachtürmen. 1313 erwarb Köslin den → Gollen. Der Jamunder See, 1333–1446 in Stadtbesitz, war Köslins natürlicher Hafen, bis das Tief versandete. 1544 wurde Köslin protestantisches Bistum, 1556 fürstbischöfliche Residenz und 1574 Sekundogenitur der pommerschen Herzöge. Auf dem Platz des ehemaligen Zisterzienserinnenklosters bauten die Herzöge ein Schloß, 1582 fertiggestellt. Der 30jährige Krieg ließ in Köslin nur noch 80 Bürger überleben. Ein Stadtbrand (1718) vernichtete 317 Wohnhäuser. König Friedrich Wilhelm I. plante einen Wiederaufbau. Die Häuser am Markt und an der Hauptstraße sind einheitlich zweistöckig mit Mansardendach. Die Stadtwehr wurde abgetragen, zwischen Hohem- und Neuem Tor wurde ein Paradeplatz für die Garnison angelegt. Köslin erhielt 1765 mit dem Kriegs- und Kammerdeputationskollegium eine zentrale Verwaltungsfunktion; ab 1816 war Köslin Sitz des Regierungspräsidiums für ganz Hinterpommern. Mit dem Bau der Friedrich-Wilhelm-Vorstadt am Hang des Gollen begann 1820 die Stadterweiterung. Die zweitälteste öffentliche Stadtsparkasse Pommerns begann 1825 mit iherer Arbeit in Köslin; 1850 folgte die Oberpostdirektion.

Köslin dehnte sich in den Neutor-, Mühlentor- und Hohetorvorstädten aus, wobei die erste durch die Anlage des Bahnhofs (1859) durch die Hinterpommersche Eisenbahn, eine zusätzliche Entwicklung von Gewerbebetrieben erfuhr, u. a. Papier-, Zellulose-, Fischkonservenfabrik, Metallverarbeitungsbetriebe, Sägewerke. 1913/14 wurde die Diakonissenanstalt Salem und das Kaiser-Wilhelm-Krankenhaus gegründet. 1914 erhielt Köslin einen Flugplatz. In den 20er Jahren des 20.Jh.s erfolgte ein lebhafter Siedlungsbau nach allen Seiten der Stadt, die 1923 kreisfrei wurde. Land-, Amts-, Arbeits- und Versorgungsgericht, Schulen und Banken machten Köslin zu einer Beamtenstadt. Die 1905–13 betriebene Kösliner Strand- und Kleinbahn stellte eine schnelle Verbindung zum Strand in Großmöllen her, nach 1945 hat sie ihren Betrieb wieder aufgenommen. Der 2. Weltkrieg brachte vor allem im Stadtzentrum große Zerstörungen, bis zu 40 %, der Wiederaufbau erfolgte ab 1953 recht zügig, historische Bürgerhäuser wurden rekonstruiert, neue Siedlungen wuchsen in den Außenbezirken, Rogzow wurde eingemeindet. Seit 1968 gibt es in Köslin eine höhere Ingenieurschule. 1972 wurde Köslin gemein-

sam mit Kolberg Bischofssitz. Im Industrieviertel entstanden Werke für Bauausrüstung, Autoersatzteile, Elektronik und Weihnachtsbaumschmuck.
Bauwerke: *St. Marien,* dreischiffige, gotische Backsteinbasilika mit schönen Sterngewölben in Chor und Mittelschiff. Im 16. und 17. Jh. wurde ein Kapellenkranz angebaut. Von der Einrichtung sind eine Kalksteintaufe aus der Entstehungszeit der Kirche, ein Holzkruzifix (14. Jh.) und Figuren des Hochaltars (1512) erhalten geblieben.
Gertraudenkapelle, spätgotischer, achteckiger Backsteinbau mit Sterngewölbe. Seit 1489 auf dem Kirchhof.
1960–62 wurde am Marktplatz das neue *Rathaus* erbaut.

Köslin, Landkreis, 1171,74 qkm Gesamtfläche, 46808 Einwohner (1939). Der Landkreis erstreckt sich von der Ostsee über die Küstenzone durch das Gebiet der Talsande auf den Pommerschen Höhenrücken, um beim Gut Grünhof mit 189 m über NN seine größte Höhe zu erreichen. Der Landkreis ist erst 1932 aus dem Erbe der Camminer Bischöfe entstanden, das bis 1872 eine Einheit im Kreis → Fürstenthum-Kammin bildete, dann in unserem Bereich in die Landkreise Köslin und Bublitz aufgeteilt wurde, die schließlich zusammengelegt wurden. Durch seine Lage ist der Kreis stark von der Land- und Forstwirtschaft geprägt; von den 37480 gewerblich Beschäftigten (1939) waren 72,7 v. H. in Land- und Forstwirtschaft, 20 v. H. in Industrie und Handwerk und 7,2 v. H. in Handel und Verkehr tätig. Etwa 20 v. H. der Anbaufläche waren als Wiesen und Weiden von der Viehzucht genutzt, wobei um Bublitz die Schafzucht zur Wollgewinnung im Vordergrund stand. Die Ackerfläche wurde zu 46,8 v. H. für Roggen, Kartoffeln und Lupinen genutzt und zu 5,8 v. H. für Weizen und Zuckerrüben (1939). Quer durch den Kreis, etwa zwischen Manow und Klannin, liegt ein fast geschlossenes Waldgebiet auf den eiszeitlichen Talsanden. Der größte Teil der Landwirtschaft wurde von den 1325 mittleren Bauernhöfen (10–20 ha) betrieben, dazu kamen noch 586 Großbetriebe (20–100 ha), die etwa ein Drittel der Kreisfläche bewirtschafteten. Unter den 98 großen Gütern hatten allein 17 über 500 ha, davon das der Kamekes in Streckenthin über 5000 ha.
Die Industrie war vorwiegend in der kreisfreien Stadt Köslin konzentriert. Brennereien, Kartoffelflockenfabriken, Mühlen und Molkereien waren weitgehend an Güter gekoppelt. In Bublitz gab es eine nennenswerte Wollverarbeitung. Auf dem Sektor der Energieerzeugung wurden für die Belgarder Überlandzentrale das Heyka-Werk und das E-Werk in Roßnow zu den wichtigen Lieferanten. Am Fuß des Gollen befand sich in Rogzow eine überregional bedeutsame Tuberkulose-Heilstätte.

Kolbatz *(Kołbacz),* Kreis Greifenhagen, 440 Einwohner (1970). Das Klosterdorf liegt etwa 3 km westlich des → Madüsees. 1173 gründete Wartislaw, Kastellan von Stettin, die Zisterzienserabtei „Mera Vallis“ im Madanzigwald. 1174 zog der Konvent von zwölf Mönchen und zwölf Konversen, Laienbrüder, unter Abt Reinhold aus Esrom/Seeland in Kolbatz ein. Das Kloster erhielt zum Klosterort fünf Dörfer, darunter die Villa Theutonicorum, → Hohenkrug. 1183 wurde erstmals die Klosterkirche St. Marien genannt. Die Mönche begannen, ihr Umland urbar zu machen, sie leiteten die → Plöne um und gewannen eine günstigere Zufahrt zur Odermündung. Ihr Besitz dehnte sich in die → Gollnower Heide und in das Schwarzerdegebiet des Pyritzer → Weizakkers aus. Von Bauerndörfern mit Siedlern aus dem Westen, und Grangien, von Konversen bewirtschaftet, betrieben sie intensiven Getreideanbau. Bereits 1286 konnte Kolbatz die Tochterklöster Oliva bei Danzig (1295 mußte es erneut Mönche hinsenden) und → Marienwalde anlegen. Mit dem Kirchenbau begann Abt Rudolf 1210, 1307 wurde sie geweiht. 1347 weihten Bischof Johann I. von Cammin, zwei weitere Bischöfe und fünf

Äbte den neuen gotischen Chor ein. Im 14. Jh. gründeten Kolbatzer Mönche das Kloster Himmelstedt bei Landsberg/Warthe. Gegen Ende des 14. Jh.s hatte Kolbatz seine größte Ausdehnung mit 31 Dörfern im Kreis Greifenhagen, 22 im Kreis Pyritz, drei in anderen Kreisen und Streubesitz bei Kolberg und Demmin. Mit der Reformation verließen 1532–34 mehrere Mönche das Kloster; 1534 legte Abt Bartholomäus, letzter von 39 Äbten, die auch am Herzogshof in hohem Ansehen standen, sein Amt nieder. Der Landbesitz wurde ein herzogliches Amt. Im 16. Jh. wandelten die Herzöge das Kloster in ein Jagdschloß um, Chor und Querschiff blieben Pfarrkirche, das Langhaus diente als Kornspeicher. 1662 brannte die Kirche nach einem Blitzschlag aus, Mauern und Gewölbe blieben stehen. Kreuzgang und Seitenschiffe wurden um 1720 abgebrochen. 1851–52 wurde die Kirche restauriert.

Die Kirche *St. Marien,* ein Bau von 67,50 m Länge und 13,40 m Höhe im Mittelschiff, wurde als romanischer Backsteinbau begonnen. Je weiter der Bau nach Westen fortschritt, wandelte sich die Bauweise von spätromanischen zu frühgotischen Formen. Ein zugemauertes großes Fenster, eine dreiteilige Blende und über ihnen eine prächtige Rosette zieren die Westfassade. Der Chorraum wurde als letzter Teil gotisch umgebaut. Die Klostergebäude sind weitgehend verschwunden, außer dem Abtshaus scheint noch eine Scheune erhalten zu sein. Nach 1945 haben die Polen ein Staatsgut in Kolbatz eingerichtet.

Kolbatzer Rosette. Die große Kolbatzer Rosette mit 5 m im Durchmesser ist der großartig gelungene Versuch, Elemente der westlichen Hausteingotik in Backstein, mit seinen verschiedenen Formsteinen und deren beim Brand gewonnener farbiger Differenzierung, umzusetzen. Die Grundidee der Rosette ist das große runde Maßwerkfenster in Haustein. Von einem achteckigen Mittelring gehen vor verputztem Hintergrund acht Doppelsäulchen radial aus, die mit spitzen Giebeln verbunden werden; auf ihnen stehen weitere acht Säulchen, die durch Kleeblattbögen zusammengeschlossen sind. In den Kerben dieser Bögen schließt sich ein Ring von sechzehn sechsblättrigen Rosetten an, die den Abschluß der Kolbatzer Rosette bilden. In der norddeutschen Backsteinkunst stellt sie eine Einmaligkeit dar, so daß sich um ihre Erstellung Sagen ranken.

Kolbatzer Teufelskapitell. Aus den Repräsentationsräumen des Klosters sind einige Skulpturen erhalten geblieben und im Stettiner Museum aufbewahrt worden. Das Kolbatzer Teufelskapitell (2. Hälfte 13. Jh.) ist aus gotländischem Kalkstein, 0,36 m hoch und war wohl ursprünglich farbig gefaßt. Auf dem zylindrischen Körper sind fünf Mönche als ganze Figuren aus dem Stein gehauen. Als letzte Figur steht der Teufel, der mit seiner Linken einen der Mönche an der Kutte gepackt hält – auch geistliche sind vor dem Bösen nicht sicher.

Kolberg *(Kołobrzeg),* Stadtkreis mit 45 000 Einwohnern (1985). Die Innenstadt liegt auf dem rechten Persanteufer auf einer Grundmoränenplatte, die ein Dünenwall von der Ostsee trennt. In dem gitterförmigen Straßennetz bilden Markt und Dom die Mitte Kolbergs. Von der mittelalterlichen Stadt und der Festung ist nicht viel erhalten geblieben. Den Dünenwall nimmt das Kurviertel „Münde" mit seinen Villen, Pensionen und Kurhäusern ein, die sich über den Wolfsberg hinaus ausdehnen. Zwischen Altstadt und dem Badeort hat sich die Eisenbahn mit dem Hauptbahnhof geschoben. Die Lauenburger Vorstadt erstreckt sich weit entlang den Kösliner und Körliner Straßen auf höher gelegenes, trockenes Gebiet. Zwischen Persante und Holzgraben liegt die Salzinsel. Die Gelder Vorstadt, die sich nach Süden anschließt, ist durch das nasse Tal der Persante in ihren Ausdehnungsmöglichkeiten behindert, erst weit stadtauswärts entstand die Siedlung Neu Geldern an der Griebower und Altwerder Chaussee. Im Westen liegt die Siedlung Siederland hinter einem breiten Dünenwall mit dem Maikuhlenwäldchen. In den südlichen

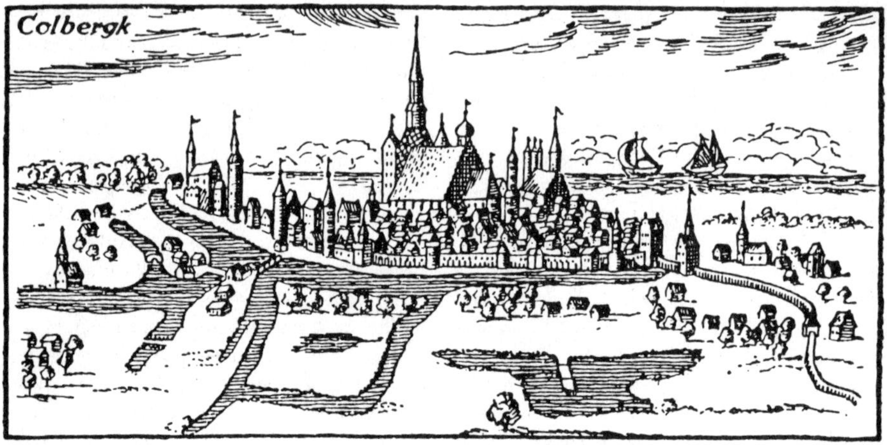

Kolberg

und östlichen Vororten hat sich die Industrie angesiedelt, u. a. Nahrungsmittel-, Textil- und Elektroindustrie. Die Fischverarbeitungs- und Fischereiausrüstungsbetriebe liegen mit der Eisfabrik im Mündungsbereich der Persante, die als Fischereihafen ausgebaut ist.

Die älteste Siedlung (7.–8. Jh.) lag auf der Salzinsel; Mitte des 9. Jh.s wurde eine Burg gebaut, um die im 10.–11. Jh. die Stadt entstand, die schon sehr früh durch die Solquelle eine überregionale wirtschaftliche Bedeutung erlangte, so daß der Polenherzog Boleslaw Chrobry nach seinen Eroberungszügen nach Pommern (995) in Kolberg ein Gnesen unterstelltes Bistum (1000) gründete, dessen erster Bischof Reinbern aus dem thüringischen Hassegau stammte. Als sich bald darauf die Polen zurückzogen, blieb der Bischofssitz unbesetzt. Allmählich drangen deutsche Siedler nach Kolberg vor, 1125 wurde in der Wendenstadt die St. Marienkirche gegründet. 1248 kam der östliche Teil der Kolberger Kastellanei an die Bischöfe von Cammin, die weitere Siedler aus Lübeck, Greifswald, Niedersachsen und Westfalen riefen. Nördlich der Burg entstand eine deutsche Siedlung, das heutige Kolberg, der 1255 Herzog Wartislaw III. von Demmin und der Camminer Bischof Hermann v. Gleichen das lübische Stadtrecht verliehen. Innerhalb des 13. Jh.s gelang es der Bürgerschaft, sämtliche Salzgerechtsame in ihren Händen zu vereinigen. Bischof Hermann kaufte 1276 den westlichen Teil der Kastellanei und machte Kolberg zur bischöflichen Residenz; 1278 gründete er in → Altstadt das Benediktinerinnenkloster, das zwischenzeitlich in die Stadt verlegt wurde. 1361 trat Kolberg der Hanse bei und stellte wegen seines Reichtums fast ein Viertel der gesamten Hansestreitkräfte. Im Laufe des 14. Jh.s erbaute die Bürgerschaft die Stadtbefestigung, von der der Luntenturm erhalten blieb. Im 16. Jh. hatte Kolberg zahlreiche steinerne Häuser, eine Wasserleitung und gepflasterte Straßen. Von 1627 an wurde Kolberg zur wichtigsten pommerschen, seit 1653 brandenburgischen Festung, die im 7jährigen Krieg mehrmals von Russen belagert und 1761–62 besetzt wurde. Um 1800 wurde Kolberg zu einem Seebad. Die napoleonischen Kriege mit der Belagerung (1807) behinderten die Entwicklung der Stadt. 1830 begann man die Solquellen für Heilzwecke zu nützen. 1860 gab der preußische Staat die Sole für medizinische Anwendungen frei. Der Hafen, der zu starker Versandung neigt, erhielt 1839–85 eine verlängerte Ostmole, 346 m lang. Die Hinterpommersche Eisenbahn erreichte Kolberg 1859; die direkte Strecke Kolberg – Gollnow – Altdamm ging 1882 in Betrieb. 1895 – 1915 wurden die Kolberger Bahnen, ein kreisdeckendes Netz von Schmalspurbahnen, gebaut; nach 1945 demontiert. Sie transportierten die Güter für den Hafen, der 1938 einen Warenumschlag von 230000 t hatte, vor allem Getreide, Grubenholz und Steinkohle. Der Fischereihafen beheimatete 42 Küstenfahrzeuge (1938). Um den Hafen gruppierte sich Kolberger Industrie mit Fischräuchereien, einer Fischkonservenfabrik, Maschinen- und Bootsbau. Die Bedeutung von Kolberg als Sol-, Moor- und Seebad wuchs ständig, 1938 hatte Kolberg 44508 Urlauber, die höchste Besucherzahl aller deutschen Seebäder. 1945 belagerte die Rote Armee Kolberg und zerstörte die Stadt zu etwa 80 v. H. Somit wurden fast alle bekannten Bauwerke zerstört. Die vernichteten Wohnbauten wurden durch Wohnblocks in Plattenbauweise ersetzt. Erst seit 1956 ist Kolberg wieder ein Seebad. Der Hafen, 1945 wenig beschädigt, hatte 1965 einen Umschlag von 156000 t, vor allem Steinkohle. Textil- und elektronische Industrie wurden in den Vororten angesiedelt. Neben Kultur- und Verwaltungsfunktionen ist Kolberg seit 1972, gemeinsam mit → Köslin, katholischer Bischofssitz.

Kolberger Dom, *St. Marien* (nach 1255). Als dreischiffige Backsteinhallenkirche mit geradem Ostabschluß erbaut. Bereits 1282 fanden in ihm die ersten Gottesdienste statt. Wahrscheinlich war 1320 das Kirchenschiff (42,30 m lang) fertig gebaut, der Chor (22,10 m lang) folgte 1331 und 1339. An der Südseite erhielt der Dom in der 2. Hälfte des 14. Jh.s die Marienkapelle, die 1410 zum „Badegang", dem zweiten südlichen Seitenschiff verlängert wurde, in der 1. Hälfte des 15. Jh.s folgte an der Nordseite das zweite Seitenschiff und machte den Dom zu einer fünfschiffigen Kirche unter einem mächtigen, einheitlichen Dach. Als Westabschluß war eine Zweiturmanlage geplant; das Erdgeschoß wurde gemeinsam gebaut, dann folgte der Südturm, etwas später der Nordturm, als letztes wurde die mittlere Verbindung gebaut und 1646 mit einem geschweiften Türmchen abgeschlossen. Der massige, 74 m hohe Bau hat nur am Nordturm Blenden; die Fenster in den oberen Geschossen sind sehr schmal. 1945 wurde der Kolberger Dom schwer zerstört; die Gewölbe, im Mittelschiff 19,50 m hoch, stürtzten ein, nur die Außenmauern blieben stehen. 1983 war das Dach und 1985 die Turmspitze wieder aufgebaut. Die Gewölbekappen waren mit Fresken des 14. Jh.s bedeckt; auf 32 Haupt- und 40 Nebenfeldern der Kreuzrippengewölbe war eine Biblia Pauperum aus dem Alten und Neuen Testament gemalt, 1945 vernichtet, desgleichen der einzige Lettner Pommerns (1. Hälfte 15. Jh.) und das gotische Chorgestühl. Von der reichen Ausstattung blieben einige Reste erhalten, u. a. ein gotischer Schreinaltar mit

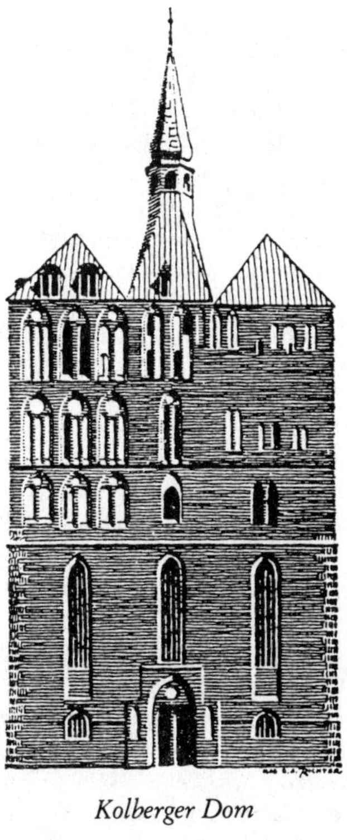

Kolberger Dom

den Heiligen Drei Königen im Mittelfeld; der Türklopfer am Westportal (2. Viertel 14. Jh.), den acht Medaillons mit thronendem und gekreuzigten Christus, den Evangelistensymbolen, und zwei Propheten umrahmen (heute im Settiner Museum); das 1355 von Johann Alart gegossene Taufbecken, der siebenarmige Bronzeleuchter, 1327 von Johannes Apengeter aus Lübeck gegossen; die 1523 von der Familie Schlieffen gestiftete Schlieffenkrone; ein aus Holz geschnitzter, farbig gefaßter hoher Kronleuchter mit den Figuren der Mutter Gottes und Johannes des Täufers.

Kolberger Saline. Um 1000 war die Salzgewinnung offenbar schon seit langem in vollem Gange; über die Salzstraße Belgard–Bromberg/Posen nach Ungarn und ans Schwarze Meer verfrachteten Kaufleute ihr kostbares Gut. Im 12. und 13. Jh. verliehen die pommerschen Herzöge Salzkotten und Pfannen an verschiedene kirchliche Einrichtungen, u. a. an die Klöster Dargun, Oliva und Trebnitz, die aber allmählich ihre Gerechtsame abstießen, welche die Bürgerschaft Kolbergs gerne übernahm. Mitte des 13. Jh.s waren fast alle Salzkotten in bürgerlicher Hand. Um 1300 erfolgte die Gründung der Gilde der Salzsieder; 1450 arbeiteten 36 bürgerliche Siedehütten, zu denen noch einige des Rates der Stadt hinzukamen. Der 30jährige Krieg beeinträchtigte die Salzgewinnung sehr. 1701 befahl König Friedrich Wilhelm I., ein Gradierwerk zu errichten, das 1734 am linken Peeneufer erbaut war; im 7jährigen Krieg wurde es mehrfach zerstört und wieder aufgebaut. 1801 kaufte der preußische Staat Gerechtsame und Saline – 1807–13 war Kolberg die einzige Saline in Preußen. 1860 wurde der Salinenbetrieb eingestellt, da die 2,3–5,1 %ige Sole ein viel zu teures Salz lieferte. Die stark eisenhaltige und radioaktive Solquelle wurde als medizinisch wirksam erkannt. Damit war der Anfang eines Solbades gesetzt, das, durch den 2. Weltkrieg unterbrochen, auch heute Kranken Linderung und Heilung verschafft.

Kolberg-Körlin, Landkreis. 879,48 qkm Gesamtfläche, 38785 Einwohner (1939). Der Landkreis erstreckt sich vom Strandbereich der Ostsee über die versumpfte Niederung in die wellige Grundmoränenlandschaft bis an die ostpommersche Talsandzone. Von Körlin ab durchfließt die → Persante den Kreis, dessen Nutzfläche zu 19 v. H. von Wiesen und Weiden eingenommen wurde (1938), vor allem im Persantetal und im Küstenhinterland. Die Ackerflächen wurden zu 48,8 v. H. mit Kartoffeln, Roggen und Lupinen bestellt, auf 3,8 v. H. gab es Weizen und Zukkerrüben (1939). Bewirtschaftet wurde das Land hauptsächlich von den 1547 mittleren (10–20 ha) und 654 größeren (20–100 ha) Betrieben, die etwa 80 v. H. der Nutzläche beackerten; dazu gab es noch 17 Betriebe mit über 500 ha. Die Fischerei spielte im Landkreis keine große Rolle, da sie in Kolberg konzentriert war und der Stadtkreis fast die gesamte Küste des Kreises einnahm. Die gewerblichen Betriebe, außer in Kolberg, waren in der zweiten städtischen Ansiedlung des Kreises, in → Körlin angesiedelt (Maschinenfabrik, Baugeschäfte, Sägewerk, Raiffeisen-Genossenschaft), aber auch in einigen Dörfern, u. a. Sägewerk und Baugeschäft in Henkenhagen, Zementziegelwerk in Kowanz, Stärkefabrik in Schmuckenthin. Eine größere zentralörtliche Bedeutung erhielt Groß Jestin (1983 Großgemeinde mit 5111 Einwohnern) mit seiner Großreparaturwerkstatt für Landmaschinen und dem Kreiskrankenhaus. Die 32219 Beschäftigten verteilten sich zu 73,2 v. H. auf Land- und Forstwirtschaft, zu 21,25 v. H. auf Industrie und Handwerk und zu 5,46 v. H. auf Handel und Verkehr.

Der Landkreis ist erst 1872 entstanden, als der alte Verwaltungsbezirk → Fürstenthum-Kammin aufgeteilt wurde. Als 1920 Kolberg die Einwohnerzahl von 30000 überschritten hatte, wurde die Stadt ein selbständiger Stadtkreis, behielt aber die Verwaltung des Landkreises. 1903–12 erfolgte der intensive Ausbau der Durchgangsverkehrswege durch den Landkreis, besonders die Reichsstraße 2 von Stettin über Körlin, Köslin, Stolp nach Danzig. Noch im Spätsommer 1944 wurden die Kreise Kolberg-Körlin und Belgard zusammengelegt.

Kollath, Werner, Hygieniker und Bakteriologe. * 1892 in Gollnow, † 1970 in Porza bei Lugano. Studium der Medizin in Marburg, 1932 Professor in Breslau, 1935–45 in Rostock. Er beschäftigte sich mit der Vitaminforschung und Ernährungslehre. Kollath wurde zu einem der Vorkämpfer gegen unsere Zivilisationskrankheiten. 1937 publizierte er das zweibändige „Lehrbuch der Hygiene". 1942 begründete er seine Idee von der „Vollwert Ernährung". 1945–50 lebte er ohne Anstellung in Hannover, war dafür publizistisch tätig. Er veröffentlichte u. a. „Der Vollwert unserer Nahrung" (1950), 40 Zeitschriftenaufsätze, war Mitverfasser des „Gesundheits-Brockhaus". Vortragsreisen führten ihn auch nach Südamerika. Er ist der Erfinder des → Kollath-Frühstücks. Daneben war er als Maler und Grafiker tätig.

Kollath-Frühstück. In den 50er Jahren hat es der Hygieniker Werner Kollath entwickelt. Mit ihm legte er den Grundstein für die heute weitverbreitete Vollwert-Ernährung, bei der vorwiegend vegetabile Lebensmittel verwendet werden, die möglichst naturbelassen bleiben sollen, die z. T. als Rohkost genossen werden und vor allem frei von Schadstoffen sein müssen. Das Kollath-Frühstück ist eine Rohgetreidespeise aus frischgeschrotetem Weizen, der Kollath Trockenobst, frische Früchte, Mandeln oder Nüsse dazugab. Als Flüssigkeit nahm er Wasser, dem er Zitronensaft oder Sahne zufügte.

Konewka, Paul, Maler und Zeichner. * 1840 in Greifswald, † 1871 in Berlin. Er begann schon mit 5 Jahren menschliche und tierische Figuren aus weißem oder blauem Papier auszuschneiden. Um 1855 entstanden die ersten Scherenschnitte zu Goethes „Faust". 1857 wurde er Schüler des Bildhauers F. Drake in Berlin. 1861 oder 62 entwarf er den „Osterspazierung" nach Goethe als

Konewka: Schattenbild zu Faust

Lampenschirmverzierung. 1864 veröffentliche er „12 Blätter zu Goethes Faust. Erfunden von Paul Konewka Silhouetten mit Verzierungen"; das Album bedeutete seinen künstlerischen Durchbruch, er erhielt zahlreiche Aufträge. „Sommernachtstraum" und viele kleinere Werke, Kinderbücher, Zeichnungen für Modezeitschriften folgten. 1868 reiste er ins Salzkammergut und zog nach Stuttgart. 1869 vollendete er in Höfen im Schwarzwald den Zyklus „Falstaff und seine Gesellen" (1871 posthum erschienen). Im Herbst 1870 kehrte er erkrankt nach Berlin zurück. Viele seiner Arbeiten hat er aus schwarzem Papier geschnitten, auf Stein oder Holz übertragen, um dann gedruckt und so einem großen Publikum bekannt gemacht zu werden.

Koos. Vor der Küste des Kreises Grimmen liegt im Greifswalder Bodden die 1,5 qkm große Insel mit ihrem höchsten Punkt von 3,30 m über NN. Von dem Geschiebemergelkern erstrecken sich nach Norden und Süden zwei einige hundert Meter lange Sand-

haken, die den Kooser See fast ganz vom Bodden abschnüren.
Urkundlich wird Koos 1184 als eine Waldinsel bezeichnet. Barnute, der Sohn Fürst Jaromars I., vermachte 1241 in seinem Testament die Insel „Chosten" dem Zisterzienserkloster Eldena. Der Wald wurde abgeholzt und die Insel als Weideland genutzt. Im 17. Jh. versuchten holländische Siedler, auf Koos Landwirtschaft zu betreiben. 100 Jahre später gab es auf Koos keine Bauern. Seit 1950 nutzt das Tierseucheninstitut Riems die Insel.

Kosegarten, Johann Gottfried Ludwig, Sprachforscher, Historiker, Orientalist. * 1792 in Altenkirchen/Rügen, † 1860 in Greifswald. Studium der Theologie und Philosophie in Greifswald, 1812–14 orientalische Sprachen in Paris. 1815 publizierte er in „Pommersche Chronik von Kantzow". 1817–24 war er Professor für orientalische Sprachen in Jena, hier veröffentlichte er die persische Märchensammlung „Tûtî nâmén" (1822). 1824 kehrte er nach Greifswald zurück. 1834 gab er die „Pommerschen und rügischen Geschichtsdenkmäler" heraus. 1843–62 den „Codex Pomeraniae diplomaticus" und 1856–57 die „Geschichte der Universität Greifswald", daneben auch die arabische Liedersammlung „Kítât al-aghâni" (1840).

Kosegarten, Ludwig Gotthard, Theologe und Dichter. * 1758 in Grevesmühlen/Mecklenburg, † 1818 in Greifswald. Vater von Johann Gottfried Ludwig Kosegarten. 1775 Studium der Theologie in Greifswald, daneben schuf er zahlreiche Gedichte, 1777 in „Melancholien" publiziert, mit Illustrationen von J. G. Quistorp, dem Lehrer C. D. Friedrichs. 1777–85 als Hauslehrer tätig, danach Lehrer in Wolgast – P. O. → Runge war einer seiner Schüler. 1791 erschien sein Roman „Ewalds Rosenmonde". 1792 erhielt er die Pfarrstelle in Altenkirchen auf Rügen; recht bald begann er mit seinen in ganz Deutschland bekannt gewordenen Uferpredigten in Vitt. 1796 stellte er als Hauslehrer für seine vier Kinder E. M. → Arndt ein,

Ludwig Gotthard Kosegarten

1798 wurde K. → Lappe dessen Nachfolger. 1801 schrieb er einen romantischen Romanzyklus u. a. mit „Ida von Plessen", „Bianca del Giglio", „Adele Cameron", in denen er die Liebe zur Natur, zur Gottheit und zur Heimat programmatisch gestaltete. 1806 begann er mit dem Bau der Kapelle in Vitt. 1808 wurde er Professor der Geschichte und der griechischen Literatur in Greifswald und nahm die Stelle E. M. Arndts ein. 1811, 1814 und 1816 war er Dekan der Philosophischen Fakultät. 1813 veröffentlichte er die „Vaterländischen Gesänge". 1816 wurde er dritter Professor der Theologie in Greifswald und Pastor an St. Jakobi. 1818 wurde er in Altenkirchen neben der Kirche beigesetzt.

Kraft – Hüttenwerk. Wegen der besonderen Verkehrslage – Stettin als Umschlagplatz für oberschlesische Steinkohle und schwedisches Eisenerz – gründete 1897 Fürst von Donnersmark in Stolzenhagen-Kratzwieck direkt an der Oder das Hüttenwerk Kraft mit drei Hochöfen – der bedeutendste Eisenherstellungsbetrieb Pommerns. Der Hütte waren ein Eisenportlandzementwerk, eine Kupferhütte, eine Kokerei sowie eine Teer- und Ammoniakfabrik angeschlossen. Hauptabnehmer seiner Stahlproduktion war bis 1929 die „Vulkan"-Werft in Stettin–Bredow. Später wurde das Roheisen im Ueckermünder Industriegebiet, in Torgelow, Ueckermünde und Pasewalk, verarbeitet. 1947 und 1953 wurde je ein neuer Hochofen in Betrieb genommen.

Krangen *(Krąg)*, Kreis Schlawe, 374 Einwohner (1939, nachdem 1931/32 das Gut aufgesiedelt worden war). Das Bauerndorf auf einem Seepaß war von 1482–1860 Besitz der Familie v. Podewils.

Das *Schloß* (1414) aus der späten Renaissancezeit ist eines der wenigen pommerschen Schlösser, das den 30jährigen Krieg unversehrt überstand. Es besteht aus zwei viergeschossigen längsseitig aneinandergebauten Häusern, an deren Schmalseiten prächtige Renaissancegiebel die Dächer abschließen. Die vier runden Ecktürme werden von barocken Hauben bekrönt. Bedauerlicherweise konnten 1892 weder eine Aufnahme der Innenräume noch ein Inventarverzeichnis erstellt werden, so daß die Baugeschichte unerforscht blieb. Nach 1945 verkam der Bau, seine Einrichtung wurde vernichtet. Es beherbergte eine Zeitlang die polnische Forstverwaltung. Eine Restaurierung begann erst 1986, war aber 1992 nicht abgeschlossen; das Schloß soll mit einer Berliner Firma zu einem Nobelhotel ausgebaut werden.

Die vor der Schloßeinfahrt stehende *Renaissancekirche* (um 1700) hat an Stelle eines Chores die Gruftkapelle der v. Podewils. Zwei Bogenöffnungen verbinden die Gruft mit dem Kirchenschiff. Eine weibliche Gestalt trägt den Kanzelkorb, der reich mit Muscheln und anderen Ornamenten verziert ist. Das Patronatsgestühl war von außen zugänglich, damit die Herrschaft nicht mit ihren Untergebenen in Berührung kam. In der Gruft standen die Sarkophage von Adam († 1597) und Heinrich v. Podewils († 1696). In den 50er Jahren stellte man im verwilderten Schloßpark die Zugbrücke aus Rügenwalde wieder auf.

Kreuz/Ostbahn *(Krzyż)*, Netzekreis, 5639 Einwohner (1983). Die Stadt liegt an der Mündung des Hammerfließ in die Netze. Kreuz hat keinen gewachsenen Grundriß, die Parker- bzw. Seestraße führt von der Fließmündung am Bahnhof vorbei auf den Kaisersee im Norden zu, am ehemaligen Dorf Buschlukatz vorbei. Im Westen liegt an der Drage das ehemalige Dorf Dragelukatz. Um den Bahnhof sind einige Straßenzüge mit Geschäften und öffentlichen Gebäuden angelegt. Südlich der Eisenbahnlinie haben sich die wichtigsten Betriebe, das Maizenawerk, die Holzwollefabrik und zwei Sägewerke angesiedelt. Wohnblocks ersetzen seit 1945 die Vorkriegsbauten. Die Dörfer Dragelukatz und Buschlukatz sind Gründungen von 1701 bzw. 1750. 1848 wurde an der Stargard-Posener Eisenbahnlinie ein Bahnhof Kreuz als Abzweigstation der geplanten Ostbahn errichtet, die 1851 nach Bromberg und 1857 nach Frankfurt a. d. Oder gebaut wurde. 1882 entstand die evangelische Kirche und erst 1900 wurde der Marktplatz, eine Verbreiterung der Straße, angelegt. Die beiden Dörfer wurden 1914 eingemeindet und 1936 zur Stadt Kreuz/Ostbahn erhoben. Die Verkehrsgunst zweier Eisenbahnlinien und der schiffbaren Netze ließ Kreuz zu einem Zentrum des Landhandels werden. 1945 wurde Kreuz zu 85 v. H. zerstört; später Wiederaufbau. Die Eisenbahnlinie Frankfurt a. d. Oder–Bromberg ist zur Bedeutungslosigkeit herabgesunken.

Krieger, Adam, Komponist. * 1634 in Driesen, † 1666 in Dresden. War Organist in Leipzig und wurde 1658 Hoforganist in Dresden. Er war einer der profiliertesten Liederkomponisten des deutschen Barocks; u. a. stammt „Nun sich der Tag geendet hat" von ihm. Seine zahlreichen selbstgedichteten Arien mit Streicherbegleitung waren seiner Zeit sehr beliebt und weit verbreitet.

Krojanke: evangelische Kirche

Krojanke *(Krajenka)*, Kreis Flatow. 3151 Einwohner (1983). Die Kleinstadt liegt auf erhöhtem Gelände am Nordufer der Glumia. Vom Marktplatz dehnt sich die Altstadt mit einem leiterförmigen Straßengrundriß nach Osten aus. Westlich davon liegt am Fluß der ehemalige Schloßberg mit der katholischen Kirche. Entlang den Straßen nach Flatow und Tarnowke hat sich Krojanke weiter ausgedehnt. Auf dem Südufer der Glumia wuchs die Stadt auf den Bahnhof zu. Hier sind eine Kalksandsteinfabrik und ein Sägewerk zu finden. Wohnblocksiedlungen kennzeichnen heute Krojanke. Auf dem Schloßberg lag ein alter wendischer Burgwall. 1343 kam Krojanke an Polen, das diese Landschaft mit „Kraina" (= Grenzland) bezeichnete. 1420 gründete Andreas v. Danaborski die Stadt mit Magdeburger Recht. Die Grundherren wechselten recht häufig, bis Krojanke 1772 an Preußen kam. Seit 1654 gab es in Krojanke eine Brauerei. Im 18. Jh. versuchte man, mit einer Seidenraupenzucht ein zukunftsträchtiges Gewerbe zu begründen. Im 19. Jh. dehnte sich die Stadt nordwestlich des Schloßberges aus. 1871 erreichte die Preußische Ostbahn die Stadt. Die Glumiabrücke wurde 1920 neugebaut. Krojanke war Mittelpunkt eines reichen Kartoffelanbaugebietes. 1945 wurde die Stadt sehr stark zerstört, noch 1971 standen am Markt nur fünf Häuser.

Bauwerke: Stadtkirche *St. Nikolaus*, katholisch, 1703 im Westflügel des Danaborski-Schlosses neu gebaut. Der mittelalterliche Bergfried wurde zum Kirchturm. Die barokke Inneneinrichtung stammt von 1703.

Die evangelische Stadtkirche, auf dem Markt 1846–47 wurde nach Plänen Schinkels erbaut.

Krümmelstein. In der Vorhalle der Dünnower Kirche, Kreis Stolp, steht eine große Grabplatte aus Kalkstein (1615), der sogenannte Krümmelstein. 1602 starb der letzte der Familie Krümmel, in der Volksüberlieferung wegen seiner Tapferkeit und Unerschrockenheit hoch gepriesen. Bei einer Jagd soll ihn ein Hirsch zu Tode geforkelt haben. In der Kirche war auch das Hirschgeweih, das später in das Gutshaus Sallerke gebracht wurde, aufgehängt.

Krummin, Kreis Wolgast, früher Kreis Usedom-Wollin. 138 Einwohner (1939). In dem schon 1230 urkundlich erwähnten Dorf gründete Herzog Otto I. 1289 das Zisterzienserinnenkloster, ein Tochterkloster von Wollin. Eine der ersten Äbtissinnen war die Tochter Herzog Bogislaws IV., Jutta. Das Kloster diente hauptsächlich der Versorgung unverheirateter Adelstöchter. Die letzte Äbtissin Elisabeth war eine Schwester Herzog Bogislaws X. Die Klostergebäude waren bereits um 1440 baufällig, nach der Säkularisierung 1569 und im 30jährigen Krieg wurden die letzten Baureste abgebrochen.

Bauwerke: Die Kirche *St. Michael* (1305), ein Granitquaderbau, erhielt bei der Umwandlung zur Klosterkirche einen Backsteinanbau. Der Westturm wurde erst 1856–57 angebaut. Reste eines spätmittelalterlichen Marienaltars (zwischen 1490 und 1510), Holzreliefs und ein doppelseitig bemalter Altarflügel, kamen 1934 in das Stettiner Landesmuseum und waren bis 1937 restauriert;

Krummin: Marienaltar

größtenteils sind sie in Stettin nach 1945 erhalten geblieben.

Küddow *(Gwrda),* 147 km langer rechter Nebenfluß der → Netze. Ihre Quelle liegt in 149 m über NN beim Gut Hohenstein, nördlich des Virchowsees. Nachdem die Küddow bei → Neustettin den → Vilmsee durchflossen hat, führt ihr Weg durch große Waldgebiete an → Schneidemühl vorbei, um bei Usch in die Netze zu münden. Die letzten 23 km des Unterlaufs waren schiffbar. Das Einzugsgebiet der Küddow umfaßt 4744 qkm. Bis zur ersten polnischen Teilung (1772) war die Küddow Grenze zwischen Preußen und Polen. Im 19. Jh. standen an ihr zahllose Eisenhämmer; danach wurden einige Stauseen mit Kraftwerken angelegt, 1929 bei Flederborn und Jastrow, dann bei Betkenhammer und Borkendorf. In Lottin entstand 1902 die erste ostdeutsche Überlandzentrale, die elektrischen Strom vermarktete. Nach 1945 nahmen die Flußkraftwerke schnell ihre Arbeit wieder auf.

Küste. Die 519 km lange Küste Pommerns ist sowohl vom äußeren Erscheinungsbild als auch von ihrer Entstehung kein einheitliches Gebilde. In ihrer heutigen Form ist sie nach der letzten Eiszeit, vor allem seit der Litorinatransgression (5000–2000 v.Chr.) ausgeformt worden. Dabei liegt der vorpommersche Küstenbereich in einem tektonischen Hebungsgebiet. Die eiszeitliche Grundmoräne wurde überflutet, weite zerlappte Buchten und Bodden, die z. T. verlandet sind, sind ihr Kennzeichen. Teilweise trennen Inselgruppen (z. B. Darß, Zingst, Wittow, Jasmund) mit zwischenliegenden Nehrungen die Bodden von der offenen Ostsee ab. Auf Rügen, dem höchsten Hebungsgebiet, sind die Kreideklippen Stubbenkammers und Arkonas außer Helgoland die einzigen felsigen Steilküsten Deutschlands. Je weiter wir nach Osten kommen, schon von Usedom an, herrscht entlang der Küste eine gleichmäßige Ostströmung vor, die für einen stetigen Sandtransport entlang der Küste sorgt. Die im Senkungsgebiet der Odermündung ertrunkene Grundmoränenlandschaft wurde gleichmäßig abgetragen bzw. zugeschüttet. Die größten Buchten, besonders im Hebungsgebiet östlich des Gollen, bleiben als Strandseen erhalten, von denen der → Lebasee der größte ist. Nur mühsam können sich die Küstenflüsse einen Weg ins Meer schaffen. Allein die Oder kann mit ihren Wassermassen über die drei Mündungsarme Peenestrom, Swine und Dievenow ungehindert in die Ostsee strömen, aber auch hier müssen Hafenanlagen und Schiffahrtswege künstlich offengehalten werden. Ab → Jershöft, Kreis Schlawe, beginnt die Welt der → Wanderdünen, deren größte die → Lontzkedüne mit 42 m Höhe, bis heute nicht festgelegt werden konnte. Schiffahrt und Fischfang spielten entlang der Küste in der Vergangenheit eine größere Rolle, seit dem 19. Jh. begann der Badetourismus, der inzwischen zum Massentourismus angewachsen ist.

Kugler, Franz, Kunsthistoriker, Dichter. * 1808 in Stettin, † 1858 in Berlin. Studium der Philologie in Berlin (1826) und Heidelberg (1827), Nebenbeschäftigung mit Kunst. Nach seiner Rückkehr nach Berlin zusätzliches Studium an der Bauakademie. 1833 Professor der Kunstgeschichte an der Akademie der Künste und Dozent an der Universität Berlin. 1835 Studienreise nach Italien. 1842 wurde er Mitglied des Senats der Akademie und 1843 als Kunstdezernent und Geheimer Regierungs- und Vortragender Rat in das Kultusministerium berufen, wo er die weitere preußische Kulturpolitik maßgeblich beeinflußte. Mit seinen zahlreichen Werken gehörte er zu den Mitbegründern einer wissenschaftlichen Kunstgeschichte.

Werke u. a.: „Handbuch der Geschichte der Malerei von Konstantin d. Gr. bis auf die neuere Zeit“ (1837), „Geschichte Friedrichs d. Gr.“ (1840, von A. Menzel illustriert), „Pommersche Kunstgeschichte“ (1840), „Handbuch der Kunstgeschichte“ (1841–42, erstmaliger Versuch, die Kunstgeschichte mit weltgeschichtlichen Epochen in Verbindung zu bringen).

Literarische Werke u. a.: „Skizzenbuch“ (1830), „Gedichte“ (1840). 1822 verfaßte er das populäre Lied „An der Saale hellem Strande“.

Kuhkrieg. Auf der Langenschen Heide, nordöstlich von Nelep, Kreis Belgard, wurde am 15. 7. 1469 ein Streit zwischen dem pommerschen Belgard und dem brandenburgischen Schivelbein ausgetragen. Ein Nemminer Bauer hatte seine Kuh einem Denziner Bauern zur Weide gegeben. Als er sie im Frühjahr 1469 zurückholen wollte, wurde er abgewiesen, darauf stahlen Bauern aus Nemmin in Denzin und Roggow mehrere Kühe; die Denziner holten sie wieder zurück. Darauf reichte der Schivelbeiner Landvogt, Christoph v. Polenz, eine Klage beim Belgarder Schloßhauptmann Karsten v. Wopersnow ein, der sie aber als unbegründet abwies. Die Nemminer Bauern zogen daraufhin nach Denzin und trieben das Vieh nach Schivelbein. Jetzt rüstete der Belgarder Schloßhauptmann zu einem Feldzug gegen Schivelbein. Kurz vor Schivelbein, auf der Langenschen Heide, trafen sich die beiden Gegner. Es soll der Belgarder Bürgermeister einen Ochsen geritten haben, nach anderer Quelle tat dies der Schivelbeiner, dessen sehr kriegerische Frau auf einer Kuh mitgeritten war. In einer „harten Feldschlacht“ fielen 300 Belgarder und 100 gerieten in Gefangenschaft, auf 50 erbeuteten Wagen wurden sie nach Schivelbein gebracht. Schloßhauptmann K. v. Wopersnow gelang es nach Belgard zu fliehen. Ein Steigbügel am Hohen Tor in Belgard und ein eiserner Ring (Halsring des bürgermeisterlichen Ochsen) im Schivelbeiner Steintor erinnerten an das traurige Ereignis, das wegen einer Kuh stattfand.

Labes *(Łobez)*, Kreis Regenwalde. 9884 Einwohner (1983). Die Kreisstadt liegt am rechten Ufer der Rega; im Stadtgebiet münden Körbach und Lotznitz in den Fluß. Die Altstadt ist fast quadratisch mit gitterförmigem Straßennetz und rechteckigem Marktplatz. Zwischen Rega und Lotznitz liegt die Regavorstadt, die sich bis zur Eisenbahnlinie

ausgedehnt hat. Weitere Stadtrandsiedlungen entstanden im Westen an der Stramehler Chaussee und im Süden an der Wangeriner Chaussee mit dem Landratsamt für den Kreis Regenwalde. Die recht beträchtliche Industrie hat sich in unmittelbarer Nähe der Eisenbahnlinie angesiedelt, u. a. Kalksandsteinwerk, Molkerei, Brennerei, Drahtzaun- und Stuhlfabrik, ebenso der Raiffeisen Verein. Nach 1945 haben weite Wohnblocksiedlungen das alte Stadtbild ersetzt.
Unter den prähistorischen Funden in Labes ragt die Silbermünze der Kaiserin Faustina II. (170 n.Chr.) besonders heraus. Wahrscheinlich lag an der Rega eine wendische Siedlung, die Stadt scheint aus wilder Wurzel entstanden zu sein. 1271 wird ein „Borco dominus de Lobis“ genannt, wohl der Stammsitz der v. Borcke. Vor 1295 verliehen die v. Borcke Labes das lübische Stadtrecht; bis ins 19. Jh. blieb Labes in deren Besitz. Mehrere große Stadtbrände, so 1637 und 1685, vernichteten Labes, die v. Borcksche Burg wurde zerstört. Seit dem Mittelalter war Labes eine Tuch- und Schuhmacherstadt. 1792–1871 war ein Kupferhammer in Betrieb. Im 19. Jh. entstanden Sägewerke, Baustoff-, Nahrungsmittelbetriebe und eine Landmaschinenfabrik, ihre Entwicklung wurde durch den Eisenbahnbau 1859 gefördert. Weit im Süden vor der Stadt wurde in den 20er Jahren des 20. Jh.s das Pommersche Landgestüt eingerichtet. Erst nach der Besetzung 1945 wurden 50 v. H. der Stadt zerstört. Seit 1955 Wiederaufbau und Ausbau der Stadt.
Bauwerke: Stadtkirche *St. Marien* (1389), spätgotischer Backsteinbau, der 1830–32 einen Turm erhielt. Die Inneneinrichtung stammt aus dem 19. Jh. Eine Besonderheit für das protestantische Pommern war die Aufführung eines alten Krippenspiels zu Weihnachten in der Stadtkirche.

Labeser Schlurrn. Von allen mittelalterlichen Gewerben hat sich die Schuhmacherei bis in 20. Jh. erhalten. In großer Zahl lieferten die Labeser Schuhmacherwerkstätten Holz- und Filzpantoffel, die der Stadt den Spottnamen „Schlurr Labs“ einbrachten. Die Labeser schätzten ihr Gewerbe hoch ein: In der Kirche hatten unterhalb der Orgelempore die Schuhmacher ihren eigenen „Schusterchor“; auf den Notgeldscheinen von 1921 waren die Pantoffel abgebildet. Das Selbstbewußtsein der Pantoffelmacher zeigte sich in ihrem Spruch:

„Ein Lobes'ser Schauster,
möckt Stäwel un Schlurrn,
so hadd hei ok Gild,
un brukt nich tau schnurrn.“

Landeck *(Lędyczek),* Kreis Schlochau, 1010 Einwohner (1939). Die einstige Kleinstadt, heute dörfliche Gemeinde, liegt nördlich der Mündung der Dobrinka in die Küddow auf einer 15–20 m hohen Geschiebeplatte. Entlang der Straße nach Deutsch Krone hat sich das Ackerbürgerstädtchen ohne ausgeprägten Stadtgrundriß ausgedehnt. Der südlich der Dobrinka gelegene Stadtteil Adlig Landeck gehörte zum Kreis Flatow. Der Deutsche Ritterorden legte hier an der Grenze zu Pommern und Polen ein Wildhaus (eine Grenzburg) auf einem slawischen Burgwall an. Der Edle Seifried von Melen erhielt 1447 das Pflegeamt der Burg und die Herrschaft über das Burgdorf vom Hochmeister Conrad von Erlichhausen verliehen. Bis 1466 blieb Landeck im Besitz des Ordens, dann gehörte es bis 1772 zu Polen; in dieser Zeit brannte

Landeck

die Ordensburg ab. Eine städtische Verwaltung hat Landeck seit 1775, trotzdem wurde es 1789 noch als Marktflecken bezeichnet. 1809 erfolgte die erste Magistratswahl. Bis 1830 wurde an der Küddowbrücke ein Brükkenzoll erhoben. Die Stadtkirche ist ein Bau des 19. Jh.

Landkarten. Die Darstellung Pommerns auf Landkarten beginnt schon sehr früh, allerdings lassen sich sowohl in der Ergänzung zur Ptolemaeus Karte (1478) als auch in der Karte Hieronymus Münzers in der Schedelschen Weltchronik (1493) außer einigen Namen keine besonderen geographischen Einzelheiten finden. Mit dem 16. Jh. wuchs das Interesse an regionalen Chroniken und Landkarten. In der ersten Pommerschen Chronik Thomas → Kantzows (1537–38) sind zwei Pommernkarten enthalten. Die erste hat den Titel „Alt oder gantz Pomern, wie es vor dem Christentumb und etzlich hundert jar danach gewest", sie enthält einige Stammesnamen. Die zweite „Itzigs Pomerlands gelegenheit" enthält neben den großen Umrissen zahlreiche Orts-, Fluß- und Landschaftsnamen; fast alle Klöster sind aufgeführt, die großen Waldgebiete der Ueckermünder Heide und des Höhenrückens haben eigene Signaturen. In der „Cosmographia universalis" (1544) des Sebastian Münster war eine Karte Pommerns von Peter Artopaedus (1540 entworfen) beigefügt. Auf ihr finden sich die Landschaften Oberpommern, zwischen Naugard und Greifenberg, Unterpommern und Vandalia, zwischen Stolp und Leba, Casubia im Gebiet von Bublitz, östlich der Oder „ die neuw Marck" und westlich „die alt Marck". Dieses Werk erlebte 17 Auflagen und war Grundlage vieler weiterer Landkarten. 1585 veröffentlichte Gerhard Mercator in seinem „Atlas" die Landkarte „Marca Brandenburgiensis et Pomerania". Seine Karte war eine Neuaufnahme, keine abgewandelte Kopie. Im Bereich der Seekarten hatten im 16. und 17. Jh. die Niederländer die größten Kenntnisse. 1584/85 fanden

in Lucas J. Waghenaers Seeatlas „Spieghel der Zeevaerdt" zwei Landkarten Pommerns Aufnahme. 1610–18 entstand im Auftrag Herzog Philipps II. die große → Lubinsche Karte, die erste „Landesaufnahme" Pommerns. Mehrfach wurde sie nachgestochen, besonders die verkleinerte Form von 1619.
Für Vorpommern wurden zum Zweck der Besteuerung 1692–98 die Schwedischen Matrikelkarten angefertigt. Sie umfaßten Vorpommern, Usedom und Wollin sowie das Gebiet um Stettin, Altdamm und Gollnow – die Originale sind im Greifswalder Landesarchiv aufbewahrt. Im Auftrag König Friedrich Wilhelms I. nahm Peter v. Montargues 1718–20 eine Neuvermessung Hinterpommerns vor und brachte eine Karte im Maßstab 1:98000 heraus. Als 1729 das Preußische Ingenieurkorps gegründet wurde, wurden die Landesaufnahmen nach neuesten kartographischen Erkenntnissen durchgeführt; ein Ergebnis war das Schmettau-Schulenburgsche Kartenwerk. Auf ihm basierte die Zierholdtsche Karte von Pommern von 1786/87. David Gilly veröffentlichte als Neubearbeitung alter Vorlagen die „Karte des Königlich Preußischen Herzogtums Vor- und Hinterpommern", 1789 in Kupfer gestochen. 1805 wurden von dem Statistischen Büro alle nichtmilitärischen Landkarten und ab 1808 vom Kriegsdepartement (ab 1810 Generalstab) alle militärischen Karten neu vermessen und herausgegeben. Eine königliche Instruktion von 1821 ordnete die Aufnahme von „Meßtischblättern" im Maßstab 1:25000 an, 1827–38 erfolgte ihre Durchführung. Mit diesem Kartenwerk wurde die Grundlage zahlloser Spezialkarten gelegt. Bis heute werden diese Meßtischblätter korrigiert und weitergeführt. Seit 1873 bildeten sie die Basis der Geologischen Landesaufnahme.

Landstube. Ein im Zusammenhang mit der Verwaltungsneuregelung der kurfürstlichen Regierung nach dem 30jährigen Krieg 1654 geschaffenes Kollegium der hinterpommerschen Landschaft, das auf den ordentlichen Landtagen gemeinsam auftreten sollte. Mitglieder waren die Prälaten aus den Domstiften Cammin und Kolberg, Vertreter der Ritterschaft und der Städte, von letzteren hatten Stargard, Kolberg, Stolp, Greifenberg, Köslin, Belgard, Neustettin, Pyritz, Rügenwalde, Schlawe und Treptow Sitz und Stimme im Landtag. Die fünf ersten hatten dazu das Recht die fünf städtischen Landräte zu ernennen; dagegen konnten Prälaten und Ritterschaft insgesamt nur 20 Vertreter für den Landtag bestellen.

Landwirtschaft. Seit 1815 entwickelte sich Pommern zur größten Agrarprovinz Preußens. 1938 waren 50,3 v. H. der Gesamtfläche Ackerland und Gärten. Die bäuerlichen Betriebe waren eine Mischung von Mittel- und Großbetrieben und Großgrundbesitz, der besonders in Neuvorpommern und in den Landkreisen Regenwalde und Stolp seinen Schwerpunkt hatte. Obwohl ab 1890 eine Siedlungsbewegung einsetzte, die Güter aufkaufte und parzellierte, änderte sich die landwirtschaftliche Betriebsstruktur nur unwesentlich. Nach 1939 gab es 2400 Güter über 100 ha, die 33,2 v. H. der landwirtschaftlichen Nutzfläche bewirtschafteten. Beiderseits der Oder konnten auf den fruchtbaren Grundmoränen Zuckerrüben und Weizen angebaut werden. In Vorpommern gab es Zuckerrüben-, Weizen- und Roggenanbau, daneben Rinderzucht. Die geringerwertigen Böden Ostpommerns waren ideal für den Kartoffelanbau, 1939 wurden 6,5 Mill. t geerntet. Das klimabegünstigte Odergebiet ermöglichte Sonderkulturen von Gemüse-, Obst- und Tabakanbau. 1938 lagen die Ernteerträge beim Weizen bei 29 dz/ha, beim Roggen 19,4 dz/ha, bei Kartoffeln 175,5 dz/ha, bei Zuckerrüben 306,7 dz/ha. Seit 1911 begannen viele Güter mit der Saatzucht und versorgten sogar außerdeutsche Länder mit Saatgut. Auf den ärmeren Sandböden wurde Viehzucht betrieben, Rinder- und Schweinezucht waren bevorzugt. Seit 1885 konzentrierte sich um Rügenwalde die Fleischveredlungsindustrie. Auf dem Höhenrücken betrieb man Schafzucht, die Wolle diente als Rohstoff für die Textilindustrie. Der Erste Weltkrieg mit seiner neuen Grenzziehung stürzte die Landwirtschaft in eine schwere Krise. Die Absatzmärkte waren in größere Ferne gerückt, der polnische Markt nicht mehr vorhanden; Erzeuger- und Transportkosten schnellten in die Höhe. Eine Milderung der Schwierigkeiten brachte das Autarkiestreben der 30er Jahre. Nach 1945 hat sich die Ackerfläche Ostpommerns um etwa ein Drittel verringert. Der Anbau von Brotgetreide, besonders von Weizen, erhielt Vorrang vor den Hackfrüchten. Aus dem Wilnagebiet brachten die Neusiedler wieder den Flachs nach Pommern. Viele Güter arbeiteten bis 1989 als Staatsbetriebe weiter. Westlich der Oder wurden seit 1960 die landwirtschaftlichen Produktionsgenossenschaften eingeführt. 1989 bedeutete ihr Ende. Sie wurden aufgelöst, als freiwillige Genossenschaften oder in Privatbesitz weitergeführt.

Langenhagen *(Długie)*, Kreis Saatzig, 496 Einwohner (1939). Bei dem Bauerndorf wurde 1935–36 ein 30 m breiter, mehrere hundert Meter langer prähistorischer Friedhof entdeckt und zum größten Teil ausgegraben. Er wurde von der jüngeren Bronzezeit im Süden, ca. 1000 v.Chr., bis zur Spät-La-Tène-Zeit im Norden, 100 v.Chr.–0, durchgehend belegt. Im Norden fand man Brandgrubengräber mit Metallbeigaben, nach Süden zu traten Urnengräber ohne Beigaben auf, die in die Früh- und Mittel-La-Tène-Zeit gehören. Im Süden lagen spätbronzezeitliche Gräber und schließlich Gräber aus der jüngeren Bronzezeit mit Beigaben der → Lausitzer Kultur. Für Mittelpommern läßt sich sagen, daß es keine Siedlungslücke von der Bronzezeit bis zur Völkerwanderung gegeben hat. Erst in der Zeit zwischen dem Abzug der germanischen Stämme und dem Eindringen der → Ostseeslawen entstand eine Siedlungsdiskontinuität.

Lappe, Karl, Dichter. * 1773 in Wusterhusen, † 1843 in Stralsund. 1789–93 Studium der Theologie in Greifswald; Freundschaft mit E. M. → Arndt. Als Hauslehrer tätig, u. a. bei L. G. → Kosegarten, 1803 zum Leiter des Stralsunder Gymnasiums berufen; 1817 gab er dieses Amt aus Gesundheitsgründen auf und zog sich auf seinen kleinen Bauernhof in Pütte zurück. Seit seiner Tätigkeit bei Kosegarten verfaßte er u. a. Naturschilderungen von Rügen und Übersetzungen aus dem Englischen und den skandinavischen Sprachen. 1818 wurde er Mitglied der „Berlinischen Gesellschaft für deutsche Sprache". Brandstiftung zerstörte 1824 seinen Hof, den er mit den Tantiemen seines Gedichtbandes „Lied und Leben" wiederaufbaute. 1826 wurde er Ehrenmitglied der „Gesellschaft der Dänenfreunde an der Donau" in Ulm. Seit 1827 war er Mitherausgeber und ständiger Mitarbeiter der Wochenschrift → „Sundine". Die Universität Greifswald verlieh ihm 1830 die Ehrendoktorwürde. 1842 zog Lappe nach Stralsund und fand 1843 auf dem Frankenfriedhof seine letzte Ruhestätte.
Werke u. a.: „Gedichte" (1801), „Miranda, ein historisches Gedicht in drei Gesängen" (1808), „Kampfgesänge aus dem Feldzug" (1813), „Poetisches Magazin für Gedächtnisübungen und Declamation in Schulen" (5 Teile, 1809–10), „Pommern-Buch oder Vaterländisches Lesebuch für die Provinz Pommern" (1820).

Lassan, Kreis Wolgast, früher Kreis Greifswald. 2017 Einwohner (1939). Die Kleinstadt liegt am Westufer des Peenestroms an der Lassaner Bucht. Vom Ufer erstreckt sich die Innenstadt entlang zweier parallel verlaufender Straßen landeinwärts bis zur Stadtkirche, dazwischen liegt der kleine rechteckige Marktplatz. Nach Westen zum Kleinbahnhof und nach Südosten hat sich Lassan nur unwesentlich ausgedehnt und ist von der sozialistischen Plattenbauweise verschont geblieben.
Um 1000 lag hier eine wendische Fischersiedlung. Zwischen der heutigen Stadt und dem Vorwerk Lassan stand eine Burg, deren Ruinen noch 1750 sichtbar gewesen sein sollen. Früh war Lassan Sitz der Gerichtsverwaltung der „provincia Lasann"; 1172 erste

urkundliche Nennung. Der Ort bestand aus zehn Hausstellen; 1291 wird die „civitas Lassan“ genannt, d. h. um 1270 war die Stadt nach lübischem Recht gegründet worden. Die Wirtschaft beschränkte sich auf Fischfang und Schiffahrt; in den 80er Jahren des 19. Jh.s entstand eine blühende Möbelindustrie, sogar Holzbildhauerei wurde betrieben. Erhalten blieb ein Sägewerk. Ein Fischverarbeitungsbetrieb verarbeitet die inzwischen geringer werdenden Fänge der Küstenfischer.

Bauwerke: *Stadtkirche,* 1370 „Marie et St. Joh. ev.“ geweiht, 1373 „St. Johannes evang.“. Der Bau hat einen kreuzrippengewölbten Chor (13. Jh.) und ein dreischiffiges gotisches Hallenlanghaus. Der östliche Giebel wird von neun spitzbogigen Blenden gegliedert, auf seinem First steht ein Glockentürmchen mit barocker Haube, ebenso wird der Westturm von einer Barockhaube bekrönt. Eine derb geschnitzte Triumphkreuzgruppe stammt aus spätgotischer Zeit; Altar und Kanzel (um 1727) kommen aus der Stralsunder Werkstatt Elias Keßlers.

Lauenburg *(Lębork),* Kreisstadt. 31023 Einwohner (1983). Im Tal der Leba gelegen, das sich zwischen der Wilhelmshöhe und den Malschützer Bergen auf 1,5 km verengt. Die Altstadt hat einen fast quadratischen Grundriß mit einem quadratischen Marktplatz in der Mitte. Auf einer Lebainsel in der Nordostecke steht das Ordensschloß. Stadterweiterungen erfolgten nach Westen, lebaabwärts, und nach Süden auf den Schwemmkegel des Kuhbaches, wo auch der Bahnhof an der Strecke Stolp – Danzig liegt. Im Süden hat sich ein Großteil des Gewerbes angesiedelt u. a. Zündholz-, Maschinen-, Faß-, Flachsfabrik, die Molkerei, eine Brauerei und Sägewerke. Im Norden der Stadt liegen an den Lehmgruben Ziegeleien und Ofenfabriken. Neben den Aufgaben als Kreisstadt war Lauenburg eine Schulstadt für das Umland, es beherbergte eine Hochschule für Lehrerbildung, die bis 1992 weitergeführt wurde. Das Stadtbild hat sich durch die Plattenbauten der Nachkriegszeit stark verändert.

1341 verlieh der Hochmeister des Deutschen Ritterordens, Dietrich v. Altenburg, dem Rutcher von Emmerich die Stadt „Lewinburg“ mit 100 Hufen zu Kulmer Recht. In der Ostecke der Stadt wurde 1363 das Ordensschloß erbaut, das 1410 und 1455 z. T. zerstört wurde. 1440 trat Lauenburg dem Preußischen Bund bei. Herzog Erich II. von Pommern besetzte 1460 Lauenburg, gab die Stadt dem Orden zurück. Lauenburg war bis 1466, dem Ende des 13jährigen Krieges, ein wichtiger Stützpunkt des Ordens auf seinem Verbindungsweg zum Reich. Kurz vor dem 2. Thorner Frieden besetzte Pommern die Stadt und gab sie nicht an Polen heraus. Polen mußte 1490 die Lande Lauenburg und Bütow als pommerschen Pfandbesitz anerkennen, der 1526 in ein freies Lehen der Herzöge von Pommern umgewandelt wurde. 1637 fiel Lauenburg als erledigtes Lehen an Polen zurück. Im Bromberger Vertrag (1657) erwarb Kurfürst Friedrich Wilhelm das Land erneut, das 1773 zur Provinz Westpreußen kam, erst 1777 wurde es wieder Pommern angegliedert. Im 19. Jh. erweiterte sich Lauenburg nach allen Seiten; 1870 erfolgte der Eisenbahnanschluß an die Strecke Stolp – Zoppot. Lauenburg wurde neben dem Kreisverwaltungssitz, Schulstadt und bedeutender Marktort. Die Gewerbebetriebe siedelten sich in Bahnhofsnähe an. 1888 wurde im Süden der Stadt die Provinziale Heilanstalt gebaut. Nach der Besetzung durch die Rote Armee vernichteten Brände den Stadtkern, am

Lauenburg: Efeuturm

Marktplatz blieben nur zwei Häuser stehen; allmählicher Wiederaufbau, seit 1956 entstanden einige elektrotechnische Betriebe.

Bauwerke: Vom alten *Ordensschloß* blieb ein mehrfach umgebauter, stark veränderter Putzbau übrig, der bis 1945 das Amtsgericht beherbergte; inzwischen ist er von der Putzschicht befreit, ein Backsteinbau mit Treppengiebel.

Von der Stadtwehr ist neben Resten der Mauer und einiger Wiekhäuser der *Efeuturm* am Nordende der Stadt erhalten; auf einem unregelmäßigen Fünfeck steht ein unregelmäßiges achteckiges Obergeschoß, dessen Wände mit dunkelglasierten Bindern, rautenförmig angeordnet, verziert sind.

Stadtkirche St. Jakobi, 15. Jh., mehrfach beschädigt, 1755 war der Turm wiederhergestellt; ein dreischiffiger spätgotischer Hallenbau mit einschiffigem Chor, beide mit Sterngewölben überspannt. An Chor und Langhaus eine Zwerggalerie von spitzbogigen Blenden. Der Hochaltar ist ein zweigeschossiger Barockbau von vor 1792. Am Triumphbogen wurden Reste mittelalterlicher Fresken entdeckt (eine Kreuzigung).

Lauenburg, Landkreis 1289,37 qkm Gesamtfläche, 63985 Einwohner (1939). Neben Lauenburg war → Leba ein weiteres städtisches Zentrum. Im Süden des Kreises reicht die Pommersche Endmoräne am weitesten nach Norden, bis zum breiten, versumpften Tal der Leba, das den Kreis durchschneidet und ab Mackensen bis zum Lebasee dessen Westgrenze bildet. Das Gebiet zwischen ihm und der Piasnitz im Osten ist eine kuppige Grundmoränenlandschaft mit Höhen bis zu 179 m über NN. Die Endmoräne wird von Wald bedeckt, das Lebatal ist weitgehend Wiesen- und Weideland (etwa 24 v. H. der landwirtschaftlichen Nutzfläche), die Grundmoräne wird als Ackerland für Roggen und Kartoffeln genutzt (54 v. H.), weniger für Weizen und Zuckerrüben (2,9 v. H.). Die landwirtschaftlichen Betriebe waren vorwiegend mittel bis große Bauernhöfe (1436 mit 10–20 ha und 733 mit 20–100 ha), die etwa die Hälfte der Nutzfläche bewirtschafteten. Von den Gütern hatten 2 über 1000 ha und 16 zwischen 500–1000 ha, obwohl von 1925–31 etwa 6550 ha aufgesiedelt worden sind. Die gewerblichen Betriebe verarbeiteten hauptsächlich die land- und forstwirtschaftlichen Produkte, so in Sägewerken, Molkereien, Mühlen, Brennereien, Brauereien. In Groß Massow gab es eine Marmeladen-, Likör- und Konservenfabrik und eine Preßhefefabrik. An der Küste von Leba bis Wierschutzin wurde sommers wie winters Fischfang betrieben, u. a. Lachse, Dorsche, Flundern und Heringe. In Leba und Wittenberg gab es mehrere Fischräuchereien, in Leba zwei Konservenfabriken. Die 48176 gewerblich Beschäftigten (1939) waren zu 59,7 v. H. in der Land- und Forstwirtschaft, zu 29,2 v. H. in Industrie und Handwerk und zu 11 v. H. in Handel und Verkehr tätig. Bis 1845 bildete der Kreis Lauenburg mit dem Kreis Bütow eine Einheit, die aus dem historischen Werdegang seit der Deutsch Ritterordenszeit herrührt. Beide Kreise waren bis 1466 Ordensbesitz, danach polnisches Lehen der Pommernherzöge, von 1637–57 gehörten sie zu Polen, danach kamen sie wieder zu Brandenburg-Preußen. Nur kirchlich gehörte der Kreis Lauenburg zum Bistum Leslau, Bütow dagegen zum Bistum Cammin.

Lausitzer Kultur. Eine prähistorische Kulturgruppe im lausitzisch-niederschlesisch-brandenburgischen Raum, die von der mittleren Bronzezeit bis zur älteren Eisenzeit bestand. Auf pommerschem Gebiet trat diese Kultur während der jüngeren Bronzezeit, ca. 750–500 v.Chr., auf. In einer oderabwärts führenden Burgenkette entlang den Talrändern sind Wildenbruch, Schöningen, Niederzahden und Stettin durch reiche Bodenfunde belegt. Träger der Lausitzer Kultur war eine nichtgermanische, binnenländische, wohl nordillyrische Volksgruppe, die offensichtlich aus militärisch straff organisierten Stammesgruppen bestand. Ihre formenreiche Keramik, mit Zierbuckeln, später mit Reifen verziert, und ihre handwerklich hervorragenden Bronzearbeiten zeigen, daß diese Stämme einen weiträumigen, ganz Europa umfassenden Handel betrieben. Solche Funde wurden auch zwischen Gartz und Mescherin, bei Greifenhagen, Podejuch und Finkenwalde als Baggerfunde gemacht.
Mit der Burgenkette (wahrscheinlich gehört der → Golm auch dazu) hatten die Lausitzer Stämme sich einen Korridor zur Ostsee geschaffen, den sie bereit waren zu verteidigen. Zugleich waren die Burgen Fluchtorte, Verwaltungsmittelpunkte, Etappenorte in einem gut ausgebauten Wegenetz und Marktplätze. Mit Beginn der germanischen Zeit verfielen die Burgen. Die Illyrer müssen wohl auf germanischen, aus dem Osten und keltischen, aus dem Westen kommenden Druck nach Süden ausgewichen sein. Vermutlich hatten sie genügend Kenntnisse über das reichere Kulturleben und über die politische Situation des Südens, so daß sie ihr Stammesgebiet aufgaben.

Lauterbach bei Putbus, Kreis Rügen; Ortsteil von Putbus, 2 km südwestlich der Stadt, 300 Einwohner (1938). Fischerdorf am → Greifswalder Bodden, mit Wandermöglichkeiten im Goor, einem östlich gelegenen Laubwald, und mit Badestrand. 1817–18 erbaute hier Fürst Wilhelm Malte v. Putbus das „Friedrich-Wilhelm-Bad“, der erste Badeort Rügens, wo man in der „kalten See“ vom Badekarren baden konnte. Er ließ ein klassi-

Lauterbach/Putbus: Badehaus

zistisches Badehaus mit Lichthöfen, Speisesaal, Salons, Warmbädern und Fremdenzimmern erbauen. 1830 erhielt es eine Säulenkolonade vorgebaut. Lauterbach wurde zum Bad des Adels. 1956–58 wurde das Badehaus durchgreifend und verändernd umgebaut. 1833–36 wurde ein großer Landungssteg errichtet, an ihn schloß sich ein Fischereihafen an.

Leba *(Łeba),* Kreis Lauenburg. 3649 Einwohner (1983). Hafenstadt und Ostseebad liegt am rechten Ufer der → Leba, etwa 800 m vor deren Mündung in die Ostsee. Leba hat sich entlang einer städtisch bebauten Hauptstraße entwickelt. Zwischen ihr und der Eisenbahnlinie liegt in einem Bereich lokkerer Bebauung die Stadtkirche und der dreieckige Marktplatz. Jenseits des Mühlengrabens hat sich im Dünengebiet das Kurviertel mit Kurhaus entwickelt. Die Flußmündung ist ein gut ausgebauter Fischereihafen.
Leba entstand schon in wendisch-wikingischer Zeit am damaligen rechten Ufer der Leba, etwa 1,5 km nordwestlich der heutigen Stadt. 1357 verlieh der Danziger Komtur Wilhelm von Baldersheim dem Ort lübisches Stadtrecht und dem Lokator Heinrich Fleminck das erbliche Schulzenamt. Wahrscheinlich stand schon die St. Nikolaikirche. 1373 wird Leba als „Stedlein" bezeichnet. 1440 schloß sich Leba mit Lauenburg dem Preußischen Städtebund an. Sturmfluten, besonders 1497 und 1558, verlegten die Flußmündung weiter nach Osten, die Wanderdünen rückten unaufhaltbar auf Leba zu. Um 1570 beschlossen die Bürger, ihre Stadt an den heutigen sicheren Platz zu verlegen. 1572 war die alte Stadt bis auf die Kirche, die erst 1590 aufgegeben wurde, untergegangen. Herzog Johann Friedrich übertrug 1575 die alten Stadtrechte auf die Neugründung. Eine Kapelle wurde gebaut, die 1667–68 zur heutigen Kirche erweitert wurde. Seitdem entwikkelte sich Leba zu einem Hafen, den 1689 sogar ein englisches Schiff anlief. Eine Fischereiverordnung hatte die Stadt bereits 1499 erhalten. Im 18. Jh. war Leba Umschlagplatz für Salz und Holz, im 19. Jh. auch für Getreide und Kartoffeln, die von der 1899 erbauten Eisenbahn bequem aus dem Hinterland herangeschafft werden konnten. Seit 1889 hatte die Hochseefischerei eine größere Bedeutung; ihre Verarbeitungs- und Zulieferindustrie entwickelte sich schnell. 1935 wurden 2,59 Mill. kg Sprotten angelandet, die zu „Kieler Sprotten" verarbeitet wurden. Mit dem Bau des Kurhauses (1813) begann die Entwicklung zum Seebad. 1989 hatte Leba mit 180000 Badegästen den dritten Platz unter den polnischen Ostseebädern erreicht.
Bauwerke: *Stadtkirche* (17. Jh.), ein Putzbau, dessen Turm 1685 Ernst von Natzmer errichten ließ. 1765 mußte er durch einen Fachwerkbau ersetzt werden. Altar, Kanzel und Taufe sind schöne Barockschnitzereien vom Ende des 17. Jh.s. Bis 1945 hatte Leba einige schöne, strohgedeckte Fachwerk- und Rauchhäuser.

Leba *(Łeba).* Der östlichste pommersche Küstenfluß entspringt in 165 m über NN im Langen See bei Miechuczyn im Endmoränengebiet von Karthaus. Auf ihrem 135 km langen Lauf fließt sie nach Norden, um bei Groß Boschpol im Leba-Rheda-Urstromtal nach Westen abzubiegen. Ab → Lauenburg nehmen weite Moor- und Wiesenflächen das 3,5–5 km breite Tal ein. Parallel zu ihr verläuft der Brenckenhoffkanal, ein erster Versuch das Moorgebiet trockenzulegen. Nachdem die Leba den → Lebasee durchflossen hat, mündet sie bei Leba in die Ostsee. Ihr Einzugsgebiet beträgt 1694 qkm.

Lebamoor. Das etwa 154,3 qkm große Niederungsmoor nimmt die breite Talwanne der → Leba unterhalb Lauenburgs und die Niederung südlich des → Lebasees von Schmolsin im Westen bis → Leba im Osten ein. Die Entstehung des Lebamoors läßt sich auf die Zeit zwischen 500 v.Chr., Beginn der Eisenzeit, und 1400–1500 festlegen. Während der friderizianischen Kolonisation versuchte man, auch das Moor trockenzulegen. → Brenckenhoff erkannte, daß der Lebasee abgesenkt werden mußte. Sein Durchstich durch die Wanderdüne versandete 1779 und mußte 1783 zugeschüttet werden, da die Gefahr bestand, daß Ostseewasser in großen Mengen in den See gedrückt würde. Erst 1897 gelang es der Genossenschaft zur Regulierung der unteren Leba, größere Moorflächen zu meliorieren und 1930 war etwa die Hälfte der Moorfläche mühsam kultiviert. Im Zuge dieser Arbeiten fand man bei Degendorf ein wendisches Plankenboot, fälschlich als Wikingerschiff angesehen, das den Zweiten Weltkrieg im Königstor in Stettin überstand.

Lebasee *(Jezioro Łebsko).* Der größte pommersche Strandsee hat eine Fläche von 75,30 qkm, seine größte Tiefe liegt bei 5,30 m; etwa 2–2,5 km vom Nordufer entfernt, verläuft eine bis zu 200 m breite und 2,5–3 m tiefe Rinne in ostwestlicher Richtung, die aber mit dem Lebafluß nichts zu tun hat. Der Lebasee ist 16 km lang und zwischen Bollenz und Fuchsberg 8 km breit, sein Volumen beträgt 160 Mill. cbm. Im östlichen Teil des Sees ragen von Süden bei Speck und Lebafelde zwei kleine Halbinseln, die sich an eiszeitliche Kerne anlehnen, in den See hinein. Zur Ostsee riegelt den Lebasee seine 17 km lange, 0,8–2,1 km breite Nehrung ab. Die auf ihr liegenden → Wanderdünen, an der Leuchtturmdüne 56 m über NN, haben im Laufe der Zeit den Ausfluß des Sees immer weiter nach Osten verschoben, so daß auch die Stadt → Leba verlegt werden mußte. Im Herbst und Winter drücken Nordnordost- und Nordweststürme große Mengen Ostseewasser in den Strandsee, so daß Wasserspiegelschwankungen von bis zu 0,76 m auftreten. Am Lebafluß hat sich sogar ein Rücklaufdelta im See gebildet. Im Winter wurde von den Dörfern um den See → Eisfischerei betrieben. Seit 1966 sind Lebasee mit Nehrung und Garder See im 181 qkm großen *Słowinski-Nationalpark* unter Naturschutz gestellt.

Lehmann, Paul, Geograph. * 1850 in Darseband, Kreis Rügen, † 1930 in Leipzig. Studium der Geschichte, Erdkunde und der deutschen Literatur in Berlin, Greifswald und Breslau. Während seines Schuldienstes hielt er geographische Vorträge bei der Berliner Kaufmannschaft. 1890 wurde er Direktor des Schiller-Realgymnasiums in Stettin. Seine Beobachtungen der Vorgänge an der pommerschen Küste und ihre Beschreibung waren für ca. 40 Jahre die Grundlage der Küstenkenntnis. 1880–95 entdeckte er im Karpatenwall Siebenbürgens pleistozäne Gletscherspuren. In zahlreichen Vorträgen und Zeitschriftenartikeln veröffentlichte er sein geographisches Wissen, u. a. auch über Pommern; vieles in Plattdeutsch z. B. „ganz olle Kamellen ut Ithaka. Geschichten ut de Odyssee plattdütsch vertellt" (1905). Seine „Länder- und Völkerkunde, Bd. 1 Europa" (1898) war lange Zeit das Standardwerk. 1913 ging er als Privatdozent nach Leipzig und war dort 1914–30 Professor. Einer seiner Forschungsgegenstände war die Landeskunde Japans.

Leitholm, Insel. Auf dem Gebiet des Dorfes Schwantefitz, Kreis Cammin, wurde im Rahmen des Ausbaus der → Kaiserfahrt im Übergang vom Papenwasser zum → Stettiner Haff eine 700 m lange Insel aufgeschüttet, um die Fahrrinne von Swinemünde nach Stettin vor Versandungen bei Nord- und Nordweststürmen zu schützen. Das Westufer der bewaldeten Insel ist mit einer Steinmauer bollwerkartig befestigt, während ein kleiner Steinwall und ein Schilfgürtel die übrigen Seiten der Insel umgeben. An Nord- und Südspitze stehen Leuchtfeuer. Ein Nebelhorn warnt die Schiffe. Im Süden dient ein kleiner Bootshafen der Besatzung der Seedienststelle auf Leitholm.

Lemke, Hugo, Provinzialkonservator. * 1835 in Pasewalk, † 1925 in Stettin. 1855 Studium der Geschichte, Germanistik und klassischen Philologie in Leipzig, Bonn und Greifswald. 1860–81 Lehrer am Marienstiftsgymnasium, bis 1905 Direktor des Stadtgymnasiums in Stettin. Währenddessen sammelte er Kunstwerke, die er dem 1824 ge-

gründeten Museum, dem Vorläufer des Provinzialmuseum pommerscher Altertümer, überließ. 1873 wurde er Vorsitzender der Gesellschaft für pommersche Geschichte und Altertumskunde, war eifrigster Mitarbeiter an deren Jahrbuch „Baltische Studien". 1890 war er korrespondierendes Mitglied des Vereins für Geschichte Berlins. Als 1894 das Amt des Provinzialkonservators geschaffen wurde, übernahm er dieses Amt bis fast zu seinem Tode. Er setzte die Publikation der „Bau- und Kunstdenkmäler der Provinz Pommern" bis 1915 fort. 1898 wurde er Ehrendoktor der Universität Greifswald.
Werke: „Kalendarium und Nekrolog des Kartäuserklosters Marienkron bei Rügenwalde" (1876), „Das älteste Schöffenbuch von Freienwalde in Pommern" (1882), „Die St. Johanniskirche in Stettin" (1901).

Lenz, Friedrich, Ingenieur. * 1846 in Pflugrade, Kreis Naugard, † 1930 in Meseritz-Mühle, Kreis Belgard. Lenz besuchte die Provinzial-Gewerbeschule in Stettin, Studium an der Bauakademie in Berlin. 1866 kam er als Praktikant zur Berlin-Stettiner Eisenbahn. 1876 gründete er sein Tiefbauunternehmen, das die Erdarbeiten der Eisenbahnstrecke Stolpmünde-Stolp-Rummelsburg durchführte. 1880-82 baute er die 122 km lange Altdamm-Colberger Eisenbahn, die er bis 1885 betrieb. Ende der 80er Jahre bis 1892 baute er Eisenbahnen in den deutschen Kolonien in Afrika u. a. die Kamerun Mittellandbahn, die Kamerun Nordlandbahn, die Togobahn, die 800 km lange Südbahn in Deutsch-Südwestafrika sowie die Usambarabahn in Deutsch-Ostafrika. Seit 1892 baute er mit seiner Firma, Lenz & Co. GmbH, Eisenbahnen in Preußen. Bis 1914 hat er allein in Pommern über 1200 km Strecke für 21 Bahnen gebaut. Dabei mußte er ca. ein Drittel der Baukosten selber stellen und die Bahnen 10-15 Jahre auf eigenes Risiko betreiben. Lenz konzentrierte sich auf die Aquisition von Aufträgen, Festlegung der Streckenführung und Beschaffung der Grundstücke. Daneben war er Stadtverordneter in Stettin, förderte den Hafenausbau und gründete die „Pommerschen Kalksandsteinwerke" in Zarnglaff. Beim Ausbau seiner vielen Eisenbahnstrecken setzte er eine größtmögliche Standardisierung des Materials durch. 1899 zog Lenz mit seiner Firma nach Berlin. Von hier verwaltete L & C 30 Eisenbahngesellschaften. Vorbildlich wurden die Betriebskrankenkassen der von ihm geleiteten Gesellschaften.

Levenhagen, Kreis Greifswald. Bauerndorf am Südufer des Boltenhäger Teiches, einem Überschwemmungsgebiet des Ryck. Vermutlich ist das Dorf aus dem 1248 erwähnten „Cyrcinogh" hervorgegangen. Das Kloster Eldena besaß von 1280 bis zur Gründung der Greifswalder Universität das Patronat der Pfarrkirche. In der 2. Hälfte des 15. Jh.s entwickelte sich Levenhagen zu einem Wallfahrtsort nach einer Erscheinung der Mutter Gottes. Noch 1633 pilgerten Blinde und Lahme zur Levenhäger Maria. Erst 1634 sah man sich gezwungen, das Gnadenbild zu beseitigen und die Kapelle zu verschließen. Aber noch um 1800 stammten ein Fünftel aller Kircheneinnahmen Levenhagens aus Gaben, die Hilfesuchende in die Kapelle geworfen hatten.
Bauwerke: Die *Dorfkirche,* ein Backsteinbau mit polygonalem Chor, wurde in der 2. Hälfte des 14. Jh.s begonnen, nach 1400 kam das spätgotische Schiff mit Kreuzrippengewölbe dazu. Der Fachwerkturm wurde im 16. Jh. errichtet. Der Taufstein aus gotländischem Kalkstein (14. Jh.) hat an den zwölf Seiten der Kuppa eingeritzte Apostelfiguren. In den Ostfenstern sind Kabinettscheiben von 1630-40 eingefügt, Stiftungen Greifswalder Professoren. In den 60er Jahren des 20. Jh.s wurden im Schiff und in den Gewölben mittelalterliche und barocke Ornamente und Fresken der Mutter Gottes, des Evangelisten Johannes und des Schweißtuchs der Veronika (alle 2. Hälfte des 15. Jh.s) freigelegt und restauriert. Neben dem Eingang zum Kirchhof steht eine kleine spätgotische *Kapelle* (1. Hälfte des 15. Jh.s) mit Staffelgie-

Levenhagen: Erscheinungskapelle

bel und mehreren Blenden, auf deren zugemauerten Eingang die Straße von Greifswald direkt zuläuft. Sie soll der Ort des Erscheinungswunders sein. 1922 war sie als Kriegergedenkstätte hergerichtet, heute ist sie ungenutzt.

Levy, Rudolf, Maler. * 1875 in Stettin, † 1944 auf einem Transport von Florenz nach Capri. Besuch der Tischlerfachschule in Berlin, der Kunstgewerbeschulen in Karlsruhe und München. 1903–14 gehörte er mit H. Purrmann zum Kreis der deutschen Schüler von Henri Matisse in Paris. Er war Mitbegründer des Café du Dôme. Nach dem 1. Weltkrieg lebte er in Berlin, war nach 1933 verfehmt und lebte seit 1939 ständig in Florenz. Von dort wurde er von der SS verschleppt. Levy malte Stilleben, südliche Landschaften und zahlreiche Porträts in zart abgestimmten Farben, ohne die Heftigkeit des deutschen Expressionismus. Heiterkeit seiner Farbskala und harmonische Ruhe kennzeichnen sein Werk.

Lewin, Julo, Maler. * 1901 in Stettin, 1943 nach Auschwitz deportiert. 1919 Besuch der Abendkurse der Stettiner Kunstgewerbeschule, 1919–20 Kunstgewerbeschule in Essen bei Thorn-Prikker, 1921 Akademie in München und 1922–26 Kunstakademie Düsseldorf bei Thorn-Prikker, Campendonk und Nauen. Er beteiligte sich 1926 an der Ausgestaltung der Ausstellung „Gesolei“ in Düsseldorf; anschließend reiste er nach Paris. 1925–32 war er Mitglied der „Rheinischen Sezession“ und des „Jungen Rheinland“, in Stettin schloß er sich der Gruppe „das neue pommern“ an. 1931 Studienaufenthalt in Südfrankreich. 1933 erhielt er als Jude Mal- und Ausstellungsverbot, war vorübergehend verhaftet. In Düsseldorf war er Zeichenlehrer an jüdischen Schulen, dazwischen zu Zwangsarbeit verpflichtet. Am 17. 5. 1943 verhaftet und nach Auschwitz gebracht. Nach impressionistischen Landschaftsbildern gelangte Lewin zum expressiven Realismus; ländliche Szenen, Hafenbilder und arbeitende Menschen waren seine Themen. Ab 1931 hellten sich die Farben zu stark leuchtenden Tönen auf, besonders in seinen Aquarellen. Meike Monjan, Gattin seines Freundes, rettete zahlreiche seiner Werke vor der drohenden Vernichtung.

Lietz, Hermann, Pädagoge. * 1868 in Dumgenewitz, Kreis Rügen, † 1919 in Haubinda/Thüringen. Studium in Jena bei R. Eucken und W. Rein, war Oberlehrer an der Universitätsschule. Unter dem Eindruck der englischen Schule Abbotsholme von C. Reddie gründete er 1898 das erste deutsche Landerziehungsheim in Ilsenburg; fernab der Großstadt wollte er junge Menschen nach modernen freiheitlichen Richtlinien erziehen. Gleichberechtigt neben einer geistigen Ausbildung stand die Erziehung durch gemeinschaftliche praktische Tätigkeit. 1901 gründete er in Haubinda das Landerziehungsheim für die Mittelstufe und 1904 in Bieberstein das für die Oberstufe. Bis 1906 waren Gustav Wyneken und Paul Geheeb seine engsten Mitarbeiter, dann trennten sich ihre Wege: P. Geheeb schuf die noch bestehende „Odenwaldschule“, G. Wyneken gründete die Freie Schulgemeinde Wickersdorf, die er bis 1920 leitete, danach propagierte er die Ideologie der „Jugendkultur“. Nach dem Tod von Lietz entstand 1920 die „Stiftung Deutscher Landerziehungsheime, Hermann-Lietz-Schule“ mit den Schulen Gebesee, Haubinda, Ettersburg, Buchenau, Spiekeroog, Hohenwehrda und Bieberstein.

Die letzten vier blieben auf dem Gebiet der alten Bundesrepublik bestehen, während die ersten drei in der ehemaligen DDR dem sozialistischen Erziehungsideal nicht entsprachen.

Lietzow, Kreis Rügen, kleines Dorf mit 600 Einwohnern (1980) zwischen dem Großen und Kleinen Jasmunder Bodden. Wald und Bademöglichkeiten locken zahlreiche Touristen an. In der Nähe liegt ein jungsteinzeitlicher Feuersteinschlagplatz, an dem Beile, Meißel, Bohrer, Schaber und Messer werkstattmäßig hergestellt wurden. Abfallstücke bedecken den ganzen Fundort. Die Produktion war weitgehend für den Export bestimmt, in Süd- und Westdeutschland sind hervorragende Exemplare der Lietzower Feuersteingeräte gefunden worden. Überragt wird Lietzow von einem Schlößchen mit hohem Aussichtsturm, der Villa Lichtenstein. 1868 ließ sich der Architekt des Eisenbahn- und Straßendammes, der Jasmund mit der Hauptinsel verbindet und den Kleinen vom Großen Jasmunder Bodden abtrennt, das Schlößchen als getreue Kopie des Schlößchens Lichtenstein im Echaztal bei Reutlingen errichten. Dieses war 1839 unter dem Eindruck des 1826 erschienen romantischen Romans „Lichtenstein" von Wilhelm Hauff gebaut worden.

Lilienthal, Otto, Ingenieur. * 1848 in Anklam, † 1896 bei Rhinow/Berlin. Er besuchte nach 1864 die Potsdamer Provinzial-Gewerbeschule, wurde Maschinenbauingenieur. 1888 meldete er beim Kaiserlichen Patentamt das Patent „Herstellung von Modellbauten aus Leisten verschiedener Länge" an, ein Kinderspielbaukasten. Seit 1886 führte er in seinem Garten in Lichterfelde-Ost neben Beobachtungen des Vogelfluges seine ersten praktischen Flugversuche durch, erforschte das Verhalten verschiedener Flügelformen im Wind, die Thermik, den Auftrieb und verfaßte das Standardwerk des Segelfluges, „Der Vogelflug als Grundlage der Fliegekunst". Er verlegte seine Versuche auf den Windmühlenberg von Drewitz und konnte mit seinem Flugapparat über den Köpfen seiner Zuschauer fliegen. Eine wichtige Erkenntnis war die Notwendigkeit der Schwanzfläche als Stabilisator. Das Gleichgewicht stellte er durch Verlagern seines Schwerpunktes her. 1892 flog er mit einem Fluggerät von 16 qm Flügelfläche. Schließlich zog er in die Rhinower Berge. Insgesamt führte er seit 1891 über 2000 Gleitflüge durch, von denen einige bis zu 300 m reichten, es gelang ihm auch Kurven zu fliegen. 1892 baute er sich einen Doppeldecker. Bezüglich eines Antriebs hielt er an der Vorstellung eines Schwingenflugzeugs fest, obwohl er Kenntnisse über Propeller hatte. Am 10. 8. 1896 stürzte der „Vater des menschlichen Fliegens" tödlich ab.

Otto Lilienthal

Lietzow

Löcknitz, Kreis Pasewalk, früher Kreis Ueckermünde. 3900 Einwohner (1980). An einer der wichtigen Übergangsstellen über das Randowtal liegt der schon in wendischer Zeit mit Wall und Siedlung gesicherte Marktflecken, in dem 1212 Thomas de Lokenitz Kastellan war. Der Burgort schützte die brandenburgisch-pommersche Grenze. Zunächst gehörte er den Camminer Bischöfen, 1468 eroberten ihn die brandenburgischen Markgrafen, in deren Besitz er bis 1817 verblieb. 1479 belehnte Markgraf Albrecht Achilles Werner von der Schulenberg mit der erblichen Hauptmannschaft des Schlosses; erst 1688 erlosch dieses Lehen. 1863 erhielt Löcknitz Anschluß an die Eisenbahnlinie Stettin–Pasewalk. Im 19. Jh. wurde der Tabak der umliegenden Dörfer Gorkow, Rossow, Bergholz, Retzin und Plöwen im Salomonschen Speicher (um 1932 abgerissen) für den Weiterverkauf gelagert. Noch kurz vor Ende des 2. Weltkrieges zerstörte 1945 ein Bombenangriff zwei Drittel des Ortes. Bis 1950 beherbergte Löcknitz die Kreisverwaltung des „mecklenburgischen" Kreises Randow.

Bauwerke: Unmittelbar am Straßenübergang über das Randowtal lag auf einer flachen Erhebung die *Burg* aus dem 14. Jh.; ihr Bergfried, unten quadratisch, im Obergeschoß achteckig, blieb erhalten. 1554 bauten die v. d. Schulenburg ihr *Schloß*, das seit dem 30jährigen Krieg häufig den Besitzer wechselte und verfiel. 1851 wurden Mietwohnungen eingebaut und dem Besitzer der Schloßbrauerei zur Nutzung überlassen. Im Herbst 1985 wurde das Schloß gesprengt und abgetragen. Die *Kirche*, ein neugotischer Backsteinbau von 1870, steht am Marktplatz des Ortes.

Loewe, Johann Carl Gottfried, Komponist. * 1796 in Löbejün, Sachsen, † 1869 in Kiel. Studium der Theologie in Halle (1817). Seit frühester Jugend war er Sänger und Pianist. 1818 komponierte er die erste Ballade („Erlkönig" von J. W. v. Goethe). 1820 wurde er in Stettin Organist an St. Jakobi, Musik- und wissenschaftlicher Lehrer am Marienstiftsgymnasium, Lehrer für Gesang und Orgelspiel am Lehrerseminar und städtischer Musikdirektor, der für das öffentliche Konzertwesen verantwortlich war. Er gründete einen Gesangverein, der ab 1822 regelmäßig Loewes Oratorien aufführte. 1827 spielte er mit Mendelssohn dessen Doppelkonzert für zwei Klaviere. Er musizierte viel in Privathäusern, u. a. bei der verwitweten Geheimrätin Tilebein in Züllchow, was ihm den scherzhaften Titel „Züllchower Hofkapellmeister" einbrachte. Loewe schuf unter anderem 17 Oratorien, 6 Opern, etwa 400 Balladen für Klavier und Singstimme, Chöre, 4 Streichquartette. Während der Sommerferien unternahm er 1831–47 Konzertreisen bis Wien und London mit eigenen Kompositionen; er trat als Balladensänger, Pianist und Dirigent auf. Nach einem Schlaganfall 1864 nötigte ihn 1866 der Magistrat zum Rücktritt von seinen Ämtern; enttäuscht zog er nach Kiel. Nach seinem Tode wurde sein Herz im ersten südlichen Pfeiler der St. Jakobikirche beigesetzt. Berühmt wurde er durch seine Balladen, deren Texte er durch Wechsel zwischen lyrischen und dramatischen Elementen interpretierte.

Werke: „Edward" von J. G. Herder, „Der Wirtin Töchterlein" von L. Uhland, „Erlkönig" von J. W. v. Goethe (alle 1818), „Das Hochzeitslied", „Der Zauberlehrling", „Die wandelnde Glocke" von J. W. v. Goethe (1832), „Heinrich der Vogler" (1836), „Archibald Douglas" (1858), „Tom der Reimer" (1867). Neben Vorlagen deutscher Dichter gestaltete Loewe zahlreiche Gedichte englischer und polnischer Dichter.

Loitz, Kreis Grimmen, 4802 Einwohner (1988). Die Kleinstadt liegt am linken Peeneufer auf einer Grundmoränenplatte inmitten versumpfter und vermoorter Schmelzwasserrinnen. Die Innenstadt ist planmäßig angelegt mit Marktplatz und Stadtkirche St. Marien. Die einzigen Ausbaumöglichkeiten hatte Loitz nach Nordosten zum Bahnhof hin und entlang der Straße nach Grimmen. Die Peeneniederung ist auch heute noch ein

unüberwindliches Hindernis für eine Stadterweiterung nach Süden.
Loitz war eine wendische Burganlage mit Dorf, die 1128 Herzog Wartislaw I. mit Gewalt zum Christentum bekehrte, dabei zerstörte er auch die Burg. Der Ort wird 1194 genannt. 1235 gehörte Loitz zu Mecklenburg, Ritter Detlev von Gadebusch wurde mit der Burg belehnt; 1242 verlieh er dem Ort lübisches Stadtrecht. 1314 kam im Templiner Vertrag Loitz in den Besitz Fürst Witzlaws III. von Rügen. Um 1315 wurde östlich der Stadt im Moor auf einem aufgeschütteten Hügel das Schloß erbaut, dessen letzte Reste 1701 nach dem großen Stadtbrand abgetragen wurden. Nach 1800 wuchs Loitz nach Nordosten entlang der Ausfallstraße nach Grimmen. 1806 wurde die Stadt im Rahmen einer neuen schwedischen Landeseinteilung Kreisstadt. Nach dem Übergang an Preußen (1815) verlor es 1816 seine Verwaltungsfunktion und wurde dem Kreis Grimmen angegliedert. 1906 erhielt Loitz Eisenbahnanschluß an der Kleinbahn Loitz–Toitz–Rustow. Der Bahnhof steht auf dem ehemaligen Schloßplatz. Neben Akkerbau und Viehzucht hatte Loitz seit 1925 mit dem Dübelwerk eine gewisse wirtschaftliche Bedeutung. Die Stärke-, Zucker-, Maschinen- und Torfbrikettfabriken arbeiteten bis 1945 nur für den örtlichen Markt. Heute sind die meisten Beschäftigten Pendler nach Demmin und Grimmen.
Bauwerke: Von der Stadtwehr blieb nur das *Steintor* (14. Jh.) aus Feld- und Backstein erhalten. *Stadtkirche St. Marien* (um 1210), dreischiffige Hallenkirche ohne Chor, mehrfach baulich verändernd renoviert. Der Hauptaltar ist ein Werk von Elias Keßler aus Stralsund (um 1725), 1810–11 wurde er stark verändert. Die Granittaufe mit vier plastischen Köpfen an der Kuppa stammt aus spätromanischer Zeit. 1619 wurde die Kapelle *St. Jürgen* vor dem Tore (12. Jh.) auf dem Friedhof wieder aufgebaut. Am Marktplatz steht das *Rathaus* (1785), ein zweigeschossiger Bau mit Mittelrisalit und mächtigem Walmdach.

Loitz, Handelshaus. Mitte des 15. Jh.s baute das Großhandelshaus der Loitz sein Wirtschaftsimperium weit über den Ostseeraum hinaus, aus. um dann 1572 schlagartig zusammenzubrechen. Ausgangspunkte des Handelshauses sind Stettin und Danzig. Die zeitweilige Kontrolle der Salzversorgung im Nordosten Europas brachte die Familie Loitz neben dem Getreidegroßhandel (bis nach Frankreich) und den Bankgeschäften zu ihrer beherrschenden Stellung.
Die Familie Loitz begann mit ihren Geschäften in Stettin, wo sie mit dem Heringshandel ihr Geld verdiente. 1474 war Hans I. Mitglied des Rates in Stettin. Zahlreiche Brüder, Vettern und Schwäger arbeiteten mit dem Senior der Familie zusammen, ohne daß die familiären Bindungen sofort erkennbar waren. Michael I. und Hans II. waren um 1484 bzw. 1529 Bürgermeister in Stettin. Durch geschickte Heiratspolitik verbanden sie sich um 1529 mit der Danziger Großkaufmannsfamilie Feldstedt, die mit den polnischen Königen Handels- und Finanzgeschäfte tätigte. Im 16. Jh. waren die Loitz zu den Hofbankiers der brandenburgischen Kurfürsten, der polnischen und dänischen Könige und der pommerschen Herzöge aufgestiegen. 1546 wurde ihnen die gesamte Grafschaft Ruppin verpfändet. Der kurfürstliche Ochsenhandel, von den Loitz finanziert, bescherte dem Handelshaus den Zusammenbruch. 15 000 Ochsen sollten 1543 aus der Walachei nach Brandenburg verkauft werden. Die Loitz gaben dem Kurfürsten für den Kauf eine Anleihe, die aber nicht ausreichte. Die Ochsen, die an der polnischen Grenze bis zum Eintreffen der gesamten Kaufsumme festgehalten wurden, wurden zurückgetrieben, da der Kurfürst kein Geld hatte. Den Verlust hatten die Loitz, denen es nicht gelang, anschließend ihre Anleihe vom Kurfürsten wieder zurückzubekommen. 1572 konnte Polen eine Anleihe von etwa 300 000 Talern nicht zurückzahlen; der Konkurs der Loitz war da. In jahrzehntelangen Prozessen, bis zum Reichsgericht, suchten die Gläubiger ihre Gelder

Löntzkedüne

aus der Konkursmasse zu retten. Zahlreiche Ritter und Städte, die ihr Vermögen im Bankhaus Loitz angelegt hatten, waren ruiniert.

Lontzkedüne, die bekannteste → Wanderdüne Pommerns liegt auf der 17 km langen, 0,8–2,5 km breiten Nehrung zwischen → Ostsee und → Lebasee. Die Düne ist 42 m hoch, 1 km breit und etwa 15 km lang, ihr beweglichster Teil ist nur 500 m lang. Seit etwa 1400–1500 haben die Westwinde die angeschwemmten Sande zu Wollsackdünen aufgeweht, die sich verschieden schnell vorwärts bewegen. 17 Mill. t Feinsand liegen auf einer Fläche von etwa 22 ha, und bewegen sich maximal bis zu 12 m pro Jahr nach Osten, zur Zeit nur 4–5 m, und begraben Wälder, Moore und Siedlungen, u. a. Alt-Leba. Auf der Rückseite treten zusammengepreßte Moore und weite Stubbenfelder ehemaliger Wälder ans Tageslicht. Bei stärkerem Wind „raucht" die Düne, der Sand wird in den Wald und in den Lebasee geblasen. Dieser zentrale Dünenbereich konnte bis heute nicht festgelegt werden. 1966 schuf Polen um Leba- und Gardersee den *Słowinski-Nationalpark.*

Lubinsche Karte. Herzog Philipp II. bestellte 1610 bei dem Rostocker Mathematikprofessor Eilhardus Lubinus eine große Karte von Pommern. 1611 und 1612 bereiste Lubin Pommern, machte geographische Aufnahmen und wertete bereits vorhandenes Material aus. Meßungenauigkeiten waren wegen der ungenauen Meßmethoden unvermeidlich, dennoch war es die erste „Landesaufnahme". Danach arbeitete Lubin die Karte im Maßstab 1:240 000 in einer Gesamtgröße von 2,20×1,25 m aus, zusammengesetzt aus 12 Blättern. Der Rand der Karte ist mit 49 Stadtbildern und über 300 Adelswappen verziert. Im Bereich der Ostsee ist der Stammbaum der pommerschen Herzöge und in den unteren Ecken ist auf sieben Feldern eine lateinische Beschreibung Pommerns mit Aufzählung merkwürdiger Begebenheiten angebracht. Rechts über der Beschreibung sind die Porträts Herzog Philipps II. und seiner vier Brüder zu sehen. Bereits 1619 wurde diese Karte auf Atlasform von 0,50×0,38 m verkleinert. Das Original ging im 30jährigen Krieg verloren. Erhalten blieben die Kupferplatten, von denen mehrfach Nachdrucke hergestellt wurden. 1926 erschien der erste moderne Neudruck, der jüngste entstand 1980.

Lubmin, Kreis Greifswald. 1650 Einwohner (1972). Das ehemalige Bauern- und Fischerdorf liegt an der Südküste des Greifswalder Boddens.

1271 wird „Lubemyn" genannt, das Herzog Bogislaw IV. 1309 dem Kloster Eldena überließ. Im 19. Jh. erreichte die Fischerei eine größere Bedeutung. Zwischen hohen Dünen und dem Wald, der Lubminer Heide, entstand vom Bauerndorf getrennt die Fischersiedlung. Ende des 19. Jh.s wurde der Fremdenverkehr zur Erwerbsquelle der Fischer. Seit 1886 ist Lubmin Seebad; 1887 kamen 170 Badegäste, 1986 waren es etwa 23 000. 1928 wurde die Seebrücke erbaut, von der ein regelmäßiger Dampferverkehr nach Greifswald aufgenommen wurde. Östlich von Lubmin haben sich Feriensiedlungen ausgedehnt. Jenseits dieser Siedlungen entstand das Kernkraftwerk „Bruno Leuschner", das 1973 mit dem ersten Reaktorblock in Betrieb genommen wurde. 1990 wurden die Blöcke 1–4 aus Sicherheitsgründen abgeschaltet, die Blöcke 5–8 werden weder eingeschaltet noch weitergebaut. Ein provisorisches Ölheizwerk hat die Fernwärmeversorgung Greifswalds übernommen.

Lupow *(Łupawa).* Im Großen Wobbrower See in 114 m über NN entspringt der 120 km lange hinterpommersche Küstenfluß, durchfließt den Jassener See im Kreis Bütow und schlängelt sich nach Nordwesten zum Garder See, in den er ein großes Delta vorschiebt. Zwischen Rowe und Klein Rowe erreicht die Lupow in einem gewundenen Lauf die Ostsee. Das Einzugsgebiet der Lupow beträgt 939 qkm. Wegen des z. T. größeren Gefälles war es möglich, beim Gut Schojow eine Mühle in ein Wasserkraftwerk umzubauen.

Lutizen, auch Liutizen genannt. Sie waren im 10. Jh. ein Bund westslawischer Stämme im östlichen Mecklenburg, in Vorpommern und im Havelgebiet; zu ihm gehörten die Heveller (um Brandenburg), die Kessiner (an der Recknitz), die Zirzipaner (zwischen Recknitz, Trebel und Peene), die Tollenser (zwischen Peene und Tollense) und die Redarier (an der Tollense). Die Uckrer an der Ukker und die Ranen auf Rügen gehörten wohl auch zu den Lutizen. Sie sind wahrscheinlich aus dem älteren Großstamm der Wilzen hervorgegangen. Dieser Bund der Lutizen leistete im Wendenaufstand 983 erbitterten Widerstand gegen deutsche und polnische Oberherrschaft. Rechts der Elbe vernichteten sie die deutsche Herrschaft fast ganz. Erst als ihr politisches und religiöses Zentrum Rhetra Anfang des 12. Jh.s zerstört war, löste sich der Bund der Lutizen auf.

Machemehl, Günter, Maler und Grafiker. * 1911 in Schlawe, † 1970 in Sierksdorf/Schleswig-Holstein. 1931–34 Studium in Berlin an der staatlichen Akademie der Künste und der Universität. Seit 1934 freischaffender Künstler; Aufenthalte in Jershöft und Labus. 1937–45 hatte er Berufsverbot. Seit 1946 lebte er in Sierksdorf an der Lübecker Bucht. Er unternahm Studienreisen nach Dänemark, Tirol, Kärnten und Italien. Sein Werk gehört dem deutschen Nachexpressionismus an, seine Bilder stehen in engem Bezug zu Natur und Landschaft. Machemehl hat, wie sein Malerfreund Karl Schmidt-Rottluff, sehr viele großformatige Aquarelle geschaffen.

Madüsee *(Jezioro Miedwie).* In den Kreisen Greifenhagen und Pyritz, westlich von Stargard, liegt der 36 qkm große Grundmoränensee, 14 m über NN. Seine größte Tiefe beträgt 42 m; er wird von der → Plöne durchflossen.
Schon 1220 wird der „Meduzi“ oder „Medue“ genannt, was „Honigsee“ bedeutet – in seiner Nähe lag das „Große Gelüch“, eine Waldlandschaft, die um 1284 die größte und ertragreichste Bienenweide Mitteleuropas war. Um den See sind eine Reihe von Uferlinien erkennbar, die sich mit der Geschichte der Ostsee in Verbindung bringen lassen: die Linie 16,50 m über NN entspricht dem Yoldiameer, die 15 m über NN dem Ancylussee und die 14,50 m über NN dem Litorinameer. Als die Zisterzienser nach Kolbatz kamen, begannen sie, die Plöne zu regulieren und den See aufzustauen, sein Wasserspiegel war bis knapp unter 18 m über NN angehoben worden. Der heutige Wasserstand wurde durch die Meliorationen von 1770 erreicht, als durch das Absenken des Sees 8500 ha Land für 150 Familien gewonnen wurde. Den Seeboden bedeckt eine dicke Schicht Seekreide, in ihr finden sich kuglige oder knollige 1–14 mm große Körper, die aus Eisen- und Manganoxyd bestehen. Berühmt war der Madüsee wegen seiner → Maränen. Heute versorgt er Stettin mit Trinkwasser.

Märkischer Keil, umfaßt den Bereich Mittelpommerns beiderseits der Oder, der nach Osten bis an die Rega reicht. Volkskundlich hebt er sich deutlich durch → Besiedlung und → Dorfformen vom Westen und Osten Pommerns ab. Ein Merkmal sind die großbäuerlichen Betriebe, am stärksten im → Weizacker verbreitet, und die Tabakbauern, hauptsächlich an der Oder. Im 18. Jh. traten zu diesen Siedlungen noch die Oderbruchdörfer hinzu. Die Besiedlung erfolgte von Süden z. T. parallel mit dem Ver-

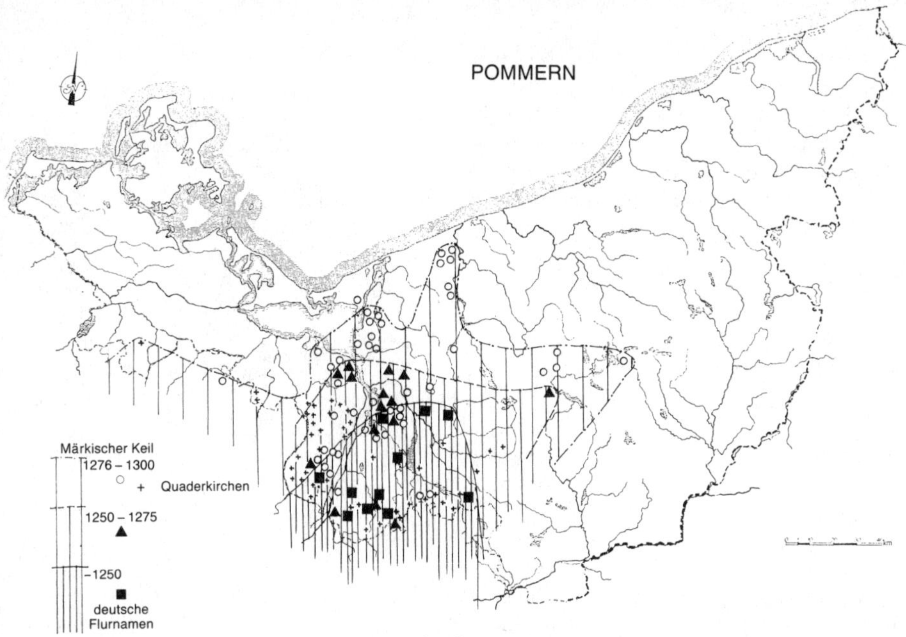

Märkischer Keil

such der Expansion Brandenburgs zur Ostsee hin. Die Siedler kamen vorwiegend aus der Altmark und Uckermark, wohin sie aus dem Rheinland eingewandert waren. Hier hatten sie sich bereits mit den Schwierigkeiten bei Anlage und Ausbau neuer Siedlungen vertraut gemacht. Ihre Städte gründeten sie nach Magdeburger Stadtrecht. Sie legten große Angerdörfer an und bauten in ihnen das → Märkische Dielenhaus. Eine bauliche Besonderheit des Märkischen Keils sind die Quaderkirchen des 13. Jh.s, die aus regelmäßig behauenen und sorgfältig geschichteten Granitquadern erbaut sind; Backstein fand keine Verwendung. Sie stehen in engem Zusammenhang zu den Dorfkirchen der Alt- und Uckermark. Auch in Sprache und Brauchtum traten Unterschiede auf, so in den → Fastnachtsbräuchen, dem → Pfingsttauben abwerfen, dem → Schnabbuck. In der Sprache gab es verschiedene Begriffe: der Garbenstand, im Westen „Hocke“, im Osten „Steige“ genannt, hieß hier „Mandel“; die Heuraufe über der Krippe hieß „Benn“ und der Marienkäfer „Marienwurm“ oder „Marienpferd“.

Märkisches Dielenhaus. Es hat mit dem → Altsächsischen Bauernhaus nur die Längsorientierung gemein, sonst unterscheidet es sich von diesem beträchtlich. An der Giebelseite liegt der Hauseingang, an den sich ein schmaler, nicht sehr langer Flur anschließt; dieser findet seinen Abschluß in der mit Wänden abgeschlossenen Herdstelle, d. h. der Küche, die die Mitte des Hauses bildet. Rechts und links liegen die Stuben. Hinter der Küche trennt ein schmaler Flur das Vorderhaus vom „Achterhus“ mit den Ställen. Menschen und Vieh leben zwar unter einem Dach, doch voneinander abgetrennt. Vom Flur führt eine Treppe auf den Boden, über dem oft ein zweiter Boden liegt.

Das Märkische Dielenhaus ist ein Fachwerkbau mit Lehm- oder Ziegelgefachen. Der

Giebel ist nie abgewalmt, im obersten Feld zieren ihn schachbrettartige Balkenmuster. Das Märkische Dielenhaus steht mit dem Giebel zur Straße, der Hof wird nach hinten von einer geräumigen Scheune abgeschlossen, an der Seite durch den Speicher, der ebenfalls mit dem Giebel zur Straße etwa 3–5 m von Wohnhaus entfernt steht; beide verbindet ein Zaun, manchmal auch eine Findlingsmauer. Das Verbreitungsgebiet des Märkischen Dielenhauses ist im → Märkischen Keil der Kreis Greifenhagen und der Weizacker.

Märkisch Friedland *(Mirosławiec)*, Kreis Deutsch-Krone, 2430 Einwohner (1983). Die Kleinstadt liegt in einem breiten Tal am Kreuzungspunkt der alten Straßen, dem „Markgrafenweg" von Westen nach Osten und der nordsüdlich verlaufenden „Königsstraße". Die Innenstadt liegt auf einem trockenen, von Süden kommenden, schmalen Sporn, östlich des Baches, der zum Körtnitzer See fließt. Sie hat einen fast rechteckigen Grundriß mit gitterförmigem Straßennetz. Mitte ist die Stadtkirche, der Marktplatz liegt nördlicher. Im Südosten steht das Schloß, früher auf drei Seiten von versumpften Wiesen umgeben. Erste Stadtausbauten erfolgten nach Süden. Der Bahnhof liegt am westlichen Talrand, jenseits des Baches. Zwischen ihm und der Stadt entstand das locker bebaute Bahnhofsviertel, durchsetzt von Gärten und Wiesen. Die Innenstadt ist seit dem 2. Weltkrieg mit Neubauten zugebaut worden.
Vermutlich erhielt Märkisch Friedland 1303 das Stadtrecht, das 1314 die Brüder Heinrich und Johann v. Wedell für „Nova Vredeland" erneuerten. 1333 schlossen die v. Wedell einen Verteidigungsvertrag mit der Stadt gegen Polen ab, dennoch kam Märkisch Friedland 1368 an Polen. Der Deutsche Ritterorden besetzte 1409 die Stadt, mußte sie im 2. Thorner Frieden (1466) an Polen abtreten. Die Bürger sowie die Grundherrschaft traten 1543 zum Protestantismus über, der Hochaltar der St. Magdalenenkirche wurde 1550 nach Knakendorf verkauft. 1581 kam die

Märkisch Friedland

Stadt in den Besitz der v. Blankenburg. Der Zuzug von Juden nach Märkisch Friedland setzte ein, da Heinrich v. Blankenburg sie wegen ihres Schutzgeldes gerne aufnahm. 1719 vernichtete ein Stadtbrand Schloß, Kirche und Schule. Der Name Märkisch Friedland erschien erstmals 1783, zu dieser Zeit waren die Hälfte der Einwohner Juden. Bis ins 19. Jh. war Märkisch Friedland als Grenzstadt eine jüdische Handelszentrale für Getreide, Wolle, Leder, Tuch und Seile. Die ersten Vorstadtsiedlungen entstanden an den Ausfallstraßen, besonders nach dem Eisenbahnanschluß (1900) das Bahnhofsviertel im Westen. 1928 kaufte die Stadt das Gut- und Schloßgelände.
Bauwerke: *Stadtkirche* stammt von 1721, ihr Turm von 1885. Viele Häuser waren Fachwerkbauten mit großen Toreinfahrten, an der Deutsch-Kroner-Straße sind einige erhalten.

„Mampe". Der Geheime Sanitätsrat Dr. Mampe erfand 1831 die Rezeptur für „Dr.

29 Der „Kiek in de Mark", Teil der ehemaligen Stadtbefestigung von Pasewalk
30 Alte Ansicht der Strandpromenade in Saßnitz/Rügen ▶

◀ 31 *Die Stubbenkammer – eine der eindruckvollsten Kreideformationen auf Rügen*

32 *Die Seebrücke bei Sellin/Rügen*

33 *Blick auf das alte Seebad Swinemünde*

34 Die Marienkirche in Stargard –
eine der schönsten und mächtigsten Backsteinkirchen Pommerns

35 Das Schloß in Rügenwalde

36 Die Fachwerkkirche bei Stargordt

Mampes Bittere Tropfen", die sein Sohn seit 1838 in einer Spirituosenfabrik in Stargard produzierte. 1878 wurde der Betrieb nach Berlin verlegt. Der Magenlikör wurde so bekannt, daß Theodor Fontane den Vers schrieb: „Davos oder Nizza, oder Sylt oder Föhr – oder bloß auch Mampes Magenlikör."

Manteuffel, Erasmus von, Bischof. * 1480, † 1544 in Bast, Kreis Köslin. Letzter katholischer Bischof der Diözese Cammin. Bischof Martin Carith hatte 1518 den Grafen Wolfgang von Eberstein als Koadjutor eingesetzt und vom Papst bestätigen lassen. Da er aber brandenburgisch gesinnt war protestierten Herzog Bogislaw X., das Domkapitel und die Geistlichkeit ganz entschieden, so daß der Bischof ihn zurückziehen mußte und dafür den Archidiakon von Pasewalk, Erasmus v. Manteuffel, ein dem Herzog treu ergebener Mann, zu seinem Koadjutor einsetzen ließ. Seine Wahl bestätigte schließlich Papst Leo X. (1519). Als Bischof Martin 1521 starb, wurde Manteuffel sein Nachfolger. Recht bald war er mit der reformatorischen Bewegung in Pommern konfrontiert. Vor dem Landtag in Treptow (1534) schien es so, daß nach einer Unterredung zwischen Manteuffel und Herzog Barnim IX. die Reformation durchgeführt werde und er „sinen stand, ehre vnd werde" sowie seine Güter behalten könnte. Nach dem Landtag, den er vorzeitig verließ, erbat er sich Bedenkzeit bis 1535, dann lehnte er unter Hinweis auf seine Reichsunmittelbarkeit die Einführung der neuen Kirchenordnung ab. Ein Grund könnte die Forderung der Herzöge gewesen sein, daß Manteuffel auf jede weltliche Gewalt zu verzichten hätte und die Reichsunmittelbarkeit aufgeben sollte; ein anderer war, daß der Bischof Unruhen des Adels befürchtete, der die Klöster erhalten wollte oder zumindest deren Besitz übernehmen wollte. Seine Treue zum Papst und zur Lehre der Kirche ließen ihn ebenfalls zögern. Eine Zustimmung des Kaisers und des Kammergerichts war auch nicht zu erwarten. Am 8. 5. 1535 verbot das Reichskammergericht im Namen Kaiser Karls V. die Durchführung der Treptower Entscheidung.
Das Stift blieb unter Manteuffel als selbständiges Territorium offiziell katholisch. Als 1541 die Landesteilung von 1532 zwischen Herzog Philipp I. und Barnim IX. rechtlich geregelt werden wollte, forderten die Herzöge von Manteuffel die Anerkennung der Augsburger Konfession, das Aufgeben der katholischen Zeremonien, den Verzicht auf die Besetzung der Prälaturen und Kanonikerstellen, sowie auf die Reichsunmittelbarkeit. Nach einer Bedenkzeit lehnte Manteuffel, unterstützt von den Stiftsständen und der Stadt Kolberg, 1542 ab. Nach zähen Verhandlungen fand er sich nur dazu bereit, seine reichsständischen Rechte und Pflichten ruhen zu lassen. Damit war Pommern kirchlich gespalten, die Herzöge konnten nicht das Stiftsgebiet einziehen. Im Januar 1544 starb Manteuffel auf seinem Jagdschloß in Bast, Kreis Köslin, und wurde in der St. Marienkirche in Polzin, einem alten Manteuffelschen Besitz, beigesetzt. Sein Nachfolger, Bartholomäus Suawe, verzichtete sofort auf die Reichsunmittelbarkeit zu Gunsten der Herzöge.

Maräne *(Coregonus Maraena).* Gehört zur Familie der Lachsfische und ist eine Abart der Ostsee-Maräne, auch Ostseeschnäpel genannt. Die Madü-Maräne ist nur noch im Schaalsee im Lauenburgischen und im Selentersee in Holstein heimisch. Wegen ihres wohlschmeckenden Fleisches haben die Kolbatzer Mönche die Maränen besonders geschätzt. Da Maränen in anderen pommerschen Gewässern nicht vorkommen, erzählt die Sage, daß Abt Martin sich mit dem Teufel eingelassen habe, der ihm die Maränen in den Madüsee brachte. Durch eine List prellte er den Teufel um seinen Lohn, seitdem leben die Maränen im Madüsee.

Marienbuchen, Klein Butzig, Kreis Flatow. Grenzlandvolkshochschule (1928–37), zweite katholische Heimvolkshochschule Deutschlands. Sie wurde im 1737 von Adam

Marienbuchen

Stanislaus von → Götzendorff-Grabowski, Bischof von Ermland, erbauten Schlößchen eingerichtet. Ihre Aufgabe war die Erweiterung der allgemeinen Bildung der mittelständischen Jugend, d. h. der Bauern-, Handwerker-, Arbeiter- und Kaufleutejugend. Im Winter wurden fünfmonatige Kurse für junge Männer und im Sommer viermonatige Kurse für junge Frauen eingerichtet (jeweils 30 Teilnehmer). Die Zeit zwischen den Kursen war mit Exerzitien, Einkehrtagen und Wochenendlehrgängen ausgefüllt. Wegen der Lage der Grenzlandvolkshochschule und der Förderung des Deutschtums konnte der Lehrbetrieb nach 1933 weitergeführt werden. Aber 1937 mußten die Fortbildungskurse eingestellt werden; das Haus diente dem Müttergenesungswerk. Kurz vor dem Einmarsch der Roten Armee war eine NS-Schulungsstätte eingerichtet worden, was dazu führte, daß die Russen das Schlößchen Marienbuchen dem Erdboden gleichmachten.

Marienwalde *(Bierzwnik),* Kreis Arnswalde. 4952 Einwohner (1983). Die Großgemeinde liegt auf einer Anhöhe über einem kleinen See. Die Markgrafen Otto und Konrad von Brandenburg gründeten 1286 das Zisterzienserkloster „Silva S. Mariae" als Tochterkloster von → Kolbatz. 1294 bezog der Konvent unter Abt Johannes Marienwalde. Wirtschaftliche Schwierigkeiten veranlaßten 1340 die Mönche, nach Kolbatz zurückzukehren; Markgraf Ludwig konnte die Mönche umstimmen. 1341–45 wurde das Kloster völlig umgebaut. Nach 1360 erwarb es die meisten Dörfer im südlichen Teil des Kreises Arnswalde. Ende 1538 wurde das Kloster letztmalig genannt. Johann von Küstrin säkularisierte es 1549 und wandelte es in das Amt Marienwalde um. Im 17. Jh. baute der Kurfürst von Brandenburg das Kloster zu einem Jagdschloß um. Erst im 18. Jh. entstand neben dem Amt das Dorf Marienwalde.

Bauwerke: Die *Klosterkirche* (14. Jh.), ein Backsteinbau, seit dem 30jährigen Krieg eine Ruine. Der eigenwillige Chorbau wurde 1814 zu einer zwölfeckigen Kirche umgebaut; von der Klosterkirche sind nur zwei Joche des nördlichen Seitenschiffs erhalten. Die Kirche wurde nach 1945 erneuert. Die noch erhaltenen Klostergebäude, z. T. aus dem 15. Jh., wurden 1945 stark beschädigt.

Marienwerder Knaster, besonderer Pfeifentabak aus Marienwerder, Kreis Pyritz (3,23 ha Anbaufläche, 1936). Die getrockneten Tabakblätter wurden zu langen Strängen zusammengedreht und dann zu Rollen, die eine grünliche Farbe hatten, geflochten. Erst der Raucher schnitt sich den Marienwerder Knaster pfeifengerecht zu. Der „blaue Dunst“ war ein „starker Tobak“ und roch unangenehm, daher wurde er vorwiegend bei der Feldarbeit geraucht und blieb aus den Wohnungen verbannt.

Marthe *(Martew),* Kreis Deutsch-Krone, 359 Einwohner (1939). Das Bauerndorf liegt südwestlich von Tütz in einer Senke zwischen sandigen Hügeln. Der größte Teil der Feldmark ist mit Kiefernwald bestanden.
1331 und 1337 bezeichnen die Gründungsurkunden von Tütz „Marta“ als wüst. Um 1370 hatten die Grundherren von Tütz, v. Wedell, Marthe als Dorf ausgebaut. 1731 lebte in Marthe ein großer Schäferknecht, den der preußische Werber, Unteroffizier Petrich, auf polnischem Gebiet für die „langen Kerls“ Friedrich Wilhelms I. fing. Graf Micielski aus Tütz überfiel das preußische Balster und nahm Petrich gefangen. Beide Seiten setzten ihre Truppen ins Tützer Land in Bewegung. Graf Micielski mußte Petrich freilassen, dafür erhielt er seinen Schäferknecht zurück. Die „tausendjährige“ hohle Eiche am Südende des Dorfes wurde von ihrem Besitzer als Abstellraum genutzt.
Bauwerke: Die *Dorfkirche* (1370), ein Schrotholzbau, wurde nach einem Brand 1680 als Fachwerkbau wieder aufgebaut; die kleinste Kirche des Kreises.

Massow *(Maszewo),* Kreis Naugard, 2937 Einwohner (1983). Die Kleinstadt liegt auf einem Hügel nördlich der Quellmulde des Stepenitzbaches. Die Altstadt hat einen kreisförmigen Grundriß mit gitterförmigem Straßennetz; Mittelpunkt ist die St. Marienkirche und der rechteckige Marktplatz mit Rathaus. Das sumpfige Wiesenland um Massow ließ Ausbauten nach Süden und Osten nur beschränkt zu. Die Stadterweiterungen erfolgten nach Nordwesten, was noch 1903 durch den Bau der Kleinbahn Gollnow–Massow gefördert wurde. Die sehr bescheidene Industrie (Ziegelei, Kalksandsteinwerk, Mühle)

Massow: Friedenspforte

liegt am Rand der Stadtgemarkung. Westlich von Massow befand sich auf dem „Schloßberg“ ein wendischer Burgwall, der schon 1334 verlassen war, als die v. Massov ihren Stammsitz mit Burgflecken aufgaben. Deutsche Siedler gründeten Massow neu; 1274 war es bereits Stadt, der 1278 Bischof Hermann v. Gleichen Magdeburger Stadtrecht verlieh – 1286 in lübisches umgewandelt. 1286 erhielt Massow eine Palisadenwehr, die im 14. Jh. von einer Mauer mit Wiekhäusern ersetzt war. Bis 1454 waren die Camminer Bischöfe Landesherren; seit 1679 gehörte Massow dem Grafen Ludwig Friedrich zu Wied. Schon im 18. Jh. beseitigten die Massower ihre Stadtwehr, 1784–86 trugen sie den Doppelwall ab, 1868 die Stadttore. Die Stadtmauer aus Findlingen und ein Rundturm des Naugarder Tores blieben erhalten. Massow blieb ein Geschäftszentrum für das unmittelbare Umland.
Bauwerke: Stadtkirche *St. Marien* (1258), eine dreischiffige Hallenkirche mit einschiffigem Chor. Der Turm ist älter, sein Untergeschoß besteht aus 16 Schichten gutbehauener, geglätteter Granitquader. Ein Blitz zerstörte ihn 1819, er war bis 1868 wieder aufgebaut.
Im Nordwesten der Stadt steht noch die Kapelle des St.-Georg-Hospitals (15. Jh.).

Mehring, Franz, Publizist. * 1846 in Schlawe, † 1919 in Berlin. Er wurde Journalist, stand dem Allgemeinen deutschen Arbeitsverein F. Lassalles sehr nahe und schrieb

für nationalliberale Zeitungen und Zeitschriften. 1891 trat er der SPD bei. Gemeinsam mit Rosa Luxemburg war er Schriftleiter der „Leipziger Volkszeitung“. 1916 gründete er mit Rosa Luxemburg und Karl Liebknecht den Spartakusbund. Er wurde Mitbegründer und Abgeordneter der USPD. Daneben wurde Mehring zum Geschichtsschreiber der deutschen Sozialdemokratie; er war ein bedeutender Vertreter der materialistischen Geschichtsauffassung.
Werke: „Die Lessing-Legende“ (1893), „Geschichte der deutschen Sozialdemokratie“ (4 Bde. 1897–98, „Karl Marx“ (1918).

Meierotto, Johann, Pädagoge. * 1742 in Stargard, † 1800 in Berlin. Studium der Theologie und Philosophie in Frankfurt a. d. Oder. 1771 wurde er Professor am Joachimthalschen Gymnasium und 1795 dessen Direktor. Erstmals in Deutschland führte er den naturwissenschaftlichen Unterricht in die Schule ein. In seiner „Conversationsstube“ wollte er die Selbständigkeit der Schüler fördern. Seine Reform wurde beispielgebend für alle preußischen Gymnasien.

Meinhof, Carl, Afrikanist. * 1857 in Barzwitz, Kreis Schlawe, † 1944 in Greifswald. Nach seinem Studium der Bantusprachen war er 1904–09 Lehrer und dann Professor am Seminar für orientalische Sprachen in Berlin; 1909–36 war er Professor in Hamburg. 1910–44 publizierte er die „Zeitschrift für Eingeborenen-Sprachen“, die seit 1965 als Nachdruck wieder erscheint. Seine Forschungsreisen nach Kordofan, Ost- und Südafrika machten ihn zum Begründer der vergleichenden afrikanischen Sprachwissenschaft, besonders der Bantuistik.
Werke u. a.: „Grundriß einer Lautlehre der Bantusprachen“ (1899), „Grundzüge einer vergleichenden Grammatik der Bantusprachen“ (1906), „Die Religionen der Afrikaner in ihrem Zusammenhang mit dem Wirtschaftsleben“ (1926).

Meinhold, Wilhelm, Schriftsteller. * 1797 in Netzelkow, Kreis Usedom-Wollin, † 1851 in Berlin. Meinhold wurde 1821 evangelischer Pfarrer in Koserow. 1826 schrieb er die Biographie „Otto, Bischof von Bamberg“ und 1843 seinen Roman „Maria Schweidler, die Bernsteinhexe“, in dem er eine Chronik aus dem 30jährigen Krieg täuschend nachahmte. Damit wollte er seine theologischen Kollegen auf die Fragwürdigkeit ihrer neuentdeckten biblischen Quellenkritik stoßen. Allein F. Hebbel erkannte das Werk als komplizierten Roman. Aber erst 1844 bestätigte Meinhold selbst in der „Allgemeinen Zeitung“ und in der Vorrede zur 2. Auflage (1846), daß er der Autor der alten, in seiner Kirche gefundenen Chronik war. 1847–48 schrieb er den Roman „Sidonia v. Bork, die Klosterhexe“, mit dem er an seinen Erstlingserfolg nicht anknüpfen konnte. Das Werk ist sehr gekünstelt und tendenziös. Seine theologischen Auffassungen waren in seiner Kirche nicht mehr opportun, so trat er 1850 zur katholischen Kirche über.

Meißner, Gertrud, Bakteriologin. * 1895 in Wollin, † 1985 in Bad Odensloe. Studium der Medizin in Greifswald, Jena und Berlin. 1921–26 arbeitete sie am Hygiene-Institut in Greifswald, bis 1945 in Breslau; sie betrieb medizinisch-chemische Forschung. 1948 war sie als Bakteriologin Abteilungsleiterin am Forschungsinstitut Sülfeld-Borstel, Kreis Segeberg, tätig. Sie publizierte über 100 wissenschaftliche Arbeiten, besonders über die Tuberkulose und deren Chemotherapie. Dafür erhielt sie 1965 als erste Frau die Robert-Koch-Medaille und wurde damit Ehrenmitglied des Robert-Koch-Instituts. Die Ehrendoktorwürde verlieh ihr 1960 die Universität Kiel, die Universität Hamburg ernannte sie zur Honorarprofessorin.

Micraelius, Johann, Dichter, Historiker. * 1597 in Köslin, † 1658 in Stettin. Nach gelehrten Studien in Greifswald war er 1631–42 Rektor der Ratsschule in Stettin. 1631 trat er mit drei dramatischen Werken, die er von seinen Schülern aufführen ließ, an die Öffentlichkeit. In einer „Tragico comoedia“ feierte er Gustav Adolf als Retter des bedrängten Pommernlandes; es folgte die

J. Micraelius, 1632

Komödie „Parthenia" und das Gustav-Adolf-Spiel „Pomeris". Seine größte Bedeutung hat Micraelius mit seinen „Sechs Büchern vom alten Pommernland" (1640). In ihnen zeichnet er die Geschichte Pommerns bis zum Aussterben des Greifengeschlechts auf, durchsetzt mit einer Unzahl von sogenannten Wunderzeichen, die er zu deuten suchte. Von 1642 bis zu seinem Tode leitete er in Stettin das Pädagogium.

Minnegabe. Volkskundlich ist die Minnegabe ein Brautgeschenk zur Aussteuer oder ein Geschenk unter Liebenden und Verlobten. Meistens sind Minnegaben selbstgefertigte Kleingeräte für den Gebrauch. Geschickte Burschen schnitzten sie am Feierabend. Für Verzierungen mit Jahreszahl, Initialen oder Symbolen, oft uralte und nur noch bei Minnegaben genutzte, holte man sich Rat beim Fachmann. Typische Minnegaben für Pommern waren die → Jopsel, der → Webkamm auf Mönchgut, der → Wäscheklopfer und die → Flachsschwinge. Minnegaben der Mädchen waren eigene Handarbeiten.

Misdroy *(Międzyzdroje),* Kreis Usedom-Wollin, 6000 Einwohner (1971). Das Seebad liegt auf der Insel Wollin, wo der westliche Dünenteil des Rücklaufdeltas der → Swine an den eiszeitlichen Kern der Insel stößt. Die Endmoränenhügel (Geweberg, 115 m; Gosanberg, 95 m; Kaffeeberg 68 m über NN) schützen Misdroy vor den kalten Ostwinden.

Um 1550 gab es schon das Fischerdorf „Mizze drawe". 1554–79 war es Besitz der Dompropstei Cammin, danach übernahmen es die Herzöge. Die ersten Badegäste kamen 1830, seit 1835 entwickelte sich ein geregelter Badebetrieb. Misdroy wurde zum vornehmen Ostseebad; unter den berühmten Besuchern waren Generalpostmeister Stephan, Prof. R. Virchow und der spätere Kaiser Friedrich III. Die Kirche entstand 1862 auf der Königshöhe. Ab 1870 dehnte sich Misdroy nach Westen in das Dünengelände aus. Die Laatziger Ablage im Süden am Großen Vietziger See, einer Haffbucht, wurde für die Stettiner Seebäderschiffe zur Anlegestelle ausgebaut. Der erste Seesteg wurde 1885 gebaut, 1906 auf 360 m verlängert, 1913 von einer Sturmflut zerstört; 1921 erfolgte ein Neubau. Einen Eisenbahnanschluß nach Wollin erhielt Misdroy 1899. 1938 gab es in Misdroy 412950 Fremdenübernachtungen. 1947 wurde Misdroy zur Stadt erhoben, aber 1975 nach Swinemünde eingemeindet.

Mittelpommern. Erstreckt sich beiderseits der unteren Oder mit dem städtischen Mittelpunkt → Stettin, zu dessen wirtschaftlichem Einzugsgebiet in etwa die Kreise Greifenhagen, Pyritz, Naugard, Cammin, Ueckermünde und die Odermündungsinseln Usedom und Wollin gehören. Mit Beginn der Industrialisierung haben sich gerade in Mittelpommern zahlreiche Großbetriebe niedergelassen, u. a. Pommersche Provinzial Zuckersiederei (1817), Vulkanwerft (1857), Portland Zementfabrik Züllchow (1852), Hochofenwerk „Kraft" (1897). Sie nutzten die Verkehrsgunst des unteren Odertales aus: Die Oder erschloß das schlesische Hinterland, über Warthe und Netze hatte man Zugang nach Polen, der Großschiffahrtsweg Berlin–Stettin dehnte das Einzugsgebiet bis in den sächsischen Industrieraum aus. In die andere Richtung führte der sich ständig erweiternde Stettiner Hafen, vor allem in die skandinavischen Länder, aber auch nach Westeuropa und Übersee. Daneben war auch das Eisenbahnnetz auf den Hafen ausgerichtet, die Breslau-Schweidnitz-Freiberger Bahn hatte sogar 1877 einen eigenen Bahnhof im Stettiner Hafen, über den der Kohleexport des Waldenburger Berglandes lief. Auf diesen wirtschafts- und verkehrsgeographischen Konvergenzraum hatten sich Land-

Mönchgut

und Forstwirtschaft einzustellen. Mit dem Wachsen des Absatzmarktes Stettin entfaltete sich um die Großstadt der Gürtel der Spezialkulturen. Die geschützte Lage des Odertals begünstigte einen intensiven Obst- und Gemüseanbau, es konnte sogar Tabak mit Gewinn angebaut werden. Die nach Westen und Osten anschließenden Höhengebiete, die Randower Hochfläche und der Pyritzer → Weizacker, erwirtschafteten Brotgetreide und Zuckerrüben. Die im Norden sich anschließenden Heidegebiete waren Holzlieferanten, wobei die Gollnower Heide viel stärker auf Stettin ausgerichtet war als die Ueckermünder Heide. Das Haff, die Odermündungsinseln sowie die Buchheide waren als Naherholungsgebiete verkehrsmäßig optimal erschlossen. Die Stettiner Bäderschiffe transportierten die Wochenendurlauber zu allen Haff- und Ostseebädern der Inseln. Bis 1932 war Mittelpommern fast identisch mit dem Regierungsbezirk Stettin.

Mönchgut. Im Südosten der Insel → Rügen erstreckt sich auf 11 km Länge die bis über 5 km breite Halbinsel. Entstanden ist sie aus einer nacheiszeitlichen Inselgruppe (die größte Insel lag zwischen Göhren und Alt Reddevitz, dann Groß Zicker mit dem 66 m hohen Bakenberg, bei Lobbe, Südperd bei Thiessow und Klein Zicker) die durch den Materialtransport der Ostsee zusammengewachsen ist und etwa 30 qkm umfaßt. Zur Hauptinsel grenzt ein 40–50 m hohes, ca. 4 km langes Binnenkliff, das im Osten im Nordperd endet, die Halbinsel ab. Umfangreiche Schutzmaßnahmen müssen die Lehmkliffs der Inselkerne schützen. Die Niederungen zwischen ihnen, Wiesen und Dünen, dienten in der Vergangenheit öfter als Sturmflutrinnen. Durch Küstenschutzbauten konnte zwischen Lobbe und Thiessow der „Große Strand“ von ca. 4 km Länge entstehen. Bereits in prähistorischer Zeit waren die Inselkerne, nach den Funden seit der mittleren Steinzeit zu urteilen, dicht besiedelt. Das Land Reddevitz kam 1252 in den Besitz des Klosters → Eldena, von da „dat Mönke“ oder „Mönicke Gaudt“ genannt. Das südlich anschließende Land Zicker war 1360 in Klosterbesitz. Neue Siedler aus der Gegend von Paderborn kamen nach Mönchgut. Diese auch schon zur Klosterzeit abgelegene Halbinsel (in einer Sonderregel erlaubte 1373 das Generalkapitel der Zisterzienser den Mönchen auf Mönchgut den Genuß von Fleisch) blieb im weiteren Verlauf für sich, so daß die Menschen ihre Eigenarten in Sprache, Tracht und Brauchtum bis ins 20. Jh. bewahren konnten. Das Museum in → Göhren, dem Hauptort Mönchguts, hat vieles dieser eigenwilligen Bauern- und Fischerkultur aufbewahrt.

Mönchguter Tracht. Bis ins 20 Jh. wurde diese Tracht getragen, 1907 soll der letzte Schüler in Middelhagen in Tracht konfirmiert worden sein; ihre letzten Träger starben 1953 und 1954. Sie hatte früher ein viel weiteres Verbreitungsgebiet, von Hiddensee (bis 1800) bis zum Lieper Winkel auf Usedom. Die Männertracht bestand aus einer bis zur Wade reichenden, weißen, grauen oder auch schwarzen weiten Leinenhose, dazu eine doppelreihig geknöpfte schwarze Jacke, unter ihr trug man eine rot- oder schwarzblau gestreifte Weste mit perlbesticktem Brustlatz. Kopfbedeckung war eine in geometrischen Mustern gestrickte „Pottmütze" oder ein schwarzer breitkrempiger Hut oder die Marinemütze. Die Frauen trugen einen langen schwarzen Rock mit farbigem Saum; die schwarze Jacke („Jopen") und das Mieder mit buntbesticktem Brustlatz waren mit Samt und Seide besetzt. Es gab in der Garderobe auch einen grauen Kantenrock mit roten, blauen und grünen Querstreifen. Die Schürzen waren meist rot-blau längsgestreift oder blaubedruckt oder bestickt. Als Kopfbedeckung hatten sie über einer weißen Leinenhaube eine hohe schwarze, manchmal dunkelrote oder dunkelblaue Kegelmütze, die durch Steppstiche etwas abgerundet wurde, während Mädchen zwischen 10 und 14 Jahren sie noch als Spitzmütze in ihrer ursprünglichen Form trugen. Im Sommer trugen die Mönchguterinnen auch den Biedermeierstrohhut.

Mönchguter Tracht

Mohnike, Gottlieb Christian Friedrich, Theologe, Literatur- und Geschichtsforscher. * 1781 in Grimmen, † 1841 in Stralsund. Studien in Greifswald und Jena. Er schrieb zahllose Aufsätze über theologische, historische und literaturwissenschaftliche Themen. Seit 1826 veröffentlichte er in ununterbrochener Reihenfolge Übersetzungen aus den nordischen Sprachen (er schuf die beste Übersetzung der Frithjofs Saga), dem Griechischen, dem Lateinischen, Französischen, Englischen, Italienischen und Niederländischen. Die Vermittlung geistiger Schöpfungen anderer Sprachräume war sein Lebenswerk. Seit 1814 war er Pfarrer an St. Jakobi in Stralsund. 1816 erschien von ihm „Ulrich Huttens Jugendleben nebst Geschichte und Beschreibung der Urschrift der Klage etc.". 1819 wurde er zum Konsistorial- und Schulrat ernannt und 1839 zum Superintendenten. Mohnike bot Johann Georg Cotta, bei dem alle seine bisherigen Werke erschienen waren, seine Übersetzung „Altschwedische Balladen, Mährchen und Schwänke" an. Cotta unterbreitete ihm den Vorschlag, das Werk, an dem Mohnike sehr hing, honorarfrei zu veröffentlichen. Der Idealist Mohnike ging auf diesen „Handel" ein, 1836 erschien das 318 Seiten starke Buch.

Müller-Grählert, Martha, Heimatdichterin. * 1876 in Barth, † 1939 in Franzburg. Das uneheliche Kind erhielt den Namen Johanna Friederike Karoline Daatz. Als ihre Mutter 1879 den Müllermeister Karl Grählert heiratete, adoptierte er das Kind, merkwürdigerweise hieß es ab 1893 Martha Grählert. Sie besuchte das Lehrerseminar in Franzburg. 1891 erschien im „Barther Tageblatt" ihr erstes Gedicht „Meine Heimat", mit den berühmt gewordenen Anfangszeilen „Wo die Ostseewellen trecken an den Strand...". Weitere Gedichte in Platt- und Hochdeutsch folgten. 1898 wurde sie Redakteurin beim „Deutschen Familienblatt" in Berlin. 1904 heiratete sie Dr. Max Müller, der 1911 einen Ruf als Professor für Tierzucht an die Universität Sapporo/Japan erhielt. 1914 Rückkehr nach Deutschland. Ihre Ehe zerbrach. Sie ließ sich in Zingst nieder. Vortragsreisen mußte sie bald aus Gesundheitsgründen aufgeben; sie geriet in finanzielle Not. 1939 wurde sie ins Altersheim Franzburg gebracht, wo sie nach 8 1/2 Monaten verstarb.

Mukran, Kreis Rügen. An der Prorer Wiek liegt das schon 1318 genannte Mukran. Von 1352 bis ins 19. Jh. gehörte der Ort dem Hl. Geist Kloster in Stralsund. Nach 1933 begann südlich des Ortes der Aufbau des gigantischen „Kraft-durch-Freude-Bades Rügen". Ein eigener Eisenbahnzubringer wurde von Lietzow gebaut und nach Binz verlängert. Nach 1945 wurde Mukran als Hafen bedeutsamer. Er wurde für einen Trajektverkehr nach Memel, damals noch UdSSR, ausgebaut und auf 9,50 m vertieft. Zwei zangenförmige Molen schützen den 210 m langen Pier mit den Fahrbrücken. Der Rangierbahnhof nimmt eine Fläche von 4 km Länge und über 700 m Breite ein und hat 60 km Gleise, von denen etwa ein Drittel in russischer Breitspur belegt sind. Durch die Elektrifizierung der Anschlußstrecke reicht das Einzugsgebiet des Hafens bis nach Sachsen. 1986 wurde die Trajektlinie mit der Zweideck- → Eisenbahnfähre „Mukran" eröffnet. Bisher sind fünf Fähren in Dienst gestellt worden. 1989 wurden etwa 3 Mill. t auf dieser Route befördert. Seitdem hat diese Verkehrsverbindung an Bedeutung verloren, 1992 waren nur noch zwei Fähren in Betrieb, zumal jetzt Memel als Hafen dem selbständigen Staat Litauen gehört.

Mursinna, Christian Ludwig, Arzt. * 1744 in Stolp, † 1823 in Berlin. Sohn eines Tuchmachers wurde 1757 vom Magistrat der Stadt einem Bader in die Lehre gegeben, 1758 war er Lehrling beim Stadtchirurgus in Kolberg. Nach Abschluß der Lehre war er in preußischen und russischen Feldlazaretten tätig und wurde 1761 zum wirklichen Lazarettchirurgus ernannt. In Stettin und Berlin betrieb er anatomische Studien, wurde wegen seiner Fähigkeiten 1775 „vorstehender Wundarzt" an der Berliner Charité, 1787 Professor der Chirurgie, die Universität Jena verlieh ihm 1798 die Doktorwürde. Neben zahlreichen Schriften gab er 1801–15, mit einer kurzen Unterbrechung, das „Journal für Chirurgie, Arzneykunde und Geburtshülfe" mit zahlreichen eigenen Beiträgen heraus. 1806 übernahm er die Leitung der Charité, 1810 war er Professor an der medizinisch-chirurgischen Militärakademie. 1818 legte er sein Amt in der Charité nieder und 1820 gab er seine letzte Vorlesung. Als tüchtiger Operateur hatte er in 40 Jahren 908mal den grauen Star operiert, nur 41mal waren seine Operationen ohne Erfolg. Mursinna begann ohne gelehrte Vorbildung in der Barbierstube und arbeitete sich als Autodidakt zu einem von der Wissenschaft geachteten, bedeutenden Chirurgen empor.

Muttriner Linde. Sie wurde 1555 von Jacob v. Zitzewitz, Kanzler Herzog Philipps I., gepflanzt zum Gedächtnis an seine Ernennung zum Rat des herzoglichen Hauses auf Lebenszeit. In etwa 1,4 m Höhe hatte der Stamm einen Umfang von 5,8 m, die Krone hatte einen Durchmesser von ca. 24 m. Die

Muttriner Linde

Muttriner Linde war ca. 18 m hoch und wurde als Schifferlinde bezeichnet. Nach der Zitzewitzschen Chronik hat ein Mitglied der Familie in stürmischen und dunklen Nächten neben dem Baum ein weitleuchtendes Feuer unterhalten. Die Fischer entlohnten ihn daraufhin mit Salz und Heringen. Obwohl sie etwa 40 km von der Ostsee entfernt steht, ist sie auf alten Seekarten als Richtpunkt eingezeichnet. 1931 wurde die Muttriner Linde zum geschützten Naturdenkmal des Kreises Stolp erklärt.

Natzmer, Dubislaw Gneomar von, Generalfeldmarschall. * 1654 in Gutzmin, Kreis Schlawe, † 1739 in Berlin. 1667-73 war er Page bei Graf Christian Albert v. Dohna. Trat zunächst in den Dienst von Fürst Moritz v. Nassau. Er nahm an den Kriegen gegen Ludwig XIV. teil, geriet in französische Gefangenschaft 1674. 1676 stand er im Dienst des Großen Kurfürsten, zeichnete sich aus und wurde 1679 Adjutant des Generals Derfflinger. 1681 reiste er nach Frankreich zum Studium des Festungswesens, der Diplomatie und der Finanzwirtschaft. 1704 nahm er an der Seite Prinz Eugens von Savoyen an der Schlacht bei Höchstätt teil und wurde verwundet. Früh kam er in Kontakt mit dem lutherischen Pietismus, mit Ph. J. Spener und A. H. Francke. Er brachte den preußischen Hof- und Regierungskreisen die Ideen Franckes, in der Francke'schen Stiftung in Halle verwirklicht, nahe, so daß sie Aufnahme in der preußischen Staatsphilosophie fanden. 1704 wurde er zum Generalleutnant befördert. Er heiratete in zweiter Ehe die verwitwete Charlotte Justine Gräfin v. Zinzendorf, deren Sohn aus erster Ehe, N. L. Zinzendorf, die Herrnhuter Brüdergemeinde gründete. Der Nordische Krieg (1700–21) war der letzte, an dem Natzmer maßgebend teilnahm. 1728 wurde er Generalfeldmarschall. In der Preußischen Staatskrise (1730) übernahm auf seinen Rat hin Ch. O. Mylius die gesamte Vernehmung im „Kronprinzenprozeß", der zu verhindern wußte, daß gegen den Kronprinzen das Todesurteil gefällt wurde. Ein Jahr vor seinem Tod verlor Natzmer sein ganzes Vermögen durch die Schulden seines ältesten Sohnes Carl Dubislaw. König Friedrich Wilhelm selbst half seinem treuen Generalfeldmarschall.

Naugard

Naugard *(Nowogard),* Kreisstadt, 12020 Einwohner (1983). Naugard liegt zwischen dem Großen- und Kleinen See, letzterer wurde 1822 trockengelegt. Die Innenstadt mit ovalem Grundriß hat ein gitterfömiges Straßennetz mit rechteckigem Marktplatz und kleinerem Kirchplatz. Auf einer Halbinsel im ehemaligen Kleinen See liegt das Schloß der Grafen von Eberstein, das zu einer Strafanstalt umgebaut war. Stadterweiterungen gab es im Norden, am Ufer des Großen Sees und an der Amtsstraße mit Schulen und Krankenhaus. Die Bahnhofsvorstadt im Süden, als Erweiterung des wendischen „Kietz", beherbergte neben der Kreisverwaltung auch die Gewerbebetriebe, u. a. eine der größten deutschen Stärkefabriken. Weite Wohnbausiedlungen umgeben seit 1945 die Stadt; die Innenstadt ist in Plattenbauweise wiederaufgebaut. Auf der Halbinsel im Kleinen See lag ein wendischer Burgwall. Das „Land Nowgarde" kam 1248 in Besitz der Camminer Bischöfe. Bischof Hermann v. Gleichen gab 1274 Burg und „Stettlein Novgard" seinem Neffen Graf Otto v. Eberstein zum Lehen, der um 1290 deutsche Siedler in sein Land rief. 1309 erhielt Naugard lübisches Stadtrecht. Bis 1663 blieben die Grafen v. Eberstein im Besitz der Stadt. Die ersten

Stadterweiterungen erfolgten um 1750, im 19. Jh. entlang den Ausfallstraßen nach Norden und Süden, wo 1882 der Bahnhof angelegt wurde. Anfang des 20. Jh.s kamen noch Stadtrandsiedlungen dazu. Die Innenstadt wurde 1945 zu 60 v. H. zerstört, Kirche und Rathaus blieben erhalten.

Bauwerke: Von der Stadtmauer sind im Westen einige Reste erhalten. Stadtkirche *St. Marien* (um 1325), dreischiffige Backsteinbasilika; Sterngewölbe überspannen das Mittelschiff, das im Obergaden keine Fenster hat. Erst 1686 wurden die Schäden des Dreißigjährigen Krieges beseitigt. Der Turm brannte 1918 aus. An der Nordseite des Chors steht die Ebersteinkapelle, Grablege der Grafen. Das *Schloß* (16. Jh.), ein Renaissancebau, verfiel nach dem Aussterben der v. Eberstein. Es wurde Amtssitz und 1817–20 zu einer Strafanstalt umgebaut.

Naugard, Landkreis. 1261,89 qkm Gesamtfläche, 61320 Einwohner (1939). Er bestand aus zwei völlig unterschiedlichen Teilen: Im Südwesten dehnten sich eiszeitliche Talsande aus, während nach Nordosten die Grundmoräne bis zu 123 m über NN aufsteigt. Die Talsande, die → Gollnower Heide, sind vorwiegend mit Kiefernwald bestellt. Die Wiesen und Weiden, etwa 25 v. H. der Nutzfläche, liegen zum überwiegenden Teil am Dammschen See. 43 Entwässerungsgenossenschaften bemühten sich um optimale Nutzung der Feuchtgebiete. Die landwirtschaftliche Nutzfläche im Osten des Kreises wurde zu 60 v. H. mit Kartoffeln, Roggen und Lupinen bestellt (1939). Der Ackerbau wurde vorwiegend von Mittel- bis Großbetrieben vorgenommen, von den 5046 Betrieben hatten 1640 zwischen 10 und 20 ha und 932 zwischen 20 und 100 ha (1939) Grund. Bei den großen Gütern gab es 31 mit 200–500 ha und 14 mit 500–1000 ha.

Land- und Forstwirtschaft waren die Basis der Industrie. 15 Brennereien, 11 Stärkefabriken, von denen die in Naugard eine der größten Deutschlands war, verarbeiteten die reiche Kartoffelernte. Molkereien und Mühlen ergänzten die ländliche Industrie. Die Sägewerke, Möbelfabriken und Papierverarbeitungsbetriebe waren in der Umgebung von Gollnow konzentriert. Die wenigen Betriebe des Maschinenbaus und der Elektroindustrie dienten fast ausschließlich der Belieferung der landwirtschaftlichen Betriebe. Von den 48535 Beschäftigten (1939) waren 54,5 v. H. in Land- und Forstwirtschaft, 33,4 v. H. in Industrie und Handwerk und 12 v. H. in Handel und Verkehr tätig. Neben der Kreisstadt hatte der Landkreis noch die Städte Gollnow, Daber und Massow. Die Auflösung des Kreises Randow (1939) brachte dem Kreis Naugard einen Zuwachs von 14 Gemeinden mit einer Fläche von 33,74 qkm. Er verlor dafür die Gemeinden Augustwalde und Franzhausen an Groß Stettin, was zu einer Reduzierung der Bevölkerung um 1755 Menschen führte.

Neitzel, Otto, Musiker. * 1852 in Falkenburg, Kreis Dramburg, † 1920 in Köln. Als musikalisches Wunderkind gab er schon mit 8 Jahren zahlreiche Klavierkonzerte. Im Zigarrenkaufmann B. Loeser fand er einen Gönner, der ihm die Ausbildung in Berlin ermöglichte, zunächst an der Neuen Akademie der Tonkunst. 1875 promovierte er. 1878 übernahm er im „Sternschen Verein" die Klavierbegleitung, zog nach Bayreuth, um im gleichen Jahr Direktor des Musikvereins Straßburg zu werden. 1879–81 war er Musikdirektor am Stadttheater und Lehrer am Straßburger Konservatorium. 1881 lehrte er am Konservatorium in Moskau. Nach seiner Übersiedlung nach Köln wurde er Musikredakteur der Kölnischen Zeitung. Seit 1887 komponierte er einige Opern, u. a. „Angela", „Dido", „Der Richter von Kaschan". 1906–07 konzertierte Neitzel in den USA. 1919 nahm ihn die Berliner Akademie der Künste als Mitglied auf.

Einige seiner bekannteren Werke sind „Das Leben ist ein Traum" (Phantasie für Violine und Orchester, Op. 33), „Vaterland" (Ode für Chor, Orchester und Orgel, Op. 43).

Joachim Nettelbeck

Nettelbeck, Joachim. * 1738 in Kolberg, † 1824 in Kolberg. Sohn des Schuhmachers, später Brauers und Branntweinbrenners Johann David Nettelbeck. Bereits 1749 begleitete er seinen Onkel als Schiffsjunge nach Amsterdam, riß auf einem Guineafahrer aus, um 1751 nach Kolberg zurückzukehren. Eine zweite Seefahrt nach Lissabon endete 1756 mit dem Verlust der Segelschaluppe und der Ladung. 1760 fuhr er als Steuermann nach Amsterdam. 1762 Heirat mit Regina Charlotte Meller, von da an betrieb er Küstenschiffahrt in Ostpreußen. Als erster erhielt er das Patent eines königlich preußischen Schiffskapitäns, mit der Berechtigung die königliche Uniform und einen Säbel zu tragen. 1771 gründete er eine Navigationsschule in Kolberg, die bis 1777 bestand. Von 1771–74 fuhr er auf holländischen und englischen Schiffen zwischen der Goldküste in Afrika und Surinam in Südamerika – seine Fracht waren Sklaven. 1774 erwarb er in Kolberg das Mittelbürgerrecht. 1779–83 unternahm er seine letzten Reisen nach Lissabon. In Kolberg wurde er 1787 Bürgervorsteher, 1805 Segelhausältester, Mitglied des königlichen Seegerichts und königlicher Schiffsvermesser, vereidigter Schiffstaxator. 1807 verteidigte er als Bürgeradjutant mit Gneisenau Kolberg erfolgreich gegen die Franzosen. 1810 wurde er Ratsherr für 12 Jahre. König Friedrich Wilhelm III. verlieh ihm für seinen Einsatz für Kolberg die goldene Verdienstmedaille und ein jährliches Gnadengehalt von 200 Talern.

Netze *(Noteć).* Der 344 km lange Fluß hat sein Quellgebiet im Kujawischen Höhenrükken, fließt nach Norden, um bei Nakel nach Westen in das Thorn-Eberswalder Urstromtal abzubiegen. Sein 17240 qkm großes Einzugsgebiet führt zu einer gleichmäßigen Wasserführung, nur im Frühjahr wurden die Talauen regelmäßig überschwemmt. Der Bromberger Kanal leitet einen großen Teil des Wassers der oberen Netze zur Weichsel ab, so daß die Überschwemmungsgefahr im Unterlauf reduziert ist. Bis Usch erhielt die Netze den Beinamen „träge" oder „stille Netze". Bis Kreuz verschaffen ihr → Küddow und → Drage so viel Wasser („lebhafte Netze"), daß ab 1891 auf dieser Strecke vier Stauwerke mit Schleusenanlagen gebaut werden mußten, nach 1905 folgten noch weitere sieben Stauwerke, um den Wasserstand für die Flußschiffahrt und die Entwässerung des → Netzebruchs zu sichern. Bis zur Einmündung in die Warthe bei Zantoch hieß sie „freie Netze".

Netzebruch *(Łęgi Notecki).* Das bis zu 10 km breite Netzetal war für viele Jahrhunderte mit seinen Bruchwäldern und zahllosen Wasserläufen eine natürliche Grenzlandschaft, die an wenigen Stellen, u. a. Zantoch und → Driesen, durchquert werden konnte. Regelmäßige Frühjahrshochwasser verhinderten jahrhundertelang eine Besiedlung.

Erst im 16. und 17. Jh. versuchten Neusiedler vom Talrand das Bruchland zu nutzen. Die Tätigkeit des Geheimen Finanzrates Balthasar von → Brenckenhoff führte nach 1772 zu einer Regulierung der → Netze. Mit Durchstichen, Begradigungen und Uferbefestigungen versuchte er, den Fluß zu zähmen. Dämme und Gräben entwässerten die Sumpflandschaft, das gewonnene Land nahm Äkker und Wiesen auf. Zahlreiche Neusiedler aus dem Westen, u. a. Anspach, Ulm und Mecklenburg, fanden eine neue Heimat, die trotz unermüdlicher Arbeit ständig von Überschwemmungsgefahren bedroht war.

Netzekreis. 889,91 qkm Gesamtfläche, 39 824 Einwohner (1939). Der Landkreis mit Schönlanke als Kreisstadt entstand 1922 aus den nördlich der Netze gelegenen Resten der Kreise Kolmar, Czarnikau und Filehne, zunächst in der Provinz Grenzmark Posen–Westpreußen, ab 1938 in der Provinz Pommern. Neben der Kreisstadt gab es noch Kreuz als weiteres städtisches Zentrum.
Der Netzekreis gehörte zu den waldreichen Kreisen der Provinz, allein der Herrschaft Filehne gehörten 110 qkm Wald. Die landwirtschaftliche Nutzfläche wurde zu 32,5 v. H. als Wiese und Weide genützt, die verbleibende Ackerfläche, sandig mit vereinzelten Grundmoränenplatten, wurden zu 75,6 v. H. mit Kartoffel, Roggen und Lupinen bebaut; höherwertige Nutzpflanzen spielten eine untergeordnete Rolle. Von den 4287 Bauernhöfen gab es 827 mit 20–100 ha, die etwa die Hälfte der Kreisfläche beackerten. Die Gewerbebetriebe verarbeiteten nur landwirtschaftliche Produkte, u. a. in Molkereien, Mühlen, Brennereien, Sägewerken und Hühnerfarmen. Überörtliche Bedeutung hatte der Binnenhafen Deutch Usch an der Netze. Die evangelische Grenzland Volkshochschule „Brenckenhoffheim“ mit Internat, Haushaltsschule und Erholungsheim befand sich im ehemaligen Schloß Behle. In Stieglitz gab es die ostmärkische Sportschule.

Neuenkamp. Franzburg–Barth. 1231 übergab Fürst Witzlaw I. von Rügen dem Abt des Zisterzienserklosters Altenkamp (heute Kamp–Lintfort) den „Rosengarten der Hl. Maria“ beim heutigen → Franzburg zur Gründung eines Klosters. 1233 kam der Konvent in Neuenkamp auf. Das Kloster erhielt neben zahlreichen Dörfern, von denen etliche wüst waren, das Recht, deutsche Siedler ins Land zu holen. Ende des 13. Jh.s verlegten die Mönche ihr Kloster an die Stelle der heutigen Stadt und begannen mit dem Bau der riesigen, ca. 80 m langen, Klosterkirche. 1330–40 war die ganze Klosteranlage erbaut. 1280 hatte Neuenkamp über 60 Mönche und 50 Konversen, so daß sie gerne den Auftrag Witzlaws II. ausführten und auf → Hiddensee ein Tochterkloster anlegten. 1350 erhob Neuenkamp das Klosterdorf → Richtenberg zur Stadt mit lübischem Recht. Zahlreiche Fehden der Adligen wurden auf dem Klosterterritorium ausgefochten. Daher mußte Neuenkamp 1455 seine Güter in Mecklenburg verkaufen. Das Kloster war 1456 maßgeblich an der Gründung der Greifswalder Universität beteiligt und übergab ihr das Patronatsrecht über die Kirchen von Tribsees und Tribom. Während seiner 23jährigen Regierungszeit konnte Abt Johann Sasse das Kloster wirtschaftlich sanieren; es besaß in etwa 90 Dörfern Land und wirtschaftliche Privilegien. Nach dem Stralsunder Bildersturm (1525) ließ Herzog Georg die Kleinodien in seine Residenz in Wolgast holen. Neuenkamp wurde 1535 säkularisiert und in eine herzogliche Domäne umgewandelt. Abt Johann Molner zog nach Stralsund in den Kampischen Hof, mußte die Stadt bald verlassen, da er beim Reichsgericht einen Prozeß auf Rückgabe des Klosters gegen die Herzöge eröffnete. Er gewann den Prozeß, aber die Herzöge gaben ihre Beute nicht heraus. Herzog Bogislaw XIII. ließ in der Klosterruine 1578–87 ein Schloß erbauen, das er Franzburg nannte. Der südliche Teil des Querschiffes der Klosterkirche wurde zur Schloßkirche und blieb erhalten. Um das Schloß legte er 1587 die Stadt Franzburg an.

Neuenkamp vor 1876

Neumark. Die nordöstliche der Oder gelegenen Kreise der Provinz Brandenburg erstrecken sich nördlich des Netze–Warthe Bruchs bis auf die Höhen des Pommerschen Höhenrückens. Seit Mitte des 13. Jh.s dehnten die Markgrafen von Brandenburg ihre Herrschaft zwischen Pommern und Polen bis zur Drage aus. Deutsche Siedler kamen aus der Altmark. Bereits 1368 trat Markgraf Otto der Finner (der Faule) von Brandenburg das Land Krone zwischen Drage und Küddow im Frieden von Dramburg an Polen ab. Bis um 1400 hieß die Neumark „Terra trans Oderam“, danach „Nova Marca“. Von 1402–55 war die Neumark im Besitz des Deutschen Ritterordens, der sie wieder an Brandenburg, verkaufen mußte. Markgraf Hans von Küstrin hatte die Neumark als eigenen Territorialstaat von 1535 bis 1571. 1815 war die Neumark Teil der Provinz Brandenburg, während die Kreise Dramburg und Schivelbein an die Provinz Pommern fielen, 1938 kamen auch die Kreise Arnswalde und Friedeberg zu Pommern. Heute gehört die Neumark zur Wojewodschaft Landsberg a. W. *Gorzów Wielkopolski.* In dem von Land- und Forstwirtschaft geprägten Land beschränkte sich die Industrie auf die Verarbeitung der landwirtschaftlichen Erzeugnisse, u. a. in Mühlen, Sägewerken, Holzwollefabriken und Textilverarbeitungsbetrieben, und auf die Belieferung der Landwirtschaft in Maschinenfabriken, Ziegeleien und Elektrobetrieben.

Neustettin *(Szczecinek),* Kreisstadt, 36919 Einwohner (1983). Neustettin liegt auf einer Landenge zwischen → Vilm- und Streitzigsee. Der Niesedop, der durch die Innenstadt fließt, verbindet beide Seen. Die Innenstadt gruppiert sich um den rechteckigen Markt. Am Streitzigsee lag bis 1867 auf einer Insel das herzogliche Schloß. Nördlich der Altstadt schloß sich der „Kietz“ an, die ehemalige wendische Fischersiedlung. Im 19. Jh. erfolgten Stadterweiterungen: an der Straße nach Bad Polzin die Königsvorstadt, nach Osten die Bahnhofsvorstadt. Eine weitläufige Stadtrandsiedlung zwischen Forst- und Lindenstraße entstand im 20. Jh. Nach 1945 erhielt Neustettin zwischen Kösliner Straße und Bahnhof Kietz eine Wohnblocksiedlung; auch um die Altstadt wurden große

Wohnblocks errichtet. Die Gewerbebetriebe konzentrieren sich in Bahnhofsnähe und nach 1945 entlang der Ausfallstraßen.
Neustettin war bereits in prähistorischer Zeit an der Kreuzung des späteren Markgrafenweges und der Salzstraße von Kolberg besiedelt, ein wendischer Burgwall lag auf der Schloßinsel. 1310 erhielt der Ort lübisches Stadtrecht wie Stettin, daher der Name. Herzog Wartislaw IV. baute die Stadt als Grenzfeste gegen Markgraf Waldemar von Brandenburg, durch die Lage in sumpfigem Gelände konnte er sich eine kostspielige Stadtwehr ersparen. 1356 suchte die Beulenpest Neustettin heim, als Dank für das Ende der Epidemie und zur Sühne gründeten die Herzoge Bogislaw V., Barnim IV. und Wartislaw V. südlich des Streitzigsees das Augustiner-Eremitenkloster Marienthron. 1423 fand der → „Große Tag von New Stettin" statt. Nach einem katastrophalen Stadtbrand (1583) mußten die Bürger auf herzoglichen Befehl alle Scheunen abbrechen und sie auf dem St. Jürgensberg außerhalb der Stadt wiederaufbauen. 1619 baute Herzog Ulrich das Schloß wieder auf, als Witwensitz. Herzogin Hedwig gründete 1640 das erste Gymnasium im östlichen Hinterpommern. 1780 und 1867 wurden der Vilm- bzw. der Streitzigsee abgesenkt, was eine Ausdehnung der Stadt ermöglichte. 1878 machte die Pommersche Centralbahn bzw. die Preußische Ostbahn Neustettin zu einem Eisenbahnknotenpunkt, von dem die Strecken nach Ruhnow, Schlochau, Stolpmünde, Belgard und Schneidemühl ausgingen. Dadurch erhielt die alte Bierbrauerstadt Zuzug von neuer Industrie (u. a. Glockengießerei, Maschinenbau, Kalksandsteinherstellung, Filzwaren-, Zigarren-, Spiritus- und Seifenfabriken, Nahrungsmittelverarbeitung). Nach 1945 kamen noch Betriebe der Elektro- und Kraftfahrzeugindustrie hinzu. Sehr früh hat Neustettin das Seeufer des Streitzigsees zu einer Parkanlage ausgebaut und damit den Fremdenverkehr in Gang gesetzt, der zum wichtigsten Wirtschaftsfaktor wurde.
Bauwerke: Die 1494 genannte *St. Nikolauskirche* wurde nach mehrfachen Umbauten, für die 1579 die Steine des Klosters Marienthron verwendet wurden, 1909 bis auf den Turm, der das Heimatmuseum beherbergt, abgebrochen. Um den Marktplatz und in der Königstraße stehen noch zahlreiche Häuser des ausgehenden 19. Jh.s.

Neustettin, Landkreis, 2092,92 qkm Gesamtfläche, 85778 Einwohner (1939). Der Kreis liegt auf dem Pommerschen Höhenrücken, die maximale Höhe beträgt 207 m über NN. Er umfaßt im westlichen Teil das Zentrum der Pommerschen Schweiz – das → Fünfseen-Gebiet. Die Ostgrenze des Kreises bildet die → Küddow, im Westen fließt die Drage durch den Dratzigsee zur Netze, in der Mitte entspringt bei Persanzig die → Persante und fließt nach Norden zur Ostsee. Neben der Kreisstadt gibt es Bärwalde, Ratzebuhr und Tempelburg als städtische Gemeinden.
Trotz des recht unruhigen Reliefs wird das Kreisgebiet intensiv landwirtschaftlich genutzt. Nur an der Ostgrenze, im Süden und im Westen an der Drage gibt es größere zusammenhängende Waldungen. Die Höhenlage erlaubt vor allem den Anbau von Roggen, Kartoffeln und Lupinen. 1939 waren 53 v.H. der landwirtschaftlichen Nutzfläche damit bebaut, weitere 30,7 v. H. waren zur Hälfte Wiesen- und Weideland.
Bewirtschaftet wurde der Landkreis vorwiegend von großbäuerlichen Betrieben und Gütern. Die 1673 Höfe mit 20–100 ha besaßen etwa die Hälfte des Ackerlandes (1939), von den 177 Gütern über 100 ha hatten allein 25 eine Größe von 500 bis über 1000 ha. Diese Großbetriebe haben sich besonders nach dem 1. Weltkrieg mit großem Erfolg auf die Saatzucht von Kartoffeln und Roggen spezialisiert; Saatkartoffeln wurden bis nach Übersee exportiert. In Gramenz und Wusterhanse hatte sich die Merinoschafzucht angesiedelt. Auf den Gütern verarbeiteten zahlreiche Brennereien und Kartoffelflockenfabriken die überschüssigen Kartoffeln. Neustettin

hatte als Brauereiort eine überörtliche Bedeutung. Im nördlichen Teil des Kreises arbeitete eine Reihe von großen Genossenschaftsmolkereien. In Ratzebuhr wurde Wolle verarbeitet. Sägewerke, Ziegeleien und Kalksandsteinwerke waren weitere Industriebetriebe des Kreises. Von den 63 514 Beschäftigten waren 63 v. H. in Land- und Forstwirtschaft, 24,2 v. H. in Industrie und Handwerk und 12,7 v. H. in Handel und Verkehr tätig.
Südlich des Pielburgsees bis zur Kreisgrenze enstand in den 30er Jahren des 20.Jh.s. der Truppenübungsplatz Groß Born, der von Lubow einen eigenen Eisenbahnanschluß erhielt. In Linde und Westfalenhof wurden zwei riesige Kasernenstädte für 100 000 Soldaten gebaut, die nach 1945 die Rote Armee weiternutzte.

Neustettin, Der Große Tag von. Am 15. 9. 1423 trafen sich der nordische Unionskönig Erich I., seine Vettern Herzog Otto II. und Kasimir V. von Stettin, Wartislaw IX. und Barnim VII. von Wolgast und Barth sowie Bogislaw IX. von Stolp, der Ordenshochmeister Paul v. Rußdorf und der Ordenslandmeister von Livland zu einer Konferenz. Unter Mitwirkung einiger Städte kam ein Bündnis zwischen dem König, seinen Vettern und dem Deutschen Ritterorden zustande, in dem man sich Kriegshilfe und vollkommene Verkehrsfreiheit versprach, die besonders der Orden nach der Schlacht von Tannenberg (1410) benötigte, da jetzt die polnischen Einfälle in die 1402 vom Orden erworbene Neumark ständig zunahmen. Dauerhaften Erfolg hatte der Große Tag nicht.

Neustettiner Fürstin-Hedwig-Gymnasium. 1640 stiftete Herzogin Hedwig von Braunschweig-Lüneburg, Witwe Herzog Ulrichs, in Neustettin ein Gymnasium durch Einrichten zweier höherer Lehrstellen an der Stadtschule. Als Rektor berief sie den Magister Christian Nasse, Professor am Collegium Groeningianum in Stargard, und als Konrektor Petrus Ernesti aus Kronstadt, Siebenbürgen. Dazu berief sie einen „Inspektor“ und einen „Curator“. Inspektor sollte der jeweilige Präpositus von Neustettin sein, damals Gregor Lagus, der mit sechs Wochenstunden die geistliche Richtung der Schule bestimmte. Der Curator war für die Berufung qualifizierter Lehrer, die Gehaltszahlungen und die Durchführung der vierteljährlichen Prüfungen zuständig; er vertrat die pommerschen Landstände. Diese Aufgabe übernahm der Landrat Otto Rüdiger v. Glasenapp. Am 4. 10. 1645 schrieb nochmals die Herzogin diese Aufgabenteilung testamentarisch fest. Am 8. 10. 1640 wurde die Schule feierlich eröffnet. Sie sollte sich der „ausländischen studierenden Jugend“ annehmen, besonder derer, die im Lande Draheim und Tempelburg, um Deutsch-Krone und um Schlochau lebten. Damit versuchte sie, eine reformatorische Gegenposition gegen die 1618 von Jesuiten in Deutsch-Krone gegründete Niederlassung mit → Athenäum aufzubauen. Wiederholt versuchte man, die Schule nach Kolberg (1696), Köslin (1747) oder Stargard (1771) zu verlegen, die hinterpommerschen Landstände wehrten sich jedoch erfolgreich. Nach dem 7jährigen Krieg nahm sich Regierungsrat und Pommerscher Landsyndikus S. G. Löper des FHG an, 1772 eröffnete es der preußische Staats- und Kabinettsminister Ewald v. → Herzberg neu als „Fürstlich Hedwigisches Gymnasium“. Das Neustettiner FHG wird in seinem Neubau 1913 von Polen als Elisabeth Liceum, möglicherweise nach → Elisabeth v. Pommern benannt, weitergeführt.

Neustettiner Grenzwald. Im Süden des Landkreises blieb während der mittelalterlichen Besiedlung Pommerns durch Deutsche ein etwa 15 km breiter Saum von Grenzwäldern bestehen. Die Pommern beanspruchten den Neustettiner Grenzwald bis zu einer Linie Jastrow – Zamborst – Briessnitz – Rederitz – Zacharin – Altenwalde, während die Polen ihre Ansprüche bis zu einer Linie Landeck – Ratzebuhr – Brakenbrügge – Plietnitz – Gr. Pielburg See ausdehnten. Jahrhundertelang war der Neustettiner Grenzwald Jagdgebiet, Waldweide und der Bienenzucht vorbehalten. Im 16. Jh. begann vom Amt Neustettin und den Adelsdörfern der Bonin, Kleist, Glasenapp, Münchow, Wolde und Zastrow die Besiedlung des Neustettiner Grenzwaldes. Schnell entstanden die Dörfer Plietnitz (1561), Hasenfier (1563), Altenwalde (1563), Klein Zacharin (1566), Pinnow (1568) und Wallachsee (1568). Als städtischer Mittelpunkt erhielt 1592 → Ratzebuhr Marktrecht. Natürlich begannen die polnischen Starostenfamilien, u. a. die Czarnkowski, Górka, Gostomski, sich gegen die Besiedlung zu wehren. Sie ließen in den pommerschen Dörfern Häuser niederreißen, das Vieh wegtreiben, Getreide vernichten und sogar Gefangene machen. Als die polnischen Adligen damit nur geringen Erfolg hatten (die Grenzbauern hatten oft das Recht, Schußwaffen zu führen), versuchten sie eine Gegenkolonisation mit deutschen Bauern, trotz des Verbots der Grundherren. Ende des 16. Jh.s war der Neustettiner Grenzwald siedlungsmäßig erschlossen.

Neuvorpommern. Das Gebiet Vorpommerns, das erst 1815 auf dem Wiener Kongreß an Preußen kam, wurde lange auch Schwedisch-Vorpommern genannt. Preußen erhielt es allerdings nicht direkt. Schweden trat Neuvorpommern mit Rügen an Dänemark ab, dieses überließ das Gebiet Preußen im Tausch gegen das Herzogtum Lauenburg und eine Zahlung von 3,5 Mill. Taler; dazu mußte Preußen die an schwedische Offiziere verschenkten Güter zurückkaufen. Bis 1821 behielt Neuvorpommern noch die schwedischen Zoll- und Steuergesetze. 1826 trat in Stralsund der erste Neuvorpommersche Landtag zusammen und widersetzte sich der Einführung des preußischen Landrechts. Neuvorpommern konnte noch für Jahre seine Sonderstellung bewahren, besonders bei der Konservierung des Großgrundbesitzes – von den 613 Gütern über 100 ha hatten noch 1935 über zwei Drittel eine Größe von 200–1000 ha. Ganz Neuvorpommern war von 1818–1932 verwaltungsmäßig im Regierungsbezirk Stralsund zusammengefaßt. Auch naturräumlich ist Neuvorpommern vom übrigen Vorpommern getrennt. Die sumpfigen Täler der Peene mit Peenestrom, Trebel und Recknitz bilden eine schwer überwindbare natürliche Grenze. Das verhältnismäßig flache Land ist nur von vermoorten Talzügen unterbrochen, trägt wenig Wald und wurde weitgehend vom Großgrundbesitz intensiv landwirtschaftlich bearbeitet. Die städtischen Siedlungen liegen bis auf wenige Ausnahmen am Grenztal, wo sie die wenigen Pässe besetzen (Anklam, Gützkow, Loitz, Demmin, Tribsees und Damgarten) und an der Küste (Lassan, Wolgast, Greifswald, Stralsund und Barth).

Neuwarp *(Nowe Warpno)*, Kreis Ueckermünde, 1287 Einwohner (1983). Die Kleinstadt liegt am Ostufer des → Warper Sees auf einer schmalen Halbinsel zwischen dem See und dem Haff. Der Stadtgrundriß ist ein unregelmäßiges Viereck mit der Königstraße als Hauptstraße, deren Erweiterung den Marktplatz bildet. Im Osten liegen am See die beiden Vorstädte Damm und Wiek. Neuwarp hat sich über das Scheunenviertel weiter nach Osten ausgedehnt. 1906 erhielt Neuwarp einen Kleinbahnanschluß nach Stöven, der aber kaum die Wirtschaft beleben konnte. Fischfang und Schiffahrt sowie eine Netzstrickerei und eine kleine Werft bildeten das wirtschaftliche Rückgrat der Stadt. 1945 wurde Neuwarp nachträglich unter polni-

Neuwarp

sche Verwaltung gestellt; die Kleinbahn wurde demontiert und die Baulücken mit Plattenbauten gefüllt.
Herzog Bogislaw I. verlieh 1184 dem Kloster Grobe die Fischerei „in Werpene". 1267 wird die Kirche von „Warpna" genannt. 1352 erscheint erstmals „civitas Nowa Warpe". Das Stadgründungsjahr ist unbekannt, 1442 bestätigte Herzog Joachim d. J. von Stettin der Stadt alle Privilegien, vor allem die der hohen und niederen Gerichtsbarkeit. Mehrfach fiel Neuwarp Stadtbränden zum Opfer, u. a. 1692.
Bauwerke: Stadtkirche *St. Marien* (nach 1442), spätgotischer Backsteinbau. Der barocke Altar kam nach dem Brand 1692 in die Kirche. Auf dem Marktplatz wurde 1697 das *Rathaus* als Fachwerkbau errichtet. An seiner Westseite hat es einen Turm mit barokker Spitze.

Neuwedell *(Drawno)*, Kreis Arnswalde, 2172 Einwohner (1983). Die Kleinstadt liegt auf einer Halbinsel eines von der Drage durchflossenen Sees, dessen südlicher Teil nach Bau eines Straßendammes Großer oder Düp See, dessen nordöstlicher Teil Blänke See heißt. Neuwedell hat einen der Halbinsel angepaßten Grundriß. In der äußersten Ostspitze, dem 96,20 m hohen Schloßberg, stand eine heute verschwundene Burg, an sie schließt sich die Stadt mit rechteckigem Marktplatz an. Stadterweiterungen des 19. Jh.s erfolgten entlang der Straßen nach Arnswalde, Silberberg und zum Bahnhof südlich der Seen. Hier liegen die wenigen Gewerbebetriebe (Sägewerke, Ziegeleien). Nach 1945 hat sich Neuwedell nicht wesentlich erweitert. Plattenbauten ersetzen die zerstörten Häuser (40 v. H. der Bausubstanz).
1313 bauten die sieben Brüder v. Wedell eine Burg, vor der sich um 1315 der Burgort entwickelte, der 1363 als „stad" bezeichnet wurde. Neuwedell blieb bis ins 19. Jh. Mediatstadt derer v. Wedell. Der Deutsche Ritterorden konnte 1421 nur mit Gewalt seine Lehnshoheit durchsetzen. 1433–36 kam Neuwedell unter polnische Herrschaft; die

Paul Nipkow

pommerschen Herzöge eroberten die Stadt 1469. 1657 unternahm Polen einen erneuten Versuch, Neuwedell zu besetzen, mußte aber eine Belagerung abbrechen. Im 7jährigen Krieg zerstörten Russen die Burg (1758). Die Stadtwehr wurde 1852 bis auf wenige Reste abgetragen und gab Raum für eine erste Stadterweiterung. 1895 erhielt die Stadt einen Eisenbahnanschluß, der auch das Gewerbe förderte. Neben einer alten Tuchmacherei hatte Neuwedell sieben Ziegeleien, Sägewerke, Mühlen und eine Netzfabrik.
Bauwerke: auf dem *Schloßberg* stehen geringe Reste der 1758 zerstörten Burg. Die *Stadtkirche* (1692), ein schlichter, kreuzförmiger Feldsteinbau, hat einen mächtigen Fachwerkturm mit Zeltdach.

Nipkow, Paul, Ingenieur. * 1860 in Lauenburg, † 1940 in Berlin. Bereits 1884 meldete er als Student das Patent Nr. 30 105 an, es war die nach ihm benannte runde Scheibe mit spiralförmig angeordneten Löchern. Mit ihrer Hilfe konnten bewegte Bilder in helle und dunkle Punkte zerlegt, dann elektrisch übertragen und auf gleiche Weise mittels der Nipkow-Scheibe zusammengesetzt werden. 1936 wurde mit diesem Verfahren die Olympiade an einige Postanstalten in Berlin übertragen. Dieser Sender wurde offiziell als Paul Nipkow Sender bezeichnet. Theo Lingen und Peter Frankenfeld waren die ersten Ansager. 1938 wurde sein Verfahren der

Bildübertragung durch den einfacher zu handhabenden Elektronenstrahl ersetzt. Als Eisenbahnoberingenieur machte Nipkow noch zahlreiche Erfindungen zur Sicherheit der Eisenbahn. Mit einem Staatsbegräbnis wurde 1940 der „Vater des Fernsehens" geehrt.

Nobbin, Kreis Rügen. Bekannt durch sein Großsteingrab am Steilhang zur Tromper Wiek. Zwei 34 m lange Reihen trapezförmig gesetzter Steine (lange Breitseite 10 m, kurze Seite 7 m) bilden das Hünenbett; im Südwesten ragen die 2,50 m hohen Ecksteine, die Wächtersteine, auf. Im Inneren stehen zwei gleichgroße Dolmen mit völlig gleicher Plattenpflasterung, was auf gleichzeitigen Bau hindeutet. Während der Romantik wurde das Grab zu einem beliebten Motiv für u. a. C. D. Friedrich, C. G. Carus, F. Preller.

Nörenberg *(Ińsko),* Kreis Saatzig, 1767 Einwohner (1983). Die Kleinstadt am Südufer des → Enzigsees hat einen gitterförmigen Grundriß mit rechteckigem Markt. Vorstädte entstanden nach Beseitigung der Stadtwehr entlang der Ausfallstraßen nach Westen, Süden, Südosten und Nordosten. Die Sägewerke und Kalksandsteinwerke sowie die Pantoffelfabrik haben sich in diesen Stadterweiterungen angesiedelt. Die Saatziger Kleinbahn übernimmt auch heute noch den Güterverkehr der stark verkleinerten Ackerbürgerstadt. Zwischen 1250 und 1300 entstand eine deutsche Siedlung, die 1300 als Stadt der Neumark bezeichnet wurde. Ihre strategische Lage gegen Pommern befreite 1338 die Bürger für fünf Jahre von jeder Grundsteuer, um die Stadtwehr zügig aufbauen zu können. Henning v. Wedell erwarb 1354 Nörenberg, es blieb bis ins 17. Jh. hinein Familienbesitz. 1372 bauten sie ein festes Haus. 1816 kam Nörenberg zum Kreis Saatzig und so nach Pommern. Die Saatziger Bahnen erreichten Nörenberg 1895, was aber das Gewerbe nicht sehr beeinflußte. Bis ins 20. Jh. war der Krebsfang im Enzigsee von einiger Bedeutung; die Krebspest ruinierte diesen Wirtschaftszweig.

Nörenberg am Enzigsee dem deutschen — Vierwaldstätter See.
Sommerfrische und Ausflugsort, mit herrlichen Buchen- und Kiefernwäldern, neuzeitl. Strandbad.

Gaststätten: Hotel Deutsches Haus, Inh. W. Lohrmann, Marktplatz. Gut bürgerliche Küche. Solide Preise. Autounterkunft. Fernruf 233.

Restaurant u. Café „Zur silbernen Maräne" Inh.: Emil Schmidt, Am See 1. Einziges Gartenlokal am Enzigsee, mit Saal und Fremdenzimmern, geeignet für Ausflügler und Sommergäste. In den Sommermonaten täglich Künstler-Konzert. Autounterkunft und Parken. Fernruf 264.

Der Verkehrs-Verein.

Inserat von 1932

Bauwerke: Von der *Stadtwehr* und dem *Wedellschen Schloß* sind geringe Reste erhalten. Die *Stadtkirche* ist ein Backsteinbau von 1860.

Norbert, Friedrich, Mechaniker. * 1806 in Barth, † 1881 in Barth. Bei seiner Lehre zum Mechaniker interessierte er sich besonders für optische Instrumente. Private Studien in der Universitätsbibliothek in Greifswald führten ihn zu entscheidenden Verbesserungen des Fernrohrs und des Mikroskops, da es ihm gelang, Längenmessungen bis auf ein Tausendstel Millimeter vorzunehmen. Darüber hinaus ist er der Erfinder des Sekundenzeigers unserer Uhren.

Notke, Bernt, Bildhauer und Maler. * um 1440 in Lassan, † um 1509 in Lübeck. Bedeutendster Künstler des Ostseegebietes gegen Ende des Mittelalters. Schon 1463 schuf er den Totentanz für die Marienkirche in Lübeck, ein Reigen von 24 Figuren, auf Leinwand gemalt, 30 m lang. 13 Figuren kamen auf bisher ungeklärte Weise nach Reval und haben dort den 2. Weltkrieg unversehrt überdauert, die Lübecker Figuren verbrannten. Notke gelang es als jungem Künstler, sich aus den Bindungen des mittelalterlichen Handwerkertums zu befreien. Der Rat der Stadt Lübeck befreite ihn vom gesetzlichen Zwang, seine Kunst nur im Rahmen der Zunft auszuführen. Darauf baute er seine Werkstatt in großem Stil aus. Geistliche des Lübecker Domstifts, die Bischöfe von Århus und Roskilde waren seine Auftraggeber. Der schwedische Reichsverweser Sten Sture bestellte bei ihm die monumentale St. Jürgen Gruppe für die Storkyrka in Stockholm

(1489). Notke wurde zum Reichsmünzmeister von Schweden und Dänemark ernannt. 1505 war er Werkmeister der St. Petrikirche in Lübeck. Neben seiner Malerei und Bildhauerei fertigte er Modelle für Gelbgießer und Goldschmiede, schuf dekorative Architekturen, in kirchlichem Auftrag gestaltete er Lettner, Altäre, Orgeln, Reliquiare, liturgische Bücher.

Seine berühmtesten Werke: Totentanz (1463), Triumphkreuz im Lübecker Dom (1477), Altar im Dom von Arhus (1478–79), Hochaltar „Pfingstwunder" des Hl.-Geist-Hospitals in Reval, (1483).

Oberpräsidenten. Mit der Verwaltungsreform Preußens (1815) wurde das Amt des Oberpräsidenten geschaffen, der als Provinzialminister in der Provinz gedacht war, die regionalen Interessen im Zentralstaat vertrat und die staatliche, wirtschaftliche und kulturelle Einheit seiner Provinz zu sichern hatte. Bis 1945 hatte Pommern 15 Oberpräsidenten:

1. Karl Heinrich Ludwig v. Ingersleben, 1815–16.

2. Johann August → Sack, 1816–31. Führte bis 1818 die Kreisreform durch, hielt ab 1824 Provinziallandtage ab, gründete die Korporation der Stettiner Kaufmannschaft (1821), ließ den Swinemünder Hafen 1820 ausbauen, begründete 1824 die Gesellschaft für Pommersche Geschichte.

3. Moritz Haubold Freiherr v. Schönberg, 1831–35.

4. Wilhelm Friedrich Fürchtegott v. Bonin, 1835–52. Einleitung und Überwachung der Wahlen zur deutschen und preußischen Nationalversammlung (1848), Pressezensur, Förderung der Industrialisierung in Pommern, Ausbau der Oder, Eisenbahnbau.

5. Ernst Karl Friedrich Wilhelm Adolf Freiherr Senfft v. Pilsach, 1852–66. Enge Verbindung mit der pommerschn Erweckungsbewegung, Förderung der Industrie, Eisenbahnbau in Hinterpommern.

6. Ferdinand Karl Wilhelm August Freiherr v. Münchhausen, 1867–82. Vereinigung der Provinziallandtage von Altpommern und Vorpommern.

7. Ulrich Karl August Wilhelm Hermann Axel v. Behr-Negendank, 1883–91.

8. Robert Viktor v. Puttkamer, 1891–99. Förderung der Oderschiffahrt.

9. Hellmut Freiherr v. Maltzahm, 1900–11. Begründung der Historischen Kommission für Pommern (1911), Überwachung polnischer Wanderarbeiter.

10. Wilhelm Hans August v. Waldow, 1911–17. Während des 1. Weltkrieges Gründung des Pommerschen Viehhandelsverbandes und der Pommerschen Gemüsebau- und Verwertungsgesellschaft zur Förderung der Versorgung des übrigen Reiches.

11. Freiherr Dr. v. Ziller, 1917–18.

12. Dr. Georg Michaelis, 1918–19.

13. Julius Lippmann, 1919–30. Bewältigungsversuch der Nachkriegsschwierigkeiten gegen die deutschnationalen Landräte, 1919 schuf er die Beratungsstelle für die Volksbüchereien.

14. Dr. Karl v. Halfern, 1930–33.

15. Franz Schwede-Coburg, 1935–45. Gauleiter der NSDAP und Oberpräsident.

Oder *(Odra).* Von dem 903 km langen Fluß mit einem Einzugsgebiet von 124671 qkm befindet sich nur ein geringer Teil in Pommern. Seine Quelle liegt 634 m über NN im Odergebirge; durch die Mährische Pforte fließt die Oder nach Nordwesten, um bei der Einmündung der Görlitzer Neiße nach Norden umzubiegen, hier nimmt sie die Warthe mit der → Netze als rechten Nebenfluß auf. Nach dem Durchbruch durch den Pommerschen Höhenrücken südlich von Fiddichow teilt sich der Strom etwa 90 km vor seiner Mündung in zwei parallel laufende Arme, die Westoder, die durch Stettin, und die Ostoder oder Große Reglitz, die durch den → Dammschen See fließt. Bis Stettin verbanden zahlreiche kleine Flußläufe die beiden Hauptarme, die auf Stettiner Stadtgebiet Bestandteile des Hafens wurden. Nördlich der Stadt vereinigen sich beide Teile im Damasch, der ins Papenwasser übergeht, das

Oderschiffahrt

sich nördlich der Insel Leitholm zum → Stettiner Haff erweitert, das die Inseln Usedom und Wollin von der Ostsee abtrennen; nur Peene, Swine und Dievenow lassen das Wasser der Oder in die Ostsee abfließen.

Oderschiffahrt. Frühzeitig diente die Oder als Schiffahrtsweg, aber die Städte Stettin und Frankfurt a. d. Oder brachten wegen des Stapelrechts die Oderschiffahrt für lange Zeit zum Erliegen. Erst mit dem Ausbau der Swinefahrt 1720 und dem Abbau der Oderzölle 1752 wurde Stettin zum bedeutendsten preußischen Hafen, der ein ausgebautes Wasserstraßennetz ins Hinterland benötigte. Regelmäßige Frühjahrshochwasser führten im Unterlauf (das Gefälle unterhalb von Küstrin beträgt nur 0,01 Promille, die Wasserführung bei Hochwasser 1430 cbm/sec und bei Niedrigwasser 205 cbm/sec) zu so großen Überschwemmungen, daß Regulierungsarbeiten Mitte des 19. Jahrhunderts unumgänglich waren. Zwischen Ratibor und Stettin wurde die Oder um 154 km verkürzt, zwischen Cosel und Breslau entstanden von 1891–1918 22 Staustufen; zahlreiche Talsperren in Schlesien führten zu einer gleichmäßigen Wasserführung, die es ermöglichte, von Stettin bis Cosel mit Kähnen bis 1000 t und von Cosel bis Gleiwitz bis 750 t zu fahren. Der Unterlauf wurde 1905–31 ausgebaut, die Westoder kanalisiert, und über die Ostoder wurden die verbleibenden Hochwassermassen fern vom Hafen ins Haff abgeleitet. Über die Westoder führte der → Großschiffahrtsweg Berlin–Stettin, 1914 und 1934 ausgebaut, nach Berlin und ins mitteldeutsche Industriegebiet.

1939 gab es auf dem Wasserstraßengebiet der Oder 610 Motorschiffe mit insgesamt 39000 t Tragfähigkeit und 2692 Schleppkähne mit 937000 t Tragfähigkeit. 1936 hatte der gesamte Güterverkehr auf der Oder, in 14 Häfen und 115 Umschlagplätzen, einen Umfang von 10,5 Mill. t. 1939–40 wurden im Verkehrsbezirk Stettin 4 Mill. t verschifft. 1945 bedeutete den Zusammenbruch der Oderschiffahrt; 1946 hatte Polen auf der Oder 9 Schlepper und 26 Schleppkähne übernommen, deren Zahl 1947 auf 17 Motorschiffe und 76 Schleppkähne mit einer Tragfähigkeit von 34846 t anstieg. 1948 hatte die Oderschiffahrt nur 0,4 Mill. t Frachtgut befördert, 1949 stieg die Transportleistung auf ca. 0,7 Mill. t an. In den folgenden Jahren vermehrte sich das Transportvolumen auf der Oder, zumal die Oder, trotz fast gänzlicher Abtrennung vom Berliner und dem mitteldeutschen Hinterland, mit 85 v. H. der polnischen Binnenschiffahrt die bedeutendste polnische Binnenwasserstraße ist. Darüber hinaus setzte 1958 ein verstärkter Bau von 500- bis 600-t-Kähnen in Stettin, Cosel und Glogau ein. 1954 wurden auf ihr ca. 4,2 Mill. t Güter transportiert, bis 1965 hatte sich das Frachtaufkommen mehr als verdoppelt. Seit 1948 unterhielt die damalige ČSSR auf der Oder eine „Tschechoslowakische Oderschiffahrt“ mit einem Freihafen in Stettin. 1956 regelte ein Vertrag zwischen der VR Polen und der DDR die Oderschiffahrt, nach dem auch Binnenschiffe aus Berlin und Mitteldeutschland wieder nach Stettin fahren dürfen.

Oertzen, Elisabeth von, Schriftstellerin. * 1860 in Trieglaff, Kreis Greifenberg, † 1929 in Dorow, Kreis Regenwalde. War eine geborene v. Thadden-Trieglaff; auf dem Rittergut ihres Mannes Karl v. Oertzen in Dorow verfaßte sie zahlreiche humoristische Heimatgeschichten in mundartlicher Färbung. Werke u. a.: „Entenrieke und andere hinterpommersche Geschichten“ (1901), „Meine Kuh und andere hinterpommersche Geschichten“, „Die ollen vielen Jungs und andere Geschichten“ (1909), „Der goldene Morgen, Jugenderinnerungen“, „Über Hekken und Zäune“ (1922).

Osterstiepen, ein Osterbrauch. In Vorpommern ziehen Kinder mit bebänderten Birkenruten aus, um Frauen und Mädchen zu „stiepen“, d. h. zu schlagen unter Aufsagen des Spruchs: „Stiep, stiep Osterei, gibst Du mir kein Osterei, stiep ich Dir das Hemd entzwei!“ In Hinterpommern, wo das Osterstiepen auch Schmackostern genannt wurde, zogen auch junge Männer aus, um ihre Mädchen zu stiepen, z. T. mit Wacholderruten. Die Stiependen suchten ihr „Opfer“ möglichst frühzeitig noch im Bett zu erwischen, hatten sie ihr Ziel erreicht, waren Ostereier oder Süßigkeiten ihr Lohn. Hinter dem Osterstiepen stand wohl die mythologische Vorstellung von Gesundheit, Fruchtbarkeit, Kraft und Glück bringenden Zweigen.

Osterwolf. Ostergebäck in Gestalt eines vierbeinigen Tieres mit aufgerissenem „Wolfs“rachen. In der Verfassung der Stadt Greifswald von 1451 ist die früheste Nennung des Osterwolfes zu finden. In Stralsund war der Osterwolf bis ins 20. Jh. das beherrschende Ostergebäck, noch 1936 wurden etwa 6000 Osterwölfe gebacken.

Ostsee *(Morze Bałtyckie).* Das 0,42 Mill. qkm große Nebenmeer des Atlantiks begrenzt in seinem südbaltischen Abschnitt Pommern im Norden. Die dänischen Belte, der Öresund, das Kattegat und Skagerrak verbinden sie mit der Nordsee. Eine Gezeitentätigkeit ist nur in der westlichen Beltsee festzustellen – bei Malmö beträgt der Tidenhub 0,25–0,30 m; dadurch kann auch nur ein geringer Wasseraustausch mit dem Weltmeer stattfinden. Das führt zu einer Schichtung des Wassers in eine im Sommer bis zu 25 m dicke, 15-16 Grad Celsius warme Oberflächenwasserschicht, in der durch Oberflächenströme Sandverdriftungen an der Küste von Westen nach Osten geschehen, und eine kühlere, salzhaltigere Tiefenwasserschicht. Zwischen beiden Schichten findet kaum ein Austausch statt, eine Sauerstoffzufuhr zum Tiefenwasser unterbleibt fast ganz. Der Wasseraustausch wird noch zusätzlich durch das unruhige Bodenrelief behindert. Einzelne tiefere Becken werden von verhältnismäßig hohen Schwellen getrennt. An die flache Beltsee schließt sich westlich Bornholms das Arkona-Becken mit 53 m maximaler Tiefe an, östlich der Insel liegt das Bornholm-Bek-

Ostsee: Fischer beim Netzeflicken

ken, das mit 105 m seine größte Tiefe erreicht. In die Danziger Bucht ragt das Danziger Tief mit 115 m größter Tiefe hinein; nach Norden folgen die beiden Gotlandbecken mit 249 m und 459 m größter Tiefe, das Rigische-Becken bis 65 m Tiefe, das Aland-Bekken mit 301 m Tiefe und die beiden Becken des Bottnischen Meerbusens mit 294 m bzw. 146 m größter Tiefe.

Nur bei besonders ungewöhnlicher Wetterlage, bei andauernden Nordwest- und Westwinden, kann das Oberflächenwasser nach Osten gedrängt werden, so daß das salzhaltigere Tiefenwasser die Darßer Schwelle überwindet und in das Arkona- und das Bornholm-Becken vordringt. Die Becken werden von einer dicken Mudschicht bedeckt, die mit abgestorbenem pflanzlichen Plankton vermischt ist. Hier entstehen die für das organische Leben giftigen Schwefelwasserstoffe. Je weiter wir nach Osten kommen, desto geringer wird der Salzgehalt, am Kattegat 30 v. T., am Darß noch 8 v. T. Dabei besteht zwischen Oberflächen- und Tiefenwasser eine Differenz von z. B. 8 v. T im Arkona-Becken, bedingt auch durch die zahlreichen Süßwasserzuflüsse in die Ostsee, die jährlich 479 cbm vom Festland liefern. Damit nimmt auch die Vereisung nach Osten hin zu. Das Stettiner Haff ist fast jedes Jahr von Dezember bis März zugefroren.

Seit prähistorischer Zeit ist die Ostsee ein wichtiger Verkehrsträger für Nord-, Ost- und Mitteleuropa geworden. Sie war das Hausmeer der mittelalterlichen Hanse. Seitdem ist es nur noch ein Randmeer des Atlantiks mit überregionaler Verkehrsbedeutung. Als Fischfanggebiet spielt die Ostsee keine große Rolle mehr. Es werden noch Heringe, Dorsche und Sprotten gefischt; größere Marktbedeutung haben trotz geringerer Anlandung Scholle, Flunder, Aal und Lachs.

Ostseebäder. Mit der Gründung des ersten preußischen Seebades (1814) in Rügenwaldermünde begann ein sich lebhaft steigernder Touristenstrom an die Ostsee. Der geringe Salzgehalt, das Fehlen der Gezeiten und vor allem die kilometerlangen steinfreien, feinsandigen Strände ließen den Urlauberstrom ständig anschwellen. 1906 kamen in alle 74 Ostseebäder von Glücksburg bis Memel 320000 Kurgäste, 1939 waren es allein in den 65 Ostseebädern Pommerns 864000. Usedom wurde zur meistbesuchten Bäderinsel, die durch eine Eisenbahnabzweigung bei Ducherow nach Swinemünde zur „Badewanne von Berlin“ wurde. Einige Ostseebäder entwickelten zeitweise ein eigenes Erscheinungsbild: → Lauterbach/Putbus war zeitweilig das Bad des Adels, → Bansin auf Usedom galt als Modebad, → Misdroy war eine Zeitlang das vornehmste Ostseebad, → Ahlbeck suchten kinderreiche Familien auf. Zur Koordinierung der Werbung schlossen sich die Ostseebäder zum „Verband Deutscher Ostseebäder“ zusammen, den allerdings 1930 die hinterpommerschen Bäder unter Führung Henkenhagens verließen. Sie hatten schon seit 1925 ihren eigenen „Ostpommerschen Bäderverband“. Folge war, daß 1938 Kolberg mit 44508 Urlaubern und 566210 Fremdenübernachtungen zum meistbesuchten der Ostseebäder wurde. Von den übrigen Ostseebädern zählten Ahlbeck 522000, Swinemünde 435000, Misdroy 413000, Heringsdorf 312000, Bansin 286000, Zinnowitz 274000, Binz 268000, Dievenow 239000, Göhren 222000 Fremdenübernachtungen. Trotz der Katastrophe von 1945 erfreuen sich die Ostseebäder weiterhin großer Beliebtheit, so kamen 1988 u. a. nach Binz

161000, nach Prerow 99900 Urlauber. Auch die hinterpommerschen Seebäder sind für den polnischen Massentourismus weiter ausgebaut worden; z. B. 1989 kamen 180000 Badegäste nach Leba.

Ostseeslawen. Seit der 2. Hälfte des 6. Jh.s rückten westslawische Völker allmählich in das von Germanen geräumte Gebiet in Nordostdeutschland ein. Die Wilzen, später → Lutizen genannt, Abodriten und Sorben scheinen als geschlossene Stammesverbände eingewandert zu sein. Im frühen 7. Jh. drangen Gruppen der Feldberger Keramik oderabwärts und siedelten zwischen Warnow und Persante. Die germanische Restbevölkerung wurde schnell aufgesogen, einige Ortsnamen haben sich erhalten. Die Siedlungsgebiete der Ostseeslawen lassen sich nur in großen Umrissen festlegen. Auf Rügen und dem benachbarten Festland lebten die Ranen, im östlichen Mecklenburg und Vorpommern siedelten die Wilzen mit vier Kernstämmen, den Kessinern nördlich der Peene, Zirzipanen, Tollensanen südlich der Peene und den Redariern. Um 900 verschwindet der Name Wilzen, er wird durch Lutizen ersetzt, denen sich die Ukraner in der Uckermark verbunden fühlten. An der Odermündung wohnten die Welliner, im Pyritzer Weizacker die Prissani. In Hinterpommern gibt es einige durch Bodenfunde gut nachzuweisende Siedlungskerne, u. a. um Stettin, an der Ihna, an der oberen Rega und Drage und an der unteren Persante, zu denen sich nur schwer Stammesnamen zuordnen lassen, für letzteren kämen die Cassubi in Frage. Der Pommersche Höhenrücken wurde viel später von Norden aus besiedelt, er bildete zunächst eine Grenze zu den im Süden lebenden Polen. Sprachlich gehörten diese Stämme zur polabo-pomoranischen Sprachgruppe.

Die Ostseeslawen betrieben weitgehend eine Feldgraswirtschaft, nutzten den Fischreichtum der Flüsse und Seen, betrieben in → Arkona Heringshandel und beuteten die Solquellen in Kolberg und Altentreptow aus. Mit dem Entstehen von Burgen als Sitz der Stammeshäuptlinge entwickelten sich die Burgorte mit einer eigenen Handwerkerschicht. Entlang der Ostseeküste entstanden seit dem 9. Jh. eine Reihe von Seehandelsplätzen, von denen Wollin, Stettin, Kolberg und Cammin zu „Stadtrepubliken“ mit einem weitreichenden Fernhandel heranwuchsen. Mit Karl dem Großen begann die offensive Politik gegen die Ostseeslawen, was zur Gründung des Lutizenbundes führte und zum erfolgreichen Aufstand 983. Die deutsche Ostsiedlung und die neue Kirchenorganisation führten zu einer raschen Germanisierung der Ostseeslawen. Dennoch blieben Reste der Ostseeslawen lange Zeit erhalten. 1401 starb auf Rügen die letzte slawisch sprechende Frau, die „Kietze“ gehen auf slawische Dienstleistungen vor den deutschen Städten zurück. Die meisten pommerschen Adelsfamilien sind slawischer Herkunft. Orts-, Flur-, Gewässer- und Landschaftsnamen sind häufig ins Deutsche übernommen worden, u. a. Belgard, Lupow und Chotschow.

Otto von Bamberg, Bischof. * um 1060 in Mittelfranken, † 1139 in Bamberg. Vor Abschluß seiner Ausbildung wanderte er nach Polen und eröffnete dort eine Schule, setzte seine Fortbildung fort und wurde zum Priester geweiht. Er kehrte ins Reich zurück, wurde Hofkaplan und Reichskanzler Kaiser Heinrichs IV. 1102 übernahm er das Bistum Bamberg, zog nach Rom und kehrte erst 1106, von Papst Paschalis geweiht, in sein Bistum zurück. Über dreißig Klöster gründete er in den nächsten zwanzig Jahren seines Pontifikats. 1124 nahm er sich der Christianisierung der heidnischen → Ostseeslawen an und reiste, vom Polenherzog Boleslaw herzlich begrüßt, über Zantoch nach Pommern. Herzog Wartislaw I. ermöglichte ihm eine freie Missionierung, in Pyritz taufte er die ersten Pommern. Er besuchte Cammin, Wollin, Stettin, wo er den Triglawtempel zerstörte, Kolberg und Belgard und reiste 1125 nach Polen zurück, nachdem er 11 Kirchen erbaut hatte und in acht Städten christliche Gemeinden begründet hatte. Unruhen der Pommern veranlaßten 1127 den Polenherzog, zu einem Krieg gegen Pommern zu rüsten. Herzog Wartislaw rief die Vermittlung des Bamberger Bischofs an, und Otto unternahm 1128 mit Vollmacht des Papstes Honorius II. unter dem Schutz des Kaisers Lothar eine zweite Missionsreise nach Pommern, von Magdeburg über Demmin nach Usedom. Es gelang ihm mit Mühe, Boleslaw von seinem Vorhaben abzubringen, und Pfingsten 1128 faßte die Versammlung pommerscher Adliger in Usedom den Beschluß, das Christentum überall in Pommern einzuführen; einige Kastellane ließen sich taufen. Otto zog nach Wolgast, Stettin, Wollin und Cammin und gründete neue Kirchen. Ende des Jahres war Bischof Otto wieder in Bamberg. Bis zu seinem Lebensende widmete er sich ganz seinem Bamberger Bistum und förderte sein Missionswerk in Pommern. Leider erlebte er nicht die Erfüllung seines Wunsches – einen Bischof für Pommern zu weihen. Im Kloster Michaelsberg in Bamberg wurde er 1139 begraben.

Palleske, Emil, Vortragskünstler, Schillerforscher. * 1823 in Tempelburg, Kreis Neustettin, † 1880 in Thal/Thüringen. 1841 Studium der Geschichte und der Sprachwissenschaften in Berlin, 1843 in Bonn. Hier verfaßte er seine ersten Dramen, zog 1844 nach Berlin und wurde 1845 Hauslehrer beim englischen Gesandten. Er wurde Schauspieler; 1845 in Posen, 1846 in Stettin und 1846 am Großherzoglichen Hoftheater in Oldenburg. Seit 1851 widmete Palleske sich ganz der Vortragskunst. Seine Lesungen, besonders von Shakespeares Dramen, machten ihn bekannt, und er begegnete Gottfried Keller, mit dem er lebenslang befreundet blieb. 1853 siedelte er nach Ichtershausen/Thüringen über. 1858–59 erschien seine Schillerbiographie. Nach mehreren Umzügen kam er nach Thal bei Eisenach. 1864–65 hielt er innerhalb von neun Monaten 130 Vorlesungen. 1874 unternahm er eine Vortragsreise nach Osteuropa, 1875 nach England. Noch vor seinem Tod konnte er sein letztes Werk „Die Kunst des Vortrages“ abschließen.

Pfarrkirche in Pansin

Pansin *(Pęzino)*, Kreis Saatzig. Wasserburg am Zusammenfluß des Krampehl mit der „gestohlenen Ihna“, auf einer Insel im Überschwemmungsgebiet der beiden Flüsse. Bereits 1285 nennt eine Stargarder Urkunde als Zeugen einen Ritter Rütger von Pansin. Ritter Hans von Borck, schon 1357 in Pansin ansässig, verkaufte 1382 seine Burg mit allem Zubehör dem Johanniterorden für 6500 Mark unter der herzoglichen Auflage, daß es ein offenes Schloß gegen alle Feinde sei. 1493 kam das Schloß an den Ritter Heinrich v. Borck, blieb dann im Besitz der Familie, bis 1682 Peter Georg v. Puttkamer Pansin kaufte und die Tochter des letzten Besitzers, Eva Dilina, heiratete. Diese Familie hielt Pansin bis 1945. Der letzte Besitzer, Bogislaw

v. Puttkamer, führte seine Untergebenen in einem Gutstreck geschlossen nach Schleswig-Holstein.

Das *Schloß*, die letzte erhaltene Wasserburg Pommerns, lehnt sich an den Rest des Bergfrieds der mittelalterlichen Burg. Mitte des 16. Jh.s entstand das „Alte Haus“ mit Backsteingiebeln; um 1600 wurde auf der Südseite des Schloßhofs ein Renaissanceputzbau, das „Neue Haus“ gebaut. 1850–55 fügte Johann Strack an das Alte Haus einen neugotischen Bau mit Treppengiebel an. Beim Brand im Jahre 1935, dem das Alte Haus und der Anbau zum Opfer fielen, gingen unersetzliche Kunstschätze verloren. Beim Wiederaufbau 1937–38 konnte der Giebel des Alten Hauses wiederhergestellt werden, beide Bauten erhielten ein gemeinsames großes Walmdach. Nach 1945 beherbergte es die Verwaltung eines Staatsgutes und wird zur Zeit renoviert (1992).

Die mittelalterliche *Findlingskirche* ließ 1566 Matzke III. v. Borcke umbauen. Sie erhielt einen prächtigen Ostgiebel, an dem das mittelalterliche Maßwerk in Anlehnung an das Stargarder Rathaus eigenwillig mit Hängebögen abgewandelt wurde. Den alten Holzturm ersetzt seit 1902 ein Massivhaus. Die Inneneinrichtung des 18. Jh.s ist z. T. noch erhalten geblieben.

Pansin, Ringe von. Im Schloß Pansin gab es vor 1945 zwei identische Siegelringe, deren Siegelbild einen geharnischten, bekrönten Ritter mit Lanze und Schild zeigte. Auf dem abgeschrägten Rand waren zwei Kreuze eingraviert und eine undeutbare Inschrift in Majuskeln, die auf Münzen des 12. Jh.s verwendet wurde. Abnutzungsspuren deuteten auf ihren Gebrauch hin. Möglicherweise waren sie Zeichen der Zugehörigkeit zu einer Genossenschaft. Der Sage nach hatte ein Schloßfräulein zu Mitternacht am Altar der Schloßkirche drei Ringe in Form von drei glühenden Kohlen erhalten. An sie war ein Fluch geknüpft; ihr Verlust bedrohte das Schloß und seine Bewohner. Von den ursprünglich drei Ringen kam in Vorzeiten einer abhanden, worauf ein Flügel des Pansiner Schlosses einstürzte, das Geschlecht der Besitzer ausstarb und das Dorf abbrannte.

Siegelring mit Siegelabdruck

Pasewalk, Kreis Ueckermünde, 15 881 Einwohner (1985). Pasewalk, seit 1952 Kreisstadt eines eigenen Landkreises, liegt am rechten Ufer der Uecker. Die Altstadt mit elliptischem Grundriß und gitterförmigem Straßennetz hat in der Oberstadt den rechteckigen Marktplatz und die St. Marienkirche. Die Unterstadt hat als Mitte die St. Nikolaikirche. Nach ihrer völligen Zerstörung im 2. Weltkrieg wurde die Innenstadt mit Wohnblocks zugebaut, das Straßennetz wurde abgeändert. Außerhalb der noch in Resten erhaltenen Stadtwehr entstanden seit dem 19. Jh. Vorstädte, besonders an den Ausfallstraßen nach Süden, Osten und Norden zum Bahnhof hin. Weite Wohnblockviertel, vor allem in der Oststadt, entstanden nach 1945. Die nahrungsmittelverarbeitende Industrie, Getreidesilos und metallverarbeitende Betriebe fanden in Eisenbahnnähe ihre Standorte.

Erstmals erscheint 1150 eine „Burg Posduwle in Pommernlande“ in den Jahrbüchern des Klosters Pegau an der Elbe. 1177 bestätigte Herzog Bogislaw I. dem Kloster → Grobe das Patronat der Kirche in Pasewalk. Bischof Konrad I. (1161–86) nannte sie „die Kirche auf dem Marktplatz der Burg Pasewalk“ – die St. Nikolaikirche der wendischen Unterstadt; 100 Jahre später entstand die Oberstadt mit der Marienkirche. Die Markgrafen von Brandenburg konnten auf ihrem Drang zum Meer 1214 vorübergehend Pasewalk beset-

Der „Kiek in de Mark“ in Pasewalk

zen. Um 1250 erhielt es Magdeburger Stadtrecht, wird aber erst 1276 als civitas bezeichnet. 1354 kam Pasewalk an Pommern zurück. Pasewalk war schon 1385 durch sein Starkbier „Pasanelle“ („bona cervisia Pasewalcensis“) weithin in Europa bekannt. Um 1400 war der Bau der Stadtwehr abgeschlossen. Markgraf Friedrich II. von Brandenburg belagerte 1445 Pasewalk erfolglos; bei einem Ausfall wurden um 200 Prenzlauer gefangen genommen, für ihr Lösegeld erbaute Pasewalk den „Kiek in de Mark“. 1615 vernichtete ein Stadtbrand die Unterstadt, 1702 die Oberstadt und Teile der Unterstadt. Bis ins 19. Jh. war die Stadtmauer auch Stadtgrenze, erst danach erfolgte die Anlage von Vorstädten: 1832 das spätere Friedberg. Mit dem Eisenbahnbau, 1863 nach Stettin, nach Angermünde und Anklam, 1867 nach Strasburg, kamen einige Nahrungsmittelbetriebe und eine Maschinenfabrik in die Stadt. Wichtiger Wirtschaftsfaktor wurde das Militär. 1918 beschloß im Lazarett der Gefreite Adolf Hitler, Politiker zu werden. Ende des 2. Weltkrieges vernichtete ein Bombenangriff fast die ganze Innenstadt, 1988–89 wurde das Zentrum neu gebaut.

Bauwerke: Von der Stadtwehr sind das *Prenzlauer-* und das *Mühlentor* (etwa 1450) erhalten, der *Pulverturm,* 28,20 m hoch, der *„Kiek in de Mark“* und größere Teile der Stadtmauer.

Stadtkirche *St. Marien;* das Turmuntergeschoß ist ein Granitquaderbau aus dem 13. Jh. 1330 wurde eine dreischiffige Backsteinhallenkirche angebaut, die im 15. Jh. eine spätgotische achteckige Kapelle erhielt. Nach dem 30jährigen und dem Nordischen Krieg wurden 1734 und 35 neue Gewölbe eingezogen. Altar, Orgel und Beichtstühle übernahm die Gemeinde 1795 aus dem Mariendom in Stettin. Sie wurden 1861–63 als „der hehren Gothik“ widersprechend entfernt. 1984 stürzte der Turm ein, ein Sturm deckte 1986 das Dach ab, die Sprengung der Turmreste zerstörte Westwand mit Orgel. Seitdem wird die Kirche wiederaufgebaut.

St. Nikolai, 13. Jh., Granitquaderkirche, Ende 16. Jh. zu einer Hallenkirche mit Sterngewölben umgebaut. 1824–26 durchgreifend restauriert. Von der ursprünglichen Ausstattung ist nichts erhalten.

Die beiden Hospitäler, *St. Spiritus* (16. Jh.) und *St. Georg* (18. Jh.) blieben erhalten und werden als Altenheime genutzt. Das barocke *Rathaus* von 1727 wurde 1945 vernichtet.

Peene, Küstenfluß in Vorpommern, 126 km lang mit 5098 qkm großem Einzugsgebiet. Sie hat drei Quellflüsse: die West-Peene entspringt in 40 m über NN bei Grubenhagen, die Ost-Peene in 80 m über NN bei Kargow und die Kleine Peene in 35 m über NN bei Gnoien. Vom Kummerower See fließt die Peene nach Nordosten, nimmt bei Demmin die von Osten kommende 75 km lange Tollense und die von Westen zufließende 74 km lange Trebel auf. Bei Loitz ändert sie ihre Richtung nach Osten und fließt in einem weiten, vermoorten Schmelzwasserabflußtal. Etwa 10 km unterhalb Anklams geht sie in den Peenestrom über, dem 42 km langen westlichsten Abfluß der Oder aus dem → Stettiner Haff in die Ostsee. Wegen ihrer relativen Tiefe (2,80 m bei Demmin und 2,10 m bei Malchin) wird auf der Peene Schiffahrt betrieben. Bis Anklam fahren Schiffe bis 750 t, bis 450 t ist der Fluß bis Demmin, bis 200 t sogar bis Malchin schiffbar. Der Schiffsverkehr dient vorwiegend dem Abtransport von Zuckerrüben.

Peenemünde, Kreis Wolgast, früher Kreis Usedom-Wollin; altes Fischerdorf, 650 Einwohner (1965), im Nordzipfel der Insel Usedom. Schon frühzeitig war Peenemünde, von dem aus der Zugang von der Ostsee bewacht wurde, besiedelt. Aus dem 10. Jh. fand man einen Wikingerschatz mit mehreren goldenen Armreifen. 1250 erwähnt eine Chronik das Dorf erstmals. Die Stadt Wolgast erbaute dort eine Schanze. Kaiserliche Truppen und die König Christians IV. von Dänemark lieferten sich 1628 in Peenemünde heftige Kämpfe. 1630 landete König Gustav Adolf mit seinen Invasionstruppen, um in den 30jährigen Krieg einzugreifen. 1937 wurde im Naturschutzgebiet zwischen Peenemünde und Karlshagen die Heeresversuchsanstalt für Raketenwaffen aufgebaut, die einen eigenen elektrifizierten Eisenbahnanschluß erhielt. W. Dornberger und Wernher v. Braun entwickelten und erprobten die Raketentriebwerke für die V1 und V2. Am 3. 10. 1942 gelang der erste erfolgreiche Start einer A4, später V2 genannt. Die Statistik von 1939 führt für den „Heeresgutsbezirk" 2334 Einwohner auf. Ein britisch-amerikanischer Bombenangriff 1943 zerstörte wichtige Teile der technischen Anlage; dennoch wurde der Raketenversuchsbetrieb bis zum 14. 2. 1945 (letzter Raketenstart) weitergeführt; die Russen demontierten 1945 weite Teile des noch intakten Versuchsgeländes. Peenemünde blieb nach 1945 militärisches Sperrgebiet und wurde zu einem Marinestützpunkt der ehemaligen DDR, z. Zt. entsteht ein Weltraummuseum.

Penkun, Kreis Pasewalk, früher Kreis Greifenhagen, Kleinstadt mit 1700 Einwohner (1990). Penkun liegt unmittelbar an einem Übergang über das schwer passierbare Randowtal zwischen Lanke-, Schloß- und Bürgesee. Die rechteckige Innenstadt hat ein

Penkun

gitterförmiges Straßennetz mit einem quadratischen Marktplatz, auf dem die Stadtkirche steht. Die Straßenenge zwischen Lanke- und Schloßsee wird vom Schloß beherrscht. Erst im 20. Jh. erfolgten Stadterweiterungen entlang der Hauptstraße nach Osten und zum Bahnhof der Kleinbahn Kasekow – Penkun – Oder. An der Stelle des heutigen Schlosses lag ein wendischer Burgwall, die anschließende Halbinsel hieß „die alte Stadt". Ein „Territorium Pinkun", ein wendischer Verwaltungsbezirk, wird 1240 genannt. Angeblich soll Penkun im Jahre 1190 Magdeburger Recht erhalten haben. Zunächst war es bischöfliche, dann landesherrliche Grenzburg. Herzog Barnim I. verlieh 1261 dem Domkapitel von St. Peter in Stettin – später St. Marien – das Patronat der Penkuner Kirche. 1269 wird Penkun erstmals als Stadt bezeichnet. Im 14. Jh. erhielt Penkun eine Stadtwehr, die 1830 bis auf geringe Reste abgetragen wurde. Wegen seiner strategisch wichtigen Lage gewährten die Herzöge im Jahr 1320 der Stadt Zollfreiheit im ganzen Land, was sich jedoch kaum positiv auswirkte. Kurfürst Friedrich II. von Brandenburg belagerte 1468 Penkun vergeblich. 1480 gab Herzog Bogislaw X. Stadt und Schloß seinem Rat Werner von der Schulenburg zu Lehen, als Dank für den von ihm zwischen dem Herzog und dem Markgrafen ausgehandelten Frieden. Auf einer Anhöhe im Nordwesten ließ Werner ein Schloß erbauen, das 1580 durch einen Neubau ersetzt wurde. Joachim v. d. Schulenburg verkaufte 1614 seinen Besitz an Henning von der Osten, in dessen Familie die Stadt mit kurzen Unterbrechungen bis in 20. Jh. verblieb. Auch der Kleinbahnbau 1899 brachte keine Industrie in die Stadt, sie blieb ein Ackerbürgerstädtchen.

Bauwerke: *Stadtkirche.* Ein neugotischer Backsteinsaalbau ersetzte die 1854 abgebrannte alte Kirche.

Schloß, ursprünglich 1480; heute umschließt ein dreiflügliger, dreigeschossiger Renaissancebau von 1580 einen nach Nordosten offenen Hof. Die Keller stammen aus dem Mittelalter. Die Räume im Erdgeschoß haben die ursprünglichen Tonnengewölbe mit Stichkappen, im Südostflügel im Remter sind die stuckierten Sterngewölbe erhalten. Am Ostflügel ist ein achtseitiger Eckturm mit geschweifter Haube angebaut. Im Inneren gibt es mehrere Kamine und Reste von Deckenmalereien aus dem 17. Jh. Das Torhaus trägt eine wappengeschmückte Bekrönung mit der Jahreszahl „1614".

Persante *(Parsęta),* Küstenfluß, 165 km lang mit einem Einzugsgebiet von 3145 qkm. Die Persante entspringt in 137 m über NN im 1863 abgelassenen Persanzigsee in der Nähe von Neustettin. In ihrem Oberlauf nach Nordwesten, von weiten Waldungen umgeben, hat sie ein starkes Gefälle. Ab Groß Krössin wurde in früheren Jahrhunderten Holzflößerei betrieben. Bei Wutzow verläßt sie in einer 33 m tief eingeschnittenen, malerischen Schlucht die kuppige Grundmoräne, um in einem weiten, mit Wiesen und Torfmooren angefüllten Tal durch Belgard nach Kolberg zu fließen. Bei → Rostin stand das erste Unterwasserkraftwerk Deutschlands. In Körlin mündet die 100 km lange Radüe in die Persante. Das Mündungsstück in Kolberg ist als Hafen ausgebaut. Auf ihrem Weg nutzen zahlreiche Mühlen und im 20. Jh. kleine Elektrizitätswerke ihre Wasserenergie.

Peterfitz, Ring von. 1913 fand der Gastwirt Jungherr aus Peterfitz, Kreis Kolberg-

Ring von Peterfitz

Körlin, in einer Kiesgrube einen graubraunen, großen Metallring, der bis 1916 unbeachtet in seiner Gaststube hing. Rektor Kempin aus Kolberg entdeckte mit Hilfe eines befreundeten Juweliers, daß der Ring aus purem Gold bestand; er ist 1883 Gramm schwer und besteht aus 772 Teilen reinem Gold und 250 Teilen Feinsilber. Es handelt sich um einen Halsring (aufgerollt 1 m lang) aus der Zeit der Völkerwanderung, der dem skandinavisch-schwedischen Kulturraum entstammt. Seine Schauseite ist mit tiefgepunzten Dreiecken und Halbmonden verziert und endet in einem ziselierten Adler- und Schlangenkopf. Die übereinandergreifenden Enden sind mit Goldperlchen verlötet: ein künstlerisches Meisterwerk. Auf abenteuerlichen Wegen gelangte er von Kolberg über Lüneburg nach Lübeck.

Pfingstbaum. In den Dörfern der ehemaligen Abtei → Belbuck gab es bis zum 1. Weltkrieg den Brauch, einen Pfingstbaum zu setzen. Jugendliche des Dorfes stellten insgeheim den Pfingstbaum aus einem bis zwei Fichtenstämmen her; sein oberer Teil wurde mit Girlanden aus Tannengrün umwunden und mit mehreren großen Kränzen, an denen bunte Bänder angebracht waren, verziert; die Spitze bildete ein Birkenstrauch. In der Nacht zum Pfingstsonntag stellten die jungen Leute heimlich den Pfingstbaum vor einem Bauernhof auf. Der Hofbesitzer mußte ihn einige Wochen später „einholen" und „abtanzen" lassen; dazu lud er die Jugendlichen, Nachbarn und Freunde zu einer Feier mit Tanz und Festmahl ein. Einige Bauern scheuten diese Ausgaben und lagen in der Pfingstnacht auf der Lauer, um das Aufstellen des Pfingstbaums zu verhindern. Die möglicherweise ertappten jungen Leute mußten dann ein neues „Opfer" im Dorf suchen, was oft zu lustigen Zwischenfällen führte, da mehrere Gruppen einen Pfingstbaum herstellten.

Pfingsttaube. Im → Mittelpommerschen Keil warfen die Kinder nach der Pfingsttaube, ein Brauch, von dem schon 1329 in

Pfingstbaum

Freienwalde berichtet wird. Die Pfingsttaube war ein gedrechselter, buntbemalter Holzvogel, dem Szepter, Krone, Reichsapfel, Fahne oder Figuren wie Schornsteinfeger, Soldat, Storch aufgesteckt wurden. Es galt, diese Teile zu treffen und abzuwerfen. Zu Himmelfahrt oder am Sonntag vor Pfingsten wurde die Pfingsttaube vom Handwerker in der Stadt abgeholt und in einem Vorfest ins Dorf gebracht. Am Hauptfesttag wurde der Wettkampf durchgeführt und mit dem Abwurf von Reichsapfel und Rumpf „Kronprinz" und „König" ermittelt. Danach wurden Preise verteilt, die für den Abwurf der verschiedensten Teile der Pfingsttaube ausgesetzt waren. Abschluß bildete ein Zug durchs Dorf, von Haus zu Haus, bei dem die Kinder unter Absingen eines Heischeliedes um Gaben baten.

Philipp II., Herzog, * 1573 in Neuenkamp, † 1618 in Stettin; ältester Sohn Herzog Bogislaws XIII. Nach dem Studium an der

Philipp II. Herzog von Pommern

Universität Rostock unternahm er eine zweijährige Bildungsreise nach Italien. 1606 trat er die Nachfolge seines Vaters im Herzogtum Stettin an; seinen vier Brüdern überließ er das Bistum Cammin (Franz und Ulrich die Anwartschaft darauf) und das Amt Rügenwalde (Bogislaw XIV. und Georg III.). 1607 heiratete er Sophia von Schleswig-Holstein-Sonderburg; ihre Ehe blieb kinderlos. Während seiner Regierungszeit suchte er das Wohl des Landes zu mehren; sein Bemühen, neutral zu bleiben, ohne dafür eine Verteidigungsmacht aufzubauen, sollte sich nach seinem Tode für Pommern verhängnisvoll auswirken. Gegen den Adel, der ständig an Macht gewann und seinen Besitz durch → „Bauernlegen" vergrößerte, wagte er schließlich nicht vorzugehen. In der „Erweiterten und erklärten Bauern- und Schäferordnung" für das Herzogtum Stettin vom 16. 5. 1616 ließ er dem Adel weitgehend freie Hand. Gegenüber den Städten trat er viel entschiedener auf, 1608 verbot er eine von Stettin ausgeschriebene Biersteuer. 1612 griff er ordnend beim finanziellen Zusammenbruch Stettins, als Folge des Konkurses des Handelshauses → Loitz (1572), ein.

Philipps künstlerische und wissenschaftliche Liebhabereien sorgten für seinen Nachruhm. Seine umfangreiche Sammlung fand im Stettiner Schloß keinen Platz mehr, so daß er es ab 1616 um den „Philippsbau", 1619 fertiggestellt, erweiterte. Bei seinem Kunstberater Philipp Hainhofer, einem Augsburger Patrizier, bestellte er den → „Pommerschen Kunstschrank" 1610. Der Rostocker Professor Dr. Eilhard Lubinus schuf 1618 die → „Lubinsche Karte von Pommern". Eine von Philipp II. initiierte „Pomeranographia" von Jürgen Valentin v. Winter blieb unvollendet. Dafür erschienen 1613 die „Historische Beschreibung der Stadt Alten-Stettin" von Paul Friedeborn und erst 1628 das „Große Pommersche Kirchen-Chronikon" von D. Daniel Cramer. Nach dem Tode Philipps II. wurde die Sammlung in alle Winde zerstreut.

Picht, Oskar, Blindenlehrer, Erfinder. * 1871 in Pasewalk, † 1945 in Potsdam. Ausbildung am Lehrerseminar in Pölitz, bis 1897 im Kreis Greifenhagen tätig; danach Fortbildung zum Blindenlehrer in Berlin. 1899 schuf er das erste Modell einer Blindenschreibmaschine, die er ständig verbesserte und produzieren ließ. 1907 erhielt er auf der Internationalen Schreibmaschinenausstellung in Venedig die Goldene Medaille. 1912 wurde er Direktor der Provinzial Blindenanstalt in Bromberg und 1920 in Berlin-Steglitz. Auf seine Anregung entstand der erste Blindenfilm. 1933 wurde der Erfinder der Blindenschreibmaschine pensioniert, er wohnte bis zu seinem Tod in Potsdam-Rehbrücke.

Plathe *(Płoty),* Kreis Regenwalde, Kleinstadt an der Rega mit 3563 Einwohnern (1983). Plathe hat eine regelmäßig aufgebaute Altstadt mit rechteckigem Marktplatz. Am Fluß stehen das Blücher- und das Ostenschloß. Bis zum 19. Jh. hatte sich Plathe im gesamten Regabogen bis zum Bahnhof im Norden ausgedehnt. Nach dem 1. Weltkrieg entstanden entlang der Ausfallstraßen nach

Naugard, Körlin und Greifenberg Vorstadtsiedlungen, die nach dem 2. Weltkrieg durch Wohnblocks erweitert wurden. Die Industrie spielt eine untergeordnete Rolle, mehr als lokale Bedeutung haben jedoch die Schulen und das Krankenhaus.

Vermutlich gab es eine wendische Burg mit einer Handelssiedlung: arabische Münzen des 10. Jh.s sind gefunden worden. 1277 verlieh Dubslaw v. Woedke dem Ort lübisches Stadtrecht, 160 Hufen Land und eine zwölfjährige Abgabenfreiheit. Herzog Bogislaw IV. trat Plathe im Vierradener Vertrag an die v. Wedell ab; die Herren v. d. Osten erwarben 1367 die Stadt. 1577 mußte Wedige v. d. Osten einen Teil von Plathe an Hermann v. Blücher verkaufen. Dieser übernahm die Burg, und Wedige baute einige hundert Meter entfernt ein neues Schloß, das bis 1945 im Besitz der Familie blieb. 1580 regelten beide Familien ihre Herrschaft über Plathe neu. Matthias Konrad v. d. Osten heiratete 1731 die letzte Erbin derer v. Blücher und vereinigte den Besitz in einer Hand. 1882 erhielt Plathe Anschluß an das Eisenbahnnetz. Die Molkerei, ein Sägewerk, die Dampfziegelei, die Mühle und ein Elektrizitätswerk waren die wenigen Gewerbebetriebe.

Bauwerke: Die Stadtkirche *St. Marien* (1594) wurde 1900–04 durch einen neugotischen Backsteinbau ersetzt.

Blücherschloß (1577) von Hermann v. Blücher erbaut, dreigeschossiges Wohnhaus. Im Erdgeschoß trägt eine toskanische Säule das Gewölbe der „großen Stube". Das Säulenkapitell zieren vier Löwenköpfe. Nach der Brandstiftung 1869 blieb es als Ruine stehen; erst nach 1945 wiederhergestellt, nutzt es heute das Stettiner Staatsarchiv.

Ostenschloß (1606–18), ein dreigeschossiger Mittelbau mit zwei niedrigeren, rechtwinklig anschließenden Flügeln. Es beherbergte die wertvolle Sammlung Friedrich Wilhelms v. d. Osten. Nach 1945 wurde in ihm ein Internat untergebracht.

Plathe – „Pommersche Bibliothek". Der Kammerherr Friedrich Wilhelm von der Osten († 1786) begann 1756 seine Sammlung anzulegen. Seine Bibliothek umfaßte rund 12000 Bände und war die größte Privatbibliothek Pommerns. 1766 fertigte er eigenhändig einen Katalog an, den „Catalogus bibliothecae Pomeranicae exhibens scriptores rerum Pomeranicarum; manuscripta Pomeranica; Effigies pictas ducum; Numophylacium Pomeranicum; Plathe 1766 Fr. W. v. Osten". Die Sammlung umfaßte wertvolle Handschriften und frühe Drucke zur Landesgeschichte. Dazu gehörte eine Gemäldesammlung mit Ahnenbildern, eine Münzsammlung, in der sich die erste pommersche Goldprägung Herzog Bogislaws X. (der Goldgulden von 1499 mit der „Maria Pomerana" auf der einen und dem pommerschen Wappen auf der anderen Seite) befand. Dazu kam noch ein Zyklus von sechs Gobelins, 3,20 m hoch (1715 entworfen), der Szenen aus dem Leben des Erzvaters Abraham darstellte. 1945 wurde die Sammlung zerstört; die noch beträchtlichen Reste der Bibliothek sind im Blücherschloß als Dependance des Stettiner Staatsarchivs untergebracht.

Plöne *(Płonia)*, 79 km langer Fluß mit einem Einzugsgebiet von 1173 qkm. Die Plöne entspringt im Berlinchener See auf dem Pommerschen Höhenrücken. Sie durchfließt den Großen und den Kleinen Plönesee, den → Madüsee und mündet bei Altdamm in den → Dammschen See. Der Fluß „Plona" wird 1176 erstmals genannt; die Kolbatzer Zisterziensermönche regulierten ihn und erhielten so einen Schiffahrtsweg zur Odermündung. Noch Ende des 19. Jh.s konnte etwa 1 km des Mündungsbereiches befahren werden.

Podewils, Heinrich Graf von, Diplomat. * 1695 in Suckow, Kreis Schlawe, † 1760 in Berlin. Unter König Friedrich Wilhelm I. war er seit 1720 Gesandter in München, Bonn, Kopenhagen und Stockholm; 1730 wurde er Minister des Departements für auswärtige Angelegenheiten. Er war ein Vertrauter des Königs und konnte diese Stellung unter dessen Nachfolger, Friedrich II. (1740–60), beibehalten. Von Podewils strebte immer einen Ausgleich mit friedlichen Mitteln an und scheute außenpolitische Wagnisse. Bei Hof und in Diplomatenkreisen war er als „der Fürsichtige“ bekannt. Er lehnte den Einmarsch nach Schlesien ab, versuchte aber nach Kriegsausbruch, die Tat seines Königs zu rechtfertigen. 1742 schloß von Podewils den Breslauer, 1745 den Dresdener Frieden ab. Sein Eintreten für eine Wahrung des Friedens, auch im Widerspruch zum König, belohnte dieser mit dem Schwarzen Adlerorden, der höchsten preußischen Auszeichnung.

Pölitz *(Szczecin-Police),* Groß Stettin, 28581 Einwohner (1983). Pölitz liegt am linken Ufer der Oder, deren Nebenarm, die Larpe, an der Altstadt vorbeifließt; ihr Grundriß bildet ein langgestrecktes Viereck mit einem rechteckigen Marktplatz, auf dem die Reste der St. Marienkirche stehen. Schon frühzeitig entstanden Vorstädte entlang des Oderarms und zum Bahnhof hin. Nach 1945 wurden jenseits der Bahnlinie große Wohnblocksiedlungen errichtet, und große Teile der Innenstadt in Plattenbauweise wieder aufgebaut. In den Außenbezirken entstand vor dem 2. Weltkrieg das Hydrierwerk, nach dessen Zerstörung bauten Polen in unmittelbarer Nähe eine Kunstdüngerfabrik.

1249 und 1254 besaß der Ritter Bartholomeus de Polliz den Ort. Herzog Barnim I. verlieh ihm Magedeburger Stadtrecht. Das St. Marienstift in Stettin übte seit 1286 die geistliche Gerichtsbarkeit über die Stadtkirche aus und erhielt 1299 auch deren Patronat. Herzog Otto I. übergab 1321 die Stadt mit Burgwall dem Rat von Stettin, in dessen Besitz Pölitz bis 1808 verblieb. Seit dem 18. Jh. dehnte sich die Stadt nach allen Seiten aus. Bis ins 19. Jh. betrieb man in Pölitz Hopfenanbau, Viehzucht und Fischerei. Im Jahre 1775 wurden 17 Brantweinbrennereien gezählt. 1898 wurde die Eisenbahnlinie Stettin – Pölitz – Jasenitz in Betrieb genommen. 1939 entstanden die Norddeutschen Hydrierwerke, die synthetisches Benzin herstellten. Während des 2. Weltkrieges wurde Pölitz wiederholt bombardiert und zu 70 v. H. zerstört, 1939 wurde es nach Groß Stettin eingemeindet. Seit 1946 ist Pölitz wieder selbständige Stadt, eine Trabantenstadt von Stettin mit kleinem Oderhafen.

Bauwerke: Von der Stadtkirche *St. Marien* (15. Jh.), ein spätgotischer Backsteinbau, blieb die kleine Marienkapelle auf dem Markt erhalten, als das Gebäude 1896 wegen Baufälligkeit abgebrochen wurde. Friese aus schwarzglasierten Backsteinen verzieren Portal, Ost- und Südwand der Kapelle.

Pollnow *(Polanów),* Kreis Schlawe, Kleinstadt mit 2409 Einwohnern (1983) im landschaftlich schönen Grabowtal. Die Innenstadt mit rechteckigem Marktplatz, neben dem die Stadtkirche steht, liegt zwischen Moor- und Langem Bach; nach den starken Zerstörungen 1945 wurden in ihr einige Wohnblocks errichtet. Südöstlich, im Tal zwischen Billerbach und Langem Bach, lag die Burg Peter v. Neuenburgs. Vorstädte entstanden auf dem rechten Ufer der Grabow und zum Bahnhof im Südwesten hin, wo die Maschinenfabrik, die Molkerei und ein Sägewerk stehen. Nach 1945 vergrößerte sich Pollnow um einige Wohnblocksiedlungen.

1295 übernahm Graf Peter Swenz von Neuenburg eine Ordensburg mit der davor liegenden Siedlung. Die Markgrafen von Brandenburg belehnten ihn und seine Söhne mit Pollnow. Sein Sohn, Peter von Pollnow, verlieh dem Ort 1312 lübisches Stadtrecht. Ab 1353 gehörten Stadt und Schloß zu den

Pollnow: Walkmühle

37 Das Stargarder Mühlentor

38 Das Pyritzer Tor in Stargard

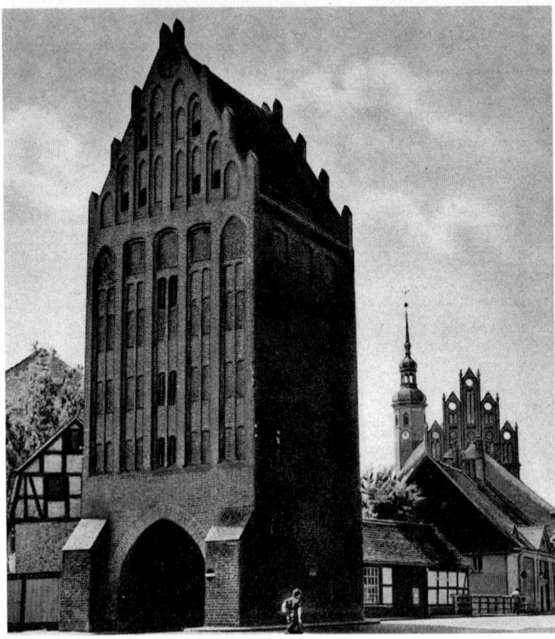

39 Mittelalterliches Stadttor in Stolp

40 Das Stralsunder Rathaus mit der Nikolaikirche

41 Die Ordensburg zu Schivelbein

42 Der Streitzigsee – Perle der pommerschen Seenplatte

43 *Das Stettiner Schloß*

44 *Stettin – Stadt an der Oder*

45 *Panorama von Tribsees*

46 Blick über die Rega auf die Stadtkirche in Treptow

47 Stettin: Blick von der Oder auf Johannis- und Jacobikirche

Bad Polzin:
Grabplatte Erasmus v. Manteuffel

Tafelgütern des Caminer Bischofs. Herzog Erich II. übergab Pollnow der Familie Glasenapp, in deren Besitz die Stadt bis 1773 verblieb, danach übernahm sie der Oberst Ernst v. Wrangel. Mehrfache Stadtbrände, u. a. 1736, zerstörten große Teile von Pollnow. Der späte Bau der Eisenbahnlinien (1903 nach Bublitz, 1921 nach Zollbrück und 1921–24 die Schlawer Bahnen) brachten der Stadt keine großen wirtschaftlichen Impulse – nach 1945 wurden alle Bahnlinien demontiert. Pollnow belieferte das landwirtschaftliche Umland, einzig eine Berliner Kleiderfabrik nutzte bis 1945 die vorhandenen Arbeitskräfte. Ende des 19. Jh.s erwarb Pollnow eine gewisse Bedeutung als Moorbad und Luftkurort. 1945 erlitt die Stadt sehr schwere Zerstörungen, insbesondere in der Innenstadt.

Bauwerke: *Stadtkirche* (1850); ein Backsteinbau, in den der alte Turm einbezogen worden war. Ein Rokokotaufbecken von 1745 war erhalten geblieben.

Swenzonenschloß; der langgestreckte Bau, der bis 1489 das Landvogteigericht beherbergte, wurde im Laufe der Jahrhunderte stark verändert. Aus dem 17. – 18. Jh. existiert eine Eichentreppe.

Pollnow, Heiliger Berg von. Etwa 3 km südwestlich von Pollnow erhebt sich über dem weiten Tal der 156 m hohe Heilige Berg. Auf ihm befand sich im Mittelalter eine Kapelle mit einem wundertätigen Gnadenbild der Mutter Gottes. Neben ihr entsprang eine Quelle, der man heilende Kräfte zusprach. Schon 1385 war der Heilige Berg ein bekannter Wallfahrtsort, und 1485 hatte er vergleichbare Bedeutung wie der → Gollen und der → Revekol erworben. Noch 1544 war die Kapelle Tag und Nacht für herbeiströmende Pilger geöffnet – der letzte Wallfahrtsort Pommerns, den die noch katholisch gebliebene Bevölkerung aufsuchen konnte. Eine bewußt ausgestreute Geschichte, eine Frau habe ihre kranke Ziege aus der wundertätigen Quelle trinken lassen, die daraufhin versiegte, sollte den Pilgerstrom stoppen. In 2. Hälfte 16. Jh. wurde der Besuch des Heiligen Berges verboten. Gnadenbild und Kapelle verschwanden.

Polzin, Bad *(Połczyn Zdrój),* Kreis Belgard, Kleinstadt und Kurort mit 8849 Einwohnern (1983). Bad Polzin liegt am Nordabhang des Pommerschen Höhenrückens im Tal des Wugger- und Taubenbaches. Nördlich des alten Schlosses erstreckt sich um einen quadratischen Marktplatz die Innenstadt, die noch weitgehend erhalten ist. Südlich davon dehnt sich seit dem 19. Jh. der Kurpark mit „Rosen"-, „Terassen"- und „Alpengarten" und den verschiedenen Kurhäusern aus. Zum Bahnhof hin und jenseits der Eisenbahnlinie liegen weite Stadtrandsiedlungen.

Benediktinermönche aus Stolpe an der Peene legten im 13. Jh. ein deutsches Dorf an, in dem vermutlich der Templerorden nach 1290 ein Schloß baute. Nach 1312 wechselte Polzin in den Besitz der Familien v. Zozenow und v. Glasenapp. 1320 wurde Hasso v. Wedell Besitzer des Schlosses; für seinen Anteil an dem Ort gewährten 1335 die Herzöge Bogislaw V., Barnim IV. und Wartislaw V. lübisches Stadtrecht. Gerd v. Manteuffel erwarb 1374 Polzin und ließ einen Befestigungswall mit Wardiner und Jagertower Tor erbauen. 1466 besetzten polnische Söldner das Schloß, nur mit Mühe konnte sie Erich II. vertreiben. 1688 wurde in der Nähe der Wugger eine Quelle entdeckt, deren Säuerling Linderung bei Augenentzündungen und Krampfadern brachte. Nachdem der Pastor die Heilquelle bekannt gemacht hatte, kamen schon um 1700 viele Kurgäste nach Polzin. Seitdem ist die Stadt, mit kriegsbedingten Unterbrechungen, ein vielbesuchter Kurort: 1938 registrierte man 127082 Fremdenübernachtungen. Die Eisenbahnlinien (1896–97 nach Schivelbein, 1903 nach Falkenburg und Bärwalde) erleichterten den Kurtourismus. Nahrungsmittelbetriebe und eine Großbrauerei ergänzen die Wirtschaft der Stadt.

Bauwerke: *Manteuffel Schloß* (13.–16. Jh.), wurde 1770 völlig umgebaut, 1930 bezog es ein Kinderheim. Die Stadtkirche *St. Marien* (1418) wurde häufig umgebaut. Rechts in der Wand des Altarraumes ist die Grabplatte Erasmus' v. → Manteuffel, des letzten katholischen Bischofs von Cammin, eingelassen. Die Platte aus Messingguß, schwarz angestrichen, zeigt den Bischof in Ornat, mit Mitra und Stab, in etwa halber Lebensgröße. Die Kuranlagen aus dem 19. Jh. sind weitgehend erhalten.

Polziner Mineralquelle. 1688 entdeckte ein Grobschmied den Säuerling (kohlensaures Mineralwasser) mit hohem Eisengehalt, der seinem Freund Linderung bei einer Augenentzündung brachte; der Polziner Pastor machte die Heilquelle bekannt. Ein Jahr später wurde ein Gästehaus gebaut, und die ersten Kurgäste kamen zum Gesundbrunnen. Prominentester Gast war 1712 Herzog Ferdinand von Kurland. Gegen 1750 nahm der Badebetrieb zu; zwei weitere „Heilquellen“ wurden gebohrt und zwei kleine Badehäuser errichtet. Endes des 18. Jh.s besuchte Königin Luise das Heilbad. Nach den Befreiungskriegen begann der Aufschwung Polzins. Marien- und Victoriabad wurden 1854 gebaut. 1850 ergänzte man das Mineralbad durch die Verwendung von Moorbädern zur Heilung von Ischias, Gelenkrheumatismus, Blutarmut und Frauenkrankheiten. 1855 gründete der Oberpräsident der Rheinprovinz Hans Hugo v. → Kleist-Retzow auf Kieckow mit einigen Adligen das Johanniter-Krankenhaus, das überwiegend auf die Anwendung von Moorbädern eingerichtet war. 1939 wurde der Kurbetrieb eingestellt, erst nach 1945 nahm ihn die staatliche polnische Bäderverwaltung wieder auf.

Pomerellen. Landschaft westlich der unteren Weichsel, nördlich der Netze, zum größten Teil auf dem Pommerschen Höhenrücken. Bereits im 10. Jh. stand Pomerellen unter polnischem Einfluß. Polenherzog Boleslaw III. Schiefmund (1102–38) sandte Bischof Ägidius von Tusculum nach Pomerellen, um es zu missionieren. Den vom Polenherzog nicht unterworfenen Teil bis zur Leba und Brahe faßte Ägidius im Bistum Leslau zusammen, der südliche Teil bis zur Dobrinka kam zum Bistum Gnesen. Im 11. und 12. Jh. war Pomerellen ein eigenes Herzogtum mit Danzig als Hauptort. Swantepol II. (1220–66) der sich nach 1227 als Herzog bezeichnete, konnte sein Territorium zeitweise bis zur Netze im Süden und bis zum → Gollen bei Köslin im Westen ausdehnen. Nach dem Tod seiner Söhne Wartislaw II. und Mestwin II. († 1295) wurde Pomerellen nach einem Erbfolgestreit 1309 vom Deutschen Ritterorden erworben. Die Kastellaneien Stolp und Schlawe wurden brandenburgischer Besitz, das Gebiet östlich der Küddow bis zur Dobrinka bekam Polen. Nach dem 2. Thorner Frieden (1446) kam der Ordensteil Pomerellens bis zur 1. Polnischen Teilung (1772) an Polen. Danach hieß es Westpreußen, das 1919 im Versailler Vertrag zwischen Polen (15 865 qkm), der Freien Stadt Danzig (1912 qkm) und Deutschland, 10 152 qkm aufgeteilt wurde. Den polnischen Anteil bezeichnete man als sog. Korridor; der westliche Teil des deutschen Anteils (7723 qkm) bildete nach 1920 die → Grenzmark Posen-Westpreußen mit Schneidemühl als Verwaltungssitz. Seit 1945 gehört der größte Teil Pomerellens zur Wojewodschaft Danzig, der Rest im Süden ist auf die Wojewodschaften Bromberg und Schneidemühl aufgeteilt.

pommern, das neue. Künstlergruppe, die sich der konstruktivistischen Kunstströmung zuwendete. Die Gruppe wurde 1930 von F. Bernhardt, E. Engelin, E. Kretschkamp, M. Kühn, E. Mögelin und L. Usadel, unter Mithilfe von Prof. Rosenbauer, dem Direktor der Werkschule für gestaltende Arbeit in Stettin und Dr. Riezler, dem Direktor des Stadtmuseums, gegründet. In den folgenden Jahren wurden F. Becker, F. Eberhardt, → Julo Levin, → Joachim Utech, → Kurt Schwertfeger und W. G. Stockmann ins neue pommern aufgenommen. Während ihrer kurzen Lebenszeit veranstaltete sie vier Ausstellungen im Stettiner Museum, eine in Belgard, sowie monatlich wechselnde Ausstellungen im graphischen Kabinett der Buchhandlung L. Saunier. Nach der Entlassung Dr. Riezlers aus politischen Gründen im Jahre 1933, beschloß die Gruppe ihre Selbstauflösung, da sie keine Möglichkeit einer Zusammenarbeit mit der nationalsozialistischen Führung sah.

Pommersche Bucht *(Zatoka Pomorska).* Am weitesten nach Süden reichende Bucht der → Ostsee, im Westen durch die Insel → Rügen begrenzt, im Süden durch die Inseln → Usedom und → Wollin. Die Pommersche Bucht entstand während der letzten Vereisung als Zungenbecken des Odergletschers, das in der Litorinatransgression (5500 bis 2000 v.Chr.) überschwemmt wurde. Die Südküste ist eine Ausgleichsküste mit flachem Sandstrand und nur einzelnen Kliffs, z. B. bei Koserow auf Usedom und Misdroy auf Wollin. Winterlicher Eisgang besonders bei nördlichem und nordöstlichem Wind behindern von Dezember bis März die Schiffahrt erheblich. Im Sommer herrscht entlang der Küste in den Seebädern der Massentourismus. Wichtigster Hafen der Pommerschen Bucht ist → Swinemünde, der Vorhafen Stettins.

Pommersche Herzogtümer. Pommern war im Laufe seiner Geschichte in den seltensten Fällen ein einheitlicher Territorialstaat. Vom 10. bis zum 12. Jh. begann sich in verschiedenen Gegenden eine herzogliche Oberhoheit herauszukristallisieren. Im unteren Oderraum entstand das Herzogtum Pomerania, später nur noch Slavia genannt; um Danzig bildete sich das Herzogtum Pommern, später mit Pomerellen oder Klein Pommern bezeichnet. Beide kennzeichnet die slawische Realerbteilung, d. h. im 12. Jh. wurde das Herzogtum Pommern aufgeteilt, u. a. entstand die Herrschaft Belgard mit den Landen Schlawe und Stolp, die 1227 mit dem Aussterben der Ratiboriden an Pommern zurückfiel. Im Westen wurde 1136–1264 die Herrschaft Demmin vom Herzogtum Slavia abgetrennt, danach hieß dieser Landesteil „ducatus Stettinensis et Diminensis". Gegen Ende des 12. Jh.s entstand das Fürstentum Rügen, das auf dem Festland bis zum Ryck reichte. Um 1220 gab es in Pommern fünf Herzogtümer.

1295 wurde das Herzogtum Stettinensis et Diminensis in die Herzogtümer Wolgast (mit Bogislaw IV. als dux Slavorum et Cassubie) und Stettin (mit Otto I. als dux Slavorum et Cassubie et dominus in Stettin) aufgeteilt. Das Herzogtum Wolgast erwarb 1316 aus dem Herzogtum Pommern–Danzig die Herrschaft Belgard und 1325 in einem langen Erbfolgestreit nach dem Tod Fürst Wizlaws III. das Fürstentum Rügen. Herzog Wartislaw IV. führte den Titel „der Wenden, Cassuben und Pommern Herzog, Fürst zu Rügen". 1372 erfolgte eine erneute Aufteilung dieses Herzogtums in die Herzogtümer Stolp und Wolgast. Die Zersplitterung setzte sich fort. 1376 zerfiel das Herzogtum Wolgast in das Herzogtum Barth (mit Rügen, Stralsund, Barth und Damgarten) und das Herzogtum Wolgast (mit Wolgast, Usedom, Anklam

Pommerscher Höhenrücken

und Greifswald). 1393 wurden beide Teile wiedervereinigt. 1402 spaltete sich vom Herzogtum Stolp, (mit Schlawe, Neustettin und Stolp) das Herzogtum Rügenwalde mit Stargard, Wollin und Rügenwalde ab, jedoch nur bis 1403. 1459 starb die Herrschaft Rügenwalde mit Erich I. aus, 1464 ebenfalls die Herrschaft Stettin, so daß mit dem Regierungsantritt Bogislaws X. (1474) Pommern ein einheitliches Herzogtum war. 1532 teilten jedoch seine Erben, Sohn Barnim IX. und Enkel Philipp I. das Land erneut in die Herzogtümer Wolgast und Stettin auf, die nach dem Tode Philipp Julius von Wolgast wieder vereinigt wurden. 1637 starb mit Bogislaw XIV. das Greifenhaus aus, das Herzogtum Pommern wurde schwedische und brandenburgische bzw. preußische Provinz.

Pommerscher Höhenrücken; wird in seiner gesamten Ausdehnung von der Elbe bis zur Memel auch Baltischer Landrücken genannt. Der Pommersche Höhenrücken erstreckt sich auf etwa 220 km Länge zwischen Oder und Weichsel; seine höchsten Erhebungen sind u. a. der Turmberg (331 m) in Westpreußen, der Schimmritzberg (256 m), der Steinberg (234 m) und der Bullenberg (219 m). Sie liegen auf dem Hauptendmoränenwall der letzten Vereisung der Weichseleiszeit. Diese Höhen sind jedoch nicht allein durch die eiszeitlichen Aufschüttungen entstanden: Zu Beginn des letzten großen Eisvorstoßes hat sich der Gesteinsuntergrund angehoben und so für die Inlandeisströme eine unüberwindliche Barriere gebildet. Diese Bewegungen reichen noch in weit jüngere Zeiten; die Neustettiner Senke, entlang der Tornquist-Verwerfung, scheint sich erst in der Nacheiszeit herausgebildet zu haben.
Der Pommersche Höhenrücken wird im Norden von der kuppigen Grundmoräne („bucklige Welt") und im Süden von dem durch Schmelzwasser aufgeschütteten Sander eingerahmt. Zahllose Seen, Rinnenseen, Stauseen, Sölle durchsetzen den Höhenrükken und seine angrenzenden Landschaften. Alle größeren hinterpommerschen → Flüsse haben ihre Quellen auf dem Pommerschen Höhenrücken. Die lehmig mergligen Grund- und Endmoränenböden werden landwirt-

schaftlich intensiv genutzt, die Sandböden der Sander sind mit Kiefernwäldern und Heide bedeckt. Auf dem Pommerschen Höhenrücken waren Saatzuchtbetriebe für Roggen und Kartoffeln sowie die Merinoschafzucht angesiedelt.

Pommerscher Kunstschrank. 1610 bestellte → Herzog Philipp II. bei dem Augsburger Patrizier, Diplomat und Kunstkenner Philipp Hainhofer den Pommerschen Kunstschrank. Nach siebenjähriger Arbeit war der dreigeschossige Ebenholzschrein (1,15 m breit und 1,37 m hoch) mit Silberarbeiten von M. Wallbaum, Schmelz- und Steinarbeiten, Schnitzereien, Intarsien, Miniaturmalereien von A. Mozart, unter Mitwirkung von insgesamt 30 ausgesuchten Kunsthandwerkern fertiggestellt. Er stand auf einem sockelartigen Tisch und war von allen Seiten zugänglich; die im Innern befindlichen etwa 200 Miniaturgegenstände – Apothekeneinrichtung, Münzpräge, Druckerei, astronomische Geräte, Geschütze, Schreibutensilien, Toilettenartikel und ähnliches – konnten jedoch nicht so leicht entnommen werden:

Pommerscher Kunstschrank

Türen und Schübe mit komplizierten Verschlüssen, Geheimfächer, ganz im Sinne der barocken Überraschungseffekte, erschwerten die Benutzung. Der Pommersche Kunstschrank spiegelte mit seinen Sinnbildern und Allegorien, z. T. als Silberreliefs, den ganzen barocken Kosmos wider. Hainhofer lieferte dem Herzog eine 116 Seiten lange Gebrauchsanweisung mit. Nach dem Aussterben des Greifengeschlechts 1637 kam der Pommersche Kunstschrank nach Berlin und wurde 1945 zerstört. Reste des Inventars und der Silberbeschläge sind im Kunstgewerbemuseum in Charlottenburg aufbewahrt.

Pommersche Schweiz *(Pojezierze Pomorskie)* liegt auf dem → Pommerschen Höhenrücken und umfaßt im wesentlichen die Kreise Dramburg und Neustettin. Zahllose Seen finden sich auch in den angrenzenden Grundmoränen- und Sanderlandschaften. Häufig reihen sie sich zu Seenketten aneinander (daher auch „Pommersche Seenplatte"), vermutlich in ehemaligen Schmelzwasserrinnen der Eiszeit. Über 1400 sind größer als 1 ha. Die größten Seen der Pommerschen Schweiz sind der → Dratzigsee mit 18,6 qkm und 83 m Tiefe, der → Vilmsee mit 18,3 qkm, der → Große Lübbesee mit 14,9 qkm und 46 m Tiefe, der Große Pielburger See mit 9,3 qkm und 54 m Tiefe, der Große Böthinsee mit 8,7 qkm und 36 m Tiefe und der Große Ziethener See mit 7,5 qkm und 30 m Tiefe. Die meisten Seen werden von den Flüssen Hinterpommerns, die fast alle auf dem Höhenrücken entspringen, durchflossen. Seen und Flüsse sind von weiten Waldungen umgeben, größere Städte fehlen. Es gibt kaum Industrie, das Land wird in bäuerlichen Großbetrieben bewirtschaftet. Schon vor dem 2. Weltkrieg wurde die Pommersche Schweiz für den Fremdenverkehr entdeckt und erschlossen; aber erst nach 1945 setzte, von polnischen Staatsbetrieben gefördert, der Massentourismus ein.

Pomoranen. Ostseeslawischer Volksstamm, der an der unteren Oder, im Westen bis zur Randow und Ücker und in Hinterpommern lebte. Im frühen 7. Jh. sind die Pomoranen wahrscheinlich aus dem Karpatenvorland und dem Gebiet der oberen Oder eingewandert. Sie gliederten sich in einzelne Stämme; um Wollin siedelten die Wellinder, bei Pyritz die Prissani; die Cassubi lebten wahrscheinlich an der unteren Persante. Die ebenfalls ausgeprägten Siedlungskerne um Stettin, an der Ihna, an der oberen Rega, an der Drage lassen sich mit keinen Stammesnamen in Verbindung bringen. Die Siedlungszellen waren von Waldgebieten umgeben, die erst sehr spät erschlossen wurden. Kennzeichnend für das Siedlungsgebiet der Pomoranen sind die zahllosen Burgwälle, z. T. in sumpfigen Niederungen, die ehemals Fluchtburgen, aber auch Häuptlingssitze und Tempelorte waren: Stargard, Naugard, Belgard gehen auf solche Burgen zurück. Vor dem Einsetzen der westeuropäischen Siedlerströme hatten sich als Verwaltungseinheiten die Kastellaneien mit einer Hauptburg entwikkelt; zwischen Oder und Rega gab es im 13. Jh. noch 15 solcher Verwaltungsbezirke. An die Burgen lehnten sich auch die vorstädtischen Siedlungen, so Stettin, Wollin, Kolberg, Belgard. Als Überreste der Pomoranen können die → Kaschuben angesprochen werden.

Pompe, Adolf, Pastor, Dichter. * 1831 in Stettin, † 1889 in Demmin. Theologiestudium in Halle; zunächst war er Gymnasiallehrer in Stettin und Greifenberg, 1861 wurde er Pastor in Labes, 1872 in Lauenburg und 1883 in Demmin. Sein „Pommernlied" hat Pompe wahrscheinlich 1850 gedichtet; 1852 war es im „Hallenser Liederbuch" aufgenommen, 1853 im „Neuen Hallenser Liederbuch" der christlichen Studentenverbindung „Wingolf", der er angehörte. Seine zahlreichen religiösen und patriotischen Gedichte erschienen erst nach seinem Tode, von einem Unbekannten bei Straube in Labes herausgebracht, als „Gesammelte Gedichte".

Prenzlauer Friede, am 30. 5. 1472 zwischen den Herzögen Wartislaw X. und Erich II., dem Kurfürst Albrecht von Brandenburg und den mecklenburgischen Herzögen Heinrich IV. der Dicke und Magnus II. geschlossen. Mit ihm endete der 1468 begonnene Erbfolgekrieg um das Herzogtum Stettin nach dem Tode Herzog Ottos III. (1464). Die Mecklenburger waren an der Tollense einmarschiert, Markgraf Friedrich II. eroberte Gartz a. d. Oder. Der Einfall Herzog Erichs II. in die Neumark brachte den Pommern jedoch keine Entlastung. Die Städte Greifswald und Stralsund erwirkten einen separaten Waffenstillstand. 1469 schlossen die Mecklenburger mit den Pommernherzögen einen Frieden und verbündeten sich mit ihnen. Markgraf Friedrichs II. Nachfolger, sein Bruder Albrecht, setzte sich mit Kaiser Friedrichs Unterstützung gegen die Pommernherzöge durch. Ein Waffenstillstand mündete in die Verhandlungen des Prenzlauer Friedens. Dem Kurfürsten wurden Titel und Wappen des Herzogtums Stettin, Pommern, der Kassuben und Wenden zugesprochen und er behielt die eroberten Gebiete in der Uckermark. Die Herzöge nahmen das Herzogtum Stettin vom Kurfürsten zum Lehen. Am 15. 10. 1472 bestätigte der Kaiser den Prenzlauer Frieden. Damit war erneut ein Versuch gescheitert, Pommern zum reichsunmittelbaren Herzogtum erklären zu lassen.

Preußisch Friedland *(Debrzno),* Kreis Schlochau, Kleinstadt mit 5112 Einwohnern (1983). Preußisch Friedland liegt am nördlichen Ufer der Dobrinka, einem Nebenfluß der → Küddow. Auf dem höhergelegenen Plateau über dem Stadtsee erstreckt sich die rechteckige Altstadt mit quadratischem Marktplatz, auf dem die evang. Kirche stand; die kath. Kirche steht auf einem eigenen Kirchplatz. Im westlichen Teil der Stadt sind noch beträchtliche Reste der alten Stadtwehr erhalten. Weite Teile der Altstadt sind nach den schweren Zerstörungen des 2. Weltkrieges nicht mehr aufgebaut worden. 1938 entstanden an den Straßen nach Marienfelde und Strelzin größere Vorstadtsiedlungen. Wohnblockbezirke kennzeichnen einen wei-

Preußisch Friedland

teren Ausbau nach 1958. Die wenigen landwirtschaftlichen Verarbeitungsbetriebe liegen an den Ausfallstraßen.

Während der Zeit des Deutschen Ritterordens war Preußisch Friedland eine Grenzstadt. Das ursprünglich zur pomerellischen Kastellanei Ziethen gehörende Stadtgebiet kam 1309 an den Orden; der Schlochauer Komtur verlieh 1346 einem gewissen Tylo vier Hufe „in campo Fredeland". Hochmeister Winrich von Kniprode stattete den Ort mit 150 Hufen aus und verlieh ihm 1354 Kulmer Stadtrecht. Preußisch Friedland wurde Sitz eines Ordensvogtes, der die Stadt stark befestigte: Die Polen belagerten sie 1461 acht Tage lang ohne Erfolg. 1466 übernahm Polen die Stadt, aber die Bürger mußten 12 Jahre auf die königliche Bestätigung ihrer Stadtrechte warten. Das seit dem Mittelalter bedeutsame Tuchgewerbe ging seit 1820 allmählich ein, nicht zuletzt, da Peußisch Friedland keinen Eisenbahnanschluß besaß. Im 19. Jh. kamen Siedler aus dem Rheinland nach Preußisch Friedland, die bis 1945 den rheinischen Karneval mit einem Rosenmontagszug feierten. Trotz der ungünstigen Verkehrslage erfüllte Preußisch Friedland mit Höheren Schulen und dem Amtsgericht größere zentralörtliche Aufgaben. 1945 wurden 70 v. H. der Stadt vernichtet; von 1955–58 wurden große Teile der Altstadt abgebrochen und das Material abtransportiert.

Bauwerke: Von der Stadtmauer sind Reste, z. T. in Häusern eingebaut, erhalten; am *Mühlentor* vor der Dobrinkabrücke steht die Ruine des *Hexenturms.*

Die *Stadtkirchen* sind Backsteinbauten aus dem 19. Jh. Die evang. Kirche auf dem Markt wurde 1945 völlig zerstört.

Preußner, Eberhard, Musikpädagoge. * 1899 in Stolp, † 1964 in München. Nach seinem Musikstudium in Berlin wurde Preußner Referent des Zentralinstituts für Erziehung und Unterricht. Seit 1939 war er Lehrer, 1949 außerordentlicher Professor und 1959 Präsident des Mozarteums in Salz-

Pulvermühle

burg; zusätzlich wurde er Leiter der internationalen Sommerakademie. Seine Freundschaft mit Carl Orff ließ ihn das Orff-Institut gründen. Preußner war Herausgeber der Zeitschrift „Die Musikpflege" und Verfasser der Werke „Allgemeine Pädagogik und Musikpädagogik", „Bürgerliche Musikkultur", „Musikgeschichte des Abendlandes". In einem feierlichen Staatsakt wurde er in Salzburg beigesetzt.

Prutz, Robert, Schriftsteller, Literaturhistoriker. * 1816 in Stettin, † 1872 in Stettin. Studium der Philologie und Geschichte in Berlin, Breslau und Halle. Adalbert v. Chamisso gewann ihn als Mitarbeiter für seinen „Musenalmanach"; ebenso arbeitete er an den „Hallischen Jahrbüchern" und der „Rheinischen Zeitung". 1843 zog er von Jena nach Halle und bemühte sich dort erfolglos um eine Professur. 1843–48 publizierte er das „Literarische Taschenbuch", 1851–66 das „Deutsche Museum". Seine dramatische Satire „Die politische Wochenstube" (1845) brachte ihm eine Anklage wegen Majestätsbeleidigung ein, vor deren Folgen ihn die Vermittlung Alexanders v. Humboldt bewahrte. 1846 erhielt er in Berlin die Erlaubnis, literaturgeschichtliche Vorlesungen zu halten, doch schon seine zweite wurde polizeilich verboten. 1847 war er Dramaturg in Hamburg, 1849 Professor für Literaturgeschichte in Halle; 1859 gab er die Professur auf, um in Stettin als freier Schriftsteller zu leben. Seine Gedichte sind volksliedhaft, so z. B. „Heil'ge Nacht, auf Engelsschwingen", seine Romane haben dagegen eine betont soziale Tendenz („Das Engelchen", 1851; „Oberndorf", 1862).

Pulvermühle, Groß Stettin. Die Pulvermühle im Luisental befand sich ab 1274 im Besitz des Klosters Kolbatz und wurde zunächst als Kornmühle betrieben; nach 1534 wurde hier eine Kupfermühle eingerichtet. Die Schweden bauten sie nach 1648 zu einer

Pulvermühle um, die 1659 abbrannte. 1695 stand hier wieder eine Getreidemühle. 1862–1903 war die Pulvermühle eine Pappmühle, die Papier für die Säcke der Zementfabrik „Stern“ in Finkenwalde herstellte. Nach der Stillegung wurde ein Gaststättenbetrieb für die Nahtouristen aus Stettin eingerichtet. Nach ihrer Zerstörung 1945 wurde die Mühle nicht wieder aufgebaut.

Putbus, Kreis Rügen, die Stadt mit 4500 Einwohnern (1991). Die Stadt im Süden der Insel geht auf eine planmäßige Anlage des Fürsten Wilhelm Malte I. von Putbus zurück, der hier seine Residenz errichten ließ. Im Anschluß an den riesigen Schloßpark erstreckt sich im Nordosten der Circus, ein kreisrunder Platz von ca. 250 m Durchmesser, den zwei- bis dreigeschossige Bauten umstehen. Nach Westen, entlang des Parks, verläuft die nur an der Nordseite bebaute Alleestraße mit Marktplatz. Um diesen Kern liegen im Norden einige Straßenzüge mit niedriger Bebauung, der Bahnhof und einige wenige Gewerbebetriebe, die erst nach 1945 in Putbus angesiedelt wurden. Die Stadt ist zum kulturellen Zentrum Rügens geworden.

Das Dorf „Podebuz“ wird 1253 erstmals urkundlich erwähnt: Ein Nicolai de Podebuz verheiratete seine Tochter mit Stoislaw von Vilmnitz, ihre Söhne führten den Namen „Putbus“ und wohnten 1371 in Putbus in einem „steinernen Haus“. 1483 erfolgte eine Teilung der Familie in eine rügische und eine

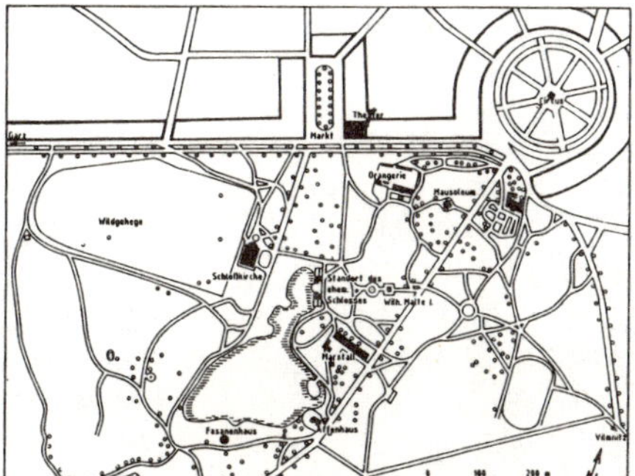

Putbus: Schloßpark u. Altstadtbereich

dänische Linie; erstere starb 1702 mit Ernst Ludwig II. aus. 1727 erhob Kaiser Karl VI. Freiherrn Malte I. Putbus aus der dänischen Linie in den deutschen Reichsgrafenstand. Wilhelm Malte gründete 1810 den Ort Putbus, 1816 das Bad Lauterbach. Trotz seiner Entfernung zum Meer war Putbus von 1818 bis Mitte des 19. Jh.s Luxusbad des Adels. 1854 ging die Herrschaft auf die Familie Wylich und Lettum über, von der sie als Fideikommiß-Herrschaft an Freiherrn Malte v. Veltheim, einem bekannten Turnierreiter, überging. Freiherr v. Veltheim kam im Februar 1945 im KZ Sachsenhausen um. Nach 1945 wurde Putbus in ein gewerkschaftliches Erholungszentrum umgewandelt und 1960 zur Stadt erhoben.

Bauwerke: *Schloßpark,* 75 ha groß, 1805–25 von P. J. Lenné als weitläufiger Landschaftspark mit seltenen Bäumen, Teichen und Wegen angelegt; zwei gerade Alleen führen hindurch. Bis 1830 entstanden hier eine Reihe klassizistischer Bauwerke.

Schloß, im Kern ein Wasserschloß (16. Jh.), das 1825 von J. G. Steinmeyer, einem Jugendfreund Schinkels, umgebaut und nach einem Brand 1865 verändert wieder aufgebaut wurde. 1962 wurde es als „dekadentes Schandmal“ abgerissen; eine Terrasse am Teich blieb erhalten.

Schloßkirche, 1844–46 als Kursalon erbaut, 1891–92 zur Kirche umgebaut; verputzter Backsteinbau, an den ein dreigeschossiger Turm angebaut wurde.

Theater am Marktplatz, ein zweigeschossiger Bau mit vorgelagertem Portikus. Den Zuschauerraum umlaufen zwei hufeisenförmige Ränge, die Innenausstattung besteht überwiegend aus Holzarbeiten.

Die *Orangerie,* langgestreckter, eingeschossiger Bau mit Rundbogenarkaden von 1853, wird für Ausstellungen genutzt. Die ein- und zweigeschossigen Wohnhäuser mit Putzquaderung, Lisenen und Pilastern stammen ebenfalls von J. G. Steinmeyer.

Pyl, Karl Theodor, Historiker. * 1825 in Greifswald, † 1904 in Greifswald. Dem Studium der Geschichte, Kunstgeschichte, Literatur und Philosophie in Greifswald, Göttingen und Berlin folgte im Jahre 1853 die Habilitation im Fachbereich alte und neue Kunstgeschichte; 1865 war Pyl Leiter der Greifswalder Abteilung der Gesellschaft für Pommersche Geschichte und Altertumskunde, ebenfalls ab 1865 hielt er in Greifswald Vorlesungen zur pommerschen Geschichte. 1866 wurde er Vorsteher der „Universitätssammlung für Vaterländische Altertümer". Pyl schrieb das Drama „Heinrich Rubenow" und verfaßte die „Geschichte des Zisterzienserklosters Eldena" sowie die „Geschichte der Greifswalder Kirchen und Klöster". 1899 wurde er Ehrenvorsitzender des Rügisch-Pommerschen Geschichtsvereins.

Pyritz *(Pyrzyce)*, Kreisstadt mit 12 068 Einwohnern (1983). Pyritz war geistiger und wirtschaftlicher Mittelpunkt des → Weizackers und bis 1945 das „pommersche Rothenburg". Die Stadt liegt auf der Südostspitze einer auf drei Seiten von Naßwiesen umgebenen Bodenerhebung am Mühlengraben. Grundriß des Stadtkerns ist ein an den Ecken abgerundetes Dreieck, das von einem gitterförmigen Straßennetz durchzogen wird; der Marktplatz mit dem Rathaus und der Stadtkirche St. Mauritius bildete die Mitte. Die mittelalterliche Stadtwehr ist noch mit vier Türmen, zwei Wiekhäusern und dem Stettiner und Bahner Tor erhalten. Nach der fast völligen Zerstörung 1945 stehen etliche Wohnblocks innerhalb des Mauerringes. Vor den Stadttoren entstanden im 18. Jh. Vorstädte, das Bahnhofsviertel stammt aus der Zeit nach dem Eisenbahnbau (1882). Vor dem 2. Weltkrieg wurde im Nordosten die Weinbergsiedlung gebaut, die neueren Wohnblocksiedlungen stammen aus der Nachkriegszeit. An den Stadträndern haben sich landwirtschaftliche Verarbeitungs-, Baustoff- und metallverarbeitende Industrie angesiedelt.

1248 wird erstmals eine deutsche civitas Pyritz genannt, die ca. 0,5 km westlich vom wendischen Burgflecken Pyritz Altstadt lag.

Pyritz: Blick auf St.-Mauritius-Kirche

Das Patronat ihrer Kirche hatte 1250 das braunschweigische Kloster Wülfinghausen, 1256 wurde es den Altstädter Augustinerinnen übertragen. Der Ort war von Anfang an befestigt: 1253 umgab ihn noch ein Graben, bis 1301 war die Mauer mit acht Türmen und 26 Wiekhäusern fertiggestellt. Pyritz war als Grenzfestung gegen Brandenburg geplant. Herzog Barnim I. verlieh dem Ort 1263 Magdeburger Stadtrecht. Pyritzer Kaufleute erhielten 1320 völlige Zollfreiheit auf Peene und → Swine. Die Städte Stettin, Stargard, Pyritz, Gartz an der Order, Gollnow und Greifenhagen schlossen sich 1532 gegen die herzogliche Regierung zur Durchsetzung ihrer Forderungen zusammen. Im 16. Jh. kamen aus religiösen Gründen Schotten nach Pyritz. Seit 1521 predigte → J. Knipstro in der Stadtkirche die neue reformatorische Lehre, und um 1531 führte Faustinus Blenn die Reformation durch. Im folgenden 30jährigen Krieg mußte Pyritz zwischen 1630 und 1637 fünf Plünderungen und drei Stadtbrände erdulden. Mitte des 18. Jh.s entstanden die ersten Vorstädte. Das Vorhaben, die Stadtmauer abzureißen, wurde vom späteren König Friedrich Wilhelm IV. 1830 verhindert. Mit dem Eisenbahnbau nach Stargard (1882) und dem Kleinbahnbau nach Greifenhagen und Plönzin (1898) wurde das Bahnhofsviertel mit einigen Gewerbebetrieben, u. a. Maschinenfabrik, Möbelfabrik, Ziegeleien, ausgebaut. Pyritz wurde zum Mittelpunkt des Landhandels. 1945 zerstörte die Rote Armee die Stadt zu 90 v. H., von der Innenstadt blieb nur die Stadtmauer erhalten; der Wiederaufbau setzte erst 1958 ein – in sozialistischer Plattenbauweise.

Bauwerke: Die *Stadtwehr,* aus Findlingen und Backstein, ist noch weitgehend erhalten, der *Eulenturm* fast unbeschädigt. Das *Stettiner* und das *Bahner Tor* sind nur als Ruinen erhalten.

Stadtkirche *St. Mauritius,* an den Chor (14. Jh.) wurden im 15. Jh. das Langhaus und der Westturm angebaut. Der Turmunterbau besteht aus Granitquadern, im 18. Jh. erhielt der Turm eine neue Haube. Im Inneren überspannen reiche Sterngewölbe das Mittelschiff.

Franziskanerkloster (1496), ein zweigeschossiger, spätgotischer Backsteinbau. 1928 nahm er das Kreisheimatmuseum auf. Exponate der Bauernkultur des Weizackers von unschätzbaren Wert wurden 1945 bis auf ein Handwerkszeichen der Schuhmacher vernichtet. Heute beherbergt das Gebäude eine Bibliothek.

Hl. Geisthospital; lediglich die Feld- und Backsteinkirche des Hospitals ist erhalten geblieben.

Pyritz-Altstadt; etwa einen halben Kilometer östlich der mittelalterlichen Stadt Pyritz lag eine wendische Siedlung, in der Bischof → Otto von Bamberg die ersten Pommern taufte. Inmitten von nassen Wiesen gab es hier 1140 das wendische „castrum" Pyritz, das 1186 Mittelpunkt der „terra Pyrlitz" war; vermutlich stand hier ein heidnischer Tempel. Neben der Burg entwickelte sich eine Siedlung, seit 1385 „die Altstadt" genannt. Ein Deutscher namens Walter war 1240 herzoglicher Vogt auf der Burg. Herzogin Margarethe, zweite Gemahlin Herzog Barnims I., gründete vor 1255 in der Burgsiedlung ein Augustinerinnenkloster, für das sie Nonnen aus dem Kloster Wülfinghausen rief. Bis 1273 bestanden Burg mit Burgflecken neben der Stadt. 1283 wurde die Burg zerstört. Kloster und Ort blieben jedoch erhalten und wurden in die Stadt Pyritz eingemeindet.

Bauwerke: *Klosterkirche,* um 1250: Backsteinbau mit regelmäßig geschichteten kleinen Granitquadern an der Westseite. Der Ostgiebel ist mit Blenden und einem dreiteiligen Fenster, das bis in den Dachraum reicht, prachtvoll gegliedert. Über dem Westgiebel erhob sich ein Dachreiter mit Barockhaube. Der Hauptaltar mit einem Passionsbild war 1690 geschaffen worden, eine Mosesfigur trug die gleichzeitig gefertigte Kanzel. 1945 brannte die Kirche bis auf die Außenmauern aus; 1990 scheinen Wiederaufbauarbeiten begonnen zu haben.

Pyritz Landkreis. Das Areal des Landkreises Pyritz umfaßte 1939 1045,99 qkm und 48418 Einwohner und erstreckte sich südlich des → Madüsees bis zur Provinzgrenze. Von Südosten nach Nordwesten durchfließt die → Plöne das Gebiet. Beiderseits des Flusses liegen nacheiszeitliche Beckenablagerungen mit Lößdecken; nach Westen steigt die Landschaft zum Bahner Hochland an. Neben der Kreisstadt hatte der Landkreis von 1300 bis etwa 1610 in Werben ein zweites städtisches Zentrum. 1724 wurde der Kreis bei der Aufteilung des Kolbatzer Amtes gebildet. Die Gegend ist von der Landwirtschaft geprägt, etwa 5–6 v. H. der Grundfläche sind bewaldet. 1938 bestanden 83,9 v. H. der gesamten Nutzfläche aus Ackerland, nur 15 v. H. wurden als Wiesen und Weiden genutzt. Die hervorragende Qualität des Bodens zeigen die Anbaufrüchte, etwa 20 v. H. der Ackerfläche waren mit Weizen und Zuckerrüben bebaut, vorwiegend von Groß- und Größtbetrieben. Von den 2517 Höfen hatten 666 eine Nutzfläche von 10–20 ha und 720 von 20–100 ha. Bei den Gütern gab es 31 mit 500–1000 ha und 7 mit über 1000 ha. Die Gutsaufsiedlungen von 1925–31 umfaßten nur etwa 3500 ha. Von den 39234 Beschäftigten des Kreises waren 70,8 v. H. in Land- und Forstwirtschaft, 19,85 v. H. in Industrie und Handwerk und nur 9 v. H. in Handel und Verkehr tätig. Die Industrie war, neben den Ziegeleien, mit der Verarbeitung der Ackerfrüchte beschäftigt; es gab etwa 30 Brennereien und Stärkefabriken, sowie die Zuckerfabriken in Klützow und Friedrichsthal. Der gesamte Handel wurde in Pyritz abgewikkelt.

Pyritzer Vertrag; am 26. 3. 1493 zwischen Herzog Bogislaw X. und Kurfürst Johann Cicero von Brandenburg geschlossen. Nach dem Tod des Kurfürsten Albrecht Achilles (1486) lehnte Herzog Bogislaw X. einen Lehnseid mit Huldigung bei dessen Nachfolger ab. Der Konflikt drohte in einen Krieg zu münden, doch man konnte sich letztlich doch noch im Pyritzer Vertrag einigen: Der Kurfürst befreite den Herzog sowie seine Erben von der Lehnshuldigung, allerdings nur gegen die Zusicherung der Eventualerbfolge beim Aussterben des Herzogshauses. Bogislaw versprach, nirgends eine andere Belehnung zu suchen. Er mußte anerkennen, daß Pommern ein brandenburgisches Lehen war und bleiben sollte. Der Vertrag wurde von König Maximilian bestätigt.

Quempas oder Quempassingen hat seinen Namen von den ersten Silben des lateinischen Weihnachtshymnus aus dem 14. Jh.:

„Quem pastores laudavere
Quibus angeli dixere
Absit vobis jam timere
Natus est rex gloriae."

„Den die Hirten lobten sehre
Und die Engel noch viel mehre
Fürchtet euch hinfort nicht mehr
Euch ist geboren der König der Ehr!"

Bekannt war der Quempas in Naugard, Plathe und in weiteren 11 Orten; in Rummelsburg konnte er sich trotz Ablehnung durch den Großen Kurfürsten und trotz des Verbots Friedrich Wilhelms I. von 1739 bis 1945 halten. Am Morgen des ersten Weihnachtstages erklang der Quempas ab 6 Uhr in der „Frühkirche". Das vom Pfarrer vorgelesene Weihnachtsevangelium wurde von Chorälen, die von der Gemeinde und den Chören gesungen wurden, umrahmt. Das Lied „Quem pastores" wurde angestimmt, hinter jeder der vier lateinischen Strophen folgte die deutsche Übersetzung. Bei den prophetischen und lobpreisenden Stellen im Evangelium kamen jeweils drei Jungen durch den Mittelgang zum Altar, der mittlere sang aus seinem selbstgeschriebenen und verzierten Liederheft seine Strophe des Hymnus, die beiden anderen trugen Kerzen; der zu ihnen gehörende Chor nahm den Hymnus auf. Weitere drei Sänger folgten, begleitet von ihrem Chor. Auf der Empore standen die „Quempaskronen", mit Tannengrün und Kerzen verzierte drehbare Pyramiden. Der letzte Quempas in Rummelsburg wurde am 25. 12. 1945 in der Friedhofskapelle gesungen. In München und in Hamburg nahmen die Rummelsburger ihre Tradition wieder auf. Es gab verschiedene örtliche Abwandlungen, so z. B.: Die letzte Strophe wurde von einem Mädchenchor gesungen, oder die Quempaskronen wurden mit den Sängern durch die dunkle Kirche getragen.

Quistorp, Johannes, Industrieller. * 1822 in Greifswald, † 1899 in Stettin. Quistorp gründete 1855 auf Wollin die Portlandzementfabrik Lebbin, eine der ältesten Deutschlands. Sein dort und in der Dampfziegelei Glienken erworbenes Vermögen nutzte er, um seinen Besitz in Stettin zu vergrößern. Am Rande der Warsower Höhe, im Norden der Stadt, legte er eine weite Obstplantage und eine Parkanlage an; aus den sumpfigen Wiesen der Klingenden Beck schuf er den Westendsee. Er öffnete seinen Besitz dem Publikum und ließ „Lindenhof" und „Eckerberg“ als Ausflugslokale errichten – seitdem der eigentliche Stadtpark von Stettin. Das 1862–64 verfaßte Buch „Soziale Bestrebungen des Fabrikanten Johannes Quistorp zu Stettin in Preußen für das Wohl seiner Arbeiter“ zeigt ihn als Gründer einer „Kranken-, Witwen-, Sterbe- und Unterstützungskasse“ für seine Betriebsangehörigen; ebenso schuf er eine „Vereins-Warenhandlung“ mit preisgünstigen Waren. 1869/70 stiftete er das Diakonissen- und Krankenhaus Bethanien. Nach der Aufhebung der Festung schuf er den Stadtteil Westend, darin 1875 das Pensionat und Lehrerinnenseminar Friedenshof und die Mägdeherberge Ernestinenhof. Ihm zu Ehren errichtete die Stadt im Ekkerberger Wald den *Quistorp-Turm*, der 1945 zerstört wurde. Nach über 50jährigem Wirken in Stettin wurde der Wohltäter der Stadt, Kommerzienrat Quistorp, unter großer Anteilnahme der Bevölkerung am 8. 5. 1899 zu Grabe getragen.

Quoltitz, Kreis Rügen; Wohnplatz in der Gemeinde Sagard. Der Ort war bereits 1318 als „Koldatitze“ bekannt. 1485 verkaufte der Stralsunder Ratsherr Bertram v. Lübeck das Dorf dem Kloster Marienkrone in Stralsund für 1200 Mark. Ende des 18. Jh.s wurden die Bauern „gelegt“ und ein Gut eingerichtet.
Bauwerke: Ein technisches Denkmal ist das *Kreidewerk* aus dem 19. Jh. Erhalten sind der gemauerte Rührbottich mit Rührwerk, das Becherwerk, die holzverschalten Gruben, in denen sich der Kreideschlamm absetzt und die Trockengestelle. Alle Rohrleitungen sind aus Holz. Feldbahngleise durchziehen das ganze Werk.

Radolin *(Radolin)*, Netzekreis, Dorf mit 554 Einwohnern (1939), am Ausfluß des Schönlanker Mühlenfließ in das etwa 4 km breite Netzetal. Die Siedlung erstreckt sich entlang einer Straße, die zu einem rechteckigen Marktplatz erweitert ist.
1759 erlaubte König August III. von Polen dem Grafen Andreas Radolinski, eine Stadt anzulegen; er gründete Radolin 1764 und verlieh der Stadt umfangreiche Privilegien, doch konnte sie sich gegen das nahe Schönlanke nicht behaupten. 1857 wurde Radolin wieder Dorf. Radolin war ein Tuchmacherort, 1816 hatte das Dorf noch 58 Webstühle. Bedeutsam waren die sieben Jahrmärkte und die Wochenmärkte.

Ramler, Karl Wilhelm, Dichter. * 1725 in Kolberg, † 1798 in Berlin. Studium der Theologie, klassischen Philologie und der schönen Künste. 1748 war er als Hauslehrer tätig, bis 1790 Professor für Logik und Wissenschaften an der Kadettenschule in Berlin. 1768 wurde er Mitglied der Akademie der Wissenschaften und 1790 Direktor des Nationaltheaters in Berlin. Ramler war mit Lessing, E. v. Kleist und F. Nicolai befreundet. Aufgrund der formalen Glätte und Korrektheit seiner Oden galt er vielen Dichtern seiner Zeit als Vorbild. Er hielt sich streng an die Gesetze der antiken Metrik. Werke u. a.: Lieder der Deutschen, 1766 (1965); Lyrische Gedichte, 1772; Kurzgefaßte Mythologie, 1790–91 (7. Aufl. 1869); Horazens Oden, 1800.

Randow, ehemaliger Landkreis mit einer Fläche von 1350,5 qkm und 139061 Einwohnern (1939). Zwischen dem linken Oderufer und dem versumpften Randowtal, einem Nebenfluß der Ücker, erstreckt sich die sehr fruchtbare Randower Hochfläche. Städtische Siedlungen im Landkreis waren Altdamm, Gartz a. d. Oder, Penkun und Pölitz; die Kreisverwaltung befand sich jedoch in Stettin. Nachdem Stettin 1857 kreisfreie Stadt geworden war, begann die Stadt sich auch auf die Dörfer entlang ihrer Grenze auszudehnen und sie zu überfremden. Infolgedessen wurde am 15. 10. 1939 der Kreis Randow aufgelöst, die Städte Altdamm und Pölitz sowie 30 Dorfgemeinden mit dem Dammschen See nach Groß Stettin eingemeindet. 32 Gemeinden der Nordhälfte kamen zum Kreis Ueckermünde, 39 der Südhälfte zum Kreis Greifenhagen und 10 östlich der Oder zum Kreis Naugard. 1945–50 gab es einen „mecklenburgischen“ Kreis Randow mit der Kreisstadt Löcknitz, der auf die Kreise Pasewalk und Angermünde verteilt wurde.

Rappin, Kreis Rügen, Dorf mit 733 Einwohnern (1939). Das Dorf im Norden Niederrügens wird im Jahre 1305 als „Repin" erstmals erwähnt. Bedeutendstes Bauwerk ist die Dorfkirche *St. Andreas* (1300): Der untere Teil ihrer Chormauern ist schachbrettartig aus Granitquadern und Backstein gemauert. Bis 1400 entstanden Chor und Schiff mit Kreuzrippengewölben. Ost- und Westgiebel zieren gestaffelte Spitzbogenblenden. Neben der Kirche wurde 1635 ein hölzerner Glokkenturm gebaut. Der Altar (1669) trägt in seinem dreigeschossigen, mit reichem Knorpelwerk verzierten Säulenaufbau eine seitenverkehrte Kopie des Abendmahlgemäldes von P. P. Rubens. Der Kanzelkorb aus dem Jahre 1702 steht auf einem Posaunenengel. Die Kalksteintaufe (um 1250) zeigt an der Kuppa zwölf Rundbogenfelder und vier gekrönte Köpfe. Im Kirchenbesitz befindet sich ein Kelch, den am oberen Rand eine kyrillische Inschrift umläuft: „Ein Geschenk ist dieser Kelch von des Herrn Awedik Sohn, dem Pan Chadskod Majirakentz und von der Gattin desselben, der Pan Warwar, der Tochter des Herrn Holo Biniaskoentz, welche ihn gaben wegen ihrer Seelen im Jahr 1097 Julius 20"; nach Gregorianischem Kalender also 1648.

Rappin

Rat, Geheimer. Als 1625 mit Herzog Philipp Julius die Wolgaster Linie des Greifenhauses ausstarb, wurden beide Landesteile in der Hand Herzog Bogislaws XIV. wiedervereinigt. Die Landstände beider Teile waren jedoch eifersüchtig nur auf ihren eigenen Vorteil bedacht, so daß keine Gesamtregierung zustande kam. Erst am 28. 11. 1627 gelang es, den Geheimen Rat zur Leitung der allgemeinen Politik einzurichten. Er bestand aus fünf Mitgliedern, je zweien aus Stettin und Wolgast und einem aus dem Stift Cammin. Präsident wurde Paul v. Damitz, bisher stiftischer Statthalter. Die Arbeit des Geheimen Rats litt sehr unter der „Teilnahmslosigkeit" seiner Mitglieder; dazu kam, daß viele die Schwäche und Gutmütigkeit des Herrschers schamlos ausnutzten. Schließlich einigte man sich, daß alle herzoglichen Zuwendungen erst Gültigkeit erhalten sollten, wenn sie von einem Mitglied des Geheimen Rats unterschrieben worden seien. Der auch Pommern ergreifende 30jährige Krieg machte eine erfolgreiche Arbeit des Geheimen Rats unmöglich.

Räte, fürstlich pommersche hinterlassene. Nach dem erbenlosen Tod Bogislaws XIV. suchte der → Geheime Rat eine Lösung zu finden. Kurfürst Georg Wilhelm von Brandenburg, der rechtmäßige Erbe, konnte seine Ansprüche nicht durchsetzen, da die Schweden ihre Truppen in Pommern stationiert hatten und es besetzt hielten. Am 9. 5. 1637 kamen die Geheimen Räte überein, ohne Rücksicht auf den Kurfürsten die → Regimentsverfassung von 1634 durchzuführen. Die Regentschaft sollte von den Räten weitergeführt werden, Schweden ge-

Ratzebuhr

nehmigte diese Interimsregierung, doch der Kurfürst drohte mit Gewalt; er ließ sich 1638 einen Lehnsbrief vom Kaiser ausstellen und erhob Einspruch gegen diese Regierung. Am 17. 3. 1638 traten daraufhin alle Räte von ihren Ämtern zurück, die Interimsregierung löste sich auf. Ihr rechtmäßiger Landesherr machte ihnen eine Weiterführung ihrer Ämter unmöglich und schadete damit den Interessen Pommerns erheblich.

Ratzebuhr *(Okonek),* Kreis Neustettin, Kleinstadt an der Zarne, einem Nebenflüßchen der Küddow, mit 3617 Einwohnern (1983). Ratzebuhr entwickelte sich entlang der Danziger Straße, die zu einem Straßenmarkt erweitert ist und an der auch die Stadtkirche steht. Nach 1878 entstand eine Vorstadt am etwa 2,5 km entfernten Bahnhof. Neben Mühle und Molkerei besitzt Ratzebuhr nur noch Textil- und Baustoffindustrie. Wohnblocks kennzeichnen den Wiederaufbau und die Erweiterung nach 1945.

1554 gab Herzog Barnim XI. den Auftrag, Ratzebuhr als herzogliches Amtsdorf anzulegen. Den Schulzenhof erhielt 1563 der Lehnschulze Jakob Woyke. 1592 erhielt Ratzebuhr die Marktgerechtigkeit für zwei, 1597 für drei Jahrmärkte. Im Schwedisch-Polnischen Krieg wurde Ratzebuhr 1658 bis auf zwei Häuser niedergebrannt; die Kirche war 1663 wiederaufgebaut. Seit 1720 hatte Ratzebuhr eine Akzisestation, d. h. ein Finanzamt. König Friedrich II. erhob 1754 den Marktflecken zu einer Immediatstadt, in der er Tuchmacher zur Förderung der Wirtschaft ansiedelte. Westlich der Stadt wurde 1781–82 das Tiefe Bruch trockengelegt. 1818 sahen sich 33 Tuchmacherfamilien gezwungen, nach Polen auszuwandern. Erst die Eisenbahnanschlüsse, 1878 nach Neustettin und Schneidemühl, 1879 nach Belgard, gaben den zwei Tuchfabriken und der Baustoffindustrie einige Impulse. 1914 gründete Paul Höltgen seine Großversandgärtnerei, die sich zur größten Edelweißzüchterei Europas entwickelte. Nach 1945 konnte sie ihren Betrieb in Winkel im Rheingau wieder aufnehmen.

Bauwerke: *Stadtkirche* (17. und 18. Jh.), ursprünglich ein Fachwerkbau, den 1854–55 ein Backsteinbau ersetzte. Von der alten Einrichtung wurde der geschnitzte Tauftisch (1700), eine von acht Voluten getragene runde Platte, übernommen.

Rauchkate; ursprüngliche Form des → altsächsischen Bauernhauses. Es war ein Ständerbau, dessen Gefache mit Lehm und Stroh ausgefüllt waren, mit einem mächtigen Walmdach aus Rohr. Die Rauchkate mit den durchschnittlichen Ausmaßen von ca. 24 m Länge und 8–11 m Breite war längs aufgeschlossen. Die Mitte des Hauses bildete die Diele, in der der Herd und die Pumpe standen; vom Herd konnte der Rauch durchs Dach abziehen. Rechts und links der Diele lagen die Stuben und die Ställe, wobei je ein Raum, die Stube des Altsitzers und ein Kuhstall, zu beiden Seiten des Eingangs vorgezogen waren. Die Diele schloß hinten mit zwei Zimmern ab. Der riesige Dachboden war von der Rückseite der Rauchkate auch für Fuhrwerke zugänglich und diente als Heu- oder Strohboden. Mit dem 19. Jh. erfolgten Umbauten an den Rauchkaten: Für den Herd wurde ein Kamin gebaut, so daß der Rauch ohne Beeinträchtigung der Bewohner abziehen konnte. Die letzte größere Gruppe von Rauchkaten stand in → Kamp, Kreis Greifenberg, wurde jedoch in der Folgezeit des 2. Weltkriegs zerstört.

Recknitz. Der 111 km lange Küstenfluß mit einem 704,6 qkm großen Einzugsgebiet bildete in seinem Unterlauf bei Bad Sülze für Jahrhunderte die Grenze zwischen Pommern und Mecklenburg. Die Recknitz entspringt bei Güstrow in Mecklenburg, fließt in nordöstlicher Richtung bis Bad Sülze und von dort in nordwestlicher Richtung durch die 1–3 km breite, vermoorte Schmelzwasserrinne des Grenztals zum Ribnitzer See, dem südlichsten Teil des Saaler Boddens. Bei Bad Sülze verbindet der Prahmkanal die Recknitz mit der Trebel, einem Nebenfluß der Peene; bis ins 20. Jh. gab es hier eine Flußschiffahrt. Seit 1989 sind im Recknitztal über 1400 ha Flußniederungslandschaft unter Naturschutz gestellt worden. Im Mündungsgebiet der Recknitz ist die einzige Schildkrötenart unserer Breiten, die Europäische Sumpfschildkröte *(Emys orbicularis)* zu Hause.

Reedereien. Pommerns Küstenlage regte schon frühzeitig seine Bewohner zum Aufbau einer Schiffahrt an. Schiffbau und Schiffsbetreiber konzentrierten sich in den Städten am Meer, doch auch Binnenstädte unterhielten eigene Schiffe. In der Zeit der Segelschiffe entwickelten sich die ersten Reedereien. Der überwiegende Teil der Segelschiffe befand sich im Teilbesitz der jeweiligen Kapitäne. Die Reederei *Hemptenmacher* in Rügenwalde gehörte zu den ersten größeren Unternehmen; noch 1879 besaß sie 37 Segler und 4 Dampfer. In Stettin waren *R. C. Gribel* und *Friedrich Poll* die wichtigen Reedereien, in Wolgast *W. Homeyer* und *Fr. Neumann.* Das Aufkommen der Dampfschiffe bedeutete für zahlreiche Reedereien das Ende. Insbesondere in Stettin und am Haff wurden jedoch neue Betriebe gegründet. Sie nahmen sowohl den lokalen Transport als auch Überseeschiffahrt auf. Der 1. Weltkrieg und die Weltwirtschaftskrise ließen nur noch ganz wenige überleben. Nach 1930 existierten in Stettin die Reedereien *J. F. Braeunlich* und *R. C. Gribel,* am Haff die *Stepenitzer Dampfschiffahrtsgesellschaft,* die *Reedereigenossenschaft Köpitz,* die *Swinemünde-Wollin-Cammin-Dievenow-Dampfschiffsgesellschaft,* die sehr eng mit *Braeunlich* liiert war, sowie die *Greifenhagener Dampfschiffsreederei.* Die Reedereien auf Rügen hatten lediglich lokale Bedeutung.

Reetz *(Recz),* Kreis Arnswalde, Kleinstadt mit 2484 Einwohnern (1983). Das Städtchen liegt auf einer Anhöhe am linken Ihnaufer. Die Altstadt wird vom Bergmühlenfließ umflossen und hat einen elliptischen Grundriß mit einer westöstlich durchgehenden Hauptstraße, der Mittelstraße, an der der rechteckige Marktplatz liegt. Eine weitere „Neustadt" im Süden bezeichnet wohl eine frühe mittelalterliche Stadterweiterung. Stadtmauer und Türme, z. T. nur im Unterbau erhalten, umgeben die Innenstadt, die nach der Vernichtung im 2. Weltkrieg mit Wohnblocks in Plattenbauweise wiederaufgebaut wurde. Westlich davon liegen der „Kietz" und der

Klosterberg. Die Lage inmitten von Feuchtwiesen ließ nur geringe Erweiterungen nach Süden und Nordosten zum 2 km entfernten Bahnhof zu. Reetz ist heute Einkaufs- und Verwaltungszentrum für das landwirtschaftliche Umland.

In nächster Umgebung findet man Reste von drei wendischen Burgwällen; einer, zwischen Ihna und Fließ, wurde 1269 erstmals genannt, war jedoch 1296 bereits verfallen. Auf diesem bauten die Zisterzienserinnen 1294 ihr Kloster, südlich davon lag das wendische Burgdorf, der Kietz, mit 11 Fischern und zwei Mühlen, das bis 1938 eine selbständige Gemeinde war. Etwas weiter nordöstlich legten die Askanier um 1284 Reetz an, 1296 als Stadt bezeichnet. 1369 kam Reetz als Pfand, ab 1370 als Lehen an die v. Wedell, in deren Besitz die Stadt bis in die 2. Hälfte des 18. Jh.s verblieb. 1469 überrumpelten und verwüsteten die Pommern Reetz. Das Kloster, 1537 aufgehoben, wurde 1552 in ein kurfürstliches Amt umgewandelt. Die letzten Baureste der Anlage wurden 1827 abgerissen. Im 30jährigen Krieg brannte 1637 Reetz völlig ab. Anfang des 18. Jh.s wurden die Wälle vor der Stadtmauer abgetragen und das Gelände in Gärten aufgeteilt. Der Eisenbahnanschluß nach Kallies und Stolzenhagen erfolgte 1895. 1945 brannte der größte Teil der Altstadt ab, der Wiederaufbau ging nur langsam voran.

Bauwerke: Die *Stadtmauer* ist in ihren Unterbauten fast ganz erhalten, ebenso das viereckige *Arnswalder* und das von zwei halbrunden Türmen flankierte *Neuwedeller Tor.* Die Stadtkirche *St. Katharina* (1340–55) ist eine gotische Backsteinkirche. Ostgiebel und Turm sind reich mit schlanken Blenden gegliedert. Mittelschiff und Chor überspannt ein schönes Sterngewölbe. Der Hochaltar von 1607–11, ein Werk der Spätrenaissance, enthält Teile eines gotischen Flügelaltars. Das Hauptbild zwischen vergoldeten Säulen ist die Kreuzigung. Bei der Renovierung 1953–55 entfernte man alle neugotischen Zugaben der Einrichtung, u. a. die Empore.

Reetz, die. Um Groß Reetz, Kreis Rummelsburg, lag ein riesiges Waldgebiet, die Reetz; sie bildete den östlichen Grenzwald zwischen dem Kolonisationsgebiet, das Herzog Barnim I. besonders gefördert hat, und dem Gebiet des Deutschen Ritterordens. Die pommerschen Herzöge waren zwar nominell die Herrscher, die reale Macht übten jedoch die → Swenzonen aus, die hier erheblichen Besitz hatten. Von Osten begann der Deutsche Ritterorden die Reetz zu erschließen, als er die Lande Bütow (1329) und Tuchen (1385) von den Erben Kasimirs Swenzo erwarb.

Reformation. Im Dezember 1534 beriefen die Herzöge Philipp I. von Wolgast und Barnim IX. von Stettin einen gemeinsamen Landtag nach Treptow ein, um über die religiösen Angelegenheiten des Landes zu beraten.

Die Situation der Kirche hatte sich zu Beginn des 16. Jh.s sehr verändert; die Krise der Kirche, die Geisteshaltung der Renaissance, die ungerechte Verteilung der Güter mit den daraus erwachsenden Einkünften, die Haltung der Herzöge und nicht zuletzt die Veränderung der politischen Verhältnisse führten zu einer Krise der Praxis in der Kirche. Die Autorität der Kirche und des Bischofsamtes schwand, die Zahl der Kirchenbesucher und Wallfahrer nahm ab. Reformsynoden in den Jahren 1440, 1454 und 1500 suchten die innerkirchlichen Verhältnisse neu zu ordnen. Von den Klöstern setzten Reformversuche ein: Vom Kloster Pudagla durch Abt Heinrich im Rahmen der bestehenden kirchlichen Strukturen und vor allem vom Kloster Belbuck durch Abt Boldewan und Johannes Bugenhagen mit Hilfe der Lehre Luthers, die bald die große Mehrheit erfaßte. Lutherische Prediger hatten in den Städten bei den Bürgern großen Zulauf, da diese in Opposition zu den Patriziern standen und um Mitbeteiligung an der Verwaltung und für Steuersenkung kämpften. So 1525 in Stalsund: Der neue Rat der Achtundvierzig erklärte Stralsund zu einer evangeli-

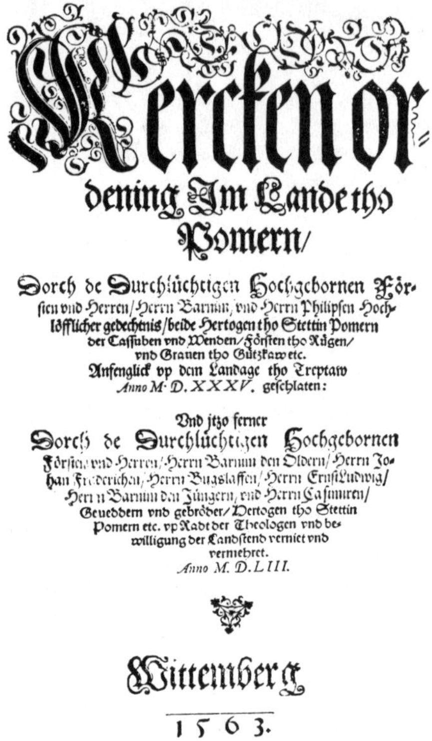
Kercken ordening Im Lande tho Pomern/
Dorch de Durchlüchtigen Hochgebornen Försten vnd Herren/ Herrn Barnim/ vnd Herrn Philipsen Hochlöfflicher gedechtnis/ beide Hertogen tho Stettin Pomern der Cassuben vnd Wenden/ Försten tho Rügen/ vnd Graven tho Gützkaw etc.
Anfenglick vp dem Landage tho Treptaw Anno M. D. XXXV. geschlaten:
Vnd jtzo ferner Dorch de Durchlüchtigen Hochgebornen Försten vnd Herren/ Herrn Barnim den Oldern/ Herrn Johan Frederichen/ Herrn Bugslaffen/ Herrn Ernst Ludwig/ Herrn Barnim den Jüngern/ vnd Herrn Casimiren/ Gevedder vnd gebröder/ Hertogen tho Stettin Pomern etc. vp Radt der Theologen vnd bewilligung der Landstend verniet vnd vermehret.
Anno M. D. LIII.
Wittemberg
1563.

Pommersche Kirchenordnung

schen Stadt. Die Kirche verteidigte weitgehend den Status quo. Der Landtag am 13. 12. war von den Herzögen und Bischof Erasmus v. Manteuffel gut vorbereitet worden. Er scheiterte jedoch schon einen Tag später: Der Bischof lehnte das von Bugenhagen und anderen Theologen vorgelegte Projekt der Kirchenreformation ab und verließ den Landtag. Die Prälaten, die Mehrheit des Landadels und einige Städte folgten ihm. Damit war der Landtag nicht mehr rechtsfähig. Wahrscheinlich haben die Herzöge mündlich ihre Zustimmung zur Fortsetzng der Kirchenreform nach vorgelegtem Plan gegeben, um einen Zerfall des Landes zu verhindern. 1535 erschien eine Kirchenordnung mit der Feststellung, daß die Konstitution auf dem Landtag zu Treptow „beschlossen" worden sei. Die Herzöge hatten somit gegen den Willen des Landtages gehandelt. Im Mai 1535 bekräftigte das Reichskammergericht die Zweifel an der Legalität dieses Vorganges mit der Folge, daß die überwiegende Mehrheit des Adels und der Städte die herzoglichen Beschlüsse bezüglich der Kirche nicht beachtete; sie verzögerten Kirchenvisitationen, der Adel ließ Pfarrstellen in seinen Patronatskirchen häufig bis zum Ende des Jahrhunderts unbesetzt. Insbesondere in Hinterpommern ging der kirchliche Umbau nur sehr zögerlich vonstatten. Für die ländliche Bevölkerung bedeutete die Reformation zunächst Zerstörung und Verfall des kirchlichen Lebens. Vertraute Frömmigkeitsformen wurden verachtet, Wallfahrten als Aberglaube verlacht, Wegeheiligtümer verfielen. Die Städte ließen Kapellen vor ihren Mauern abbrechen, um Baumaterial zu gewinnen. Der Ausbau der niederen Schulen erfolgte nur in den Städten. Die Dorfkirchen verarmten, ihr Land hatten die adeligen Patronatsherren übernommen. Die Reformation war in ihren Anfangszeiten eine Angelegenheit der Städte. Erst Ende des 16. Jh.s nahmen die Menschen auf dem Lande die Reformation langsam auf.

Rega *(Rega),* Küstenfluß, 199 km lang mit einem Einzugsgebiet von 2672 qkm. Die Rega entspringt im Ritzigsee in 146 m über NN in der Pommerschen Seenplatte. Sie fließt zunächst nach Norden, biegt nördlich von Nemmin nach Südwesten, zieht an Schievelbein und Labes vorbei und schlägt dann einen weit ausholenden Bogen nach Nordwesten an Regenwalde vorbei. Westlich der Stadt münden Ückeley und Zampel als Nebenflüsse in die Rega. Bei Lietzow, wo der Fluß nach Norden abbiegt, wird er erstmals aufgestaut. Unterhalb von Plathe nutzte auch die Lebbiner Talsperre seit 1925 das Wasser zur Energiegewinnung, bevor sie in den 90er Jahren trockenfiel. Nördlich von Greifenberg mündet bei Behlkow die Molstow in die Rega. Die Mündung der Rega in die Ostsee lag bis ins 15. Jh. an der Westseite des Kamper Sees bei Regamünde, dem Hafen von Treptow und Greifenberg. Kolberger Kaufleute schütteten die Hafenzufahrt zu, eine Sturmflut zerstörte die Anlage gänzlich. Die Stadt Treptow verlegte die Mündung 1457 nach Deep; ein Mündungshafen konnte dort nicht mehr entstehen.

Regenwalde *(Resko),* Kreis Regenwalde, Stadt am rechten Ufer der Rega, mit 4137 Einwohnern (1983). Die Altstadt ist eine etwa halbkreisförmige Anlage mit einem rechteckigen Markt, im Osten begrenzt durch den Bach „die Maisch". Südlich der Altstadt erhebt sich in einer weit regaaufwärts reichenden Parkanlage der Schloßberg. Die Vorstädte dehnen sich nach Osten zum Nordbahnhof aus. Nach Süden bis auf das andere Ufer der Rega entstand das Industrieviertel mit Landmaschinenfabrik, Brennerei, Sägewerk und Mühle. In den 20er und 30er Jahren wurden im Westen und Osten Stadtrandsiedlungen angebaut. Wohnblocksiedlungen, besonders in der im 2. Weltkrieg fast völlig zerstörten Innenstadt, kennzeichnen den Wiederauf- und Ausbau nach 1945.

Frühgeschichtliche Münzfunde – eine Urne mit 154 Silberdenaren mit Bildnissen römischer Kaiser und Kaiserinnen und 50 verstreute Münzen, z. T. in Ravenna geprägt – deuten auf ein überregionales Handelszentrum hin. Auf dem wendischen Burgwall baute 1295 Herr Borcko eine Burg; das daraus erwachsende Schloßgut blieb bis 1826 im Besitz der Familie v. Borcke. 1255 erhielt

Regenwalde: Rückfront des Rathauses

Theoderich Horn aus Kolberg den Auftrag, einen Ort anzulegen, der um 1282 lübisches Stadtrecht erhielt. Er war Mediatstadt derer v. Borcke und v. Vidante, letztere überließen ihren Anteil denen v. Borcke. Bei der Kreisreform 1817–18 gab Regenwalde dem Landkreis den Namen, die Kreisverwaltung kam nach → Labes. 1843 gründete Prof. Dr. Karl Sprenger eine Farik für Landmaschinen und Dampfkessel, die neben Sägewerken, Mühlen und Baustoffwerken einer der wichtigsten Betriebe der Stadt blieb. 1895 und 1896 erhielt Regenwalde Kleinbahnanschluß, doch erst 1906 und 1909 wurden die normalspurigen Bahnen nach Labes und Plathe gebaut; der Landhandel wurde intensiviert. 1945 brannten die Russen fast die ganze Innenstadt ab.

Bauwerke: *Schloßberg,* ein 3,50 m hoher begrünter Schutthügel. Das Torhaus des Borckeschen Schlosses blieb erhalten – seit 1938 besteht dort ein Kreisheimatmuseum.

Stadtkirche *St. Marien,* 1369 genannt, eine spätgotische dreischiffige Hallenkirche mit einschiffigem, von einem Sterngewölbe überspanntem Chor. Mitte des 19. Jh.s erfolgten die Einwölbung des Mittelschiffs und der Bau des 60 m hohen Turmes. Der Hochaltar war ein aufwendiges Barockkunstwerk. Nach 1945 wurde er durch den Altar aus → Grünhof ersetzt.

Regenwalde, Landkreis; 1191,43 qkm Gesamtfläche und 49668 Einwohner (1939). Er erstreckt sich von der kuppigen Grundmoräne bis auf den Pommerschen Höhenrücken und erreicht im Großen Grasberg eine Höhe von 163 m über NN. Die Ostgrenze bildet auf einer Strecke von ca. 20 km die Molstow. Die Rega durchfließt den Kreis in einem Bogen von Osten nach Norden. Städtische Zentren sind neben der Kreisstadt Labes, Regenwalde, Plathe und Wangerin. Der stark von der Landwirtschaft geprägte Kreis wird im Norden von einer Waldzone – auf den Sandböden der Talsandzone und im Regatal – durchzogen. Von der landwirtschaftlichen Nutzfläche wurden 82,7 v. H. für

Ackerbau und 15,9 v. H. für Wiesen- und Weidewirtschaft genutzt. Die Ackerflächen wurden zu 53,7 v. H. mit Roggen, Kartoffeln und Lupinen bestellt und nur zu 3,1 v. H. mit Weizen und Zuckerrüben; eine größere Bedeutung hatte der Haferanbau. Die Bewirtschaftung erfolgte von mittleren (970 Höfe mit 10–20 ha) und großen (636 mit 20–100 ha) Betrieben; von den Gütern über 100 ha, z. T. seit alters im Besitz des Adels, verfügten 69 über 200–500 ha, 34 über 500–1000 ha und 2 sogar über mehr als 1000 ha Landfläche. Als 1817/18 der Landkreis gebildet wurde, umfaßte er nahezu ausschließlich den Besitz zweier Adelsfamilien, die ihm zunächst den Namen „Ostenscher und Borckescher Kreis" gaben. Eine Folge der landwirtschaftlichen Prägung war, daß die Industrie primär die Verarbeitung der landwirtschaftlichen Produkte vornahm; allein 43 Brennereien, 12 Kartoffelflocken- und zwei Stärkefabriken verarbeiteten die angebauten Kartoffeln. Mühlen und Molkereien kamen hinzu. Der ganze Kreis besaß etwa 90 Saatzuchtgroßbetriebe. Die Waldgebiete wurden von Sägewerken genutzt. Metallverarbeitende und Elektrobetriebe gab es nur in den Städten Labes und Regenwalde. An der Rega versorgten drei Elektrizitätswerke die Belgarder Überlandzentrale mit Strom. Von den insgesamt 40473 Beschäftigten waren 66,4 v. H. in der Land- und Forstwirtschaft, 22,6 v. H. in Industrie und Handwerk und 10,9 v. H. in Handel und Verkehr tätig.

In → Grünhof befand sich seit 1857 das erste nachreformatorische katholische Kloster Pommerns – Trebnitzer Borromäerinnen – mit Altenheim, Krankenhaus, Waisenhaus und privater Volksschule. 1945 wurde es vernichtet.

Regimentsverfassung. Am 19. 11. 1634 wurde die von den herzoglichen Räten ausgearbeitete, von Herzog Bogislaw XIV. gebilligte und von den Landständen genehmigte Regimentsverfassung veröffentlicht. Die neugeschaffene Regierungsbehörde, die nur aus gebürtigen Pommern bestehen sollte, umfaßte einen Statthalter für ganz Pommern, einen Präsidenten und sieben Mitglieder. Zunächst sollten sie dem Herzog beistehen, im Falle seines Todes aber sofort die Regierungsgewalt übernehmen, um einen schwedischen Staatsstreich zu verhindern. Die Regimentsverfassung stellte nicht nur eine für alle Landesteile gemeinsame Verwaltungsordnung, sondern auch eine den Landesherrn und die Landstände einbindende Verfassungsurkunde dar.

Reichow, Hans Bernhard, Architekt. * 1899 in Roggow, Kreis Belgard, † 1974 in Bad Mergentheim. Zunächst absolvierte er ein Jurastudium, nach 1918 studierte er Architektur in München und Danzig. In Berlin wurde er Mitarbeiter von Erich Mendelsohn. Als Stadtplaner ging er 1928 nach Dresden, war 1934 Stadtbaurat in Braunschweig und 1936 Baudirektor in Stettin. Hier entwickelte er seine Idee von der organischen Stadtbaukunst, die er selbst in Stettin nicht mehr verwirklichen konnte. Er hat seine Ideen 1939 in seinen „Gedanken zur städtebaulichen Entwicklung des Groß-Stettiner Raumes" niedergelegt, die nach dem 2. Weltkrieg von polnischen Stadtplanern teilweise realisiert wurden. 1945 schuf Reichow noch den Aufbauplan für das schwer zerstörte Anklam. 1945 ging er nach Hamburg, plante u. a. die ECA-Siedlung in Lübeck, die Gartenstadt Hohnerkamp in Hamburg-Bramfeld und die Wohnstadt Limes am Taunus. Krönung seines Lebenswerkes war die Sennestadt bei Bielefeld, in der er seine Vorstellung einer organisch entwickelten Stadt und ihrer Integration in die Landschaft mit kreuzungsfreien Straßen am reinsten verwirklichte. Daneben war er Mitbegründer der Gesellschaft für pommersche Geschichte, Altertumskunde und Kunst (1954). Seine letzten großen Ehrungen, die „Honorary Fellowship" des amerikanischen Instituts der Architektur in Washington und den Pommerschen Kulturpreis für das Jahr 1974, konnte er nicht mehr in Empfang nehmen.

Revekol

Revekol *(Rowokół)*, ein 115 m hoher Stauchmoränenhügel am → Garder See bei Schmolsin. Der Revekol wird von der → Lupow östlich und nördlich umflossen und bildet eine der markantesten Erhebungen an der hinterpommerschen Küste. 1435 wurde wegen einer Mordsühne eine Wallfahrt nach „Cussalin, Polnow und Revekol" vereinbart; die Marienkapelle auf dem Revekol war schon länger Ziel zahlreicher Wallfahrer. Sie gehörte zusammen mit der Kirche St. Stanislaus in Garde zum Stolper Prämonstratenserinnenkloster. Gleichzeitig war die Kapelle ein Seezeichen; für die Schiffe von Bornholm nach Preußen war der Revekol nach einem Seebuch des 15. Jh.s erster Ansteuerungspunkt an der Küste. Der unterhalb liegende Garder See diente als Nothafen. Vor 1530 wurden der Gnadenort aufgehoben und die Kapelle zerstört. Das Silber des Wallfahrtsortes im Wert von 300 Gulden eignete sich die Familie Tessen in Schmolsin an. 1821 verschwanden die Reste der Kapelle, und 1837 grub man auch die Fundamente zur Verwendung als Baumaterial aus.

Richtenberg, Kreis Stralsund, früher Franzburg-Barth, Kleinstadt mit 1900 Einwohnern (1990). Richtenberg liegt am Nordufer des Richtenberger Sees auf einem 23 m über NN aufragenden Hügel. Auf dem höchsten Punkt liegen die Stadtkirche und der dreieckige Marktplatz, über den die Hauptstraße, etwa 1200 m lang, von Westen nach Osten verläuft. Im 19. Jh. entstanden die Ausbauten an der Stralsunder Chaussee und der Schulstraße. In den 20er – 30er Jahren des 20. Jh.s wurde der Stadtteil am Bahnhof angelegt. Im Ort steht der einzige bedeutende Industriebetrieb, die Branntweinbrennerei. Richtenberg ist nicht über seine Vorkriegsgrenzen gewachsen.

Auf der Anhöhe bestand Richtenberg bereits 1231 als Kirchdorf mit Salzwerk; 1351 gab es einen Rat der Stadt. Bis 1535 war Richtenberg Mediatstadt des Kosters → Neuenkamp; danach wurde der Handwerkerort mit wenig Ackerbau zur Amtsstadt. Bis 1758 lebte die Stadt fast ausschließlich von der Saline. Im 18. und 19. Jh. wanderten viele Schweden und Italiener zu. Es entstanden

Richtenberg: Ostgiebel der Kirche

Brauereien und Brennereien, von denen die Sonnenbrennerei noch heute den „Richtenberger Korn“ herstellt. 1900 wurde die Eisenbahnlinie Stralsund – Richtenberg – Franzburg eröffnet und nach dem 1. Weltkrieg das Bahnhofsviertel gebaut.

Bauwerke: Stadtkirche *St. Nikolaus* (13. Jh.). Sie besitzt einen Feldsteinchor, den ein achtrippiges Kuppelgewölbe mit großem ringförmigem Schlußstein überspannt. Den Ostgiebel zieren große Rundbogenblenden und ein bis zur Giebelspitze reichendes Kreuz. Das dreischiffige Langhaus und der Turm sind Bauten des 15. Jh.s. Im Langhaus gibt es spätgotische dekorative Fresken, am Triumphbogen die Apostel Petrus und Paulus. Die reich mit Akanthusdekor verzierte Kanzel (um 1700) trägt an der Treppe und am Korb Passionsgemälde und ein Kreuzigungsrelief.

An der Hauptstraße stehen noch einige z. T. verputzte Fachwerkhäuser aus dem 18. und 19. Jh. mit geschnitzten Haustüren.

Richter, Hans Werner, Schriftsteller. * 1908 in Basin, † 1993 in München. Richter, gelernter Buchhändler, lebte 1927 in Berlin, 1933 – 34 in Paris und war von 1943 bis 1945 Kriegsgefangener in den USA. Seit 1946 war er als freier Schriftsteller tätig und gab mit A. Andersch die Wochenzeitschrift „Der Ruf“ heraus, die 1947 von den Besatzungsmächten verboten wurde. Richter war Initiator der Gruppe 47, die er bis zu deren Auflösung 1967 leitete. 1986 erhielt er den Andreas-Gryphius-Preis und den großen Literaturpreis der Bayerischen Akademie der Schönen Künste. Die Karlsruher Universität verlieh ihm den Doktortitel für seine Verdienste um die Literatur nach dem Krieg. 1992 erhielt er den Pommerschen Kulturpreis. Seine zeitkritischen Romane schildern die Menschen im und nach dem 2. Weltkrieg. In seinen autobiographischen Werken beschreibt er liebevoll seine Heimat und deren Bewohner.

Werke u. a.: Die Geschlagenen, 1949; Spuren im Sand, 1953; Deutschland, deine Pommern, 1970; Das war die Gruppe 47, 1979; Die Stunde der falschen Triumphe, 1981; Geschichten aus Bansin, 1982; Reisen durch meine Zeit, 1989.

Riems, 28 qkm große Insel vor der Küste bei Gristow, Kreis Greifswald. Ein Damm verbindet Riems mit dem Festland. Ihre höchste Erhebung von 7,80 m über NN besteht aus Geschiebematerial einer Stauchendmoräne der Velgaster Rückzugsstaffel. Im 20. Jh. erfuhr die Insel starke anthropogene Oberflächenveränderungen. 1908 eröffnete Geheimrat Löffler eine Tierstation mit Serumproduktion gegen Tierseuchen. Dr. O. Waldmann, Kreistierarzt, baute 1920 den Betrieb zu einer Forschungsanstalt und Produktionsstätte für Impfstoffe gegen die Maul- und Klauenseuche aus.

Rintelen, Fritz Joachim von, Philosoph. * 1898 in Stettin, † 1979 in Mainz. Rintelen war von 1932 – 36 Professor in Bonn, dann in München; 1940 wurde er aus politischen Gründen entlassen, seit 1946 lehrte er in

Mainz; außerdem nahm er Gastprofessuren in Argentinien, USA und Japan wahr. Rintelen vertrat eine realistische Wertphilosophie, die reale, geschichtlich bedingte Vorgänge in Verbindung mit überzeitlichen Aspekten brachte. In seiner „Philosophie des lebendigen Geistes" setzte er sich kritisch mit der Lebens- und der Existenzphilosophie auseinander, in denen zeitlich bedingte Ereignisse von einem zeitüberlegenen Logos getrennt werden.

Werk u. a.: Der Wertgedanke in der europäischen Geistesentwicklung, 1932; Dämonie des Willens, 1947; Values in European Thought, 1972.

Rodbertus, Johann Karl, Nationalökonom, Politiker. * 1805 in Greifswald, † 1875 in Jagetzow, Kreis Demmin. Jurastudium in Göttingen und Berlin, 1826–32 war Rodbertus im preußischen Staatsdienst in Oppeln tätig; bis 1836 betrieb er sozial- und wirtschaftswissenschaftliche Studien. Nach seiner Heirat 1832 unternahm er Reisen nach Frankreich, Holland und in die Schweiz. 1836 erwarb er das Rittergut Jagetzow und widmete sich ganz der Landwirtschaft. Ab 1840 begann er, sich kommunalen und ständischen Fragen zuzuwenden. Die Ritterschaft des Kreises Usedom-Wollin wählte ihn 1847 in den Provinziallandtag und 1848 in die preußische Nationalversammlung, wo er Führer des linken Zentrums wurde; er wurde Vizepräsident der Verfassungskommission und für kurze Zeit Kultusminister. Sehr bald zog er sich aus der Tagespolitik zurück. Rodbertus begründete den wissenschaftlichen Sozialismus. 1847 hatte er den „Baltischen Zweigverein für das Wohl der arbeitenden Klasse" gegründet. Er war der Auffassung, daß alle wirtschaftlichen Güter durch Arbeit geschaffen werden, und daß die Arbeiter Anspruch auf den von ihnen geschaffenen Wert haben. Daher forderte er die allmähliche Überführung von Boden und Kapital in Staatseigentum, um so das ungerechtfertigte Gewinneinkommen des Privateigentums zu beseitigen. Der Staat sollte durch die Einführung von festen Lohnquoten, Normalarbeitstag und Arbeitsgeld die Lage der Arbeiter heben. Die Universität Jena verlieh Rodbertus die Ehrendoktorwürde.

Roggenmuhme oder Kornmuhme; ein weiblicher Korngeist, der das Feld vor Dämonen schützt, dem aber auch Opfer zu bringen sind. Die Roggenmuhme zieht durch das reifende Ährenfeld und schreckt Kinder aus dem Feld. Ihr Name hat sich von Pommern bis nach Österreich verbreitet. Noch um 1930 war die Roggenmuhme der bekannteste Korngeist. Bei den Dreschern lebte die Vorstellung, daß derjenige, der den letzten Dreschflegelschlag tat, das Roggenweib erschlagen hatte.

Roon, Albrecht von, Generalfeldmarschall. 1803 in Pleulshagen, Kreis Köslin, † 1879 in Berlin. 1816 trat Roon in das Kadettenkorps in Kulm ein, 1824 folgte ein Studium an der Allgemeinen Kriegsschule und an der Universität Berlin. Nachdem er 1828–35 Lehrer gewesen war, kam er 1836 in den Generalstab und wurde 1848 Chef des Generalstabs des VIII. Armeekorps in Koblenz. 1859 setzte er die Heeresreform in Gang und gegen den Widerstand des Abge-

Albrecht von Roon

ordnetenhauses durch. Er verlangte gut ausgebildete Offiziere und Unteroffiziere; dafür mußten neue Militärschulen eingerichtet werden. Roon löste die Landwehr als selbständigen Zweig der Militärstruktur auf und führte das Zündnadelgewehr und Geschütze mit gezogenem Lauf ein. Dafür wurde er 1859 Kriegsminister und engster Mitarbeiter König Wilhelms I., ab 1861 auch Marineminister. 1862 veranlaßte er die Berufung Otto v. Bismarcks zum Ministerpräsidenten. 1867–69 war er Mitglied des Norddeutschen Reichstages. 1871 erhob ihn Wilhelm I. in den Grafenstand. Für einige Monate übernahm er 1873 den Vorsitz des preußischen Staatsministeriums; Roon legte aus Gesundheitsgründen im November 1873 alle Ämter nieder.

Rosenow, Karl; Lehrer, Heimatforscher, Museumsleiter. * 1873 in Neustettin, † 1958 in Laubach. Nach der Lehrerausbildung in Dramburg war er seit 1895 Lehrer an der Volksschule in Rügenwalde. Bereits 1897 gründete er eine Volksbibliothek. 1912 beauftragte ihn die Stadt Rügenwalde, zur 600-Jahr-Feier eine Chronik der Stadt zu schreiben. Während des 1. Weltkriegs legte er 1917 den Grundstock eines Kreisheimatmuseums, das 1929 in das Herzogsschloß einzog und 25 Räume einnahm. 1933 wurde er Mitglied der „Akademie für Landesforschung" und Erstes Mitglied der „Landeskundlichen Forschungsstelle (Abt. Geschichte), Stettin". 1933 schied er aus dem Schuldienst aus und widmete sich der Heimatforschung und der Museumsleitung. 1945 mußte er auf Befehl des Stadtkommandanten eine Schule einrichten, die nach Fertigstellung den Polen übergeben wurde. Das Heimatmuseum mußte er aus den Resten, die Besetzung und mutwillige Zerstörung zurückgelassen hatten, wiederaufbauen. Nach der Übernahme Rügenwaldes durch die polnische Verwaltung wurde Rosenow als Museumsleiter entlassen, durfte bis 1947 unter einem polnischen Direktor im Museum weiterarbeiten. Vor seiner Ausweisung konnte er noch seine Privatbibliothek dem Museum übergeben.

Roslasin: Katholische Kirche

Roslasin *(Rozłazino),* Kreis Lauenburg; Bauerndorf östlich von Lauenburg mit 352 Einwohnern (1939). 1356 stellte der Danziger Komtur Sweder v. Vollandt den Lokatoren Richard und Sulke eine Handfeste für das Dorf Rosenberg aus und begründete auch die Pfarrei „Gott zum Lobe und den Seelen zum Trost". Diese Gründung war jedoch ein Mißerfolg. Nikolaus Postar, Danziger Komtur, stellte daher 1438 eine neue Handfeste für Roslasin aus, nach der die Bauern mehr Land erhielten. Im 16. Jh. entwickelte sich der Ort zu einem reichen Bauerndorf. Der Schulzenhof wurde 1658 in einen fiskalischen Ackerhof umgewandelt, später in den Gutsbezirk Neu Roslasin, auf dem die Bauern Dienste leisten mußten. Die Dorfkirche St. Adalbert erhielt der Bischof von Kujawien 1641 wieder zurück, der evangelische Geistliche floh nach Zinzelitz. 1840–41 ersetzte ein Neubau die alte, baufällige Kirche. Wirtschaftliche Bedeutung hatte Roslasin durch seinen Zuchtverein, die Spar- und Darlehenskasse und die moderne Genossenschaftsbrennerei.

Rostin *(Rościno),* Kreis Belgard; Dorf mit 229 Einwohnern (1939). Rostin wurde erst im 17. Jh. am rechten Persanteufer westlich von Belgard angelegt. Die umliegenden Flußwiesen begünstigten eine intensive Viehhaltung, insbesondere die Pferdezucht. Von technischer Bedeutung ist das 1936 gebaute erste Unterwasserkraftwerk der Welt. Die etwa 30–40 m breite Persante ist hier von

Mauern eingefaßt, zwischen denen das Wasser, vor allem das Hochwasser, abfließt. Unter dem Mauerwerk liegt unsichtbar das eigentliche Kraftwerk, dessen Turbinen die Fließenergie der Persante nutzen. Oberhalb des Kraftwerkes verhindern Deiche ein mögliches Ausbrechen des Flusses.

Rowe *(Rowy),* Kreis Stolp; Fischerdorf mit 264 Einwohnern (1939). Das Dorf liegt an der Mündung der → Lupow auf der Nehrung des Garder Sees. Hier geht die Garder-See-Endmoräne in die Wanderdünenlandschaft über. Der Ort besteht aus zwei Teilen, Groß und Klein Rowe. 1927 begann der „Brücke-Maler“ Max Pechstein, seine Sommerferien in Rowe zu verbringen, wo er u. a. „Morgennebel an der Lupow“, „Morgen am Garder See“, „Gelbe Fischerhütte in Rowe“ malte.
1938 gab es in Rowe noch 26 hauptberufliche Fischer mit 16 Küstenkuttern; inzwischen ist Rowe ein Badeort mit Ferienheimen, Campingplatz und privaten Ferienhäusern.

Rubenow, Heinrich, Bürgermeister. * um 1400 in Greifswald, † 1462 in Greifswald. 1436 studierte Rubenow an der Universität Rostock, 1447 war er als baccalaureus legum an der Universität Erfurt, dort erwarb er das Lizentiat des römischen und das Baccalaureat des kanonischen Rechts. Nach Greifswald kehrte er als legum doctor zurück und wurde 1449 Bürgermeister; 1452 gab er der Stadt eine neue Verfassung und vertrat sie auf den Tagfahrten der Hanse. 1456 gründete er die Greifswalder Universität, deren erster Rektor er war, und schenkte der Juristischen Fakultät seine Bibliothek. Nach Auseinandersetzungen mit Herzog Erich II. um das Dorf Horst bei Greifswald mußte Robenow 1457 nach Stralsund fliehen. Einige Monate später kehrte er zurück und wurde 1459 zum zweiten Mal Rektor der Universität, der er freigebigst große Geschenke zukommen ließ. In der Silvesternacht 1462 ermordete ihn in der Schreibstube des Rathauses ein gedungener Mörder.

Rostin: Unterwasserkraftwerk

Ruden; 0,4 qkm große Insel auf der Randschwelle des → Greifswalder Boddens vor der Küste → Usedoms. Die Insel erstreckt sich etwa 2 km in Nordsüdrichtung und ist im nördlichen Teil 350 m breit. Die Geschiebemergelplatte ist von meterhohen Dünen bedeckt, die ein Schutzwald festhält. Die Küste wird durch Mauern geschützt. Bis 1945 war der Ruden eine Lotsenstation mit 24 Einwohnern (1939). Nach dem 2. Weltkrieg wurde die Insel bis 1989 militärisches Sperrgebiet.

Rügen, mit 926,4 qkm die größte deutsche Ostseeinsel. Liegt 800 – 3000 m vor der vorpommerschen Küste. Rügen ist gleichzeitig Landkreis mit der Kreisstadt Bergen und den weiteren Städten Garz, Putbus (seit 1960) und Saßnitz (seit 1957). An das Muttland, dem Inselkern, lagern sich die großen Halbinseln Wittow, Jasmund und Mönchgut an, die wegen ihrer Höhe (Arkona: 46 m, Piekberg: 161 m, Granitz: 107 m) auch Hoch-Rügen, im Gegensatz zum westlichen Nieder-Rügen, genannt werden. Ursache für die Hochlage sind einmal geologisch alte Hebungs- und Senkungsvorgänge, nach denen die Oberkreidescholle Rügens östlich der Rügenachse vom Dornbusch bis Mönchgut angehoben wurde. Zum anderen verlief von Jasmund nach Bornholn die Eisscheide zwischen Belt- und Odergletscher, die zu beiden Seiten die Prorer und Tromper Wiek ausschürften. Nieder-Rügen ist überwiegend von Grundmoränen bedeckt. Die heutige Insel begann mit der Litorinatransgression um 7900 v.Chr., Gestalt anzunehmen. Durch

den bis etwa 5700 v.Chr. dauernden starken Anstieg des Meeresspiegels (um ca. 1 m/Jh.) wurden mit der Oberflächenströmung kretazische und pleistozäne Inselkerne teilweise oder vollständig abgetragen und das Material in die dazwischen liegenden Senken transportiert. Um 6000 v.Chr. begannen die Nehrungen zwischen den Kernen zu wachsen; innerhalb von 2000 Jahren war die heutige Boddenausgleichsküste entstanden mit den hohen, von Steilküste begrenzten Inselkernen Wittow, Jasmund, Granitz, Göhren, Lobbe und Thiessow und den dazwischen liegenden sandigen Nehrungen Bug, Schaabe, Schmale Heide, Baaber Heide und Großer Strand. Dahinter greifen die Bodden, Großer und Kleiner Jasmunder Bodden, 60 bzw. 26 qkm und Wieke tief in die Insel ein. Sie werden von Schilfröhricht eingefaßt und verlanden allmählich. Damals war Rügen weitgehend von Eichenmischwäldern bedeckt, die jedoch seit der Jungsteinzeit gerodet wurden, um Ackerland zu gewinnen. Die Forstwirtschaft der letzten Jahrhunderte führte zu Anpflanzungen von Nadelwäldern, besonders auf den Nehrungen als Küstenschutz. Nur 15 v. H. der Inseln sind heute mit Wald bedeckt.

Die Anfänge der Besiedlung liegen in der Jungsteinzeit um etwa 9000 v.Chr. Unzählige Großsteingräber, die meisten zerstört und als Baumaterial genutzt, zeugen von einer dichten Besiedlung. → Lietzow war schon früh zu einem Industriestandort für Feuersteingeräte mit weitreichenden Handelsbeziehungen geworden. Spärlicher sind die Bodenfunde der Bronze- und der frühen Eisenzeit; sie konzentrieren sich auf Wittow, Jasmund, Zudar und Südostrügen. Nachdem die germanischen Stämme im 3.–4. Jh. n.Chr. Rügen verlassen hatten, begann im 6. Jh. die Besiedlung durch die → Ostseeslawen. Bis ins 12. Jh. hatten sie mindestens 26 Burgwälle gebaut, deren wichtigste die Tempelburg auf → Arkona und die Fürstenburgen in → Garz und auf dem → Rugard waren. Im 7. und 8. Jh. kam es zu großen Rodungen, besonders der Eichenwälder. Klimaveränderungen seit dem 12. Jh. führten zu einer raschen Verbreitung der Buche, heute noch im Stubnitzwald auf Jasmund erhalten. 1168 eroberte König Waldemar von Dänemark die Tempelburg Arkona und begann mit der Christianisierung der Bevölkerung. Am ursprünglichen Siedlungsbild änderte sich im Laufe der nächsten Jahrhunderte wenig, wenn auch die rügischen Fürsten eine Einwanderung deutscher Siedler förderten; sie blieb wegen der zahlreichen einheimischen Bevölkerung gering. Nach dem Tod Fürst Wizlaws III. 1325 fiel die Insel an die Herzöge von Pommern. Seit dem 16. Jh. veränderte sich das ländliche Siedlungsbild nachhaltig, es begann das → Bauernlegen in größerem Umfang. Der 30jährige Krieg, der zahlreiche Wüstungen hinterließ, förderte die Zunahme adligen Großgrundbesitzes. Mitte des 18. Jh.s führte der Adel die persönliche Untertänigkeit, d. h. Leibeigenschaft, ein. Von 1770 bis 1780 verschwanden 144 Dörfer. Von 21254 Dorfbewohnern waren 1783 über 15000 leibeigen. Die 1806 aufgegebene Leibeigenschaft setzte ein erneutes Wachstum der Güter in Gang; der Boden wurde zum Spekulationsobjekt. Auch die Versuche der preußischen Regierung im Jahre 1886, durch ein Ansiedlungsgesetz den Großgrundbesitz zu reduzieren, hatten wenig Erfolg. Das Reichserbhofgesetz von 1933 verhinderte jede Besitzaufteilung. 1939 befanden sich 73 v. H. der landwirtschaftlichen Nutzfläche Rügens im Besitz von 194 Gutsbetrieben. Die Bodenreform von 1945 führte zu einem Anwachsen der Bauerndörfer, die aber mit der Kollektivierung von 1952–60 zu Wohnsiedlungen herabsanken. Nach 1989 begann eine grundlegende Strukturveränderung: Die Nutzfläche sank von 65000 ha (1989) auf 62300 ha (1990), und die Beschäftigtenzahl von 20,3 v. H. aller Arbeitnehmer (1989) auf 12–15 v. H. (1990).

Mit dem 19. Jh. begann ein für Rügen bedeutsamer Gewerbezweig zu wachsen, der Tourismus. Die Anlage von → Putbus/ → Lauterbach als Residenz- und Badeort ab 1816 wirkte wie eine Initialzündung. Um 1824 kamen die ersten Urlauber nach Crampas/Saßnitz. Die Besucherzahlen stiegen sprunghaft, ab 1870–80 begann eine rege Bautätigkeit in den Orten Südostrügens: Pensionen, Hotels, Kurhäuser entstanden innerhalb kürzester Zeit. Um 1900 kamen etwa 4000–5000 Gäste pro Jahr nach Sellin. Binz, Sellin, Göhren, Thiessow, Lohme, Glowe, Breege-Juliusruh u. a. sind die Anziehungspunkte der bisher über 400000 Urlauber pro Jahr; dazu kommen noch die Tagesbesucher. Gefördert wurde diese Entwicklung durch den zügigen Ausbau der Verkehrsverbindungen; nach 1871 gab es zahlreiche befestigte Straßen, 1876 die Eisenbahnstrecke Altefähr–Bergen (1892 bis Saßnitz verlängert), 1894–99 erfolgte der Ausbau der Rügenschen Kleinbahnen. Eine Sonderstellung nimmt → Saßnitz mit der 1909 eröffneten Eisenbahntrajektlinie nach Trelleborg/Schweden ein. Seit 1986 steht dem Transitverkehr nach Rußland der Fährhafen → Mukran zur Verfügung.

Der einzige Bodenschatz Rügens, die Kreide, war Grundlage zahlreicher Betriebe, die im Tagebau Kreide förderten und zu Schlämmkreide weiterverarbeiteten. Seit 1963 wurden sie zu einem vollmechanisierten Gesamtwerk mit 450 Beschäftigten in Klementelvitz zusammengefaßt, das pro Jahr etwa 200000 t Kreide verarbeitet. Die Fischerei war im Fischereikombinat Saßnitz mit Konserven- und Fischmehlfabrik zusammengefaßt.

Einzellandschaften:

Bug: Ein im Südwesten Wittows sich ständig nach Süden verlängernder Haken. Nadelwälder schützen die Halbinsel, die besonders bei Dranske im Buger Hals von Sturmfluten bedroht ist. 1685 stand an der Südspitze das „Wittower Posthaus“, das erste der Insel, von dessen kleinem Hafen schwedische Postjachten und Dampfer abgefertigt wurden; um 1940 lag die Südspitze bereits etwa 2 km südlicher.

→ *Granitz.*

→ *Jasmund.*

→ *Mönchgut.*

Nieder-Rügen: auch Muttland, eine flachwellige Grundmoränenlandschaft, die im Westen von einer Boddenbinnenküste begrenzt wird. Landwirtschaftlicher Kernraum Rügens; Anbau von Getreide, Zuckerrüben, Kartoffeln und Futterpflanzen. Während der sozialistischen Planwirtschaft gab es Spezialanbaugebiete, u. a. Boldevitz für Obst,

Rügen: Kreidefelsen bei Stubbenkammer

Gingst für Saatgut, Kluis für Schweine- und Samtens für Pelztierzucht.
Schaabe: Girlandenartige Nehrung zwischen Wittow und Jasmund. Kiefernwaldungen bedecken die Dünen. An der südlichen Ansatzstelle begann man 1937/38 mit dem Bau eines großen Kriegshafens, 1939 wurden die Arbeiten wegen zu mächtiger Sandverdriftungen eingestellt. Wiederaufnahme des Projekts 1952–55, mit gleichem Erfolg.
→ *Schmale Heide.*
→ *Stubbenkammer* → *Jasmund.*
→ *Wittow.*

Rügendamm; anstelle des seit dem 13. Jh. betriebenen Fährbetriebs zwischen Stralsund und Altefähr/Rügen gebaut. Von 1883 verkehrte eine Eisenbahnfähre, um 1925 fünf Fährschiffe. 1911 wurde die „Interessengemeinschaft Rügendamm“ gegründet, deren Tätigkeit sich noch 1913 der rügensche Kreistag entgegenstellte. Nach dem 1. Weltkrieg entstand ein neuer „Verein für den Bau des Rügendammes“, mit dessen Hilfe die Deutsche Reichsbahn 1931 mit Erdarbeiten begann, die jedoch wegen Geldmangels eingestellt werden mußten. 1933 begannen die Bauarbeiten für den 2540 m langen Fahrdamm für Eisenbahn und Autos, der am 5. 10. 1936 dem Eisenbahnverkehr übergeben wurde. Das Festland und die mit Spülgut um das Doppelte vergrößerte Insel Dänholm verbindet die 133 m lange Ziegelgrabenbrükke mit einem 29 m langen Klappbrückenteil in der Mitte. Zwischen Dänholm und Rügen steht die Strelasundbrücke auf elf Stützen in je 54 m Entfernung. 1937 konnte nach Beseitigung der alten Trajektanlagen die Straßenbrücke eröffnet werden. Nach dem 2. Weltkrieg begann man erst 1947 mit der Beseitigung der Kriegsschäden.

Rügenwalde *(Darłowo),* Kreis Schlawe; Stadt mit 13952 Einwohnern (1983). Rügenwalde liegt etwa 3 km oberhalb der Wippermündung an ihrem rechten Ufer, am Abhang des Kopfberges. Die Altstadt hat einen viereckigen Grundriß mit rechteckigem Marktplatz, grenzt im Süden an die → Wipper, wo der vom Schloßgraben umgebene Schloßbezirk liegt. Sie hat auch nach 1945 ihr Vorkriegserscheinungsbild erhalten. Im Nordwesten, an der Mündener Landstraße, liegt die Münder- im Osten die Stolpmünder- und am linken Wipperufer die Wippervorstadt mit dem 1878 gebauten Bahnhof. Im 20. Jh. entstanden zahlreiche Stadtrandsiedlungen, u. a. die Kopfbergsiedlung. Das älteste Ostseebad Preußens, Rügenwaldermünde, wurde 1936 zum einträglichsten Ortsteil der Stadt. Entlang der Wipper und der Eisenbahn erstreckten sich die Gewerbebetriebe, wie Maschinen-, Kisten-, Fleisch- und Wurstwarenfabriken und der Fischereihafen mit Fischverarbeitung. An den äußeren Stadträndern dehnen sich Wohnblocksiedlungen der Nachkriegszeit aus.
In unmittelbarer Stadtnähe stand auf dem Darlowberg die Swenzonenburg Dirlow. Fürst Wizlaw II. von Rügen, durch seine Mutter Euphemia v. Pomerellen in Pfandbesitz des Landes Schlawe und der Kastellanei Dirlow gekommen, gründete wohl 1270 die 1271 mit „civitas“ bezeichnete Stadt. 1277 verkaufte er sein Pfandrecht an die Markgrafen Otto und Konrad von Brandenburg, die 1307 den → Swenzonen den Lehnsbesitz der Schlösser Rügenwalde, Schlawe und Pollnow bestätigten. Die Stadtgründung war nicht erfolgreich, so daß sie 1312 nach lübischem Recht neugegründet wurde. Jesko von Schlawe verkaufte 1327 der Stadt das Swenzonenschloß zum Abbruch. 1333 konnte Rügenwalde alle adligen Besitzer abfinden und deren Rechte und Freiheiten übernehmen. Seit 1361 war Rügenwalde Mitglied der Hanse. Herzog Bogislaw VIII. verlieh 1398

Die Marienstraße in Rügenwalde

der Stadt das Münzrecht. Auf den Grundmauern des Swenzonenschlosses erbauten die Herzöge ein Schloß, in dem Herzog Erich I. 1449–59 lebte; bis 1653 blieb es Residenz der Herzöge. Der Große Kurfürst ließ nach 1668 den Hafen ausbauen, der während der Napoleonischen Kriege 1807–13 zum Mittelpunkt des Schmuggelhandels wurde. 1870 erfolgte der Molenbau und die Anlage des Binnenhafens. Die Reederei *Hemptenmacher* wurde zur größten Reederei Hinterpommerns. Seit 1878 erschloß die Preußische Ostbahn dem Hafen das Hinterland. Damit wurde Rügenwalde zu einem zentralen Ort nicht nur des → Rügenwalder Amtes. Seine Industrie verarbeitete die Produkte der Viehzucht in Fleisch- und Wurstfabriken. In der Schloßmühle (seit 1333) ist ein Elektrizitätswerk eingebaut. Daneben entstanden Reparatur- und Zulieferbetriebe für den Hafen, der 1928 einen Umschlag von 27749 t und 1965 von 29000 t erreichte. 1936 wurde die an der Mündung gelegene Kolonie Rügenwaldermünde nach Rügenwalde eingemeindet. Mit Schulen, Kreisheimatmuseum, Zoll-, Strand- und Lotsenamt und mit dem Amtsgericht hatte Rügenwalde bedeutende Verwaltungsaufgaben für das Umland zu erfüllen.

Bauwerke: Von der mittelalterlichen Stadtwehr sind neben dem *Steintor* (Anfang 15. Jh.) größere Teile der Mauer mit Wall erhalten.

Herzogsschloß, bedeutendster Bauherr war Herzog Erich I. in den Jahren 1449–59; vier mehrgeschossige Bauten umstanden den Hof, von dem das Hohe Tor ins offene Land und ein zweites in die Stadt führte. Der schönste Teil, der Südflügel an der Wipper, wurde 1833 abgerissen; die restlichen im 17. Jh. stark veränderten Bauten nutzte die Stadt als Lagerhaus und Gerichtsgefängnis, bis 1929 in ihm Karl → Rosenow das Kreisheimatmuseum einrichtete. Nach 1945 wird es weiter als Museum genutzt (mit deutschen Beschriftungen der Exponate). Mehrere Steinplastiken → Utechs sind an seinem Eingang aufgestellt. Stadtkirche *St. Marien,* (spätes 14. Jh.), eine spätgotische dreischiffige Backsteinbasilika mit bis zur Westwand des Turmes vorgezogenen Seitenschiffen. Sterngewölbe überspannen die Schiffe und den dreiseitig geschlossenen Chor. Der Turm (15. Jh.) diente mit seinen 60 m Höhe als Seezeichen. In einer Nische der Turmhalle stehen drei herzogliche Sarkophage: der Kalksteinsarg Erichs I., eingerahmt von zwei Zinnsärgen der Herzogin Elisabeth v. Schleswig-Holstein († 1653) und der Herzogin Hedwig v. Braunschweig-Lüneburg († 1650). Die Kanzel, eine Renaissanceschnitzerei von 1700 ruht auf einer Engelsfigur. Berühmt war der → Rügenwalder Silberaltar, dessen Reste im Stolper Museum aufbewahrt werden.

Gertraudenkapelle (um 1450), von Herzog Erich I. erbaut, zwölfeckiger Zentralbau mit sechseckigem Innenraum, den ein schönes Sterngewölbe überspannt. Auf dem Zeltdach erhebt sich ein schlanker zentraler Dachreiter. Aus der Schloßkirche stammten der kleine Altar und die prachtvolle Barockkanzel aus dem 17. Jh. Eine Engelsfigur trägt den

Rügenwalde: Innenhof des Schlosses

Kanzelkorb; Ecksäulen betonen seine geschwungenen Ecken, in den fünf Nischen sind Bilder alttestamentarischer Propheten angebracht. Nach ihrer Restaurierung nach 1945 steht die Kanzel in der ehemaligen Schloßkapelle.

Rügenwalder Amt; landwirtschaftlich intensiv genutzte Küstenebene zwischen Jasmunder See und Saleske. Zwischen dem Rügenwalder Amt und der Ostsee liegen Buckower-, Vitter- und Vietzker-See mit ihren schmalen, dünenbesetzten Nehrungen. Wipper und Grabow durchfließen und entwässern die Ebene; nur östlich der Wipper schiebt sich ein bis zu 72 m hoher Moränenzug in das Tiefland.

Entstanden ist das Rügenwalder Amt aus dem von den Herzögen geerbten und übernommenen Land Schlawe und dem Swenzonenland Rügenwalde, sowie dem Land der ehemaligen Klöster Marienkron und Bukkow; die „Abtei"-Dörfer wurden mit den „Amts"-Dörfern im Rügenwalder Amt vereinigt. Zur Zeit König Friedrichs II. umfaßte das Amt 52 Dörfer, 14 Domänen, 36000 Morgen Wald und drei Strandseen. Von Anbeginn waren die Bauern auf ihrer Scholle frei, nur dem Herzog bzw. dem Kloster untertan. So entwickelte sich ein wohlhabendes, selbstbewußtes Bauerntum, das sein „Amt" in mächtigen → Vierkanthöfen bewirtschaftete. In den „Abtei"-Dörfern hat sich im → Brandschadenshilfsverein eine sehr frühe Hilfs- und Notorganisation bis ins 20. Jh. erhalten.

Auf den guten Böden bauten die Bauern Weizen, Zuckerrüben, Roggen und Kartoffeln an; damit wurden Fettschweine, Fettkälber, Gänse und Enten für die Verarbeitung in den Fleisch- und Wurstfabriken → Rügenwaldes gemästet.

Rügenwalder Silberaltar; in der St. Marienkirche in Rügenwalde befand sich der Rügenwalder Silberaltar. Ein aus Ebenholz gefertigter barocker Aufbau umschloß die 27 in Silber getriebenen Reliefs, die Herzog Philipp II. der Schloßkirche gestiftet hatte. Der aus Braunschweig stammende Stettiner Hofgoldschmied Johann Körver († 1607), der Augsburger Goldschmied Christoph Leneker († 1613) und dessen Sohn Zacharias († 1612) schufen die Silberreliefs nach Vorlagen von Hendrick Goltzius und unbekannter Augsburger Meister. Herzogin Elisabeth, Witwe Herzog Bogislaws XIV., ließ 1636 die Reliefs zum Rügenwalder Silberaltar zusammenfügen. Die oberste Platte über dem Hauptgesims zeigte König David mit der Harfe; die Mitte bildete die Anbetung der Hl. Drei Könige, umgeben war diese von 12 Platten mit Darstellungen aus der Passion Christi von der Einsetzung des Abendmahls bis zur Auferstehung. In der Predella zeigte die Mitteltafel die Taufe im Jordan; sie war von 12 Apostelbildern umgeben.

Die 1945 nach Schlawe ausgelagerten Silberplatten verschwanden, bis einige in Warschau auf dem Schwarzmarkt auftauchten. Sie kamen in das Museum in Stolp. Gefunden, z. T. beschädigt, wurden aus dem Hauptbild: die Hl. Drei Könige, das Abendmahl, die Grablegung und vier weitere Passionsdarstellungen sowie aus der Predella: die Taufe im Jordan.

„Rügenwalder", Teewurst; eine fette Räuchermettwurst, die bis heute nach geheimen, firmeneigenen Rezepten hergestellt und in alle Welt exportiert wird. Grundsubstanz ist Schweinefleisch, das die Schweinemast des → Rügenwalder Amtes, Kernmast genannt, lieferte.
Älteste Firma war *Carl Schiffmann*, 1800 gegründet, die heute in Sparrieshoop nördlich von Hamburg in der siebten Generation weitergeführt wird und ihre Produkte, neben der Rügenwalder auch Gänse, Spickbrüste, Gänseschmalz u. a., bis nach Amerika exportiert. Ihre Kundenkartei umfaßt etwa 30000 Anschriften. Daneben gab es noch weitere acht fleischverarbeitende Betriebe, u. a. *W. Brandenburg* und *C. Müller.*

Rugard, mit 91 m über NN höchster Punkt der Stauchendmoräne im Nordosten von → Bergen. Auf dem Gipfel lag ein wendischer Burgwall, dessen Reste noch sichtbar sind: Ein Hauptwall, der im Westen bis zu 10 m hoch ist, und dessen halbkreisförmiger Vorwall im Osten und Nordosten. Archäologen fanden hier arabische Münzen von 763–822 n.Chr. Im 9. Jh. war der Rugard eine wendische Fürstenresidenz. 1258 wird er erstmals urkundlich erwähnt. Fürst → Wizlaw III. verlieh in den Jahren 1285 und 1291 den Benediktinerinnen in Bergen die Kapelle auf dem Rugard. Noch 1306 gab es eine „parochia Rygharde". Nach Wizlaws III. Tod (1325) verlor die Burg ihre Bedeutung und verfiel; die Kapelle wurde abgebrochen.

Ruge, Arnold, philosophischer und politischer Schriftsteller. * 1803 in Bergen, † 1880 in Brighton/England. Studium in Halle, er wurde dort Privatdozent. 1838 gründete er die radikalen „Hallischen Jahrbücher für Deutsche Wissenschaft und Kunst", das Publikationsorgan der Junghegelianer. Recht bald mußte er wegen seiner scharfen Angriffe gegen reaktionäre Zustände nach Dresden fliehen. 1840–43 erschien die Zeitschrift unter neuem Titel als „Deutsche Jahrbücher". 1844 war er in Paris, trat in engen Kontakt zu Heinrich Heine und Karl Marx und veröffentlichte die „Deutsch-Französischen Jahrbücher", die jedoch sofort unterdrückt wurden. Ruge konnte Marx' Weg zum Sozialismus nicht mitgehen.
1846 war er beim Verlag Julius Fröbel in Zürich. 1848 gehörte er zum linken Flügel der Frankfurter Nationalversammlung. Ein Jahr später emigrierte er nach London und gründete mit A. A. Ledru-Rollin und G. Mazzini das „Europäisch demokratische Komitee". Ab 1866 begann er, sich mit der bismarckschen Politik zu versöhnen, er wurde sogar sein Anhänger. Bismarck gewährte ihm einen „Ehrensold des Deutschen Reiches", den er als eine besondere Auszeichnung empfand.
Werke u. a.: Die platonische Ästhetik, 1832; Neue Vorschule der Ästhetik, 1837; Jugenderinnerungen, 1862. Seine zahllosen Zeitschriftenartikel gehören zu den schärfsten politischen Kritiken seiner Zeit.

Rugier; ostgermanischer Stamm, der von Norwegen kommend an der unteren Weichsel siedelte. Mit dem Eindringen der Goten besetzten die Rugier mit den → Burgundern das Gebiet nördlich der Warthe und Netze, zuletzt waren sie vermutlich auf Rügen ansässig. Im 4. Jh. n.Chr. wanderten sie nach Süden und gerieten unter hunnische Herrschaft; 541 zogen sie in Attilas Heer gegen Gallien und ließen sich 543 in Niederösterreich nördlich der Donau – „Rugiland" – nieder. Bei ihrem Angriff auf Italien 487/88 wurden sie von Odoaker, der den letzten weströmischen Kaiser Romulus Augustus 476 abgesetzt hatte und in Italien als König regierte, geschlagen. Ihr König Fletheus wurde hingerichtet, ihr Reich zerstört. Reste des Stammes schlossen sich 489 den Ostgoten an und siedelten mit ihnen in Italien. Die Rugier gingen 553 mit den Ostgoten unter.

Rummelsburg *(Miastko);* Kreisstadt mit 10589 Einwohnern (1983). Rummelsburg liegt am linken Ufer der Stüdnitz, auf dem

Rummelsburg 1947

Pommerschen Höhenrücken. Die Mitte der Stadt bildet die Stadtkirche mit dem östlich anschließenden Markt auf dem höchsten Punkt in der Flußschleife. Rummelsburg hat keinen planmäßigen Stadtgrundriß; der Ort wuchs entlang der Straßen nach Stolp, Neustettin und Bütow, im 19. Jh. noch zum Bahnhof hin. Auf höhergelegenen Stellen entstanden Stadtrandsiedlungen, u. a. im Westen jenseits der Eisenbahnlinie. Die erheblichen Zerstörungen in der Innenstadt ersetzen Grünflächen und Wohnblocks. Eine große Wohnblocksiedlung liegt an der Breiten Straße, an der nur ganz wenige Vorkriegsbauten erhalten sind.

Innerhalb des Stüdnitzbogens gab es bereits in prähistorischer Zeit einen Siedlungsplatz: Steinbeile der Steinzeit, Steinkistengräber mit Gesichtsurnen der Bronzezeit und ein Münzschatz von 1200 vorwiegend arabischer und deutscher Münzen der Wendezeit, weisen darauf hin. 1333 wird Heinrich v. Massow erstmals als „Herr von Rummelsburg" genannt. Das Dorf Rummelsburg gehörte 1478 zum Besitz der Massow. Es wird 1506 als „Stedeken" bezeichnet, und Ende des 16. Jh.s gab es einen vom Stadtherrn ernannten Ratsherrn. Bis 1617 verweigerten die Massows Rummelsburg das Stadtrecht; die Bürger erzwangen es durch ein Urteil des Hofgerichts in Stettin, doch die Massows ignorierten den Gerichtsspruch. Ein weiteres Urteil führte 1707 ebenfalls zu keinem Ergebnis. Erst eine Resolution König Friedrich Wilhelms I. (1721) erzwang die Stadtgründung nach lübischem Recht.

Seit 1878 hat Rummelsburg eine Eisenbahnverbindung an der Strecke Neustettin – Rummelsburg – Stolpmünde, 1902 nach Schlochau und 1909 nach Bütow. Dadurch erhielten die Gewerbebetriebe einen größeren Absatzmarkt. In den Randbereichen der Stadt entstanden Tuch- und Wurstfabriken, Baustoffbetriebe und eine Maschinenfabrik. 1945 wurde Rummelsburg zu 45 v. H. zerstört, bis 1955 vernichteten sieben große Brände weite Teile der Stadt. Der Wiederaufbau erfolgte in Plattenbauten.

Bauwerke: *Stadtkirche*, ein verputzter Backsteinbau; 1905 wurde der Turm angebaut, der 1927 seine barocke Haube erhielt. Die Empore wird von Pfosten gehalten, die gleichzeitig das Dach tragen. In ihr wurde die Gattin Feldmarschall Blüchers beigesetzt.

Rummelsburg, Landkreis, 1213,03 qkm Gesamtfläche und 40692 Einwohner (1939); er liegt auf der Hauptendmoräne des Pommerschen Stadiums und erreicht mit 234 m über NN südlich der Ziegelei Klöwstein und im Schübbsche Berg mit 227 m über NN seine höchsten geographischen Höhen. Dem Collenz See bei Gloddow entspringt die → Wipper, die den Kreis nach Norden durchfließt und bei Techlipp ihren ersten größeren Nebenfluß, die Stüdnitz, aufnimmt. Im Westen begrenzen den Kreis der Papenzin See und die Grabow.

Neben der Kreisstadt gibt es erst seit etwa 1980 mit Hammermühle eine zweite städtische Siedlung. Der Landkreis ist zu etwa 50 v. H. mit Kiefern- und Tannenwald, vereinzelt mit Mischwald bedeckt. Von der verbliebenen landwirtschaftlichen Nutzfläche waren 83 v. H. Ackerland und 16 v. H. Wiesen und Weiden. Angebaut wurden vorwiegend Roggen und Kartoffeln auf 55,4 v. H. der Ackerfläche (1939). Mittlere und größere Bauernbetriebe – 1252 von 3212 Höfen verfügten über 10–20 ha, 654 über 20–100 ha – bewirtschafteten etwa die Hälfte der Nutzfläche. Von den Gütern hatten 37 zwischen 200 und 500 ha und 23 sogar 500–1000 ha

Grundbesitz. Die gewerblichen Betriebe waren auf die Stadt Rummelsburg konzentriert, Hammermühle ist mit seiner Papierherstellung der zweite Industriestandort. Eine Besonderheit war die → Damast-Handweberei in Friedrichshuld. In Beßwitz stand ein kleines Elektrizitätswerk.

Von den 33570 Beschäftigten (1939) waren 62,4 v. H. in der Land- und Forstwirtschaft, 28,9 v. H. in Industrie und Handwerk und 8,8 v. H. im Handel und Verkehr tätig. Im Bismarckschloß in Varzin befindet sich eine Forstschule.

Rundfunk. 1921 führte Hans → Bredow, der „Vater des deutschen Rundfunk“, diesen Begriff ein, der sich gegenüber dem Wort „Radio“ durchgesetzt hat und Bestandteil zahlreicher zusammengesetzter Wörter ist (u. a. Rundfunkrat, Rundfunkempfänger, Rundfunkanstalt, Rundfunkarchiv, Rundfunk-Fernseh-Film-Union). Etwa 95 v. H. der deutschen Haushalte verfügen über ein Rundfunkgerät, so daß dieses zu einem echten Bestandteil des Volkslebens geworden ist. Seit 1945 werden in Arbeitstagungen u. a. Verbreitung, Gebrauch, Einfluß des Rundfunks registriert und analysiert.

Runge, Philipp Otto, Maler. * 1777 in Wolgast, † 1810 in Hamburg. 1799–1801 Studium an der Akademie in Kopenhagen, seit 1801 in Dresden. Hier trat er in Verbindung zu C. C. Friedrich, R. L. Tieck, R. F. Schlegel u. a. 1802–03 entwarf er die „Vier Jahreszeiten“, mit denen er eine symbolkräftige, naturreligiöse Malerei beginnen wollte. Ende 1803 reiste er nach Hamburg, besuchte in Weimar Goethe und malte dort einige Porträts. 1806 begann er mit theoretischen Untersuchungen über Wesen und Wirkung der Farbe, die zur Abfassung der „Farbkugel“ (1810) führten. Ein reger wissenschaftlicher Gedankenaustausch mit J. W. Goethe begann. Für seinen ehemaligen Lehrer L. G. → Kosegarten malte Runge „Petrus auf dem Meer“. 1808 begann er die Ausführung der „Tageszeiten“ mit der ersten Fassung des „Morgens“. Von dem Zyklus gibt es Radie-

Scherenschnitt von Philipp Otto Runge

rungen, die Görres in den *Heidelberger Jahrbüchern* ausführlich besprach. Seine 1809 entworfenen Spielkarten sind zu seinem 200. Geburtstag von der Vereinten Altenburger und Stralsunder Spielkartenfabrik in spielbarer Form gedruckt worden. Neben seiner Malerei sammelte er Märchen, bekannt sind „Von dem Machandelboom" und „Von dem Fischer un syner Fru", die die Brüder Grimm in ihre „Kinder- und Hausmärchen" aufnahmen. Arnim, Brentano und Schelling suchten seine Bekanntschaft.
Runge war der eigentliche Begründer der Malerei der deutschen Romantik, die er weniger durch sein Werk, als vielmehr durch seine in Briefen übermittelten theoretischen Erkenntnisse beeinflußte. Seine zweite Fassung des „Morgens" konnte er nicht mehr beenden, da er mit 33 Jahren an Tuberkulose starb.

Ruß, Karl, Ornithologe, Schriftsteller. * 1833 in Baldenburg, Kreis Schlochau, † 1899 in Berlin. Nach Studium der Pharmazie ließ er sich 1862 in Berlin als freier Naturschriftsteller nieder. Eines seiner frühen Werke waren „In der freien Natur" (2 Bde. 1865–68). Seit 1872 publizierte er die Zeitschrift „Die gefiederte Welt". 1889 erschien „Das heimische Naturleben im Kreislauf des Jahres". Von seinen Naturbeobachtungen der Vogelwelt ging er zur Zucht ausländischer Stubenvögel über. Sein „Handbuch der Vogelliebhaber" erschien in der 4. Auflage 1901–04. Das Buch „Der Kanarienvogel" erlebte bis 1906 elf Auflagen. 1887 schrieb Ruß „Vögel der Heimat". Diese grundlegenden Arbeiten brachten ihm den ehrenvollen Namen „Vogelruß" ein.

Saatzig, Landkreis, 1176,65 qkm Gesamtfläche und 43258 Einwohner (1939). Der Kreis Saatzig liegt im Bereich der Grundmoräne und greift im Westen auf die Beckenablagerungen des → Weizackers über, im Osten reicht er über die von Nord nach Süd verlaufende Hauptendmoräne in das Sandergebiet mit seinen ausgedehnten Waldungen des Staatsforsts Wedelsdorf hinein. Zum Landkreis, dessen Verwaltung sich in der seit 1901 kreisfreien Stadt Stargard befand, gehören noch die städtischen Ansiedlungen Freienwalde, Jacobshagen, Nörenberg und Zachan.
Die Landwirtschaft prägte den Landkreis; die landwirtschaftliche Nutzfläche bestand zu 81,8 v. H. aus Ackerland und zu 17,2 v. H. aus Wiesen und Weiden. Hauptanbaufrüchte waren Roggen, Gerste, Hafer und Kartoffeln (58,2 v. H. der Ackerfläche), Zuckerrüben und Weizen spielten nur eine untergeordnete Rolle. 1939 besaß der Landkreis 4380 landwirtschaftliche Betriebe, davon 1320 mit 10–20 ha und 999 mit 20–100 ha Boden, die etwa 50 v. H. der landwirtschaftlichen Nutzfläche beackerten; an Großbetrieben gab es 37 mit 200–500 ha, 22 mit 500–1000 ha und 2 mit über 1000 ha. Auf diesen standen auch die Brennereien und Molkereien.
Die Stärkefabriken von Müggenhall und Sassenhagen hatten überregionale Bedeutung. Außer dem Kalksandsteinwerk in Trampke konzentrierte sich das Gewerbe weitgehend

auf die Kleinstädte Freienwalde, Nörenberg und Zachan. Der für den Landkreis wichtigste Industriestandort war Stargard. Von den 36007 Beschäftigten waren 72,6 v. H. in der Land- und Forstwirtschaft, 19,6 v. H. in Industrie und Handwerk und 7,7 v. H. in Handel und Verkehr tätig.
Über den Landkreis hinaus war die einzige Wasserburg Pommerns, → Pansin, bekannt, die 1945 erhalten blieb.

Saatzucht. Eine Besonderheit pommerscher Landwirtschaft waren Saatzucht, Samenkontrolle und Saatanerkennung, zu deren Entwicklung 1911 die „Anstalt für Pflanzenbau" in Stettin gegründet worden war. Vorläufer war der „Pommersche Saatbau Verein", der durch Feldbesichtigungen und Samenprüfungen den Saatgutanbau überwachte. 1914 unterzogen sich 76 Betriebe mit 21533 Morgen Land dieser Kontrolle, 1930 waren es bereits 431 Betriebe mit 53774 Morgen. Größte Bedeutung hatte die Zucht von Saatkartoffeln, 1930 auf 27369 Morgen in den Kreisen Regenwalde, Naugard, Neustettin, Dramburg, Stolp und Greifswald. Erfolgreiche Züchter einer gesunden, virusfreien Kartoffel der Sorten Ackersegen, Parnassia, Flawa, Voran, Wekaragis, Depesche waren die *Böhm* in Kallies, die *v. Kameke* in Thunow, die *„Pommersche Saatzucht-Gesellschaft"* in Dramburg, die *Raddatz* in Hufenberg, die *Ragis* in Mühlendorf, die *Zitzewitz* in Muttrin und andere. 1940 kamen 68,8 v. H. aller deutschen Saatkartoffeln aus pommerschen Züchtungen. Neben der Kartoffel spielte bei der Saatzucht noch der Hafer eine größere Rolle, 1930 auf etwa 15000 Morgen.

Sack, Johann August, Oberpräsident. * 1764 in Kleve, † 1831 in Stettin. Sack beschritt die Verwaltungslaufbahn, war 1793 Geheimer Oberfinanzrat, 1806 Zivilgouverneur in Berlin, enger Mitarbeiter des Freiherrn vom Stein, 1808 Verwalter der von den Feinden geräumten Provinzen, 1814 Oberpräsident der Rheinprovinz und ab 1816 Oberpräsident von Pommern; zugleich wurde er Präsident der Regierung von Stettin. Seine erste erfolgreiche Aufgabe war, bis

Burg Saatzig

1818 die Kreisreform gegen den entschiedenen Widerstand des Adels durchzuführen; nur im Regierungsbezirk Köslin blieben die Kreise Friedrich Wilhelms I. (Kreis Fürstenthum) bestehen. Mit der Einführung der Provinziallandtage 1823 wurde er als königlicher Kommissar bestellt. Sein besonderes Ziel war die Förderung der Wirtschaft nach den napoleonischen Kriegen. Auf sein Betreiben hin schlossen sich 1821 die Stettiner Kaufleute zur Korporation der Stettiner Kaufmannschaft zusammen. Sack trieb den Ausbau des Hafens von Swinemünde voran, der 1820 fertiggestellt wurde. 1822 war die erste moderne Straße von Berlin nach Stettin vollendet, ihr Weiterbau nach Hinterpommern begann 1828. Sack beließ es nicht bei einer wirtschaftlichen Förderung, er bemühte sich auch um eine Stärkung des Zusammengehörigkeitsgefühls. So regte er 1824 eine Gedenkfeier zur Einführung des Christentums durch Otto von Bamberg an. Weiter gehörte er zu den Mitbegründern und war erster Präsident der Gesellschaft für pommersche Geschichte und Altertumskunde. 1826 mußte er einen längeren Urlaub nehmen und seine Geschäfte oft anderen überlassen. Wohl zukkerkrank starb er 1831 an Entkräftung.

Salbei. Bereits im alten Rom als Arznei geschätzt, wurde ihm in der Volksmedizin magische Kräfte nachgesagt. Salbei wurde gegen Müdigkeit, beim Abstillen, als Aphrodisiakum und bei Fieber verwendet. Aus Rackow stammt ein Rezept mit dem „die Liebe einer Person zu erwecken" ist: Salbeiblätter werden zu einem Pulver verbrannt, das der/dem Geliebten in Speise oder Getränk beigegeben wird. Vorher mußten auf jedes dritte Blatt die Namen Adam und Eva, Jesus und Maria, der eigene und der der/des Geliebten geschrieben werden. Wie groß der Erfolg dieser Methode war, ist nicht überliefert.

Sander, Ulrich, Schriftsteller. * 1892 in Anklam, † 1972 in Walsrode/Lüneburger Heide. Sander wurde 1910 Soldat beim 1. Seebataillon der Marineinfanterie in Kiel; im Ersten Weltkrieg war er Pionieroffizier. Nach 1918 ließ er sich als Landwirt, freier Schriftsteller, Maler und Zeichner in Bodenhagen bei Kolberg nieder. Sander schrieb über 20 Romane und zahlreiche Erzählungen, u. a. die Romantrilogie „ Der ewige Orlog" mit den Teilbänden „Jungens", 1935; „Pioniere", 1933 und „Kompost", 1934.
Weitere Werke sind u. a.: „Kliffsommer", 1935; „Sturm in den Dünen", 1941; „Die karelischen Schwestern", 1955.

Saßnitz, Kreis Rügen; Stadt an der Ostküste Rügens mit 14374 Einwohnern (1985). Saßnitz liegt auf einem etwa 2,5 km langen Küstenstreifen der Stubnitz, zwischen Meer und altem Kreidekliff. Entlang einer Hauptstraße mit Marktplatz dehnt sich die Stadt terrassenförmig vom Strand bis zu den ehemaligen Kreidebrüchen aus. Zentrum der jungen Stadt ist der Trajekthafen mit den Gewerbeflächen des Fischereihafens und der Fischverarbeitung. Der ständige Zuzug an Einwohnern ließ Saßnitz nach Westen hin über Dwasieden und Lanken, im 19. Jh. nach Mukran, Neu Mukran und Dubnitz wachsen; große Wohnblocksiedlungen kennzeichnen die letzten Ausbauten.
Die heutige Stadt entstand 1906 aus dem Fischerdorf Saßnitz und dem Bauerndorf Crampas, letzteres war bis 1576 im Besitz des Hauses Putbus. 1824 begann in beiden Dörfern der großbürgerliche Badetourismus; 1890 verhalf der Besuch der deutschen Kaiserin Saßnitz zum Durchbruch zum Weltbad: 1900 kamen etwa 17000 Urlauber, danach zog der Fremdenstrom an die Sandstrände Südostrügens. Der Bau der 1430 m langen Mole (1889–96) machte Saßnitz zu einem Hafenort. Der Eisenbahnanschluß nach Stralsund 1891 führte 1909 zur Realisierung einer Eisenbahnfährverbindung Saßnitz–Trelleborg/Schweden. Bis 1990 beförderte diese Linie etwa 4,3 Mill. t Güter zuzüglich 35000 Lkw und Busse pro Jahr. Seitdem erfolgt eine starke Zunahme des Pkw-Transports. Mit dem Anwachsen des Hafenbetriebes wurde die Ostmole auf 1640 m verlängert. 1926 entstand im Hafen eine Fischhalle;

seit 1949 war das Fischkombinat mit 2000 Beschäftigten der größte Industriebetrieb. In Dwasieden wurden Fischabfälle zu Fischmehl verarbeitet. Der Hafen war zudem noch ein wichtiger Marinestützpunkt. In Saßnitz-Klementelvitz entstand 1962 das größte vollmechanisierte Kreidewerk Nordeuropas zur Herstellung von Schlämmkreide. Saßnitz, der wichtigste Industriestandort Rügens, erhielt 1957 Stadtrecht.

Scheele, Carl Wilhelm, Apotheker, Chemiker. * 1742 in Stralsund, † 1786 in Köping. 1756 wurde er Apothekerlehrling in Göteborg, danach übernahm er Apotheken in Stockholm und Uppsala. Hier entdeckte er die Elemente Chlor, Mangan und Barium. Bei seinen Untersuchungen über Phosphor und Braunstein entdeckte er unter anderem die Flußsäure, Blausäure, Arsensäure und das Glycerin. Scheele fand auch die Metalle Molybdän und Wolfram – das wichtigste Wolframerz heißt „Scheelit". 1771–73 wurde er zum Entdecker des Sauerstoffs. 1775 nahm ihn die Schwedische Akademie der Wissenschaften auf. In einem seiner wichtigsten Werke, „Chemische Abhandlungen von der Luft und dem Feuer" (1777), widerlegt er die aristotelische Auffassung von den Elementen; das Feuer wird als ein Oxydationsvorgang erkannt – eine kopernikanische Erkenntnis der Chemie! In seinen letzten Lebensjahren war er Stadtapotheker in Köping/Schweden.

Schiffbau hat in Pommern eine lange Tradition; die Boote der Germanen und die Plankenboote der Wenden, ein Exemplar wurde 1897 im Lebamoor bei Charbrow/Degendorf gefunden, stammen aus einheimischer Produktion. Bis ins 19. Jh. war der Schiffbau auf die Hafenstädte Stettin, Stralsund, Greifswald, Wolgast, Rügenwalde, Anklam, Wollin, Cammin und auf einige Haffdörfer, insbesondere Stepenitz konzentriert und bedeutete für sie ein einträgliches Geschäft: Boote, Jachten, Kutter, Zeesen, Schaluppen, Logger, Galeassen, Schoner, Briggs, Dreihalbmaster und Dreimaster wurden auf

Schiffbau: Vulkanwerft

ihren Werften gebaut; die letzte Holzschiffswerft in Seedorf auf Rügen ließ 1925 als letztes Seeschiff die Jachtgaleasse „Seedorf" und 1926 das letzte Binnenfahrzeug, den Haffkahn „Elisabeth", vom Stapel.
Mit dem Aufkommen des Eisenschiffbaus verschwanden die zahlreichen kleinen Werften, es fand eine Konzentration dieses Industriezweigs auf Stettin statt. 1851 baute der „Vulkan" das erste deutsche Schiff aus Eisen; bis 1905 baute diese Werft 49 Raddampfer, 152 Handels- und Passagierschiffe und 70 Kriegsschiffe. Daneben arbeiteten die Werften *Nüscke & Co.* und die *Oderwerke*, die als einzige die Werftenkrise der 20er Jahre des 20. Jh.s überlebten. Nach der Wiederbelebung der Vulkanwerft 1938 sind heute beide Werften zur polnischen Stettiner Werft zusammengefaßt. Nach 1945 entstanden aus kleinen Boots- und Kutterwerften die *Peenewerft* in Wolgast, die vor allem Fahrzeuge für die Seepolizei herstellte, und 1948 die *Volkswerft* in Stralsund, die sich auf den Bau von Fischereifahrzeugen spezialisierte. Bei dem weltweit hohen Angebot an preisgünstigem Schiffsraum können sich diese Werften in Zukunft nur schwer gegen die Konkurrenz behaupten.

Schiffahrt. Pommern spielt seit der Zeit der Hanse in der Ostseeschiffahrt eine gewichtige Rolle. Stralsund, Greifswald, Wolgast, Anklam, Ueckermünde, Wollin, Stettin, Cammin, Kolberg, Rügenwalde, Stolpmünde und Leba waren die wichtigsten Seehäfen, von denen der Ostseeverkehr betrieben wurde. 1825 besaß Pommern 67 v. H. der preußischen Seeschiffsflotte. Mit dem Bau der Dampfschiffe Mitte des 19. Jh.s begann eine Verlagerung innerhalb der pommerschen Häfen: Saßnitz auf Rügen gewann mit dem Fährverkehr nach Schweden schnell an Bedeutung, Stettin wurde mit dem Ausbau der Swine und der Oder mit anliegenden Kanalsystemen und dem Ausbau Swinemündes zum Vorhafen zum eigentlichen Zentrum des pommerschen Seeverkehrs. Die übrigen vor- und hinterpommerschen Häfen verloren durch das kleinere bzw. geringer erschlossene Hinterland an Bedeutung. 1938 hatte Stralsund einen Güterumschlag von 248000 t, Kolberg von 230000 t, Stolpmünde von 236000 t, Saßnitz von 474000 t und Stettin von 8,25 Mill. t, bei einer Umschlagkapazität von 14 Mill. t jährlich. In der Nachkriegsentwicklung erreichten Saßnitz 4,3 Mill. t (1990), Stralsund 900000 t und Stettin 24 Mill. t (1976).

Bei den meisten Häfen blieb die Schiffahrt auf den Ostseeraum beschränkt. Allein Stettin eröffnete 1874 mit dem *Baltischen Lloyd,* der aber bald seinen Sitz nach Hamburg verlegte, eine direkte Schiffsverbindung mit New York. Vier moderne Postdampfer, „Ernst Moritz Arndt", „Franklin", „Humboldt" und „Washington", nahmen den Seedienst auf. Bis 1930 betrieben die Reedereien *Kunstmann* und *Retzlaff* Trampfahrten in das Mittelmeer und nach Südamerika; die *Deutsche Orient Linie* befuhr bis 1930 von Stettin aus das östliche Mittelmeer. Der Zweite Weltkrieg brachte die pommersche Schiffahrt völlig zum Erliegen. Die ehemalige DDR und Polen betrieben ihre Schiffahrt von Rostock bzw. Gdingen aus; erst spät wurde die Lagegunst Stettins wiederentdeckt, seither wächst seine Bedeutung als Ausgangs- und Zielhafen ständig.

Schimmelmann, Heinrich Karl, Staatsmann. * 1724 in Demmin, † 1782 in Kopenhagen. Schimmelmann war Kaufmann in Dresden, wurde Pächter der kursächsischen Generalakzise und mit 20 Jahren während des Siebenjährigen Krieges Heereslieferant König Friedrichs II. Er erwarb ein beträchtliches Vermögen; seit 1759 war er Inhaber eines Hamburger Handlungshauses. 1761 trat Schimmelmann als Generalkommerzintendant in den Dienst Dänemarks, dessen Staatsfinanzen er ab 1764 mit fast unumschränkter Macht sanierte. 1762 wurde er Freiherr und 1779 Graf. Er hinterließ ein großes Vermögen, in Holstein die Güter Ahrensburg und Wandsbeck und in Jütland das Gut Lindenborg.

Schivelbein *(Świdwin),* Kreis Belgard; Kleinstadt am linken Regaufer mit 14034 Einwohnern (1983). In einem Flußbogen steht das Schloß, daran schließt sich nach Nordosten die Altstadt mit rechteckigem Markt an. Zu Beginn des 19. Jh.s entstand im Osten die Neustadt, danach erfolgte ein Ausbau nach Nordosten am Rand des Regatales. Jenseits der Rega liegt der Ortsteil Botenhagen. Stadtrandsiedlungen im Norden, Osten und Süden kamen in den 20er und 30er Jahren des 20. Jh.s hinzu. Die Nachkriegsbebauung ist durch Wohnblocks in der Altstadt und durch Plattensiedlungen gekennzeichnet. Die geringe Industrie hat ihre Standorte an der Eisenbahnlinie und an den Ausfallstraßen.

Auf einer kleinen Regainsel stand ein wendischer Burgwall, die Burgsiedlung Botenhagen lag auf dem anderen Ufer. Herren der Burg waren seit 1266 die askanischen Markgrafen. Auf der größeren Insel entstand eine Siedlung der Deutschen. 1289 wird Schivelbein in einem Grenzvertrag der Markgrafen mit den Camminer Bischöfen genannt. Vermutlich erhielt der Ort 1296 Magdeburger Stadtrecht. Wedego v. Wedell kaufte 1319 die Stadt, sein Enkel Hans trat 1384 Stadt und Land dem Deutschen Ritterorden ab. Dieser verkaufte 1455 die gesamte Neumark mit Schivelbein dem Markgrafen Friedrich II. von Brandenburg. Am linken Regaufer wurde 1447 das Kartäuserkloster „Gottesfriede"

Schivelbein: Am Steintor

gegründet; es war sehr wohlhabend, so daß es dem Deutschen Ritterorden oft in Geldschwierigkeiten aushalf. 1540 wurde es säkularisiert, verkauft, und die Gebäude wurden abgebrochen. In gleichem Jahr zog ein Johanniterkomtur in das Schloß, er war gleichzeitig Landvogt für die Neumark; 1808 wurde die Komturei aufgelöst. Während des Mittelalters war Schivelbein mit 74 Brauereien eine wichtige Braustadt, dazu kam der Durchgangshandel. 1535 und 1572 führten die Markgrafen die Biersteuer ein, zudem befreiten sie 1572 die Ritterschaft von städtischen Zöllen; beide Maßnahmen vernichteten den Wohlstand der Stadt. Bis 1728 dauerte es, bis Schivelbein nach einem Stadtbrand im Jahre 1689 wieder aufgebaut war. 1814 begannen Erweiterungen nach Nordosten, 1818 entstand im Osten die Neustadt. Die ehemalige Burgsiedlung Botenhagen wurde 1895 eingemeindet. 1859 erhielt Schivelbein einen Eisenbahnanschluß. An Gewerbebetrieben siedelten sich Lebensmittel-, Baustoffindustrie und eine Maschinenfabrik an. Bis 1932 war Schivelbein Kreisstadt, dann wurde ihr Landkreis dem Kreis Belgard angegliedert. Das Jahr 1945 bedeutete die völlige Vernichtung der Altstadt: Nur Schloß, Steintor, Stadtkirche und einige Häuser blieben erhalten. Große Wohnblocks wurden gebaut, weite Flächen zu Anlagen umgestaltet. In den Außenbezirken siedelten sich Textil- und chemische Betriebe an.

Bauwerke: *Schloß*, vermutlich vom Templerorden gebaut, vom Deutschen Ritterorden im 15. Jh. ausgebaut. Das ehemalige Hauptgebäude aus Findlingen steht im Norden des Hofes und wurde im 18. und 19. Jh. stark umgebaut. In den Ost- und Westflügeln sind Reste mittelalterlicher Wehrmauern eingebaut. Der Bergfried, um 1500, hat einen viereckigen Findlingsunterbau und einen zylindrischen Backsteinoberbau von 8,40 m Durchmesser mit geschweifter Haube und Wetterfahne von 1702. 1740 wurden Ost- und Südflügel völlig umgebaut. Nach 1945 zunächst als Mechanikerschule genutzt, später wurde es Hotel und Kulturzentrum.

Stadtwehr: *Steintor* 1. Hälfte des 14. Jh.s; Backsteinbau mit Blendengliederung. Mauerreste im Südwesten der Stadt.

Stadtkirche *St. Marien*, 1338 genannt, bis 1496 eine dreischiffige Backsteinbasilika mit Sterngewölben; 1689 ausgebrannt. Altar und Kanzel wurden 1695 geschaffen. Der 1771 vom Blitz zerstörte Turm erhielt 1773 einen Barockhelm. 1881 wurde die Kirche neugotisch ausgebaut. 1945 brannte sie aus, die Gewölbe stürzten ein; Wiederaufbau 1947–50.

Schlawe *(Sławno)*: Kreisstadt mit 13385 Einwohnern (1983). Die Stadt liegt im breiten Tal der Wipper südlich der Motze; der Holzgraben fließt im Osten an der Altstadt entlang, die einen kreisförmigen Grundriß mit rechteckigem Markt hat. Auf dem höchsten Punkt steht die Stadtkirche. Bis auf die Kirche und die Stadttore wurde die Altstadt nach 1945 neu gebaut. Im Norden dehnt sich die Stolper und im Süden zum Bahnhof hin die Kösliner Vorstadt aus. Jenseits der Eisen-

Schlawe: Marktplatz

bahnlinie siedelten sich Maschinenfabriken, Sägewerke und eine Wurstfabrik an. Hier liegt auch, als Stadterweiterung des 20. Jh.s, die Pollnower Siedlung; im Norden entstand die Lehmsiedlung und auf dem rechten Wipperufer die Schlachthofsiedlung. Wohnblocksiedlungen wurden nach 1945 errichtet. 1200 bestand eine deutsche Siedlung, die 1317 von den → Swenzonen Jesco de nova Zlawa, Petrus de Nuwenburg und Laurentius de Rugenwald lübisches Stadtrecht erhielt. Um 1320 war der Johanniterorden unter seinem Komtur Konrad von Dorstadt von Alt Schlawe nach Schlawe umgezogen. Vor dem Kösliner Tor entstand um 1342 das St.-Georgs-Hospital. Nach 1400 hatte Schlawe eine vollständige Stadtmauer mit vier Toren: Stolper, Kösliner, Koppel- und Kamptor, die um 1450 fertiggestellt waren. Im Mittelalter war Schlawe eine Textil- und Brauereistadt, hatte eine eigene Heringsfischerei und im 15. Jh. Verbindung zur Hanse. Im 19. Jh. wurden Mauer, Koppel- und Kamptor abgebrochen, die Stadterweiterungen nach Norden und Süden setzten ein. Der Eisenbahnbau (1869 Köslin – Schlawe – Stolp, 1878 Zollbrück – Schlawe – Rügenwalde und 1911 Schlawe – Stolpmünde) bedeutete eine Intensivierung der Industrie, deren wichtigste Betriebe die Fleischwarenfabrik *Zyprieß* und die Maschinenfabriken *Poppe* und *Segler* sowie eine Fischkonservenfabrik waren. Ausgedehnte Stadtrandsiedlungen entstan-

Schlawe: Stolper Tor

den im Süden, Osten und Norden. Von 1933–45 besaß Schlawe einen Botanischen Garten mit allein 300 Alpenpflanzen. 1945 zerstörte die Rote Armee fast die gesamte Innenstadt. Stadtkirche und die Stadttore wurden wiederhergestellt.
Bauwerke: *Stolper* und *Kösliner Tor* (13. Jh.); Backsteinbauten mit von langen, schmalen Blenden gegliederten Wandflächen.
Stadtkirche, *St. Marien und St. Johannes* (14.Jh.), eine dreischiffige Backsteinbasilika mit massigem Turm, den an der Nord- und Ostseite schlanke Spitzbogenblenden verzieren. Ein Sterngewölbe überspannt das Mittelschiff; 1934 entdeckte man die figurale Bemalung des Mittelalters. Der Renaissancealtar, um 1600, war vollständig bemalt und vergoldet. 1945 bis auf die Außenmauern zerstört, wurde die Kirche bis 1950 wiederaufgebaut.

Schlawe, Landkreis mit 1583,35 qkm Gesamtfläche und 78363 Einwohnern (1939). Der Kreis Schlawe erstreckt sich von der Ostsee über die Küstenzone in die kuppige Grundmoräne bis zum Endmoränenzug, um im Steinberg mit 234 m über NN seine höchste Höhe zu erreichen. An der Küste liegen die drei großen Strandseen Buckower, Vitter und Vietzker See; sie nehmen mit den übrigen etwa 57 Binnenseen eine Fläche von 48,4 qkm ein. Wipper und Grabow entwässern den Landkreis. Neben der Kreisstadt sind Pollnow, Rügenwalde und Zanow weitere städtische Siedlungen.
Entsprechend seiner naturräumlichen Gliederung war der Kreis auch wirtschaftlich aufgeteilt. An der Küste wurde Fischerei mit Stellnetzen nach Lachs, Dorsch, Flundern und Schollen, mit Grundschleppnetzen (Zeesen) nach Flundern, Schollen, Steinbutt und mit Treibnetzen nach Sprotten und Lachs betrieben. Zentrum war Rügenwalde mit seinem Hafen und den zahlreichen Fischräuchereien. In Schlawe gab es eine Konservenfabrik. Seit Rügenwalde 1814 zum ersten preußischen Ostseebad erhoben wurde, begann der Zustrom von Urlaubern in die Küstendörfer, so daß die Fischerei ihre alte Bedeutung verlor. Der weitere Landkreis war von der Landwirtschaft geprägt, nur 22 v. H. seiner Fläche waren mit Wald besetzt. Die Nutzfläche bestand 1938 zu 76 v. H. aus Akkerland und zu 23 v. H. aus Wiesen und Weiden. 49,7 v. H. des Ackerlandes waren mit Roggen und Kartoffeln bestellt, 3,3 v. H. mit Weizen und Zuckerrüben (1939). Auffällig war dagegen die betriebliche Gliederung: Der gesamte Norden des Kreises gehörte zum → Rügenwalder Amt mit seinen mittleren Bauernhöfen; 4399 von 8057 Betrieben hatten 5–20 ha. Südlich einer Linie Schlawe–Zanow begannen die Groß- bzw. Gutsbetriebe; 45 hatten 200–500 ha, 21 hatten 500–1000 ha und 1 über 1000 ha. Sie prägten die Landschaft, obwohl von 1925–31 über 6000 ha durch Aufsiedlungsgesellschaften in Mittelbetriebe umgewandelt wurden.
In diesem Raum waren auch die Brennereien und Kartoffelflockenfabriken angesiedelt. Molkereien, Mühlen, Sägewerke und Ziegeleien waren gleichmäßig im Kreisgebiet verteilt. Zanow ist mit seiner Zündholz- und seinen Kachelofenfabriken neben Schlawe mit Möbel-, Maschinen- und Nahrungsmittelindustrie wichtiger Industriestandort. Eine gewerbliche Besonderheit war das Sensenschmiededorf Sydow, heute Standort eines Pumpspeicherelektrizitätswerkes. Von den 63041 Beschäftigten (1939) waren 64,9 v. H. in der Land- und Forstwirtschaft, 25 v. H. in Industrie und Handwerk und 10,1 v. H. in Handel und Verkehr tätig. Der Landkreis Schlawe hatte in → Krangen das einzige Renaissanceschloß Pommerns, das unbeschädigt den 30jährigen Krieg überstanden hatte; 1945 wurde das gesamte Inventar vernichtet.

Schleich, Karl Ludwig, Arzt, Schriftsteller. * 1859 in Stettin, † 1922 in Saarow bei Berlin. Studium der Medizin 1888–89 in Greifswald, dann Berlin und Zürich, wo er Gottfried Keller begegnete, der ihn zu seiner schriftstellerischen Arbeit ermutigte. 1892 erfand Schleich die Infiltrationsanästhesie, seine epochale Erfindung der örtlichen Betäubung. Wichtige medizinische Werke sind

„Schmerzlose Operationen" (1894) und „Neue Methoden der Wundheilung" (1897). Seit 1900 war er Leiter der chirurgischen Abteilung am Krankenhaus in Groß Lichterfelde; 1901 wurde er Professor.
Neben seiner Tätigkeit als Arzt veröffentlichte er zahlreiche philosophisch-weltanschauliche und biographische Essays und Schriften, unter anderem „Vom Schaltwerk der Gedanken" (1916); „Aus Asklepios' Werkstatt. Plaudereien über Gesundheit und Krankheit" (1916); „Es läuten die Glocken. Phantasien über den Sinn des Lebens" erschien 1928 in 73.(!) Auflage. Seine Lebenserinnerungen „Besonnte Vergangenheit" (1920) sind die meistgelesene Autobiographie.

Schlichting, Siegmund, Komponist. * 1853 in Isinger, Kreis Pyritz, † 1924 in Stettin. Frühzeitiger Klavierunterricht. Schlichting wurde Angestellter der Versicherungsgesellschaft „Germania" in Stettin; daneben betätigte er sich als Komponist. Um 1880 schuf er die „Beyersdorfer Kreuzpolka" zum Richtfest eines Scheunenneubaus des Bauern Hempel. Der verspätet erschienene Schwiegersohn des Superintendenten Schlichting, Siegmunds Vater, veranlaßte einen Witzbold zu dem Vierzeiler:

„Siehste woll, da kimmt er,
Lange Schritte nimmt er,
Siehste woll, da kimmt er schon
der versoffne Schwiegersohn."

1883 erschien die Polka als „Stettiner Kreuzpolka" bei Paul Witte in Stettin und trat ihren Siegeszug um die Welt an; dabei wurde häufig der Text abgeändert. Sein übriges Werk ist eher kompositorische Heimarbeit. Er schuf Polkas und Salonstücke, u. a. „Im trauten Heim", „Morgengebet", „Gebet und Ruhe" und für seinen Arbeitgeber, dem er 33 Jahre lang diente, den Marsch „Heil dir, Germania". 1913 setzte er sich wegen eines Augenleidens zur Ruhe. 1923 erinnerte sich die heimische Presse zu seinem 70. Geburtstag an Schlichting. Der Stettiner Rundfunksender nahm die ersten Takte der Kreuzpolka als Pausenzeichen. Oft wurden Stettiner Schiffe in fernen Häfen mit der Kreuzpolka begrüßt.

Schlichting: Stettiner Kreuzpolka

Schlieffenkrone. Im Mittelschiff des → Kolberger Domes hängt die aus Holz geschnitzte Schlieffenkrone, ein hoher, achteckiger Kronleuchter, der 1523 von der Familie Schlieffen, einer der wichtigsten Kolberger Ratsfamilien, gestiftet worden war. Über einem Kranz von acht Kerzen steht vor einem Strahlenkranz die Mutter Gottes, auf der Rückseite Johannes der Täufer. Zwei mit kleinen Engel- und Prophetenfiguren versehene Säulen tragen den zweigeschossigen, virtuos geschnitzten Baldachin, der oben in die Hängevorrichtung übergeht. Die Schlieffenkrone ist farbig gefaßt. Sie hat den Untergang des Domes überstanden.

Schlochau *(Człuchów),* Kreisstadt mit 12482 Einwohnern (1983). Die Stadt liegt westlich einer Kette von drei Seen, die alle „Amtssee" heißen; am Seepaß steht auf dem Schloßberg die Burg des Deutschen Ritterordens, an die sich im Westen die Innenstadt Schlochaus mit rechteckigem Marktplatz und der Stadtkirche anschließt. Schon im Mittelalter entwickelte sich im Norden um den Judenmarkt, später Neumarkt, das Judenviertel. Entlang der Ausfallstraßen wuchs Schlochau im 19. Jh. Mit dem Eisenbahnbau 1876 entstand das Bahnhofsviertel östlich des Seepasses mit einer Reihe von Gewerbebetrieben. Entlang der Konitzer und der Berliner Straße dehnte sich Schlochau in weiten Stadtrandsiedlungen aus, wobei um den Denkmalplatz und an der Berliner Straße einige Schulen, Stadt- und Kreisverwaltungsämter gebaut wurden. Das Stadtzentrum ist

nach 1945 in Plattenbauweise wiederaufgebaut worden; am Markt stehen noch drei Häuser aus der Vorkriegszeit.
Um 1209 sollen slawische Siedler Schlochau angelegt haben. 1312 verkaufte Nikolaus von Poniec, Sohn des Wojwoden von Kalisch, dem Deutschen Ritterorden „Slochow et villam dictam Brode" für 250 Mark Silber. Auf dem Schloßberg baute der Orden eine große Burg und richtete 1323 eine Komturei ein. Die zweitgrößte Burg des Ordenlandes war 1367 vollendet. 1348 verlieh Hochmeister Heinrich Dusemer dem Burgort Kulmer Stadtrecht. Im 2. Thorner Frieden (1466) kam Schlochau an Polen und wurde Starosteisitz; ein starker Zuzug von Juden setzte ein, die um den Neumarkt ihr Stadtviertel erhielten. Um 1550 traten der Starost Latalski und die Bürger zum Protestantismus über, mußten aber 1609 Stadt- und Schloßkirche an die Katholiken zurückgeben. Nach den großen Stadtbränden von 1786 und 1793 erhielten die Bürger von König Friedrich Wilhelm II. die Erlaubnis, sich Baumaterial aus der Ordensburg zu brechen. Die Eisenbahn (1877) brachte der Stadt nur bescheidenen wirtschaftlichen Aufschwung. 1924 wurden Kaldau und 1928 Lindenberg im Nordwesten eingemeindet. Schlochau wurde zu einer Verwaltungs- und Schulstadt. 1945 zerstörte die Rote Armee das Stadtzentrum, ein Wiederaufbau erfolgte später.
Bauwerke: *Ordensburg* (1367); Hochschloß mit drei Vorburgen und 52 m hohem Bergfried; letzterer blieb nach 1792 erhalten und bildet den Turm der 1826–28 erbauten evangelischen Kirche; heute Theatersaal.
Stadtkirche St. Jakobi; die erste Kirche war ein Schrotholzbau von 1209. 1644–47 wurde ein massiver Kirchenbau errichtet, der 1927–28 erweitert und umgebaut wurde. Die reichgeschnitzte Inneneinrichtung wurde in den Neubau übernommen.

Schlochau, Landkreis mit 1686,37 qkm Gesamtfläche und 55169 Einwohnern (1939). Er dehnt sich vom Pommerschen Höhenrücken, der bei den Abbauten von Groß Peterkau 203 m über NN erreicht, nach Süden bis zur Dobrinka aus, die bei Landeck in die Küddow mündet; letztere bildet auf weite Strecken die Westgrenze des Landkreises. Außer einem Grundmoränensporn bei Baldenburg mit der Seenkette des Bölzigsees besteht der Norden bis zu einer Linie Neuguth–Stegers–Hammerstein und entlang der Küddow aus Sanderflächen, die zum größten Teil mit Wald – den Forsten Bäreneiche, Pflastermühl, Zanderbrück und Hammerstein – bedeckt sind. Südlich schließt sich eine offene nach Süden etwas abfallende Grundmoränenplatte an, die an der Straße südlich Ritterberg mit 223 m über NN ihre größte Höhe erreicht; in ihr liegt der Große Ziethener See mit 7,5 qkm Fläche. Neben der Kreisstadt gibt es im Kreis die Städte Baldenburg, Hammerstein, Landeck und Preußisch Friedland.
Die Grundmoränen wurden zu 87,2 v. H. für den Ackerbau genutzt, vorwiegend für Kartoffeln, Roggen und Hafer. Von den 4815 landwirtschaftlichen Betrieben (1939) hatten 2483 eine Größe von 10–100 ha und bewirtschafteten etwa zwei Drittel der landwirtschaftlichen Nutzfläche. Die recht zahlreichen Großbetriebe – 185 mit über 100 ha (1939) – hatten sich, wie Damerau, z. T. auf die Saatzucht von Kartoffeln spezialisiert. Neben der vorwiegend landwirtschaftliche Produkte verarbeitenden und die Landwirtschaft mit Maschinen versorgenden Industrie hatte Hammerstein mit seinem Truppenübungsplatz eine größere wirtschaftliche Bedeutung. Von den insgesamt 43409 Beschäftigten (1939) waren 64,1 v. H. in der Land- und Forstwirtschaft, 26,2 v. H. in Industrie und Handwerk und 9,7 v. H. in Handel und Verkehr tätig.
Der Landkreis war immer ein Grenzkreis; das Ordensland stieß an der Dobrinka bis 1466 an Polen, im Westen an das Herzogtum Pommern und im Nordwesten an das Bistum Cammin. Nach dem 2. Thorner Frieden kam der Kreis bis 1772 an die polnische Krone, die westlichen Grenznachbarn blieben

Schrotholzkirche in Schloppe

die gleichen. Nach dem Ersten Weltkrieg verlor er eine Fläche von 453 qkm im Nordosten um den Müskendorfer See an Polen; seine Ostgrenze stieß bis 1945 an Polen.

Schloppe *(Człopa),* Kreis Deutsch-Krone, Kleinstadt mit 2355 Einwohnern (1983). Das Städtchen liegt auf dem Nordufer des Desselfließ, das sich östlich und westlich der Stadt zu einer Seenkette erweitert (Großer Teich, Kemmin-, Küchen-, Großer und Dyper See). Die Talhänge erheben sich bis über 20 m über die Stadt und bilden einen optimalen Wetterschutz. Die Altstadt ist eine regelmäßige Anlage mit großem Marktplatz. Am Mühlensee lag die wendische Vorstadt, „die Kietz". Erst im 20. Jh. entstand durch den Eisenbahnbau die Bahnhofsvorstadt mit der zweiten katholischen Kirche und den Gewerbebetrieben: Molkerei, Sägewerk, Konserven- und Maschinenfabrik. Nach dem Zweiten Weltkrieg, an dessen Ende die Altstadt völlig vernichtet wurde, besteht Schloppe fast nur noch aus der Bahnhofsvorstadt.

In Schloppe kreuzten sich die alte Poststraße Berlin–Königsberg und die Salzstraße von Kolberg. Um 1000 soll auf einem der wendischen Burgwälle ein Häuptlingssitz gewesen sein. 1245 wird der Flecken Schloppe genannt, ebenso in der Gründungsurkunde von Tütz (1341). Erst 1350 erscheint Schloppe in der Belehnungsurkunde derer v. Wedell als Stadt. 1368 trat Markgraf Otto der Finner das Schlopper Land an Polen ab; die Czarnkowskis übernahmen die Stadt und fielen um 1400 mit ihrer 300 Mann starken ständigen Haustruppe häufig in die Neumark ein. 1555 wurde die Reformation eingeführt, die Protestanten mußten jedoch 1618 die Stadtkirche wieder herausgeben. Nach einem Stadtbrand 1637 wurde 1660 an der Westseite des Marktes die neue katholische Kirche als Schrotholzbau errichtet. 1791 kaufte König Friedrich Wilhelm II. die Schlopper Herrschaft für seine Mätresse Gräfin Lichtenau, die sie nach seinem Tod dem Herrscherhaus zurückgeben mußte. Am

Mühlensee im Norden lag die alte wendische Vorstadt; ab 1920 wurde zwischen Altstadt und Bahnhof die neue Vorstadt erbaut, die nach den Verwüstungen vom 29. 1.–3. 2. 1945 als einziger Stadtteil erhalten blieb. In Bahnhofsnähe entstanden Gewerbebetriebe, u. a. die Konservenfabrik „Grenzmark".
Bauwerke: Die katholische Schrotholzkirche *St. Adalbert* mit hölzernem Glockenstuhl (1660) war bis 1945 die älteste Holzkirche Pommerns. Die Russen vernichteten sie wie auch die evangelische Kirche auf dem Marktplatz.

Schmale Heide, 12 km lange Nehrung auf Rügen, die Jasmund mit Granitz verbindet; wegen der nordöstlichen Brandung hat sie einen glatten Küstenverlauf. An der rückwärtigen Boddenseite sind einige kleinere pleistozäne Inselkerne eingeschlossen. Eine geologische Besonderheit stellen die etwa 40 ha großen Feuersteinfelder dar. Auf einer Fläche von ca. 200 m Breite und 2 km Länge liegen die Feuersteinwälle bis zu 3,50 m über dem Mittelwasser; es sind Geröllstrandwälle, die nach Süden flacher werden und deren Geröllgröße abnimmt. Kiefernwälder mit Wacholder und Ilex bedecken die Schmale Heide, lassen jedoch die Feuersteinfelder frei. Seit 1939 stehen sie unter Naturschutz, nach 1945 dienten sie als Übungsgelände der NVA.
An der nördlichen Anschlußstelle der Nehrung an Jasmund liegt → Mukran.

Schmückert, Heinrich, Generalpostdirektor. * 1790 in Greifenberg, † 1862 in Berlin. 1813 nahm er am Befreiungskrieg teil und wurde Hauptmann. Nach schwerer Verwundung wurde er 1815 Postmeister in Bernau bei Berlin. Dort stieg Schmückert dank seines ungewöhnlichen Organisationstalents 1849 zum Generalpostdirektor auf und wurde mit der Neuordnung des preußischen Postwesens betraut. Unter seiner maßgeblichen Beteiligung kamen zahlreiche Postverträge zustande, u. a. mit Sachsen (1831), Bayern (1834 und 1850), Thurn und Taxis (1844) sowie der Deutsch-Österreichische Postvereinsvertrag von 1850, der die postalischen Verbindungen verbessern und vereinfachen sollte; damit wurde das preußische Postwesen beispielgebend für andere Postanstalten. Schmückert wurde Mitglied des Staatsrates und der Ersten Kammer und wurde sogar einige Male in das Abgeordnetenhaus gewählt.

Schnabbuck, Schreckgestalt und Nachtgeist, der um Mitternacht im → Märkischen Keil bei Hochzeiten, andernorts am Fastnachtsabend oder zwischen Weihnachten und Dreikönig erschien. Der Schnabbuck war ein dichtvermummter Bursche mit einer Holzmaske, die spitze Hörner, kleine dreieckige Ohren, eine rote heraushängende Zunge und einen beweglichen Unterkiefer hatte – oft ein Meisterwerk volkstümlicher Schnitzkunst. Ein Führer führte den Schnabbuck an einer Kette in den Raum; sofort drang er schnappend und stoßend auf die Anwesenden ein, ohne auf die Schläge des Führers zu achten. Wenn alle Gäste auf Stühlen und Tischen standen, stürmten ein oder zwei „Schimmelreiter" herein, um den Schnabbuck zu bändigen. Es waren Burschen in alten Soldatenuniformen, die ein steckenpferdähnliches Gestell mit hölzernem Pferdekopf umgeschnallt hatten. Nach heftigem, komischem Kampf gelang es ihnen, den Schnabbuck herauszutreiben. Nach kurzem Gefecht gegeneinander warfen sie ihre Zügel der Braut und den Brautjungfern zu, um mit ihnen zu tanzen. Auf Rügen und Usedom erschien der „Klapperbock" – eine ähnliche Schreckgestalt.

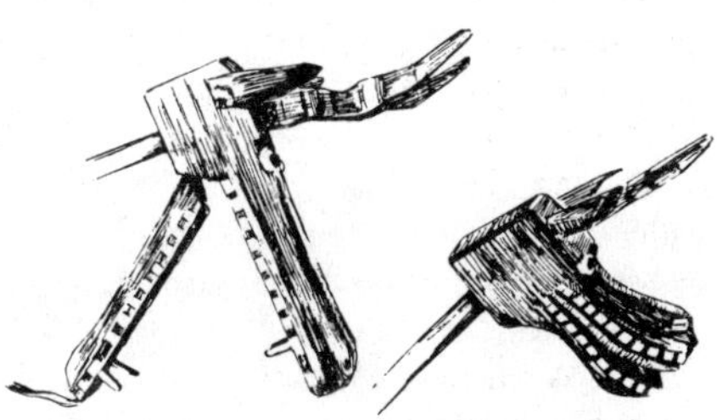

Schnabbuck

Schneidemühl *(Piła)*, kreisfreie Stadt mit 64624 Einwohnern (1983). Sie liegt auf dem rechten Küddowufer etwa 10 km oberhalb deren Mündung in die Netze. Unregelmäßig greift die Stadt auf das kiefernbewaldete Umland über. Die Mitte der Altstadt bildete der Alte Markt, später der Neue Markt mit der Stadtkirche, an die sich im Süden um den Wilhelmsplatz das Judenviertel anschloß. Im 19. Jh. begann ein lebhafter Ausbau der Vorstädte: im Westen der Stadtberg oder die Berliner Vorstadt, östlich der Küddow Überbrück oder die Bromberger Vorstadt und zum Bahnhof nach Süden die Uscher Vorstadt. Im 20. Jh. entstanden weite Stadtrandsiedlungen, in der Stadt wurden um den Pferdemarkt, später Danziger Platz, größere Regierungsgebäude errichtet. Zahlreiche Verwaltungsgebäude waren über die Stadt verteilt. Der Bahnhof, 1851 errichtet, machte Schneidemühl zu einem bedeutenden Eisenbahnknotenpunkt, um den sich eine vielfältige Industrie legte. Nach 1945 entstanden in der Innenstadt neue Wohnblockviertel, die beiden Märkte verschwanden in Parkanlagen. Zur Berliner Vorstadt hin wurden große Wohnsiedlungen gebaut, desgleichen nach Koschütz. Das heutige Zentrum von Schneidemühl liegt um den Wilhelmsplatz. Schneidemühl war für die gesamte Südabdachung des Höhenrückens kultureller Mittelpunkt: Schulen, eine Hochschule für Lehrerbildung, das Grenzlandtheater, Forschungsinstitute, das Geheime Staatsarchiv, die zentrale Grenzmarkbücherei und das Provinzialmuseum beherbergte die Stadt. Die evangelische Kirche hatte hier 1924–47 ein Konsistorium, die katholische Kirche seit 1926 die „Freie Prälatur Schneidemühl“.

Gegenüber dem slawischen Fischerdorf Pila entstand im 13. Jh. auf dem Westufer der Küddow eine deutsche Siedlung, der 1380 Königin Hedwig ein erstes Stadtprivileg ausgestellt haben soll. 1456 hieß der Ort „Snydemole“. Zwar wurde 1506 und 1511 Schneidemühl als Stadt bezeichnet, der Ort erhielt aber erst 1513 von König Sigismund I. Magdeburger Stadtrecht. 1605 schenkte König Sigismund III. Schneidemühl mit der Starostei Usch-Schneidemühl seiner Gemahlin Constantia, einer habsburgischen Prinzessin. Nach dem Stadtbrand 1626 wurde der Stadtkern vom Alten zum Neuen Markt verlegt; gleichzeitig entstand im Süden um den Judenmarkt, später Wilhelmsplatz, das mit Palisaden umgebene Judenviertel. In weiteren Stadterweiterungen dehnte sich Schneidemühl in die Berliner, Bromberger und Uscher Vorstadt aus. Mit der 1. Polnischen Teilung (1772) kam Schneidemühl an Preußen; Napoleon schlug es 1807–15 dem Herzogtum Warschau zu. Der Eisenbahnbau der Preußischen Ostbahn mit ihren Strecken Kreuz–Schneidemühl–Bromberg (1851), Schneidemühl–Flatow (1871), Posen–Schneidemühl–Neustettin (1879), Schneidemühl–Deutsch-Krone (1881) machte die Stadt zu einem wichtigen Verkehrsknotenpunkt, der eine vielfältige Industrie anzog, u. a. Brauerei, Möbelfabriken, Eisenbahnausbesserungswerk (1907) und Maschinenfabriken. Seit 1914 ist Schneidemühl kreisfrei. 1919 mußten die Alliierten aufgrund des heftigen Protests der Bürger die bereits beschlossene Abtretung der Stadt an Polen rückgängig machen. Sie wurde zum einzigen Grenzübergang nach Polen. Seit 1922 war Schneidemühl Provinzialhauptstadt der Rumpfprovinz Grenzmark Posen-Westpreußen. Eine äußerst rege Bautätigkeit begann, da die Provinzialbehörden sowie die Handwerks-, Gewerbe- und Landwirtschaftskammern aus Bromberg hierher verlagert worden waren. 1926–29 gestalteten Prof. Bonatz und der Architekt Scholer das Viertel um den Pferdemarkt zum Regierungsviertel um. Der Netzehafen Deutsch-Usch wurde 1936 ausgebaut. 1938 erfolgten die Auflösung der Rumpfprovinz und die Eingliederung nach Pommern. Schneidemühl erhielt den Sitz eines Regierungspräsidenten. 1945 wurden bei den Kämpfen um und in der Stadt 75 v. H. der Bausubstanz zerstört, weite Teile wurden nach dem Krieg abgebrochen. Ein allmähli-

Schneidemühl: evangelische Stadtkirche

cher Wiederaufbau mit Wohnblocksiedlungen begann. Seit 1958 haben fast alle gewerblichen Betriebe ihre Arbeit wiederaufgenommen, neue Betriebe der Elektroindustrie kamen dazu. Seit 1975 ist Schneidemühl Hauptstadt einer Wojewodschaft.
Bauwerke: Katholische Stadtkirche *St. Johannes* (1628), mit ehemals spätgotischem Backsteinchor; die Holzdecke und der Turm entstanden 1775. 1945 wurde sie zerstört, auf ihrem Platz steht ein riesiges Hotel.
Evangelische Stadtkirche, ein neugotischer Backsteinbau auf dem Marktplatz, verschwand ebenfalls 1945.
Die katholische Kirche *St. Antonius* in „Überbrück" erbaute 1929–30 der Münchner Architekt H. Herkommer. Das an der Altarwand angebrachte 7 m hohe Kreuz ist aus dem Holz der alten Oberammergauer Passionsbühne geschnitzt und mit Bronzeplatten überzogen. Die Kirche ist noch fast in ursprünglichem Zustand.

Schneidemühl, Freie Prälatur; 1922 wurde aus den Resten der Provinzen Posen und Westpreußen die Provinz Grenzmark Posen-Westpreußen geschaffen. Diese Gebiete waren bisher Teil der katholischen Erzdiözese Gnesen-Posen gewesen. 1920 entstand zunächst die erzbischöfliche Delegatur Tütz unter dem Prälaten Dr. Weimann; ihr wurden 1922 die drei Dekanate Flatow, Schlochau und Lauenburg, ehemals Bistum Kulm, angegliedert. Die Delegatur umfaßte 71 Pfarreien mit etwa 150000 Katholiken. 1923 wurde sie in eine Apostolische Administratur umgewandelt und dem Vatikan direkt unterstellt. Jetzt begann sich ein katholisches Vereinsleben zu entfalten; der „Johannesbote" erschien erstmals 1925. Nach Dr. Weimanns Tod (1925) folgte 1926 Prälat Maximilian Kaller. Er verlegte die Administratur nach Schneidemühl, eröffnete 1929 das katholische Elisabeth-Krankenhaus in Tütz, weihte 1928 die Grenzland-Heimvolkshochschule → Marienbuchen ein und eröffnete 1927 im Gebäude des Klosters Paradies ein Schülerheim der 1926 gegründeten staatlichen Aufbauschule. Nach dem Konkordatsabschluß zwischen dem Heiligen Stuhl und Preußen (1929) wurde 1930 die Administratur in eine „Praelatura nullius Schneidemühl" umgewandelt. Prälat Kaller erhielt die Ernennung zum Bischof von Ermland. Die jetzt verwaiste Prälatur wurde auch als „Freie Prälatur Schneidemühl" bezeichnet. Sie war eine selbständige kirchliche Institution mit bistumsähnlichem Charakter; ihr Amtsinhaber hatte außer der Priesterweihe alle Rechte und Pflichten eines Diözesanbischofs. Zu diesem wurde 1931 Dr. → Hartz ernannt, der es bis zu seiner Flucht aus Schneidemühl im Jahre 1945 blieb. 1972 hob der Heilige Stuhl die Freie Prälatur Schneidemühl auf und schlug ihr Gebiet den polnischen Bistümern Landsberg/Warthe und Köslin zu. Prälat Hartz übernahm bis 1953 die Seelsorge der ehemaligen Angehörigen der Prälatur in der Bundesrepublik Deutschland. Ihm folgten die Prälaten L. Polzin (1953–64), W.

Volkmann (1964–72), P. Snowadzki (1972–1982) und Dr. W. Klemp (seit 1982).

Schönlanke *(Trzcianka)*, Netzekreis, Kreisstadt mit 13659 Einwohnern (1983). Die Stadt liegt am rechten Ufer des Schönlanker Mühlenfließes. Schönlanke hat einen recht unregelmäßigen Grundriß, da ein Dorf, ein Vorwerk und eine Stadt zu einer Gemeinde zusammengefaßt wurden. Die Stadt gruppiert sich um den viereckigen Markt mit der Stadtkirche, westlich schließen sich das ehemalige Dorf und östlich des Fließes das Vorwerk an. Nach Norden erstreckt sich Schönlanke in die Neustadt. Um 1851 begann der Ausbau der Bahnhofsvorstadt. Schönlanke ist durchsetzt von Betrieben der Holz-, der Tabakverarbeitung und der Baustoffherstellung. Mehrere Mühlen, eine Brennerei, ein Bekleidungswerk und ein Elektrizitätswerk ergänzten die städtische Industrie. Wohnblocksiedlungen sind die letzte Erweiterungsstufe der Stadt.

1586 wurde neben einem Gut der Herrschaft Behle ein Schulzendorf gegründet; zwischen beiden entstand 1671 der Marktflecken, 1679 als „Städtchen" bezeichnet. Erst 1731 verlieh ihm König August II. von Polen Magdeburger Stadtrecht. Das erste Judenprivileg (1739) bewirkte einen stärkeren Zuzug von Juden, die den ganzen Wollhandel übernahmen. Schönlanke war bis 1755 Mediatstadt der Herrschaft Czarnikau-Behle, danach erwarb die Stadt selbst die Grundherrschaft. 1762 entstand die Neustadt. Bis 1888 war Schönlanke die bedeutendste Tuchmacherstadt im Netzegebiet; 1816 besaß sie noch 200 Webstühle. 1851 eröffnete die Preußische Ostbahn die Strecke Kreuz–Schönlanke–Schneidemühl–Bromberg, was die Industrialisierung der Stadt förderte und sie zu einem wichtigen Handelszentrum für Getreide, Vieh und Holz machte. 1905 konnte das Dorf Schönlanke und 1925 das Gut „Amt Schönlanke" eingemeindet werden. 1919 wurde Schönlanke Kreisstadt des neugebildeten Netzekreises. Die Eroberung durch die Rote Armee 1945 brachte zahlreiche Zerstörungen, der Wiederaufbau erfolgte langsam; eine staatliche Maschinenstation, Brauerei und Druckerei nahmen ihren Betrieb auf. Bauwerke: *Evangelische Stadtkirche*, 1843–47 am Marktplatz erbaut; König Friedrich Wilhelm IV. hatte die Baukosten getragen. 1945 wurde sie zerstört. Katholische Stadtkirche *Hl. Dreifaltigkeit* (1914–16), neubarocker Bau mit 48 m hohem Turm. Drei Altäre stammen aus dem Vorgängerbau.

Schrotholzbau, auch Schurzholzbau. Diese Bauweise kommt in den östlichen Landkreisen Bütow, Flatow, Netzekreis, Neustettin und Schlochau sowie in der Kaschubei vor. Das Wohnhaus, meist für zwei Familien bestimmt, ist aus grob behauenen, „geschroteten", durchgehenden Kiefernbalken errichtet. Die Grundschwelle liegt auf einem Findlingsfundament, an dessen Ecken besonders große Blöcke gesetzt sind. Die Fugen der Balken sind mit Lehm und Moos verstopft. An den Ecken überkreuzen sich die Balkenenden, zum Teil sind sie mit Schwalbenschwänzen verbunden. Ein mächtiges überhängendes Stroh- oder Rieddach überdeckt das Haus, dessen Giebel jedoch nie abgewalmt sind. Um die Stabilität der Wände nicht zu gefährden, haben diese Häuser nur wenige und kleine Fenster und eine kleine Tür in der Mitte der Längsseite. Diese führt in einen kleinen gepflasterten Flur, in dessen Verlängerung der Rauchfang eingebaut ist; von diesem ragt im rechten Winkel nach beiden Seiten je ein etwa 1,50 m langer Ziegelofen in die meist nicht unterteilten Räume hinein. Vor dem Kamin steht der Herd. Die Innenwände sind mit Rohr oder Kiefernruten benagelt, mit Lehm verputzt und mit Kalk getüncht. Oft hatten die Häuser nur einen lehmgestampften Fußboden.

Dem Wohnhaus gegenüber steht der Stall als Schrotholzbau, beide mit dem Giebel zur Straße. Im Hintergrund des Hofes bildet die Scheune einen Riegel zwischen Haus und Stall.

Ebenfalls in Schrotholzbauweise wurden auch zahlreiche Dorfkirchen errichtet, von

Schrotholzhof, Kreis Bütow

denen noch die Kirchen in Sommin (Kr. Bütow), Bahrenbusch (Kr. Neustettin) und Lugetal (Kr. Flatow) erhalten sind.

Schrotz *(Skrzatusz)*, Kreis Deutsch-Krone, Dorf mit 1155 Einwohnern (1939). Es liegt am Nordwesthang des Dombrowa-Berges, 207 m hoch, nordöstlich des Gutssees.
Um 1400 gründete der Starost von Deutsch-Krone das Dorf, dessen Bauern dieselben Rechte wie die Deutsch-Kroner Bürger erhielten. Neben dem Dorf lag das größte Starosteivorwerk des Kreises mit 42 kulmischen Hufen. Auf ihm wurde 1660 eine eigene Starostei Neuhof gegründet. 1604 mußten die Protestanten die Kirche den Katholiken zurückgeben; sie wurde 1658 Pfarrkirche mit dem Jesuitenpater Jacobus Kruenski als ständigem Seelsorger und 1697 zur Propstei erhoben. Während des Kulturkampfes (etwa 1871 – 1889) war die Kirche geschlossen. Auf Veranlassung König Johanns III. Sobieski baute der Starost von Neuhof 1687 – 94 die Dorfkirche als massiven italienischen Barockbau ohne Turm und ließ sie ausmalen; 1919 – 20 fand man Fresken der Kindheit Mariens unter der späteren Übermalung. Mittelpunkt der Kirche ist der riesige Barockaltar mit einer Pietà aus dem 15. Jh. Das Gnadenbild war zwischen 1655 und 1660 von Schweden vermutlich aus der Kirche von Quast bei Tütz geraubt und in einen Dorfteich geworfen worden. Ein Schneidemühler Töpfer fand es und brachte es nach Schrotz, wo es in der alten Holzkirche aufgestellt wurde. Im 17. und 18. Jh. wurde Schrotz zu einem häufig aufgesuchten Wallfahrtsort. Die Kirche mit dem Gnadenbild hat das Jahr 1945 unbeschädigt überstanden. Auch heute noch finden Wallfahrten von Gläubigen der ehemaligen Freien Prälatur Schneidemühl statt.

Schulze, Bernhard, Maler. * 1915 in Schneidemühl, lebt in Köln. Studium an der Kunsthochschule in Berlin und in Düsseldorf (1934 – 39) bei Willy Jaeckel. 1952 gründete er die Künstlergruppe „Quadriga"; 1967 erhielt er den Kunstpreis der Stadt Darmstadt und 1969 den der Stadt Köln. Seit 1972 ist er ordentliches Mitglied der Akademie der Künste in Berlin. Schulze wird zu den deutschen Vertretern des Tachismus gezählt; seine *Migofs* begründeten sein internationales Ansehen. *Migofs* sind dreidimensionale Gebilde aus Plastik, Holz, Draht, Textilien und Farbe, oft entstellte Schaufensterpuppen. Der lautmalerische Name soll Assoziationen auslösen, vielleicht Heiterkeit nach der Katastrophe. Seit 1972 beschäftigt sich Schulze mit der „Zurücknahme des Plastischen auf die Fläche"; er beschritt einen Weg in eine heiter-phantasievolle, mit blühender Farbenpracht gestaltete Welt.

Schwartz, Sybilla, Dichterin. * 1621 in Greifswald, † 1638 in Greifswald. Sie war die Tochter des Ratsherrn und späteren Bürgermeisters Christian Schwartz. Mit dem Einzug der kaiserlichen Truppen in Greifswald 1627 begannen die Leiden der Familie. Die Mutter starb 1630, der Vater war 1629–31 in herzoglichem Dienst in Stettin. In dieser Zeit begann die zehnjährige Sybilla mit Geburtstags- und Namenstagsgedichten für ihre Freundin Judith Tanck, in denen sie Liebe und Freundschaft besingt; auch Sarkasmus, Spott und Schärfe fehlen nicht in ihnen, z. B. „Adel wächset nicht in Haaren". Mit einem Gelegenheitsgedicht zur Begrüßung von Herzog → Ernst Bogislaw von Croy an der Greifswalder Universität trat sie 1634 an die Öffentlichkeit und erregte höchste Aufmerksamkeit. Ihre Kenntnisse der lateinischen und holländischen Sprache zeigte sie in Übersetzungen, u. a. der Metamorphosen des Ovid. In einem Gedicht auf ihren Lieblingsort Fretow, einem ehemaligen Gut an der See bei Greifswald, versetzte sie den gesamten Musenberg *Helicon* dorthin. Nachdem schwedische Soldaten ihr diesen Ort zerstört hatten, gab es für sie nichts Sorgenfreies mehr. Die Hochzeit ihrer Schwester Emirentia ließ sie aufleben, in einem Hochzeitsgedicht kann sie sich wieder mitfreuen. Am Hochzeitstag jedoch verstarb die nur 17jährige Dichterin.
Ihre Gedichte erschienen 1650 in Danzig in einem nur in wenigen Exemplaren erhaltenen zweibändigen Sammelwerk.

Schwerin, Curd Christoph Graf von. * 1684 in Löwitz, Kreis Anklam, † 1757 gefallen bei Prag. Frühzeitig begann er den Soldatendienst in Holland, später in Mecklenburg, wo er 1718 Generalmajor und Oberkommandierender wurde. 1720 trat er als Soldat und Diplomat in preußischen Dienst und erwarb hohes Ansehen, so daß König Friedrich Wilhelm I. ihn in das Kriegsgericht gegen seinen Sohn Friedrich berief. Schwerin lehnte es ab, dem König zu gefallen und ein Todesurteil zu fällen; dafür erhob ihn Friedrich II. 1740 in den Grafenstand. Im Geheimen Conseil hat Schwerin den Einmarsch nach Schlesien vorbereitet. 1741 siegte er bei Mollwitz. Noch als 70jähriger heiratete er seine Mätresse und legitimierte ihre gemeinsame Tochter. Im 7jährigen Krieg, dessen Feldzugsplan er entworfen hatte, rückte er mit der schlesischen Armee nach Böhmen ein und wurde vor Prag tödlich getroffen.

Schwerin, Otto von, Staatsmann. * 1616 in Wittstock, Kreis Greifenhagen, † 1679 in Berlin. 1634–37 Studium in Greifswald, 1638 Kammerjunker beim Kurfürsten Georg Wilhelm von Brandenburg; Schwerin unternahm einige Auslandsreisen. Kurfürst Friedrich Wilhelm ernannte ihn 1641 zum Hofkammergerichts- und Lehnsrat; 1645 war er Wirklicher Geheimer Rat. 1646 wurde er Oberhofmeister und Erzieher der kurfürstlichen Kinder Karl Emil, Friedrich und Ludwig. Mit seiner friedlichen Politik hatte Schwerin entscheidenden Einfluß auf die brandenburgische Politik nach dem Westfälischen Frieden. Der Kurfürst erhob ihn 1648 in den Reichsfreiherrnstand. In den Verträgen von Königsberg und Labiau (1656) und von Wehlau und Bromberg (1657) gelang es ihm, schrittweise die brandenburgische Souveränität in Preußen durchzusetzen. 1660 brachte er den Frieden von Oliva zu einem erfolgreichen Abschluß. Der Große Kurfürst hatte ihn 1658 zum ersten Minister und Oberpräsidenten des Geheimen Rates ernannt. In der weiteren Politik empfahl er dem Kurfürsten eine Annäherung an Frankreich, was dieser ablehnte; auch nach der Schlacht von Fehrbellin (1675) empfahl er vergeblich einen Sonderfrieden mit Frankreich und nahm daraufhin seinen Abschied. Friedrich Wilhelm mußte im Frieden von St. Germain 1679 all seine pommerschen Eroberungen an die Schweden herausgeben. Während seiner Diplomatentätigkeit erwarb Schwerin einige Güter, u. a. die Herrschaft

Altlandsberg. Mit seinem Fürsten versöhnt, starb er 1679.

Schwerinsburg, Kreis Anklam. Generalmajor Curd Christoph v. → Schwerin erbaute in Kummerow 1720–38 eine eigene Residenz, die bei einem Besuch König Friedrich Wilhelms I. in Schwerinsburg umbenannt wurde. Bis 1945 blieb sie im Besitz der Familie. Italienische Handwerker und Künstler hatten das zweigeschossige, dreiflüglige Barockschloß errichtet. Von einem weiten Schloßhof mit dem Denkmal des Erbauers führte eine breite Freitreppe am Mittelbau in die Eingangshalle, von der man in den darüberliegenden, sich bis unter das Dach wölbenden „Himmelssaal“ mit Stuckornamenten und lebensgroßen Bildern der Königsfamilie gelangte. Der linke Seitenflügel beherbergte die Wirtschaftsräume, der rechte die Kapelle. Zur Ausstattung gehörten Gobelins in vier Räumen und Bilder von Pesne, der sich hier oft aufgehalten hatte. 1945 brannten Schloß, Hofgebäude und einige Häuser des Dorfes nieder; außer Teilen des hier teilweise ausgelagerten Stettiner Staatsarchivs wurde nichts vom Schloßinventar gerettet. Die Außenmauern blieben stehen, wurden jedoch bis auf eine Mauerecke abgebrochen.

Schwertfeger, Kurt, Bildhauer. * 1897 in Deutsch Puddiger, Kreis Schlawe, † 1966 in Hildesheim. Studium am Bauhaus (1919–24) bei Itten, Schlemmer und Marcks. 1924–25 war er freischaffender Künstler in Berlin, 1925–37 Leiter der Bildhauerklasse an der Kunstgewerbeschule in Stettin. Seine von Formvereinfachung und geschlossenem Umriß geprägten Bildnis- und Tierplastiken waren in Stettin, Danzig und einigen hinterpommerschen Städten aufgestellt. 1937 wurde er entlassen, seine Arbeiten wurden aus den Museen verbannt. Nach dem Kriegsdienst kam er 1946 als Professor für Kunstpädagogik an die Pädagogische Hochschule in Alfeld/Leine. Neben zahlreichen öffentlichen Aufträgen verfaßte er 1953 das Buch „Bildende Kunst und Schule“. Nach seiner Emeritierung 1962 zog er nach Hildesheim.

Schwiers, Ellen, Schauspielerin. * 1930 in Stettin. Nach ihrer Ausbildung gab sie ihr Debut beim Marburger Schauspielring, einer Wanderbühne, die ihr Vater nach 1945 gegründet hatte. 1949 trat sie in Koblenz auf, es folgten Engagements in München, Frankfurt, Göttingen und in Zürich im Jahr 1968, wo sie u. a. die Lysistrata, Lady Macbeth und Anouilhs Medea spielte. Bei den Salzburger Festspielen trat sie als Buhlschaft in „Jedermann“ auf. 1972 feierte sie ihr Regiedebut mit Shakespeares „Was ihr wollt“ bei den Burgfestspielen in Jagsthausen; 1984 übernahm sie die künstlerische Leitung der Festspiele. Seit 1982 leitet sie eine Tourneebühne, „Das Ensemble“. In den 50er und 60er Jahren hat sie als Schauspielerin in über 40 Filmen mitgespielt.

See Buckow *(Bukowo Morskie),* Kreis Schlawe; ursprüngliches Angerdorf am Buckower See mit 408 Einwohnern (1939).
1252 stiftete Herzog Swantepolk II. von Pomerellen das Zisterzienserkloster Buckow, das Bischof Hermann von Cammin 1253 weihte. Doch erst 1262 ließ sich Abt Friedrich Munch mit 12 Mönchen und 12 Laienbrüdern in Buckow nieder. Zwischen Rügenwalde und Schlawe gehörten bald etwa 40 namentlich bekannte Dörfer sowie der Buckower und der Streitzigsee dem Kloster. Die Mönche legten Sümpfe trocken, besiedelten wüste Orte mit deutschen Kolonisten und bemühten sich um ein gutes Verhältnis zu den Pomoranen. Sie behandelten Altbewohner und Neusiedler völlig gleich und ließen die alten Ortsnamen bestehen bleiben. 1535 dankte Abt Heinrich Kresse ab, der Klosterbesitz wurde mit dem herzoglichen Amt Rügenwalde vereinigt, die Klostergebäude verfielen und sind restlos verschwunden.
Bauwerke: Die *Dorfkirche,* eine dreischiffige Backsteinhallenkirche aus dem 14. Jh. mit breitem Chor ist an einen älteren mächtigen Turm angebaut. Sterngewölbe überspannen Chor und Schiff. Im Chor befand sich ein Sandsteinrelief (frühes 14. Jh.) mit einer Kreuzigungsdarstellung. Abt Heinrich Kres-

See Buckow

unteren Teil der Bilder umschließt ein gemaltes Fischernetz, über dem Apostel und Heilige mit ihren Attributen gemalt sind (u. a. der heilige Georg mit dem Drachen und der heilige Christophorus). Über diesem Fries ist unter der flachen Decke an der Ost- und Südwand die Passion Christi in 13 Bildern dargestellt. Sie beginnt mit der Ölbergszene; die Gefangennahme mit dem Judaskuß, das Verhör vor dem Hohen Priester, die Geißelung, die Dornenkrönung, das Verhör bei Pilatus, Ecce Homo, die Kreuztragung, die Kreuzaufrichtung, Kreuzabnahme, die Grablegung, die Höllenfahrt und die Auferstehung folgen. Die Figuren sind fern der Realität entkörperlicht, stark bewegt, fast schnörkelhaft über die Bildflächen verteilt. Ihre Größe richtet sich nach dem Rang, den sie einnehmen, gemäß einer Bedeutungsperspektive. Im Laufe der letzten Jahre ist diese einzigartige Passion verblaßt und nur noch schwach zu erkennen.

se hatte einen großen spätgotischen Flügelaltar gestiftet, in dessen Mittelschrein die Schnitzfiguren dreier Heiliger stehen; in den Flügeln befinden sich Figuren der Apostel und Heiligen. Ein weiteres Flügelpaar kann die ersten schließen und ist mit Bildern aus dem Leben Jesu bemalt. Der Altar steht heute im Stolper Museum.
Einzigartig war der 1476 von Pater Burkard ausgeführte Abtsstuhl: Die dreigeteilte Vorderwand gliedern Eck- und Zwischenfialen, zwischen denen Flachbögen mit gotischem Maßwerk eingesetzt sind. In der Mitte befindet sich eine Tür, über der eine Wimperge aufragt; die Seitenöffnungen werden von Brüstungen abgeschlossen. Er war farbig gefaßt. Der Stuhl war im Besitz des Stettiner Landesmuseums. In der Kirche steht ebenfalls eine vollständig bemalte Renaissancekanzel vom Anfang des 17. Jh.s.

Seefelder Passion. In der Dorfkirche von Seefeld *(Grzedzice)*, Kreis Saatzig, fand man 1910 eine Fülle von Fresken des 15. Jh.s. Den

Dorfkirche von Seefeld

Seewald, Richard, Maler, Grafiker, Schriftsteller. * 1889 in Arnswalde, † 1976 in München. 1909 studierte er Architektur in München, gab das Studium jedoch auf und begann als Illustrator, zunächst für die „Meggendorfer Blätter", dann für die „Jugend" und die „Lustigen Blätter" bis 1912. 1911 erste Ausstellung in München. Reisen nach Paris und London folgten, seine Ausstellung im Salon d'Automne (1912) war ein großer Erfolg. 1921 erschien sein erstes Buch „Tiere und Landschaften". 1924–31 war er Professor für Wandmalerei und Grafik an den Kölner Werkschulen. 1929 konvertierte Seewald in Ascona zum Katholizismus. 1931 erste Kirchenmalerei auf Norderney; Übersiedlung nach Ronco s. Ascona, Schweiz. Seine Wandbilder und Glasfenster finden sich in vielen Kirchen, u. a. *St. Theresien,* Zürich-Friesenberg (1946); *St. Adolfus,* Düsseldorf (1955), *Herz-Jesu-Kirche,* München-Neuenhaus (1968); *St. Michael,* Iserlohn (1969). 1954–58 war er als Professor an der Münchner Akademie der Bildenden Künste tätig. 1961 malte er die Arkaden im Münchner Hofgarten aus. In seinem bildnerischen Werk strebte er zu einer Erneuerung christlicher Kunst.
Selbstillustrierte schriftstellerische Werke u. a.: „Zu den Grenzen des Abendlandes" (1936); „Das griechische Inselbuch" (1958); „Das toskanische Hügelbuch" (1960).

Sell, Hans Joachim, Schriftsteller. * 1920 in Neustettin, lebt in Freiburg im Breisgau. Sell studierte nach dem Zweiten Weltkrieg Philosophie, Völkerkunde und deutsche Literatur. Er wurde Mitarbeiter der Evangelischen Akademie in Tutzing und gündete dort den politischen Club „Zugang zur Politik". Als Auslandskorrespondent des Südwestfunks ging er für acht Jahre nach Spanien, kehrte als freier Schriftsteller zurück und gründete 1960 die Deutsche Miguel de Unamuno Gesellschaft. 1953 veröffentlichte Sell seinen ersten Roman „Chantal". Zahlreiche Prosaarbeiten und Hörspiele, dazu auch Lyrik folgten; sie befassen sich größtenteils mit der iberischen Geisteswelt. 1968 erschien „An Spaniens Fell zerren Dämonen", 1978 „Briefe einer Jüdin aus Cuzco". 1973 erhielt er den großen KOGGE-Literatur-Preis der Stadt Minden, weitere Preise folgten. 1980 erschien „Die portugiesische Einladung" (Lyrik) und 1989 die Erzählungen „Die Ehe des Sancho Pansa".

Soldin, Vertrag von. Dieser Vertrag vom 21. 1. 1466 sollte die Erbstreitigkeiten nach dem Aussterben der Stettiner Linie des Herzogshauses (1464) abschließen. Die Herzöge Erich II. und Wartislaw X. von Wolgast einigten sich mit dem Kurfürsten Friedrich von Brandenburg auf Drängen Stettins dahingehend, daß sie das Herzogtum Stettin vom Kurfürsten für sich und ihre Erben zu Lehen nahmen und mit ihm ein Schutz- und Trutzbündnis zur Sicherung von Handel und Verkehr eingingen. Der Vertrag sollte durch eine verwandtschaftliche Verbindung bekräftigt werden. Mit dem Vertrag von Soldin war die lange bestrittene Lehnsoberhoheit Brandenburgs für das Herzogtum Stettin anerkannt. Die Stände sollten gleichzeitig dem Markgrafen und den Herzögen die Erbhuldigung leisten. Im Gegensatz zum Adel weigerten sich jedoch die Städte, auch Stettin, den Treueeid abzulegen. Neue Streitigkeiten und Kämpfe brachen aus; erst der → Prenzlauer Friede beendete den Erbfolgestreit.

Solger, Reinhold, Schriftsteller. * 1817 in Stettin, † 1866 in Washington. Studium der Literaturwissenschaften in Halle und Greifswald; nach 1848 mußte er Deutschland verlassen. In England trat er in freundschaftliche Beziehung zu Th. Carlyle und Ch. Dickens. 1853 wanderte er in die USA aus. Seit 1859 war Solger Bürger der USA und unterstützte die Wahl A. Lincolns zum Präsidenten der Vereinigten Staaten. 1862 erschien in Bromberg sein vielgelesener Roman „Anton in Amerika". Ebenfalls von ihm stammt das satirische Epos „Hanns von Katzenfingen".

Sommersdorf, Mordstein von. In Sommersdorf, Kreis Greifenhagen, steht auf der

Dorfstraße an der Friedhofsmauer der Mordstein von Sommersdorf, eine 1,90 m hohe und 0,67 m breite Stele aus gotländischem Kalkstein. In ihrem oberen Drittel bilden vier viertelkreisförmige Löcher ein griechisches Kreuz, auf dem ein Korpus eingeritzt ist. In den Ecken über dem Kreuz sind zwei liegende Wappen der Ramin sichtbar. Unter dem Kreuz ist in gotischen Minuskeln die Inschrift ausgegründet:

„Anno domini Mil
lesimo CCCC XXIII hin
rik de ramin occiß
é a villaís in wartin".

Im Jahre 1423 wurde Hinrik von Ramin von den Bauern in Wartin erschlagen. Einer unbestätigten Sage nach soll er jedoch von Bauersfrauen mit Spindeln erschlagen worden sein, da er einer von ihnen Gewalt antun wollte.

Sommin *(Somino)*, Kreis Bütow; südlichstes Dorf des Kreises mit 422 Einwohnern (1939), am Nordufer des 4,6 qkm großen Somminer Sees. 1607 wird in der Bernsdorfer Kirchenmatrikel erstmals das Dorf „bey dem Sommyn", d. h. am See, genannt. Auf einer Anhöhe im östlichen Dorfteil steht die 1755–57 vom Amtszimmermeister Westphal aus Bütow als → Schrotholzbau mit einem Fachwerkturm errichtete Kirche – eine der wenigen noch erhaltenen Schrotholzkirchen Pommerns. 1783 wurden ihre Wände vollständig verschalt, Dach und Außenwände mit Schindeln verkleidet. Der in halber Höhe abgestufte Turm hatte eine Wetterfahne von 1756. Den Innenraum überspannt eine bemalte Flachdecke mit Kehlen an den Längsseiten. Altar und Kanzel stammen aus dem um 1705 errichteten Vorgängerbau. Zwischen den korinthischen Säulen des Altars befand sich das Bild einer Kreuzigung, heute steht dort das Bild der Muttergottes von Tschenstochau. 1992 wurde die beschädigte Verschindelung erneuert.

Spantekow, Kreis Anklam, 1200 Einwohner (1980). Am Ostende des Dorfes liegt in sumpfigen Wiesen ein wendischer Burgwall, auf dem das Schloß steht. Das Kloster Stolpe belehnte 1289 die v. Schwerin mit Spantekow, sehr bald gab es ein „castrum Spantekow". Graf Ulrich v. Schwerin und seine Frau Anna v. Arnim erbauten 1558–67 das heutige Wasserschloß, ein unregelmäßiges Viereck mit vorspringenden Eckbastionen und Kasematten, das die Kaiserlichen im 30jährigen Krieg nicht erobern konnten. Kurfürst Friedrich Wilhelm von Brandenburg nahm 1677 das Schloß ein und ließ die Türme und Mauern sprengen. König Friedrich Wilhelm I. beschlagnahmte das Schloß, ein hundertjähriger Prozeß um den Besitz endete 1833 mit einem Sieg der Grafen von Schwerin.

Das *Schloß* ist der erste Renaissancebau Pommerns. Die Anlage stellt den Übergang von Burg zur Festung mit Kasematten und Wallanlagen dar. Das Gebäude ist über einen schmalen Damm zu erreichen, Bastionen und Kasematten unter 4 m hohen Erdaufschüttungen sichern den gewundenen Torweg, der zum viereckigen Hof führt. Über dem Tor ist eine Sandsteintafel mit Wappen, Inschrift und dem fast lebensgroßen Hochrelief des Bauherrn und seiner Frau (um 1570) eingemauert. Wohn- und Wirtschaftsgebäude begrenzen den Hof. Das Hauptgebäude, ein rechteckiger Putzbau mit vortretendem Treppenturm aus der Mitte des 16. Jh.s, beherbergt im Erdgeschloß einen Remter, einen zweischiffigen vierjochigen Saal mit Tonnengewölbe und Stichkappen. An der Nordseite des Hofes liegt ein Mauerhalbkreis von etwa 40 m Durchmesser, ein Rest der „alten Burg".

Die *Dorfkirche* ist ein stark verbauter spätgotischer Findlingsbau mit einem Fachwerkturm. Die Einrichtung – Altar und Kanzel – wurde im 17. Jh. geschaffen.

Stadtgründungen in Pommern reichen weit in die pomoranische Zeit zurück. Aus Berichten Ottos von Bamberg wissen wir von Stettin, Wollin, Cammin und Kolberg, daß sie Burgsiedlungen, Herrschafts- und Verwaltungszentren waren; Handwerker,

Kaufleute lebten hier, Märkte und Krüge sorgten für einen Warenaustausch. Ihre Einwohner waren jedoch rechtlich nicht besser gestellt als die des Umlandes. Im 13. Jh. begann die Einwanderung von Deutschen; damit setzte eine durchgreifende Umformung des Siedlungsbildes ein. An den slawischen Burgen und Städten oder auch aus wilder Wurzel wurden deutschrechtliche Städte gegründet. Beide Ausgangsformen waren Neugründungen, da in der Regel die neue Stadt neben der slawischen Siedlung angelegt wurde. Die Städte erhielten das Stadtrecht, d. h. sie bildeten von da ab einen eigenen Rechtsbezirk; ihre Bürger waren persönlich frei und verfügten über eigene Verwaltung und Gerichtsbarkeit. In den Städten konzentrierten sich Handwerk und Handel. Ihre gedeihliche Entfaltung wäre jedoch ohne den engen Kontakt mit den gleichfalls nach deutschem Recht gegründeten ländlichen Siedlungen undenkbar gewesen. Die Stadtgründungen folgten der allgemeinen → Besiedlung. Entlang der Ostseeküste erhielten die Städte das lübische Recht (z. B. Stralsund 1234), während im → Märkischen Keil das Magdeburger Recht (Bahn 1234) herrschte. Etwa ein Jahrhundert später gründete der Deutsche Ritterorden seine Städte nach Kulmer Recht, einer Variante des Magdeburger Rechts. Die pommerschen Herzöge förderten die Stadtgründungen, wie Herzog Wartislaw III., oder gründeten aktiv, wie Herzog Barnim I.: Innerhalb von 40 Jahren hatte er 21 Städte nach deutschem Recht gegründet. Von den 54 in West- und Mittelpommern entstandenen mittelalterlichen Städten sind allein 44 zwischen 1234 und 1280 gegründet worden. Bei dieser Stadtgründungsbewegung beteiligten sich auch die Klöster u. a. mit Greifswald (1250), Altdamm (um 1249), Stargard (1243?), Treptow (1277). Auch der neu zugewanderte Adel betätigte sich eifrig als Stadtgründer, so mit Plathe (1277), Regenwalde (vor 1288), Freienwalde (1338). Desgleichen gehen zahlreiche Stadtgründungen auf die Camminer Bischöfe zurück (Kolberg, 1255; Köslin, 1266; Naugard, um 1274). Einen gewissen Abschluß der Stadtgründungen bildete der Ausbruch der Pest 1348–50, die zu einem sehr starken Bevölkerungsrückgang führte. Ganz wenige Städte wurden seit dem 15. Jh. gegründet, meistens handelte es sich um Erhebung eines vorher blühenden Marktfleckens zur Stadt. Im 20. Jh. gab es eine ähnliche Beförderungsbewegung, bedingt durch eine stärkere Zunahme der Einwohnerzahl. Davon waren Saßnitz, Putbus, Eggesin, Torgelow, Gülzow, Hammermühle und Stolpmünde betroffen.

Stargard *(Stargard Szczeciński)*, kreisfreie Stadt mit 63 344 Einwohnern (1983). Stargard liegt auf dem linken Ufer der Ihna am Nordrand des → Weizackers. Die Altstadt mit rechteckigem Markt, Rathaus und St.-Marien-Kirche ist in Unter- und Oberstadt geteilt, erstere liegt zwischen der Ihna und dem Ihnaarm. Ein Parkgürtel, in dem beträchtliche Reste der alten Stadtwehr erhalten sind, umgibt die Altstadt, die 1945 zum größten Teil vernichtet wurde. Außerhalb dieser Grünzone liegen im Norden die Friedrich-Wilhelm-Vorstadt, im Nordwesten die Jobstvorstadt mit dem Bahnhof, im Süden an der Ihna Werder und Wiek und im Nordosten die Luisenvorstadt. Die 20er und 30er Jahre des 20. Jh.s brachten weite Stadtrandsiedlungen im Süden, entlang der Zartziger Straße und am Neuen Werder, im Westen an der Stettiner Straße und im Nordwesten an der Jobststraße. Diese wurden nach 1945 um riesige Wohnblocksiedlungen erweitert. Die sehr vielfältige Industrie ist vor allem in den Neubaugebieten des 19. und 20. Jh.s angesiedelt, besonders in Nähe der Eisenbahnlinie. 1140 wird ein „castrum Stargord" – wahrscheinlich in der Unterstadt – erwähnt. Schon vor 1187 besaß der Johanniterorden ein Grundstück in der Nähe der späteren St. Johanniskirche. Auf dem linken Ufer des Stadtarms der Ihna entstand die deutsche Siedlung, die bereits 1229 mit dem Bau der Stadtwehr – drei größere Türme, drei Landtore und ein Wassertor – begann. 1243 oder

53 erhielt Stargard Magdeburger Stadtrecht, das 1292 in lübisches umgewandelt wurde. Im selben Jahr wurde die alte Burg in der Unterstadt abgebrochen. Sechs Brücken verbanden Unter- und Oberstadt. 1363 war Stargard Mitglied der Hanse, hatte jedoch wegen des beträchtlichen Getreidehandels immer größere Schwierigkeiten mit Stettin, die 1428 zu einem Überfall mit Plünderung durch die Stettiner Bürgerwehr führten. Häufig residierten die Herzöge Bogislaw VIII. und Bogislaw IX. in Stargard. 1524 verkündete der Franziskanermönch Johann → Knipstro die Lehre Luthers. Ein Stadtbrand vernichtete 1635 den größten Teil der mittelalterlichen Häuser. 1648–1720 war Stargard Hauptstadt des brandenburgischen Hinterpommerns, um 1670 kamen französische Hugenotten hierher. Um 1700 begann die Stadt, sich über die mittelalterliche Mauer hinaus in die Luise-, die Friedrich-Wilhelm-, die Jobstvorstadt und in Werder und Wiek auszudehnen. Seit 1783 hatte Stargard wieder eine katholische Gemeinde. Der Eisenbahnbau brachte der Stadt wichtige wirtschaftliche Impulse: 1846 hatte die Berlin-Stettiner-Eisenbahn Stargard erreicht, die 1847–48 nach Kreuz verlängert wurde, 1859 wurde die Strecke nach Körlin gebaut und 1870 nach Danzig verlängert; 1859 nahm das Eisenbahnausbesserungswerk den Betrieb auf. Landwirtschaftliche Verarbeitungsbetriebe, Landmaschinenbau, Seifenfabrik, Möbelfabrik und die Likörfabrik → *Mampe* waren die wichtigen Industriebetriebe der Stadt.

1901 hatte Stargard eine Einwohnerzahl von 25000; damit wurde die Stadt zum Stadtkreis, die Verwaltung des Landkreises → Saatzig verblieb in der Stadt; hinzu kamen weitere Behörden, u. a. Land- und Amtsgericht. Nach 1918 weitete sich Stargard in ausgedehnten Stadtrandsiedlungen aus. Ein Luftangriff 1945 und der Einmarsch der Roten Armee vernichteten 70 v. H. der Bausubstanz. Außer den Kirchen und dem Rathaus stehen in der Altstadt noch acht Vorkriegsgebäude bzw. wurden wiederaufgebaut. Seit den 50er Jahren ersetzen Wohnblocks die zerstörten Bauten und bilden die neuen Siedlungen, vor allem an der Stettiner Straße.

Bauwerke: *Rathaus,* Mitte des 16. Jh.s; sein Westgiebel ist mit einem Netz spätestgotischen Putzmaßwerks überzogen. Um die Fenster sind Vorhangbögen angebracht. Nach 1945 wurde es ausgezeichnet restauriert.

Die danebenstehende *Alte Wache* (18. Jh.) beherbergt das Museum, dessen Bestände erst nach 1945 zusammengetragen wurden; das Heimatmuseum der Vorkriegszeit ist mit all seinen Beständen 1945 vernichtet worden.

Die Stadtkirche *St. Marien,* 1350 vollendet, war ursprünglich eine Hallenkirche, die Anfang des 15. Jh.s zu einer Basilika umgebaut wurde, beginnend mit dem mächtigen Umgangschor, den Hinrich → Brunsberg entworfen haben soll. Einzigartig in der norddeutschen Backsteinarchitektur ist das Triforium zwischen den Chorarkaden und den Obergadenfenstern. Die nach innen gezogenen Strebepfeiler ermöglichten die Anlage von Kapellen und Emporen. Um 1500 wurde das Langhaus erweitert und auf eine Höhe von 30 m gebracht. Sterngewölbe, 1635 erneuert, überspannen das Mittelschiff. Die Doppelturmanlage wurde im 15. und 16. Jh. bis zum Mittelgeschoß gebaut; nur der Nordturm (insgesamt 84 m hoch) erhielt einen Zinnenkranz, Ecktürmchen und ein Achteckgeschoß, das 1723 mit einer Barockhaube bekrönt wurde. In den Gewölben sind ornamentale Malereien, in den Kapellen und der Sakristei spätgotische figürliche Fresken (u. a. ein Ecce Homo und musizierende Engel) freigelegt. Von der alten Einrichtung ist nur die bemerkenswerte Renaissancekanzel von 1683 erhalten. Im Krieg schwer beschädigt ist sie seit 1960 wieder restauriert.

St. Johanniskirche (13. Jh.), Kirche des Johanniterordens, zwischen 1429 und 1464 zu einer dreischiffigen Hallenkirche ausgebaut. Der Turm, 1408 begonnen, erhielt 1892 einen spitzen Helm und ist 99 m hoch. Das Mittelschiff hat ein Sterngewölbe. Der Hoch-

Stargard: Walltor

altar, ein spätgotischer Schreinaltar mit doppelten Flügeln, zeigte in der Mitte den thronenden Christus mit der Mutter Gottes. Vier Reliefs beschrieben die Geschichte Johannes des Täufers, in den Flügeln standen 32 kleinere Heiligenfiguren; die Figuren wurden 1945 zerstört, nur die bemalten Flügel blieben erhalten und befinden sich heute im Stettiner Museum.
Bürgerhäuser: *Das Brüggemannsche Haus* am Pyritzer Tor, ein Renaissancebau, beherbergt eine Bibliothek. Das Haus *Große Mühlengasse 8* aus dem 15. Jh. mit seinem Portal mit buntglasierten Backsteinen ist wiederhergestellt.
Stadtwehr: Die Mauer aus Findlingen und Backsteinen blieb zum großen Teil erhalten, von den Toren das *Pyritzer* und das *Walltor*, letzteres mit Vorhangbögen aus dem 16. Jh. Das einzige zweitürmige Tor Pommerns, das *Mühlentor*, überspannt den Stadtarm der Ihna in einem großen gotischen Bogen, unter dem kleine Schiffe in den Stadthafen gelangten. Von den Türmen sind das 34 m hohe *Rote Meer* (1513) – es ist nach einem Tümpel „Am roten Meer" benannt –, dessen zylindrischer Oberbau mit schwarzglasierten Bindern rautenförmig gemustert ist, der *Eisturm* und der *Weiskopf* erhalten.

Stargard, Gröningsches Gymnasium in. Mitten in den Wirren des 30jährigen Krieges stiftete 1631 Bürgermeister Peter Gröning in seinem Testament eine Gelehrtenschule in Stargard, die 1633 als *collegium Groeningianum* ihre Lehrtätigkeit aufnahm; es war eine einklassige Oberstufe über der bisher bestehenden Ratsschule mit einem eigenem Leiter. Sie war als Vorstufe der Universität gedacht. Die Schulaufsicht lag beim Magistrat der Stadt, der ein bürgerliches Kuratorium hierfür eingesetzt hatte, das mit großer Entschiedenheit ein Eingreifen des Staates verhinderte. Mit ihrer Erhebung zu einem *Collegium illustre* (1714) war es dem Stettiner Gymnasium gleichgestellt; ein Vorlesungsbetrieb mit den Fächern philosophische Logik, Jura und Medizin begann, konnte aber das Gymnasium zu keiner großen Blüte führen. 1758 wurde vom Rat das Gröningsche Gymnasium mit der städtischen Lateinschule vereinigt. Eine schwerwiegende Konkurrenz erwuchs aus der 1759 gegründeten „Real-Schule", in der die Ideen der Franckeschen Schulen verwirklicht wurden – benannt war sie nach dem Kriegsrat Vangerow. 1770 besuchten etwa 15 Schüler das Gröningsche Gymnasium. 1771 versuchte der vom → Neustettiner Fürstin-Hedwig-Gymnasium kommende Rektor Fromme, Professor für griechische und lateinische Sprache, beide Schulen zu einer lebensfähigen Anstalt zu vereinigen, doch konnte sich der preußische Staat nicht gegen die städtischen Vorstellungen durchsetzen. 1798 vereinigte der Rat seine Ratsschule mit dem Gröningschen Gymnasium.

Schließlich kam es 1809–12 zu einem Zusammenschluß mit der Vangerowschen Realschule, was zur endgültigen Aufgabe eines akademischen Vorlesungsbetriebes führte. 1842 gab die Stadt Stargard ihr Schulpatronat an den Staat ab, unter dessen Führung es bis 1945 weiterlebte. Einer seiner bedeutendsten Direktoren war von 1921–26 der bekannte pommersche Landeshistoriker Martin → Wehrmann.

Stegers *(Rzeczenica)*, Kreis Schlochau, seit 1983 Großgemeinde mit 3760 Einwohnern am Südrand der Schlochauer Heide. Stegers, die zweitgrößte Landgemeinde des Kreises und ursprünglich ein Angerdorf, hat trotz fehlender Eisenbahnverbindung größere zentralörtliche Funktionen.
Ein bronzezeitlicher Depotfund (1889) zeigt, daß Stegers in der mittleren Bronzezeit besiedelt war. Der Ordenskomtur Heinrich von Grobitz stellte 1376 Nickel Steger eine Handfeste mit „LXXXIII huben zcu Culmischem Rechte in dem dorffe Mergenow genannt", dem späteren Stegers, aus. Das Dorf hatte schwer unter dem Hussiteneinfall im Jahre 1433 und unter dem Nordischen Krieg zu leiden. Adam Klemp gründete 1690 eine Schule, an der er und sein Sohn Peter jahrzehntelang unterrichteten. 1921 wurde in Stegers eine katholische Pfarrei eingerichtet. 1945 fanden in einem Blutbad 40 Menschen den Tod.
Die Dorfkirche *St. Nikolaus* (1590) war ein Schrotholzbau, den 1874 ein Backsteinbau ersetzte. Der Turm mußte 1904 erneuert werden, dabei wehte ein Sturm den Helm auf das Kirchendach und zerstörte es. 1918 kam ein neuer Hochaltar in die Kirche. Vor 1945 standen in Stegers zahlreiche Schrotholzbauten. Bis 1865 gab es um den Ort noch eine ergiebige Bernsteingräberei. Im 20. Jh. siedelten sich ein Sägewerk, eine Zementfabrik, eine Molkerei und eine Mühle an, später gab es auch einen Uhrmacher und ein Fotogeschäft.

Stepenitz *(Stepnica)*, Kreis Cammin, Großgemeinde mit 4346 Einwohnern (1983). Der Ort liegt an der Mündung des Stepenitzbaches in das Papenwasser. Herzog Barnim I. verlieh 1278 Gottfried von Breslau das Dorf Stepenitz. Die Brüder Timmo, Dietrich und Henning v. Flemming schenkten 1366 das Gut Stepenitz dem Zisterzienserinnenkloster in Stettin. Nach der Reformation kam Groß Stepenitz an das herzogliche Amt Alten-Stettin. 1721 wurde es als „Städtlein" bezeichnet. Im 18. Jh. war Stepenitz ein bekannter Schiffbauplatz; zwei bis drei seetüchtige Schiffe liefen jährlich vom Stapel. 1870 wurde der Ort zu einem Marktflecken; bis 1936 bestand Stepenitz aus mindestens drei Orten: dem Dorf Groß Stepenitz und den Flecken Groß Stepenitz und Klein Stepenitz.

Stepenitz

Drei große Sägewerke und eine Ziegelei verarbeiteten die Rohstoffe des Umlandes. Auf dem Haff wurde Fischerei betrieben, und die Stepenitzer Dampfschiffahrtsgesellschaft besorgte den Verkehr nach Stettin und ums Haff. In den 30er Jahren des 20. Jh.s wurde ein großer Strand für die sehr zahlreichen Badegäste aus Stettin aufgespült.
Bauwerke: *Fischerkirche* (1741), kreuzförmiger Fachwerkbau mit Dachturm auf dem westlichen Kreuzarm, verputzt. Den Innenraum überspannt eine Flachdecke. Der Kanzelaltar stammt von etwa 1740.

Stephan, Heinrich von, Generalpostmeister. * 1831 in Stolp, † 1897 in Berlin. Der Schneiderssohn begann seine Laufbahn als Postschreiber. Sein überragendes Organisationstalent und seine hervorragenden diplomatischen Fähigkeiten ließen ihn sehr rasch zum Postsekretär und zum Postrat aufsteigen. H. → Schmückert erkannte und förderte dieses ungewöhnliche Talent, das sich zum Ziel gesetzt hatte, den Postverkehr zu vereinfachen und zu verbilligen. Stephan wurde vortragender Rat und 1870 Generalpostdirektor des Norddeutschen Bundes; im gleichen Jahr führte er in Deutschland die „Korrespondenzkarte“, seit 1872 „Postkarte“, ein. Über die vereinheitlichte Deutsche Post führte sein Bemühen zum europäischen Postverein mit 22 Staaten und schließlich 1874 zum Weltpostverein. Stephans Grundidee war, daß jeder Brief eine Antwort auslöst, so daß das Absenderland die jeweils entrichteten Gebühren für sich behielt und so die äußerst komplizierte Berechnung von Ausgleichszahlungen abgeschafft werden konnte. Durch seine Diplomatie kam der Weltpostverein innerhalb von dreieinhalb Wochen zustande. Post und Telegraphie wurden von Stephan unter dem Dach der Post vereinigt. 1877 führte er das Bell-Telefon als Mittel der Kommunikation zunächst in Berlin ein; die erste Fernleitung wurde zwischen Berlin und Magdeburg in Betrieb genommen. Von der ersten wissenschaftlichen Publikation über das Telefon in den USA bis zu seiner Einführung in Berlin vergingen drei Monate. Stephan ersetzte den Begriff „Telefon“ durch „Fernsprecher“. Seine Großtaten brachten ihn ins preußische Herrenhaus, er wurde Generalpostmeister des Deutschen Reiches und 1885 geadelt. Für seine Mitarbeiter führte er als erster bei einer deutschen Behörde den bezahlten Urlaub ein.

Heinrich von Stephan

Daneben verfaßte Stephan einige Werke über das Postwesen, u. a. “Geschichte der Preußischen Post“ (1859), „Weltpost und Luftschiffahrt“ (1874).

Stern, Horst, Journalist. * 1922 in Stettin, lebt in Irland. Nach einer Lehre als Bankkaufmann wurde er nach dem Zweiten Weltkrieg Dolmetscher, Gerichtsberichterstatter, Chefredakteur verschiedener Zeitschriften, schließlich Rundfunk- und ab 1969 Fernsehjournalist. Im Fernsehen produzierte er zahlreiche Tiersendungen, u. a. „Sterns Stunde“ (1969–81). Seit 1970 engagiert er sich zunehmend für den Natur- und Umweltschutz, 1973 begann er mit seiner Nebenerwerbslandwirtschaft im Allgäu. 1979 veröffentlichte er „Tierversuche in der Pharmaforschung“; 1981–84 war er Herausgeber und Chefredakteur der Zeitschrift „Natur“. Die Universität Stuttgart Hohenheim verlieh ihm 1974 die Ehrendoktorwürde. Daneben schrieb er einen Roman über den Stauferkaiser Friedrich II. „Der Mann aus Apulien“ (1986) und die „Jagdnovelle“ (1989).

Stettin *(Szczecin),* Landeshauptstadt mit 389 220 Einwohnern (1983). Sie liegt auf dem linken Ufer der unteren Oder vor deren Eintritt in das → Stettiner Haff. Die Innenstadt zwischen Oder, Paradeplatz, Grüner Schanze und Königsplatz ist in ihrer Ausdehnung vom Mittelalter bis 1873 unverändert geblieben, nur die Neustadt im Süden (19. Jh) war eine erste Erweiterung. Im Sumpfgebiet östlich der Westoder entwickelte sich die Lastadie als Hafen und Lagergebiet. Entlang der Oder lagen die Vorstädte Unter- und Oberwiek, deren Entwicklung bis 1873 von der Festung Stettin stark behindert worden war. Außerhalb des ehemaligen Festungsrayons liegen die Vorstadtkerne von Torney, Grünhof, Grabow, das sogar bis 1900 selbständige Stadt war, und Bredow. Im 19. Jh. wurde der Bereich zwischen diesen Orten und der Innenstadt planmäßig zugebaut. Mit der Ansiedlung der Industrie in Odernähe wuchs die Bevölkerung, was ab 1900 zu einer großangelegten Eingemeindungsbewegung führte. Diese erreichte 1939 ihren Höhepunkt mit der Bildung von Groß-Stettin, das von 82,17 qkm auf 460,88 qkm anwuchs. Schon frühzeitig begann man mit den Erweiterungen auch eine städtebauliche Umgestaltung der Vorstädte zu großzügig ausgebauten Stadtteilen zu verbinden. Die Nachkriegsausbauten führten neben dem Aufbau der kriegszerstörten Innenstadt zu ausgedehnten Wohnblocksiedlungen zwischen und um die eingemeindeten Orte von → Altdamm bis → Pölitz. Stettin hatte trotz großer Industrie sich den Charakter einer Behörden- und Verwaltungsstadt bewahrt.

Das große Stettiner Stadtsiegel

Ältester Siedlungskern Stettins ist das Greifenschloß, an dessen Stelle um 750–500 v.Chr. eine Höhenburg der Lausitzer Kultur stand. Unterhalb davon entstand im Laufe der Zeit eine wendische Fischer- und Handwerkersiedlung. 1091 eroberten Polen die pomoranische Burg, damals schon ein Fürstensitz. Beim ersten Besuch Bischof Ottos von Bamberg (1124) lag zwischen Burg und Oder die Wendensiedlung Kessin um den späteren Krautmarkt. Südlich von ihr entstand bis 1260 die deutsche Unter- bzw. Altstadt der Kauf- und Seeleute um den späteren Heumarkt, mit altem Rathaus und St. Nikolaikirche. Weiter westlich gründeten die Grundbesitzer die Ober- bzw. Neustadt um den Roßmarkt und die St. Jakobikirche (1180–87). 1173 eroberten Dänen die Burg, von ihnen „Burstaborg" genannt, König Knut VI. von Dänemark baute sie um 1190 wieder auf. Herzog Barnim I. unterstellte 1237 das „oppidum Stetin", die Wendensiedlung, der Gerichtsbarkeit der deutschen Unterstadt; 1243 verlieh er der gesamten Siedlung Magdeburger Stadtrecht. Um 1263 waren die drei Siedlungen zu einer Stadt zusammengewachsen. 1249 übernahm die Stadt den alten Burgwall, auf dem 1263–1335 die St. Marienkirche mit Domstift erbaut wurde. Zwischen der Stadtmauer und dem später erbauten Bollwerk entstand der Hafen, der mit seinem Stapelrecht von 1283 die Stadt wirtschaftlich erstarken ließ. Stettin trat mit der Hanse in Verbindung und erhielt 1278 mit den anderen Städten des Wendischen Quartiers Zollfreiheit in Seeland. 1295 legten die Herzöge ihre Residenz in die Stadt. Neben einer ersten Stadterweiterng, nach Süden bis zum Franziskanerkloster, baute Herzog Barnim III. 1346 auf dem ehemaligen Burgwall ein „Steinhaus", entgegen den Zusagen Herzog Barnims I., hier keine Burg zu bauen. Die Stadtwehr entstand zwischen 1275 und 1325, nur geringe Reste sind erhalten. Diese Stadtgrenze ist erst im 19. Jh. überschritten worden. Vor der Stadt lagen im Süden Oberwiek und im Norden Unterwiek, auf dem Ostufer der Westoder die Lastadie (seit 1298 unter diesem Namen), ein Speicher- und Schuppenviertel, das 1283 die Lage Brücke mit der Stadt verband. Im Norden stand die vor 1300 erbaute St.-Peter-und-Paul-Kirche außerhalb der Stadtwehr. Stettin gelang es 1467, eine Erweiterung der Privilegien bei den Herzögen durchzusetzen, was leicht fiel, da die Herren bei der Stadt hoch verschuldet waren. Herzog Bogislaw X. begann jedoch, die städtischen Freiheiten zu beschneiden;

so wurde Stettin 1482 zum Landschoß, einer herzoglichen Vermögenssteuer, herangezogen. Seit 1491 war die Stadt ständige herzogliche Residenz. Die Verbindungen zur Hanse lockerten sich allmählich. Nach 1534 versuchte Stettin vergeblich, eine größere Unabhängigkeit gegenüber den Herzögen durchzusetzen. Nach dem Konkurs des Handelshauses → Loitz 1572 mußte sogar Herzog Philipp II. beim finanziellen Zusammenbruch der Stadt 1612 ordnend eingreifen. Seit 1571 lag Stettin in ständigem Streit um das Stapelrecht mit Frankfurt/Oder, so daß Stettiner Kaufleute von 1572–92 die Oder als Handelsweg ins Hinterland sperrten. Im 30jährigen Krieg blieb Stettin zunächst verschont, bis 1630 König Gustav Adolf von Schweden sein Quartier in der Oderburg, dem ehemaligen Kartäuserkloster Gottesgnade, bezog. Außerhalb der Stadtwehr wurden Erdwälle aufgeworfen, die die „Herrenfreiheit", das Zisterzienserinnenkloster und teilweise Unterwiek einbezogen. Mitten in dieser Besatzungszeit starb 1637 Herzog Bogislaw XIV., der letzte Pommernherzog, in Stettin. Im Westfälischen Frieden sicherte sich Schweden Stettin als Besitz, doch Kurfürst Friedrich Wilhelm von Brandenburg suchte Stettin zu erobern: 1676 und 1677 belagerte er die Stadt, besetzte sie 1677, konnte sie aber nur bis zum Frieden von St. Germain (1679) halten. Erst im Stockholmer Frieden im Jahr 1720 gelang es König Friedrich Wilhelm I., die Stadt für Preußen zu gewinnen. Wichtige Verwaltungen kamen nach Stettin: 1723 die pommersche Kriegs- und Domänenkammer, 1739 das Hofgericht, 1738 das Konsistorium. Von 1724–40 wurde Stettin als Festung ausgebaut, die mittelalterliche Stadtwehr verschwand; die Stadt wurde völlig neu gestaltet, das Schloß vereinfacht wiederaufgebaut, der Stadtgraben zugeschüttet. Der Ausbau der Swine (1740) machte Stettin zum wichtigsten Hafen Preußens. Der Handel stieg sprunghaft an, brach jedoch 1806 durch die Kontinentalsperrre völlig zusammen. Während der napoleonischen Kriege wichen die Regierungsbehörden nach Stargard aus. Danach entwickelte sich Stettin zu einem wichtigen Verwaltungs- und Wirtschaftsmittelpunkt. Der Hafen wurde ausgebaut, die erste Stadtsparkasse 1823 gegründet, die Festungswerke schnürten die Stadt jedoch bedrohlich ein. Die Berlin-Stettiner Eisenbahn baute 1843 ihren Bahnhof an das Festungswerk. Das 1845 im Süden angelegte Fort Preußen ermöglichte die Stadterweiterung um die Neustadt (1845–70), die Lastadie wurde um die Silberwiese im Süden erweitert. Außerhalb der Festungswerke entstanden Siedlungen in Torney, Grünhof, Grabow und Bredow. Als 1873 die Festung aufgehoben wurde, begann sich Stettin nach Westen und Nordwesten auszudehnen. Der Pariser Architekt Haussmann entwarf für die Stadt ausgedehnte Wohnviertel mit breiten Boulevards auf den ehemaligen Festungswerken; die Vororte Pommerensdorfer Anlage,

Älteste Darstellung Stettins

Torney, Friedenshof, Petrihof und Grünhof wurden ausgebaut. Gleichzeitig dehnte sich der Hafen zum → Dammschen See hin aus; in seinem Bereich entstanden verkehrsorientierte Industriebetriebe, u. a. Zuckersiederei, Zementfabriken, Werften, Hüttenwerk, Maschinen- und Fahrzeugfabriken, Chemische Werke, Bekleidungswerke. Daneben machten Museen, Theater, Zeitungen, Schulen sowie zahlreiche Verwaltungen Stettin zu einem bedeutenden kulturellen Zentrum im Nordosten Deutschlands. Die Stadt wuchs von 44104 Einwohnern (1850) auf 210702 Einwohner (1900). Die Orte Bredow, Grabow und Nemitz wurden 1900 eingemeindet, 1911 Braunsfelde, Neuwestend, Eckerberg, Schwarzow und Zabelsdorf. Als 1939 Groß Stettin geschaffen wurde, von der Fläche die drittgrößte Stadt Deutschlands, kamen neben den Städten Altdamm und Pölitz 36 Dörfer, der Forstbezirk Buchheide und der Dammsche See zur Stadt.

Der Zweite Weltkrieg vernichtete große Teile der Stadt (60 v. H.) und der Industrie. Die Altstadt wurde in einigen Teilen nicht mehr aufgebaut. Bis 1948 war der größte Teil der deutschen Bevölkerung ausgewiesen. Der Wiederaufbau begann um 1954 und machte Stettin zum größten Seehafen und zu einer der größten Industriestädte Polens.

Bauwerke: *Herzogsschloß;* 1346 begann Herzog Barnim III. mit dem Bau des Schlosses und der herzoglichen Begräbniskirche *St. Otto.* Herzog Bogislaw X. erweiterte 1503 den Bau um den Südflügel mit Uhrenturm; bemerkenswert waren die drei Remter. Entlang der Ostseite baute 1538 Herzog Barnim IX. den langen Ostflügel. Herzog Johann Friedrich ließ 1577 den alten Barnimsbau mit St. Otto abreißen und den Nord- und Westflügel mit der Schloßkirche, der ältesten protestantischen Kirche Pommerns, erbauen. Der jüngste Bau ist der „Philippsbau", den Herzog Philipp II. für seine Kunstsammlung bauen ließ, also ein „Museumsbau"! Bei den häufigen Belagerungen wurde das Schloß beschädigt, nach 1677 um- und wiederaufgebaut. 1945 brannte es völlig aus. Der Ostflügel wurde beim Wiederaufbau in seiner Renaissanceform von 1677 rekonstruiert. Der Nordflügel dient Repräsentationszwecken; die Schloßkirche ist ein Konzertsaal. Auch der Philippsbau ist wiederhergestellt.

Stadtkirche *St. Jakobi* (13. Jh.). Nach dem Abbruch der St. Marienkirche (1831) wurde sie zur Hauptkirche, ein spätgotischer Hallenbau mit Chor. Der ursprünglich zweitürmige Bau erhielt 1456–1503 einen Mittelturm. Bereits im 17. Jh. war die mittelalterliche Ausstattung mit 52 Altären vernichtet. Erhard Löffler schuf 1709 den zweigeschossigen Altar aus Holz. Die Orgel, nach einem Entwurf von Matthäus Schurich aus Dresden, kam 1699 in die Kirche. An ihr wirkte Carl → Loewe 43 Jahre lang als Organist. 1944 zerstörte ein Bombentreffer das Instrument, Chor und Turm, zwar ohne Helm, blieben erhalten; der Wiederaufbau erfolgte nach 1945. Der heutige Hochaltar stammt aus dem Kloster Kolbatz.

Die Jakobikirche in Stettin

Kirche *St. Johannes der Täufer*, ein gotischer dreischiffiger Hallenbau mit Sterngewölbe, mit einem Chor von 1300–50, und einem Langhaus aus dem 14. Jh. Die Giebel des Langhauses, besonders der Westgiebel, sind reich mit Fialen, Spitzbogenblenden und gemauertem Maßwerk verziert. 1945 blieb sie erhalten.
Kirche *St. Peter und Paul*, eine gotische Backsteinkirche aus dem 15. Jh., 1677–83 einschiffig umgebaut, erhielt eine flachgewölbte Holzdecke. Das Westportal ist besonders reich gegliedert. An den inneren Strebepfeilern sind Nischen für Statuen, deren Konsolen realistische individuelle Terrakottaköpfe darstellen.
Loitzenhof, 1. Hälfte 16. Jh., mit Treppenturm und spätgotischen Maßwerkblenden aus Putz; vor 1945 verwahrlost. Nach völliger Zerstörung 1956 als Oberschule für Schöne Künste wiederaufgebaut.
Das *alte Rathaus*, vor 1240 am Heumarkt errichtet, nach 1677 als barocker Putzbau wiederaufgebaut, wurde 1972 rekonstruiert, nachdem der gotische Baukern zum Vorschein kam. Der Schaugiebel ist modern in alten Proportionen gestaltet. Er beherbergte das Stadtmuseum. Der Ratskeller mit Sterngewölbe ist noch mittelalterlich.
Von den Festungsanlagen sind die von G. C. Walrave erbauten Tore *Berliner* und *Königstor* erhalten. Auf dem *Roßmarkt* errichtete 1729–32 Abraham Dubendorf die von einem wasserspeienden schwarzen Adler gekrönten Wasserspiele. Der *Hauptfriedhof* (1900) gilt als gartengestalterische Einmaligkeit. Direktor Hannig hatte eine Sammlung alter pommerscher → Grabmäler zusammengetragen.
1907 begann Oberbürgermeister Haken am Hafen die 500 m breite und 19 m hohe *Hakenterrasse* mit Rampen, Treppen, Beleuchtungstürmen und Pavillons zu erbauen; auf ihr wurden das Städtische Museum, das Regierungsgebäude, die Landesversicherungsanstalt und das Landesfinanzamt als Neurenaissancebauten errichtet.

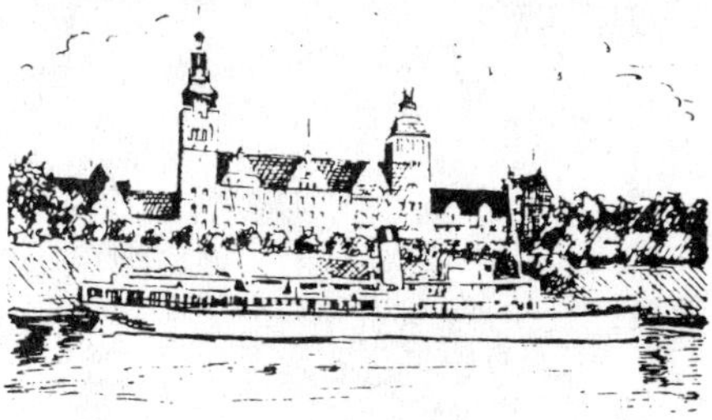

Hakenterrasse mit Regierungsgebäude

Stettiner Bauernordnung, am 16. 5. 1616 von Herzog Philipp II. als „erweiterte und erklärte Bauern- und Schäferordnung" für das Herzogtum Stettin erlassen. In ihr wird dem Grundherrn die Befugnis zum „Legen" von Bauern zugestanden. Danach wurden die Bauern zu Leibeigenen; von ihrem Land zahlten sie zwar eine geringe Jahrespacht, mußten aber ungemessene Dienste leisten. Das Land war nicht mehr ihr Eigentum, das sie vererben konnten; sie durften es nur nutzen. Ohne Erlaubnis des Herrn durften auch ihre Söhne sich nicht anderswo niederlassen, sie blieben schollengebunden. 1645 übernahm die schwedische Regierung die Stettiner Bauernordnung für ganz Vorpommern.

Stettiner Hafen. Bereits 40 Jahre nach Verleihung der Stadtrechte wurde 1283 der Stapelzwang für alle Schiffsgüter eingeführt und der Stettiner Hafen zum Umschlagplatz für Salz, Getreide, Hering, Wein u. a. Die seit 1319 bestehende Stettiner Laurentius-Bruderschaft hatte alle Stauer zunftmäßig zusammengeschlossen. 1550–70 entstand das Bollwerk an der Westoder, auf der Lastadie wurden Speicher und weitere Bollwerke gebaut. Als Stettin zu Preußen kam erschloß sich dem Stettiner Hafen ein weites Handelshinterland, das durch Kanalbauten stetig erweitert wurde. Der Ausbau der Swinefahrt 1747 und 1790 machte Swinemünde zum Vorhafen von Stettin. Der gesamte Segelschiffsverkehr stieg von 1244 Schiffen (1835) auf 3875 Schiffen (1870). Die Stettiner Reedereien verfügten 1872 über 319 Schiffe. 1894–98 erfolgte der Ausbau des Freihafens,

Stettin: Getreidespeicher

1914 wurde der → Großschiffahrtsweg Berlin–Stettin, 1917 der Industriehafen und 1919 der Reihenwerderhafen für den Massengüterumschlag eingerichtet. Die 1932 ausgebaute 7 km lange Möllnfahrt verkürzte die Verbindung zur Oder.

Der Stettiner Hafen besaß insgesamt 7 Hafenbecken von 17,4 ha mit 26 km Kailänge. In ihm wurden 1913 6,24 Mill. t Güter (u. a. Erze, Kohle, Steine, Phosphat, Holz, Papier, Heringe) umgeschlagen; 1938 waren es 8,3 Mill. t, 1955 6,8 Mill. t, 1965 11,5 Mill. t und 1976 24 Mill. t. Erst 1948 begann ein Wiederaufbau der kriegszerstörten Hafenanlagen – zwei Drittel der Kaistrecke waren zerstört; inzwischen ist der Speicherraum wiederhergestellt, die Werften stehen für Neubauten und Reparaturen zur Verfügung. Im Reihenwerderhafen hat die Tschechoslowakei ein Freihafengelände gepachtet. Im Hafengelände entstand wegen der optimalen Verkehrsgunst eine vielfältige verarbeitende Industrie.

Stettiner Haff *(Zalew Szczeciński).* Es wird auch Pommersches oder Oderhaff genannt und ist mit 903 qkm Fläche der größte Bodden der Ostsee. Das etwa 4 m tiefe Gewässer mißt 52 km in Ost-West-Richtung und 22 km zwischen Ziegenort und Lebbin. Der westliche Teil ist das Kleine Haff, der östliche mit dem → Warper See das Große Haff. Außer der → Oder münden Ücker, Zarow und Peene in das Haff; zur Ostsee hin schließen es die Inseln → Usedom und → Wollin ab, zwischen denen Peenestrom, Swine und Dievenow die Verbindung zum Meer herstellen.

Das Stettiner Haff entstand durch Senkungsvorgänge in der Spät- und Postglazialzeit. Die drei Mündungsarme hatten im Laufe der Geschichte unterschiedliche Bedeutung. Die Dievenow spielte die geringste Rolle. Die Swine war im Mittelalter Hauptzufahrtsweg nach Stettin. Mit der Besetzung Vorpommerns durch die Schweden wurde die Peene zum Hauptschiffahrtsweg. Seit 1720 baute Preußen die Swine wieder aus; die Kaiserfahrt wurde 1880 durch Usedom gebaut und die Fahrrinne durch das Haff bis auf 9 m vertieft. Im Winter vereist das Stettiner Haff, so daß an etwa 59 Tagen im Jahr Eisbrecher eine Fahrrinne offenhalten müssen. Auf dem Haff wurde seit frühen Zeiten Fischerei nach Aal, Plötze, Blei, Barsch, Zander und Hecht betrieben; sie erbrachte etwa 3670 t pro Jahr.

Stettiner Industrie. Der sich entfaltende Hafen zog in größerem Umfang Industrie nach Stettin. Der erste Großbetrieb war die 1817 gegründete *Pommersche Provinzial Zukkersiederei.* Die Ingenieure Fürchtenicht und Brock gründeten 1851 in Bredow die *Vulkanwerft,* die erste deutsche Werft für Eisenschiffe. Ihr erstes Schiff, die „Dievenow“, lief 1852 vom Stapel; 1902 lieferte sie den Doppelschrauben-Schnelldampfer „Kaiser Wilhelm II.“ ab. 1928 mußte der „Vulkan“ seinen Hauptbetrieb in Stettin einstellen. 1938 wurde er wieder in Betrieb genommen. Eine weitere Schiffbaustätte, die die Krisenjahre der Inflation überlebte, waren die *Oderwerke.* 1853 wurde bei Stettin die erste deutsche Portlandzementfabrik gegründet. Daneben nutzte das Hüttenwerk *Kraft* (1897) den Antransport von schwedischem Eisenerz und oberschlesischem Steinkohlekoks für

48 Das Mühlentor und die Mühle in Stolp

49 Das Mühlentor in Tribsees

50 Schloß Tützpatz im Kreis Demmin, ein altes Lehen der Familie von Maltzahn, beherbergt zur Zeit ein Institut für Agrarwissenschaft

51 *Stralsund: Blick über den neuen Markt auf die Nikolaikirche*

52 *Die Marienkirche in Stralsund*

53 Stadtansicht von Wollin an der Dievenow

54 Altes Stadttor in Usedom

55 Der Strand von Stolpmünde

56 Die Seebrücke von Ahlbeck auf Usedom

die eigenen Hochöfen. Eisenhoch-, Brücken- und Dampfkesselbau waren ihre Abnehmer, auch die → *Stoewer Werke* für Nähmaschinen und Fahrradbau, die 1930 den ersten deutschen Kraftwagen mit Frontantrieb, den V 5, herstellten. Zur Sicherheitsprüfung wurde 1879 der *Pommersche Verein zur Überwachung von Dampfkesseln* gegründet, der als erster in Deutschland 1897 eine elektrotechnische Abteilung eröffnete.

Große Bedeutung erlangte die Ölindustrie, die einheimische und importierte Ölfrüchte zu Kraftfutter, Seife, Kerzen und Margarine verarbeitete. Die → *Feldmühle AG* nutzte in ihren Zellulose- und Papierfabriken den Holzreichtum des Stettiner Umlandes. Die chemische Industrie verarbeitete zunächst Kreidekalke zu Düngekalk, später stellte sie Phosphatdünger, Kunststoffe, Lacke und Farben her. Die umfangreiche Nahrungs- und Genußmittelindustrie verarbeitete die Produkte des Odertals und des Weizackers. Die Textilindustrie hatte in Stettin eine große Bedeutung: bis 1914 war sie führend in der Herrenbekleidung. Zu den jüngsten Industriesparten gehören die Elektrobetriebe und das Hydrierwerk bei Pölitz, das synthetisches Benzin herstellte. Nach 1945 nahm ein großer Teil dieser Werke den Betrieb wieder auf – ergänzt wurde die Stettiner Industrie um den Bereich Elektronik.

Stettiner Marienstiftsgymnasium; 1543 gründeten die Herzöge Barnim IX. und Philipp I. den Vorläufer des Stettiner Marienstiftsgymnasiums, das *Pädagogium,* als Fürstenschule nach sächsischem Vorbild. Die säkularisierten reichen Domstifte von St. Marien und St. Otto mußten die Kosten tragen. Die Schule blühte schnell auf, bei ihren Schülern wurden Kenntnisse der lateinischen Sprache vorausgesetzt, so daß sie eine ausgesprochen akademische Anstalt wurde. Ihre Blütezeit erlebte sie mit etwa 200 Schülern als Johannes → Micraelius sie von 1642 bis 1658 leitete. Nach seinem Tode begann ihr Verfall. 1667 wurde das Pädagogium zum „regium Gymnasium Carolinum“ umgewandelt, das bis 1804 bestand. Im Rahmen größerer Schulreformen in Preußen wurde 1805 das Gymnasium mit dem Ratslyzeum vereinigt. Diese Schule hatte einen so großen Zustrom an Schülern, daß der Rat sich 1869 entschloß, sie in das Stettiner Marienstiftsgymnasium und das Stadtgymnasium zu teilen. Zahlreiche bekannte Pommern waren Schüler des Stettiner Marienstiftsgymnasiums, u. a. C. L. Schleich, L. Jessel, A. Pompe.

Stöck, Gerhard, Sportler. * 1911 in Schönlanke, Netzekreis, † 1985. Er war ein guter Mehrkämpfer und wurde 1935 Studentenweltmeister im Fünfkampf und Zweiter im Zehnkampf bei den deutschen Meisterschaften. Bei den Olympischen Spielen 1936 gewann er die Bronzemedaille im Kugelstoßen und die Goldmedaille im Speerwerfen. Als Speerwerfer wurde er bei den Deutschen Meisterschaften 1938 Erster, 1933, 1934, 1935, 1936, 1937, 1939, 1946 und 1947 Zweiter. Auch als Diskuswerfer war er unter den ersten sechs Besten zu finden, 1934 Fünfter, 1935 Sechster.

Stoewer, Bernhard, Fabrikant. * 1834 in Pyritz, † 1908 in Bad Ems. Stoewer machte eine Mechaniker- und Büchsenmacherlehre, gründete 1857 in Greifenhagen seine erste Mechanikerwerkstatt und zog 1858 nach Stettin. Er begann als zweiter in Deutschland mit dem Nähmaschinenbau. 1860 exportierte er die ersten Nähmaschinen nach Madrid. Die Produktion stieg 1864 auf 100 Näh-

Stoewer: Firmenanzeige

maschinen. 1868 gründete er die „B. Stoewer Nähmaschinen-Fabrik“ in Stettin, später erweiterte er sie um eine Eisengießerei. 1891 nahm er Waschmaschinen in seine Produktion auf. 1896 wandelte er seinen Betrieb in eine Aktiengesellschaft um, zur „Nähmaschinen- und Fahrräder-Fabrik Bernh. Stoewer AG“; seine Schwiegersöhne übernahmen die Betriebsleitung. Bernhard Stoewer zog sich aus der aktiven Leitung zurück, gründete aber Ende des Jahres seine zweite Firma, das „Stettiner Eisenwerk Bernh. Stower sen.“, die Werkzeugmaschinen und Fahrradteile herstellte. Seine beiden Söhne förderten den Fahrzeugbau und brachten 1897 Motordreiräder auf den Markt. 1899 stellte das Werk das erste Auto her. Bernhard Stoewer übergab 1899 dieses Werk seinen beiden Söhnen. 1903 stellte das Stoewer Werk die von Paul Grützmann konstruierte Schreibmaschine her. 1907 produzierte die Stoewer AG 75708 Nähmaschinen, 11000 Fahrräder und 3000 Schreibmaschinen. Nach seinem 50jährigen Geschäftsjubiläum suchte Bernhard Stoewer in Bad Ems Erholung, jedoch erlag er dort mit 74 Jahren einer Lungenentzündung.

Stolp *(Słupsk)*, kreisfreie Stadt auf dem linken Ufer der Stolpe mit 90557 Einwohnern (1983). Die Innenstadt, eine planmäßige Anlage mit quadratischem Markt, liegt gegenüber der „Altstadt“, der wendischen Siedlung mit dem Burgwall, die in der Gegend der ehemaligen katholischen Kirche zu suchen ist. Die Stadterweiterungen nach allen Seiten erfolgten planmäßig mit dem Eisenbahnbau im 19. Jh.; daran schließen sich die Stadtrandsiedlungen des 20. Jh.s: Aucker, Neutorfeld, Holstentorfeld, Schmiedetorfeld, Walkmühlengebiet und Mühlentorfeld. Im Norden an den Langen Bergen und im Süden im Waldgebiet „Waldkatze“ besitzt die Stadt ausgedehnte Naherholungsgebiete. In der Nachkriegszeit sind in der Innenstadt und am Stadtrand weite Wohnblocksiedlungen entstanden. Verwaltung, Theater, Museum und Schulen machten Stolp zu einem kulturellen Zentrum Hinterpommerns.

Stadtsilhouette von Stolp

1227 wurde erstmals das Land Stolp genannt, das 1273 über Herzog Mestwin II. von Pomerellen einen Lehnsvertrag mit den Markgrafen von Brandenburg schloß. Auf dem rechten Stolpeufer stand 1236 ein Burgwall, in dessen Schutz eine Siedlung lag. 1276 gab es auf dem linken Flußufer eine deutsche Kolonie mit einer St. Nikolauskirche, die um 1280 dem Prämonstratenserinnenkloster überlassen wurde. 1310 verlieh Markgraf Waldemar von Brandenburg Stolp lübisches Stadtrecht und 200 Hufen Land. Die pommerschen Herzöge gewannen 1316 das Land und verpfändeten es 1329 an den Deutschen Ritterorden. Die Stadt baute im 14. Jh. ihre Stadtwehr, gründete 1337 den stadteigenen Seehafen → Stolpmünde und löste sich 1341 selbst aus der Verpfändung. 1382 wurde Stolp Mitglied der Hanse. Von wirtschaftlicher Bedeutung war die um 1480 gegründete Bernsteindreherzunft, 1929 nach Königsberg verlagert. Stolp war vom 14. bis 16. Jh. Residenz eines selbständigen pommerschen Herzogtums. Herzog Bogislaw X. begann mit dem Bau eines großen Schlosses, das sein Urenkel fertigstellte. Mit den reformatorischen Predigten von Peter Suawe und Christian Ketelhot (1522) begann eine Rebellion der Bürger, die bisher von jeder Mitsprache in der Stadtverwaltung ausgeschlossen waren. 1524 wurde ein 24köpfiger Bürgerausschuß eingesetzt, der aber bald an Bedeutung verlor. 1552 erklärte Stolp seinen Austritt aus der Hanse. Mit dem Abbruch der Stadtwehr und dem Bau der Eisenbahnlinien, 1869 nach Köslin und 1870 nach Danzig, begann sich Stolp nach allen Seiten auszudehnen. Weiterführende Schulen, Heimatmuseum, Archiv und Stadttheater sowie Land- und Amtsgericht, Industrie- und Handelskammer, Preußisches Kulturbauamt und Gewerbeaufsichtsamt machten Stolp zu einem überregionalen Kultur- und Verwaltungsmittelpunkt. Im Bereich der Eisenbahn siedelte sich eine vielfältige Industrie an, u. a. Möbelherstellung, Molkerei, Fischverarbeitung, Landmaschinen- und Schiffsgerätebau. 1904 wurde Stolp zu einem eigenen Stadtkreis. Seit 1926 hatte die Stadt einen Flughafen mit einer täglichen Flugverbindung Berlin–Stettin–Stolp–Danzig–Königsberg. 1945 zerstörten Russen etwa 35 v. H. der Bausubstanz, besonders am Markt, an der Langen, der Holstentor- und der Neutorstraße und rechts der Stolpe in der Töpferstadt. Etwa 30 v. H. der Industrieanlagen waren 1945 zerstört. Der Wiederaufbau begann rasch; die Industrie nahm ihren Betrieb wieder auf.

Bauwerke: *Herzogsschloß;* bis ins 16. Jh. war das alte Schloß auf dem rechten Stolpeufer bewohnbar. 1507 begann Herzog Bogislaw X. mit dem Bau auf dem Mühlenhof in der Stadt. Herzog Johann Friedrich bezog es im 16. Jh. in seinen Bau mit ein. Um 1600 war es Witwensitz seiner Gattin Herzogin Erdmuth. An der Nordseite des rechteckigen Baus wurde im 16. Jh. ein achtseitiges, zum Turm ausgebautes Treppenhaus vorgebaut. Bis nach 1945 blieb der schlichte Putzbau unbeachtet, diente teils als Landwehrzeughaus, teils als Getreidespeicher. Nachdem 1951 das vierte Stockwerk aus dem 19. Jh. abgetragen worden war, wurde der Bau so restauriert, wie er im 16. Jh. ausgesehen hatte. Seit 1965 beherbergt das Schloß ein beachtenswertes kunsthistorisches Museum.

Stadtkirche *St. Marien* (nach 1477), eine dreischiffige spätgotische Backsteinbasilika mit schönen Sterngewölben. Bis 1945 trug der wenig gegliederte Turm eine Barockspitze. 1525 wurde der größte Teil der ursprünglichen Ausstattung zerschlagen; erhalten blieb eine lebensgroße, farbig gefaßte Kreuzigungsgruppe aus Holz (um 1520). Sie wurde 1945 wiederhergestellt.

Schloßkirche (15. Jh.), Kirche des Dominikanerklosters. Rentmeister Ambrosius Vormann nahm sie 1534 in seinen Besitz und zerstörte ihre Einrichtung. Um 1600 ließ Herzogin Erdmuth sie renovieren; 1620 wurde sie als St. Johanniskirche neu geweiht. Mit dem überschlanken, achteckigen Turm ist sie ein einschiffiger Backsteinbau mit Sterngewölben. Die Ostwand beherrscht ein großes, fünfteiliges Fenster, den Giebel darüber zieren drei Spitzbogenblenden und Kreisblenden. Der mächtige barocke Altar ist von 1602. Ein bärtiger Mann trägt die reich

Stolp: Mühlentor

bemalte Barockkanzel. An Nord- und Südwand befinden sich Epitaphien für Herzogin Anna von Croy und Herzog Ernst Bogislaw von Croy. Heute gehört die Kirche wieder den Dominikanern.
St. Nikolaikirche (nach 1311), Kirche des Prämonstratenserinnenklosters. 1560 der herzoglichen Domäne zugeteilt, kam sie 1771 in Besitz der Stadt, die eine Ratsarmenschule einrichtete und in das Schiff drei Geschosse einbaute. Die Kirche beherbergt heute eine städtische Bibliothek.
St. Georgskapelle, ein achteckiger Bau mit barockem Dach und Laternenaufsatz. 1492 als Hospitalkapelle „extra muros" gestiftet. Wahrscheinlich verlor sie beim Stadtbrand 1681 ihr Gewölbe.
Von der Stadtwehr sind einige Mauerreste, der *Hexenturm,* das *Mühlentor* (um 1400), ein hoher, schlanker, mit Blenden reich gegliederter Bau, und das *Neue Tor* (um 1500) erhalten. Letzteres, mit Zeltdach und metallverkleidetem Aufbau und Helm, ist über der Durchfahrt zur Stadtseite hin reich verziert.

Stolp, Landkreis mit 2226,44 qkm Gesamtfläche und 83009 Einwohnern (1939). Der Landkreis Stolp ist der flächenmäßig größte Kreis Pommerns. Von der Ostsee dehnt er sich nach Süden über die Küstenzone mit den Strandseen, Garder und Lebasee, auf die flache und kuppige Grundmoräne bis im Südosten auf die Endmoräne aus; hier hat er bei Jerskewitz eine Höhe von 181 m über NN und bei Kose im Spitzen Berg von 175 m über NN. Im Osten begrenzt ihn auf weite Strecken die Leba, im Süden die → Stolpe. Mitten durch den Landkreis fließt die → Lupow zum Garder See. Außer der kreisfreien Stadt → Stolp gab es keine städtische Siedlung; erst nach dem Zweiten Weltkrieg wurde → Stolpmünde zu einer Stadt erhoben.
Der sehr waldarme Kreis, nur im Süden haben einige Gemeinden 80–100 v. H. Waldbestand, wird hauptsächlich landwirtschaftlich genutzt. 79,2 v. H. der Nutzfläche waren Ackerland, 20 v. H. Wiesen und Weiden (1938). Auf dem Ackerland wurden zu 42,2 v. H. Roggen, Kartoffeln und Hafer angebaut, während Weizen und Zuckerrüben von geringer Wichtigkeit waren. In seiner Nutzung war der Kreis dreigeteilt. In den ehemaligen Ämtern Stolp und Schmolsin sowie auf dem Stadteigentum lagen die großen Bauerndörfer mit ihren meist mittelbäuerlichen Betrieben. Im Süden und Osten herrschte der Großgrundbesitz der sehr bekanten Familien Bandemer, Below, Grumbkow, Kleist, Massow, Mitzlaw, Puttkamer, Zitztwitz u. a., die z. T. hier ihre Stammsitze hatten. Im Norden am Lebasee, im Lebamoor, lebten die kleinbäuerlichen → Kaschuben. Von den 8022 landwirtschaftlichen Betrieben hatten 2556 eine Größe von 10–20 ha; sie bewirtschafteten knapp ein Drittel der Kreisfläche; dagegen gab es 96 Güter mit 200–500 ha Nutzfläche und 52 mit 500–1000 ha.
Eine Sonderstellung hatte der unmittelbare Küstenbereich, wo besonders von Stolpmünde die Fischerei nach Lachs, Dorsch und Plattfischen das ganze Jahr über betrieben wurde. Die Fanggründe lagen bei Bornholm, auf der Stolpebank und der Südmittelbank. Verarbeitet wurden die Fänge in den Fischräuchereien in Stolp und Stolpmünde und in der Stolpmünder Konservenfabrik. Die weiteren Industriebetriebe konzentrierten sich vorwiegend auf Stolp. Im Landkreis gab es Ziegeleien, Sägewerke, Molkereien, Mühlen, Brennereien und Kartoffelflockenfabriken. In Rathsdamnitz existierte für einige Zeit eine Papierfabrik. Im Stolpetal belieferten die Speicherkraftwerke Glambocksee (1912), Klaushof (1924) und Krien (1926) Ostpommern mit Elektroenergie. An der Lupow hatte das Werk in Wendisch Silkow überörtliche Bedeutung, während Dresow und Schmolsin nur für den Eigenbedarf produzierten. Die Überlandzentrale Schojow sorgte für den Vertrieb der Energie.
Mit dem → Lebasee hatte der Kreis die größte Süßwasserfläche; auf seiner Nehrung befindet sich die einzige große Wanderdüne Pommerns, die → Lontzkedüne.

Stolpe *(Słupia)*; der 137 km lange Küstenfluß hat seine Quelle im 177 m über NN liegenden Stolper See bei Sierakowitz. Die Stolpe bildet auf weite Strecken die Grenze der Kreise Bütow und Stolp. Bei Grünhof nimmt sie die Bütow auf, bei Barnow die Kamenz; sie fließt nach Nordwesten bis Stolp, wo sie die weiten Waldgebiete der Talsandzone verläßt. In Stolpmünde mündet sie im Hafen in die Ostsee.
Das starke Gefälle des Oberlaufs, 3 v. T., nutzte man in Wasserkraftwerken zur Energiegewinnung. Das Glambockwerk wurde 1912 gebaut, die Bütowsperre bei Grünhof 1920. 1923 produzierten sie 10,55 Mill. kWh. Ergänzt wurden diese Werke durch Klaushof (1924) und Krien (1926). Kurz nach 1945 nahmen die Kraftwerke ihren Betrieb wieder auf.

Stolpe, Kreis Anklam. 1153 gründeten Herzog Ratibor I. von Pommern und Bischof Adalbert von Cammin am Südufer der → Peene, etwa 10 km westlich von → Anklam, das erste Kloster Pommerns zum Gedächtnis an den 1135 (?) hier erschlagenen Bruder Herzog Ratibors, Herzog Wartislaw I. Die ersten Mönche kamen aus der Benediktinerabtei Bergen bei Magdeburg. Bischof Adalbert verlieh ihnen den Zehnten aus dem Lande Groswin und unterstellte ihnen alle, auch die noch zu erbauenden, Kirchen des Landes. Der Besitz des Klosters wuchs auf über 90 Dörfer an. 1174 weihte Bischof Konrad I. die runde Kapelle dem heiligen Johannes dem Täufer. Die Klosterkirche wurde 1291 dem heiligen Mauritius geweiht. Mißwirtschaft und Mißachtung der Ordensregeln brachten das Kloster in größere Schwierigkeiten; Stolpe wurde der bischöflichen Jurisdiktion entzogen und unmittelbar dem Kloster Pforta unterstellt, die strengeren Zisterzienserregeln wurden eingeführt. Mitte des 14. Jh.s hatte es etwa 15 Konventsmitglieder. 1456 war Abt Johann maßgeblich an der Universitätsgründung in Greifswald beteiligt. Trotz allem konnte sich das Kloster nie von wirtschaftlichen Sorgen befreien. 1534 wurden die Mönche, soweit sie sich dem neuen Glauben nicht anschließen wollten, vertrieben und der Landbesitz in herzogliche Kammergüter umgewandelt. 1637 lagen die Klostergebäude zwischen den sich bekämpfenden schwedischen und kaiserlichen Truppen und gingen in Flammen auf. Die runde Kapelle soll noch 1654 gestanden haben.
Nur klägliche Reste sind von der nicht sehr großen Klosterkirche erhalten, ein aus Feldsteinen tonnengewölbter Raum, von dem nach Osten vier Rundbogenarkaden in das verschwundene Langhaus führen. 1960 erkannte man ihn als Unterbau des Kirchturms. 1959–60 brachten Ausgrabungen Kenntnisse über Umfang und Größe der Klosterkirche. Von der Rundkapelle, dem wohl ersten Steinbau Pommerns, fehlt jede Spur.

„Stolper Jungchen“; ein Camembert, Vollfettkäse von 125 g mit 45 v. H. Fett – die Spezialität der Stolper Molkereigenossenschaft, die eine der größten Feinkäsefabriken Deutschlands war. 1931 wurden 4427544 Stück Stolper Jungchen hergestellt, von denen allein 43 v. H. nach Berlin zum Eigenverbrauch und für den Export geliefert wurden. Nach 1945 wurde seine Produktion in Niedersachsen und Bayern wieder aufgenommen; die bayerische Produktion wird vorzugsweise in Berlin vertrieben.

Stolpmünde *(Ustka)*, Kreis Stolp; Hafen, Seebad und nach 1945 Kleinstadt mit 16192 Einwohnern (1983) an der Mündung der → Stolpe in die Ostsee.
1337 verkaufte Jesco von Schlawe den Ort „Stolpesmunde" und den Fluß der Stadt Stolp, die den Hafen ausbaute und so der Hanse beitreten konnte. Stolpmünde wurde zum Einfuhrhafen von Kolberger Salz und von Heringen aus Schonen. 1831 trat Stolp den Hafen an den preußischen Staat ab, der ihn um 1900 großzügig ausbaute und die 500 m lange Mole errichtete. 1878 öffnete die Eisenbahn dem Hafen ein weites Hinterland, was zu einem Güterumschlag von 236000 t (1938) führte und Stolpmünde zum wichtigsten ostpommerschen Hafen machte. Nach dem Zweiten Weltkrieg erlangte er eine größere Bedeutung als Kohleausfuhrhafen. Daneben war Stolpmünde Heimathafen für 80 Fischkutter. Eine Fischkonservenfabrik und Fischräuchereien verarbeiteten die Fänge; Zulieferbetriebe waren die Eisfabrik und zwei Kutterwerften, von denen eine nach 1945 ihren Betrieb wieder aufnahm. Von überörtlicher Bedeutung waren Lotsen- und Rettungsstation, Zollamt und die Vizekonsulate von Schweden und Dänemark. Seit 1820 ist Stolpmünde staatlich anerkanntes Ostseebad, heute die wirtschaftliche Basis der Stadt, die 1945 kaum zerstört wurde und weite Wohnblocksiedlungen an der Straße nach Rowe erhalten hat.

Stralsund, kreisfreie Stadt am → Strelasund mit 75800 Einwohnern (1990). Stralsund liegt auf einem kleinen Moränenhügel, den eine Reihe von aufgestauten Teichen vom Hinterland abtrennen. Nur Knieper, Tribseer und Frankendamm verbinden die Stadt mit dem Festland. Auf dieser künstlichen Insel liegt die Altstadt mit ihrem rechteckigen Marktplatz, die seit 1961 als Ganzes unter Denkmalschutz steht. Bereits im Mittelalter war die gesamte dreieckige Insel von der Stadt eingenommen. Die drei Vorstädte Knieper im Norden, Tribseer im Westen und Frankenvorstadt im Süden gehen auf Ackerbürgersiedlungen vor der Stadtmauer zurück, deren Ausbau in großem Rahmen im 19. Jh. erfolgte. Die Frankenvorstadt ist das Industrieviertel, wo sich auch der Hauptbahnhof befindet, während die Tribseer und die Knieper Vorstadt vorwiegend Wohngebiete mit eingestreuter Industrie darstellen. Größere Stadtrandsiedlungen der Vorkriegszeit schließen sich an die Vorstädte im Süden an. Nach dem Zweiten Weltkrieg entstanden die Siedlungen Knieper West, Knieper Nord und Grünhufe im Norden und Westen der Stadt. Durch die Nähe zur Insel → Rügen ist Stralsund der wichtigste Verkehrsknotenpunkt Vorpommerns. Verwaltung und wichtige kulturelle Einrichtungen, wie Theater, Museen, Archiv, Bibliotheken, machten Stralsund zu einem Kulturzentrum.
Um 1208 ließen sich deutsche Siedler neben dem Fischer- und Fährdorf „Stralow", das vermutlich in der Frankenvorstadt lag, nieder; 1230 gründeten sie die Stadt, der 1234 Fürst Wizlaw I. von Rügen das lübische Recht verlieh. Schon 1240 erhielt die Stadt Zollfreiheit im Fürstentum Rügen und dehnte ihren Handelsraum über die Ostsee bis Flandern, England und Frankreich aus. Um 1250 begannen die ersten Stadterweiterungen bis zu den Teichen, um 1256 entstand die Neustadt mit Neuem Markt und St. Marien im Süden. Nach einem Stadtbrand erhielt Stralsund eine Stadtwehr um Alt- und Neustadt mit sechs Wasser- und vier Landtoren. 1283 besaß die Stadt schon sechs Kirchen, auch die steinernen Häuser erregten Bewunderung. 1303 liefen die ersten Stralsunder Koggen einen englischen Hafen an. Das 1293 geschlossene Schutzbündnis mit Lübeck, Rostock, Wismar und Greifswald bildete die Grundlage des Hansebundes. Die wachsende Selbständigkeit der Stadt suchten die Rügenschen Fürsten mit Unterstützung des Königs von Dänemark und anderer Fürsten aufzuhalten und Stralsund zu erobern. In der Schlacht im Hainholz (1316) überlisteten die Bürger das Belagerungsheer und nahmen zahlreiche Fürsten gefangen; hohe Lösegel-

Stralsund: Rathaus und Nicolaikirche

der und umfassende Privilegien für Stralsund gaben ihnen die Freiheit zurück. Die so errungene völlige Unabhängigkeit verteidigte die Stadt mit großer Zähigkeit bis 1612. Im Krieg der Hanse gegen Dänemark (1361–70) war neben der Stadt Lübeck der Stralsunder Bürgermeister Wulflam die treibende Kraft. Im → Stralsunder Frieden (1370) mußten die Fürsten alle Privilegien der Hanse bestätigen. Frühzeitig begann die Ansiedlung von Akkerbürgern in der Franken-, Tribseer und Knieper Vorstadt. 1525 nahm in Stralsund die Reformation ihren Anfang, die Protestanten gewannen die Majorität im Rat der Stadt. Im 16. Jh. suchte Herzog Bogislaw X. die Unabhängigkeit Stralsunds einzuschränken, aber erst Herzog Philipp Julius hatte 1612 Erfolg. Als 1627 die Herzöge Pommern der kaiserlichen Armee öffnen mußten, widerstand Stralsund mit dänischer und schwedischer Hilfe. Wallenstein mußte 1628 seine Belagerung der Stadt unter großen Verlusten aufgeben. Nach dem 30jährigen Krieg hielt Schweden die Stadt mit Vorpommern besetzt. Kurfürst Friedrich Wilhelm versuchte 1678, die Stadt für Preußen zu erobern, verlor sie jedoch im Frieden von St. Germain (1680) an die Schweden. Bis ins 18. Jh. hinein bauten die Schweden an den Festungswerken Stralsunds. 1715–20 hatte Dänemark die Stadt besetzt. 1765 begann Johann Caspar Kern mit der Spielkartenherstellung. In den napoleonischen Kriegen eroberten 1807 die Franzosen Stralsund und schleiften die Festung. In den Verhandlungen des Wiener Kongresses (1814–15) gelang es Preußen, in den Besitz von Neuvorpommern zu kommen. Bis 1873 blieb Stralsund Festung, dann begann der zügige Ausbau der drei Vorstädte. 1879 gründete Leonhard Tietz ein Kurz- und Weißwarengeschäft, aus dem sich der Kaufhof-Konzern entwickelte. Die Eisenbahn (1863) und die Nordbahn nach Berlin (1878) sowie ihre Verlängerung auf Rügen bis Saßnitz mit der Eröffnung der Trajektlinie nach Trelleborg gaben der Stadt eine große Bedeutung im Verkehr nach Skandinavien. Seit der Eröffnung des → Rügendamms (1936) fließt der gesamte Verkehr auf die Insel über Stralsund. Ein Bombenangriff 1944 zerstörte einen Großteil der Innenstadt, allein 50 Kulturdenkmäler wurden vernichtet. Nach 1945 entstanden neue Stadtviertel.

Die Volkswerft, die mit 7000 Beschäftigten Fischereifahrzeuge für die Tropen herstellte, war der wichtigste Betrieb der Stadt; daneben gab es Betriebe der Nahrungsmittelindustrie, wie Zuckerfabrik, Brauerei, Kaffeerösterei, Fischverarbeitung. Der Hafen wurde zum drittgrößten der ehemaligen DDR und hatte 1975 einen Umschlag von 796 000 t.

Bauwerke: Die *Stadtwehr* aus dem 13. und 14. Jh. ist in Teilen mit Wiekhäusern erhalten. Von den Toren sind das *Küter Tor* (1446) und das *Knieper Tor,* mit Blenden und einem Maßwerkfries aus glasiertem Backstein reich verziert, erhalten.

Rathaus, der schönste Profanbau der Backsteingotik. Es hat sich aus zwei zum Markt giebelständigen Häusern von 1278 und einem dazwischenliegenden Hof entwickelt. Seit dem 15. Jh. verbindet ein monumentaler Querbau mit zweischiffiger Laube und Repräsentationsräumen die beiden Häuser. Ihn krönt die Schauwand aus sieben kräftig profilierten Pfeilern; die Wandflächen zwischen ihnen gliedern je zwei hohe rundbogige Blenden, über denen große kreisförmige Öffnungen mit Maßwerkrosen angebracht sind; den Abschluß bilden krabbenbesetzte Wimperge. Glasierte Backsteine machen die ganze Fassade noch kostbarer. Einige Innenräume besitzen noch Stuckdecken aus dem 18. Jh.

Stadtkirche *St. Nikolai*, um 1270 als Backsteinbasilika mit Doppeltürmen begonnen; der Westbau war 1366 vollendet. Ein Brand zerstörte 1666 die spitzen Helme, der Südturm erhielt 1667 eine barocke Haube. Das Mittelschiff, von Kreuzrippengewölbe überspannt, ist 29 m hoch. Im 19. Jh. legte man an Pfeilern, Arkaden und Gewölbezwickeln Fresken aus dem 14.–15. Jh. frei, u. a. die Wurzel Jesse, die Kreuzigung (1335), die Auferstehung und einen Christophorus. Von den mittelalterlichen Altären sind viele erhalten geblieben, so der Hochaltar (Ende 15. Jh.), 6,70 m breit, mit einer Kreuzigung als Mittelbild, der Schneider-Altar (Ende 15. Jh.), der Junge-Altar (2. Viertel 15. Jh.), der Bergenfahrer Altar (um 1500) und der Bürgermeister-Altar (1500/1516). Der Taufstein mit einer mit Tieren, Pflanzen und Kreisen verzierten Kuppa stammt vom Ende des 13. Jh.s. Die Astronomische Uhr schuf Nikolaus Lilienfeld 1394, die Kanzel (1611) wird von einer Mosesfigur getragen. In der Kirche gibt es zahlreiche Grabplatten von Bürgermeistern und Ratsherren.

Neustadtkirche *St. Marien*, 1298 erstmals erwähnt, heutiges Gebäude von 1382/84–1473; der Bau wurde besonders von der Zunft der Gewandschneider gefördert, um die Ratskirche zu übertreffen. Die Außenwände der gotischen Backsteinbasilika mit Querhaus und mächtigem Westturm sind flä-

St. Marien in Stralsund

chig und ungegliedert; die Strebepfeiler sind nach innen gezogen. Der Westbau wurde 1416 begonnen, seine Barockhaube erhielt er 1708. In den Gewölben und an den Arkaden fand man gotische Fresken. Von der Einrichtung blieb die Orgel (1653–59) mit ihrem Prospekt in niederländischem Knorpelstil erhalten. An der Südseite entstand 1416 die *Apolloniakapelle* zur Sühne für den Feuertod dreier Geistlicher (1407) als Achteckbau mit Pyramidendach und achtrippigem Gewölbe.

Pfarrkirche *St. Jakobi* (1303), ursprünglich eine Hallenkirche, später in eine dreischiffige Basilika umgebaut; die Strebepfeiler befinden sich im Innern, die Wände mit großen maßwerkverzierten Fenstern sind glatt. Den Turm krönt eine flache Barockhaube. Die Kirche wurde 1944 schwer beschädigt. Erhalten blieben der Dreifaltigkeitsaltar, der Altar der Heiligen Sippe und der Hochaltar von 1786–88.

Dominikanerkloster St. Katharina (1251), größte Klosteranlage Norddeutschlands. Beachtenswert sind die dreischiffige Hallenkirche mit Kreuzrippengewölben und zwei Kreuzgänge aus dem 15. Jh. Nach der Säkularisierung diente es als Schule und Waisenhaus; seit 1924 befindet sich hier das Städtische Museum.

Franziskanerkloster St. Johannes der Täufer (1254) mit dreischiffiger Hallenkirche, brannte 1624 ab; der erhaltene Chor wurde 1944 vernichtet. Seit dem 17. Jh. befindet sich in den Klostergebäuden das Städtische Krankenhaus. Rings um das Kloster stehen zahlreiche zweigeschossige Fachwerkhäuschen, die um mehrere Innenhöfe reizvoll gruppiert sind. Das Kloster wird seit 1960 für das Stadtarchiv restauriert.

Heilig-Geist-Spital vor der Stadtmauer, 1325 an den heutigen Platz verlegt. Es ist nur die dreischiffige Hallenkirche mit barockem Dachreiter erhalten. Der barocke Hochaltar mit der Himmelfahrt stammt aus der 2. Hälfte des 18. Jh.s. 1643 wurde der Spitalbau an der Ostseite der Kirche erneuert, 1637–41 das Elendenhaus gebaut; im Süden stehen ein- und zweigeschossige Fachwerkhäuser des 18. und 19. Jh.s.

Dazu gibt es in Stralsund zahlreiche gotische, Renaissance- und Barockwohnhäuser, u. a. das *Wulflamhaus* (15. Jh.), die *Scheele Apotheke,* die seit den letzten Jahren restauriert werden.

Stralsunder Fayencen; 1757 begann der Stralsunder Kaufmann Ulrich Giese mit der Produktion von Fayencen in Stralsund, nachdem er 1754 Hiddensee erworben hatte und die dortigen Cyprinentone sich für eine keramische Verarbeitung als geeignet erwiesen. Vor allem stellte er Tafelgeschirr her; eine zu geringe Finanzausstattung erschwerte die erfolgreiche Betriebsführung. 1767 übergab er die Fabrik J. E. L. Ehrenreich, der Erfahrungen in der Herstellung von Fayencen in der Porzellan- und Tonwarenfabrik in Marienberg bei Stockholm gesammelt hatte. Unter seiner Leitung erreichten die Stralsunder Fayencen ihre höchste künstlerische Blüte. Neben Tafelgeschirr stellte er Figuren, Vasen, Uhrengehäuse u. a. mit überaus reichem Rokokodekor her. Auf zwei Reisen nach Danzig versuchte er, sein Absatzgebiet zu erweitern und den Betrieb finanziell abzusichern. Eine Explosion des in der Nähe stehenden Köpketurmes (1770) zerstörte die Fayencefabrik; Ehrenreich ging in Konkurs. 1772 versuchte U. Giese bis zu seinem Tod (1780), die Fabrikation von Stralsunder Fayencen wiederaufzunehmen, mit anfänglich gutem Erfolg. Sein Werkmeister A. Ph. Carl führte die Fabrik noch ein Jahrzehnt weiter. Importiertes billiges englisches Steingut und die größere Verbreitung des Porzellans führten zum Niedergang der Fayenceindustrie, dem auch das Stralsunder Werk 1790 zum Opfer fiel.

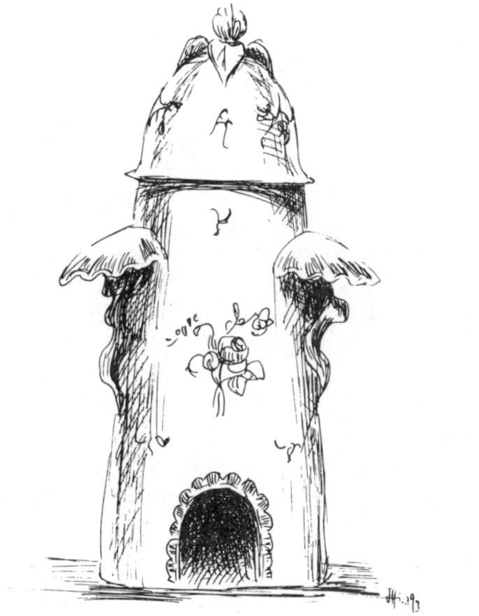

Stralsunder Fayencen: Nachtlampe

Stralsunder Friede, am 24. 5. 1370 nach dem Krieg der → Hanse gegen Dänemark und Norwegen geschlossen. In der Kölner Konföderation hatten die Hansestädte Lübeck, Rostock, Wismar, Greifswald und Stralsund beschlossen, den jungen König von Schweden gegen König Waldemar von Dänemark zu unterstützen. Die Konföderation

Werbung
der Stralsunder Spielkartenfabriken AG

suchte weitere Unterstützung bei verschiedenen Landesfürsten. Nur sehr zögerlich nahmen sie und auch einige Städte an dem Krieg teil. 1368 segelte die Flotte vom Gellen nach Seeland, eroberte Kopenhagen und drang nach Norwegen vor. Helsingborg wurde 1369 erobert und Norwegen zum Waffenstillstand gezwungen. Abgesandte des dänischen Reichstages kamen zum Hansetag, um über einen Frieden zu verhandeln. Vertreter von 23 Städten, u. a. Stralsund, Greifswald, Stettin, Kolberg und Stargard, nahmen an den Verhandlungen teil, die am 24. 5. zum förmlichen Abschluß kamen. Fortan konnten die deutschen Kaufleute in ganz Dänemark frei und unbehelligt ihrem Handel nachgehen; zur Sicherung ihrer Rechte übernahm der Hansebund die Festungen auf Schonen. Der dänische Reichstag verlangte von König Waldemar, daß er die Freiheiten der Hanse bestätigte und den Vertrag besiegelte, widrigenfalls wollte er ihn nicht mehr als König anerkennen. Waldemar versuchte auszuweichen und suchte die Unterstützung Kaiser Karls IV., der ihm jedoch nur mit wenig inhaltsvollen Erklärungen half. So mußte König Waldemar selbst erneut mit den Städten über den Frieden verhandeln. Der Stralsunder Friede bedeutete den Höhepunkt städtischer Macht an der Ostsee.

Stralsunder Spielkarten. 1765 erhielt der Graveur der Königlich Schwedischen Münze in Stralsund, Johann Caspar Kern, vom Generalstatthalter das alleinige Privileg, Spielkarten herstellen zu dürfen. 1793 gab er seinen Betrieb auf, den L. v. d. Osten erwarb. Zwei weitere Spielkartenbetriebe entstanden: 1850 von Theodor Wegener und 1869 von Ludwig Heidborn. Diese drei Betriebe schlossen sich 1872 zur „Vereinigten Stralsunder Spielkartenfabriken AG“ zusammen. Diese Firma expandierte so, daß sie 1873 eine Spielkartenfabrik in Berlin und 1882 eine in Frankfurt am Main aufkaufte. 1898 wurde als wichtigste die Firma *Schneider & Co* in Altenburg aufgekauft. Seit 1931 ist die gesamte Produktion in Altenburg konzentriert, das Fabrikationsgelände in Stralsund wurde verkauft; es entstand die „Vereinigte Altenburger und Stralsunder Spielkartenfabriken AG“, nachdem noch 1930 die *Schlesische Spielkartenfabrik* in Breslau und *Frommann & Morian* in Darmstadt aufgekauft worden waren. Das neue Schutzmarkenzeichen ist seitdem „ASS“. 1946 wurde das Altenburger Werk demontiert; in Stuttgart begann mit amerikanischer Konzession die Spielkartenherstellung erneut. 1947 wurde die Firma *ASS-AG* im Handelsregister in Altenburg gelöscht, dafür werden seit 1949 in Stuttgart die *ASS-AG*-Karten hergestellt.

Strandseen. Im Verlauf der Materialverlagerung entlang der hinterpommerschen Küste seit der Litorinatransgression (5500 bis 2000 v.Chr.) wurden zahlreiche tieferreichende Buchten vom offenen Meer durch Nehrungen abgeschnürt; es entstanden die – mit Ausnahme des Garder Sees – lagunenartigen Strandseen, deren Wasser sich durch Zufluß von Süßwasser veränderte, was gleichzeitig auch eine Änderung der Flora und Fauna im und am See bewirkte. Die Strandseen sind von unter 1 qkm bis zu 75,3 qkm groß. Ihre Nehrungen haben eine durchschnittliche Breite von 0,5 bis 2,1 km. Zum größten Teil sind sie bewaldet, auf ihnen liegen nur noch wenige → Wanderdünen, u. a. die → Lontzkedüne am Lebasee und zwei Wanderdünen am Vitzker See. Bei extremer Wetterlage kann Ostseewasser durch die Nehrung in die Strandseen gedrückt werden, was die Süßwasserfischbestände gefährdet. Von Westen nach Osten reihen sich aneinander: Horst-Eiersberger, Kamper, → Jamunder, Buckower, Vitter, → Vietzker, → Garder, Großer Dolgen-, → Leba- und Sarsener (oder Sarbsker) See.

Streckelsberg. Bei Koserow auf Usedom erhebt sich an einem besonders exponierten Punkt der Ostseeküste der Streckelsberg, mit 60 m über NN der höchste Berg der Insel – ein Rest einer Stauchendmoräne. Bereits 1853 sollte ein Deckwerk seinen seewärtigen Fuß vor Abtragung schützen, dennoch ging der Berg im oberen Bereich von 1859–81 um je 1 m pro Jahr zurück. 1895 wurde eine 440 m lange und 6 m hohe Ufermauer gebaut, die mehrfach verlängert wurde, den Abbruch des Streckelsbergs jedoch nicht verhindern konnte. 1914–15 wurde nochmals versucht, mit einem Mauerbau den Berg zu schützen, sie ist inzwischen hinterspült. Jetzt sollen im Bereich der Schorre die Brandungswellen effektiver gebrochen werden. Landeinwärts ist der Streckelsberg von einem alten, schönen Buchenwald bedeckt, Efeu umrankt zahlreiche Stämme. Wanderwege erschließen das Naturschutzgebiet Streckelsberg für die zahllosen Sommergäste.

Streckenthin *(Strzekęcino)* Kreis Köslin, Gutsdorf am Nordrand der Talsandzone mit 407 Einwohnern (1939). Es gehörte seit 1338 dem Zisterzienserinnenkloster in Köslin. Das alte v. Kamekesche Gut war auf über 5000 ha angewachsen. Altes und neues Schloß sind noch erhalten, wobei ersteres in ein Hotel umgebaut ist. 1906 hatte der Besitzer begonnen, Kartoffeln zu züchten und Saatgut zu produzieren. Das Gut wurde zu einem der bedeutendsten Pflanzenzuchtbetriebe Deutschlands. In den 20er und 30er Jahren dehnte er sich auf weitere Betriebe aus und erreichte einen international anerkannten Qualitätsstandard. Nach dem Zweiten Weltkrieg nahmen die v. Kameke die Kartoffelsaatzucht auf Pachtbetrieben in Böstlingen in der Lüneburger Heide und in Windeby bei Eckernförde wieder auf.

Strelasund; Wasserlauf von ca. 25 km Länge zwischen dem Festland und der Insel Rügen. Er ist durchschnittlich 2 km breit, bis zu 16 m tief und verbindet die Gellenbucht über den Kubitzer Bodden im Nordwesten mit dem → Greifswalder Bodden im Südosten. Seine flußartig gewundene Hauptrinne dient als Schiffszufahrt nach Stralsund, jedoch droht das Nordfahrwasser zwischen → Hiddensee und → Bock durch äußerst hohen Sandtransport, jährlich um 140000 cbm, vom → Zingst zugeschüttet zu werden. 1890 begann der Ausbau der Zufahrt; 1944 hatte sie eine Tiefe von 5 m, zur Zeit jedoch nur 2,70 m. Heute benutzt die Schiffahrt das Ostfahrwasser mit 6 m Tiefe.

Stumpff, Hans Jürgen, Generaloberst. * 1889 in Kolberg, † 1968 in Bonn. Zunächst Berufssoldat wurde er 1933–36 Chef des Luftwaffenpersonalamtes, 1937–39 Chef des Generalstabs der Luftwaffe; 1940 war er Chef der Luftflotte 1 gegen England, 1940–1943 der Luftflotte 5 in Norwegen und Finnland, 1944–45 der Luftflotte Reich. Zusammen mit W. Keitel und H. G. v. Friedeburg unterzeichnete er die deutsche Kapitulation in Berlin-Karlshorst am 9. 5. 1945. Ein britisches Militärgericht sprach ihn 1947 von der Weitergabe des „Terrorfliegerbefehls" frei.

„Sundine", Wochenschrift für neuvorpommersche Heimatpflege, 1827 von Friedrich v. Suckow in Stralsund gegründet. Erster und wichtigster Mitarbeiter war der Dichter Karl → Lappe. Es war die erste heimatliche Schrift, in der sowohl Prosa als auch Dichtung veröffentlicht wurde. Eine fortlaufende Chronik aller wichtigen Ereignisse in Stadt und Land erschien neben unterhaltenden und belehrenden Artikeln. Daneben griff die Zeitschrift lokalpolitische Themen auf, u. a. das Stralsunder Stadttheater oder den Bau der ersten Kunststraße in Pommern. Allmonatlich erschien in der „Sundine" eine Bildbeilage. 1833 unterbrach v. Suckow seine Tätigkeit als Verleger für über ein Jahr, um sich am griechischen Freiheitskampf zu beteiligen. 1848 zwang ihn zunehmende Krankheit, die Verlagsarbeit aufzugeben. Nach seinem Weggang erschienen noch einige Nummern. Ihr Inhalt wurde jedoch anspruchsloser, die Leser, bis weit nach Mecklenburg hinein, verließen sie; schließlich stellte sie ihr Erscheinen ein. 1861–63 erschien noch eine „Neue Sundine", die das Niveau ihrer Vorgängerin allerdings nicht erreichen konnte.

Swantewit, slawischer Gott. Swantewit wurde im 11. und 12. Jh. von den Ranen im Tempel auf → Arkona besonders verehrt, aber auch von anderen slawischen Völkern. In der Tempelburg wohnten die Priester und eine 300 Mann starke Tempelwache; ihre Häuser waren entlang des Außenwalls aufgereiht. Mitte der Anlage war der quadratische, von Säulen getragene Tempel mit der 10 m hohen Kolossalstatue des Gottes; vier Köpfe schauten in vier Himmelsrichtungen, in einer Hand hielt er ein großes Trinkhorn. Dieses und das weiße Gottesroß dienten dem Oberpriester zu Weissagungen, denen große Bedeutung beigemessen wurden. Swantewit forderte von seinen Untergebenen Abgaben: von den Ranen jedes Jahr einen Teil ihrer Ernte, Teile ihrer Kriegsbeuten, Marktabgaben von den Kaufleuten und Fischern, Geschenke von anderen slawischen Stämmen. So erhielten die Priester eine bedeutsame politische Stellung. In Swantewits Namen wurden auch Verhandlungen geführt.
1136 wurde die Tempelburg erstmals erobert, die Bewohner gelobten den Übertritt zum Christentum – vergaßen aber schnell ihre Zusage. 1168 vernichteten die Dänen die Tempelburg. Das Götterbild wurde zerhackt und verbrannt. An seiner Stelle wurde eine Kirche gebaut, dem Bistum Roskilde unterstellt und der Tempelschatz nach Dänemark gebracht. Von den beiden ranischen Fürsten wurde Jaromar I. Fürst von Rügen und Lehnsmann des dänischen Königs, sein Bruder Tezlaw – vermutlich auch Tempelpriester – wurde mit der Halbinsel Wittow abgefunden.

Swenzonen. Zwischen 1257 und 1347 bauten sich die Swenzonen in Ostpommern, in den Landen Stolp und Schlawe eine eigene Herrschaft auf. Der alte Swenzo († nach 1307) war 1286 „palatinus in Danczic" und ab 1287 „...et in Stolp". Bis zum Tode Herzog Mestwins II. war er dessen treuester Vasall und wurde bei wichtigen Regierungsgeschäften zu Rate gezogen. Er und seine Söhne Peter v. Neuenburg († um 1326), Jesco v. Schlawe († um 1347), und Lorenz v. Rügenwalde († um 1347) gerieten in den Erbfolgestreit um das Herzogtum Pomerellen. König Wenzel II. von Böhmen verlieh als polnischer König Peter die Herrschaft Neuenburg an der Weichsel. Als nach 1306 Wladislaw Lokietek wieder König von Polen wurde und vor allem Peter v. Neuenburg verfolgte, wandten sich die Swenzonen den Markgrafen von Brandenburg zu. Sie verpflichteten sich im Vertrag von Lindow (1307), bei der Eroberung Ostpommerns behilflich zu sein und erhielten dafür die Kastellanei Stolp, die Festen Rügenwalde, Schlawe, Pollnow, Tuchel und Neuenburg zum Lehen. 1312 gründeten die drei Brüder die Stadt Rügenwalde und 1317 Schlawe. Peter gründete mit seinem Sohn Peter v. Pollnow 1312 die Stadt Pollnow, letzterer im Jahr 1334 die Stadt Zanow. Als schließlich Ostpommern bis zur Leba an Herzog Wartislaw IV. von Pommern kam, wurden die Swenzonen herzogliche Lehnsleute. 1347 erkannten sie die Lehnshoheit Herzog Bogislaws V. von Stolp an. Die Enkel Swenzos, Peter v. Schlawe, Jescos Sohn, und Lorenz v. Rügenwalde, Lorenz' Sohn, werden noch 1357 in Urkunden genannt; danach scheinen die Swenzonen aus der Geschichte verschwunden zu sein; sehr wahrscheinlich sind die v. Puttkamer ihre Nachfahren.

Swine *(Świna);* mittlerer Mündungsarm der Oder in die Ostsee zwischen den Inseln → Usedom und → Wollin. Die Swine ist ca. 22 km lang und 200–300 m breit und seit 1720 Hauptschiffahrtsweg nach Stettin. Bei Nordstürmen wird das Ostseewasser in das Haff gedrückt; dadurch entstand auf der Haffseite ein Rückstromdelta, das etwa 1 bis

2 m pro Jahr ins Haff wächst und die Schiffahrt behindert. 1874–80 wurde durch den Südteil der Insel Usedom die → Kaiserfahrt gestochen, die den Weg auf der Swine auf 16,3 km verkürzt. Ständiges Baggern hält die Fahrtiefe auf 15 m. An der Mündung der Swine in die Pommersche Bucht liegt auf Usedom → Swinemünde, der Vorhafen von Stettin.

Swinemünde *(Świnoujście)*, Kreis Usedom-Wollin, Hafen- und Kreisstadt auf dem linken Swineufer mit 49637 Einwohnern (1983). Der Stadtkern erstreckt sich etwa 1000 m entlang der Swine und reicht zu beiden Seiten des Großen und Kleinen Marktes ca. 400 m in das Dünengebiet hinein. Daran schließen sich im Süden und Westen Siedlungen des 19. Jh.s an; im Norden am Strand dehnt sich Swinemünde-Bad mit seinem Kurhaus und seinen Pensionen aus. Ein Ring von Stadtrandsiedlungen umgibt die Stadt im Westen und Süden; hier entstanden nach dem Zweiten Weltkrieg ausgedehnte Wohnblocksiedlungen. Neben dem Tourismus ist die Industrie, die sich auf den Hafen konzentriert, ein wichtiger Wirtschaftsfaktor u. a. mit Bootsbau, Fischerei, Fischverarbeitung. Die Orte auf dem rechten Ufer, Osternothafen und Ostswine, wurden nach Swinemünde eingemeindet.

In Swinemünde stand bereits 1181 eine Schutzburg am Swineübergang; 1230 gab es eine herzogliche Fähre. Der Hafen wird 1297 erstmals genannt; Swinemünde war zu einer herzoglichen Zollstation und Lotsensiedlung geworden. Nach 1648 ließen die Schweden die Swine versanden, um den Oderverkehr zur Peene hin umzuleiten. Noch 1720 durften sie in Wolgast von der Stettiner Schiffahrt Zoll erheben. Seit 1729 ließ König Friedrich Wilhelm I. die Swine ausbaggern, sein Sohn führte 1780 das Werk zu Ende. Der langsam entstehende Ort wurde Swinemünde genannt und 1746 zum preußischen Seehafen erklärt. Die Stadt erwuchs aus einer etwa 1000 m langen Hauptstraße entlang der Swine und einigen Querstraßen;

Ostseebad Swinemünde

bis etwa 1840 erhielten Siedler ihre Hausstelle unentgeltlich. Seit 1780 besaß Swinemünde eine eigene Handelsflotte. Der amerikanische Unabhängigkeitskrieg (1773–84) und der Englisch-Französische Krieg (1801–05) bescherten dem Hafen eine Zeit der Blüte, während von 1806–12 die Kontinentalsperre den offiziellen Handel unterbrach; dafür blühte zu dieser Zeit der Schmuggelhandel. Einen letzten großen Aufschwung erlebte Swinemünde im Krimkrieg (1851–56), als fast der gesamte russische Seehandel über Swinemünde lief. Seit 1829 wurden die Hafenmolen gebaut, die Ostmole mit 1500 m und die Westmole mit 1100 m. Mit der Vertiefung der Swine und mit dem Bau des ersten Dampfschiffs (1826) verlagerte sich die Schiffahrt nach Stettin. Swinemünde wurde zu seinem Vorhafen; dafür entstand seit 1890 am Strand der neue Stadtteil: Swinemünde-Bad. 1876 erhielt Swinemünde einen Eisenbahnanschluß nach Ducherow, von Wollin aus führte 1901 eine Eisenbahnstrecke zur Fähre Ostswine. Seit 1927 besaß Swinemünde einen eigenen Flughafen. Die Bedeutung der Stadt als Seebadeort wuchs ständig, seit 1895 war es auch ein Solebad. 1938 wurden 435046 Übernachtungen registriert.

Die Industriezone lehnt sich an den Hafen mit Bootsbau und Schiffsreparaturen im

Osternothafen und Ostswine, Fischverarbeitung in Räuchereien und Konservenfabriken. 1945 zerstörte ein Luftangriff das mit Flüchtlingen überfüllte Swinemünde zu 55 v. H.; die Opfer, über 25000 Tote, wurden in Massengräbern am Golm begraben. Bis 1956 stand der Hafen unter sowjetischer Militärverwaltung. Danach wurde Swinemünde zum größten polnischen Fischereihafen und zum Einpendlerzentrum der Insel Wollin. Seit 1968 entstand in Ostswine ein großer Kohleumschlaghafen; Osternothafen ist weiterhin Marinestützpunkt. 1975 wurde Swinemünde um Misdroy und den Naturpark Wollin vergrößert.

Die Bauwerke stammen alle aus dem 18. bis 20 Jh. Die Alder-Apotheke – das *Fontane-Haus* – wurde 1955 abgerissen.

Sydow *(Żydowo),* Kreis Schlawe, Handwerkerdorf mit zwei ehemaligen Gütern, in 170 m über NN, 1428 Einwohner (1939). Seit 1308 gehörten Sydow und Umgebung den → Swenzonen, die 1321 einen Teil dem Zisterzienserkloster Pelplin übereigneten. Nach dem 30jährigen Krieg entstanden die Güter derer v. Woedtke; die Pommersche Ansiedlungsgesellschaft kaufte 1908 und 1928 das Gut B auf, parzellierte es und siedelte es auf. Das Gut A betrieb Saatzucht von Frühkartoffeln. 1946 wurden etwa 300 Bewohner in die ehemalige UdSSR deportiert. Seit 1865 war Sydow das Dorf der Sensenschmiede, noch 1945 gab es sieben selbständige Betriebe. 1971 entstand ein Pumpspeicherwerk, das den Höhenunterschied von 89 m zwischen dem Kamin- und dem Niedersee nutzt; seine jährliche Leistung beträgt 150 MW.

Sydow: Pumpspeicherwerk

Die *Fachwerkkirche* (frühes 17. Jh.) hat einen Turm mit achteckigem Helm. Sie besitzt einen Kanzelaltar; die Orgel, 18. Jh., stammt aus Pollnow, ihr Prospekt wurde der Kirche „angepaßt“.

Tabak. beiderseits der unteren Oder, im Odertal, ließen die vor kalten Ostwinden geschützte Lage und die geringeren Niederschläge einen Tabakanbau zu. In der Niederung, auf dem angrenzenden Randowhochland bei Gartz a. d. Oder und am Ostufer von Nipperwiese über Fiddichow bis Greifenhagen wurde Tabak angebaut. Kleinere Anbaugebiete befanden sich bei Löcknitz und in Marienwerder, Kreis Pyritz. 1910 wurde der Tabak auf 929 ha angebaut und brachte 37160 Zentner getrocknete Blätter. Die ausländische Konkurrenz ließ die Anbaufläche schrumpfen: 1937 waren noch 351,2 ha mit Tabak bestellt. Er wurde nach dem Planteursystem angebaut, d. h. der Großbauer stellte das Land, den Trockenraum und das Fuhrwerk zur Verfügung, die besitzlosen Arbeiter lieferten den Dung und ihre Arbeitskraft. Den Erlös teilten sie untereinander. Nach 1945 stellten die Polen den Anbau völlig ein, während er in der ehemaligen DDR weiterbetrieben wurde.

Tabbert, Philipp Johann, ab 1706 **v. Strahlenberg,** Kartograph. * 1677 in Stralsund, † 1747 auf Gut Fröllingen. Er begann als Freiwilliger in der schwedischen Armee, wurde 1706 zum Hauptmann befördert und wegen seines Einsatzes in der Schlacht bei Fraustadt geadelt. Nach der Schlacht bei Poltawa (1709) geriet er in russische Gefangenschaft, die 13 Jahre dauerte. Er kam nach Tobolsk, dem Zentrum der russisch-sibirischen geografischen Forschung. Zar Peter der Große suchte die gut ausgebildeten Gefangenen für die Entwicklung seines Reiches zu nutzen. So begann Tabbert, Unterlagen über Sibirien zu sammeln. Mit weiteren Kriegsge-

fangenen stellte er das Material für eine Sibirienkarte mit großer Beschreibung zusammen, die 1715 fertiggestellt war; neben geografischen Angaben enthielt sie genaue Angaben über Bodenschätze wie Gold und andere Edelmetalle, sogar Erdgasquellen waren verzeichnet. Der Gouverneur von Sibirien, Fürst Mitwjej Petrowitsch Gagarin, konfiszierte die Karte und wurde dafür 1721 wegen Hochverrats hingerichtet. Tabbert stellte 1718 eine zweite her, die er einem holländischen Kaufmann verkaufen wollte, da er sie weitgehend auf eigene Kosten erstellt hatte; sie kam jedoch in Besitz der russischen Behörden. Man bot ihm die Leitung des russischen Landvermessereiwesens an, er kehrte aber 1723 nach Schweden zurück. 1726 erschien sein „Vorbericht eines zum Druck verfertigten Werkes von der großen Tartarey und dem königlichen Sibirien mit einem Anhang von Groß Rußland"; schließlich 1730 die große Karte: „Das Nord- und östliche Theil von Europa und Asia in so weit solches das gantze Russische Reich mit Sibirien und der großen Tartarey in sich begreifft, in einer historisch-geographischen Beschreibung... vorgestellt in einer Tabula polyglotta..., sonderlich aber einer großen richtigen Land-Charte von den benannten Ländern und andern verschiedenen Kupferstichen... bey Gelegenheit der Schwedischen Kriegs-Gefangenschafft in Rußland... angefertigt". Schnell folgten Übersetzungen ins Englische (1738), Französische (1757), Spanische (1786). Bis Anfang des 20. Jh.s war es das Standardwerk über Sibirien.
Nach seinem Ausscheiden aus dem Militärdienst zog sich Tabbert auf das Gut seines Bruders nach Fröllingen zurück.

Tarnowke *(Tarnówka),* Kreis Flatow, 1547 Einwohner (1939); das Dorf in Küddownähe ist seit 1982 Mittelpunkt einer Großgemeinde mit 3392 Einwohnern. 1579 wurde es neu gegründet. 1609–31 war Tarnowke Stadt, ihre überlieferten Akten sind überschrieben mit „Wir, Bürgermeister und Rat der Stadt Tarnowke"; seitdem ist es wieder Dorf. In polnischen Urkunden wurde es immer als deutsches Dorf bezeichnet, auch der Befehl 1732, die protestantische Kirche abzureißen, ist deutsch abgefaßt.

Fachwerkkirche bei Tarnowke

Die erste Kirche von 1582 brannte 1701 ab, ein Neubau von 1702 mußte 1732 abgebrochen werden. Sie war die älteste protestantische Kirche im Kreis Flatow. Der Neubau von 1773, Fachwerk mit verschaltem Turm, barocker Haube und Schindeldach, trug die Inschrift: „Durch blinden Eifer sank ich nieder 1732, mit Gottes Hilfe steh' ich wieder 1773". Tarnowke hatte eine der ältesten Schulen des Kreises (von 1617). Die Tarnowker Mühle an der Küddow wurde 1890 zu einer Papierfabrik umgebaut, seit 1940 gehörte sie mit ihren 167 Arbeitern der Papier und Pappe AG in Berlin.

Teike, Karl, Komponist. * 1864 in Altdamm, † 1922 in Landsberg an der Warthe. Der Sohn eines Nagelschmieds an der Stettiner *Vulkan*-Werft wurde Soldat und Regimentsmusiker in Ulm. Hier komponierte er 1886 den Marsch „Alte Kameraden". Nach dem Militärdienst wurde er Polizist. Insgesamt hat Teike über 100 Märsche komponiert. Als ihm der Außendienst zu beschwerlich wurde, gab es für ihn nur den Posten eines Kreisboten am Landratsamt in Landsberg a. d. Warthe. Ein Freund ließ die „Alten Kameraden" in Stettin drucken; Teikes Honorar waren 20 Mark und eine Gans; für 50 Mark – in der Inflationszeit in französischen Francs ausgezahlt – trat er die Urheberrech-

Marktplatz in Tempelburg

te ab. Ein Pariser Verlag bestellte nach dem Ersten Weltkrieg bei ihm einen Marsch für die französische Militärmusik. Teike sagte zu, stellte aber eine Bedingung: Änderung des Vertrags von Versailles. Diesen Marsch brauchte er nie zu komponieren.

Tempelburg *(Czaplinek),* Kreis Neustettin, Kleinstadt mit 6129 Einwohnern (1983). Sie liegt auf einem Seepaß zwischen Dratzig- und Zepplinsee auf dem Pommerschen Höhenrücken. Auf dem höchsten Punkt der regelmäßig angelegten Altstadt steht über dem rechteckigen Marktplatz die alte katholische Kirche. Tempelburg hat sich nur unwesentlich nach Norden über das Fließ, das beide Seen verbindet, und nach Süden zum 3 km entfernten Bahnhof ausgedehnt; es fehlen ebenfalls die großen Wohnblocks, da die Stadt 1945 unzerstört blieb. Auch heute noch ist Tempelburg ein schulischer Mittelpunkt.

Vorläufer der Stadt war eine wendische Siedlung Czaplin. Herzog Przemislaw II. von Polen verlieh 1286 das Land dem Orden der Templer, die noch vor 1291 die „Tempelborch“, wohl ein Blockhaus, erbauten. 1312 übertrug Papst Clemens V. den Besitz des aufgelösten Ordens dem Johanniterorden. Die askanischen Markgrafen von Brandenburg besetzten das Land und vergaben es um 1334 an die Ritter Wiskinus v. Vorbeck und Hermann Rode. Die Stadtgründung erfolgte zwischen 1291 und 1334 nach Magdeburger Recht. Erst 1345 erhielt der Johanniterorden das Land als brandenburgisches Lehen. Markgraf Otto der Finner überließ das Land Tempelburg 1368 Polen. In den Kämpfen zwischen Brandenburg, Polen und dem Deutschen Orden erstürmten die Polen die „Tempelborch“ und die Feste Draheim. Um 1500 entwickelte sich Tempelburg zu einer aufblühenden Handwerkerstadt mit Tuchmachern, Glashütten, Eisenhammern und Kalköfen. Bis 1657 gehörte sie zur Starostei Draheim. Der 30jährige Krieg zerstörte die gesamte Wirtschaft der Stadt. 1625 wurde der protestantische Gottesdienst in Tempelburg verboten. Kurfürst Friedrich Wilhelm von Brandenburg erwarb 1657 die Starostei Draheim als Pfandbesitz. Nach einem Stadt-

brand (1725) wurde Tempelburg auf regelmäßigem Grundriß neu errichtet; dabei weigerte sich der Rat, die katholische Kirche wieder aufzubauen, erst 1753 war sie wiederhergestellt. Der Dratzigsee wurde abgesenkt, um Ackerland und Wiesen zu schaffen. Tempelburg blieb eine Ackerbürgerstadt mit einigen kleineren Gewerbebetrieben zur Versorgung des Umlandes, u. a. Sägewerk, Maschinen- und Kraftfahrzeugreparaturwerkstätten und einer Lederfabrik. 1877–78 erhielt Tempelburg in 3 km Entfernung einen Eisenbahnanschluß, der jedoch keine bedeutenden wirtschaftlichen Impulse brachte.
Bauwerke: Stadtkirche *St. Trinitatis* (1753), ein Findlingsbau mit verputzter Balkendekke. Der spätbarocke Hochaltar ist von einer sechseckigen Kommunionbank umgeben, an deren Ecken gewundene Säulen ein Gebälk mit Engelsfiguren tragen. Die *evangelische Kirche,* 1830 nach Plänen von Schinkel an der Ostseite des Marktes erbaut. Die Inneneinrichtung ist nach 1945 ersetzt worden.

Templerorden (fratres militiae templi); 1119 gründete Hugo v. Payens mit sieben französischen Rittern den Ritterorden zum Schutz der Jerusalempilger; seit 1139 war er direkt dem Papst unterstellt. Die Tempelherren trugen auf weißem Mantel ein achtspitziges rotes Kreuz. Die Mitglieder des Ordens stammten aus dem europäischen Adel, vorwiegend aus Frankreich. Neben seinen Aufgaben im Heiligen Land suchte der Templerorden auch in Europa Besitz zu erwerben, um die Ritter in Palästina zu unterstützen. 1234 kam der Templerorden nach Pommern. Nach einer ersten Schenkung des dorfes Darmiezel im Lande Chinz, beim heutigen Neudamm/Nm., erhielt der Orden im gleichen Jahr das Land Bahn im Kreis Greifenhagen. Es war eine der größten Schenkungen in Deutschland. 1241 kämpfte auch der Templerorden bei Liegnitz gegen die Mongolen. Um 1244 hatte er sein Territorium bis Rörchen ausgedehnt und verlegte dorthin den Sitz des Ordenskomturs; zudem verlieh Bischof Hermann von Cammin 1261 dem Orden den Zehnt aus dem Lande Daber. Im weiteren Verlauf erfreute sich der Templerorden der besonderen Gunst der Askanier, doch mit den pommerschen Herzögen gab es ständig Streitereien. Um 1286 gründete der Templerorden die Komturei Tempelburg. Zur Hebung der Einkünfte aus diesen Ländereien begann der Orden, Kolonisten nach deutschem Recht anzusiedeln. Dietrich Edele Herr von Lorenen ist der letzte bekannte Ordenskomtur in Pommern (1305). 1312 löste Papst Clemens V. auf französischen Druck den in Deutschland sehr beliebten Orden auf, seine Güter wurden dem → Johanniterorden übertragen. Die Ordensritter traten zum Teil zu den Johannitern über, zum Teil wurden sie abgefunden.

Teppich. Seit dem Ersten Weltkrieg entwickelte sich an der vorpommerschen Küste bei den arbeitslosen Fischern, besonders in Freest und Lubmin, die Teppichknüpferei, für die die Schafzucht des Hinterlandes das Rohmaterial lieferte. Die Fischer und ihre Frauen verarbeiteten die Wolle und färbten sie mit überlieferten Pflanzenfarben ein. Rudolf Stundl belebte und förderte die alte Volkskunst der Fischer mit ihren zahlreichen Fischmotiven. Seit 1989 versucht das Kreismuseum Wolgast die Teppichknüpferei von Freest zu erhalten. Vorläufer im Teppichknüpfen gab es bei den Darßer Seefahrern des 18. und 19. Jh.s, die ihre Teppiche auf Segelleinen von verbrauchten Segeln arbeiteten, eine Technik, deren Beherrschung verlorengegangen ist.

Tertialgüter, eine Landrechtsform in Neuvorpommern und Rügen, die im übrigen Deutschland völlig unbekannt ist. Tertialgüter sind Landgüter, die Eigentum des Staates sind, deren Besitz und Nutzung als ewige Pacht mit einem unveränderlichen niedrigen Pachtzins jeweils eine Familie hat, bei der das Tertialrecht bis zu ihrem Aussterben verbleibt. Die Erbfolge ist besonders geregelt. Im ehemaligen Regierungsbezirk Stralsund bestanden sie von 1648 bis 1911.

Die Tertialgüter entwickelten sich aus den von den Herzögen verliehenen Gütern, die sie nach damaligen Rechtsverhältnissen nicht ohne große Schwierigkeiten zurückfordern konnten. Der Schwedische Reichstag beschloß 1680 in der Reduktion (ab 1692 in Pommern), eine Rückführung dieser verliehenen Güter in den Besitz der Krone. Die daraus erwachsenden Unruhen führten zu einer Änderung des Beschlusses: die Güter blieben für einen bestimmten Pachtzins in „perpetueller Arrhende", in ewiger Pacht. Die Pacht wurde festgelegt, zwei Drittel waren an den Staat abzuführen, ein Drittel blieb beim Pächter (tertia pars, daher Tertialgüter), jedoch durfte dieser Teil 1500 Taler im Jahr nicht übersteigen. Der Pachtzins sollte nicht angepaßt, d. h. erhöht werden. Zahlreiche Tertialisten verpachteten ihre Tertialgüter dem Staat und bezogen ihr Drittel als Rente.

Die Tertialgüter waren unveräußerlich und nicht dinglich belastbar, z. B. mit Realkrediten für Bauten und Meliorationen. Bei etwaigem Verkauf des Tertialrechtes mußten alle lebenden Nachkommen des ersten Erwerbers Verzichtserklärungen abgeben. Das verhinderte eine intensive moderne Bewirtschaftung. Die Erträge der Tertialgüter waren wesentlich geringer als die in freiem Eigentum. Ein Gesetz von 1911 ließ das Tertialrecht bis 1913 auslaufen. Die Tertialisten konnten ihre Güter dem Staat gegen eine Abfindung zurückgeben oder sie als freies Eigentum erwerben.

Tessin, Nicodemus der Ältere, Baumeister. * 1615 in Stralsund, † 1681 in Stockholm. Als Sohn eines Ratsherrn war er früh beim Festungsbau tätig, kam 1640 nach Stockholm und ging beim königlichen Architekten La Vallée in die Lehre. 1651–52 bereiste er Europa und wurde 1661 Stadtarchitekt von Stockholm. 1662–86 baute er das Königsschloß Drottningholm, mit dem er die Form des schwedischen Landschlosses prägte. Daneben erbaute er den Dom in Kalmar (1660), das Rathaus von Göteborg (1670) und viele Privathäuser in Stockholm. Außerdem bildete er seinen Sohn Nicodemus Tessin der Jüngere zum führenden schwedischen Architekten aus, der das Königsschloß vollendete.

Tews, Johannes, Pädagoge. * 1860 in Heinrichsfelde, Kreis Dramburg, † 1937 in Berlin. Nach Ausbildung am Lehrerseminar war er zuerst als Lehrer tätig. 1891 wurde er Geschäftsführer der „Gesellschaft zur Verbreitung von Volksbildung" und blieb es bis zu deren Auflösung 1933. Tews verfocht ein einheitliches, alle Volksschichten erfassendes Bildungswesen, das, auf einer sechsjährigen Grundschule aufbauend, sich allmählich differenziert und auch die Erwachsenenbildung miteinbezieht. In seinen letzten Jahren war er als freier Schriftsteller tätig. Werke u. a.: „Schulkämpfe der Gegenwart" (1906), „Die deutsche Einheitsschule" (1916), „Geistespflege in der Volksgemeinschaft" (1932).

Thiessow, Kreis Rügen, Fischer- und Lotsendorf mit 550 Einwohnern (1980). Es liegt am südlichsten Ende der Halbinsel → Mönchgut. 1360 kaufte das Kloster → Eldena „Tyzow" mit vier Katen und die Insel „Zicker". Während des 30jährigen Krieges lagen 1627 alle vier Gehöfte wüst. Ein Heimkehrer baute 1632 seine verwüstete Kate wieder auf und übernahm den Lotsendienst, da alle Schiffe, die in den → Greifswalder Bodden fahren wollten, unter Lotsenpflicht standen. 1847 hatte Thiessow 10 Büdner, bzw. Lotsen. Seit 1859 war der Ort Hauptstation und Sitz des Lotsenkommandeurs. Die Station wurde 1943 aufgelöst. Daneben wurde Thiessow zu einem Fischereistandort. Seit 1850 kommen zahlreiche Badegäste an seinen Ost- und Westrand, 1990 zählte der Campingplatz 1330 Übernachtungen pro Tag.

Tiburtius, Franziska, Ärztin. * 1843 in Bisdamitz, Kreis Rügen, † 1927 in Berlin. Nach Besuch einer Privatschule in Stralsund, wurde sie Lehrerin und Erzieherin in einem vornehmen englischen Mädchenpensionat. Im Krieg 1870 wollte sie für das Rote Kreuz tätig werden; ihr Bruder, Arzt, und ihre Schwägerin, erste deutsche Zahnärztin, rieten ihr, Medizin zu studieren. Als erste deutsche Medizinstudentin bestand sie 1876 an der Universität Zürich – in Deutschland wurde sie als Frau nicht zum Medizinstudium zugelassen – ihr medizinisches Staatsexamen. Durch Vermittlung wurde sie Volontärärztin an der Frauenklinik in Dresden. Sie ging nach Berlin (ihr Examen wurde nicht anerkannt) und ließ sich in einem Arbeiterviertel im Norden als Ärztin nieder. Hier gründete sie eine Klinik für bedürftige Frauen und eine Pflegeanstalt für ruhebedürftige Patientinnen; „zur Deckung der Kosten" ließ sie sich von jeder Patientin 10 Pfennige bezahlen. Sie erreichte eine Kostenregelung mit der gesetzlichen Krankenversicherung. In ihrem Krankenhaus waren ausschließlich Ärztinnen angestellt. 1907 zog sie sich aus der aktiven Krankenhausarbeit zurück und starb am 5. 5. 1927 in ihrer „Klinik weiblicher Ärzte".

Tobold, Adalbert von, Arzt. * 1827 in Flatow, † 1907 in Berlin. Seit 1851 Studium in Berlin, ab 1854 war er Assistent von Langenbeck und beschäftigte sich mit Kehlkopf-, Nasen- und Lungenkrankheiten. 1884 wurde er Professor in Berlin, 1907 geadelt. Er erfand Instrumente und Beleuchtungsvorrichtungen für den Rachen- und Halsbereich. Es gelang ihm erstmalig, Kehlkopfgeschwülste vom Mund aus zu entfernen. Für seine Studenten stellte er eine einzigartige Sammlung plastischer Nachbildungen fast aller Kehlkopfkrankheiten her. 1863 schrieb er das „Lehrbuch der Laryngoskopie", 1866 „Die chronischen Kehlkopfkrankheiten".

Tollenser oder Tolensanen; ostseeslawischer Stamm, der zum Bund der Lutizen gehörte. Er siedelte zwischen der oberen Peene und der Tollense. Unter Kaiser Otto I. gerieten die Tollenser 937 in den Machtbereich des Grafen Gero. 948 wurden sie dem Bistum Havelberg unterstellt, das ihre Christianisierung durchführen sollte. Wiederholte Aufstände waren 960 niedergeworfen. Der große Wendenaufstand 983 beendete für einige Zeit die deutsche Oberherrschaft in ihrem Gebiet. 1121 unterwarf Herzog Boleslaw III. von Polen die Tollenser vollständig.

„Tonne abschlagen"; Pfingstbrauch in Vorpommern. Die Burschen des Dorfes sammeln sich am Pfingsonntag beim vorjährigen Tonnenkönig, richten ihre Pferde her – manchmal sind es auch Fahrräder – und reiten zum Festplatz. Dort ist auf einem Holzgestell eine mit Bändern reich verzierte Tonne aufgehängt; früher hatte man einen Hahn oder eine Katze in die Tonne gesteckt – es galt sie zu befreien. Mit einem Knüppel versuchen die Burschen beim Drunterdurchreiten die Tonne zu treffen. Schafft es einer, den letzten Rest des Tonnenbodens herunterzuholen ist er „Bodenkönig", wenn einer die Stäbe oder Dauben zu Boden bringt, ist er „Stäbenkönig". Für das weitere Tonne abschlagen scheiden diese beiden aus. Die übrigen Burschen schlagen den Rest der Tonne herunter, wer das letzte Stück abschlägt, ist „Tonnenkönig". Er übernimmt die mit vielen Orden verzierte Schärpe seines Vorgängers. Alle drei „Könige" werden reich beschenkt. Mit dem Tonnenball schließt das Fest. Oft gibt es noch am Montag ein „Resteessen" für den engeren Kreis der Beteiligten.

Torgelow, Kreis Ueckermünde, Industriestadt am linken Ufer der → Uecker mit 14 050 Einwohnern (1985). Die Stadt hat einen dörflichen Grundriß mit einem Markt-

Torgelow: Eisenhütte

platz an der Ueckerbrücke. Von da erstrecken sich Siedlungen nach allen Seiten in die → Ueckermünder Heide hinein. Am Fluß und an der Eisenbahnlinie liegen die eisenverarbeitenden Betriebe.
1281 stellten die Markgrafen Otto IV. und Konrad v. Brandenburg eine Urkunde im „castro Torgelow" aus. Wahrscheinlich wurde diese Burg 1465 zerstört. Torgelow gehörte den beiden Adelsgeschlechtern Hase und Muckerwitz. 1493 kam Torgelow an das Herzogtum Pommern. Die v. Hase, der Sage nach ein Raubrittergeschlecht, wurden des Landes verwiesen, die v. Muckerwitz starben im 16. Jh. aus. Ihr Besitz wurde eine herzogliche Domäne. Der 30jährige Krieg zerstörte Torgelow vollständig. Im 18. Jh. entstand eine Holländerei; seit 1727 wurden in Torgelow die ersten Kartoffeln angebaut. 1753 änderte sich die Wirtschaft des Ortes, als das Eisenhüttenwerk durch Kabinettsorder König Friedrichs II. gegründet wurde. Torgelow wurde zum zweitgrößten Industriedorf in Preußen. Ende des 19. Jh.s besaß es 14 Eisengießereien. Seine Bevölkerung wuchs von 256 Einwohnern (1810) auf 6839 (1911). Der sowjetische Kriegskommandant machte Torgelow 1945 zu einer Stadt. Die noch bestehenden sieben Werke wurden zu einem VEB zusammengefaßt, der vornehmlich für den Schiffbau, den Maschinenbau und die Blechverarbeitung produzierte. Nahrungsmittelbetriebe, Möbelherstellung und Kleinchemiewerke haben ebenfalls überörtliche Bedeutung erlangt.
Bauwerke: An der Ueckerbrücke sind noch 6 m hohe Aufschüttungen der *Hasenburg* erhalten. Die *Stadtkirche* ist ein Bau des 19. Jh.s. Teile des *königlichen Hüttenwerkes* sind als Industriedenkmal erhalten.

Torgelow – Eisenhütte. Seit urdenklichen Zeiten waren die Raseneisenerzlager, auch „Fuchs" genannt, bei Torgelow bekannt. Dicht unter dem Wiesenboden hatte es sich in schwarzbraunen bröckligen Klumpen mit einem Eisengehalt von bis zu 40 v. H., abgesetzt.
Die Kabinettsorder König Friedrichs II. vom 25. 12. 1753 begründete das „Königlich-Preußische-Eisenhüttenwerk bey Torgelow", das 1756 seinen Betrieb aufnahm. Former und Gießer aus Thüringen und dem Rheinland wurden mit ihren Familien in Torgelow angesiedelt. 1816 ging das Werk in den Privatbesitz des Berliner Gelbgießers Theodor Vollgold über, als „Hüttenwerk Vollgold" bestand es bis 1932. Im 19. Jh. waren die Raseneisenerzlager erschöpft, das Roheisen wurde aus dem Ruhrgebiet und aus Schweden importiert. 1858/86 wurden die nächsten beiden Eisengießereien gebaut. Bis zum Ende des 19. Jh.s gab es in Torgelow 14 Eisengießereien. 1944 bestanden in Torgelow noch sieben Werke mit etwa 900 Beschäftigten. Als VEB wurden die Gießereien zusammengefaßt und belieferten den Schiffbau, den Maschinenbau, u. a.
Von der alten Hütte sind um den Hüttenwerksplatz und in der Karlsfelder Straße einige Arbeiterwohnhäuser und das Faktorgebäude erhalten. Auf dem Platz steht der um 1790 erbaute Glockenstuhl.

Treptow a. d. Rega *(Trzebiatów),* Kreis Greifenberg; Kleinstadt mit 9095 Einwohnern (1983). Die Stadt liegt auf einem Grundmoränenhügel und wird von Rega und Mühlengraben umflossen. Die fast rechteckige Altstadt hat einen quadratischen Marktplatz mit Rathaus, im Nordosten über dem Mühlengraben erhebt sich das Schloß. Durch den Fluß bedingt, erweiterte sich Treptow seit dem 19. Jh. nach Südwesten in die Greifenberger und nach Nordosten in die Kolberger Vorstadt, in letzterer liegt der Bahnhof, um den sich eine Reihe von Betrieben der Nahrungsmittel- und Holzverarbeitung angesiedelt haben. Vor dem 2. Weltkrieg legten sich zahlreiche Stadtrandsiedlungen um Treptow. An den Ausfallstraßen nach Greifenberg und Cammin wurden nach 1945 Wohnblocksiedlungen gebaut.
Zwischen den Regaarmen lag 1180 der wendische Flecken Bollenburg unterhalb eines Burgwalls; auf dem westlichen Ufer entstand

Treptow a. d. Rega: Marienkirche und Stadtmauer (Schinkel)

die neue Stadt; nördlich von ihr wurde das Prämonstratenserkloster → Belbuck angelegt. 1277 bezeugten die Herzöge Barnim I. und Bogislaw IV. ihre Absicht, Treptow als Stadt nach lübischem Recht zu gründen. Die Stadt erhielt 1287 freie Schiffahrt auf der Rega und Zollfreiheit innerhalb der pommerschen Landesgrenzen. Um 1300 wurde die Stadtwehr gebaut. Es folgte der Beitritt zur Hanse; der Handel dehnte sich nach Lübeck, Stralsund, Danzig, Riga und Gotland aus; um 1450 trat Treptow jedoch aus der Hanse aus. Wiederholt gab es schwere Konflikte mit Greifenberg, so 1449, um die freie Schiffahrt auf der Rega, die Treptow jederzeit sperren konnte. Treptow legte an der Mündung des Flusses den Hafen Regamünde an, der aber 1456 zerstört wurde. 1504 holte die „Große Gelehrtenschule" der Stadt Johannes Bugenhagen als neuen Rektor; er hielt auch Vorlesungen im Kloster Belbuck. Mit dem Landtag von 1534, an dem Bugenhagen maßgeblich beteiligt war, wurde die Reformation in Pommern eingeführt. Während des 30jährigen Krieges plünderten die Kaiserlichen Treptow.

Mit ihrem Übergang an Brandenburg wurde Treptow zu einer Garnisonsstadt. Ab 1850 begannen die Stadterweiterungen entlang der Ausfallstraßen, 1882 erhielt die Stadt einen Eisenbahnanschluß, der eine Förderung der Industrie bedeutete; es entstanden Silberwaren-, Seifen-, Zucker-, Baustoffabriken. Neben den ausgedehnten Stadtrandsiedlungen (ab 1920) wurden 1901 und 1936 größere Kasernenkomplexe im Süden der Stadt gebaut. 1945 wurde Treptow zu 45 v. H. zerstört, der Wiederaufbau begann recht bald. In der Umgebung von Treptow wurde in den 50er Jahren Erdgas erbohrt.

Bauwerke: Von der *Stadtwehr* sind wenige Mauerreste und der *Grützturm,* ein zylindrischer Backsteinbau, erhalten.

Stadtkirche *St. Marien* (1303–70), eine dreischiffige gotische Hallenkirche mit 90 m hohem Turm. Nachträglich wurden die Sterngewölbe eingezogen. Am Triumphbogen fand man Reste einer mittelalterlichen

Ausmalung. Die ursprüngliche Ausstattung ist bis auf kümmerliche Reste verschwunden; vorhanden sind: Seitenwangen eines Innungsgestühls aus dem 16. Jh., Grabplatten und zwei Glocken.

Heilig Geist Kapelle, spätgotischer Backsteinbau mit reichem Blendengiebel; in ihr soll 1534 der → Treptower Landtag getagt haben. Die *Gertraudenkapelle,* aus dem späten Mittelalter, ist heute Friedhofskapelle.

Rathaus (nach 1679), 1710 erneuert. An der Westseite sind drei gotische Spitzbogenarkaden, die mit glasierten Backsteinen verziert sind, freigelegt.

Das *Schloß* steht an der Stelle des wendischen Burgwalls; 1287 entstand hier das Prämonstratenserinnenkloster Marienbusch. 1618 war es herzoglicher Witwensitz. Herzog Friedrich Eugen von Württemberg, Chef des Dragonerregiments Alt Württemberg, erbaute 1750 den klassizistischen Bau.

Treptower Landtag. Am 13. 12. 1534 trat der Treptower Landtag zusammen, mit dem Ziel, die Kirche in Pommern zu reformieren, auf Initiative der Herzöge Barnim XI. und Philipp I. mit der Unterstützung → Bugenhagens. Der Landtag scheiterte bereits am 14. 12. Der Bischof lehnte das von Bugenhagen und anderen Theologen vorgelegte Projekt der Kirchenreformation ab und verließ den Landtag. Unterstützung fand er bei den Prälaten, den Ständen des Bistums und einer Mehrheit adliger Abgeordneter, wohl auch einige Städte. Es gibt kein Sitzungsprotokoll, so daß Bischof Manteuffels Motive nicht klar erkennbar sind: Möglich wären seine Furcht vor völliger Abhängigkeit von den Herzögen mit dem Verlust aller Kirchengüter, aber auch seine Treue gegenüber dem Papst und der kirchlichen Lehre. Der Landadel sah seine Ansprüche auf die Landgüter der Kirche, besonders der Feldklöster, nicht erfüllt, zumal er bei der Kirche hoch verschuldet war und so in die Abhängigkeit der Herzöge zu geraten drohte. Die Städte hatten wohl die Absicht, die kirchliche Macht in städtische Jurisdiktion zu übernehmen. Die Herzöge wollten die Reform aus politischen und wirtschaftlichen Gründen, um ihre Macht im Lande zu festigen. Mit dem Auszug des Bischofs und der Abgeordneten konnte der Landtag keine Beschlüsse mehr fassen, d. h. er war nicht mehr rechtsfähig. Wahrscheinlich haben am 15. oder 16. 12. die Herzöge, auf Veranlassung Bugenhagens, mündlich ihre Zustimmung zur Fortsetzung der Kirchenreform nach vorgelegtem Plan mit einigen Änderungen gegeben.

In der 1535 veröffentlichten Kirchenordnung stellten die Herzöge fest, daß diese Konstitution der neuen Kirche auf dem Landtag zu Treptow „beschlossen“ worden sei!

Tribsees, Kreis Grimmen, Kleinstadt mit 3500 Einwohnern (1990). Tribsees liegt auf dem linken Ufer der Trebel auf einer von drei Seiten (Nordosten, Norden, Westen) von Moorwiesen umgebenen Grundmoränenplatte. Das Trebeltal verengt sich hier auf 0,6 km. Die Altstadt hat einen trapezförmigen Grundriß mit einem rechteckigen Marktplatz, an dem die Stadtkirche steht. Die ersten Stadterweiterungen erfolgten im 19. Jh. auf den Mühlberg und nach Süden zum Bahnhof hin. Von der Plattenbauweise der Nachkriegszeit ist Tribsees weitgehend verschont gebliebten.

1136 war Tribsees Sitz der wendischen Kastellanei „terra Tribuses“, Reste des Burgwalls befinden sich bei Siemersdorf. An der Übergangsstelle über die Trebel bauten die Fürsten von Rügen eine Burg, an deren Ostseite sich die Stadt entwickelte. 1140 übergab Papst Innozenz II. die Burg Tribsees dem Bistum Wollin. 1166 verwüsteten Dänen das Land. Jaroslaw, Sohn Fürst Wizlaws I. von Rügen, war 1232–42 Propst in Tribsees. 1267 war Tribsees deutsche Stadt nach lübischem Recht und hatte einen Rat und einen Stadtvogt mit der großen Gerichtsbarkeit. 1533 waren Amt und Stadt herzoglicher Witwensitz für Margarete, Witwe Herzog Georgs. Der Große Kurfürst eroberte 1659 und 1676 die Stadt, verlor sie jedoch an die

Schweden. Obwohl die Trebel schiffbar war, spielte der Handel in Tribsees eine untergeordnete Rolle. Der Stadtbrand 1707 ließ außer der Stadtwehr nur drei Häuser unbeschädigt, von der Kirche standen nur noch Außenmauern und Pfeiler. Die Stadtmauer wurde 1815 z. T. abgebrochen. 1895 erhielt Tribsees einen Kleinbahnanschluß, der die Stadt zu einem lokalen Produktions- und Versorgungszentrum werden ließ. Es entstanden Klein- und Mittelbetriebe des Baugewerbes, der Holzverarbeitung, der Elektro- und Sanitärinstallation und der Kraftfahrzeugreparatur. Bis auf die Eisenbahnverbindung nach Velgast wurden alle anderen Kleinbahnen 1945 demontiert.
Bauwerke: Von der Stadtwehr sind das *Stralsunder-* bzw. *Mühlentor* und das *Grimmener-* bzw. *Steintor*, beide mit Blenden reich gegliedert, erhalten. Letzteres erhielt im 16. Jh. auf der Stadtseite einen neuen Giebel mit viertelkreisförmigen Abschlüssen.
Stadtkirche *St. Thomas von Canterbury* (13.–14. Jh.), ein frühgotischer dreischiffiger Backsteinhallenbau, den Turm schließt ein Zeltdach ab. Der Hochaltar, 2. Viertel des 15. Jh.s, aus einer Rostocker Werkstatt, hat als Mittelbild eine Sakramentsmühle. Die vier Evangelisten, als Symbole, schütten ihre Schriften in den Trichter der Mühle, die seitlich stehenden Apostel geben Wasser dazu; im unteren Teil verehren die vier Kirchenväter Christus, das fleischgewordene Wort. Über dem Ganzen thront Christus als Weltenrichter. Die Kanzel (1577) stammt aus der Lübecker St. Jakobikirche.

Trieglaff *(Trzygłów)*, Kreis Greifenberg, Gutsdorf am Seepaß zweier Seen. mit 388 Einwohnern (1939).
In heidnischer Zeit stand in Trieglaff unter mächtigen Eichen ein Heiligtum des Triglav. An seiner Stelle war schon 1328 die St. Elisabethkirche erbaut. Das Dorf gehörte dem Camminer Bistum, und Bischof Petrus verlieh 1297 das Gut dem Ritter Siegfried Lode aus dem Weserland mit dem Auftrag, es mit deutschen Siedlern zu besetzen. Im 14. Jh. verschwanden die Lodes westlich der Rega; die v. Mellin übernahmen das Dorf. 1812 verkauften sie es an Adolf Ferdinand v. Thadden (1796–1882), der Trieglaff in der Zeit der Union der protestantischen Kirchen in Preußen zu einem Sammelpunkt amtsenthobener lutherischer Pastoren machte. Trieglaff wurde zu einem Mittelpunkt der → Erweckungsbewegung, die der protestantischen Kirche wichtige Impulse zu einer Erneuerung gab. Seit 1829 fanden im Gutshaus, dem ein großer Saalbau angefügt wurde, die berühmten Trieglaffer Konferenzen statt.

Statue des Gottes Triglav

Hier wurde auch Otto v. Bismarck in seiner Abneigung gegen das evangelische Staatskirchentum bestärkt.

Bauwerke: *Herrenhaus,* Fachwerk, im 17. Jh. zu einem Barockbau umgebaut, erhielt im 19. Jh. einen Saalbau. v. Thadden-Trieglaff baute um die Jahrhundertwende ein neues Schloß. Altes und Neues Haus blieben 1945 erhalten, nur der Saalbau wurde zerstört. Dorfkirche *St. Elisabeth* (1328), spätmittelalterlicher Back- und Feldsteinbau mit hohem Holzturm. Die Ecken des Baus waren mit starken Stützpfeilern gesichert. Altar, Kanzel und Taufengel waren schöne barocke Schnitzwerke. 1949 sprengten die abziehenden Russen die Kirche.

Trittelvitz, Bernhard, Schriftsteller. * 1878 in Wusterbarth, Kreis Belgard, † 1969 in Elversberg/Saar. Studium der Medizin unter anderem in Kiel, war Arzt auf Rügen, später im Saarland. Vor 1945 veröffentlichte er in der Zeitschrift „Mutiges Christentum" zahlreiche Artikel über Schachprobleme und über allgemeine und kirchliche Fragen, die von einer tiefen Menschlichkeit und Religiosität geprägt waren. Sein erstes Buch erschien 1934: „Meine Patienten, die Saarkumpels und ich". In seinem „Unsichtbare Wunder" (1941) nahm er sich der Not der Alkoholiker an. Nach 1945 veröffentlichte er viel in niederdeutschen Zeitschriften, vor allem Gedichte und Geschichten in vorpommersch-rügischer Mundart. Allein die Greifwalder „Kirche" brachte mehr als 150 Erzählungen. Sein erstes plattdeutsches Buch war „Fiete un sien Bull" (1950). Es folgten „To lütt för de Lew" (1953), „So sind wir Pommern" (1955), „Dat letzte Wuurt hett ümmer noch de Meister" (1962), „Ik heff een gooden Stüürmann – fröhliche Andachten" (1964). Zahlreich waren seine Beiträge für den Rundfunk. 1964 erhielt er den Pommerschen Kulturpreis.

Tütz *(Tuczno),* Kreis Deutsch-Krone, Kleinstadt mit 1941 Einwohnern (1983). Sie liegt am Nordrand einer Seenrinne mit Lübtow-, Tafel- und Tützsee, die vom Ruhnowfließ durchflossen werden. Am Fließ, das sich zum Schloßteich erweitert, steht das von drei Seiten von Wassergräben umgebene Schloß, nördlich daran schließt sich die Innenstadt mit rechteckigem Marktplatz. Nach Norden dehnt sich die Stadt zum 2,3 km entfernten Bahnhof aus, hier liegen die wenigen Gewerbebetriebe des Ackerbürgerstädtchens.

Tütz war schon in frühgeschichtlicher Zeit besiedelt; aus dem 7. Jh. stammt das „Möhringer Schwert" aus Bronze. Bis ins 13. Jh. gehörte das Tützer Land zu Polen. 1250 besetzten es die Markgrafen von Brandenburg und verliehen es der Familie v. Wedell, in deren Besitz Tütz bis ins 19. Jh. blieb. 1306 war Tütz bereits Stadt mit einem in plattdeutsch abgefaßten Stadtprivileg. 1368 kam die Stadt wieder zu Polen; 1375–91 gehörte das Land Krone Herzog Kasimir IV. von Pommern. 1402 kam es in Besitz des Deutschen Ritterordens und war ständigen Angriffen seitens Polen ausgesetzt. Die Reformation wurde 1546 eingeführt, 1593 kehrte Christoph v. Wedell jedoch zum katholischen Glauben zurück und begann mit der Gegenreformation. Sein Stadtanteil, die Dreiviertelstadt, wurde katholisch, die Viertelstadt blieb protestantisch. Ein Stadtbrand 1834 vernichtete fast die ganze Stadt; 32 Menschen kamen dabei um, die beiden Kirchen und die Synagoge brannten nieder. 1893 erwarb die Hannoversche Klosterkammer die Herrschaft Tütz. Im Schloß wurde 1920 unter Dr. Weimann die Erzbischöfliche Delegatur für die deutsch gebliebenen Teile der Diözesen Kulm und Gnesen eingerichtet; sie siedelte 1927 nach Schneidemühl über. Seit den 30er Jahren entwickelte sich Tütz zu einem Luftkurort. 1945 brannten die Russen die völlig unzerstörte Innenstadt mit dem Schloß nieder. Die Polen bauten Schloß und Kirche wieder auf.

Bauwerke: Stadtkirche *St. Maria Himmelfahrt* (um 1395), eine spätgotische dreischiffige Backsteinhallenkirche, der Turm stammt aus dem Jahr 1728. Altäre und ein Gnadenbild sind aus dem Barock.

Schloß (1338–1631), ein Renaissancebau, wurde im 20. Jh. Caritaskrankenhaus. Aufbau nach 1945 zum Ferienheim des polnischen Architektenbundes; heute Hotel.

Uecker; vorpommerscher Küstenfluß, 103 km lang, entspringt in 69 m über NN bei Alt Temme auf einer Stauchendmoräne. Das Einzugsgebiet der Uecker ist 2200 qkm groß. Auf ihrem Weg nach Norden durchfließt sie den Ober-Uecker- und den Unter-Uecker-See, fließt an Pasewalk vorbei zum Oderhaff bei Ueckermünde. Ihre linken Nebenbäche sind Strom, Quilow, Köhntopbach und Beke, von rechts nimmt sie die Randow auf. Bis Pasewalk wurde 1800 ihr Unterlauf kanalisiert, jedoch befuhren sie die 250-t-Kähne nur bis Torgelow, um Roheisen an- und Backsteine abzutransportieren. Heute wird die Uecker für Freizeitwassersport genutzt.

Ueckermünde, Kreisstadt mit 11993 Einwohnern (1989). Sie liegt am linken Ufer der Uecker auf einer Anhöhe über der Flußniederung. Die Altstadt mit Marktplatz dehnt sich westlich des Herzogsschlosses aus. Im 19. Jh. erweiterte sich die Stadt nach Westen und Süden entlang der Ausfallstraßen und östlich der Uecker zum Bahnhof (ab 1884). Ueckermünde-Ost und Neuendorf im Nordosten zum Haff hin sind Stadterweiterungen der Nachkriegszeit. In Bahnhofsnähe befinden sich die Gewerbebetriebe: die Vorpommerschen Eisenwerke, das Schiffslaternenwerk und die Ziegelei. Auch heute noch spielt in Ueckermünde die Schiffahrt eine größere Rolle im Haffverkehr.

Schon 1178 fand in Ueckermünde ein Landtag statt, vermutlich war der Ort eine fürstliche Residenz. „Ucramund" erschien erstmals 1223 in Urkunden. Herzog Barnim I. gründete 1260 in Ueckermünde ein Augustiner Chorherrenkloster, das aber 1276 nach Gobelenhagen und 1329 nach Jasenitz verlegt werden mußte. Um 1260 erhielt Ueckermünde lübisches Stadtrecht, der Stadtbesitz bestand fast nur aus Wald. Als „civitas" erscheint Ueckermünde erst 1276. Die Burg (1284) blieb weiterhin Ausgangspunkt her-

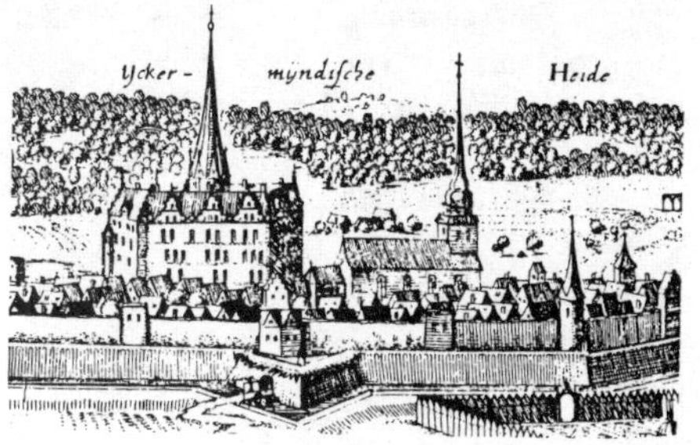

Schloß Ueckermünde

zoglicher Jagden in der → Ueckermünder Heide. 1469 belagerte Kurfürst Friedrich II. von Brandenburg die Stadt vergeblich. Herzog Philipp I. baute 1546 die alte Burg zu einem prächtigen Renaissanceschloß um. Im 30jährigen Krieg vernichteten die Schweden die Stadt. 1639 gab es nur noch 10 bewohnbare Häuser, von den 328 Bürgern der Vorkriegsbevölkerung lebten 1648 noch acht Männer und sieben Witwen. Unter schwedischer und ab 1715 unter preußischer Verwaltung bildeten Schiffbau und Schiffahrt die wichtigen Wirtschaftsfaktoren. 1781–91 liefen 102 Segelschiffe vom Stapel. 1857 segelte die „Mathilde" von Liverpool über Sydney, Kap Horn um die ganze Erde. Seit 1871 wurden die Taltone in großem Umfang in Ziegeleien – es gab davon 38 – genutzt. 1876 nahm die erste Eisengießerei ihren Betrieb auf; drei weitere folgten. Nach dem 2. Weltkrieg gewann der Fremdenverkehr eine größere Bedeutung; seit 1960 ist Ueckermünde Mittelpunkt des Landschaftsschutzgebietes „Haffküste".

Bauwerke: *Schloß* (1546–51), vierflügeliger Renaissancebau, 1920 (!) bis auf den Südflügel mit Treppenturm abgetragen. Über dem Turmportal mit reicher Stabwerkeinfassung ist ein Sandsteinrelief mit dem Wappen Herzog Philipps I. von 1546 angebracht. Im Untergeschoß haben noch einige Räume Kreuz- und Netzgewölbe. Das Schloß beherbergt das Heimatmuseum und die Stadtbibliothek. Stadtkirche *St. Marien* (1473), spätgotischer

Bau, 1753 abgebrochen. 1751–66 Neubau mit neugotischem Turm von 1863. Hauptaltar ist ein 1775 gefertigter Rokokokanzelaltar.

Ueckermünde, Landkreis, 1284,75 qkm Gesamtfläche und 79996 Einwohner (1939). Durch die Auflösung des Kreises Randow war er um 452,33 qkm gewachsen. Seine Fläche erstreckt sich weitgehend auf dem niedrigen Talsandgebiet südlich des Haffs. Nur im Süden erreicht er höher gelegene Grundmoränenplatten. Außer der Kreisstadt hatte der Landkreis Pasewalk und Neuwarp als weitere städtische Zentren, nach dem 2. Weltkrieg wurden Eggesin und Torgelow zu Städten erhoben.

Der ganze Landkreis wird von dem riesigen Waldgebiet der → Ueckermünder Heide eingenommen, die etwa 65 v. H. der Fläche ausmacht. Die restlichen Flächen sind zu 46 v. H. von Wiesen und Weiden besetzt und 53 v. H. mit Ackerland, auf dem zu 73 v. H. Kartoffeln, Roggen und Hafer angebaut wurden (1938). An der Haffküste wurde sehr intensiv Fischfang von Mönkebude mit 102 Fischern, Altwarp mit 128 und Neuwarp mit 183 Fischern (1932) betrieben.

Der Landkreis ist der am stärksten industrialisierte Kreis Pommerns. Ziegeleien sind vor allem am Haff um Ueckermünde und im Ueckertal angesiedelt; in Stolzenburg gab es eine Glasfabrik. Das Holz der Heide verarbeiten etwa 40 Sägewerke. Nur im Süden, um Pasewalk, gab es einige Brennereien und Kartoffelflockenanlagen. Überregionale Bedeutung haben die metallverarbeitenden Betriebe, Gießereien, Maschinenfabriken, Landmaschinenbau, u. a. in Ueckermünde, Torgelow, Pasewalk, Eggesin, Ferdinandshof und Löcknitz. So waren vor 1939 von den 45403 Beschäftigten 56,5 v. H. in Industrie und Handwerk, 25,6 v. H. in Land- und Forstwirtschaft und 17,9 v. H. in Handel und Verkehr beschäftigt.

1945 verlor der Kreis seinen östlichen Teil mit Neuwarp, Ziegenort und Jasenitz an Polen. 1952 entstand im Süden ein eigener Kreis Pasewalk, so daß der heutige Kreis Ueckermünde nur 789 qkm mit 50299 Einwohnern (1990) umfaßt; dadurch ist er noch stärker auf Industrie, Waldwirtschaft und Fremdenverkehr beschränkt. Die Landwirtschaft spielt nur noch eine untergeordnete Rolle, abgesehen von der Rindermast in Ferdinandshof mit etwa 31000 Tieren und 1500 Arbeitern.

Ueckermünde Heide; ein etwa 1550 qkm großes zusammenhängendes Waldgebiet im Kreis Ueckermünde, das hauptsächlich aus Kiefernforsten, z. T. auch aus Buche- und Fichtenwaldungen besteht. Der Untergrund des niedrigen Flachlandes besteht vorwiegend aus Sandboden mit einer Rohhumusdecke, also ein Podsol- oder Ascheboden. Die Niederungen sind mit Tal-, Becken- und Küstenmooren angefüllt. Bis zur Urbarmachung der Ueckermünder Heide durch die Könige Friedrich Wilhelm I. und Friedrich II. war sie mit Stieleichen- und Birkenwäldern bewachsen, die von Kiefern und Buchen durchsetzt waren; die Flachmoore trugen vorwiegend Erlen- und Moorbirkenwaldungen – das Hauptjagdgebiet der Pommernherzöge. Dieser Wald wurde ausgeholzt und überweidet, so daß er verkümmerte. Mit der Kultivierung wurden die Moortäler der Uecker, Zarow und Randow trockengelegt, es wurden neue Siedlungen mit Kolonisten aus dem Westen Deutschlands gegründet. Um Ferdinandshof entstand das Amt → Königsholland. 1720 begann eine planmäßige Forstwirtschaft mit dem Anpflanzen reiner Kiefernwälder. Trotz dieser ungeheueren Anstrengung blieb die Ueckermünder Heide dünn besiedelt. Alte Siedlungen liegen am Rande der Heide. Eggesin und Torgelow verdanken ihren wirtschaftlichen Aufschwung den Raseneisenerzlagern. An der Ueckermündung bildeten Tonlager der Eiszeit die Grundlage einer ausgedehnten Ziegelindustrie.

Das einzige Kulturdenkmal der Ueckermünder Heide ist das Barnimskreuz und der Gedenkstein mit der Jahreszahl 1295. Hier erschlug Ritter Vidante von Muckervitz Herzog Barnim II. und seinen Getreuen Hans von Clempenow aus Eifersucht.

Ummanz. Vor der Küste Niederrügens liegt nördlich der Halbinsel Lieschow die 19,7 qkm große, flache Insel Ummanz. Eine Brücke verbindet sie bei → Waase mit der Hauptinsel. Grundmoränengeschiebe durchgesetzt von unzähligen Söllen bildet den Untergrund der mit Wiesen bedeckten Insel.
Bereits 1240 war sie als „Umanz" bekannt und gehörte zum landesherrlichen Besitz, der im 14. Jh. mehrmals verpfändet wurde; schließlich gelangte die Insel von 1341 bis 1945 in den Besitz des Hl.-Geist-Klosters in Stralsund. Die sehr flache Insel – maximal 7 m über NN – wurde bei Sturmfluten weitgehend überschwemmt, letztmalig 1913. 1945–89 war Ummanz Grünlandgebiet mit Milchviehzucht, bewirtschaftet von den Ortsteilen Freesenort, Haide, Markow, Suhrendorf, Tankow, Waase und Wusse mit einer ständigen Bevölkerung von 355 Einwohnern (1939).

Usedom, Kreis Usedom-Wollin, heute Kreis Wolgast; Kleinstadt mit 2375 Einwohnern (1990). Die Stadt Usedom liegt auf dem südwestlichen Zipfel der Insel → Usedom, dem Usedomer Winkel, auf der Landenge zwischen Peenestrom und Usedomer See. Die Altstadt gruppiert sich im Halbkreis um den rechteckigen Markt mit der Stadtkirche. Vor der Stadtwehr entstanden im 18. und 19. Jh. Anklamer und Bahnhofsvorstadt im Westen und die Swinemünder Vorstadt im Norden. Ihnen folgten im 20. Jh. einige Stadterweiterungen im Norden an der Straße nach Swinemünde und zum Usedomer See. Das Städtchen blieb weitgehend von Wohnblocksiedlungen verschont.
Schon 1115–19 zerstörten Dänen die „urbs Osna". 1127 hielt Bischof Otto von Bamberg in der „civitas Uznoim" einen Landtag ab, auf dem Herzog Wartislaw I. und seine Adligen die Einführung des Christentums beschlossen. Der heutige Schloßberg trug einen wendischen Burgwall, Verwaltungszentrum der 946 genannten „terra Wanzlow", südlich von ihm lag der wendische Ort. Im Ortsteil Grobe, wohl die heutige Altstadt, wurde um 1250 das Prämonstratenserkloster gegründet, das bald auf den Marienberg umzog. 1160–ca. 1180 war Usedom Bischofsitz des Bistums Wollin, später Cammin. Nach lübischem Recht wurde Usedom 1298 zur Stadt erhoben, auf der Burgstelle entstand ein herzogliches Schloß, das als Witwensitz diente und schon vor 1779 zerstört war. Bis 1539 war der gesamte Handel auf der Insel in Usedom konzentriert, nachdem die Stadt 1524 die Braurechte für die Insel erworben hatte; noch 1726 besaß Usedom sechzehn Brauereien. Die Anklamer und Swinemünder Vorstadt entstanden vor den Toren, ab 1867 mit dem Bau der Eisenbahnstrecke Ducherow–Swinemünde auch die Bahnhofvor-

Usedom: Anklamer Tor

stadt. 1931 erhielt Usedom über die Zecheriner Brücke, seit 1957 eine Klappbrücke, eine Straßenverbindung zum Festland. Mit dem wirtschaftlichen Wachstum von Swinemünde verlor Usedom an Bedeutung. Es hatte noch den Handel mit landwirtschaftlichen Produkten und Fisch, sowie einige Betriebe der Holz- und Metallverarbeitung, eine Molkerei und eine Kunstdüngerfabrik. Die volkskundlich orientierte Teppichknüpferei wurde mit staatlichen Zuschüssen bis 1989 betrieben.

Bauwerke: Stadtwehr ist bis auf das *Anklamer Tor* (1481), mit reicher Blendenzier auf der Feldseite, verschwunden.

Die Stadtkirche *St. Marien*, 1337 gegründet, wurde 1809 durch einen Neubau ersetzt, der 1891 gründlich bis in die Fundamente renoviert wurde, so daß nicht nachprüfbar ist, ob es sich um die alte Klosterkirche → Grobe handelt. Der Schnitzaltar (16. Jh.) kam ins Stettiner Landesmuseum. Die reich geschnitzten Altarschranken stammen von 1745, sie tragen Wappen der Familien v. Massow und v. Alemann.

Usedom ist mit 445 qkm die größere der Odermündungsinseln zwischen → Peene und → Swine. Der nordwestliche Teil besteht aus einer Reihe von Halbinseln und schmalen Inselbrücken, während der Südosten von einer Stauchendmoräne mit Höhen bis zu 59 m über NN und zahlreichen Binnenseen eingenommen wird; vor ihr liegt im Osten die bis zu 14 km breite Verlandungszone der Swineniederung. Die Außenküste ist eine ausgeprägte Ausgleichsküste mit einer starken Abtragung und Sandverfrachtung nach Osten; Buhnenfelder sollen einen möglichen Durchbruch verhindern. Die Haffküste, durch die Bodden Achterwasser und Krumminer Wiek stark zergliedert, ist weitflächig verlandet und mit Flachmoor bedeckt. Die heutige Form der Insel entstand in und nach der Eiszeit, jedoch stellt der Südosten eine voreiszeitliche Hebungszone dar; im Golm treten Kreideschichten zutage, in Heringsdorf gibt es Solquellen, die auf Ablagerungen des Zechsteinmeeres in geringerer Tiefe hinweisen. Der Odergletscher hat auf Usedom vier Endmoränenzüge zurückgelassen, die die Ostsee umgestaltet hat. Bei Peenemünde, bei Karlshagen, bei Wolgast Ort, bei Zinnowitz-Zempin, bei Koserow Loddin liegen solche Moränenreste, sie bauen auch den Gnitz und die Ueckeritzer Hochfläche auf. Die zwischen ihnen liegenden Fluttore wurden im Laufe der Litorinaüberflutung (5500–2000 v.Chr.) durch Sandverfrachtung zugesetzt, offen blieb nur die etwa 1,75 km breite Swinepforte, bei der das ausfließende Oderwasser ein Zusammenwachsen verhinderte. Dafür entstand im Haff ein großes Rücklaufdelta mit Haken, Sandfächern und Dünen. Häufig wurden die alten Fluttore bei Sturmfluten durchbrochen; besonders gefährdet war das von Koserow, das nur von einer 330 m breiten Sandbarre geschlossen wurde.

Um 1115 berichtet Saxo Grammaticus über die Kastellanei „Uznam" und den gleichnamigen Ort. Das Siedlungsbild wird im 13. Jh. von deutschen Siedlern völlig umgestaltet. Den Südosten besaß das Kloster → Stolpe. Bis auf kleine Adelssitze ging das Gebiet in der Mitte in den Besitz des Klosters Grobe-Pudagla über; im Nordwesten hatte das 1303 gegründete Zisterzienserinnenkloster Krummin seine Besitzungen. Mit der Reformation wurden diese Besitzungen in herzogliche Ämter umgewandelt. 1648–1720 gehörte Usedom zu Schweden; diese änderten Siedlungs- und Wirtschaftsstruktur grundlegend: Aus den herzoglichen Amtshöfen mit selbständigen Bauern wurden Gutsbetriebe mit abhängigen Landarbeitern. Mit der Übernahme der Insel durch Preußen begann eine Binnenkolonisation, die Niederungen, besonders der Thurbruch, wurden trockengelegt und mit Bauern besiedelt. Bis Mitte des 19. Jh.s war auf Usedom die Landwirtschaft dominierend, die Fischerei nur Nebenerwerb; erst im 20. Jh. erhielt die Küsten- und Hochseefischerei eine größere Bedeutung. Mit dem 19. Jh. setzte der Fremdenverkehr ein und nimmt heute die dominierende Stellung ein. 1823 kamen die ersten Urlauber nach Swinemünde, 1825 nach Heringsdorf; weitere Orte folgten, bis Ückeritz und Trassenheide um 1900 den Schlußpunkt setzten. Die Eisenbahn Ducherow – Swinemünde (1867), 1894 nach Heringsdorf und 1911 bis zur Wolgaster Fähre ausgebaut, mußte den Touristenstrom bewältigen. 1927 wurde die Fluglinie Berlin – Swinemünde eröffnet. Durch die Demontage der Eisenbahn (1945) hat sich der Transport der Touristen auf die Straße verlagert, über die seit 1957 wieder benutzbaren Zecheriner und die Wolgaster Brücke. 1937 – 45 erlangte → Peenemünde mit seiner Raketenversuchsanstalt waffen- und raketentechnische Berühmtheit. Die Kreisstadt → Swinemünde wurde 1945 mit 90,8 qkm der Insel, vor allem der Swineniederung, an Polen abgetreten.

Usedom-Wollin, Landkreis mit 690,57 qkm Gesamtfläche und 83 479 Einwohnern (1939). Er umfaßte die beiden Odermündungsinseln Usedom und Wollin. Neben der Kreisstadt → Swinemünde gab es noch die Städte Usedom und Wollin. Die Seebäder entlang der Küste haben zwar städtischen Charakter sind aber verwaltungsmäßig Dörfer. 1945 wurde der Kreis von der Oder-Neiße-Linie durchschnitten, durch die Wollin und 90,8 qkm der Insel Usedom mit Swinemünde an Polen kamen. Usedom gehört seitdem zum Kreis Wolgast. Ursprünglich war der Kreis von der Landwirtschaft geprägt: Ackerbau auf 54,5 v. H. der Nutzfläche und Wiesenwirtschaft auf 43,8 v. H., waren dominierend, wobei die anspruchslosen Böden mit Roggen und Kartoffeln bestellt wurden. Von den 3640 Bauernhöfen (1939) hatten 695 eine Größe von 10 – 20 ha und 365 20 – 100 ha; sie bewirtschafteten etwa zwei Drittel der Nutzfläche. Wesentlich größere wirtschaftliche Bedeutung hatte die Fischerei, zumal sich in Swinemünde die größte der drei pommerschen Oberfischmeistereien mit 4151 Fischern befand. Gefischt wurde auf der Oder-Bank und um Bornholm. Die Industrie beschäftigte sich mit der Verarbeitung von Fisch in Räuchereien in Trassenheide, Zempin, Ahlbeck, Misdroy und Swinemünde, wo auch eine Konserven- und eine Fischmehlfabrik standen. Swinemünde war der Standort für Holz- und Metallverarbeitung, u. a. Schiffbau, und Elektrotechnik. Überregionale Bedeutung hatte Lebbin mit seinem Kalk- und Zementwerk. Im Naturschutzgebiet von → Peenemünde wurde 1937 die Raketenversuchsanstalt gegründet. Seit dem 19. Jh. wurde der Fremdenverkehr zum überragenden Wirtschaftsfaktor. 1964 kamen allein auf die Insel Usedom 333 516 Dauergäste, die Zahl der Tagesgäste überstieg diese beträchtlich.

Die 45 589 Arbeitnehmer waren 1939 zu 31,3 v. H. in der Land- und Forstwirtschaft, 37,8 v. H. in Industrie und Handwerk und 30,9 v. H. in Handel und Verkehr beschäftigt.

Durch die Teilung des Landkreises gewann Swinemünde als polnischer Fischereihafen und Flottenstützpunkt noch größere Bedeutung. Weite Teile der Insel Wollin sind zu einem Naturpark umgewandelt und nach Swinemünde eingemeindet worden. Usedom blieb weiter die „Badewanne von Berlin“.

Utech, Joachim, Bildhauer. * 1889 in Belgard, † 1960 in Marburg. Nach einer Ausbildung als Stukkateur besuchte er 1907 die Kunstschule des Westens in Berlin, wechselte 1908 an die Hochschule für Bildende Künste in Charlottenburg und 1911 an die Staatliche Kunstschule in Berlin. 1913 legte er das Examen als Zeichen- und Werklehrer ab. Danach besuchte er die Leipziger Kunstakademie. 1921 wurde er Zeichenlehrer in Insterburg und 1925 in Belgard. Neben dem Beruf schuf er Holz- und Granitskulpturen. 1924 war er mit mehreren Arbeiten auf der Großen Berliner Kunstausstellung vertreten. Seine bildhauerische Besonderheit sind Granitköpfe und unter ihnen die „Gruppenköpfe“. Stets blieb ein Teil des rohen Gesteins unbearbeitet stehen, so daß sie einen archaischen Eindruck vermitteln. 1936 nahm er an der

Biennale in Venedig teil. Zahlreiche Arbeiten gelangten in Museen. 1945 ließ er 300 seiner Werke in Belgard zurück. Sie bildeten das von sowjetischer Militärbehörde in seinem Atelier eingerichtete Utech-Museum. 1957 erhielt er 72 Arbeiten zurück. 1945–55 lebte er in Lüneburg; bis 1948 hatte er 102 Holz- und 42 Granitskulpturen geschaffen. 1955 zog er nach Marburg. Er nahm an zahlreichen Gruppenausstellungen teil, seine Granitköpfe gelangten wieder in öffentliche und private Sammlungen.

Henry Vahl

Vahl, Henry, Schauspieler. * 1897 in Stralsund, † 1977 in Hamburg. Der Fischerssohn ging als Werftlehrling nach Kiel und begann 1915 als Statist am Kieler Theater. Als Schauspieler brillierte er weitgehend in volkstümlichen Stücken. Mit seinem Freund Paul Wegener unternahm er einige Tourneen durch ganz Deutschland. 1958–72 war er als „Opa Henry" am Ohnsorg Theater in Hamburg, 1973–75 am St.-Pauli-Theater als „Zitronenjette" engagiert. Daneben war er als Sänger in zahlreichen Rollen bei Film und Fernsehen tätig.

Varzin *(Warcino)*, Kreis Rummelsburg; Dorf mit 746 Einwohnern (1939). Auf einer nahegelegenen Anhöhe erhebt sich das Bismarcksche Schloß. 1485 wurde Varzin erstmals als Lehen derer v. Zitzewitz genannt und blieb in deren Familienbesitz bis 1736. 1867 kaufte es Otto v. Bismarck und baute in → Hammermühle eine Papierfabrik.
Das Herrenhaus, um 1700, hat zwei rechtwinklig zueinander stehende Flügel, an den rechten wurde 1874 der Fürstenbau angefügt. 1945 blieb das Haus erhalten, das Archiv wurde nach Danzig überführt und eine Forstschule eingerichtet. 1988 erfolgte eine gründliche Renovierung. Teile der früheren Einrichtung sind noch erhalten, u. a. der Schreibtisch des Reichskanzlers.

Verchen, Kreis Demmin; Fischer- und Bauerndorf am Nordufer des Kummerower Sees mit 600 Einwohnern (1990).
1164 fand bei Verchen eine Schlacht zwischen Heinrich dem Löwen und dem Obotritenfürsten Pribislaw statt; mit ihr wurde der Obotritenaufstand vom Anfang der 60er Jahre niedergeschlagen, Pribislaw floh zu seinen Bundesgenossen in Pommern. Ende des 12. Jh.s gründeten die beiden lutizischen Adligen Heinrich und Boris auf dem Marienberg bei → Altentreptow ein Benediktinerinnenkloster, dem 1191–94 Bischof Sigwin eine Bestätigungsurkunde ausstellte. Bald danach wurde es nach Klatzow verlegt und kam schließlich 1245 auf den Marienwerder bei Verchen. 1269 erfolgte der letzte Umzug nach Verchen, das das Kloster vom Ritter Janeke erworben hatte. 1494–1516 war Elisabeth, Schwester Herzog Bogislaws X., Priorin in Verchen. Im 13.Jh. betrieb das Kloster mit großem Erfolg eine Ziegelei, die die umliegende Ortschaften belieferte.
Bauwerke: Klosterkirche *St. Katharina* (1269), Backsteinsaalbau; Ost- und Westgiebel sind reich mit spitz- und rundbogigen Blenden verziert. Im 15. Jh. wurde vor der Nordwand der Turm angebaut zusammen mit dem sterngewölbten Chor. 1969 legte man im Chor ornamentale und figürliche Fresken aus dem Mittelalter frei. Vom spätgotischen Flügelaltar, eine Stiftung der Priorin Elisabeth (1420) ist der Mittelschrein, eine Verkündigung, aus einer Lübecker Werkstatt erhalten. In den Chorfenstern sind Glasbilder aus dem 3. Viertel des 15. Jh.s er-

halten. Unter baldachinartiger Architektur stehen eine Kreuzigungsgruppe und verschiedene Heilige. In einem ist das Wappen der Priorin Behr von 1461 erhalten.

Viehaustrieb. Im Südosten Pommerns fand am ersten oder zweiten Pfingsttag der Viehaustrieb statt. Pferde, Kühe, Schafe und Gänse wurden geschmückt auf die Weide getrieben. Die Reihenfolge wurde dabei durch einen Wettlauf der Hirten bestimmt: Erster war der „Königsreiter", ihm folgte der „Diener"; danach kamen der „Heckakneda", er mußte das Lattentor am Dorfeingang öffnen, der „Teerpeeserer", der die Peitschen teeren mußte, der „Schmenkendreger", er hatte die Peitschenschnüre zu drehen, der „Stöckeknecht", er war der Büttel, und zuletzt der „Pfistrüker". Nach dem Viehaustrieb sagten die Hirten einen Vers auf und erhielten von ihrem Bauern das Pfingstgeld als Lohn.
In manchen Dörfern gab es ein Wettaustreiben; der Sieger, der „Tauschlepper", war der Held des Tages.

Viehzucht. Die Grundlage der Viehzucht war das Vorhandensein von Wiesen und Weiden; 1938 waren 469612 ha, also 12,2 v. H. der gesamten Fläche Pommerns Weideland. Darauf wurden 289575 Pferde, 1175066 Rinder (davon 627295 Milchkühe), 2020417 Schweine, 652445 Schafe und 6198300 Stück Geflügel gehalten. In den letzten 100 Jahren fand in der Viehzucht eine Strukturveränderung von einer extensiven Weidewirtschaft zur intensiven Wiesenkultur und Grünlandwirtschaft mit Stallviehhaltung statt. Eine Folge war der Rückgang der Schafhaltung, dafür nahm die Rinderhaltung zu. 1938 lieferte die Viehzucht für die Ernährung 1535300 t Vollmilch, 67587 t Rindfleisch, 142767 t Schweinefleisch und 4472 t Hammelfleisch.
Gefördert wurde die Viehzucht durch Zuchtvereine, so durch den Verband Pommerscher Warmblutzüchter und seit 1907 den Verband Pommerscher Kaltblutzüchter, seit 1900 durch die Pommersche Herdbuchgesellschaft für das schwarz-weiße Tieflandrind, seit 1922 durch den Verband Pommerscher Schweinezüchter und seit 1909 durch den Verband Pommerscher Schafzüchter. Auch hier stellt das Jahr 1945 einen tiefen Einschnitt dar: Der Viehbestand in Ostpommern lag 1971 bei 45 v. H. des Bestandes von 1939. In Vorpommern suchte man in den VEGs den Viehbestand zu halten.

Vierkanthof. Entlang der Ostseeküste, vom Kreis Greifenberg über → Jamund, das → Rügenwalder Amt bis zur Lupow hat sich der Vierkanthof ausgebreitet, der seine Vorbilder in Niederbayern, im Innviertel und auch in Südschweden hat. Der Hof wird zur Straße hin durch ein langgestrecktes Gebäude mit Tenne, Tagelöhnerhaus und der großen Tordurchfahrt mit Fußgängerpforte abgeschlossen. In rechtem Winkel schließen sich die Scheune und Ställe an. Alle drei Bauten haben ein zusammenhängendes Dach, ursprünglich aus Stroh. Der Durchfahrt gegenüber steht das Wohnhaus, oft ein → Altsächsisches Bauernhaus. Verschiedentlich hat ein Querdielenhaus, das mit seiner Traufseite zum Hof steht – ein fränkisch-sächsischer

Vierkanthof im Kreis Greifenberg

Mischtyp – den altsächsischen Typ verdrängt. Reste solcher Anlagen sind noch erhalten, u. a. in Grupenhagen, Kreis Schlawe (1992).

Vietzker See *(Jezioro Wicko)*, im Kreis Schlawe. Der Vietzker See ist ein 11,25 qkm großer, 4,6 km langer und 2,9 km breiter Grundmoränensee, der in 0,20 m über NN nur 1,5 km von der Ostsee entfernt liegt. Durch den See zieht sich von der Halbinsel bei Vietzke (13 m über NN) über den großen Stein zum Vietzker Strand in die Ostsee hinein ein Endmoränenzug, der als Steinpakkung unter der Wasseroberfläche zu verfolgen ist. Die östliche Seehälfte ist 5,30 m, die westliche, in die der Klosterbach fließt, nur 4,50 m tief.

Auf der Nehrung liegen zwei Wanderdünen. Der Ausfluß zur Ostsee durch die Nehrung, die Glawitz, hat ein über 1 km langes, gewundenes Flußbett, durch das nur selten Meerwasser in den See gelangt.

Vilm; 0,96 qkm große Insel im → Greifswalder Bodden, etwa 1 km vor der Küste Südrügens. Sie ist vom Hafen Lauterbach erreichbar. Die Insel besteht aus zwei Endmoränenstücken des Nordrügischen Gletschervorstoßes (H 2), dem Großen Vilm, 38 m über NN, und Kleinen Vilm, 21,40 m über NN; eine Nehrung verbindet die beiden (Mittel Vilm). Der Geschiebelehm fällt in einem steilen Ufer zum blockreichen Strand ab; am Nordrand des Großen Vilm entwikkelt sich ein Sandhaken. Vermutlich hat die große Sturmflut von 1304 die Landverbindung nach Rügen unterbrochen. Der naturbelassene Buchenwald mit 300–400 Jahre alten Bäumen, auf denen auch Seeadler horsten, steht unter Naturschutz. Die Insel war bereits in der Steinzeit besiedelt und wurde auch landwirtschaftlich genutzt. 1959–89 war sie als „DDR-Regierungsinsel“ gesperrt; die Bauten beherbergen heute eine Naturschutzakademie.

Vilmsee *(Jezioro Wielimie)*, ein 18,3 qkm großer, bis 6 m tiefer stark zerlappter Grundmoränensee in 133 m über NN nördlich von Neustettin mit 127 ha Inseln. Die größte, Großer Werder, besaß seit 1941 eine Fischbrutanstalt. Der Vilmsee wird von der → Küddow durchflossen, die ihn bei Groß Küdde verläßt. 1779 wurde auf Staatskosten der Seespiegel um etwa 2,25–3 m abgesenkt, wodurch man ca. 4000 Morgen Wiese gewann. Im Südwesten neigt der See zu starker Verlandung.

Vineta. Die sagenhafte, reiche Kaufmannsstadt an der Südküste der Ostsee wurde der Legende nach wegen des Hochmuts und der Gottlosigkeit ihrer Bewohner von einer riesigen Flutwelle zerstört. Seither ruht die Stadt auf dem Grund des Meeres, und nur Sonntagskinder können am Johannistag ihre Glocken dumpf klingen hören.

In der „Chronik der Slawen“ hat 1170 Helmold von Bosau eine recht phantasievolle, mit einer moralischen Wertung versehene Beschreibung der bereits untergegangenen Stadt gegeben; er nennt Vineta die „größte slawische Stadt“. Adam von Bremen hatte schon vor ihm „Jumne“ zu den „ größten Städten Europas“ gezählt. Der Name scheint aus einer Wortverdrehung von „Jumne“ über „Vimne“ zu Vineta entstanden zu sein. Archäologische Forschungen seit 1934 suchen eine Übereinstimmung der Identität Vinetas mit → Wollin herzustellen; die überreichen Funde legen diese Deutung nahe.

Die Vinetasage schrieb um 1345 Bruder Angelus von Stargard auf; in verschiedenen Versionen ging sie in die Volkstradition in Pommern und im Ostseeraum ein.

Vinetariff. Etwa 1 km vor der Küste Usedoms bei Koserow erstreckte sich das Vinetariff. Die schweren Granitblöcke waren wohl Reste einer Endmoräne, die möglicherweise mit dem → Streckelsberg in Verbindung stand. Für die Schiffahrt bedeutete es eine Gefahrenstelle.

Die Sage verlegte hierher die untergegangene Stadt → Vineta. 1818–23 holten Zangenfischer die Granitfindlinge heraus und brachten sie nach Swinemünde, wo sie der Verlängerung der beiden Molen dienten. Seitdem ist das Vinetariff fast verschwunden; damit wurde die Küstenabtragung besonders am Strekkelsberg verstärkt.

Virchow, Rudolf, Pathologe. * 1821 in Schivelbein, † 1902 in Berlin.
1839 Ausbildung in der Militärärztlichen Akademie in Berlin; 1843 Promotion, er wurde Unterarzt an der Charité. Virchow verfaßte „Das Karthaus zu Schivelbein". 1847 habilitierte er und schied aus dem militärischen Dienst aus. Minister Eichhorn schickte Virchow 1848 nach Oberschlesien, um die Ursachen der Hungertyphusepidemie zu ergründen. In seinem Bericht forderte Virchow nicht nur Medikamente und Lebensmittel, sondern auch für die Menschen „volle und unbeschränkte Demokratie". Er beteiligte sich 1848 am Barrikadenbau in Berlin. 1849 wurde er Professor für pathologische Anatomie in Würzburg; hier verfaßte er seine grundlegenden Werke auf dem Gebiet der Pathologie und Sozialhygiene. Er begründete die Zellularpathologie, wofür er 1856 nach Berlin als Direktor des ersten deutschen Pathologischen Instituts berufen wurde. Virchow ließ sich 1859 zum Stadtverordneten wählen und blieb es bis zu seinem Tode. Er war Mitbegründer der Fortschrittspartei (1861), kam in den preußischen Landtag und wurde zum entschiedenen Gegner Bismarcks. 1870 gehörte er zu den Gründern der „Deutschen Gesellschaft für Anthropologie, Ethnologie und Urgeschichte" und hielt den Gründungsvortrag „Über Gesichtsurnen". 1880–93 war er Mitglied des Reichstages für die „Freisinnigen", dort prägte er den Begriff „Kulturkampf". 1893 übernahm er das Rektorat der Berliner Universität. Auf seine Anregung erhielt das Berliner Museum für Völkerkunde eine prähistorische Abteilung und die Stadt Berlin ihre Kanalisation.
Neben seiner rastlosen Tätigkeit – allein zwischen 1834 und 1901 verfaßte er 1103 Artikel zur Ur- und Frühgeschichte, 246 zur Anthropologie und 502 zur Völker- und Volkskunde – unternahm er Reisen nach Ägypten und in den Vorderen Orient bis in

Rudolf Virchow

den Kaukasus, um ethnologische Forschungen zu betreiben.
Der preußische Staat und das Deutsche Reich ehrten ihn als überragenden medizinischen Forscher, Medizinhistoriker, Hygieniker und Förderer der Volksbildung.

Vitalienbrüder; Freibeuter auf der Nord- und Ostsee, aus der Zeit um 1400. In den Erbfolgekämpfen um das nordische Reich suchte Königin Margarete von Dänemark Schweden, dessen sich Albrecht von Mecklenburg bemächtigt hatte, zu erobern. Ab Sommer 1391 belagerte sie Stockholm; Kaperschiffe, in Rostock und Wismar ausgerüstet, durchbrachen den Belagerungsring und versorgten die Stadt mit Lebensmitteln – Vitalien. Daneben betrieben die Vitalienbrüder Seeräuberei, z. T. von pommerschen Herzögen (u. a. Barnim VI. und Wartislaw VIII.) unterstützt. Nach der Vereinigung der nordischen Reiche in der Kalmarer Union (1397) betrieben die Vitalienbrüder ihre Piraterie auf eigene Faust von mehreren Stützpunkten aus, z. B. von Gotland (1392–98) und von Rügen. Die Hansestädte wehrten sich und sandten 1394 eine Flotte, zu der auch 18 pommersche Städte ihren Beitrag leisteten, aus; sie hatte jedoch nur geringen Erfolg, zumal die Herzöge von Wolgast und Stettin großen Gewinn aus der Seeräuberei zogen. Königin Margarethe und die Hansestädte zwangen die Herzöge schließlich, ihr Handwerk aufzugeben. 1401 schlug eine Hanseflotte die Vitalienbrüder; ihre Führer

Klaus Störtebeker und Godeke Michels wurden 1402 in Hamburg hingerichtet. Der Handelsfrieden auf der Ostsee war wiederhergestellt; die Vitalienbrüder lebten in zahlreichen Sagen im Volke weiter.

Vorlaubenhaus; im → Mittelpommerschen Keil gab es eine Abwandlung des → märkischen Dielenhauses, das Vorlaubenhaus. Exemplare dieses Haustyps finden sich u. a. in Groß Rischow, Kreis Pyritz, in Roderbeck, Kreis Greifenhagen, und in Briesenitz, Kreis Deutsch Krone. An einer Giebelseite ragte das Obergeschoß weit über das Erdgeschoß hinaus und wurde von mehreren Säulen gehalten. Das Herkunftsgebiet des Vorlaubenhauses liegt in der Neumark und Uckermark. Die Vorlaube, „Löwing“, diente als offene Halle, Unterfahrt und Wetterschutz für Wagen und Ackergerät.

Vorpommern, Landschaft westlich der unteren Oder, nach Südwesten durch den Landgraben und das Mecklenburgische Grenztal begrenzt. Das verhältnismäßig ebene Land ist eine flache Grundmoränenlandschaft, die im Randower Hochland und im Tollensee-Winkel in die Nähe der Endmoränenstaffel kommt. Vom Haff verlaufen nach Nordwesten spätglaziale Abflußrinnen, deren letzte das Ziesetal ist.

Dieser Raum wird weitgehend von der Landwirtschaft, auf höheren, trockneren Gebieten mit Kartoffeln und Roggen, in den feuchten Tälern mit Wiesenwirtschaft und Rindviehzucht genutzt. Industriestandorte sind weitgehend die Küstenstädte bzw. Orte, die über das Haff und die Peene durch die Schiffahrt erreichbar sind. Von größter Bedeutung ist seit dem 19. Jh. der Fremdenverkehr an der Ostseeküste, der mit seinen Hotelkomplexen den Küstensaum weitgehend umgestaltet hat.

Mit der Vereinigung des südlichen → Altvorpommerns mit dem nördlichen → Neuvorpommern konnte sich Vorpommern zu einem einheitlichen Wirtschaftsraum entwikkeln, was 1922 durch die Zusammenlegung der Regierungsbezirke Stralsund und Stettin verstärkt wurde. Obwohl Stettin eine so dominierende Stellung hatte, konnte Vorpommern westlich der → Ueckermünder Heide sein Eigenleben bewahren. Über Rügen wurde es zu einem Durchgangsland für den Skandinavienverkehr aus Mitteldeutschland. 1945 wurde Vorpommern vollständig vom Zentralraum Stettin abgeschnürt. 1945–52 kam sein größter Teil zum Land Mecklenburg, das Gebiet der Randow-Hochfläche zu Brandenburg. Nachdem 1952 die alte Ländergliederung aufgehoben worden war, wurde Vorpommern auf die Bezirke Rostock, Neubrandenburg und Frankfurt an der Oder aufgeteilt. Seit 1990 gehört Vorpommern zum Bundesland Mecklenburg-Vorpommern, nur der kleine Zipfel östlich der Randow blieb bei Brandenburg.

Voß, Richard, Schriftsteller. * 1851 in Neugrape, Kreis Pyritz, † 1918 in Berchtesgaden. Studium der Philosophie in Jena und München. 1884 wurde er Bibliothekar auf der Wartburg; nach einem Aufenthalt in einer Nervenheilanstalt (1888) lebte er in Frascati bei Rom und Berchtesgaden als freier Schriftsteller. Sein Werk – Tragödien, historische Dramen, Romane und Novellen – kreist um historische Themen, besonders aus dem alten und neuen Rom. In seiner leidenschaftlichen Sprache schildert er seine Liebe zur Natur, zu allem Prächtigen und Schönen, aber er beschreibt auch Krankhaftes und Entsetzliches.

Werke u. a.: Dramen: Savonarola (1878); Regula Brandt (1883); Romane: Rolla, die Lebenstragödie einer Schauspielerin (1883); Die neuen Römer (1885); Zwei Menschen (1911).

Waase, Kreis Rügen; das Dorf liegt an der Südküste der Insel → Ummanz, von hier führt die Verbindungsbrücke zur Hauptinsel. Das ehemalige Bauerndorf war seit dem → Bauernlegen um 1630 ein Häuslerdorf, in dem sich Handwerker niederließen; schon 1694 lebten in Waase neben dem Krüger zwei Weber und ein Schneider.

Bauwerke: Dorfkirche *St. Marien,* vor 1322 genannt; dem Chor, 2. Hälfte 15. Jh., wurde

Ermordung des hl. Thomas Beckett, Darstellung am Brabanter Schnitzaltar

um 1600 ein Fachwerklanghaus angebaut. 1934 legte man in den Kreuzrippengewölben des Chors und am Triumphbogen figürliche und ornamentale Fresken von ca. 1470 frei, u. a. Christus als Weltenrichter.

Prunkstück ist der Brabanter Schnitzaltar aus Antwerpen, um 1520. Er war für eine Kirche in England bestimmt, daher die Szenen vom Leben und Tod des heiligen Thomas Beckett von Canterbury. Unter König Heinrich VIII. konnte er nicht mehr in England aufgestellt werden, er kam nach Stralsund in die Hl.-Geist-Kirche und 1708 nach Waase. Mittelbild ist eine figurenreiche Kreuzigungsszene, unter ihr ist die Ermordung des hl. Thomas dargestellt. Die Flügel tragen Tafelbilder der Passion und aus dem Alten Testament. Die Kanzel, 1572, stammt aus einer anderen Kirche. In den Fenstern des Langhauses sind 17 ovale Wappenscheiben Stralsunder Ratsherren von 1697 eingefügt.

Wäscheklopfer, auch Waschholz, ein kurzes Brettchen mit Stiel, das bei der Wäsche zum Klopfen des handgewebten Leinens überall in Pommern genutzt wurde. Die Wäscheklopfer vom Darß und von Rügen waren im 19. Jh. noch mit flachem Kerbschnitt – Sechsstern, Rosetten u. a. – verziert, der auf Mönchgut zusätzlich mit grünem und rotem Wachs ausgelegt war. Der Stiel, oft spiralig verziert, trägt auf seinem Ende einen Sechsstern. Um die Jahrhundertwende wurden die Wäscheklopfer mit Sinnbildern aus dem Soldaten- und Seemannsleben bemalt. Diese nicht bodenständigen Formen verdrängten die alte Schnitzkunst.

Wanderarbeiter. Nach der Bauernbefreiung zu Beginn des 19. Jh.s machte sich auf den großen Gütern, besonders in Vorpommern, ein erheblicher Arbeitskräftemangel, vor allem zur Erntezeit, bemerkbar. Mit Hilfe von Werbern wurden ab 1890 polnische Schnitter auf die Güter geholt und ihnen bescheidene Wohnungen zur Verfügung gestellt. 1901 kamen etwa 12000, bis 1912 waren 42000 Wanderarbeiter in Pommern. Um 1902 waren auf den Gütern um Anklam über

Alte pommersche Schnitzkunst: handgeschnitzter Wäscheklopfer

6000 Wanderarbeiter tätig. 1915 wurden von der katholischen Pfarrei in Greifenberg 2000 Wanderarbeiter seelsorglich betreut. Um Belgard arbeiteten 1914 über 1000. Z. T. blieben die Wanderarbeiter das ganze Jahr über auf den Gütern. Der Erste Weltkrieg brachte eine Wende; Wanderarbeiter kamen nicht mehr so zahlreich und 1923 unternahmen die Behörden Versuche, die Wanderarbeiter nach Polen abzuschieben, was jedoch nur teilweise gelang. Noch 1932 gab es um Stargard 800, um Anklam 1000, auf Rügen 600, um Greifswald 1000, um Grimmen 700, um Arnswalde 600 Wanderarbeiter. Von den etwa noch 9300 Wanderarbeitern waren nur ein Drittel in Hinterpommern tätig, zwei Drittel in Vorpommern. 1933 wurden die letzten Wanderarbeiter nach Polen ausgewiesen.

Wanderdünen. An der hinterpommerschen Ausgleichsküste beginnt östlich von Jershöft, Kreis Schlawe, das Gebiet der Wanderdünen.
In der vorherrschenden Westwindrichtung bewegen sich die Wanderdünen nach Osten. Der Sand wird zunächst vom Strand zu Vordünen aufgeweht. Weiter landeinwärts entstehen durch das Vorrücken der Vordünen, die eine Geschwindigkeit von max. 20 m pro Jahr erreichen, größere Dünenkomplexe, Parabeldünen, die sich etwa 7–10 m pro Jahr vorwärts bewegen. Schon in der Mulde zwischen Vor- und Hauptdüne siedelt sich ohne menschliches Zutun Strandweizen an und beginnt den Sand festzulegen; auf den Hauptdünen breiten sich Strandhafer, Sandroggen, Strandweiden, Heidekraut und schließlich Kiefernwald aus. Der Mensch versucht, durch Bepflanzung bereits die Vordüne festzulegen, was an der gesamten Ostseeküste durchgeführt wird. Wo allerdings durch Abholzung und Zerstörung der Pflanzendecke dem Wind neue Angriffsflächen geboten werden, entstehen sehr schnell Windmulden, aus denen Flugsand herausgeblasen wird, wodurch die Düne wieder in Bewegung kommt. So soll in der Zeit um

Wanderdüne

1400–1500 die → Lontzkedüne wieder aktiviert worden sein.
Der Sand wird die Luvseite hochgeblasen, an der Leeseite fällt er in das von Vegetation noch besetzte Land und schüttet es zu. Bei heftigen Winden beginnen die Dünen zu „rauchen".

Wangerin *(Węgorzyno),* Kreis Regenwalde; Kleinstadt mit 2230 Einwohnern (1983). Sie liegt zwischen dem Wangeriner See und den Seewiesen, dem ehemaligen Polchower See. Auf dem einstigen Seepaß befindet sich der rechteckige Marktplatz neben einem wendischen Burgwall. Mit dem Eisenbahnbau erfolgte die erste Stadterweiterung nach Norden. In den 20er Jahren des 20. Jh.s entstanden Stadtrandsiedlungen auf dem Springberg und an den Ausfallstraßen nach Labes, Ruhnow und Nörenberg. Um den Bahnhof stehen die wenigen Industriebetriebe der Akkerbürgerstadt.
1348 war Wangerin Residenz der Familie v. Borcke, als Henningus v. Borcke de Wangerin auf dem Burgwall seinen Stammsitz errichtete. Vor 1460 erhielt Wangerin lübisches Stadtrecht und blieb bis 1815 im Besitz derer v. Borcke. 1786 wurde die älteste Kriegerkameradschaft Deutschlands gegründet. Die Pommersche Centralbahn erreichte 1877–78 die Stadt, wodurch der Landhandel intensiviert wurde. 1925 lag der gesamte Getreidehandel in jüdischen Händen. Neben der Landwirtschaft und Viehzucht existierten in Wangerin eine Maschinenfabrik, drei Bauhöfe, Ziegeleien und zwei Mühlen.

Bauwerke: Die Stadtkirche *St. Katharina*, ein Findlingsbau aus dem 15. Jh., brannte 1945 ab; auf ihren Grundmauern entstand 1959 ein Neubau ohne Turm.
Das *Schloß*, ein zweigeschossiger Fachwerkbau mit zwei Seitenflügeln (17.–18. Jh.), wurde 1945 zerstört.

Wapenhensch, Wilhelm, Komponist. * 1899 in Groß Zarnow, Kreis Pyritz, † 1964 in Kiel. Als Kind begleitete er Loeweballaden am Klavier, als Achtjähriger vertrat er den Dorfkantor. Nach seinem Musikstudium in Potsdam kam er 1924 als Musiklehrer und Organist an der Loewe-Orgel in St. Jakobi nach Stettin. 1929 war er Lehrer an der Kaiserin-Augusta-Viktoria-Schule, Organist an St. Peter und Paul und Musikfachberater für die höheren Schulen in Pommern. Nach 1945 wurde er Domorganist in Kiel. Daneben schuf er zahlreiche Musikwerke, u. a. „Chorkantate für Soli, Chor und Gemeindegesang“ (1936); „In der pommerschen Spinnstube“ für Soli, Chor und Kammerorchester (1958); „Nordlandsuite“ (1961); „Heimat am Meer“, Liederkantate (1964); außerdem verfaßte er das Liederbuch „Mien Pommernland“. 1963 erhielt Wapenhensch den Pommerschen Kulturpreis.

Wappen. Das heutige Wappen Pommerns zeigt einen von rechts nach links aufrecht schreitenden roten Greif mit goldenen Klauen in silbernem Feld. Erstmals ist der Greif als Wappentier von Herzog Sambor II. von Danzig (1251), dann von Herzog Wartislaw III. von Demmin (1255) und Fürst Wizlaw II. von Rügen (1293) benutzt worden. Im Verlauf der nächsten Jahrhunderte wurde er in verschiedener Farbgebung für die einzelnen pommerschen Herrschaften benutzt. Herzog Georg schuf 1530 als erster das große, neunteilige Greifen-Wappen, das bis zum Aussterben des Herzogshauses mit wechselnder Umrahmung in Gebrauch war: Die oberste Reihe nehmen folgende Wappen ein:
Herzogtum Stettin: ein goldbewehrter, gekrönter roter Greif in blauem Feld, nach rechts schreitend.
Herzogtum Pommern: ein roter Greif in silbernem Feld, nach links schreitend.
Herzogtum Cassuben: ein schwarzer Greif in goldenem Feld, von links schreitend.
In der mittleren Reihe stehen die Wappen vorn: *Herzogtum Wenden:* ein von links oben nach rechts unten in vier Streifen – rot, grün, rot, grün – geteilter Greif in silbernem Feld, nach rechts schreitend.
Fürstentum Rügen: quer halbiert, oben ein rotgekrönter schwarzer Löwe in goldenem Feld nach links blickend; unten ein roter Stufengiebel in blauem Feld.
Herrschaft Usedom: ein silberner Greif mit Störschwanz in rotem Feld, nach links blikkend.
Die untere Reihe nehmen folgende Wappen ein: *Herrschaft Barth:* ein schwarzer Greif mit zwei silbernen Flügelfedern in goldenem Feld, nach rechts schreitend.
Grafschaft Gützkow: ein rotes Diagonalkreuz mit vier roten Rosen in seinen Zwischenräumen in goldenem Feld.
Herrschaft Wolgast: quer halbiert, oben ein wachsender silberner Greif in rotem Feld; unten gold-blau geschachtet.
Als preußische Provinz erhielt Pommern das Wappen mit dem roten Greif.

Warper See *(Jezioro Nowowarpieńskie);* eine Bucht am Südufer des Stettiner Haffs beim Dorf Altwarp. Nach einer schmalen Einfahrt bis zum Fischerstädtchen Neuwarp, die die Insel Kahle Berg noch verengt, öffnet sich der Warper See mit einer Ausdehnung von 6 km in Ost-West-Richtung und über 3 km in Nord-Süd-Richtung. In seiner Mitte liegt der Riether Werder. Umgeben wird der See vorwiegend von Nadelwald, der bei Altwarp auf bis zu 33 m hohen Dünen steht. Am Südufer liegen die Dörfer Rieth und Albrechtsdorf. Von den Siedlungen wurde intensive Haffischerei betrieben. 1932 arbeiteten in Altwarp 128 und in Neuwarp 183 hauptberufliche Fischer.
Seit 1945 verläuft die Oder-Neiße-Grenze durch den See; Altwarp blieb bei Deutschland, Neuwarp kam zu Polen.

Wartislaw I., Herzog. Erster geschichtlich erfaßbarer pommerscher Herzog, lebte um 1124–28, † um 1135 (?), wahrscheinlich 1147 oder 1148. Er ist der eigentliche Begründer Pommerns als „Staat“. Über seine Person wissen wir fast nichts, auch sein Todesjahr ist unbekannt, vermutlich wurde er von einem heidnischen Gegner umgebracht.

Wartislaw I. öffnete 1124 sein Land östlich der unteren Oder dem Christentum. Unter polnischem Schutz – Herzog Boleslaw III. von Polen hatte um 1120 Stettin erobert – erweiterte er seinen Machtbereich nach Westen in das Gebiet der Lutizen und stieß dort auf sächsische Rechtsansprüche. Östlich der Oder erkannte er die polnische und westlich die sächsische Oberhoheit an – seit 1135 stand über beiden der Kaiser als oberster Lehnsherr. Wartislaw I. förderte besonders die Missionsarbeit Bischof Ottos von Bamberg (zweite Missionsreise 1128), die 1140 zur Gründung des exemten, d. h. von Gnesen und Magdeburg unabhängigen Bistums Cammin durch Papst Innozenz II. führte. In der päpstlichen Bulle waren die Bistumsgrenzen mit dem „Reich, in dem Wartislaw I. herrscht“, beschrieben; damit hatte Herzog Wartislaw I. auch für sein Herzogtum internationale Anerkennung gefunden.

Wartislawstein. An der Wegegabelung der Straße Anklam – Jarmen nach Grüttow steht der Wartislawstein. Spätestens 1148 wurde in den großen roten Granitfindling ein 9 cm breites Kreuz eingemeißelt; unter dem linken Kreuzarm ist ein gekrümmtes Trinkhorn ausgehauen. Auf der Rückseite sind nur mühsam die Umrißlinien einer menschlichen Figur zu erkennen. Kreuz und Horn, Zeichen slawischer Herrscher, weisen auf den ersten zum Christentum übergetretenen Pommernfürsten → Wartislaw I. hin, der in der Nähe 1135 (?) von einem heidnischen Wenden erschlagen wurde.

Wasserzieher, Ernst, Sprachforscher. * 1860 in Stettin, † 1927 in Halberstadt. Er studierte Philologie, seit 1903 war er Studiendirektor in Neuwied. Wasserzieher suchte in zahlreichen allgemeinverständlichen Schriften die deutsche Sprache zu pflegen und zu fördern.

Werke u. a.: Leben und Weben der Sprache (1901); Woher? Ableitendes Wörterbuch (1918, 17. Aufl. 1966); Schlechtes Deutsch (1920); Führer durch die deutsche Sprache (1926, 6. Aufl. 1964).

Webkamm, eine der häufigsten → Minnegaben; er ist die einfachste Vorrichtung zum Weben. Der Webkamm ist ein geschnitztes viereckiges bis quadratisches Brettchen, in dessen Mitte eine Reihe von senkrechten schmalen Schlitzen eingeschnitten sind; in der Mitte der Stege befinden sich in einer Reihe je ein Loch. Durch Schlitz und Loch werden die Kettfäden durchgezogen; beide Enden der Kettfäden werden straff festgehakt. Durch Heben und Senken des Webkamms wird ein „Fach“ erzeugt, in das der Schuß gelegt wird. Damit können entsprechend der Breite des Webkamms Bänder gewebt werden. Zum Weben von Mustern werden mehrere Webkämme hintereinander mit verschiedener Führung der Kette genommen.

Der Webkamm erhält als Schmuckelement noch eine geschnitzte Bekrönung, u. a. Pferdeköpfe, Segelschiffe, Radkreuze, Herzen, Vögel. Der untere Teil war mit frommen

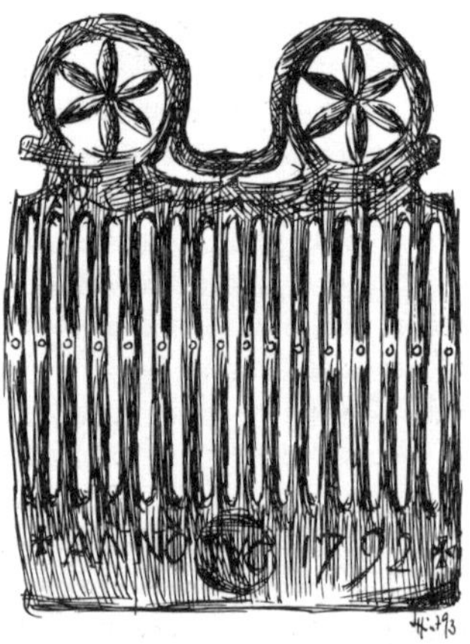

Webkamm

Weiden

Sprüchen, geometrischen Ornamenten, Namen, Jahreszahlen u. a. in Kerbschnitt oder Ritztechnik und z. T. mit farbigem Wachs ausgelegt, verziert. Besonders schöne Arbeiten dieser volkstümlichen Kunst stammen von Mönchgut und aus Jamund.

Wehrmann, Martin, Historiker. * 1861 in Stettin, † 1937 in Stargard. Nach seinem Geschichtsstudium war er zunächst als Gymnasiallehrer tätig; 1912–21 war er Direktor des Gymnasiums in Greifenberg, danach bis 1926 am Gröningschen Gymnasium in Stargard. Wehrmann ist der bedeutendste moderne Geschichtsschreiber Pommerns.
Werke u. a.: Aus Pommerns Vergangenheit (1891); Geschichte von Pommern (1904/06); Geschichte der Stadt Stettin (1911); Geschichte der Insel Rügen; Bischof Otto von Bamberg in Pommern; dazu verfaßte er zahlreiche Zeitschriftenartikel. 1931 umfaßte seine Bibliografie – zu seinem 70. Geburtstag herausgebracht – 800 Veröffentlichungen.

Weide *(Salix spec.)*, wurde häufig in der Volksmedizin benutzt gegen Erkältung, Durchfall, Rheuma, aber auch in der Zaubermedizin verwendet. Ein altes Sympathierezept verrät, wie man die „Salzflechte" mit Hilfe der Weide los wird:
Dreimal gehe man vor Sonnenaufgang und nach Sonnenuntergang zu einer Weide, lasse dort den Schaden von einer Person des jeweils anderen Geschlechts mit einem jungen Weidenzweig kreuzweise bestreichen; dabei muß derjenige folgenden Spruch aufsagen:
„Die Flechte und die Weide,
die liegen in großem Streite.
Die Weide, die gewinnt,
und die Flechte verschwindt!"
Anschließend wird mit dem ungebrochenen Zweig ein Knoten geschlagen, man geht dann schweigend nach Hause.

Weihnachtsgerichte. In Mittelpommern und vereinzelt in Vorpommern aß man am Heiligen Abend, am 1. Weihnachtstag, zu Sylvester oder Neujahr ein Grünkohlgericht; es fand nach Süden bis Glogau Verbreitung und hat seinen Ursprung an der Unterelbe. In Hinterpommern waren Grünkohlgerichte unbekannt, dafür gab es von der Wipper bis in die Kreise Regenwalde und Dramburg ein

Erbsengericht, das aus Ostpreußen, Schlesien und dem Sudetenland stammte. Im Kreis Stolp wurde ein stollenartiges Weizenbrot mit Rosinen, Kollatschen genannt, gebacken. Die pommersche Weihnachtsgans ist als Festtagsgericht vor allem in den Städten erst seit dem 19. Jh. bekannt.

Weißner, Hilde, Schauspielerin. * 1909 in Stettin, † 1987 in Braunau. Ihr bürgerlicher Name war Hildegard Weißbrod. Nach dem Besuch der Frauenfachschule machte sie ein Praktikum in der Heil- und Pflegeanstalt in Hamburg-Langenhorn. Mit dem verdienten Geld nahm sie Schauspielunterricht bei Herbert Hübner am Thalia-Theater. Ihre erste Rolle war die Maria Stuart im Theater in Altona; weitere Stationen waren Prag, Berlin, Hamburg. 1934 holte sie Gutsav Gründgens zum Film, wo sie als Partnerin u. a. von Emil Jannings, Willi Birgel, Hans Albers und Heinz Rühmann auftrat und meistens eine mondäne, arrogante, unnahbare Frau verkörperte. Sie spielte u. a. in: Die Finanzen des Großherzogs; Traumulus; Ball im Metropol; Ein Mann auf Abwegen. 1962 erhielt Hilde Weißner einen Ruf als Professorin an das Salzburger Mozarteum, wo sie bis in die 70er Jahre das Schauspielseminar leitete.

Weizacker; Landschaft südöstlich der → Buchheide in den Landkreisen Greifenhagen und Pyritz. Erstmals erschien der Name in Peter Kistmachers oder „Chelopoeus" Buch „De Pomeranorum regione et gente" (1574). Der Weizacker ist zweigeteilt in einen größeren, hügligeren Teil zwischen Buchheide und Madüsee und einen kleineren, flacheren östlich von Pyritz an der Grenze zur Neumark. Der Boden besteht aus tonigen Sedimenten eines Gletscherstausees, über denen Lößschichten lagern: ein äußerst fruchtbarer, tiefgründiger Boden; große Zuckerrüben- und Weizenfelder bilden die Grundlage das Reichtums seiner Bauern. Charakterbaum des Weizackers ist die Weide, die Wege, Gräben und Bäche begleitet und Wiesen und Brüche umsäumt. Kolbatzer Mönche begannen schon drei Jahre nach ihrer Klostergründung im Jahre 1173 den Weizacker zu erschließen und Bauern aus der Altmark anzusiedeln. 1355 gehörten dem Kloster bereits 49 Dörfer. Nach der Reformation wurde der Klosterbesitz in ein herzogliches Amt umgewandelt und 1616 mit dem Amt Pyritz vereinigt; 1724 wurde es auf die Kreise Greifenhagen und Pyritz aufgeteilt.

Die Nachfahren der freien Klosterbauern blieben auch im Amt unabhängig und keinem Grundherrn untertan. Im Laufe der Jahrhunderte schufen sie ein einheitliches bäuerliches Kulturgebiet. Ihre Siedlungen waren Reihen- und Angerdörfer mit → märkischen Dielenhäusern, die mit ihren großen Giebeln zur Straße hin standen. Ihre → Dorfkirchen waren zum größeren Teil Granitquaderbauten, die besonders im 17. Jh. reich ausgestaltet wurden, ein Zeichen wirtschaftlichen Wohlergehens und großer geistiger Eigenständigkeit. Schnitzereien und farbenfrohe Blumenornamente bedeckten Dekken, Altäre und Kanzeln. Auch der Hausrat war von erlesener Schönheit; pflanzliches Rankenwerk in leuchtendem Kornblumenblau und flammendem Mohnrot bedeckte die Schauflächen der Möbel. Der Reichtum der Bauern und ihr Bedürfnis, ihn auch nach außen zu zeigen, führte dazu, daß sie den Pastor nötigten, eine Trauung zweimal zu halten; einmal in der Kirche und dann noch einmal vor dem Festhaus, wo erst die Ringe gewechselt wurden.

Kultureller und wirtschaftlicher Mittelpunkt des Weizackers war das „pommersche Rothenburg", die Stadt → Pyritz. Große Teile der Bauernkultur des Weizackers waren im Pyritzer Museum aufbewahrt – es wurde ein Opfer des 2. Weltkrieges; von seinen Beständen blieb nichts erhalten.

Weizacker Tracht. Der Reichtum der Bauern zeigte sich in der Weizacker Tracht, in der edelste Materialien verwendet wurden. Bis ins 20. Jh. wurde sie getragen: 1910 im Kreis Pyritz noch von 7 Männern und 268

Frauen und im Kreis Greifenhagen von 1 Mann und 57 Frauen.
Die Männer trugen über einer wildledernen Kniehose und einer blauen Tuchweste einen langen dunkelblauen oder grünen Schoßrock mit roten Aufschlägen und Innenfalten. Zum Kirchgang setzten sie einen hohen schwarzen Zylinder auf. Die Frauen waren dagegen viel farbenfreudiger gekleidet; leuchtendes Grün, Rot und Blau waren die beherrschenden Farben. Je nach Besitzstand trugen sie sechs bis acht reichgefältelte, unten mit grünem oder blauem Band besetzte sehr kurze Röcke übereinander, darüber eine bunte Seidenschürze. Die Strümpfe waren rot oder blau. Um die Schultern legten sie mehrere farbige Seidentücher, „Bawendok“, deren Zipfel sie ins Mieder steckten. Über dem weißen Halskragen trugen sie zweireihige Bernsteinketten. Die dunklen Hauben mit Backenbändern hatten Bandschleifen, die auf Brust und Rücken fielen.
Einen außerordentlichen Reichtum der Frauentracht stellten die umfangreichen Stickereien dar; besonders reich bestickt waren die aus schwarzem Tuch oder schwarzer oder grüner Seide hergestellten Umschlagtücher. In Plattstickerei wurde in einer Ecke ein überaus aufwendiges Blumenmuster mit Rosen, Tulpen, Herzen und Sternen, vorwiegend in Rot, dazwischen Grün, Gelb, Blau und Weiß, gestickt. Während die Tücher von Berufsstickerinnen gefertigt waren, bestickten Bauersfrauen und Mädchen ihre Strümpfe, Handschuhe, Strumpfbänder und Umhängetaschen mit gleichen Motiven und gleichen Farben selbst.

Wenden; deutsche Sammelbezeichnung für alle in Ost- und Mitteldeutschland lebenden Slawen, z. B. Elb- und → Ostseeslawen, → Lutizen, → Pomoranen, → Tollenser, die nach dem Abzug der germanischen Stämme in den siedlungsdünnen Raum eindrangen und vorhandene Bevölkerungsreste aufsogen. Ihre Stammesnamen sind nur teilweise überliefert, besonders in den Grenzgebieten, während zwischen Oder und Weichsel keine Differenzierung nach Stämmen möglich ist. Auch in Westpommern lassen sich Stammesgrenzen nur ungefähr angeben.

Wendenkreuzzug. Nach dem Verlust von Edessa (1145) rief Bernhard von Clairvaux die abendländische Christenheit zu einem Kreuzzug auf, um das Heilige Land von den Heiden zu befreien. Ein Teil dieses religiösen Enthusiasmus wurde auf das Gebiet der noch heidnischen Slawen gelenkt. Papst Eugen III. und Bernhard von Clairvaux billigten den Plan Heinrichs des Löwen, gegen die benachbarten Heiden zu ziehen. 1147 sammelten sich zahlreiche Kreuzfahrer zum Wendenkreuzzug. Erstes Ziel war der Obotritenfürst Niklot, der von der Aufrüstung der Sachsen erfahren und deswegen Lübeck überfallen hatte. Herzog Heinrich und Bischof Adalbert von Bremen zogen mit einem Teil des Heeres nach Mecklenburg. Der größere Teil der Kreuzfahrer unter den Markgrafen Albrecht von Brandenburg und Konrad von Meißen, sowie dem Erzbischof Friedrich von Magdeburg wandte sich gegen die Lutizen und Pomoranern, um sie zum Christentum zu zwingen. Zwar war den Heerführern bekannt, daß Bischof Otto von Bamberg Pommern bereits missioniert hatte, aber so konnten sie die Kreuzfahrer für ihre eigenen politischen Ziele der Machtausdehnung nutzen. Der Zug gegen die Obotriten führte nur zur Belagerung der Burg Dobin; die dänische Flotte wurde von den slawischen Ranen überfallen und geschlagen. Der Zug nach Pommern, zu dem noch 20000 Polen gestoßen sein sollen, rückte über Havelberg vor; die Wenden flüchteten in die Wälter und Sümpfe. Schließlich lagerte die Hälfte der Kreuzfahrer vor Demmin, die andere vor Stettin. Ihnen trat Bischof Adalbert von Cammin entgegen und überzeugte die Fürsten, daß sie im Begriff waren, eine christliche Stadt anzugreifen; auch Herzog Ratibor verhandelte mit ihnen. Anfang September 1147 zog sich das Kreuzzugsheer zurück; ähnlich ergebnislos verlief der Zug nach Mecklenburg. 1148 erschien Herzog Ratibor, jetzt regierender Herzog der Pommern, in Havelberg zu einer Versammlung sächsischer Fürsten und bekannte sich offen zum Christentum.

Werben *(Wierzbno)*, Kreis Pyritz; Dorf am südöstlichen Ufer des → Madüsees mit 585 Einwohnern (1939). Werben hat einen schachbrettartigen Grundriß und einen kleinen Marktplatz.
Erstmals erscheint 1186 das Dorf „Grindiz" in einer Grenzbeschreibung des Klosters → Kolbatz. 1234 besaß der Ritter Matthäus de Grindiz das ganze Dorf; erst seit 1266 trug es den Namen Werben. 1300 war Werben eine Stadt zu Magdeburger Recht und gehörte den Camminer Bischöfen. Auf der Lubinschen Karten von 1618 ist Werben wieder als Dorf verzeichnet. 1780 brannte es fast vollständig ab.
Bauwerke: Die *Dorfkirche* aus dem 13. Jh. ist ein Findlingsbau mit einem Turm aus Feld- und Backsteinen, der mit vier Ecktürmchen bekrönt ist. Das Muldengewölbe hat 1738 J. Ch. Thiessen vollständig bemalt. Auf der flachen Mitte befinden sich neun mit gemalten ornamentalen Rahmen eingefaßte Bilder (u. a. Ausgießung des Heiligen Geistes), am ellipitischen Rand sechs kleinere Bilder aus dem Alten und Neuen Testament. Der große barocke Kanzelaltar stammte von 1788. Eine Besonderheit war der geschlossene Kirchenstuhl von 1696, der vom Kirchenvorsteher und Gerichtsverwalter Peter Fuchs

Werben

und seiner Frau Catharina Ballstaden gestiftet wurde. 1945 ging die ganze Einrichtung verloren.

Wieacker, Franz Rechtshistoriker. * 1908 in Stargard. Nach dem Jurastudium wurde er Professor in Leipzig, 1946 in Göttingen, 1948 in Freiburg, seit 1953 wieder in Göttingen. Sein Forschungsgebiet sind die Privatrechtsgeschichte, vor allem die Entwicklungsstufen des römischen Rechtes und die Stellung des Rechts in der gesamten Geistesgeschichte. Er ist Träger des Pour le mérite (Friedensklasse), 1969.
Werke u. a.: Societas, Hausgemeinschaft und Erwerbsgesellschaft, Untersuchungen zur Geschichte des römischen Gesellschaftsrechts (1936); Bodenrecht (1937); Privatrechtsgeschichte der Neuzeit (1952); Recht und Gesellschaft in der Spätantike (1964).

Wilcken, Ulrich, Althistoriker. * 1862 in Stettin, † 1944 in Baden-Baden. 1885–89 war er Hilfsarbeiter in der ägyptischen Abteilung der königlichen Museen in Berlin und habilitierte 1888 in alter Geschichte. 1889 war er Professor in Breslau, 1900 in Würzburg, 1903 in Halle, 1906 in Leipzig, 1912 in Bonn, 1915 in München und 1917 in Berlin. 1898–99 leitete er in Ägypten Ausgrabungen und entdeckte dabei viele griechische Papyri. Er wurde zum bedeutendsten deutschen Erforscher der antiken Papyri und gründete 1900 das „Archiv für Papyrusforschung und verwandte Gebiete".
Werke u. a.: Griechische Ostraka aus Ägypten und Nubien, ein Beitrag zur antiken Wirtschaftsgeschichte (1899); Urkunden der Ptolemäerzeit (1927–37).

Wildenbruch *(Swobnica)*, Kreis Greifenhagen; das große Gutsdorf mit 926 Einwohnern (1939) liegt am westlichen Hang zwischen Schloß- und Langem See. Wildenbruch war Hauptort des „Landes Wildenbruch", das Herzog Barnim I. 1234 dem → Templerorden verlieh, der hier einen Komturssitz einrichtete. Nach der Auflösung des Ordens (1312) baute der Johanniterorden 1377 im Schloßsee ein Schloß, in das er 1382

Schloß Wildenbruch

den Komturssitz von Rörchen verlegte. Bis 1648 blieb Wildenbruch Ordensbesitz. 1680 kam es zur brandenburgischen Markgrafschaft Schwedt, 1788 ging es in den Besitz des preußischen Königshauses über. Die illegitimen Kinder des Prinzen Louis Ferdinand erhielten das Dorf und nannten sich „von Wildenbruch". Wildenbruch blieb bis 1945 königliches Hofkammergut.

Vom Komturssitz steht noch der mächtige Bergfried. Im 18. Jh. wurde das dreigeschossige Hauptschloß zu einem Jagdschloß der Markgrafen von Schwedt umgebaut. Vorschloß und Bastion sind verschwunden. 1945 blieb das Schloß erhalten, die Inneneinrichtung ist jedoch vernichtet.

Windelbahnfest. An der Kreuzung der Bütower mit der Großen Auckerstraße in Stolp befand sich eine Windelbahn, ein mit Rasen ausgelegter Kessel, in dem um einen erhöhten Mittelpunkt ein labyrinthartiges Weggewinde ausgestochen war, das den spiraligen Labyrinthen der „Trojaburgen" entsprach. Alle drei Jahre begingen die Stolper Schuhmachergesellen zu Pfingsten ihr Windelbahnfest. Zwei Gesellen zogen als Harlekine verkleidet (der eine „Bruder Ärmel, der andere „Bruder Halbsieben") mit ihrem Gefolge von Schuhmacherlehrlingen jeder in einem anderen Stadtviertel durch die Straßen und sammelten Spenden bei den Geschäftsleuten, die sie an ihr Gefolge verteilten. Dieses Treiben dauerte bis zum Mittag. Nachmittags zogen die Gesellen, ihr Maigraf voran, mit Musik zur Windelbahn, in deren Mitte ein reich verzierter Maibaum aufgestellt war. Der Maigraf hielt an der Bahn eine Festrede in Gedichtform. Danach begann der Tanz des Maigrafen; zur Musik einer Polka tanzte er im Chassierschritt die ganze Labyrinthbahn ab, die Harlekine suchten ihn an den Stellen, wo er die Bahn wechseln mußte, zu irritieren. Nach ihm traten zwei „Schäffer" zum Tanz an, um gleichzeitig auf verschiedenen Wegen die Bahn zu durchtanzen, auch ihnen bereiteten die Harlekine Hindernisse. Nach fehltrittlosem Tanz beendete ein Meister das Windelbahnfest mit einer zweiten Festrede.

Über die Entstehung des Windelbahnfestes gibt es eine Sage, nach der die Schuhmachergesellen dem Herzog Ernst Bogislaw v. Croy in einer schwierigen Situation geholfen haben. Darauf habe er ihnen Geld geschenkt und das Windelbahnfest gestiftet, an dem nur Schuhmacher beteiligt sein durften.

Winterfeldt, Hans Karl von, General. * 1707 in Vanselow, Kreis Demmin, † 1757 bei Görlitz. Winterfeldt trat als Junker in das Kürrassierregiment seines Onkels von Winterfeldt ein, wurde 1740 Major und Flügeladjutant Friedrichs II. 1741 war er Führer eines Grenadierbataillons und Generaladjutant und so des Königs engster Berater. Dieser vertraute ihm die Vorbereitungen zur Mobilmachung und den Feldzugsplan für den 7jährigen Krieg (1756–63) an. 1756 wurde Winterfeldt Gouverneur von Kolberg. Er schloß mit dem sächsischen Feldmarschall Rutowski die Kapitulation von Pirna ab, kämpfte dann bei Prag und fiel auf dem Rückzug bei Görlitz.

Wipper *(Wieprza),* 115 km langer Küstenfluß im Kreis Schlawe. Die Wipper entspringt in 154 m über NN im Collenz-See bei Gloddow, Kreis Rummelsburg, und hat ein Einzugsgebiet von 2150 qkm. Sie fließt nach Nordwesten durch Waldgebiete bis Schlawe, biegt dann nach Norden, um sich bei Wilhelmine nach Westen zu wenden.

Kurz vor ihrer Mündung nimmt sie zwischen Rügenwalde und Rügenwaldermünde die Grabow auf. Der gleichmäßige Wasserabfluß ermöglichte bis in 19. Jh. noch Flößerei. Das stärkere Gefälle des Oberlaufs von 3 v. T. nutzten zahlreiche Mühlen und einige kleine Elektrizitätswerke, u. a. bei Beßwitz. Der Mündungsbereich bis Rügenwalde wird von Küstenschiffen befahren.

Wittow, nördlichster Inselkern → Rügens mit dem Kap → Arkona und dem nördlichsten Punkt Pommerns, → Gell Ort. Die durch Rodung waldlose Geschiebemergelplatte liegt auf einer Kreidescholle, die im Osten in einem Kliff zur Ostsee abfällt. Nach Südwesten schließt sich der lange Haken des Bug an und im Südosten die Nehrung Schaabe. Die fruchtbaren Böden wurden bis 1945 von Großgrundbesitzern genutzt, von 1960–89 von LPGs, die auf den Anbau von Feldgemüse spezialisiert waren.
Zentrale Orte der Halbinsel sind → Altenkirchen und Wiek. Entlang der Küste gibt es keine größeren Badeorte, nur am Bakenberg im Nordwesten entstand ein Campingplatz.

Wizlaw III., Fürst von Rügen. * zwischen 1265 und 1268 wohl in Barth, † 1325 in Barth. Sein Vater Wizlaw II. war mit Agnes von Braunschweig-Lüneburg verheiratet, die wahrscheinlich den „Magister Ungelarde" mit nach Stralsund brachte; Wizlaw wurde sein begabtester Schüler in der Kunst des spätmittelalterlichen Minnesanges. Von 1293/94–1296 war Wizlaw III., vom Papst nicht bestätigt, Bischof von Cammin. 1302 übernahm er die Regierung des Fürstentums Rügen, zunächst zusammen mit seinem Bruder Sambor, der 1304 kinderlos starb. Früh verlor er seine erste Frau Margarete, Tochter Herzog Mestwins von Pomerellen; von seiner zweiten Frau Agnes hatte er vier Söhne, die alle vor ihm starben. Nach dem Aussterben des dänischen Königshauses und des Hauses Askanien konnte Wizlaw III. sich 1319 stärker an Pommern anlehnen. In einem Erbvertrag von 1321 wurde die Nachfolge für das Fürstentum Rügen geregelt. 1322 wurde er von Heinrich dem Löwen in der Schlacht auf dem „Stiedebrink" bei Ribnitz besiegt.
Früher als am pommerschen Herzogshof hatte er in seiner Kanzlei die niederdeutsche Sprache eingeführt. Seine Gedichte haben ihm bleibenden Ruhm gebracht. Er ist einer der wenigen Dichter des Mittelalters, dessen 27 überlieferte Gedichte über Maienzeit und Liebeswonne in der „Jenaer Liederhandschrift" mit ihren Melodien erhalten sind. Seine Natureindrücke und anschaulichen Bilder übertreffen die der übrigen Minnesänger. Mit seinem Tod starb das rügische Fürstengeschlecht aus, und ein langjähriger Erbfolgekrieg war die Folge.

Wobbermin, Georg, Theologe. * 1869 in Stettin, † 1943 in Berlin. Nach dem Theologiestudium wurde er Professor für systematische Theologie, 1906 in Marburg, 1907 in Breslau, 1915 in Heidelberg, 1922 in Göttingen und 1935 in Berlin. Um die Jahrhundertwende wandte er sich von der am Neukantianismus orientierten Theologie der Religionsgeschichtlichen Schule und der Religionspsychologie zu. Seine systematische Theologie basierte auf einem Verstehens-„Zirkel" „zwischen den geschichtlichen Erscheinungsformen des religiösen Lebens und der eigenen religiösen Erfahrung"; damit wollte er einen Beitrag zur Überwindung des Historismus leisten. Jahrelang hatte die Dialektische Theologie die Wirkung seiner Gedanken verhindert.
Werke u. a.: Theologie und Metaphysik (1900); Systematische Theologie nach religionspsychologischer Methode (1913–26); Richtlinien evangelischer Theologie zur Überwindung der gegenwärtigen Krisis (1929); Deutscher Staat und evangelische Kirche (1934).

Woldenberg *(Dobiegniew),* Kreis Friedeberg; Kleinstadt mit 2825 Einwohnern (1983). Sie liegt am Südufer des Großen Sees, in den an der Ostseite der Stadt das Mehrenthiner Fließ fließt. Die Innenstadt, im Grund-

riß ein Fünfeck, hat einen viereckigen Marktplatz, an dem die Stadtkirche steht. Vor dem Obertor entstand im 18. Jh. die erste Stadterweiterung. Eine weitere erfolgte zum Bahnhof hin. Stadtrandsiedlungen kamen im 20. Jh. um das Rittergut hinzu. Im 2. Weltkrieg verlor Woldenberg 85 v. H. seiner Bausubstanz. Der Wiederaufbau erfolgte in Plattenbauweise.
1250 übertrug des Polenherzog Przemysl I. von Posen und Gnesen den Herrensitz des Ritters v. Osten mit der Siedlung „Dubegneve" dem Zisterzienserinnenkloster Ovinsk bei Posen. Die deutsche Stadt, wahrscheinlich 1293 von den Askaniern angelegt, ist aus wilder Wurzel entstanden. 1313 wurde Woldenberg als Stadt mit Brandenburger Recht bezeichnet, doch erst 1333 taucht der Name „Waldinborg" auf. 1433 zerstörten Hussiten die Stadt. Seit 1455 war Woldenberg brandenburgische Immediatstadt. Ein großer Stadtbrand vernichtete 1710 Woldenberg, das nach einem neuen Plan wiederaufgebaut wurde; die ersten Wohnhäuser entstanden vor dem Obertor. 1847 erhielt Woldenberg einen Eisenbahnanschluß nach Stargard, 1848 wurde die Strecke nach Kreuz und Wronken weitergebaut. Diese Bahnlinie förderte den Handel mit Polen. Die Stadt vergrößerte sich um das Bahnhofsviertel und einige wenige Industriebetriebe, u. a. Öl- und Getreidemühlen sowie Ziegeleien. 1945 brannten Russen die ganze Innenstadt nieder. Polen errichtete in Woldenberg eine staatliche Fleischzentrale.
Bauwerke: *Stadtwehr*, einige Mauerreste mit einem Turm sind noch erhalten. *Stadtkirche* (15. Jh.), ein spätgotischer Backsteinhallenbau, der Turm ist von 1652. Am Südportal sind glasierte Reliefplatten mit phantastischen Gestalten als Kämpfer eingemauert. Im 16. Jh. erfolgte der Anbau des Chores. Von der ursprünglichen mittelalterlichen Inneneinrichtung ist nichts erhalten.

Wolgast, früher Kreis Greifswald, heute Kreisstadt mit 17500 Einwohnern (1990). Wolgast liegt am Westufer des 260 m breiten Peenestroms auf einer welligen Hochfläche, der Wolgaster Insel, die durch das breite Ziesetal vom Hinterland abgetrennt ist. Die runde, mittelalterliche Innenstadt hat einen kleinen, rechteckigen Marktplatz mit barockem Rathaus. Auf der Insel vor der Altstadt stand das Herzogsschloß. Die ersten Stadterweiterungen erfolgten im 19. Jh. nach Süden im Fischerwiek und Kronwiek und nach Westen im Bauwiek. Ihnen folgte nach Südwesten zum Hauptbahnhof die Neustadt. Stadtrandsiedlungen des 20. Jh.s legten sich um Wolgast. Nach dem 2. Weltkrieg entstanden weite Neubaugebiete südlich und nördlich der Chausseestraße, in denen über 50 v. H. der Stadtbevölkerung wohnen. Die Industrie konzentriert sich entlang des Peenestroms und in einem Industriegebiet an der Greifswalder Straße im Norden.
Erste urkundliche Nennungen von Wolgast reichen bis zur Zeit Kaiser Heinrichs I. (919–36)zurück. 1123 eroberte Herzog Wartislaw I. von Pommern den wendischen Burg- und Marktort und verlieh ihm Stadtrecht. Bischof Otto von Bamberg kam auf seiner zweiten Reise nach Wolgast und zerstörte den Gerowit-Tempel. Wolgast erhielt schon 1259 deutsches Stadtrecht, aber erst das Lübische Recht, 1282 durch Herzog Bogislaw IV. verliehen, machte die Stadt den anderen gegenüber gleichrangig. 1295–1465 war Wolgast Residenzstadt der Wolgaster Linie des Herzogshauses, ebenso 1532–1625. Die Herzöge bauten auf der alten Burgstelle auf der Insel 1330 ein neues Schloß, das bei einigen Stadtbränden, so 1512 und 1557, in Mitleidenschaft gezogen wurde. Herzog Ernst Ludwig ließ es wiederaufbauen. Während des 30jährigen Krieges wurde Wolgast von Dänen zerstört und von Wallenstein erobert. 1675 belagerte der Große Kurfürst Wolgast; Stadt und Schloß wurden schwer beschädigt. Bis ins 18. Jh. war Wolgast eine wichtige schwedische Zollstation für den Schiffsverkehr von und nach Stettin. Mit dem Ausbau von Swinemünde ging die Bedeutung der Stadt zurück. 1848–49 wurden

die letzten Reste des Herzogsschlosses abgetragen. 1863 erhielt Wolgast einen Eisenbahnanschluß nach Züssow. Stadterweiterungen über Kronwiek, Fischerwiek und Bauwiek in die Neustadt erfolgten im 19. Jh. Nach den Stadtrandsiedlungen erhielt Wolgast in den 50er und 60er Jahren weite Wohnblocksiedlungen. Die Industriebetriebe, wie Gußstahlwerk, Zementfabrik, Nahrungs- und Futtermittel- und Holzverarbeitungsbetriebe, entstanden in Hafennähe, der seit dem Mittelalter für Wolgast von großer wirtschaftlicher Bedeutung war. Anfang des 19. Jh.s waren hier 86 Schiffe, davon 52 Seeschiffe, beheimatet. Von Wolgast wurde Getreidehandel bis nach Amerika und Indien betrieben. 1934 wurde die Klappbrücke nach Usedom gebaut, über die heute fast der gesamte Touristenverkehr zur Insel läuft. 1948 begann der Ausbau der Peenewerft, die bis 1990 auf den Kriegsschiffbau ausgerichtet war. Seit 1952 ist Wolgast als Kreisstadt und durch ihre Verwaltungsfunktion ein Zentrum für das Umland geworden.

Bauwerke: Die Stadtkirche *St. Peter* (1343), ein dreischiffiger gotischer Hallenbau, war ursprünglich als Hof- und Mausoleumskirche der Herzöge geplant. Das Mittelschiff mit Sterngewölbe überragt die Seitenschiffe, hat aber keine Fenster im Obergaden. Die Kirche wurde mehrfach durch Brände beschädigt; nach dem letzten, 1920, erhielt der Turm ein niedriges Zeltdach. 1942 legte man im Chorumgang Fresken vom Anfang des 16. Jh.s frei, u. a. einen Christophorus. Vor dem Hauptaltar befindet sich die Gruft der Pommernherzöge des zweiten Wolgaster Herzogtums. Im Chor steht der Gerowitstein, mit einer Umrißzeichnung eines Mannes mit Lanze. Die Inneneinrichtung ist erst viel später in die Kirche gekommen.

Gertraudenkapelle (1496); den spätgotischen Zwölfeckbau aus Backstein ließ Herzog Bogislaw X. errichten. Das Sterngewölbe ruht auf einer Mittelsäule. Ein Türmchen mit schlanker Spitze überragt das Pyramidendach.

Rathaus (1512), der heutige Bau stammt von 1718–24; davor steht ein Brunnen von 1938, auf dem zehn Bronzereliefs die 800jährige Stadtgeschichte erzählen.

Von den Wohnhäusern ist eine Reihe aus dem 17.–19. Jh. erhalten geblieben. u. a. die *„Kaffeemühle“* (17. Jh.), ein Fachwerkbau, der das Heimatmuseum beherbergt.

Wollin *(Wolin)*, Kreis Usedom-Wollin, Kleinstadt mit 3667 Einwohnern (1983). Sie liegt im südöstlichen Zipfel der Insel Wollin. Auf dem linken Ufer der Dievenow, in der hier zwei Inseln den Übergang zum Festland erleichtern. Die Altstadt hat ein gitterförmiges Straßennetz und einen viereckigen Marktplatz. Im Süden entstand frühzeitig an der Dievenow Wiek, der eingemeindet wurde. Die größte Stadterweiterung erfolgte im 19. Jh. nach Westen zum Bahnhof hin.

Wollin ist schon seit dem Ende der Steinzeit besiedelt. Planmäßige Ausgrabungen 1934–44 und seit 1952 legten eine 4 km lange Siedlung entlang der Dievenow vom Silberberg im Norden bis zum Galgenberg im Süden frei. Es handelt sich um eine schon 980 genannte wikingisch-wendische Handelsstadt, um das historische Julin des 12. Jh.s, die wichtigste Handelsmetropole an der Südküste der Ostsee. Zwischen 900 und 1200 wurde die Stadt etwa 15mal zerstört und wieder aufgebaut. Die nördlichen Stadtteile waren zeitweise stark befestigt. Schon 1124 gab es eine große Holzbrücke über die Dievenow. In Wollin begann Bischof Otto von Bamberg mit seiner eigentlichen Missionsarbeit; er gründete zwei Kirchen und plante 1124 das Bistum, das aber erst nach seinem Tode Papst Innozenz II. (1140) begründete. Die ständige Dänengefahr ließ die Bischöfe den Bistumssitz nach Usedom, schließlich nach Cammin verlegen. 1184 vernichteten die Dänen Wollin vollständig, es blieb nur noch als wendisches Fischerdorf bestehen. 1277 verlieh Herzog Barnim I. Wollin lübisches Stadtrecht. In der Stadt gab es 1288 zwei Kirchen: St. Georg und St. Nikolai. Ihr Patronat hatte das Zisterzienserinnenkloster

inne, das 1317 Lehrer an der Stadtschule – die älteste Schule Pommerns – einsetzen durfte. 1394 bekämpfte Wollin zusammen mit Kolberg die → Vitalienbrüder; dann aber verlor Wollin seine Bedeutung, die Dievenow versandete und machte eine Schiffahrt unmöglich. Im 16. Jh. lebten in Wollin kaum 300–400 Bürger. 1628 brannten die Kaiserlichen die Stadt ab. Im 19. Jh. wurden die Stadtwehr niedergelegt und die Gräben zugeschüttet. Im Süden wurde der Wiek eingemeindet. 1892 erhielt Wollin einen Eisenbahnanschluß nach Gollnow und so die Bahnhofsvorstadt. Wollin blieb eine Fischerstadt mit Kutterwerft, Fischräuchereien, Fischhandel. 1945 wurde Wollin zu 90 v. H. zerstört, erst nach 1956 begann der Wiederaufbau.
Bauwerke: Stadtkirche *St. Georg;* der spätmittelalterliche einschiffige Bau, 1861 vollständig erneuert, wurde 1945 zerstört. Stadtkirche *St. Nikolai,* eine dreischiffige spätgotische Hallenkirche, 1860 grundlegend erneuert. In ihr standen ein stattlicher Barockaltar vom Ende des 17. Jh.s und eine Renaissancekanzel von 1637; die Kirche wurde ebenfalls 1945 vollständig zerstört.

Wollin *(Wolin),* östliche Odermündungsinsel mit 247,8 qkm Fläche, 25 km lang und 20 km breit, liegt zwischen → Swine und → Dievenow. An die im Westen liegende Swinepforte mit Dünen, Mooren und Sandhaken schließt sich mit einer Steilstufe zwischen Misdroy und Lebbin das höhere, waldbedeckte Kerngebiet der Insel an und erreicht im Gosanberg eine Höhe von 95 m, im Geweberg 115 m und in der Marienhöhe 102 m. Nach Osten hin wird Wollin niedriger. Von Warnow bis Kolzow zieht parallel zur Küste eine Seenrinne durch das hüglige Gebiet. Die Außenküste ist vorwiegend ein Sand- oder Lehmkliff, die Innenküste ist bei Lebbin steil und wird nach Osten flacher. Im Roof hat sich ein 0,50 m hoher Sandhaken ausgebildet. Der Untergrund von Wollin ähnelt sehr dem → Usedoms; im Küstenbereich liegen unterschiedliche eiszeitliche Stauchendmoränen, denen im Südosten eine Grundmoränenfläche angeschlossen ist. Zwischen Misdroy und Lebbin biegt der Moränenzug nach Süden, in ihm sind zahlreiche Kreideschollen eingelagert, u. a. bei Swinhöft, Kalkofen, Stengow, Lebbin; die letztgenannten werden seit dem 19. Jh. industriell genutzt, und die Kreide in Kalk- und Zementfabriken verarbeitet. Die Besiedlung Wollins setzte, vor allem auf der Grundmoräne, sehr früh ein. Auf dem Stadtgebiet von Wollin stand zwischen 900 und 1200 n.Chr. eine frühgeschichtliche Großsiedlung der Wikinger, an sie knüpft sich die Sage von → Vineta. Von Wollin führte später eine Landstraße am Alten Krug von Misdroy vorbei zur Swine, zur schon 1230 genannten herzoglichen Fähre nach Swinemünde. Die Heere des 30jährigen Krieges benutzten noch diese Straße. 1720 kam Wollin an Preußen.
Den Geschiebemergel der Grundmoränenfläche nutzte eine intensive Landwirtschaft für Zuckerrüben- und Weizenanbau, in Rittergütern und Bauerndörfern aus. Durch die Stein-Hardenbergsche Reform wurde der Gutsbesitz auf unter ein Drittel der Anbaufläche gesenkt. Am Südrand der Insel herrschte Wiesen- und Weidewirtschaft vor. Die Fischerei war auf die Stadt Wollin mit 160, Misdroy mit 84, Pritter mit 77 und Lebbin mit 61 hauptberuflichen Fischern (1932) konzentriert. Seit dem 19. Jh. begann ein Wandel der Wolliner Dörfer und Städte zu Fremdenverkehrsorten. Misdroy und Dievenow zählten 1938 413 000 bzw. 23 900 Fremdenübernachtungen. Jedoch erreichte der Tourismus auf Wollin nicht den Umfang des Fremdenverkehrs auf Usedom. Polen suchte den Massentourismus zu intensivieren, indem es 1960 das 47 qkm große Endmoränengebiet zu einem Nationalpark umwandelte.

Wrangel, Friedrich Heinrich Ernst, Graf von. * 1784 in Stettin, † 1877 in Berlin. Mit 12 Jahren trat er in das ostpreußische Dragonerregiment v. Werther ein, wurde mit 14 Leutnant und im Alter von 23 Jahren

Friedrich Wrangel

mit dem Pour le mérite ausgezeichnet (1807); mit 39 war er General. Zahlreiche Reisen führten ihn nach Österreich, England, Rußland, Schweden und in die Türkei. Im Krieg gegen Dänemark war er 1848 Oberbefehlshaber der deutschen Bundestruppen. Sein Vormarsch nach Jütland wurde nur durch Interventionsdrohungen Englands und Rußlands gestoppt. 1848 befehligte er die Truppen, die im November die preußische Nationalversammlung in Berlin sprengten. 1856 wurde er zum Generalfeldmarschall ernannt und 1864 geadelt. Mit 80 Jahren wurde er Oberbefehlshaber der preußischen und österreichischen Truppen gegen Dänemark; die verlustreiche Erstürmung der Düppeler Schanze, der Konflikt um den Feldzugsplan mit Moltke und mit den politischen Absichten Bismarcks führten zu seiner Ablösung. 1866 nahm er am Krieg gegen Österreich, den er jedoch nicht billigte, nochmals teil. Auf ausdrücklichen Befehl des Königs durfte der 86jährige nicht am Deutsch-Französischen Krieg 1870–71 teilnehmen.

Sein urwüchsiger Humor und seine Schwierigkeiten mit der deutschen Sprache ließen „Papa Wrangel“ zu einer volkstümlichen Gestalt Pommerns und Preußens werden, die unerschöpflichen Stoff für Anekdoten lieferte.

Wuthenow, Alwine, Dichterin. * 1820 in Neuenkirchen, Kreis Greifswald, † 1908 in Greifswald. Seit ihrem 19. Lebensjahr ließen Angst- und Zwangsvorstellungen die Pastorentochter viele Jahre in Kliniken und Heilanstalten verbringen; andererseits verfügte sie über die Gabe, andere durch ihre beruhigende, trostspendende Art aufzurichten. Ihr Mann, Bürgermeister von Gützkow, wurde 1849 nach Greifswald versetzt, wo sie bis zu ihrem Lebensende, zuletzt unter aufopferungsvoller Pflege ihrer jüngsten Tochter Hermine in der Caspar-David-Friedrich-Str. Nr. 3 lebte.

Ihre Gedichte zeigen trotz ihrer Schicksalsschläge eine heitere Gelassenheit, gesunden Humor, ja Güte, mit denen sie Zugang zu vielen Menschen gewann. Eduard Mörike, der sie in einem Sanatorium in Stuttgart besuchte, war von ihren Gedichten sehr angetan. Fritz Reuter hatte früh ihr Talent entdeckt und geschätzt. 1858 brachte er ihren Gedichtband „En poar Blomen ut Annemariek Schulten ehren Goarn“ heraus. 1861 folgten „Niege Blomen ut Annemariek Schulten ehren Goarn“. Ihre „Hochdeutschen Gedichte“ (1862) sind vergessen. Alwine Wuthenow gehört zu den Klassikern der niederdeutschen Literatur.

Wutzig *(Osiek Drawski),* Kreis Dramburg, Gutsdorf südlich von Falkenburg mit 506 Einwohnern (1939). Wutzig war wohl um 1300 ein Dorf nach deutschem Recht. 1499 wird es im Lehnsbrief der v. Borcke aufgezählt. Vor 1657 war Wutzig ein großes Dorf mit 24 Bauern, im gleichen Jahr plünderten und brandschatzten es Polen. Wilhelm v. Flotow kaufte 1838 das 1001 ha große Rittergut. Sein Sohn Friedrich Ferdinand Adolph v. Flotow komponierte hier 1847 einen Teil seiner berühmten Oper „Martha“. Neben dem Gut gab es 1884 noch 14 Bauernstellen, einen „Hökerladen“, eine Gastwirtschaft und

eine Bauernschmiede. 1900 erhielt Wutzig Eisenbahnanschluß. Das Gut wurde 1927 aufgelöst und aufgesiedelt.
Auf einem Hügel steht die 1686 gebaute *Fachwerkkirche.* Vor ihrer Westseite hat sie einen quadratischen Turm mit achteckiger geschindelter Haube von 1691. Der Altar (1679) ist mit reichem Knorpelwerk verziert, desgleichen Kanzel und Westempore.

Zachan *(Suchań),* Kreis Saatzig; die Kleinstadt mit 1224 Einwohnern (1983) liegt am Krebsbach, einem Nebenbach der → Ihna. Zachan hat einen dörflichen Grundriß mit einem Dorfanger, auf dem u. a. Rathaus und Kirche stehen; der Markt liegt zwischen der Breiten- und der Ratsstraße. Die Ansiedlung um diesen Kern hat sich bis heute erhalten, nur an der Ratsstraße sind nach 1945 einige größere Neubauten entstanden. Eine Stadterweiterung im Osten stammt aus dem 19. Jh., als der Rest der Staatsdomäne eingemeindet wurde. Eine Omnibuslinie verbindet Zachan mit Stargard.
1269 wurde erstmals die „villa Zukan" genannt. Sie gehörte 1295 zu den ersten Besitzungen des → Johanniterordens in Pommern, der hier vor 1312 einen Komturssitz einrichtete. 1487 wurde Zachan als „Städtchen" vor dem Schloß bezeichnet, besaß aber kein Stadtrecht. Wolf Borcke, Hofmarschall, kaufte 1545 Zachan. 1654–1709 gehörte die Stadt der Familie v. Schwerin. Die Staatsdomäne wurde aufgelöst, parzelliert und aufgesiedelt. 1856 kam die Kolonie an die Stadt.

Zachan

Neben dem Ackerbau besaß Zachan eine bedeutendere Leinenweberei, dazu noch ein Sägewerk und eine Brauerei.
Bauwerke: *Stadtkirche* aus dem Spätmittelalter, ein Findlingsbau mit Turm und blendengegliedertem Ostgiebel. Die Wetterfahne auf der Barockhaube des Turms trägt die Jahreszahl 1696. Der 4 m hohe, reich verzierte Renaissancealtar stammt von 1618.

Zahnow, Ernst, Landeskundler. * 1890 in Stettin, † 1982 in Winsen a. d. Luhe. Studium der Geografie, Germanistik und Romanistik. Er war im Schuldienst in Stettin tätig; während des 1. und 2. Weltkrieges arbeitete er als Dolmetscher; 1947–52 war er Oberstudienrat am Athenäum in Stade. 1929 brachte der Breslauer Verlag Flemming seine „Wandkarte von Pommern auf kulturgeschichtlicher Grundlage" heraus, der er 1938 die Schulwandkarte „Pommern" folgen ließ; sie erlebte noch nach 1946 eine Auflage in Hamburg. Nach dem 2. Weltkrieg betätigte er sich in zahlreichen Heimatgremien und Verbänden. Er war Gründungs- und Ehrenmitglied des Mitteldeutschen Kulturrates, Mitglied des Kulturbeirates der Pommerschen Landsmannschaft. 1967 erhielt er den Pommerschen Kulturpreis; 1971 verlieh ihm der Bund der Vertriebenen die goldene Ehrennadel. Sein umfangreiches Pommern-Archiv wird von der Pommerschen Landsmannschaft betreut.

Zanow *(Sianów),* Kreis Schlawe; Kleinstadt mit 5111 Einwohnern (1983). Sie liegt im Tal der Pollnitz, am Ostabhang des → Gollen. Die Stadtmitte bildet die zu einem Straßenmarkt erweiterte Breitestraße, an deren Westende die Kirche steht. Entlang der Ausfallstraßen nach Schlawe, Pollnow, Vangerow und zum Bahnhof hin hat sich die Stadt erweitert; dort liegen auch die Gewerbebetriebe. An der Kösliner Straße stand hinter den Schloßwallgärten das Herzogsschloß, auf dessen Gelände heute die Zündholzfabrik steht.
Schon 1335 war Zanow ein Burgflecken Peters von Pollnow, Enkel Swenzos von Dan-

Zanow

zig, der dem Ort 1343 lübisches Stadtrecht verlieh. 1372 übernahmen die Herzöge die Stadt und machten sie 1400 zu einem Vogteisitz. Sie kontrollierten die alte Handelsstraße von Köslin nach Danzig. 1480 überfielen Kösliner Kaufleute Zanow und nahmen Herzog Bogislaw X. gefangen; dieser verkaufte 1483 Schloß und Stadt an Jürgen Kleist. Ab 1662 gehörte Zanow zum → Rügenwalder Amt. Auf dem Gelände der verfallenen Burg gründete 1848 Kommerzienrat Kolbe die *Norddeutsche Zündholz AG,* die älteste deutsche Zündholzfabrik. Daneben gab es eine Landwirtschaftsmaschinen-, eine Papierfabrik und eine Brauerei.

Bauwerke: *Stadtkirche,* anstelle der alten gotischen Kirche wurde im 18. Jh. ein Fachwerkbau errichtet. Der Kanzelaltar trug einen 1632 geschaffenen Kanzelkorb.

Ziethen *(Szczytno),* Kreis Schlochau, 1516,38 ha großes Rittergut, das zur Gemeinde Lissan, 544 Einwohner (1939), gehörte; es liegt auf dem hohen Südufer des Konzug-Sees.

Ziethen ist die älteste Siedlung des Schlochauer Landes; es war eine Kastellanei der Herzöge von Danzig, der Burgwall liegt auf dem Schloßwerder. Schon um 1250 war Ziethen ein Pfarrort mit einer St.-Jakobus-Kirche. Die Handfeste von Pagelkau nennt den Ort 1344, und 1362 übergab Hochmeister Winrich von Kniprode das Gut „Cziten" dem Gotslaw und den Brüdern Wenczlow, Retzlow und Otforsicht. 1483 übernahm ein polnischer Adliger den Ort, der 1640 denen v. Born und v. Stolinski gehörte; zu dieser Zeit flüchteten etliche Bauern vor dem → Bauernlegen. Die Kirche blieb nach der Reformation katholisch, mußte aber wegen Baufälligkeit 1831 abgebrochen werden, die Pfarrei erlosch 1848. Als 1830 Jeanett v. Borcke den Besitz übernahm, begann sie mit der Saatzucht von Kartoffeln. Ziethen wurde zu einem der bedeutendsten Zuchtbetriebe im Kreis Schlochau. Nach 1945 wurde es als Staatsgut weitergeführt.

Zillmer, August, Versicherungsmathematiker. * 1831 in Treptow a. d. Rega, † 1893 in Berlin. Nach dem Mathematikstudium in Berlin und Rostock schlug Zillmer die Versicherungslaufbahn ein; 1867 wurde er zweiter Direktor der „Nordstern" in Berlin. 1868 veranlaßte er die Gründung des „Kollegiums für Lebensversicherungswissenschaft zu Berlin", in dessen Auftrag er die „Deutschen Sterblichkeitstafeln aus den Erfahrungen von dreiundzwanzig Lebensversicherungsgesellschaften" im Jahre 1883 veröffentlichte. Aus ihnen berechnete er das Deckungskapital in der Lebensversicherung – nach ihm „Zillmerei", bzw. „zillmern" genannt.

Zingst, Kreis Ribnitz-Damgarten, früher Kreis Franzburg-Barth; Dorf und Ostseebad mit 3370 Einwohnern (1988) auf der Halbinsel → Darß- → Zingst- → Bock.

Zingst: Fischerkate

Bis gegen Ende des 19. Jh.s waren für Zingst Fischerei, Land- und Forstwirtschaft von Bedeutung. Erst durch die Segelschiffahrt und den aufkommenden Fremdenverkehr entwickelte sich Zingst zu einem Badeort, allerdings mit geringerem Entwicklungstempo als Rügen; so behielt Zingst den Charakter eines Familienbades, den der Eisenbahnanschluß 1910 noch förderte. Die ausgedehnten Graslandflächen begünstigten eine intensive Rinderzucht. Seit den 50er Jahren wurde Zingst durch die Anlage von Campingplätzen Ziel des Massentourismus; 1988 kamen 60 750 Urlauber.

Zingst: Rehhof

Zingst; eine fast ebene Seesandplatte mit zwei von Meersand bedeckten Grundmoränenkernen, die mit der Schließung des Prerowstromes 1874 an die Halbinsel → Darß angefügt wurde. In der hohen Düne erreicht sie mit 12 m über NN ihre höchste geographische Höhe. Die Südküste ist stark verschilft. Die Inseln Groß Kirr und Oie sind Vogelschutzreservate. Grund für die reiche Vogelwelt sind die kurzen Salzgraswiesen, die durch die extensive Rinderweide von „Pensionsvieh" bis ins 19. Jh. als künstlich geschaffene Vegetationsform den Seevögeln ideale Brutbedingungen bieten.
Bereits im 12. Jh. wird Zingst genannt. 1292 kam es in den Besitz des Klosters → Neuenkamp; der vorhandene Wald wurde gerodet und das Land an Bauern verteilt. Bis 1441 wurde Zingst vom Kloster Hiddensee verwaltet, dann an den Herzog verkauft. 1625 riß eine Sturmflut den Prerowstrom auf und machte Zingst bis ins 19. Jh. zu einer Insel. Seit etwa 1880 hat der Tourismus Zingst erobert.

Zippnow *(Sypniewo),* Kreis Deutsch-Krone, ein fast 2 km langes Straßendorf an der Plietnitz mit 3000 Einwohnern (1989). Der Starost von Deutsch-Krone, Andreas Gorka, veranlaßte 1570 den Bürgermeister, Zippnow neu zu gründen und mit deutschen Bauern zu besiedeln. 1640 plünderten kaiserliche Truppen den Ort; da Zippnow aber auf polnischem Territorium lag, mußten sich die kaiserlichen Unterführer vor Gericht in Deutsch-Krone mit den Zippnower Bauern einigen. Zippnow lag an einer wichtigen Heerstraße und durfte an der Plietnitz bis 1863 einen Brückenzoll erheben. Das Dorf besaß eine Genossenschaftsmolkerei, eine Getreidemühle und ein Sägewerk.
Bauwerke: Dorfkirche *Mariä Geburt* (1835–37), Backsteinbau, der eine 1669 gebaute Kirche ersetzte.

Zöckler, Theodor, evangelischer Theologe. * 1867 in Greifswald, † 1949 in Stade. Nach Studien der Theologie war er seit 1890 als Judenmissionar in Galizien tätig. 1890 wurde er Pfarrer in Stanislaw und baute das evangelische Schulwesen und die Innere Mission aus. Er wurde Führer der Kirche Augsburgischen und Helvetischen Bekenntnisses in Galizien, seit 1924 deren Bischof. Zöckler publizierte 1904–39 das „Evangelische Gemeindeblatt für Galizien und die Bukowina". Er war maßgeblich am Zusammenschluß der sechs evangelischen Kirchen in Polen zum „Rat der Evangelischen Kirche in Polen" im Jahr 1926 beteiligt. In Stanislaw baute er eine Diakonissenanstalt, ein Alters- und Pflegeheim sowie ein Schüler- und Lehrlingsheim auf. Ende 1939 wurde er mit den galizischen Deutschen nach Deutschland umgesiedelt. Zöckler lebte bis zu seinem Tode in Stade.

Züllchow *(Szczecin Żelechowa),* Groß Stettin, 9075 Einwohner (1939). Das Dorf liegt im Norden von Stettin an der Oder und gehörte zu den acht Wasserdörfern unterhalb der Stadt; 1156 war Züllchow Teil des Gründungsbesitzes des Klosters → Grobe. Um 1810 entstanden die ersten Landhäuser vor den Festungsanlagen. 1852 wurde in Züllchow die erste Zementfabrik Deutschlands, die „Stettiner Portland Zement Fabrik" gegründet, 1857 die Züllchower Dampfmühle und die Ölmühle. 1939 wurde der Ort nach Stettin eingemeindet.

1809–10 baute der Kaufmann Karl Gotthilf Tilebein ein Haus, das zweimal erweitert wurde. Seine Witwe bestimmte ihr Landhaus zu einem Versorgungsheim für unverheiratete Töchter von Beamten, Kaufleuten und Handwerkern aus Stettin. Bis zum Zweiten Weltkrieg war es mit seiner auserlesenen Einrichtung ein seltenes Beispiel großbürgerlicher Wohnkultur des 19. Jh.s. Ein bombenangriff 1944 zerstörte das Haus.

Wichtige Quellen

Abtshagen, Werner	Geschichte der Stadt Anklam. Anklam 1941
Adler, F.	Deutsche Volkskunst, Pommern 1930
Albrecht, G.	Exkursionsführer Mecklenburg-Vorpommern. Braunschweig 1991
–	Allgemeine Deutsche Biografie. Leipzig 1875
–	Allgemeine Enzyklopädie der Wissenschaft und Künste. Leipzig 1818
–	Kreis Anklam Informationen. Anklam 1990
Bahls, R., u. a.	Mönchgut, eine Landschaftsstudie. Göhren 1990
Bäumer-Bufe	Eisenbahnen in Pommern. Egglham 1988
Bahr, E.	Ostpommern 1945–55, Frankfurt/Main–Berlin 1957
Baedeker, K.	Nordost-Deutschland. Leipzig 1914
Baier, G.	Die Denkmale des Kreises Greifswald. Leipzig 1973
Baier-Faber-Hollmann	Deutsche Demokratische Republik, Geschichte und Kunst. Köln 1977
Bajacar, A.	Polen, Reiseführer. Warschau 1971
Barran, F. R.	Städte-Atlas Pommern. Leer 1989
Bergan, R.	Inventar der Bau- und Kunstdenkmäler in der Provinz Brandenburg. Berlin 1885
Böttger-Lemke, von Haselberg-Kohte	Die Baudenkmäler der Provinz Pommern. Stettin 1881–1934
Bronisch, G.	Kreis Bütow. Stettin 1939
Bronisch, G.	Kreis Cammin Land. Stettin 1939
Buske-Baier	Dorfkirchen in der Landeskirche Greifswald. Berlin 1984
Creutzberg, N.	Landschaften des Deutschen Nordostens. Breslau 1931
Cronberg-Köhler, von	Netzekreis. Berlin 1932
Deecke, W.	Landeskunde von Pommern. Leipzig 1912
Dehio, G.	Handbuch der Deutschen Kunstdenkmäler, 2. Bd., Nordostdeutschland. Berlin 1922
Dehio, G.	Handbuch der Deutschen Kunstdenkmäler, Die Bezirke Neubrandenburg, Rostock, Schwerin. München–Berlin 1980
Drescher, Fr.	Der Kreis Franzburg-Barth. Magdeburg 1933
Eggert, O.	Geschichte Pommerns. Hamburg 1959
Filipowiak, W.	Vineta. Rostock 1986
Flemming-Benz, H. von	Der Kreis Cammin, Würzburg 1970
–	Führer durch Westpreußen. Danzig 1913
Gerhard, J.	Pommern. Berlin 1958
Goerke, O.	Der Kreis Flatow. Flatow 1918
–	Grieben Reiseführer Rügen. Berlin 1938
–	Grieben Reiseführer DDR, Nördlicher Teil. München 1981
Griebow, W.	Tertialrecht und Tertialgüter. Bonn 1989
Halbfaß, W.	Beiträge zur Kenntnis der Pommerschen Seen. P.M.Erg.H. 136, 1901

Hantke, M.	Der Kreis Ueckermünde. Pasewalk 1914
Hartnack, W.	Pommern. Kitzingen o.J.
–	Heimatbuch für den Kreis Flatow. 1971
–	Heimatbuch Lauenburg/Pommern. Gummersbach 1967
–	Das pommersche Heimatbuch. Berlin 1926
Heinrich, G.	Handbuch der historischen Stätten Deutschlands, Bd. 10, Berlin und Brandenburg. Stuttgart 1973
Herrig, E.	Ein Blick in die erdgeschichtliche Entwicklung des Nordteils der DDR. Greifswald 1979
Heyden, H.	Kirchengeschichte Pommerns. Köln 1957
Higounet, Ch.	Die deutsche Ostsiedlung im Mittelalter. München 1990
Hoogeweg, H.	Die Stifter und Klöster der Provinz Pommern, Stettin 1924/25
Hopf	Historisch-Genealogischer Atlas. Gotha 1858
Jablonski, L.	Geschichte des fürstbischöflichen Delegaturbezirks Brandenburg und Pommern. Breslau 1929
Keyser, E.	Deutsches Städtebuch, Bd. 1. Stuttgart 1939
Kohte	Kunstdenkmäler der Provinz Posen, Bd. 4. Berlin 1897
–	Lexikon für Theologie und Kirche. Freiburg 1958
Mackensen, L.	Pommersche Volkskunde. Kitzingen o.J.
Müller, P.	Der Netzekreis. Husum 1968
Müller-Karpe	Handbuch der Vorgeschichte. München 1966
–	Neue Deutsche Biografie. Berlin 1953
Ohle-Baier	Die Kunstdenkmale des Kreises Rügen. Leipzig 1963
Pfeilsdorff	Heimatbuch des Kreises Deutsch Krone. Deutsch Krone 1922
Plenge, E.	Heimatbuch für den Kreis Grimmen. Sulingen 1968
–	Polska, Informator Encyclopedyczny. Warschau 1986
–	Pommern-Fibel. Hamburg o.J.
–	Pommern, 1. und 2. Kolloquium. Greifswald 1991
–	Realenzyklopädie für protestantische Theologie und Kirche. Leipzig 1896
–	Reallexikon der germanischen Altertumskunde. Berlin 1973
Reepel, M.	Pommern. Stettin 1938
Reepel, M.	Ostpommern. Stettin 1938
Rogge-Stelter	Der Kreis Neustettin. Würzburg 1972
Rohde, G.	Kleine Geschichte Polens. Darmstadt 1965
Rolfs, P. A.	Die Insel Usedom. Berlin 1933
Rolfs, R. A.	Die Insel Wollin. Berlin 1933
Rothe, H.	Ostdeutsche Geschichts- und Kulturlandschaften, III. Pommern. Köln 1988
–	Der Kreis Rummelsburg. Stettin 1938
Ruprecht, K.	Deutsch Krone, Stadt und Kreis. Bad Essen 1981
Ruprecht, K.	Der Landkreis Dramburg. Segeberg 1976
Sante-Ploetz	Reich und Länder, 2 Bde. Würzburg 1964/71
Scharf, H. W.	Eisenbahnen zwischen Oder und Weichsel. Freiburg 1981
Schmitz-Frase	Landeskunde der Grenzmark Posen-Westpreußen. Berlin 1929
Schulz. H.	Pommersche Dorfkirchen östlich der Oder. Herford 1963
Schumacher, W.	Der Kreis Arnswalde und seine Besiedlung. Berlin 1958

Schumacher, W. Der Kreis Arnswalde. Arnswalde 1932

Schwarz, W. Musikgeschichte Pommerns, Westpreußens, Ostpreußens und der baltischen Länder. Dülmen 1989

Schwenkler, F. Köslin. Lübeck 1966

Sieber, H. Schlösser und Herrensitze im Pommern. Frankfurt/M. 1959

Sląski, K. Beiträge zur Geschichte Pommerns und Pommerellens. Dortmund 1987

Staberock, R. Der Kreis Kolberg-Körlin. Bad Oldesloe 1968

– Stettin und Umgebung. Stettin 1910

Tietze, W. Westermann Lexikon der Geografie, 4 Bde. Braunschweig 1968–70

Treu Geschichte der Stadt Friedeberg. Friedeberg 1909

Ullrich, H. Das Schicksal der Bau- und Kunstdenkmäler in den Ostgebieten des Deutschen Reiches und im Gebiet von Danzig. Bonn–Berlin 1963

Vollack, M. Der Kreis Schlawe. Husum 1968

Vollack-Lemke Der Kreis Schlochau. Kiel 1974

Wachholz-Borcke Heimatbuch des Kreises Regenwalde. Bielefeld 1970

Wegener, W. Genealogische Tafeln zur mitteleuropäischen Geschichte. Göttingen 1962/69

Weise, E. Handbuch der historischen Stätten, Bd. 14, Ost- und Westpreußen. Stuttgart 1966

Wehrmann, M. Geschichte der Stadt Stettin. Stettin 1911

Wehrmann, M. Geschichte von Pommern. Gotha 1919/21

Wehrmann, M. Geschichte von Land und Stadt Greifenberg. Greifenberg 1927

Westphal, F. Die Apostolische Administratur Schneidemühl. Schneidemühl 1928

Witt, W. Wirtschaftsgeografischer und verkehrsgeografischer Atlas von Pommern. Stettin 1934

– Wörterbuch der deutschen Volkskunde. Stuttgart 1974

Wolber, K. Landeskunde des Kreises Greifenhagen. Stettin 1927

Woldstedt, P. Norddeutschland und angrenzende Gebiete im Eiszeitalter. 1950

Zender, M. Atlas der deutschen Volkskunde. Marburg 1959

Zeitschriften Baltische Studien N.F.
Pommern
Unser Pommernland
Pommersche Zeitung

Ortsverzeichnis

polnisch-deutsch

Banie	Bahn
Barwice	Bärwalde
Biała	Behle
Białoboki	Belbuck
Białogard	Belgard
Białogarda	Belgard/Lauenb.
Biały Bór	Baldenburg
Bierzwnik	Marienwalde
Bobolice	Bublitz
Borzęcin	Borntin
Brda	Brahe
Brzesko	Brietzig
Budzistowo	Altstadt
Bukowo Morskie	Seebuckow
Bytów	Bütow
Chociwel	Freienwalde
Choszczno	Arnswalde
Chrząszczewska Wyspa	Gristow/Insel
Czaplinek	Tempelburg
Czarne	Hammerstein
Człopa	Schloppe
Człuchów	Schlochau
Dąbie	Altdamm
Darłowo	Rügenwalde
Debrzno	Preuß. Friedland
Długie	Langenhagen
Dobiegniew	Woldenberg
Dobra	Daber
Dobrzany	Jacobshagen
Drawa	Drage
Drawno	Neuwedell
Drawsko Pomorskie	Dramburg
Drezdenko	Driesen
Dziwna	Dievenow
Gąski	Funkenhagen
Gardna Wielka	Groß Garde
Goleniów	Gollnow
Golczewo	Gülzow
Góra Chelmska	Gollen
Góre Bukowe	Buchheide
Grabowa	Grabow
Grabowo	Grabau
Granowo	Granow
Grzędzice	Seefeld
Gryfice	Greifenberg
Gryfino	Greifenhagen
Gwda	Küddow
Ina	Ihna
Ińsko	Nörenberg
Jamno	Jamund
Jarosławice	Jershöft
Jastrowie	Jastrow
Jezioro Dąbie	Dammscher See
Jezioro Drawsko	Dratzig See
Jezioro Gardno	Garder See
Jezioro Ińsko	Enzigsee
Jezioro Jamno	Jamunder See
Jezioro Łebsko	Lebasee
Jezioro Lubie	Großer Lübbesee
Jezioro Miedwie	Madüsee
Jezioro Nowowarpieńskie	Warper See
Jezioro Wicko	Vietzker See
Jezioro Wielimie	Vilmsee
Kalisz Pomorski	Kallies
Kamień Pomorski	Cammin
Kanał Piastowski	Kaiserfahrt
Karlino	Körlin
Kępa	Kamp
Kluczewo	Klützow
Koczała	Flötenstein
Kołbacz	Kolbatz
Kołobrzeg	Kolberg
Koszalin	Köslin
Kozielice	Köselitz
Krajenka	Krojanke
Krąg	Krangen

Krępice	Hammermühle
Krzyż	Kreuz/Ostbahn
Lębork	Lauenburg
Lękno	Bast
Łeba	Leba
Łędyczek	Landeck
Łęgi Notecki	Netzebruch
Łobez	Labes
Łupawa	Lupow
Martew	Marthe
Maszewo	Massow
Miastko	Rummelsburg
Mielno Koszalińskie	Großmöllen
Międzyzdroje	Misdroy
Mirosławiec	Märk. Friedland
Morze Bałtyckie	Ostsee
Mrzeżyno	Deep
Nieborowo	Isinger
Noteć	Netze
Nowogard	Naugard
Nowo Warpno	Neuwarp
Odra	Oder
Okonek	Ratzebuhr
Osiek Drawski	Wutzig
Persęta	Persante
Pęzino	Pansin
Piła	Schneidemühl
Płonia	Plöne
Płoty	Plathe
Podlesie	Friedrichswalde
Pojezierze Pomorskie	Pommersche Schweiz
Polanów	Pollnow
Połczyn Zdrój	Bad Polzin
Puszcza Goleniówska	Gollnower Heide
Pyrzyce	Pyritz
Radolin	Radolin
Recz	Reetz
Rega	Rega
Resko	Regenwalde
Rościno	Rostin
Rowokół	Revekol
Rowy	Rowe
Rozłazino	Roslasin
Rzeczenica	Stegers
Sianów	Zanow
Skrzatusz	Schrotz
Sławno	Schlawe
Sławsko	Alt Schlawe
Słupia	Stolpe
Słupsk	Stolp
Somino	Sommin
Stare Drawsko	Alt Draheim
Stargard Szczeciński	Stargard
Strekęcino	Streckentin
Strzelce Krajenskie	Friedeberg
Struga	Hohenkrug
Strużyska	Auerbachshütte
Suchań	Zachan
Swobnica	Wildenbruch
Sypniewo	Zippnow
Szczecin	Stettin
Szczecin Grabowo	Grabow
Szczecin Police	Pölnitz
Szczecin Zelechowa	Züllchow
Szczecinek	Neustettin
Szczytno	Ziethen
Świdwin	Schivelbein
Święciechowo	Grünhof
Świna	Swine
Świnoujście	Swinemünde
Tarnówka	Tarnowke
Trzcianka	Schönlanke
Trzebiatów	Treptow a. d. R.
Trzęsacz	Hoff
Trzygłów	Trieglaff
Tuczno	Tütz
Tychowo	Groß Tychow
Ustka	Stolpmünde
Wałcz	Deutsch-Krone
Warcino	Varzin

Węgorzyno	Wangerin
Widuchowa	Fiddichow
Wieprza	Wipper
Wierzbno	Werben
Wolin	Wollin
Zakrzewo	Buschdorf
Zalew Szczeciński	Stettiner Haff
Zatoka Pomorska	Pommersche Bucht
Złocieniec	Falkenburg
Złotów	Flatow
Żydowo	Sydow

KREIS RÜGEN
BERGEN
BARTH
STRAL-
SUND
KREIS
FRANZBURG–BARTH
GRIMMEN
GREIFSWALD
KREIS GREIFSWALD
DEMMIN
ANKLAM
KREIS USEDOM-WOLLIN
SWINEMÜNDE
CAMMIN
UECKER-
MÜNDE
STETTIN
GREIFENHAGEN
PYRITZ